My Utmost for His Highest
주님은 나의 최고봉 한영합본

My Utmost for His Highest
by Oswald Chambers

Copyright 1992 by Oswald Chambers Publications Assn., Ltd.
Original edition copyright © 1935 by Dodd, Mead & Company, Inc.;
renewed © 1963 by Oswald Chambers Publications Association, Ltd.
All rights reserved
Published by special arrangement with Discovery House Publishers,
3000 Kraft Avenue SE, Grand Rapids, Michigan 49512 USA.

Korean translation copyright © 2008 by Togijangi Publishing House
2F, 71-1 Donggyo-ro. Mapogu, Seoul 04018, Korea

This Korean edition is published by arrangement with Discovery House Publishers
(3000 Kraft Avenue SE, Grand Rapids, Michigan 49512 USA.)

본 저작물의 한국어판 저작권은 Discovery House Publishers와의 독점 계약으로 한국어 판권을 '도서출판 토기장이'가 소유합니다. 저작권법에 의하여 한국 내에서 보호를 받는 저작물이므로 무단 전재와 무단 복제를 금합니다.

「주님은 나의 최고봉 한영합본」은 미국 내 독점사인 Discovery House Publishers의 별도의 허락을 받아 이미 한국어 판권을 독점하고 있는 도서출판 토기장이가 제작했습니다. 저작권법에 의하여 한국 내에서 보호를 받는 저작물이므로 무단 전재와 무단 복제를 금합니다

특별한 표기가 없는 모든 성경 구절은 개역개정성경을 인용한 것입니다.

My Utmost for His Highest
주님은 나의 최고봉 한영합본

오스왈드 챔버스 지음 · 스데반 황 옮김

토기장이

Foreword

These daily readings have been selected from various sources, chiefly from the lectures given at the Bible Training College, Clapham, during the years 1911-1915; then, from October 1915 to November 1917, from talks given night by night in the Y.M.C.A. Huts, Zeitoun, Egypt. In November 1917 my husband entered into God's presence. Since then many of the talks have been published in book form, and others from which these readings have been gathered will also be published in due course.

A large proportion of the readings have been chosen from the talks given during the Devotional Hour at the College - an hour which for many of the students marked an epoch in their life with God.

"Men return again and again to the few who have mastered the spiritual secret, whose life has been hid with Christ in God. These are of the old time religion, hung to the nails of the Cross."

_Robert Murray McCheyne

It is because it is felt that the author is one to whose teaching men will return, that this book has been prepared, and it is sent out with the prayer that day by day the messages may continue to bring the quickening life and inspiration of the Holy Spirit.

B. C.
40 Church Crescent
Muswell Hill,
London, N. 10.

서언

· · · · · · · · ·

　매일의 묵상을 위한 이 글은 여러 자료에서 뽑은 것이지만 주로 1911년부터 1915년까지 클래펌의 성경훈련대학에서 주어진 강의와 1915년 10월부터 1917년 11월까지 이집트, 자이툰 YMCA 막사1차 세계대전의 현장-역자주에서 밤마다 나눈 짧은 설교에서 선택한 것들입니다. 1917년 11월에 나의 남편, 오스왈드 챔버스는 하나님의 품에 안겼습니다. 그 이후로 꾸준히 남편의 강의나 설교가 책으로 출간되어 왔으며 또한 이 글에서 발췌한 여러 말씀들도 적당한 때가 되면 출간될 것입니다.

　이 묵상집의 많은 부분은 성경훈련대학에서 아침 예배 때마다 나누신 말씀에서 주로 선택되었습니다. 이 예배 시간은 한 시간이었는데 하나님과 함께 하는 많은 학생들이 이 시간에 크게 변화했습니다.

　"사람들은 언제나 영적 비밀을 깨달은 소수의 사람들에게로 돌아간다. 그 영적 비밀은 하나님 안에서 그리스도와 함께 감추어진 생명이다. 이 비밀은 그리스도의 제자들로부터 시작된 오랜 종교로서 언제나 십자가 상에서 자기를 못박음으로 시작한다."_로버트 머레이 맥체인

　이 책을 준비한 이유는 많은 사람들이 저자의 가르침으로 돌아올 것을 확신했기 때문입니다. 이 책을 출간하면서 이 책의 매일매일의 메시지가 계속적으로 많은 영혼을 소생시키며 성령의 영감을 가져오기를 기도드립니다.

B. C.
40 Church Crescent
Muswell Hill,
London, N. 10.

오스왈드 챔버스

(Oswald Chambers, 1874-1917)

20세기의 뛰어난 목사이며 교사였던 오스왈드 챔버스는 1874년 7월 24일 스코틀랜드 애버딘에서 태어나 1917년 11월 15일 이집트에서 43세의 나이로 하나님의 부르심을 받았다.

그의 부모는 독실한 침례교 신자로서 그에게 많은 영향을 주었으며, 찰스 스펄전의 설교는 그가 참 그리스도인이 되는 계기를 마련해 주었다. 그는 자신의 아버지에게 "찰스 스펄전을 좀 더 빨리 만났더라면 더 일찍 그리스도인이 되었을 것"이라고 말하며 안타까움을 표현했다고 한다. 그의 믿음은 아주 빠르게 성숙해갔지만, 그는 자신이 사역자가 되리라고는 상상조차 하지 못했다.

그는 캔싱톤예술학교와 에딘버러대학에서 예술과 고고학을 공부하였다. 그러나 에딘버러대학에서 공부하던 중 그는 사역을 향한 강한 부르심을 느끼며 더눈대학으로 편입하였다. 그는 비상한 재능으로 배우는 동시에 그곳에서 강의하기 시작했고, 자신이 가장 좋아하는 시인 로버트 브라우닝을 위한 작은 지역동호회를 만들기도 했다. 하지만 당시에 그는 신앙에서 참된 만족을 얻지 못하였으며 성경은 아주 따분하고 고리타분하다고까지 생각했다.

이런 4년간의 신앙 휴면상태를 지난 후에 오스왈드 챔버스는 자기 스스로는 절대로 거룩해질 수 없다는 결론을 내리게 되었다. 어느 날 갑자기 그가 그토록 찾던 힘과 평안이 바로 예수 그리스도께 있음을 깨달았을 때, 그리고 자신의 죄를 위하여 그리스도께서 보혈을 흘리셨음을 깨달았을 때, 그는 엄청난 변화를 체험하게 되었다. 후에 그는 그때를 회상하며 "말로 형언할 수 없는 빛나는 자유함을 얻는 순간"이었다고 전했다.

새롭게 발견된 힘을 가지고 오스왈드 챔버스는 전 세계를 다니며 복음을 선포했다. 특히 이집트, 일본, 미국 등지를 다녔는데, 미국 방문 중에 거트루드 홉스Gertrude Hobbs를 만나 1910년 결혼했다. 그는 늘 그녀를 '비디' B.D. Beloved Disciple의 약자라고 사랑스럽게 불렀다. 그리고 1913년 5월 24일 그들의 유일한 자녀인 딸 캐스린을 낳았다.

1911년 오스왈드 챔버스는 런던 클래펌에 성경훈련대학을 설립하고 총장이 되었다. 후에 제1차 세계대전 중인 1915년 강한 부르심에 이끌려 YMCA 소속 목사가 되었다. 그러나 제1차 세계대전으로 인해 어쩔 수 없이 성경대학을 휴교시키고 이집트 자이툰에 군목으로 지원했다. 그곳에서 그는 전쟁의 현장에서 죽음의 공포로 두려워하는 호주와 뉴질랜드 군사들을 섬겼다.

오스왈드 챔버스는 지금 구 카이로의 대영연방묘지에 묻혀 있는데 오늘날까지도 그의 묘지는 그곳에서 가장 많은 방문을 받고 있다. 그의 이름으로 된 책은 현재 40권 정도가 있는데, 사실 그가 실제로 쓴 책은 「오스왈드 챔버스의 욥기」Baffled to Fight Better이라는 단 한 권뿐이다. 나머지 책들은 속기사였던 그의 아내 비디가 남편이 성경대학과 이집트에서 가르치고 설교했던 녹음테이프와 속기록을 풀어서 50년 동안 재편집하여 출간한 것이다.

추천의 글

오스왈드 챔버스,
나를 재기시킨 영혼의 친구

내가 오스왈드 챔버스를 처음 만난 것은 대학 시절이다. 대학 도서관에서 책 정리를 하시는 할머니 한 분이 내가 책을 좋아하는 것을 아시고 내 생일에 책을 선물해 주셨다. 그 선물이 바로 「주님은 나의 최고봉」My Utmost for His Highest이라는 오스왈드 챔버스의 가장 유명한 책이었다.

그 도서관 할머니께서 주신 책이 내 인생에 이렇게까지 큰 영향을 주게 될지 그때는 정말 몰랐다. 오스왈드 챔버스는 내 인생에서 가장 최상의 때와 가장 어두울 때 모두 큰 도움을 주었다. 나는 그에게 완전히 사로잡힌 나머지 일기를 쓸 때마다 그의 글을 인용하였으며, 그를 마치 나의 친밀한 친구처럼 'OC'라고 불렀다.

사실 오스왈드 챔버스의 글을 처음 읽을 때는 침묵 가운데 하나님의 역사를 기다리라는 가르침이 너무 자주 나와서 좀 실망스러웠다. 그 당시 나는 매우 활동적이었고 주를 위해서라면 무엇이든지 '봉사'하길 원했기 때문이다. 그래서 오스왈드 챔버스의 책을 멀리 집어 던지고 내가 원하는 대로 열정과 호기심에 따라 분주하게 활동하였다.

오스왈드 챔버스의 「주님은 나의 최고봉」을 두 번째로 받게 된 것은 결혼할 때였다. 그래서 결혼 초기에 이 책을 다시 보게 된 것이다. 그때 아내와 나는 이 책이 우리에게 매우 귀한 내용들을 알려 주고 있음을 발견했다. 나이가 들며 인생을 알아갈수록 오스왈드 챔버스의 글은 더욱 내게 와닿았다.

그러던 어느 날 도로시 독킹Dorothy Docking이라는 한 할머니와 기쁘게 대화를 나누었는데, 그녀는 어린 시절 오스왈드 챔버스를 직접 만난 적이 있던 분이셨다. 그래서 나는 그녀에게 부탁했다.

"오스왈드 챔버스에 대해 전부 말해 주세요."

그녀로부터 알게 된 것은 오스왈드 챔버스는 아주 뛰어난 예술가였다는 사실이다. 그는 창조의 미에 대하여 심취해 있었으며 그림에도 천부적인 소질이 있었다. 이것을 알고 그의 일기를 다시 보니, 이집트의 광야에서 석양이 지는 것을 묘사한 그의 글들이 얼마나 예술적이던지….

오스왈드 챔버스는 아주 총명한 마음을 소유한, 그리고 재치가 많은 사람이었다. 그는 험악한 사람마저도 하나님의 말씀으로 사로잡아서 변화시켜 놓았다. 그는 어린아이들을 사랑하였고, 젊은 사람들에게는 정신적 지주였으며 군인들에게는 목자의 역할을 하였다. 이렇게 그에 대해 알아갈수록 나는 그의 책을 빠짐없이 다 읽을 정도로 빠져들게 되었다.

그럼에도 불구하고 내가 오스왈드 챔버스의 글을 통하여 그와 가장 깊은 영적 교제를 나누게 된 것은 내가 가장 어려운 때였다. 처절할 정도로 비참 가운데 빠져 하나님의 자비가 너무나 필요한 때였다. 나는 모든 것을 잃고 말로 감당할 수 없는 부끄러움 가운데 있었다. 그런데 그때 내가 다시 찾은 이가 오스왈드 챔버스였다. 놀라운 것은, 내가 지나고 있는 가장 비참한 그 순간들을 이미 그는 너무나도 잘 알고 있었다는 것이다. 그가 만일 그의 인생에서 이런 감당할 수 없는 고난과 비참함, 괴로운 순간을 경험하지 않았더라면 결코 이렇게 깊은 차원의 그리스도의 사랑과 영혼을 회복시키는 은혜의 글들을 쓸 수 없었을 것이다.

그 처참한 상황에서 내 마음속에 와닿은 오스왈드 챔버스의 글이 아직도 생각난다.

"하나님께서 당신의 삶 속에서 외적인 모든 것들, 곧 당신의 건강과 직장, 사람들과의 관계 및 모든 필수적인 것들을 다 사라지게 하실 때, 주님이 원하시는 것은 당신이 주님만으로 풍성해지고 주님을 향하여 성장하는 것입니다."

오스왈드 챔버스의 글은 나로 하여금 홀로 있는 시간을 주님과 함께 하도록 격려하였으며 쉴새 없이 중보 기도를 하도록 도와주었다. 그리고 하나님께서 내 마음을 친히 만져 주시는 엄청난 역사를 체험하기 시작하였다. 이렇게 오스왈드 챔버스는 내 영혼이 거부할 수 없는 삶의 목적과 의미를 재발견하도록 도와주었다.

내 주변의 모든 사람들은 나를 정죄하는데 빨랐던 반면, 그는 쉬운 해답을 가지고 와서 너그럽게 알려 주었고, 내게 발생하는 모든 결과들과 원인들을 다 분석하고 파악한 것처럼 설명해 주곤 했다. 뿐만 아니라 그는 내 인생의 가장 어두운 때가 주님의 마음에 합한 주님의 사람을 만드는 최고의 기회의 때라는 사실도 가르쳐 주었다. 하나님의 구속적인 사랑에 대한 오스왈드 챔버스의 깨달음은 내 마음속에 감당할 수 없는 충격과 은혜를 주었으며 그 은혜는 나를 다시 재기시키는 데 가장 큰 역할을 하였다. 그래서 나는 지금도 내 인생에서 가장 가까운 친구가 누구냐고 묻는다면 서슴없이 오스왈드 챔버스라고 말한다.

따라서 나의 자랑스러운 친구인 오스왈드 챔버스를 여러분에게 소개함이 내게는 한없는 기쁨이다. 그의 책은 깊은 복음의 깨달음들을 여러분에게 전해줄 것이며 현실 속에서 영적 전쟁을 치르는 모든 사람들에게 위대한 영적 승리의 전략들을 알려줄 것이다.

오스왈드 챔버스의 대부분의 책들은 그가 사랑했던 북아프리카의 사막에서 쓰여졌다. 그곳에서 인생의 처참함과 궁핍함, 그럼에도 언제나 넘쳐 흐르는 하나님의 위대하신 은혜를 체험했던 것이다. 그는 고통 가운데 글을 썼다. 그리고 주님만을 바라보며 침묵 속에서 그러나 철저하게 훈련된 영적 장교로서 이 글을 썼다.

이제 여러분 모두 삶의 광야의 순간마다, 영적으로 갈급한 시간마다, 오스왈드 챔버스의 맑고도 풍성한 샘에 와서 맘껏 주님의 은혜를 마시기를 축복한다.

_고든 맥도널드 ·「내면세계의 질서와 영적성장」저자

Contents

Jan. Let us keep to the point • Will you go out without knowing? • Clouds and darkness • Why cannot I follow thee now? • The afterwards of the life of power • Worship • Intimate with Jesus • Does my sacrifice live? • Intercessory introspection • The opened sight • What my obedience to God costs other people • Have you ever been alone with God? • Have you ever been alone with God? • Called of God • Do you walk in white? • The voice of the nature of God • The vocation of the natural life • It is the Lord! • Vision and darkness • Are you fresh for everything? • Recall what God remembers • What am I looking at? • Transformed by insight • The overmastering direction • Leave room for God • Look again and consecrate • Look again and think • But it is hardly credible that one could so persecute Jesus! • But it is hardly credible that one could be so positively ignorant! • The dilemma of obedience • Do you see your calling?

Feb. The call of God • The constraint of the call • The recognized ban of relationship • The overmastering majesty of personal power • Are you ready to be offered? • Are you ready to be offered? • The discipline of dejection • Instantaneous and insistent sanctification • Are you exhausted spiritually? • Is your imagination of God starved? • Is your hope in God faint and dying? • Must I listen? • The devotion of hearing • The discipline of heeding • Am I my brother's keeper? • The inspiration of spiritual initiative • The initiative against depression • The initiative against despair • The initiative against drudgery • The initiative against dreaming • Have you ever been carried away for Him? • The discipline of spiritual tenacity • The determination to serve • The delight of sacrifice • The destitution of service • Inferior misgivings about Jesus • The impoverished ministry of Jesus • Do ye now believe? • What do you want the Lord to do for you?

Mar. The undeviating question • Have you felt the hurt of the Lord? • The unrelieved quest • Could this be true of me? • Is he really Lord? • Amid a crowd of paltry things • Undaunted radiance • The relinquished life • The time of relapse • Have a message and be one • Vision • Abandonment • The abandonment of God • Obedience • The discipline of dismay • The master assizes • The worker's ruling passion • Shall I rouse myself up to this? • The way of Abraham in faith • Friendship with God • Interest or identification? • The burning heart • Am I carnally minded? • Decreasing into his purpose • The most delicate mission on earth • Vision by personal purity • Vision by personal character • Isn't there some misunderstanding? • Our Lord's surprise visits • Holiness v. hardness towards God • Heedfulness v. hypocrisy in ourselves

Apr. Heartiness v. heartlessness towards others • The glory that excels • If thou hadst known! • Those borders of distrust • His agony and our fellowship • The collision of God and sin • Why are we not told plainly? • His resurrection destiny • Have I seen Him? • Moral decision about sin • Moral divinity • Moral dominion • What to do under the conditions • Inspired invincibility • The relapse of concentration • Can you come down? • Neck or nothing • Readiness • Is it not in the least likely • Can a saint slander God? • Now don't hurt the Lord! • The light that fails • The worship of the work • The warning against wantoning • Instant in season • The supreme climb • What do you want? • What you will get • The graciousness of uncertainty • The spontaneity of love

1월 신앙의 중심을 지키십시오! • 갈 바를 알지 못하고 나아가겠습니까? • 구름과 흑암 • 하나님보다 앞서지 마십시오! • 자신을 포기할 때 성령을 받습니다 • 예배의 의미 • 예수님과 친밀하게 지내십시오! • 나의 희생제물은 살아 있습니까? • 초월적인 하나님의 보호 • 열린 시야 • 나의 순종이 다른 사람을 희생시킵니까? • 주님과만 홀로 있기 • 주님께서 나를 홀로 다루실 때 • 하나님의 부르심을 듣는 귀 • 당신에게는 당신의 '무덤'이 있습니까? • 하나님의 속성을 드러내는 부르심 • 일상적인 삶의 사명 • 주님을 만족시키는 삶 • 비전과 어둠 • 모든 것에 대해 항상 새롭습니까? • 처음 그 사랑처럼 사랑합니까? • 나는 무엇을 바라봅니까? • 거울을 더럽히지 마십시오! • 주의 비전에 순종하십시오! • 우리의 삶을 양보하십시오! • 하나님을 불신하면 염려가 들어옵니다 • 세상 염려와 주님 사이의 경쟁 • 예수님의 마음을 아프게 하지는 않습니까? • 겸손과 온유로 섬깁니까? • "주님, 말씀하소서" • 복음 전파의 소명

2월 하나님의 부르심 • 강권하시는 부르심 • 세상의 찌꺼기 같은 우리 • 무엇에 사로잡혀 있습니까? • 낮아지고 닳아질 수 있습니까? • 제물로 드려질 준비 • 낙심의 훈련 • 하나님의 관점에서의 거룩 • 영적으로 곤비합니까? • 우상에 빠진 것은 아닙니까? • 마음이 기갈될 때 • 주님의 음성을 직접 들으십시오! • 주님의 음성이 들립니까? • 집중하는 훈련 • 주님의 증인과 일꾼 되기 • 영적 회복 • 우울증에 대항하는 첫걸음 • 절망에 대항하는 첫걸음 • 지겨움에 대항하는 첫걸음 • 몽상에서 벗어나십시오! • 주님을 사랑하고 있습니까? • 영적 불굴의 자세 • 섬김의 결단 • 희생의 즐거움 • 섬김을 위한 궁핍 • 예수님에 대한 의심 • 예수님의 사역을 빈곤케 함 • 의무나 판단에 따른 사역 • 주께서 무엇을 해주시기를 원합니까?

3월 핵심을 찌르는 질문 • 주님의 아픔을 느낀 적이 있습니까? • 소모될 수 없는 사랑 • 유용성을 고려하지 마십시오! • 사명에 충성하십시오! • 끝없이 지루하고 힘든 상황 가운데 • 쇠하지 않는 광채 • 제거된 생명 • 물러가는 시간 • 말씀과 하나가 되십시오! • 하늘 비전에 순종하십시오! • 헌신 • 하나님의 내어주심 • 순종 • 당혹스러움의 훈련 • 죄에 대한 무감각 • 당신의 소망은 무엇입니까? • 하나님을 최고로 두십시오! • 믿음의 삶 • 하나님과의 친구 관계 • 관심입니까, 아니면 일치입니까? • 뜨거운 마음의 비결 • 육신에 속한 그리스도인입니까? • 주의 목적을 위해 쇠하는 것 • 이 땅에서 가장 미묘한 사명 • 인격적인 청결에 의한 비전 • 인격적인 성품에 의한 비전 • 주님께 불명예가 되는 것 • 주님의 갑작스러운 방문 • 하나님을 향한 거룩입니까, 강퍅함입니까? • 주의하는 것입니까, 위선입니까?

4월 따뜻한 마음입니까, 무관심한 마음입니까? • 최상의 영광 • "너도 알았더라면!" • 축복보다 하나님을 바라십시오! • 주님의 고통과 우리의 친교 • 하나님과 죄의 충돌 • 부활하신 생명과 연합할 때 • 주님께서 부활하신 목적 • 예수님을 보았습니까? • 함께 십자가에 못 박힘 • 함께 부활에 참여함 • 영생을 나눔 • 모든 짐을 주님께 맡기십시오! • 불평을 찬송의 시로 바꾸시는 분 • 영적 집중이 약해질 때 • 말만 하지 말고 실천하십시오! • 감정이 아니라 의지입니다 • 준비된 사람 • 작은 일에도 깨어 있으십시오! • 감히 걱정함으로 하나님을 모욕합니까? • 이제 주님을 아프게 하지 마십시오! • 영원히 꺼지지 않는 빛 • 우상이 된 사역 • 영적 방종에 대한 경고 • 최상의 상태를 우상으로 만든다면 • 잘못된 믿음들 • 선물보다 주님을 구하십시오! • "이 정도는 괜찮겠지"를 거절하십시오! • 불확실성의 은혜 • 사랑의 자발성

May. *Insight not emotion • The passion of patience • Vital intercession • Vicarious intercession • Judgment on the abyss of love • Liberty on the abyss of the gospel • Building for eternity • The patience of faith • Grasp without reach • Take the initiative • You won't reach it on tiptoe • Make a habit of having no habits • The habit of a good conscience • The habit of enjoying the disagreeable • The habit of rising to the occasion • The habit of wealth • His ascension and our union • Careful unreasonableness • "Out of the wreck I rise" • The realm of the real • Divine reasonings of faith • Now this explains it • Careful infidelity • The delight of despair • The test of self-interest • Think as Jesus taught • The life that lives • Unquestioned revelation • Undisturbed relationship • "Yes—But!" • God first*

Jun. *The staggering question • What are you haunted by? • The secret of the Lord • The never-failing God • God's say-so • Work out what God works in • Don't slack off • What next? • The next best thing to do • The next best thing to do • Getting there • Getting there • Getting there • Get a move on • Get a move on • What do you make of this • The uncritical temper • Don't think now, take the road • The service of passionate devotion • Have you come to "when" yet? • The ministry of the interior • The undeviating test • Acquaintance with grief • Reconciling one's self to the fact of sin • Receiving one's self in the fires of sorrow • Always now • The overshadowing personal deliverance • Apprehended by God • Direction of discipline • Do it now*

Jul. *The inevitable penalty • The conditions of discipleship • The concentration of personal sin • One of God's great don'ts • Don't calculate without God • Vision and reality • All noble things are difficult • The will to loyalty • The great probing • The spiritual sluggard • The spiritual saint • The spiritual society • The price of vision • The account with persecution • The point of spiritual honour • The notion of divine control • The miracle of belief • The mystery of believing • Mastery over the believer • Dependent on God's presence • The gateway to the kingdom • Sanctification • Sanctification • Disposition and deeds • Am I blessed like this? • The account with purity • The way to know • After obedience—what? • What do you see in your clouds? • The discipline of disillusionment • Till you are entirely His*

Aug. *Something more about his ways • The discipline of difficulty • The big compelling of God • The brave comradeship of God • The baffling call of God • The cross in prayer • Prayer in the Father's house • Prayer in the Father's honour • Prayer in the Father's hearing • The sacrament of the saint • This experience must come • The theology of rest • Quench not the Spirit • Chastening • Signs of the new birth • Does He know me • Are you discouraged in devotion? • Have you ever been expressionless with sorrow? • Self-consciousness • Completeness • The ministry of the unnoticed • "I indeed ⋯ but He" • Prayer choice and prayer conflict • The spiritual index • The fruitfulness of friendship • Are you ever disturbed? • Theology alive • What's the good of prayer? • Sublime intimacy • Am I convinced by Christ? • My joy ⋯ your joy*

5월 신앙의 표준 • 인내의 능력 • 능력 있는 중보 기도 • 대리적 중보 기도 • 구원, 하나님의 위대한 생각 • 그리스도로 인한 자유함 • 제자의 조건 • 믿음의 인내 • 이상입니까, 비전입니까? • 첫 발걸음을 떼십시오! • 훈련해야 할 사랑 • 경건 습관이라는 우상 • 선한 양심을 갖는 습관 • 역경을 이기는 습관 • 시련에 대항하는 습관 • 하나님이 주신 부요함을 누리는 습관 • 주님의 승천과 우리의 연합 • 단순하고 꾸밈없는 삶 • "다시 일어나리라" • 기분에 굴복하지 마십시오! • 믿음의 영적 논리 • 이제 설명이 됩니다 • '염려'라는 불신앙 • 절망 속의 기쁨 • 자기 유익을 구하는 시험 • 예수님께서 가르치신 기도 • 성령 세례 • 질문 없는 계시 • 방해 받지 않는 관계 • "네, 그렇지만…" • 하나님을 최고로!

6월 하나님을 믿기보다 하나님을 위해 일합니까? • 무엇에 사로잡혀 있습니까? • 주님과의 친밀함 • 현재 순간에 지금 이곳에서 • 하나님께서 주시는 확신 • 나의 의지와 하나님의 뜻 • 내 삶의 구심점 • 열심보다 귀한 순종 • 아직 받지 않았다면 구하십시오! • 구하고 집중하십시오! • "내게로 오라" • 성도입니까? • 권리 포기 • 지금 주님 안에 거하십시오! • 일상 속에서 빚어지는 성품 • 예수 그리스도께 충성하십시오! • 비판하지 않는 기질 • 바람과 풍랑을 바라봅니까? • 열정적인 헌신 • 다른 사람의 속죄를 위한 기도 • 내면 세계를 위한 사역 • 하나님의 판단 기준 • 하나님 아니면 죽 죽이기 • 죄성을 인정하십시오! • 슬픔의 불 가운데 • 언제나 지금 • 구원을 방해하는 먹구름 • 하나님께 사로잡힌 사역자 • 훈련의 방향 • 지금 당장!

7월 화목의 복음 • 주님을 진정 사랑합니까? • 개인적 죄에 대한 집중 • 염려와 짜증이 죄에 이릅니다 • 하나님을 제일로 두는 습관 • 하나님의 비전 • 제자의 삶은 어렵습니다 • 충성을 향한 의지 • 위대한 성찰 • 영적인 게으름뱅이 • 영적인 성도 • 영적인 공동체 • 비전의 대가 • 모독에 대한 대처 • 영적 영예의 순간 • 하나님의 주권에 대한 인식 • 믿음의 기적 • 신앙의 신비 • 자발적 순종 • 주님 앞에서 걷는 삶 • 하나님 왕국으로 들어가는 문 • 거룩의 조건 • 거룩의 신비 • 성향과 행동 • 성령의 폭발적 능력 • 청결한 삶 • 진리를 아는 방법 • 주님의 목적 • 구름 속에서 무엇을 봅니까? • 허상을 제거하는 훈련 • 온전하게 주의 것이 될 때까지

8월 주님의 인도하심에 대해 • 환난의 훈련 • 강권하시는 하나님 • 하나님의 용감한 동료 • 당황케 하는 하나님의 부르심 • 기도하는 이유 • 내 안에 계신 주님 • 내 안에 계신 하나님의 아들 • 아버지께서 들으시는 기도 • 하나님이 어디에 두시든 • 홀로 서 있을 때 • 주님을 향한 신뢰 • 성령의 음성을 들으십시오! • 성령을 소멸하지 마십시오! • 거듭남의 증표 • 예수님과의 친밀한 교제 • 강요하지 않으시는 주님 • 혹시 '헌신'을 사랑합니까? • 자아의식 • 온전한 삶 • 눈에 띄지 않는 섬김 • "나는 … 그러나 그는" • 은밀한 가운데 기도하십시오! • 영적 지침 • 성도의 애착 • 불안합니까? • 속죄의 표준 • 기도는 나를 바꿉니다 • 믿음의 싸움 • 사역보다 관계가 중요합니다 • 진정한 기쁨

Sep. *Destiny of holiness* • *The sacrament of sacrifice* • *The waters of satisfaction scattered* • *His!* • *The missionary watching* • *Diffusiveness of life* • *Springs of benignity* • *Do it yourself* • *Do it yourself* • *Missionary munitions* • *Missionary munitions* • *By spiritual confusion* • *After surrender—what?* • *Imagination v. inspiration* • *What to renounce* • *The divine region of religion* • *What's the good of temptation?* • *His temptation and ours* • *Do you continue to go with Jesus?* • *The divine rule of life* • *Missionary predestination* • *The missionary's Master* • *The missionary's goal* • *The "go" of preparation* • *The "go" of relationship* • *The unblameable attitude* • *The "go" of renunciation* • *The "go" of unconditional dentification* • *The consciousness of the call* • *The commission of the call*

Oct. *The sphere of exaltation* • *The sphere of humiliation* • *The sphere of ministration* • *The vision and the verity* • *The bias of degeneration* • *The bent of regeneration* • *Reconciliation* • *The exclusiveness of Christ* • *Pull yourself together* • *Whereby shall I know?* • *After God's silence—what?* • *Getting into God's stride* • *Individual discouragement and personal enlargement* • *The key to the missionary* • *The key to the missionary message* • *The key to the Master's orders* • *Greater works* • *The key to the missionary devotion* • *The unheeded secret* • *Is God's will my will?* • *Direction by impulse* • *The witness of the Spirit* • *Not a bit of it!* • *The viewpoint* • *The eternal crush of things* • *What is a missionary?* • *The method of missions* • *Justification by faith* • *Substitution* • *Faith* • *Discernment of faith*

Nov. *Ye are not your own* • *Authority and independence* • *A bond-slave of Jesus* • *The authority of reality* • *Partakers of His sufferings* • *Programme of belief* • *The undetected sacredness of circumstances* • *The unrivalled power of prayer* • *Sacramental service* • *Fellowship in the gospel* • *The supreme climb* • *The transfigured life* • *Faith and experience* • *Discovering divine designs* • *What is that to thee?* • *Still human!* • *The eternal goal* • *Winning into freedom* • *When He is come* • *The forgiveness of God* • *It is finished* • *Shallow and profound* • *Distraction of antipathy* • *Direction of aspiration* • *The secret of spiritual coherence* • *The concentration of spiritual energy* • *The consecration of spiritual energy* • *The bounty of the destitute* • *The absoluteness of Jesus Christ* • *By the grace of God I am what I am*

Dec. *The law and the gospel* • *Christian perfection* • *Not by might nor by power* • *The law of antagonism* • *The temple of the Holy Ghost* • *The bow in the cloud* • *Repentance* • *The impartial power of God* • *The offence of the natural* • *The offering of the natural* • *Individuality* • *Personality* • *What to pray for* • *The great life* • *Approved unto God* • *Wrestling before God* • *Redemption creates the need it satisfies* • *The test of loyalty* • *What to concentrate on* • *The right lines of work* • *Experience or revelation* • *The drawing of the Father* • *How can I personally partake in the atonement?* • *The hidden life* • *His birth and our new birth* • *Placed in the light* • *Where the battle's lost and won* • *Continuous conversion* • *Deserter or disciple?* • *"And every virtue we possess"* • *Yesterday*

9월 거룩이라는 목적 • 생명을 깨뜨릴 시간 • 주님께 부어드릴 수 있습니까? • 온전히 주님의 것이 되십시오! • 깨어 있으십시오! • 축복의 강물 • 은혜의 샘물 • 하나님께 의지한 싸움 • 하나님의 뜻에 맞는 사역 • 위기가 올 때 • 우리 안에 있는 주님의 능력으로 • 영적인 혼돈 속에서 • 의지의 순복 • 내 논리입니까, 성령의 감동입니까? • 거절해야 할 것 • 하나님을 향하는 기도 • 시험의 유익 • 주님께서 당하신 시험 • 예수님과 동행하고 있습니까? • 하나님을 닮아가는 삶 • 하나님의 종 • 순종할 이유 • 주의 뜻을 행하기 • 준비는 과정입니다 • 초자연적인 은혜 • 성령의 예리함에 따라 • 주님이 주신 아픔 • 주님이 나를 바라보실 때 • 초자연적인 부르심 • 찢겨진 빵과 부어지는 포도주

10월 내려오는 능력 • 계곡에 거할 때 • 오직 예수님께만 집중하십시오! • 비전의 빛 가운데 • 멸망의 인침 • 거룩한 유전형질 • 구원 계획과 개인적 적용 • "내게로 오라"는 말씀 따라 • 삶 가운데 나타나는 속죄 • 하나님의 진리가 역사할 때 • 하나님의 침묵 • 하나님과 보조를 맞추는 것 • 하나님과 교제한 이후에 • 증인 된 삶 • 선교 메시지의 핵심 • 기도가 열쇠입니다 • 기도는 사역이고 의무입니다 • 내가 사랑하고 헌신할 분, 예수님 • 유용성보다 인격적 관계를 중시하십시오! • 하나님의 뜻을 나의 뜻으로 • 하나님의 은혜가 필요합니다 • 성령의 증거하심 • 편견을 주님께 맡기십시오! • 그리스도인의 관심 • 하나님의 목적과 소명대로 • 보냄 받은 자 • 선교사의 열정과 도전 • 믿음에 의한 칭의 • 대속의 의미 • 상식과 믿음 • 오직 믿음으로 걷기

11월 나는 주님의 것 • 주님을 사랑하고 그분께 순종합니까? • 예수님의 종 • 복음의 진리에 반응하십시오! • 주님의 고난에 동참합니까? • 내가 처한 상황 속에서 • 성령 대신에 나서지 마십시오! • 성령의 간구 • 복음의 중심은 예수 그리스도입니다 • 하나님과의 일치 • "지금은 아니고 나중에" • 거듭남 이후의 변화 • 믿음과 체험 • 하나님의 계획을 발견하십시오! • 성숙한 성도의 삶 • 하나님의 능력만 드러내십시오! • 주님 밖에 없습니다! • 진정한 자유함 • 성령에 의해 책망 받을 때 • 하나님이 용서하시는 근거 • 예수 그리스도의 죽음 • 비천함과 심오함 • 경계해야 할 것들 • 당신의 눈은 어디를 향합니까? • 영적인 일관성의 비결 • 영적 능력의 집중 • 영적 능력의 성결 • 영적 가난을 아는 지식 • 진정한 예수 없는 경건을 주의하십시오! • 하나님 앞에서의 겸손

12월 율법과 복음 • 그리스도인의 완전 • 사람의 힘이 아니라 성령의 능력으로 • 영적 싸움 • 성령의 전 • 하나님과의 언약 관계 • 죄의 책망과 뼈아픈 회개 • 오직 한 문 • 자기 부인 • 자연적인 것의 희생 • 개별성을 깨뜨리십시오! • 인격적 본성 • 중보 기도의 본질 • 하나님의 평강이 임하십니까? • 하나님께 인정 받으려면 • 하나님 앞에서의 씨름 • 새 생명을 창조하는 구속 • 예수님께만 충성합니까? • 거짓 평화를 부수시는 주님 • 십자가 없는 위로는 착각입니다 • 주님보다 체험을 더 좋아합니까? • 의지의 항복 • 그리스도의 죽음과 하나 되는 서약 • 감추어진 생명 • 주님의 탄생과 우리의 거듭남 • 빛 가운데 거하면 • 영적 전쟁의 승리 • 교만과 완고함을 버리십시오! • 참된 제자입니까? • 새 생명으로 사십시오! • 과거와 현재와 미래의 하나님

하나님보다 앞서지 마십시오!

하나님의 뜻인지 분별하기 힘들 때

Let us keep to the point

Jan. 1st

My eager desire and hope being that I may never feel ashamed, but that now as ever I may do honour to Christ in my own person by fearless courage. Phil. 1:20. (Moffatt).

My Utmost for His Highest. "My eager desire and hope being that I may never feel ashamed." We shall all feel very much ashamed if we do not yield to Jesus on the point He has asked us to yield to Him. Paul says—"My determination is to be my utmost for His Highest." To get there is a question of will, not of debate nor of reasoning, but a surrender of will, an absolute and irrevocable surrender on that point. An over-weening consideration for ourselves is the thing that keeps us from that decision, though we put it that we are considering others. When we consider what it will cost others if we obey the call of Jesus, we tell God He does not know what our obedience will mean. Keep to the point; He does know. Shut out every other consideration and keep yourself before God for this one thing only—"My Utmost for His Highest." I am determined to be absolutely and entirely for Him and for Him alone.

My Undeterredness for His Holiness. "Whether that means life or death, no matter!" (v. 21). Paul is determined that nothing shall deter him from doing exactly what God wants. God's order has to work up to a crisis in our lives because we will not heed the gentler way. He brings us to the place where He asks us to be our utmost for Him, and we begin to debate; then He produces a providential crisis where we have to decide—for or against, and from that point the 'Great Divide' begins.

If the crisis has come to you on any line, surrender your will to Him absolutely and irrevocably.

신앙의 중심을 지키십시오!

> 나의 간절한 기대와 소망을 따라 아무 일에든지 부끄러워하지 아니하고 지금도 전과 같이 온전히 담대하여 살든지 죽든지 내 몸에서 그리스도가 존귀하게 되게 하려 하나니 (빌 1:20).

1월 1일

최상의 주님께 나의 최선을 드림 : "나의 간절한 기대와 소망을 따라 아무 일에든지 부끄러워하지 아니하고…." 예수님께서 우리 자신을 주께 내려놓으라고 하실 때 그렇지 못한다면 이는 매우 부끄러운 것입니다. 바울은 "나의 결심은 지극히 높으신 최상의 주님께 나의 최선을 드리는 것입니다"라고 했습니다. 최선을 드리는 것은 논쟁을 하거나 이치를 따지는 문제가 아닙니다. 의지의 항복입니다. 다시는 번복할 수 없는 절대적인 항복입니다. 다른 사람을 고려한다고 말은 하지만 실제로는 자기 자신을 지나치게 생각하는 마음이 의지의 항복을 가로막습니다. 우리는 주님의 부르심에 순종하려고 하면 남들에게 많은 피해를 끼치게 될 것이라고 생각하면서 하나님은 순종이 얼마나 힘든지 알지도 못하신다고 불평합니다. 그러나 중심을 벗어나지 마십시오. 하나님은 다 아십니다. 다른 모든 고려할 사항들을 내려놓고, 하나님 앞에서 오직 이 한 가지만 생각하십시오. "최상의 주님께 나의 최선을 드리리라." 단호하게 결심하십시오. 온전히 그분을 위해, 오직 그분을 위해 살기로.

주님의 거룩을 위해, 나는 아무것도 주저하지 않음 : "이는 내게 사는 것이 그리스도니 죽는 것도 유익함이라"빌 1:21. 바울은 하나님이 원하시는 대로 온전히 행하기 위해 그 어떤 것도 자신을 방해하지 못하게 하겠다고 결심합니다. 하나님께서 우리를 부드럽게 다루시면 우리는 별로 주의하지 않기 때문에 하나님께서는 우리의 삶에 위기를 가져오기도 하십니다. 하나님은 우리가 최선의 것을 주께 전부 드리는 자리까지 우리를 이끄십니다. 이때 우리가 하나님께 따지기 시작하면 하나님께서는 위기를 만들어 내십니다. 그러면 우리는 주를 위하든지 아니면 주를 대적하든지 결정을 내려야 합니다. 여기서 '가장 큰 분기점'이 시작됩니다. 만약 어디에서든 위기가 찾아오면, 당신의 의지를 다시는 번복할 수 없도록 주님께 완전히 항복하십시오.

Will you go out without knowing?

He went out, not knowing whither he went. Hebrews 11:8.

Jan. 2nd

Have you been 'out' in this way? If so, there is no logical statement possible when anyone asks you what you are doing. One of the difficulties in Christian work is this question—"What do you expect to do?" You do not know what you are going to do; the only thing you know is that God knows what He is doing. Continually revise your attitude towards God and see if it is a going out of everything, trusting in God entirely. It is this attitude that keeps you in perpetual wonder—you do not know what God is going to do next. Each morning you wake it is to be a 'going out,' building in confidence on God. "Take no thought for your life, ⋯ nor yet for your body"—take no thought for the things for which you did take thought before you 'went out.'

Have you been asking God what He is going to do? He will never tell you. God does not tell you what He is going to do; He reveals to you Who He is. Do you believe in a miracle-working God, and will you go out in surrender to him until you are not surprised an atom at anything He does?

Suppose God is the God you know Him to be when you are nearest to Him, what an impertinence worry is! Let the attitude of the life be a continual 'going out' in dependence upon God, and your life will have an ineffable charm about it which is a satisfaction to Jesus. You have to learn to go out of convictions, out of creeds, out of experiences, until, so far as your faith is concerned, there is nothing between yourself and God.

갈 바를 알지 못하고 나아가겠습니까?

갈 바를 알지 못하고 나아갔으며 (히 11:8).

1월 2일

아브라함처럼 갈 바를 알지 못한 채 나아간 적이 있습니까? 그때 누군가 당신에게 "무슨 일을 하고 있는가"라고 질문한다면 논리적으로 적절한 대답을 하지 못했을 것입니다. 그리스도인으로서 듣게 되는 곤란한 질문은 이것입니다. "뭘 하려고 합니까?" 우리는 뭘 하려고 하는지 알지 못하지만 하나님은 자신이 무슨 일을 하시는지 알고 계시다는 사실을 알 뿐입니다. 하나님을 향한 마음자세를 계속 새롭게 하십시오. 모든 면에서 하나님만 전적으로 믿고 앞으로 나아가면, 당신은 주님의 놀라우신 역사를 계속 체험하게 될 것입니다. 우리는 하나님께서 다음 단계에 무엇을 하실지 전혀 알지 못합니다. 그러나 매일 아침마다 깨어서 하나님을 신뢰하는 믿음을 세워가며 앞으로 나아갑니다. "당신의 삶에 대해 염려하지 마십시오. 건강에 대해서도 염려할 필요가 없습니다"눅 12:22. 순종하며 나아가기 전에, 미리 결과를 걱정하는 마음도 버리십시오.

당신은 하나님께 다음에 무엇을 하실지 여쭤본 적이 있습니까? 주님은 결코 대답하지 않으실 것입니다. 대신 주님이 누구신지 볼 수 있도록 당신의 눈을 열어주실 것입니다. 기적을 행하시는 하나님을 믿습니까? 하나님이 하시는 어떤 일에도 전혀 놀라지 않을 만큼 주님만을 온전히 믿음으로 순복하며 나아가겠습니까?

주님께 가장 가까이 있을 때 느꼈던 그 하나님이 바로 당신이 아는 하나님이십니다. 걱정이 하나님 앞에 얼마나 무례하고 부적절한 것입니까! 우리의 삶은 언제나 하나님만 의지하는 가운데 계속적으로 '앞으로 나아가는' 순종이 되어야 합니다. 그러면 우리 인생은 말로 다 표현할 수 없을 만큼 보람으로 가득 찰 것이며, 이는 예수님께 기쁨이 될 것입니다. 믿음에 관한 한, 하나님과 우리 사이에 아무런 장애물이 없을 때까지 우리의 고정관념, 교리, 경험을 뛰어넘어 앞으로 나아가야 합니다.

Clouds and darkness

Jan. 3rd

Clouds and darkness are round about Him. Psalm 97:2.

A man who has not been born of the Spirit of God will tell you that the teachings of Jesus are simple. But when you are baptized with the Holy Ghost, you find "clouds and darkness are round about Him." When we come into close contact with the teachings of Jesus Christ we have our first insight into this aspect of things. The only possibility of understanding the teaching of Jesus is by the light of the Spirit of God on the inside. If we have never had the experience of taking our commonplace religious shoes off our commonplace religious feet, and getting rid of all the undue familiarity with which we approach God, it is questionable whether we have ever stood in His presence. The people who are flippant and familiar are those who have never yet been introduced to Jesus Christ. After the amazing delight and liberty of realizing what Jesus Christ does, comes the impenetrable darkness of realizing Who He is.

Jesus said: "The words that I speak unto you," not—'the words I have spoken'—"they are spirit, and they are life." The Bible has been so many words to us—clouds and darkness, then all of a sudden the words become spirit and life because Jesus re-speaks them to us in a particular condition. That is the way God speaks to us, not by visions and dreams, but by words. When a man gets to God it is by the most simple way of words.

구름과 흑암

구름과 흑암이 그를 둘렀고 의와 공평이 그의 보좌의 기초로다 (시 97:2).

성령으로 거듭나지 못한 사람은 예수님의 가르침이 단순하다고 말합니다. 그러나 성령 세례를 받게 되면 "구름과 흑암이 주님을 둘렀다"는 것을 알게 됩니다. 예수 그리스도의 가르침을 가까이 대하게 되면 처음에는 마치 흑암과 같습니다. 이때 예수님의 가르침을 이해할 수 있는 유일한 방법은, 우리 안에 계신 성령님의 조명을 따르는 것입니다.

만일 진부한 종교 형식에서 발을 뗀 기억이 없고 형식적인 종교의 옷을 벗어버린 경험이 없다면, 또한 종교적 분위기 속에서 하나님께 나아가던 친숙함을 떨쳐버린 경험이 없다면, 우리가 정말 주의 존전에 서 있었던 적이 있는지 확인해봐야 합니다. 신앙 생활에 변덕이 심하고 종교적 분위기에 익숙하다면 예수 그리스도를 만난 적이 없는 것입니다. 예수 그리스도가 하신 일을 깨달음으로 놀라운 환희와 자유함을 맛본 후에는 그분을 깊이 알기 원하지만 정작 그때부터 깊은 흑암이 몰려옵니다.

예수님께서는 언제나 "내가 너희에게 이른 말은 영이요 생명이라"요 6:63고 하셨습니다. 성경의 많은 말씀들이 처음에는 구름과 흑암 같습니다. 그런데 예수님께서 우리의 특별한 상황에서 그 말씀들을 다시 하실 때 갑자기 말씀들이 영이 되고 생명이 됩니다. 이것이 환상이나 꿈이 아니라 바로 말씀에 의해 하나님이 우리에게 보여주시는 방법입니다. 우리가 하나님께 나아가게 되는 가장 단순한 방법은 언제나 살아 있는 말씀을 통해서입니다.

Why cannot I follow thee now?

Peter said unto Him, Lord, why cannot I follow Thee now? John 13:37.

There are times when you cannot understand why you cannot do what you want to do. When God brings the blank space, see that you do not fill it in, but wait. The blank space may come in order to teach you what sanctification means; or it may come after sanctification to teach you what service means. Never run before God's guidance. If there is the slightest doubt, then He is not guiding. Whenever there is doubt—don't.

In the beginning you may see clearly what God's will is—the severance of a friendship, the breaking off of a business relationship, something you feel distinctly before God is His will for you to do, never do it on the impulse of that feeling. If you do, you will end in making difficulties that will take years of time to put right. Wait for God's time to bring it round and He will do it without any heartbreak or disappointment. When it is a question of the providential will of God, wait for God to move.

Peter did not wait on God, he forecast in his mind where the test would come, and the test came where he did not expect it. "I will lay down my life for Thy sake." Peter's declaration was honest but ignorant. "Jesus answered him ⋯ The cock shall not crow, till thou hast denied Me thrice." This was said with a deeper knowledge of Peter than Peter had of himself. He could not follow Jesus because he did not know himself, or of what he was capable. Natural devotion may be all very well to attract us to Jesus, to make us feel His fascination, but it will never make us disciples. Natural devotion will always deny Jesus somewhere or other.

하나님보다 앞서지 마십시오!

베드로가 이르되 주여 내가 지금은 어찌하여 따라갈 수 없나이까 (요 13:37).

1월 4일

당신이 원하는 것을 왜 할 수 없는지 이해할 수 없는 때가 있습니다. 하나님께서 이러한 공백 기간을 허락하시면 그 공백을 스스로 채우려 하지 말고 기다리십시오. 그 기간은 당신에게 성화가 무엇인지 알려주시고 성화 이후에 봉사가 무엇인지 가르치시기 위해 허락될 수 있습니다. 결코 하나님의 인도하심보다 앞서 달리지 마십시오. 만일 아주 작은 의심이라도 생기면 하나님께서 인도하시는 것이 아닙니다. 의심이 생길 때마다 멈추십시오.

처음에는 하나님의 뜻이 무엇인지 분명히 보이는 것 같습니다. 그래서 친구들과의 관계를 끊기도 하고 어떤 사업 관계도 포기합니다. 하나님께서 우리에게 뭔가를 하라고 명하시는 것 같습니다. 그러나 결코 충동적인 감정에 의해 행동하지 마십시오. 분명한 인도하심 없이 무턱대고 진행했다가, 오히려 복구하는 데 많은 세월을 보내야 하는 어려움을 당할 수 있습니다. 하나님께서 모든 것을 원만하게 드러내실 때까지 기다리십시오. 우리의 마음 상함이나 후회가 전혀 없도록, 주께서 친히 행하실 것입니다. 그러므로 하나님의 섭리에 관해 의문이 있을 때는, 하나님께서 친히 역사하실 때까지 기다리십시오.

베드로는 하나님 앞에서 기다리지 못했습니다. 그는 시험이 어디서 올 것이라고 미리 추측했습니다. 그러나 시험은 베드로가 전혀 생각하지 못한 곳에서 왔습니다. "주를 위하여 내 목숨을 버리겠나이다"요 13:37. 베드로의 선언은 정직한 것이었지만 무지한 것이었습니다. "예수께서 대답하시되 … 닭 울기 전에 네가 세 번 나를 부인하리라"요 13:38. 이 말씀은 베드로가 자신을 아는 것보다 예수님께서 베드로를 훨씬 더 잘 아시기에 할 수 있는 말씀이었습니다. 베드로는 자신에 대해서도 몰랐고 자신의 능력도 정확히 알 수 없었기에, 예수님을 따를 수 없었습니다. 우리는 예수님의 매력에 빠져서 얼마든지 인간적인 충성을 맹세할 수 있습니다. 그러나 그 매력과 환상이 우리를 예수 그리스도의 제자로 만드는 것은 아닙니다. 인간적인 헌신은 어떤 때와 장소에서 예수님을 부인할 수 있습니다.

The afterwards of the life of power

Jan. 5th

Whither I go, thou canst not follow Me now; but thou shalt follow Me afterwards. John 13:36.

"And when He had spoken this, He saith unto him, Follow Me." Three years before, Jesus had said—"Follow Me," and Peter had followed easily, the fascination of Jesus was upon him, he did not need the Holy Spirit to help him to do it. Then he came to the place where he denied Jesus, and his heart broke. Then he received the Holy Spirit, and now Jesus says again—"Follow Me." There is no figure in front now saving the Lord Jesus Christ. The first "Follow Me" had nothing mystical in it, it was an external following; now it is a following in internal martyrdom (cf. John 21:18).

Between these times Peter had denied Jesus with oaths and curses, he had come to the end of himself and all his self-sufficiency; there was not one strand of himself he would ever rely upon again, and in his destitution he was in a fit condition to receive an impartation from the risen Lord. "He breathed on them, and saith unto them, Receive ye the Holy Ghost." No matter what changes God has wrought in you, never rely upon them, build only on a Person, the Lord Jesus Christ, and on the Spirit He gives.

All our vows and resolutions end in denial because we have no power to carry them out. When we have come to the end of ourselves, not in imagination but really, we are able to receive the Holy Spirit. "Receive ye the Holy Ghost"—the idea is that of invasion. There is only one lodestar in the life now, the Lord Jesus Christ.

자신을 포기할 때 성령을 받습니다

내가 가는 곳에 네가 지금은 따라올 수 없으나 후에는 따라오리라 (요 13:36).

1월 5일

"이 말씀을 하시고 베드로에게 이르시되 나를 따르라 하시니"요 21:19. 3년 전에도 예수님께서 이 말씀을 하셨습니다. "나를 따라오라"마 4:19. 이때 베드로는 예수님을 쉽게 따라갈 수 있었습니다. 예수 그리스도의 매력이 그를 사로잡았기 때문입니다. 이때 베드로가 주를 따르는 데 성령의 도움은 필요하지 않았습니다. 그 후 베드로는 예수님을 부인하게 되었고 그의 마음은 찢겨졌습니다. 그가 성령을 받은 후 예수님은 다시 말씀하십니다. "나를 따라오라." 이제 베드로 앞에는 주 예수 그리스도 외에 아무도 보이지 않습니다. 처음 "따라오라"는 말씀은 신비한 의미가 담겨 있지 않은 단순한 외적 부르심이었습니다. 그러나 지금 "따라오라"는 말씀에는 자신의 자아를 죽여야 하는 내적 순교의 의미가 있습니다요 21:18.

이 두 부르심의 사이에는 베드로가 저주 및 맹세로 예수 그리스도를 부인하는 사건마 26:69-75이 있었습니다. 이 사건으로 베드로는 결국 자신에 대해 포기하게 되었고 자신 안에는 의지할 것이 없음을 발견했습니다. 그리고 절망 가운데서, 부활하신 주로부터 능력을 받기에 합당한 상태가 되었습니다. "그들을 향하사 숨을 내쉬며 이르시되 성령을 받으라"요 20:22. 하나님께서 당신 안에 어떤 변화를 만드시든 결코 변화 자체를 의지하지 말고 오직 한 분 주 예수 그리스도, 그리고 그분이 보내신 성령님만 의지하십시오.

우리의 모든 맹세와 결심은 결국 실패하게 됩니다. 왜냐하면 우리에게는 그것들을 수행할 만한 능력이 없기 때문입니다. 생각에 그치지 않고 실제로 우리 자신을 포기할 때, 우리는 성령을 받을 수 있게 됩니다. "성령을 받으라." 이는 성령께서 외부에서 들어오신다는 뜻입니다. 성령이 우리 안에 오신 이후로 우리 인생에는 오직 한 가지 지표가 생깁니다. 바로 주 예수 그리스도입니다.

Worship

And he pitched his tent having Bethel on the west and Ai on the east; and there he built an altar. Genesis 12:8.

Worship is giving God the best that He has given you. Be careful what you do with the best you have. Whenever you get a blessing from God, give it back to Him as a love gift. Take time to meditate before God and offer the blessing back to Him in a deliberate act of worship. If you hoard a thing for yourself, it will turn into spiritual dry rot, as the manna did when it was hoarded. God will never let you hold a spiritual thing for yourself; it has to be given back to Him that He may make it a blessing to others.

Bethel is the symbol of communion with God; Ai is the symbol of the world. Abraham pitched his tent between the two. The measure of the worth of our public activity for God is the private profound communion we have with Him. Rush is wrong every time; there is always plenty of time to worship God. Quiet days with God may be a snare. We have to pitch our tents where we shall always have quiet times with God, however noisy our times with the world may be. There are not three stages in spiritual life—worship, waiting and work. Some of us go in jumps like spiritual frogs, we jump from worship to waiting, and from waiting to work. God's idea is that the three should go together. They were always together in the life of Our Lord. He was unhasting and unresting. It is a discipline, we cannot get into it all at once.

예배의 의미

거기서 벧엘 동쪽 산으로 옮겨 장막을 치니 서쪽은 벧엘이요 동쪽은 아이라 그가 그곳에서 여호와께 제단을 쌓고 여호와의 이름을 부르더니 (창 12:8).

1월 6일

　예배란 하나님께서 우리에게 주신 가장 좋은 것을 다시 하나님께 드리는 것입니다. 당신이 가진 최선의 것으로 무엇을 하겠습니까? 하나님의 축복을 받을 때마다 사랑의 선물로 하나님께 그 축복을 다시 돌려드리십시오. 하나님 앞에서 그 축복들을 세어보며 감사하고, 진정한 예배로 주님께 그 축복을 돌려드리십시오. 만일 자신만을 위해 하나님께서 주신 축복을 쌓아놓으면, 마치 쌓아놓은 만나가 썩었듯이 그 축복은 당신을 영적으로 메마르고 썩게 만들 것입니다. 하나님께서는 당신 자신만을 위해 영적 축복들을 붙들고 있는 것을 허락하지 않으십니다. 주께서 다른 사람들에게 그 축복을 또 다른 축복으로 만드시도록 그 축복은 주님께 예배로 드려져야 합니다.

　벧엘은 하나님과의 교제를 상징하는 반면 아이는 세상을 상징합니다. 아브라함은 그 둘 사이에 장막을 쳤습니다. 하나님을 향한 우리의 공적 활동에 대한 진정한 가치는, 우리가 주님과 얼마나 깊은 개인적인 교제를 가지고 있는가 하는 것입니다. 조급함은 잘못된 것이며, 누구든지 하나님을 예배할 충분한 시간이 있습니다. 하나님과의 교제가 없는 하루하루는 그 자체가 삶의 덫이 됩니다. 세상으로 인해 우리의 삶이 아무리 잡음이 많고 복잡하더라도 하나님과 친밀하고 조용한 시간을 가질 수 있도록 언제나 예배의 장막을 치십시오. 영적인 삶에는 세 가지 단계, 곧 예배, 기다림, 봉사가 있는 것이 아닙니다. 우리 중에는 영적으로 개구리처럼 예배에서 기다림으로, 기다림에서 봉사로 점프합니다. 그러나 하나님의 계획은 이 세 가지가 함께하는 것입니다. 주님의 삶 속에서는 이 세 가지가 언제나 함께 있었습니다. 주님은 급하지 않으셨으며 그럼에도 쉬지 않으셨습니다. 이 세 가지는 훈련입니다. 한번에 이 훈련을 다 마칠 수 없습니다.

Intimate with Jesus

*Have I been so long with you,
and yet hast thou not known Me?* John 14:9.

These words are not spoken as a rebuke, nor even with surprise; Jesus is leading Philip on. The last One with whom we get intimate is Jesus. Before Pentecost the disciples knew Jesus as the One Who gave them power to conquer demons and to bring about a revival (see Luke 10:18-20). It was a wonderful intimacy, but there was a much closer intimacy to come—"I have called you friends." Friendship is rare on earth. It means identity in thought and heart and spirit. The whole discipline of life is to enable us to enter into this closest relationship with Jesus Christ. We receive His blessings and know His word, but do we know Him?

Jesus said—"It is expedient for you that I go away"—in that relationship, so that He might lead them on. It is a joy to Jesus when a disciple takes time to step more intimately with Him. Fruitbearing is always mentioned as the manifestation of an intimate union with Jesus Christ (John 15:1-4).

When once we get intimate with Jesus we are never lonely, we never need sympathy, we can pour out all the time without being pathetic. The saint who is intimate with Jesus will never leave impressions of himself, but only the impression that Jesus is having unhindered way, because the last abyss of his nature has been satisfied by Him. The only impression left by such a life is that of the strong calm sanity that Our Lord gives to those who are intimate with Him.

예수님과 친밀하게 지내십시오!

빌립아 내가 이렇게 오래 너희와 함께 있으되
네가 나를 알지 못하느냐 (요 14:9).

이 말씀은 상대방을 꾸짖거나 놀라게 하기 위함이 아닙니다. 예수님께서 빌립을 이끌고 계신 것입니다. 친숙해지기가 가장 어려운 분이 있다면 예수님일 것입니다. 성령님이 오시던 오순절 전까지도 제자들은 예수님이 단지 악령을 이기는 힘을 주시고 부흥을 가져다 주시는 분으로만 알고 있었습니다눅 10:18-20. 이 정도만 하더라도 꽤 친밀한 관계입니다. 그러나 훨씬 더 친밀한 관계가 있었습니다. 성령께서 오심으로 성령 안에서 나누게 되는 예수님과의 엄청난 친밀함입니다.

"나는 너희를 친구라고 하리라"요 15:15. 진정한 친구 관계는 이 땅에 흔치 않습니다. 진정한 우정이란 생각과 마음과 영이 같아지는 것을 의미합니다. 제자의 삶이란 예수 그리스도와 가장 친밀한 관계로 들어가는 것을 말합니다. 주님으로부터 축복도 받고 주의 말씀도 머리로 알지만 정말로 그분을 알고 있습니까?

예수님께서 "내가 떠나가는 것이 너희에게 유익이라"요 16:7고 말씀하셨습니다. 그분은 성령을 통한 관계 속에서 제자들을 이끌기를 원하셨습니다. 예수님의 기쁨은 그분의 제자가 예수님께로 한걸음씩 더 가까이 나아가는 것입니다. 열매 맺는 삶이란 예수 그리스도와의 친밀한 관계가 외부로 나타나는 현상입니다요 15:1-4.

예수 그리스도와 친밀한 관계를 맺으면 우리는 결코 외롭지 않습니다. 또한 누군가로부터 동정을 받을 필요도 없습니다. 비통한 마음이 전혀 없이 언제나 넘치는 삶을 살 수 있습니다. 또한 예수님과 긴밀한 관계를 갖는 사람은 자신의 이미지를 남기는 대신 예수 그리스도를 남깁니다. 그 이유는 모든 인간의 가장 깊은 곳은 오직 예수님만이 만족시킬 수 있기 때문입니다. 예수님과 친밀한 관계를 유지하는 사람에게 주님은 말로 다할 수 없는 평강을 주십니다.

Does my sacrifice live?

And Abraham built an altar ··· and bound Isaac his son. Genesis 22:9.

Jan. 8th

This incident is a picture of the blunder we make in thinking that the final thing God wants of us is the sacrifice of death. What God wants is the sacrifice through death which enables us to do what Jesus did, viz., sacrifice our lives. Not 'I am willing to go to death with Thee,' but, 'I am willing to be identified with Thy death so that I may sacrifice my life to God.' We seem to think that God wants us to give up things! God purified Abraham from this blunder, and the same discipline goes on in our lives. God nowhere tells us to give up things for the sake of giving them up. He tells us to give them up for the sake of the only thing worth having, viz., life with Himself. It is a question of loosening the bands that hinder the life, and immediately those bands are loosened by identification with the death of Jesus, we enter into a relationship with God whereby we can sacrifice our lives to Him.

It is of no value to God to give Him your life for death. He wants you to be a "living sacrifice," to let Him have all your powers that have been saved and sanctified through Jesus. This is the thing that is acceptable to God.

나의 희생제물은 살아 있습니까?

1월 8일

이에 아브라함이 그곳에 제단을 쌓고 …
그의 아들 이삭을 결박하여 (창 22:9).

우리는 성경 본문에 나오는 아브라함의 사건을 보며, 하나님께서 우리에게 궁극적으로 원하시는 것이 '죽음'이란 희생이라고 착각합니다. 하나님은 죽음을 '통한' 희생으로써 우리가 예수님께서 하신 일을 할 수 있도록 만들기 원하십니다. 곧 우리의 '삶'이 희생제물이 되는 것입니다. "제가 주와 함께 죽는 자리까지 가겠나이다"가 아니라 "제가 주님과 함께 죽어 제 삶이 하나님께 드려지는 희생제물이 되게 하겠나이다"라는 것입니다. 하나님이 우리에게 원하시는 것은 우리가 모든 것을 포기하는 것이라고 생각하기 쉽습니다. 그러나 하나님께서는 아브라함에게 이러한 실수를 하지 않도록 하셨습니다. 이와 같은 훈련이 우리의 삶 가운데서도 진행됩니다. 주님은 어느 곳에서도 모든 것을 버리기 위해 포기하라고 말씀하지 않으십니다. 가장 가치 있는 단 한 가지, 곧 주님과 함께하는 삶을 위해 모든 것을 포기하라는 것입니다. 이는 이러한 삶을 방해하는 모든 것을 포기하는 것을 의미합니다. 주 예수 그리스도의 죽음과 일체가 됨으로써 다른 모든 것들을 포기하면, 우리는 하나님과의 바른 관계 속에서 우리의 삶을 주님께 산 제사로 드리게 됩니다.

죽음을 위해 당신의 삶을 주께 드리는 것은 아무 가치가 없습니다. 하나님이 원하시는 것은 당신의 '산 제사'입니다. 예수님을 통해 구원받고 거룩하게 된 당신의 모든 능력을 하나님께서 사용하게 하십시오. 이러한 제사가 하나님께서 받으시는 산 제사입니다.

Intercessory introspection

And I pray God your whole spirit and soul and body be preserved blameless. 1 Thess. 5:23.

"Your whole spirit …" The great mystical work of the Holy Spirit is in the dim regions of our personality which we cannot get at. Read the 139th Psalm; the Psalmist implies—'Thou art the God of the early mornings, the God of the late at nights, the God of the mountain peaks, and the God of the sea; but, my God, my soul has further horizons than the early mornings, deeper darkness than the nights of earth, higher peaks than any mountain peaks, greater depths than any sea in nature—Thou Who art the God of all these, be my God. I cannot reach to the heights or to the depths; there are motives I cannot trace, dreams I cannot get at—my God, search me out.'

Do we believe that God can garrison the imagination far beyond where we can go? "The blood of Jesus Christ cleanseth us from all sin"—if that means in conscious experience only, may God have mercy on us. The man who has been made obtuse by sin will say he is not conscious of sin. Cleansing from sin is to the very heights and depths of our spirit if we will keep in the light as God is in the light, and the very Spirit that fed the life of Jesus Christ will feed the life of our spirits. It is only when we are garrisoned by God with the stupendous sanctity of the Holy Spirit, that spirit, soul and body are preserved in unspotted integrity, undeserving of censure in God's sight, until Jesus comes.

We do not allow our minds to dwell as they should on these great massive truths of God.

초월적인 하나님의 보호

평강의 하나님이 친히 너희로 온전히 거룩하게 하시고 또 너희의 온 영과 혼과 몸이 우리 주 예수 그리스도께서 강림하실 때에 흠 없게 보전되기를 원하노라 (살전 5:23).

성령의 위대하고 신비스러운 역사는 우리가 닿을 수 없는 깊은 '인격적 본성'의 영역에서 이루어집니다. 시편 139편에서 시인이 말합니다. "내가 주의 영을 떠나 어디로 가며 주의 앞에서 어디로 피하리이까 내가 하늘에 올라갈지라도 거기 계시며 스올에 내 자리를 펼지라도 거기 계시니이다 내가 새벽 날개를 치며 바다 끝에 가서 거주할지라도 거기서도 주의 손이 나를 인도하시며 주의 오른손이 나를 붙드시리이다 내가 혹시 말하기를 흑암이 반드시 나를 덮고 나를 두른 빛은 밤이 되리라 할지라도 주에게서는 흑암이 숨기지 못하며 밤이 낮과 같이 비추이나니 주에게는 흑암과 빛이 같음이니이다 … 내가 은밀한 데서 지음을 받고 땅의 깊은 곳에서 기이하게 지음을 받은 때에 나의 형체가 주의 앞에 숨겨지지 못했나이다 내 형질이 이루어지기 전에 주의 눈이 보셨으며 나를 위해 정한 날이 하루도 되기 전에 주의 책에 다 기록이 되었나이다."

당신은 하나님께서 우리의 의식 세계를 훨씬 초월하는 상상의 세계까지 보호해주시는 것을 믿습니까? "예수의 피가 우리를 모든 죄에서 깨끗하게 하실 것이요"요일 1:7. 이 내용은 우리가 의식할 수 있는 죄에만 국한되지 않습니다. 사실 인간이란 존재는 죄로 인해 아주 둔해졌기 때문에 의식하지 못하는 죄가 너무 많습니다. 죄로부터 정결하게 된다는 것은 우리의 영혼 자체만큼이나 깊고 높은 차원입니다. 하나님께서 빛 가운데 계심같이 우리가 온전히 빛에 거할 때 죄에 대한 온전한 의식이 가능합니다. 이러한 일이 가능하려면, 예수 그리스도를 채우신 바로 그 성령께서 우리 영혼을 충만하게 채우셔야 합니다. 따라서 예수님께서 다시 오실 그때까지 우리는 성령의 거룩하게 하시는 강한 역사 가운데 하나님에 의해 보호를 받아야 합니다. 그래야 우리의 영과 혼과 육이 하나님이 보시기에 흠 없이 정결하게 유지될 수 있습니다.

우리는 방심하지 말고 이러한 위대하고 엄청난 하나님의 진리 가운데 우리 마음이 사로잡힐 수 있도록 해야 합니다.

The opened sight

Jan. 10th

To open their eyes, ⋯ that they may receive ⋯ Acts 26:18.

The first sovereign work of grace is summed up in the words—"that they may receive remission of sins." When a man fails in personal Christian experience, it is nearly always because he has never received anything. The only sign that a man is saved is that he has received something from Jesus Christ. Our part as workers for God is to open men's eyes that they may turn themselves from darkness to light; but that is not salvation, that is conversion—the effort of a roused human being. I do not think it is too sweeping to say that the majority of nominal Christians are of this order; their eyes are opened, but they have received nothing. Conversion is not regeneration. This is one of the neglected factors in our preaching today. When a man is born again, he knows that it is because he has received something as a gift from Almighty God and not because of his own decision. People register their vows, and sign their pledges, and determine to go through, but none of this is salvation. Salvation means that we are brought to the place where we are able to receive something from God on the authority of Jesus Christ, viz., remission of sins.

Then there follows the second mighty work of grace—"and inheritance among them which are sanctified." In sanctification the regenerated soul deliberately gives up his right to himself to Jesus Christ, and identifies himself entirely with God's interest in other men.

열린 시야

1월 10일

그 눈을 뜨게 하여 어둠에서 빛으로, 사탄의 권세에서 하나님께로 돌아가게 하고 죄사함과 나를 믿어 거룩하게 된 무리 가운데서 기업을 얻게 하리라 (행 26:18).

하나님이 주시는 은혜의 첫 번째 주권적인 역사는 '죄악을 사함받는 것'입니다. 그리스도인으로서의 어떤 체험을 하지 못하고 있다면 아직 하나님께로부터 영적으로 아무것도 받은 것이 없기 때문입니다. 구원을 받았다는 유일한 증거는, 그가 예수 그리스도께 죄사함을 받았다는 사실입니다. 하나님을 섬기는 자로서 우리의 역할은 사람들의 눈을 뜨게 하여 그들로 어둠에서 빛으로 돌아서게 하는 것입니다. 그러나 이것은 구원이 아니라 마음속 변화이고 빛의 자극을 받은 사람들의 반응입니다. 대부분의 그리스도인들은 이 과정 속에 있습니다. 그들의 눈은 열렸습니다. 그런데 그들은 아무것도 받지 않았습니다. 단지 마음이 변해 결심을 한 상태는 아직 거듭난 상태가 아닙니다. 이 부분이 오늘날 우리의 가르침에서 무시되는 요소입니다. 사람이 거듭나는 것은 자신이 결단했기 때문이 아니라 전능하신 하나님께로부터 뭔가를 선물로 받았기 때문입니다. 사람들은 맹세를 하고 결심을 하지만, 이것이 곧 구원은 아닙니다. 구원이란 우리가 어떤 곳까지 이끌려 그곳에서 주 예수 그리스도의 권세로 인해 하나님께로부터 '죄사함' 받는 것입니다.

은혜의 두 번째 위대한 역사는 '거룩하게 된 자 가운데 임하는 기업'입니다. 거듭난 영혼은 성화의 과정을 겪으며 자신에 대한 권리를 신중히 예수 그리스도께 양도합니다. 아울러 타인에 대한 하나님의 관심을 자신의 관심과 완전히 일치시킵니다.

What my obedience to God costs other people

They laid hold upon one Simon, … and on him they laid the cross. Luke 23:26.

If we obey God it is going to cost other people more than it costs us, and that is where the sting comes in. If we are in love with our Lord, obedience does not cost us anything, it is a delight, but it costs those who do not love Him a good deal. If we obey God it will mean that other people's plans are upset, and they will gibe us with it—'You call this Christianity?' We can prevent the suffering; but if we are going to obey God, we must not prevent it, we must let the cost be paid.

Our human pride entrenches itself on this point, and we say—'I will never accept anything from anyone.' We shall have to, or disobey God. We have no right to expect to be in any other relation than our Lord Himself was in (see Luke 8:2-3).

Stagnation in spiritual life comes when we say we will bear the whole thing ourselves. We cannot. We are so involved in the universal purposes of God that immediately we obey God, others are affected. Are we going to remain loyal in our obedience to God and go through the humiliation of refusing to be independent, or are we going to take the other line and say—I will not cost other people suffering? We can disobey God if we choose, and it will bring immediate relief to the situation, but we shall be a grief to our Lord. Whereas if we obey God, He will look after those who have been pressed into the consequences of our obedience. We have simply to obey and to leave all consequences with Him.

Beware of the inclination to dictate to God as to what you will allow to happen if you obey Him.

나의 순종이 다른 사람을 희생시킵니까?

1월 11일

그들이 예수를 끌고 갈 때에 시몬이라는 구레네 사람이 시골에서 오는 것을 붙들어 그에게 십자가를 지워 예수를 따르게 하더라 (눅 23:26).

하나님께 순종하려고 하면 우리에게도 희생이 요구되지만 동시에 다른 사람도 우리 때문에 희생을 치르게 됩니다. 바로 이 부분에서 긴장이 발생합니다. 주님을 깊게 사랑하면 그분을 향한 순종은 그렇게 어려운 것이 아닙니다. 오히려 기쁨입니다. 그러나 그분을 사랑하지 않는 사람에게 순종이란 희생일 뿐입니다. 우리가 하나님께 순종하면 반드시 다른 사람의 계획에 차질을 가져옵니다. 따라서 그들은 이렇게 빈정댑니다. "이것이 기독교란 말이지?" 우리는 이때 이 고통을 피할 수도 있습니다. 그러나 하나님께 순종하려면 이러한 고통을 피해서는 안 됩니다. 오히려 그 희생이 지불되도록 그냥 두어야 합니다.

인간적인 '교만'은 자신의 입장을 고수하려고 안간힘을 씁니다. "나는 절대로 어느 누구에게도 아무 피해를 주지 않을 생각이야." 하나님보다 다른 사람을 생각한다면 오직 하나님께 불순종하는 길 밖에 없습니다. 우리는 주님과의 관계보다 다른 그 어떤 관계를 더 고려해서는 안 됩니다눅 8:2-3.

영적 침체는 아무에게도 영향을 주지 않고 모든 것을 스스로 하려고 할 때 찾아옵니다. 그러나 우리는 그렇게 할 수 없습니다. 우리는 하나님의 전우주적인 목적과 너무 깊게 관련되어 있기 때문에 우리가 하나님께 순종하는 순간에 당장 다른 사람들이 영향을 받게 됩니다. 당신은 자존심이 상하더라도 충성스럽게 주님께 충성하겠습니까? 아니면 다른 사람에게 피해를 주지 않겠다는 생각으로 다른 길을 택하겠습니까? 우리는 하나님께 불순종하는 것을 택할 수 있습니다. 그러나 불순종을 택할 경우 우리는 잠깐 그 불편한 상황을 피할 수는 있어도 하나님께는 근심 덩어리가 될 것입니다. 그러나 하나님께 순종하면, 우리의 순종으로 인해 마음에 부담을 느끼는 사람들을 주님께서 친히 돌보실 것입니다.

주님께 순종함으로 인해 발생될 결과들에 대해 주님께 이런저런 요구를 하지 마십시오.

Have you ever been alone with God?

When they were alone, He expounded all things to His disciples. Mark 4:34.

Jan. 12th

Jesus does not take us alone and expound things to us all the time; He expounds things to us as we can understand them. Other lives are parables. God is making us spell out our own souls. It is slow work, so slow that it takes God all time and eternity to make a man and woman after His own purpose. The only way we can be of use to God is to let Him take us through the crooks and crannies of our own characters. It is astounding how ignorant we are about ourselves! We do not know envy when we see it, or laziness, or pride. Jesus reveals to us all that this body has been harbouring before His grace began to work. How many of us have learned to look in with courage?

We have to get rid of the idea that we understand ourselves, it is the last conceit to go. The only One Who understands us is God. The greatest curse in spiritual life is conceit. If we have ever had a glimpse of what we are like in the sight of God, we shall never say—"Oh I am so unworthy," because we shall know we are, beyond the possibility of stating it. As long as we are not quite sure that we are unworthy, God will keep narrowing us in until He gets us alone. Wherever there is any element of pride or of conceit, Jesus cannot expound a thing. He will take us through the disappointment of a wounded pride of intellect, through disappointments of heart. He will reveal inordinate affections—things over which we never thought He would have to get us alone. We listen to many things in classes, but they are not an exposition to us yet. They will be when God gets us alone over them.

주님과만 홀로 있기

> 비유가 아니면 말씀하지 아니하시고 다만 혼자 계실 때에
> 그 제자들에게 모든 것을 해석하시더라 (막 4:34).

1월 12일

예수님께서 언제나 우리에게 모든 사건을 설명해주시는 것은 아닙니다. 우리가 이해할 수 있을 때 설명하십니다. 그때까지의 삶은 비유입니다. 하나님께서는 우리 자신의 영혼에 대해 상세하게 토로하도록 만드십니다. 이 과정은 너무나 느려서 하나님의 목적을 추구하는 사람으로 변화될 때까지 우리의 평생이 걸리기도 합니다. 우리가 하나님께 쓰임받는 유일한 비결은, 우리 성품의 못나고 연약한 부분들을 하나님께서 만지시도록 하는 것입니다. 우리는 자신에 대해 얼마나 무지합니까? 다른 사람의 질투와 게으름과 교만을 보면서도 자신의 질투와 게으름과 교만은 깨닫지 못합니다. 예수님께서는 은혜의 역사를 베푸시기 전에 우리 안에 자리 잡은 잘못된 성품들을 보여주십니다. 우리 중 몇 명이나 용기있게 자신을 들여다보겠습니까?

자신을 이해하고 있다는 헛된 생각을 버리십시오. 이것은 우리가 끝까지 버리지 못하는 생각입니다. 우리를 정확하게 이해하시는 분은 오직 하나님이십니다. 우리의 영적 삶에서 가장 큰 저주는 기만입니다. 하나님의 불꽃 같은 눈 앞에서 우리가 어떤 존재인지를 안다면, "나는 아무 쓸모없는 사람이다"라는 말조차 못할 것입니다. 자신은 그러한 말조차 할 수 없는 형편이기 때문입니다. 우리가 하나님 앞에서 전혀 가치가 없다는 사실을 확신하지 못하면, 하나님께서는 계속 우리를 궁지에 몰아 결국 홀로 있게 만드실 것입니다. 우리 안에 교만이나 기만이 있다면 예수님께서는 그 어떤 것도 설명할 수 없으시기 때문입니다. 주님은 우리의 지적 교만에 상처를 허락하셔서 지식에 실망케 하실 것이며 좌절감을 느끼게 하실 것입니다. 주님은 우리의 부적절한 애착을 드러내셔서 우리로 그 모든 애착을 버리고 홀로 있게 하실 것입니다. 우리가 배우고 듣는 정보와 지식은 우리의 삶을 설명할 수 없습니다. 오직 하나님께서 우리를 홀로 있게 하셔서 설명해주실 때 비로소 배우고 들은 것을 이해하게 됩니다.

Have you ever been alone with God?

When He was alone, the twelve ⋯ asked of Him ⋯ Mark 4:10.

Jan. 13th

When God gets us alone by affliction, heartbreak, or temptation, by disappointment, sickness, or by thwarted affection, by a broken friendship, or by a new friendship—when He gets us absolutely alone, and we are dumbfounded and cannot ask one question, then He begins to expound. Watch Jesus Christ's training of the twelve. It was the disciples, not the crowd outside, who were perplexed. They constantly asked Him questions, and He constantly expounded things to them; but they only understood after they had received the Holy Spirit (see John 14:26).

If you are going on with God, the only thing that is clear to you, and the only thing God intends to be clear, is the way He deals with your own soul. Your brother's sorrows and perplexities are an absolute confusion to you. We imagine we understand where the other person is, until God gives us a dose of the plague of our own hearts. There are whole tracts of stubbornness and ignorance to be revealed by the Holy Spirit in each one of us, and it can only be done when Jesus gets us alone. Are we alone with Him now, or are we taken up with little fussy notions, fussy comradeships in God's service, fussy ideas about our bodies? Jesus can expound nothing until we get through all the noisy questions of the head and are alone with Him.

주님께서 나를 홀로 다루실 때

> 예수께서 홀로 계실 때에 함께한 사람들이 열두 제자와 더불어 그 비유들에 대하여 물으니 (막 4:10).

1월 13일

하나님께서 우리를 홀로 있게 하실 때, 가령 우리가 병이나 너무나 슬픈 일, 유혹이나 실망, 환난, 실연, 깨어진 관계나 새로운 관계 등으로 홀로 있게 될 때, 우리는 너무나 당황스러워서 아무 질문조차 할 수 없게 됩니다. 이때 주님은 설명하기 시작하십니다. 예수 그리스도께서 열두 제자들을 어떻게 훈련하셨는가를 주의해 보십시오. 사실 십자가 사건으로 난처함에 빠진 사람들은 주변의 군중들이 아니라 예수님의 제자들이었습니다. 그래서 그들은 계속 예수님께 질문을 하게 되었고 그때 예수님께서는 그들에게 설명을 해주셨습니다. 그럼에도 불구하고 그들은 성령을 받은 후에야 모든 것을 제대로 이해할 수 있었습니다요 14:26.

하나님과 함께할 때 당신은, 하나님께서 당신의 영혼에 깊은 관심을 가지고 계심을 알게 됩니다. 형제들의 슬픔과 난처함은 분명히 당신에게 큰 혼돈을 줄 것입니다. 우리는 다른 사람들의 사정을 이해한다고 착각하지만 사실 하나님께서 우리 마음속에 어떤 아픔을 주시기 전까지는 다른 사람들의 사정을 이해할 수 없습니다. 각 사람 안에는 성령에 의해 드러나야 할 무지와 아집으로 가득 차 있습니다. 오직 예수님께서 우리를 홀로 다루실 때 이를 깨닫게 됩니다. 지금 당신은 주님과 홀로 있습니까? 아니면 쓸데없는 생각들과 주를 섬기는 데 방해되는 복잡한 친구 관계, 외모에 대한 자질구레한 생각에 집착하고 있습니까? 우리의 머릿속에서 이러한 모든 시끄러운 질문이 잠잠해지고 오직 주님과만 단둘이 있을 때까지 주님은 아무것도 설명할 수 없으십니다.

Called of God

Jan. 14th

Whom shall I send, and who will go for us? Then said I, Here am I; send me. Isaiah 6:8.

God did not address the call to Isaiah; Isaiah overheard God saying—"Who will go for us?" The call of God is not for the special few, it is for everyone. Whether or not I hear God's call depends upon the state of my ears; and what I hear depends upon my disposition. "Many are called but few are chosen," that is, few prove themselves the chosen ones. The chosen ones are those who have come into a relationship with God through Jesus Christ whereby their disposition has been altered and their ears unstopped, and they hear the still small voice questioning all the time—"Who will go for us?" It is not a question of God singling out a man and saying, 'Now, you go.' God did not lay a strong compulsion on Isaiah; Isaiah was in the presence of God and he overheard the call, and realized that there was nothing else for him but to say, in conscious freedom—"Here am I; send me."

Get out of your mind the idea of expecting God to come with compulsions and pleadings. When Our Lord called His disciples there was no irresistible compulsion from outside. The quiet, passionate insistence of His "Follow Me" was spoken to men with every power wide awake. If we let the Spirit of God bring us face to face with God, we too will hear something akin to what Isaiah heard, the still small voice of God; and in perfect freedom will say —"Here am I; send me."

하나님의 부르심을 듣는 귀

내가 누구를 보내며 누가 우리를 위해 갈꼬 하시니
그때에 내가 이르되 내가 여기 있나이다 나를 보내소서 (사 6:8).

1월 14일

하나님께서는 이사야를 직접 부르지 않으셨습니다. 오히려 이사야가 하나님의 음성을 들었습니다. "누가 우리를 위해 갈꼬?" 하나님의 부르심은 어떤 특정한 사람이 아니라 모든 사람들을 위한 것입니다. 내가 하나님의 부르심을 듣거나 못 듣는 것은 내 귀의 상태에 달린 것입니다. 무엇을 듣게 될지는 자신의 성향에 좌우됩니다. "청함을 받은 자는 많되 택함을 입은 자는 적으니라"마 22:14. 오직 소수의 사람만이 택함 받는 자임을 입증합니다. 택함 받은 자는 다름 아닌 예수 그리스도를 통해 하나님과의 관계 속에 들어가 그들의 성향이 바뀌고 귀가 열리며 언제나 들려오는 아주 조용하고 작은 소리인 "누가 우리를 위해 갈꼬"라는 주의 음성을 들은 자들입니다. 하나님께서는 한 사람을 따로 불러내어 "너, 지금 가라"고 말씀하지 않으십니다. 하나님은 이사야에게 어떤 강압적인 요구를 하지 않으셨습니다. 이사야는 하나님 앞에 있었으며 주의 부르심을 들었고 자신의 자유로운 의식 속에서 "내가 여기 있나이다. 나를 보내소서"라고 말했습니다.

하나님께서 당신에게 따로 찾아와 강요하거나 부탁할 것이라는 생각을 버리십시오. 주께서 제자들을 부르실 때도 그들이 거부할 수 없도록 강요하신 적이 없습니다. "나를 따라오라"마 4:19는 조용하지만 적극적인 주의 음성은 오직 매순간 깨어 있는 영혼에게만 들렸던 음성입니다. 우리가 성령을 통해 하나님을 가까이 뵙는다면 우리도 이사야가 들었던 아주 작은 하나님의 음성을 듣게 될 것입니다. 그때 우리도 완전한 자유함 가운데 "내가 여기 있습니다. 나를 보내주소서"라고 말하게 될 것입니다.

Do you walk in white?

Buried with Him … : that … even so we also should walk in newness of life. Romans 6:4.

No one enters into the experience of entire sanctification without going through a 'white funeral'—the burial of the old life. If there has never been this crisis of death, sanctification is nothing more than a vision. There must be a 'white funeral,' a death that has only one resurrection—a resurrection into the life of Jesus Christ. Nothing can upset such a life; it is one with God for one purpose, to be a witness to Him.

Have you come to your last days really? You have come to them often in sentiment, but have you come to them really? You cannot go to your funeral in excitement, or die in excitement. Death means that you stop being. Do you agree with God that you stop being the striving, earnest kind of Christian you have been? We skirt the cemetery and all the time refuse to go to death. It is not striving to go to death, it is dying—"baptized into His death."

Have you had your 'white funeral,' or are you sacredly playing the fool with your soul? Is there a place in your life marked as the last day, a place to which the memory goes back with a chastened and extraordinarily grateful remembrance—'Yes, it was then, at that "white funeral," that I made an agreement with God'?

"This is the will of God, even your sanctification." When you realize what the will of God is, you will enter into sanctification as naturally as can be. Are you willing to go through that 'white funeral' now? Do you agree with Him that this is your last day on earth? The moment of agreement depends upon you.

당신에게는 당신의 '무덤'이 있습니까?

> 그러므로 우리가 … 그와 함께 장사되었나니 …
> 우리로 또한 새 생명 가운데서 행하게 하려 함이라 (롬 6:4).

1월 15일

그 누구도 '옛사람이 죽는 무덤'을 지나지 않으면 온전한 거룩의 체험에 들어가지 못합니다. 죽음의 위기가 없다면 거룩은 단지 환상일 뿐입니다. 그러므로 반드시 '무덤'이 있어야 합니다. 이 무덤만이 부활로 이어집니다. 그것은 주 예수 그리스도의 생명으로 나아가는 부활입니다. 부활 생명을 흔들 수 있는 것은 아무것도 없습니다. 이 생명은 오직 한 가지 목표, 곧 주님을 증거하기 위해 그분과 하나가 됩니다.

진실로 죽음의 마지막 날들을 보낸 적이 있습니까? 감상이 아니라 진정으로 마지막 죽음을 체험했습니까? 당신은 자신의 장례식에 참석하거나 흥분 가운데 죽을 수 없습니다. 죽음이란 당신의 존재가 멈추는 것을 의미합니다. 열심과 간절함으로 그리스도인이 되려는 자세를 멈추어야 한다는 하나님의 음성에 동의합니까? 우리는 묘지를 스쳐 지나가지만 죽음으로 가는 것만은 언제나 거부합니다. 죽는 것은 노력한다고 되는 것이 아닙니다. 오직 "주의 죽으심과 합하여 세례를 받음으로"롬 6:3 죽는 것입니다.

당신에게는 당신의 '무덤'이 있습니까? 아니면 죽은 것처럼 당신의 영혼을 속이며 거룩한 게임을 하고 있습니까? 당신의 인생 속에 마지막 날로 기록된 때와 장소가 있습니까? 이 장소는 고통스럽지만 예외적으로 감사한 기억으로 우리 마음속에 남아 있을 것입니다. "그래요. 그때지요. 바로 내가 무덤에 들어간 날이며 하나님께 항복한 날입니다."

"하나님의 뜻은 이것이니 너희의 거룩함이라"살전 4:3. 하나님의 뜻이 무엇인지 깨달을 때 당신은 자연스럽게 거룩에 입문하게 됩니다. 하나님의 뜻은 '무덤'입니다. 지금 그 '무덤'을 지날 의향이 있습니까? 오늘이 이 지구상에서 당신의 마지막 날이라고 하나님께 동의하겠습니까? 그 동의의 순간은 바로 당신에게 달려 있습니다.

The voice of the nature of God

*I heard the voice of the Lord saying,
Whom shall I send?* Isaiah 6:8.

When we speak of the call of God, we are apt to forget the most important feature, viz., the nature of the One Who calls. There is the call of the sea, the call of the mountains, the call of the great ice barriers; but these calls are only heard by the few. The call is the expression of the nature from which it comes, and we can only record the call if the same nature is in us. The call of God is the expression of God's nature, not of our nature. There are strands of the call of God providentially at work for us which we recognize and no one else does. It is the threading of God's voice to us in some particular matter, and it is no use consulting anyone else about it. We have to keep that profound relationship between our souls and God.

The call of God is not the echo of my nature; my affinities and personal temperament are not considered. As long as I consider my personal temperament and think about what I am fitted for, I shall never hear the call of God. But when I am brought into relationship with God, I am in the condition Isaiah was in. Isaiah's soul was so attuned to God by the tremendous crisis he had gone through that he recorded the call of God to his amazed soul. The majority of us have no ear for anything but ourselves, we cannot hear a thing God says. To be brought into the zone of the call of God is to be profoundly altered.

하나님의 속성을 드러내는 부르심

내가 또 주의 목소리를 들으니 주께서 이르시되
내가 누구를 보내며 누가 우리를 위해 갈꼬 (사 6:8).

1월 16일

　주님의 부르심에 대해 말할 때 가장 중요한 내용 곧 부르시는 분의 속성을 잊기 쉽습니다. 이 세상에는 바다와 산과 거대한 해빙의 부름이 있습니다. 그런데 이 부름은 언제나 소수의 사람에게만 들립니다. 부름은 부르는 자의 속성이 표현된 것입니다. 우리 안에 부르는 분과 같은 속성이 있을 때 그 부름이 들립니다. 주님의 부르심은 우리의 속성이 아니라 하나님의 속성의 표현입니다. 또한 하나님의 부르심에는 그분의 완전하신 섭리 가운데 다른 사람이 아닌 오직 우리만 인식할 수 있는 음성이 있습니다. 아주 특별한 사건 속에서 주님의 음성이 들리기 시작합니다. 다른 사람과 그 음성에 관해 자문해도 아무 소용이 없습니다. 우리 영혼이 하나님과 깊은 관계를 유지할 때 우리에게만 들리는 하나님의 음성이 있습니다.

　하나님의 부르심은 내 속성의 메아리가 아닙니다. 따라서 주님의 부르심은 우리가 뭘 좋아하는지, 개인적 성격은 어떠한지에 대해 고려하지 않습니다. 만일 자신이 좋아하는 것과 자신의 성격에 맞는 것만을 고려하면 우리는 하나님의 부르심을 결코 들을 수 없을 것입니다. 그러나 내가 하나님과의 관계 속에 들어가면 그때 나는 이사야가 있었던 상태에 들어가게 됩니다. 이사야의 영혼은 엄청난 위기 상황 속에서 하나님께 온전히 맞추어졌습니다. 그러자 그는 자신의 놀란 영혼을 부르시는 하나님의 음성을 들을 수 있었던 것입니다. 우리 대부분은 자신의 음성만을 들을 귀가 있기에 하나님의 음성을 듣지 못합니다. 하나님의 부르심의 영역 속에 들어가려면, 우리에게 근본적인 깊은 변화가 있어야 합니다.

The vocation of the natural life

But when it pleased God ⋯ to reveal His son in me ⋯ Gal. 1:15-16.

The call of God is not a call to any particular service; my interpretation of it may be, because contact with the nature of God has made me realize what I would like to do for Him. The call of God is essentially expressive of His nature; service is the outcome of what is fitted to my nature. The vocation of the natural life is stated by the apostle Paul—"When it pleased God to reveal His Son in me that I might preach Him" (i.e., sacramentally express Him) "among the Gentiles."

Service is the overflow of superabounding devotion; but, profoundly speaking, there is no call to that, it is my own little actual bit, and is the echo of my identification with the nature of God. Service is the natural part of my life. God gets me into a relationship with Himself whereby I understand His call, then I do things out of sheer love for Him on my own account. To serve God is the deliberate love-gift of a nature that has heard the call of God. Service is expressive of that which is fitted to my nature: God's call is expressive of His nature; consequently when I receive His nature and hear His call, the voice of the Divine nature sounds in both and the two work together. The Son of God reveals Himself in me, and I serve Him in the ordinary ways of life out of devotion to Him.

일상적인 삶의 사명

은혜로 나를 부르신 이가 그의 아들을 이방에 전하기 위해
그를 내 속에 나타내시기를 기뻐하셨을 때에 (갈 1:15-16).

1월
17일

하나님의 부르심은 어떤 특별한 봉사를 위한 부르심이 아닙니다. 내가 하나님의 속성에 접하게 될 때 나는 주를 위해 무엇을 하고 싶은지 깨닫게 됩니다. 하나님의 부르심은 근본적으로 그분의 속성을 표현합니다. 봉사는 내 속성에 잘 맞는 것이 밖으로 표출되는 것입니다. 일상적인 삶의 사명에 대해 사도 바울이 말했습니다.

"그의 아들을 이방에 전하기 위해 그를 내 속에 나타내시기를 기뻐하셨을 때에."

봉사는 헌신된 마음이 흘러넘치는 것입니다. 엄밀히 말한다면, 봉사는 부르심이 아니라 하나님의 속성과 나의 속성이 일치된 모습이 현실 속에서 드러나는 것입니다. 봉사는 나의 삶의 자연스러운 부분에 해당합니다. 주님과의 관계를 맺게 되면 나는 주님의 부르심을 이해하게 됩니다. 그러면 그분을 향한 순전한 사랑 가운데 내게 있는 것으로 주를 위해 뭔가를 하는 것입니다. 그러므로 하나님을 섬긴다는 것은 주님의 부르심을 듣고 마음을 다해 사랑의 표현을 하는 것입니다. 봉사는 내 속성에 맞는 것이 표현된 것인 반면 하나님의 부르심은 그분의 속성이 표현된 것입니다. 결과적으로 거듭남을 통해 내가 주님의 속성을 받고 그분의 부르심을 들을 때, 그 신성한 부름은 놀랍게도 내 속에 임한 주님의 속성을 부르게 됩니다. 그래서 이 둘이 함께 일하는 것입니다. 하나님의 아들이 자신을 내 안에서 나타내십니다. 그러면 나는 주님을 향한 사랑의 마음 가운데 나의 일상적인 삶에서 그분을 섬기게 됩니다.

It is the Lord!

*Thomas answered and said unto Him,
My Lord and my God.* John 20:28.

"Give Me to drink." How many of us are set upon Jesus Christ slaking our thirst when we ought to be satisfying Him? We should be pouring out now, spending to the last limit, not drawing on Him to satisfy us. "Ye shall be witnesses unto Me"—that means a life of unsullied, uncompromising, and unbribed devotion to the Lord Jesus, a satisfaction to Him wherever He places us.

Beware of anything that competes with loyalty to Jesus Christ. The greatest competitor of devotion to Jesus is service for Him. It is easier to serve than to be drunk to the dregs. The one aim of the call of God is the satisfaction of God, not a call to do something for Him. We are not sent to battle for God, but to be used by God in His battlings. Are we being more devoted to service than to Jesus Christ?

주님을 만족시키는 삶

도마가 대답하여 이르되
나의 주님이시요 나의 하나님이시니이다 (요 20:28).

1월 18일

"물을 좀 달라"요 4:7. 우리는 주님을 만족시켜야 할 때 오히려 우리의 갈증을 해소시켜달라고 주님께 조르는 경우가 얼마나 많습니까? 주님께서 우리를 만족시켜야 하는 것이 아니라, 우리가 우리의 모든 것을 주께 쏟아붓고 마지막까지 다 드려야 합니다. "너희는 내 증인이 되리라"행 1:8. 이는 주님께 투정하거나 다른 것과 타협하지 않는 가운데 순수한 동기로 주님께 헌신하는 삶을 의미합니다. 즉, 주님이 우리를 어디에 두시든 그곳에서 주님께 만족이 되는 삶을 뜻합니다.

예수 그리스도를 향한 우리의 충성을 가로막는 것들을 주의하십시오. 주님을 향한 충성을 갉아먹는 가장 위험한 경쟁 상대는 주님을 위한다고 하는 '봉사'입니다. 우리는 아무도 알아주지 않는 가장 낮은 자리에서 희생하는 것보다 주를 위한다는 명분으로 사람들에게 보이도록 '봉사'하는 것을 더 좋아합니다. 하나님의 부르심의 한 가지 목표는 하나님의 만족입니다. 주를 위해 뭔가를 하라고 부르신 것이 아닙니다. 우리는 하나님을 위해 싸우라고 보냄을 받은 자가 아니라 단지 하나님이 친히 싸우시는 전쟁에서 도구가 되라고 부름을 받은 자입니다. 진실로 예수 그리스도께 헌신했습니까? 아니면 주를 위한다는 어떠한 '봉사'에 마음을 드렸습니까?

Vision and darkness

Jan. 19th

An horror of great darkness fell upon him. Genesis 15:12.

Whenever God gives a vision to a saint, He puts him, as it were, in the shadow of His hand, and the saint's duty is to be still and listen. There is a darkness which comes from excess of light, and then is the time to listen. Genesis 16 is an illustration of listening to good advice when it is dark instead of waiting for God to send the light. When God gives a vision and darkness follows, wait. God will make you in accordance with the vision He has given if you will wait His time. Never try and help God fulfil His word. Abraham went through thirteen years of silence, but in those years all self-sufficiency was destroyed; there was no possibility left of relying on commonsense ways. Those years of silence were a time of discipline, not of displeasure. Never pump up joy and confidence, but stay upon God (cf. Isaiah 50:10-11).

Have I any confidence in the flesh? Or have I got beyond all confidence in myself and in men and women of God, in books and prayers and ecstasies; and is my confidence placed now in God Himself, not in His blessings? "I am the Almighty God"—El-Shaddai, the Father-Mother God. The one thing for which we are all being disciplined is to know that God is real. As soon as God becomes real, other people become shadows. Nothing that other saints do or say can ever perturb the one who is built on God.

비전과 어둠

해질 때에 아브람에게 깊은 잠이 임하고
큰 흑암과 두려움이 그에게 임하였더니 (창 15:12).

1월 19일

하나님께서는 성도에게 비전을 주실 때마다 그를 주님 손의 어두운 그늘에 두십니다. 이때 성도의 의무는 가만히 듣는 것입니다. 빛이 강하기 때문에 생기는 어둠이 있습니다. 이때는 들어야 합니다. 창세기 16장의 아브라함과 하갈 사건은 어둠이 임했을 때 하나님께서 빛을 보내실 때까지 기다리기보다 오히려 사람의 충고를 듣고 행한 불신앙의 예입니다. 하나님께서 비전을 주신 후 어둠이 따라오면 기다리십시오. 만일 주님의 때를 기다린다면 하나님께서는 당신을 주께서 주신 비전에 합당하게 만들어 놓으실 것입니다. 절대로 하나님께서 주신 약속을 인간 스스로 이루어 보려고 시도하지 마십시오. 아브라함은 13년간의 침묵의 기간을 지냈으며 그동안 스스로 할 수 있는 것이 아무것도 없음을 깨달았습니다. 상식적인 방법으로는 하나님의 약속을 이룰 가능성이 전혀 없었습니다. 아브라함에게 이 침묵의 기간은 불쾌한 기간이라기보다 훈련의 기간이었습니다. 절대로 기쁨과 확신으로 들뜨지 마십시오. 가만히 주님을 기다리십시오 사 50:10,11.

아직도 육체를 신뢰합니까? 사람을 의지하지 말고 초월하신 분만 신뢰하십시오. 나의 확신이 책이나 기도 혹은 영적 체험에 있습니까? 하나님이 주신 축복에 있는 것은 아닙니까? 나의 확신은 오직 하나님 그분께만 있어야 합니다. "나는 전능하신 하나님이라." 엘샤다이. 우리가 철저하게 훈련 받아야 하는 것은, 하나님은 실제라는 사실을 아는 것입니다. 하나님이 당신에게 실제가 되실 때 사람들은 그림자가 됩니다. 하나님만 의지하여 서 있는 성도는 그 누가 어떤 말과 행동을 해도 전혀 요동하지 않습니다.

Are you fresh for everything?

*Except a man be born again,
he cannot see the kingdom of God.* John 3:3.

Jan. 20th

Sometimes we are fresh for a prayer meeting but not fresh for cleaning boots!

Being born again of the Spirit is an unmistakable work of God, as mysterious as the wind, as surprising as God Himself. We do not know where it begins, it is hidden away in the depths of our personal life. Being born again from above is a perennial, perpetual and eternal beginning, a freshness all the time in thinking and in talking and in living, the continual surprise of the life of God. Staleness is an indication of something out of joint with God—'I must do this thing or it will never be done.' That is the first sign of staleness. Are we freshly born this minute, or are we stale, raking in our minds for something to do? Freshness does not come from obedience but from the Holy Spirit; obedience keeps us in the light as God is in the light.

Guard jealously your relationship to God. Jesus prayed "that they may be one, even as We are one"—nothing between. Keep all the life perennially open to Jesus Christ, don't pretend with Him. Are you drawing your life from any other source than God Himself? If you are depending upon anything but Him, you will never know when He is gone.

Being born of the Spirit means much more than we generally take it to mean. It gives us a new vision and keeps us absolutely fresh for everything by the perennial supply of the life of God.

모든 것에 대해 항상 새롭습니까?

1월 20일

진실로 진실로 네게 이르노니
사람이 거듭나지 아니하면 하나님의 나라를 볼 수 없느니라 (요 3:3).

때때로 우리는 기도 모임을 위해 마음을 새롭게 하지만 남의 신발을 닦아야 한다고 하면 결코 신이 나지 않습니다.

성령으로 거듭나는 것은 실수가 전혀 없으신 하나님의 사역으로써 바람처럼 신비하고 하나님 그분만큼이나 놀라운 사건입니다. 우리는 거듭남이 언제 시작되는지 알지 못하며 그것은 우리 삶 깊이 숨겨져 있습니다. 거듭난 생명은 거듭난 순간부터 언제나 영원합니다. 생각과 말, 모든 삶에서 항상 새롭고 하나님의 생명으로서 끊임없이 감격으로 가득 찹니다. 그러므로 우리 삶에 생기가 사라진 영적 침체는 하나님에게서 멀어져 있음을 알려줍니다. "나는 반드시 이것을 해야만 해. 그렇지 않으면 절대로 이 일을 이룰 수 없어." 이러한 강박관념이 들면 이는 침체의 첫 번째 표시입니다. 지금 이 순간 당신의 영혼은 새롭습니까? 아니면 마음이 나누어진 가운데 뭔가 해야 한다는 부담 때문에 의기소침합니까? 신선함이란 순종에서가 아니라 성령으로부터 옵니다. 한편 순종은 하나님께서 빛 가운데 계심같이 우리도 성령의 빛 가운데 머물게 합니다.

마음을 다해 하나님과의 관계를 잘 지키십시오. 예수님께서는 "우리가 하나인 것같이 저희들도 하나기 되게 하소서"요 17:22라고 기도하셨습니다. 하나가 되기 위해서 그 둘 사이에 아무것도 없어야 합니다. 언제나 예수 그리스도께 모든 삶을 열어놓으십시오. 주님과 다투지 마십시오. 하나님이 아닌 다른 것으로부터 삶의 생기를 얻으려고 하는 것은 아닙니까? 만일 주님이 아닌 다른 것에 의지하게 될 때 당신은 주께서 떠나시더라도 결코 깨닫지 못할 것입니다.

성령으로 거듭나는 것은 우리가 일반적으로 생각하는 것보다 훨씬 많은 의미가 있습니다. 거듭남은 하나님의 생명으로부터 공급되는 끊임없는 은혜에 의해 우리에게 새로운 비전을 주고 우리로 하여금 언제 어디서나 완벽한 생기를 유지하게 합니다.

Recall what God remembers

I remember ⋯ the kindness of thy youth. Jeremiah 2:2.

Am I as spontaneously kind to God as I used to be, or am I only expecting God to be kind to me? Am I full of the little things that cheer His heart over me, or am I whimpering because things are going hardly with me? There is no joy in the soul that has forgotten what God prizes. It is a great thing to think that Jesus Christ has need of me—"Give Me to drink." How much kindness have I shown Him this past week? Have I been kind to His reputation in my life?

God is saying to His people—'You are not in love with Me now, but I remember the time when you were.' "I remember ⋯ the love of thine espousals." Am I as full of the extravagance of love to Jesus Christ as I was in the beginning, when I went out of my way to prove my devotion to Him? Does He find me recalling the time when I did not care for anything but Himself? Am I there now, or have I become wise over loving Him? Am I so in love with Him that I take no account of where I go? or am I watching for the respect due to me, weighing how much service I ought to give?

If, as I recall what God remembers about me, I find He is not what He used to be to me, let it produce shame and humiliation, because that shame will bring the godly sorrow that works repentance.

처음 그 사랑처럼 사랑합니까?

1월 21일

여호와께서 이와 같이 말씀하시기를
내가 너를 위하여 네 청년 때의 인애와 네 신혼 때의 사랑을 기억하노니
곧 씨 뿌리지 못하는 땅, 그 광야에서 나를 따랐음이니라 (렘 2:2).

　예전처럼 여전히 하나님께 적극적으로 친절합니까? 아니면 하나님께서 나에게 친절하시기만을 기대하고 있습니까? 주님의 마음을 어떻게 기쁘게 할 수 있을까 고민하고 있습니까? 아니면 모든 일들이 내 마음대로 되지 않기에 불평하고 있습니까? 하나님께서 베푸신 축복을 망각한 영혼에게는 기쁨이 없습니다. 예수 그리스도께서 나를 필요로 하신다고 생각하는 것은 아주 귀한 마음입니다. "물을 좀 달라"요 4:7. 지난 주에 주님께 얼마나 많은 친절과 사랑을 보였습니까? 우리 인생을 통해 주님의 이름을 얼마나 영광스럽게 했습니까?
　하나님께서 그분의 백성들에게 말씀하십니다. "너는 지금 나와 사랑하는 관계가 아니구나. 그러나 네가 과거에 '나는 주님을 사랑합니다'라고 말하던 때를 기억한다." 처음에 가졌던 그 사랑처럼 지금도 주 예수님을 향해 차고 넘치도록 사랑합니까? 예전처럼 주님을 향한 나의 헌신을 계속 유지하고 있습니까? 과거에 오직 주님 외에는 아무것도 신경 쓰지 않던 시절을 기억합니까? 지금 그때와 같습니까? 아니면 마음이 간교해져서 주님보다 더 사랑하는 것이 생겼습니까? 주님을 너무나 사랑하기에 당신이 어디로 가든 걱정이 되지 않습니까? 아니면 내가 받아야 할 존경과 영광을 기다리고 있습니까? 얼마만큼 봉사해야 하는지 저울질하고 있습니까?
　하나님께서는 나와의 옛사랑을 그리워하며 기억하고 계십니다. 만일 지금 주님께서 과거와 다르게 나를 대하시는 것을 발견한다면 창피와 모욕을 느낄 일입니다. 왜냐하면 그러한 부끄러움은 회개로 인도하는 거룩한 슬픔을 만들기 때문입니다.

What am I looking at?

Look unto Me, and be ye saved. Isaiah 45:22.

Do we expect God to come to us with His blessings and save us? He says—"Look unto Me, and be saved." The great difficulty spiritually is to concentrate on God, and it is His blessings that make it difficult. Troubles nearly always make us look to God; His blessings are apt to make us look elsewhere. The teaching of the Sermon on the Mount is, in effect—Narrow all your interests until the attitude of mind and heart and body is concentration on Jesus Christ.

Many of us have a mental conception of what a Christian should be, and the lives of the saints become a hindrance to our concentration on God. There is no salvation in this way, it is not simple enough. "Look unto Me" and—not "you will be saved," but "you are saved." The very thing we look for, we shall find if we will concentrate on Him. We get preoccupied and sulky with God, while all the time He is saying—"Look up and be saved." The difficulties and trials, the casting about in our minds as to what we shall do this summer, or tomorrow, all vanish when we look to God.

Rouse yourself up and look to God. Build your hope on Him. No matter if there are a hundred and one things that press, resolutely exclude them all and look to Him. "Look unto Me," and salvation is, the moment you look.

나는 무엇을 바라봅니까?

땅의 모든 끝이여 내게로 돌이켜 구원을 받으라 (사 45:22).

1월
22일

주님께서 우리를 축복하시며 구원을 베푸시기를 기대합니까? 주님께서 말씀하십니다. "내게로 돌이켜 구원을 받으라." 영적으로 가장 어려운 것은 하나님께 집중하는 것입니다. 그런데 이를 어렵게 하는 것은 축복입니다. 고난은 거의 언제나 우리로 하여금 하나님을 보게 합니다. 반면 축복은 우리로 하여금 다른 것을 보게 하기 쉽습니다. 산상수훈의 가르침은 사실 모든 관심을 줄이고 우리의 마음과 뜻과 몸을 오직 예수 그리스도께 집중하라는 것입니다. "오직 주만 앙망하라."

우리 대부분은 그리스도인이 어떠해야 한다는 지적인 개념이 있습니다. 그 가운데는 비성경적인 개념도 많습니다. 최근에 소위 '성자들'금욕주의자나 경건주의자의 삶은 오히려 사람들이 하나님께 집중하는 것을 방해합니다. 그들은 말합니다. "이런 식으로는 구원을 얻을 수 없다. 구원은 그렇게 간단하지 않다." 그러나 주님은 말씀하십니다. "내게로 돌이켜 구원을 받으라." 우리가 추구하는 것은 우리가 오직 주만 앙망할 때 얻게 될 것입니다. 하나님께 대한 잘못된 편견 및 지적 개념을 가진 자들은 주님께서 "내게로 돌이켜 구원을 받으라"고 하신 말씀을 듣고 못마땅해 합니다. 그러나 우리가 하나님을 앙망할 때만이 우리 마음을 짓누르는 어려움과 고난들, 그리고 내일에 대한 염려들이 다 사라집니다.

자리에서 일어나 하나님을 바라보십시오. 주님께 소망을 두십시오. 우리를 압박하는 일들이 많더라도 그 모든 염려를 곁으로 밀어두고 주님만 바라보겠다고 결심하십시오. "나를 앙망하라." 주님을 바라보는 순간 당신이 어떤 상황 가운데 있더라도 구원이 있습니다.

Transformed by insight

Jan. 23rd

We all, with open face, beholding as in a glass the glory of the Lord, are changed into the same image. 2 Cor. 3:18.

The outstanding characteristic of a Christian is this unveiled frankness before God so that the life becomes a mirror for other lives. By being filled with the Spirit we are transformed, and by beholding we become mirrors. You always know when a man has been beholding the glory of the Lord, you feel in your inner spirit that he is the mirror of the Lord's own character. Beware of anything which would sully that mirror in you; it is nearly always a good thing, the good that is not the best.

The golden rule for your life and mine is this concentrated keeping of the life open towards God. Let everything else—work, clothes, food, everything on earth—go by the board, saving that one thing. The rush of other things always tends to obscure this concentration on God. We have to maintain ourselves in the place of beholding, keeping the life absolutely spiritual all through. Let other things come and go as they may, let other people criticize as they will, but never allow anything to obscure the life that is hid with Christ in God. Never be hurried out of the relationship of abiding in Him. It is the one thing that is apt to fluctuate but it ought not to. The severest discipline of a Christian's life is to learn how to keep "beholding as in a glass the glory of the Lord."

거울을 더럽히지 마십시오!

우리가 다 수건을 벗은 얼굴로 거울을 보는 것같이 주의 영광을 보매
그와 같은 형상으로 변화하여 영광에서 영광에 이르니
곧 주의 영으로 말미암음이니라 (고후 3:18).

1월 23일

그리스도인의 가장 두드러진 특징은 하나님 앞에서 조금도 숨김없이 정직한 것입니다. 그래서 그 삶이 다른 사람들을 향해 거울이 됩니다. 성령충만을 받으면 변화하게 되는데, 이때 우리는 우리를 보는 자들에게 거울의 역할을 하게 됩니다. 어떤 사람이 하나님의 영광을 계속 보아왔다면, 그는 거울처럼 하나님의 성품을 반사할 수밖에 없기 때문에 누구든지 그를 보면 자신의 깊은 영혼 속에서 그를 통한 하나님의 영광을 인정할 수밖에 없습니다. 그러므로 우리 영혼 안의 거울을 더럽히는 것들을 주의하십시오. 가끔 최선의 것이 아닌 차선의 것들이 우리 영혼을 더럽힐 때가 많습니다.

당신의 삶과 내 삶에서 가장 귀한 진리는 우리의 삶이 언제나 하나님을 향해 계속 집중해야 한다는 것입니다. 오직 한 가지만 남겨두고 일, 옷, 음식 등 다른 부수적인 이 땅의 모든 것들은 다 곁으로 흘려 보내십시오. 다른 것들로 인해 마음이 분산되고 급해질 때 하나님을 향한 우리의 집중이 흐려지기 때문입니다. 우리는 언제나 영적인 삶이 계속 이어질 수 있도록 노력해야 합니다. 다른 모든 것들은 오고 가도록 두고, 사람들의 비판과 수군거림도 내버려 두십시오. 그러나 예수님과 함께 하나님 안에 숨겨진 그 생명을 가로막는 것이 있다면, 그것이 무엇이든 절대로 마음속에 허용해서는 안 됩니다. 조급함 때문에 주님 안에 거하는 관계에서 벗어나서는 안 됩니다. 가끔 소란한 일들이 발생해도 그 소란이 마음을 동요케 해서도 안 됩니다. 그리스도인의 가장 어려운 훈련은 우리 마음의 거울을 통해 주님의 영광을 계속 바라보는 훈련입니다.

The overmastering direction

I have appeared unto thee for this purpose. Acts 26:16.

The vision Paul had on the road to Damascus was no passing emotion, but a vision that had very clear and emphatic directions for him, and he says—"I was not disobedient to the heavenly vision." Our Lord said, in effect, to Paul—"Your whole life is to be overmastered by Me; you are to have no end, no aim, and no purpose but Mine." "I have chosen him."

When we are born again we all have visions, if we are spiritual at all, of what Jesus wants us to be, and the great thing is to learn not to be disobedient to the vision, not to say that it cannot be attained. It is not sufficient to know that God has redeemed the world, and to know that the Holy Spirit can make all that Jesus did effectual in me; I must have the basis of a personal relationship to Him. Paul was not given a message or a doctrine to proclaim, he was brought into a vivid, personal, overmastering relationship to Jesus Christ. Verse 16 is immensely commanding—"to make thee a minister and a witness." There is nothing there apart from the personal relationship. Paul was devoted to a Person not to a cause. He was absolutely Jesus Christ's; he saw nothing else; he lived for nothing else. "For I determined not to know anything among you, save Jesus Christ, and Him crucified."

주의 비전에 순종하십시오!

1월 24일

내가 네게 나타난 것은 곧 네가 나를 본 일과 장차 내가 네게 나타날 일에 너로 종과 증인을 삼으려 함이니 (행 26:16).

바울이 다메섹 도상에서 본 비전은 그에게 아주 분명하고 확실한 방향을 주는 비전이었습니다. 바울은, "하늘에서 보이신 것을 내가 거스르지 아니하였다"행 26:19라고 담대히 말했습니다. 주님이 강력하게 주신 말씀은, "너의 모든 삶이 나에 의해 사로잡혀야 한다"는 것입니다. "너는 너의 목적과 계획과 꿈이 있어서는 안 된다. 너는 내 것이다. 내가 너를 선택하였다"요 15:16.

거듭날 때 우리는 모두 비전을 갖게 됩니다. 또한 성령으로 충만하면 예수님께서 원하시는 주의 비전을 받게 됩니다. 중요한 것은 비전을 받았을 때 그 비전에 불순종해서는 안 된다는 점입니다. 또한 그 비전을 이루는 것이 불가능하다고 말해서도 안 됩니다.

하나님께서 이 세상을 구속하셨다는 것, 그리고 예수님께서 이루신 구원을 성령께서 깨닫게 하셨다는 것을 아는 것만으로 충분하지 않습니다. 개인적으로 하나님과 인격적 관계를 맺어야 합니다. 바울은 하늘에서 뚝 떨어진 어떤 메시지나 교리를 받아 선포한 것이 아닙니다. 그는 살아계신 주 예수 그리스도께 사로잡힌 가운데 주님과 아주 분명한 인격적 관계를 맺고 있었습니다. 주님은 놀라운 명령을 하십니다. "내가 너로 종과 증인을 삼으리라"행 26:16. 이 명령은 주님과의 인격적 관계 없이는 아무 의미가 없습니다. 바울은 주님께 인격적으로 헌신한 것이지 어떤 명분에 헌신한 것이 아닙니다. 그는 완벽하게 주님의 것이었습니다. 다른 비전을 본 적이 없으며 다른 것을 위해 산 적이 없습니다. "내가 너희 중에서 예수 그리스도와 그가 십자가에 못 박히신 것 외에는 아무것도 알지 아니하기로 작정하였음이라"고전 2:2.

Leave room for God

*But when it pleased God, who separated me
from my mother's womb, and called me by his grace,
To reveal his Son in me, that I might preach him among the heathen;
immediately I conferred not with flesh and blood:* Gal. 1:15-16.

As workers for God we have to learn to make room for God—to give God 'elbow room.' We calculate and estimate, and say that this and that will happen, and we forget to make room for God to come in as He chooses. Would we be surprised if God came into our meeting or into our preaching in a way we had never looked for Him to come? Do not look for God to come in any particular way, but look for Him. That is the way to make room for Him. Expect Him to come, but do not expect Him only in a certain way. However much we may know God, the great lesson to learn is that at any minute He may break in. We are apt to overlook this element of surprise, yet God never works in any other way. All of a sudden God meets the life—"When it was the good pleasure of God⋯."

Keep your life so constant in its contact with God that His surprising power may break out on the right hand and on the left. Always be in a state of expectancy, and see that you leave room for God to come in as He likes.

우리의 삶을 양보하십시오!

1월 25일

> 그러나 내 어머니의 태로부터 나를 택정하시고 그의 은혜로 나를 부르신 이가 그의 아들을 이방에 전하기 위하여 그를 내 속에 나타내시기를 기뻐하셨을 때에 내가 곧 혈육과 의논하지 아니하고 (갈 1:15-16).

하나님을 위한 일꾼으로서 우리는 하나님께서 역사하시도록 양보하는 법을 배워야 합니다. 곧 하나님께 우리의 '안방'을 비워드려야 합니다. 우리는 인간적인 계산과 측정에 따라 이런저런 일들이 발생할 것이라고 말합니다. 그러면서 하나님께서 원하시는 대로 우리의 삶을 간섭하시도록 양보하는 것을 잊을 때가 많습니다. 따라서 전혀 기대하지 않는 가운데 설교나 만남 중에 주님이 찾아오시면 우리는 깜짝 놀라게 됩니다. 우리가 예상한 특별한 방법으로 주님께서 오실 것이라고 기대하지 마십시오. 단지 주님을 앙망하십시오. 그러한 자세가 곧 주님께 우리의 삶을 양보하는 것입니다. 그분이 오시기를 기대하되 내 생각대로 오실 것이라고 확신하지 마십시오. 우리가 아무리 하나님을 많이 알아도 주님은 어느 때나 상관없이 우리를 간섭하실 수 있음을 기억하십시오. 이러한 주님의 역사에 우리는 깜짝 놀라는데, 이것이 하나님께서 역사하시는 방법입니다. 하나님은 갑자기 인생을 찾아오십니다. "하나님께서 가장 기뻐하시는 그때에."

항상 하나님과 긴밀한 관계를 유지함으로써 그분의 놀라운 능력이 당신 삶의 모든 영역에 침투하도록 하십시오. 언제나 기대에 찬 상태에 계십시오. 하나님께서 원하시는 대로 하시도록 우리의 삶을 양보하십시오.

Look again and consecrate

If God so clothe the grass of the field, ··· shall He not much more clothe you? Matthew 6:30.

A simple statement of Jesus is always a puzzle to us if we are not simple. How are we going to be simple with the simplicity of Jesus? By receiving His Spirit, recognizing and relying on Him, obeying Him as He brings the word of God, and life will become amazingly simple. "Consider," says Jesus, "how much more your Father Who clothes the grass of the field will clothe you, if you keep your relationship right with Him." Every time we have gone back in spiritual communion it has been because we have impertinently known better than Jesus Christ. We have allowed the cares of the world to come in, and have forgotten the "much more" of our Heavenly Father.

"Behold the fowls of the air"—their one aim is to obey the principle of life that is in them and God looks after them. Jesus says that if you are rightly related to Him and obey this Spirit that is in you, God will look after your 'feathers.'

"Consider the lilies of the field"—they grow where they are put. Many of us refuse to grow where we are put, consequently we take root nowhere. Jesus says that if we obey the life God has given us, He will look after all the other things. Has Jesus Christ told us a lie? If we are not experiencing the "much more," it is because we are not obeying the life God has given us, we are taken up with confusing considerations. How much time have we taken up worrying God with questions when we should have been absolutely free to concentrate on His work? Consecration means the continual separating of myself to one particular thing. We cannot consecrate once and for all. Am I continually separating myself to consider God every day of my life?

하나님을 불신하면 염려가 들어옵니다

오늘 있다가 내일 아궁이에 던져지는 들풀도 하나님이 이렇게 입히시거든 하물며 너희일까보냐 믿음이 작은 자들아 (마 6:30).

1월 26일

우리가 진실하지 않으면 주님의 진실하신 말씀도 언제나 수수께끼처럼 들립니다. 어떻게 하면 주님이 진실하신 것처럼 우리도 진실할 수 있습니까? 주의 성령을 받음으로, 성령을 인식하고 의지함으로, 성령께서 하나님 말씀을 생각나게 하실 때 성령을 순종함으로, 우리 삶은 놀랍도록 진실하게 될 것입니다. 주님은 '나와 주님과의 관계'를 중요하게 여기십니다. 무례하게 예수님보다 더 잘 알고 있다고 생각할 때마다 우리는 영적으로 뒤로 물러나게 됩니다. 이는 "하물며 너희일까보냐"는 하늘 아버지의 약속을 불신하고 마음속에 염려가 들어오는 것을 허락한 것입니다.

"공중의 새를 보라"마 6:26. 새들은 자신들 안에 있는 본능에 따라 살아갑니다. 한편 하나님께서는 그것들을 보살피십니다. 즉, 당신이 당신 안에 계신 성령을 순종하는 가운데 주님과 바른 관계를 유지하고 있으면, 하나님께서 당신의 '깃털들'을 보살피실 것입니다. "들의 백합화가 어떻게 자라는가 생각하여 보라"마 6:28. 이것들은 심기운 곳에서 자라납니다. 우리 중 많은 사람들은 심기운 곳에서 자라나는 것을 거부합니다. 결과적으로 아무 곳에도 뿌리를 내리지 못합니다. 예수님은 우리가 하나님이 우리에게 주신 새 생명에 순종하면 하나님께서 다른 모든 것을 해결해주실 것이라고 말씀하십니다. 예수님의 말씀을 믿을 수 없습니까?

"하물며 너희일까보냐"를 경험하지 못한다면, 이는 우리가 하나님께서 주신 새 생명에 순종하지 않고 여러 복잡한 고민들에 사로잡히기 때문입니다. 마음껏 주님의 사역에 집중할 수 있는 시간에 우리는 얼마나 많은 고민과 질문으로 하나님께 걱정을 끼칩니까? 성결이란 어떤 특별한 한 가지를 향해 끊임없이 자신을 구별해 드리는 것입니다. 우리는 단 한 번의 결심을 통해 영원토록 성결할 수 없습니다. 매일 자신을 성결케 해야 합니다. 나는 매일의 삶 속에서 자신을 끊임없이 하나님께 따로 구별해 드립니까?

Look again and think

Jan. 27th

Take no thought for your life. Matthew 6:25.

A warning which needs to be reiterated is that the cares of this world, the deceitfulness of riches, and the lust of other things entering in, will choke all that God puts in. We are never free from the recurring tides of this encroachment. If it does not come on the line of clothes and food, it will come on the line of money or lack of money; of friends or lack of friends; or on the line of difficult circumstances. It is one steady encroachment all the time, and unless we allow the Spirit of God to raise up the standard against it, these things will come in like a flood.

"Take no thought for your life." 'Be careful about one thing only,' says our Lord—'your relationship to Me.' Common sense shouts loud and says—'That is absurd, I must consider how I am going to live, I must consider what I am going to eat and drink.' Jesus says you must not. Beware of allowing the thought that this statement is made by One Who does not understand our particular circumstances. Jesus Christ knows our circumstances better than we do, and He says we must not think about these things so as to make them the one concern of our life. Whenever there is competition, be sure that you put your relationship to God first.

"Sufficient unto the day is the evil thereof." How much evil has begun to threaten you today? What kind of mean little imps have been looking in and saying—"Now what are you going to do next month—this summer?" "Be anxious for nothing," Jesus says. Look again and think. Keep your mind on the "much more" of your Heavenly Father.

세상 염려와 주님 사이의 경쟁

목숨을 위해 무엇을 먹을까 무엇을 마실까 몸을 위해 무엇을 입을까 염려하지 말라 목숨이 음식보다 중하지 아니하며 몸이 의복보다 중하지 아니하냐 (마 6:25).

1월 27일

성경은, 이 세상의 염려, 부의 유혹, 다른 여러 정욕은 하나님께서 우리 안에 넣으신 것을 질식시킨다는 사실을 끊임없이 경고합니다. 물론 이 세상에 살면서 밀물처럼 밀려오는 이런 것들로부터 결코 완전하게 자유하지는 못합니다. 비록 옷과 음식의 문제는 아니더라도 돈, 친구, 인생의 여러 다른 어려움의 문제가 우리에게 끊임없이 밀려올 것입니다. 우리가 성령으로 대항해 높은 방패막을 쌓지 않으면 이러한 것들은 홍수처럼 우리 안에 들어올 것입니다.

"목숨을 위해 염려하지 말라." "오직 한 가지만 생각하라"고 주께서 말씀하십니다. 그 한 가지는 '주님과 나의 관계'입니다. 상식적으로는 크게 외칩니다. "말도 안 돼. 어떻게 살아가야 할지 고민해야 해. 내가 무엇을 먹고 마실지 걱정해야 해." 그러나 주님은 그러면 안 된다고 하십니다. 주님께서 우리의 특별한 상황을 다 이해하지 못하신다고 오해하지 마십시오. 예수 그리스도께서는 우리가 아는 것보다 우리의 상황을 훨씬 더 잘 아십니다. 그분이 하시는 말씀은, 우리의 상황에 대해 너무 많은 생각을 함으로써 그것이 우리 삶의 염려가 되면 안 된다는 말씀입니다. 세상 염려와 주님에 대한 생각이 우리 마음속에서 경쟁할 때마다 하나님과의 관계에 최고의 우선순위를 두십시오.

"한 날의 괴로움은 그날로 족하니라"마 6:34. 오늘도 얼마나 많은 고생스러운 일들과 악한 일들이 당신을 위협하고 있습니까? 얼마나 짜증스러운 염려들이 마음속에서 솟아납니까? "자, 다음 달에 무엇을 할 거야? 이번 여름은?" 주님이 말씀하십니다. "아무것도 염려하지 말라." 다시 주님을 바라보고 생각하십시오. "하물며 너희일까보냐"마 6:30라고 말씀하시는 당신의 하늘 아버지를 마음속에 두십시오.

Jan. 28th

But it is hardly credible that one could so persecute Jesus!

Saul, Saul, why persecutest thou Me? Acts 26:14.

Am I set on my own way for God? We are never free from this snare until we are brought into the experience of the baptism of the Holy Ghost and fire. Obstinacy and self-will will always stab Jesus Christ. It may hurt no one else, but it wounds His Spirit. Whenever we are obstinate and self-willed and set upon our own ambitions, we are hurting Jesus. Every time we stand on our rights and insist that this is what we intend to do, we are persecuting Jesus. Whenever we stand on our dignity we systematically vex and grieve His Spirit; and when the knowledge comes home that it is Jesus Whom we have been persecuting all the time, it is the most crushing revelation there could be.

Is the word of God tremendously keen to me as I hand it on to you, or does my life give the lie to the things I profess to teach? I may teach sanctification and yet exhibit the spirit of Satan, the spirit that persecutes Jesus Christ. The Spirit of Jesus is conscious of one thing only—a perfect oneness with the Father, and He says "Learn of Me, for I am meek and lowly in heart." All I do ought to be founded on a perfect oneness with Him, not on a self-willed determination to be godly. This will mean that I can be easily put upon, easily over-reached, easily ignored; but if I submit to it for His sake, I prevent Jesus Christ being persecuted.

예수님의 마음을 아프게 하지는 않습니까?

1월 28일

> 사울아 사울아 네가 어찌하여 나를 박해하느냐 (행 26:14).

하나님을 위한다고 하면서 내 고집스러운 방법을 주장하지는 않습니까? 성령과 불 세례를 경험하기까지는 이 덫으로부터 결코 자유로울 수 없습니다. 고집과 자기 주장은 언제나 예수 그리스도를 밀쳐냅니다. 이때 다른 사람에게는 아무 피해를 주지 않을지 몰라도 성령을 근심케 합니다. 고집을 부리며 자기 주장대로 하면서 자신의 야망을 이루려고 할 때마다, 우리는 예수님의 마음을 아프게 합니다. 자기 권리를 주장하며 자신의 의도를 관철시키려고 할 때마다, 우리는 예수님을 핍박하는 것입니다. 자기 존중을 주장할 때마다 우리는 체계적으로 주의 성령을 힘들게 하는 것입니다. 사울처럼 지식만이 우리 마음에 자리잡을 때 우리는 반드시 예수님을 핍박하게 됩니다. 이러한 사실은 우리를 찔리게 합니다.

하나님의 말씀을 다른 사람에게 건네줄 때 그 말씀이 내게도 놀라울 만큼 생생합니까? 혹시 나의 삶은 내가 진리라고 고백하고 가르치는 그 내용을 거짓말로 만들지는 않습니까? 나는 거룩을 가르치면서 여전히 예수님을 핍박하는 사탄의 영을 드러낼 수 있습니다. 예수님의 영은 오직 한 가지만 의식합니다. 곧 아버지 하나님과의 완전한 하나됨입니다. 주님께서는 "나는 마음이 온유하고 겸손하니 나의 멍에를 메고 내게 배우라"마 11:29고 말씀하십니다. 내가 하는 모든 일들은 오직 주님과 완전한 하나됨에 바탕을 두어야 합니다. 자신의 의지로 스스로 거룩해지려는 자세를 버리십시오. 이는 다른 사람들에게 짓밟히고 우습게 여기며 무시를 당할 수 있다는 뜻입니다. 그러나 오직 예수님께 순복한다면 우리는 예수님께서 핍박 받으시는 것을 막는 것입니다.

Jan. 29th

But it is hardly credible that one could be so positively ignorant!

Who art Thou, Lord? Acts 26:15.

"The Lord spoke thus to me with a strong hand." There is no escape when Our Lord speaks. He always comes with an arrestment of the understanding. Has the voice of God come to you directly? If it has, you cannot mistake the intimate insistence with which it has spoken to you in the language you know best, not through your ears, but through your circumstances.

God has to destroy our determined confidence in our own convictions. "I know this is what I should do"—and suddenly the voice of God speaks in a way that overwhelms us by revealing the depths of our ignorance. We have shown our ignorance of Him in the very way we determined to serve Him. We serve Jesus in a spirit that is not His, we hurt Him by our advocacy for Him, we push His claims in the spirit of the devil. Our words sound all right, but our spirit is that of an enemy. "He rebuked them, and said, Ye know not what manner of spirit ye are of." The spirit of Our Lord in an advocate of His is described in 1 Corinthians 13.

Have I been persecuting Jesus by a zealous determination to serve Him in my own way? If I feel I have done my duty and yet have hurt Him in doing it, I may be sure it was not my duty, because it has not fostered the meek and quiet spirit, but the spirit of self-satisfaction. We imagine that whatever is unpleasant is our duty! Is that anything like the spirit of our Lord—"I delight to do Thy will, O My God."

겸손과 온유로 섬깁니까?

주님 누구시니이까 (행 26:15).

1월 29일

"그러므로 주께서 강한 팔로 나에게 말씀하셨습니다"사 8:11. 주님께서 말씀하실 때에는 피할 길이 없습니다. 그분은 언제나 가장 잘 이해될 수 있도록 말씀하십니다. 당신에게 직접 들려주시는 하나님의 음성을 들은 적이 있습니까? 그렇다면 당신은 당신이 가장 잘 아는 언어로 친밀하게 말씀하신 그분의 뜻을 놓칠 수 없을 것입니다. 특별히, 당신의 귀가 아니라 환경을 통해 말씀하실 때 더욱 그러합니다.

우리가 자신의 신념을 고집스럽게 확신할 때 하나님께서는 그 확신을 부수십니다. "이 일은 내가 해야 하는 일이야." 그때 갑자기 들리는 하나님의 음성은 우리의 무지가 얼마나 깊은지를 드러냅니다. 주님을 내 방식대로 섬기겠다고 할 때, 주님을 향한 우리의 무지가 드러날 뿐입니다. 우리는 예수님의 영이 아닌 다른 영으로 주를 섬기려고 합니다. 주님을 돕겠다고 나서지만 주님께 상처를 드립니다. 심지어 주님의 요청을 이루어야 한다고 하면서 악한 영을 가지고 밀고 나갑니다. 또한 우리의 입술은 옳은 말을 하는데, 마음은 미움의 영으로 가득 차 있습니다. "주께서 그들을 꾸짖으며 말씀하시길 너희는 너희가 어떠한 마음으로 말하는지 알지 못하느냐." 주님을 섬겨야 할 자가 지녀야 할 주님의 영이 어떠한지에 대해, 고린도전서 13장에 잘 서술되어 있습니다.

열성이 있지만 내 방식대로 주님을 섬기겠다는 고집 때문에 예수님을 핍박해온 것은 아닙니까? 내 의무를 마쳤다고 느끼지만 그 의무를 수행하면서 주님께 상처를 드린 적은 없습니까? 진정 주께서 맡기신 의무라면, 자신의 만족을 위해 수고할 것이 아니라 오직 겸손과 온유한 마음으로 섬겨야 할 것입니다. 우리는 달갑지 않은 것은 뭐든지 지겨운 의무라고 말합니다. 그러나 하나님의 영이 우리 속에서 말씀하실 때는 "나는 주의 뜻을 행함으로 기쁩니다. 오 나의 하나님"시 40:8이라고 고백하게 됩니다.

The dilemma of obedience

And Samuel feared to shew Eli the vision. 1 Samuel 3:15.

God seldom speaks to us in startling ways, but in ways that are easy to misunderstand, and we say, "I wonder if that is God's voice?" Isaiah said that the Lord spake to him "with a strong hand," that is, by the pressure of circumstances. Nothing touches our lives but it is God Himself speaking. Do we discern His hand or only mere occurrence?

Get into the habit of saying, "Speak, Lord," and life will become a romance. Every time circumstances press, say, "Speak, Lord"; make time to listen. Chastening is more than a means of discipline, it is meant to get me to the place of saying, "Speak, Lord." Recall the time when God did speak to you. Have you forgotten what He said? Was it Luke 11:13, or was it 1 Thess. 5:23? As we listen, our ear gets acute, and, like Jesus, we shall hear God all the time.

Shall I tell my 'Eli' what God has shown to me? That is where the dilemma of obedience comes in. We disobey God by becoming amateur providences—I must shield 'Eli', the best people we know. God did not tell Samuel to tell Eli; he had to decide that for himself. God's call to you may hurt your 'Eli'; but if you try to prevent the suffering in another life, it will prove an obstruction between your soul and God. It is at your own peril that you prevent the cutting off of the right hand or the plucking out of the eye.

Never ask the advice of another about anything God makes you decide before Him. If you ask advice, you will nearly always side with Satan: "Immediately I conferred not with flesh and blood."

"주님, 말씀하소서"

사무엘이 … 그 이상을 엘리에게 알게 하기를 두려워하더니 (삼상 3:15).

1월 30일

하나님은 깜짝 놀랄 만한 방법이 아니라 오해하기 쉬운 방법으로 말씀하십니다. 그래서 우리는 "이 음성이 정말로 하나님의 음성인가" 하고 의아해합니다. 이사야는 하나님께서 자신에게 "강한 손으로"사 8:11 곧 섭리를 통해 강권하셨다고 말합니다. 우리 인생을 만지시는 분은 말씀하는 하나님이십니다. 당신은 발생하는 상황을 우연으로 봅니까, 아니면 그 상황에서 하나님의 손길을 분별합니까?

"주님, 말씀하소서"삼상 3:9라고 말하는 습관을 가지십시오. 그러면 인생은 하나님과의 사랑의 연주곡이 될 것입니다. 어려운 일이 닥칠 때마다 주의 음성을 듣는 시간을 만드십시오. 경책은 징계를 위한 수단 그 이상을 의미합니다. 즉, 우리로 하여금 "주님, 말씀하소서"라고 고백하는 자리로 인도합니다. 하나님께서 당신에게 말씀하신 때가 언제였는지 기억해 보십시오. 주님께서 무엇을 말씀하셨는지 잊었습니까? 주의 음성을 들으면서 우리의 귀는 예민해집니다. 그리고 예수님처럼 하나님의 음성을 항상 들을 수 있게 됩니다.

하나님이 내게 들려주신 것을 나의 '엘리 제사장'에게 말해야 합니까? 바로 여기서 순종의 딜레마에 빠집니다. 우리는 자신에게 가장 가까운 '엘리 제사장'의 마음을 상하지 않게 하려고 스스로 해결해 보려고 하다가 하나님께 불순종합니다. 하나님께서는 사무엘에게 엘리의 조언을 들으라고 하지는 않으셨습니다. 그러므로 사무엘은 그 문제를 스스로 결정해야 했습니다. 당신을 향한 하나님의 부르심은 어쩌면 당신의 '엘리 제사장'에게 아픔을 줄지도 모릅니다. 그러나 다른 사람의 삶의 고통을 막으려다가 당신과 하나님 사이에 방해물을 놓을 수도 있습니다.

하나님께서 당신 스스로 하나님 앞에서 결정하도록 요구하시는 것에 대해 굳이 다른 사람의 조언을 얻으려 하지 마십시오. 만일 조언을 얻으려 하면 당신은 자신도 모르게 사탄의 편에 서게 될 것입니다. "내가 곧 혈육과 의논하지 아니하고"갈 1:16.

Do you see your calling?

Jan. 31st

Separated unto the Gospel. Romans 1:1.

Our calling is not primarily to be holy men and women, but to be proclaimers of the Gospel of God. The one thing that is all important is that the Gospel of God should be realized as the abiding Reality. Reality is not human goodness, nor holiness, nor heaven, nor hell, but Redemption; and the need to perceive this is the most vital need of the Christian worker today. As workers we have to get used to the revelation that Redemption is the only Reality. Personal holiness is an effect, not a cause, and if we place our faith in human goodness, in the effect of Redemption, we shall go under when the test comes.

Paul did not say he separated himself, but—"when it pleased God who separated me⋯" Paul had not a hypersensitive interest in his own character. As long as our eyes are upon our own personal whiteness we shall never get near the reality of Redemption. Workers break down because their desire is for their own whiteness, and not for God. "Don't ask me to come into contact with the rugged reality of Redemption on behalf of the filth of human life as it is; what I want is anything God can do for me to make me more desirable in my own eyes." To talk in that way is a sign that the reality of the Gospel of God has not begun to touch me; there is no reckless abandon to God. God cannot deliver me while my interest is merely in my own character. Paul is unconscious of himself, he is recklessly abandoned, separated by God for one purpose—to proclaim the Gospel of God (cf. Rom. 9:3).

복음 전파의 소명

하나님의 복음을 위해 택정함을 입었으니 (롬 1:1).

1월 31일

주님은 우리를 거룩한 사람이 아니라 하나님의 복음을 선포하는 자로 부르셨습니다. 가장 중요한 것은 하나님의 복음의 실체를 체험하는 것입니다. 실체는 인간의 선행이나 거룩이 아니고 천국이나 지옥도 아니며 바로 '구속'입니다. 현재 복음 사역자들에게 가장 필요한 것은 구속에 대해 제대로 아는 것입니다. 주의 사역자로서 우리는 구속만이 유일한 실체임을 반드시 기억해야 합니다. 우리의 거룩은 우리 안에 원인이 있는 것이 아니라 구속의 결과입니다. 우리의 믿음을 구속의 결과로 나타나는 인간의 선함에 둔다면, 시험이 올 때 그 믿음은 무너집니다.

바울은 자신이 스스로 구별되었다고 말하지 않습니다. "내 어머니의 태로부터 나를 택정하시고 그의 은혜로 나를 부르신 이가 … 그를 내 속에 나타내시기를 기뻐하셨을 때에"갈 1:15,16. 바울은 자신의 성품에 대해 지나치게 예민한 관심을 갖지 않았습니다. 자신의 깨끗함에만 신경을 쓰는 자는 결코 구속의 실체에 가까이 가지 못합니다. 사역자들이 실패해서 쓰러지는 이유는 그들의 관심이 하나님께 있지 않고 자신의 의로움을 보이려는 데 있기 때문입니다. "더러운 인생 그대로 오직 십자가의 구속의 흉한 실체만을 의지하라고 말하지 마십시오. 나는 나 자신이 보기에 더욱 만족스러운 사람이 되기를 원할 뿐입니다. 하나님, 나를 위해 뭔가를 해주십시오." 이들은 아직 하나님의 복음의 실체를 체험하지 못한 사람들입니다. 이들은 하나님께 무작정 맡기지 못합니다. 오직 나 자신의 성품 개발에만 관심이 있는 한, 하나님은 나를 구원하실 수 없습니다. 한 가지 목적을 위해 하나님께 구별된 바울은, 자신을 의식하지 못할 정도로 이 목적에 자신의 모든 것을 맡겼습니다. 그것은 하나님의 복음을 전파하는 것이었습니다롬 9:3.

February 2

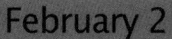

주님을 사랑하고 있습니까?

나 자신의 의무감이나 유익에 매일 때

The call of God

*For Christ sent me not to baptize,
but to preach the gospel.* 1 Cor. 1:17.

Feb. 1st

Paul states here that the call of God is to preach the gospel; but remember what Paul means by "the gospel" viz., the reality of Redemption in our Lord Jesus Christ. We are apt to make sanctification the end-all of our preaching. Paul alludes to personal experience by way of illustration, never as the end of the matter. We are nowhere commissioned to preach salvation or sanctification; we are commissioned to lift up Jesus Christ (John 12:32). It is a travesty to say that Jesus Christ travailed in Redemption to make me a saint. Jesus Christ travailed in Redemption to redeem the whole world, and place it unimpaired and rehabilitated before the throne of God. The fact that Redemption can be experienced by us is an illustration of the power of the reality of Redemption, but that is not the end of Redemption. If God were human, how sick to the heart and weary He would be of the constant requests we make for our salvation, for our sanctification. We tax His energies from morning till night for things for ourselves—something for me to be delivered from! When we touch the bedrock of the reality of the Gospel of God, we shall never bother God any further with little personal plaints.

The one passion of Paul's life was to proclaim the Gospel of God. He welcomed heart-breaks, disillusionments, tribulation, for one reason only, because these things kept him in unmoved devotion to the Gospel of God.

하나님의 부르심

> 그리스도께서 나를 보내심은 세례를 베풀게 하려 하심이 아니요 오직 복음을 전하게 하려 하심이로되 (고전 1:17).

2월 1일

바울은, 하나님의 부르심은 복음을 전하는 것이라고 말합니다. 그러나 바울이 말하는 '복음'의 의미는 주 예수 그리스도 안에서의 구속의 실체를 의미합니다. 우리는 개인의 거룩을 복음 선포의 주요 목적으로 만들려는 경향이 있습니다. 그러나 바울의 경우는 복음을 설명하기 위해 자신의 구원이나 거룩의 체험을 말할 뿐, 결코 개인 체험을 선포의 목적으로 삼은 적이 없습니다. 우리는 어디에서도 자신의 구원이나 거룩을 선포하도록 의탁 받은 적이 없습니다. 우리가 의탁 받은 것은 오직 예수 그리스도를 높이는 것입니다요 12:32. 예수 그리스도께서 나를 성자로 만들기 위해 구속의 고난을 당하셨다고 말하지 마십시오. 그런 주장은 진리를 모르는 말일 뿐입니다. 예수님께서 구속의 고난을 당하신 이유는, 온 세상을 구속하기 위한 것입니다. 세상의 모든 잘못된 것들을 고치시고 다시 새롭게 하신 후에 하나님 보좌 앞에 두시기 위한 것입니다. 구속이 각 개인에게 체험될 수 있다는 사실은, 구속의 실체에 능력이 있다는 것을 증명합니다. 그러나 그러한 체험이 구속의 목표는 아닙니다. 만일 하나님께서 사람이라면, 구원 및 거룩을 위한 우리의 끝없는 요청으로 인해 얼마나 피곤하고 귀찮겠습니까? 또한 우리는 자신을 귀찮게 하는 것으로부터 구원받기 위해 아침부터 밤까지 얼마나 하나님을 조릅니까? 우리가 복음의 실체의 반석에 접할 때만이 더 이상 사소한 번민으로 하나님을 괴롭히지 않을 것입니다.

바울의 인생 속에서 한 가지 열정은 하나님의 복음을 전파하는 것이었습니다. 이를 위해 그는 마음의 고통과 환멸과 환난을 환영했습니다. 그 이유는 이러한 것들마저 그로 하여금 더욱 하나님의 복음을 향해 요동함이 없게 만들었기 때문입니다.

The constraint of the call

Woe is unto me, if I preach not the gospel! 1 Cor. 9:16.

Beware of stopping your ears to the call of God. Everyone who is saved is called to testify to the fact; but that is not the call to preach, it is merely an illustration in preaching. Paul is referring to the pangs produced in him by the constraint to preach the Gospel. Never apply what Paul says in this connection to souls coming in contact with God for salvation. There is nothing easier than getting saved because it is God's sovereign work—"Come unto Me and I will save you." Our Lord never lays down the conditions of discipleship as the conditions of salvation. We are condemned to salvation through the Cross of Jesus Christ. Discipleship has an option with it—"IF any man⋯."

Paul's words have to do with being made a servant of Jesus Christ, and our permission is never asked as to what we will do or where we will go. God makes us broken bread and poured-out wine to please Himself. To be "separated unto the gospel" means to hear the call of God; and when a man begins to overhear that call, then begins agony that is worthy of the name. Every ambition is nipped in the bud, every desire of life quenched, every outlook completely extinguished and blotted out, saving one thing only—"separated unto the gospel." Woe be to the soul who tries to put his foot in any other direction when once that call has come to him. This College exists to see whether God has any man or woman here who cares about proclaiming His Gospel; to see whether God grips you. And beware of competitors when God does grip you.

강권하시는 부르심

만일 복음을 전하지 아니하면 내게 화가 있을 것이로다 (고전 9:16).

당신의 귀가 하나님의 부르심을 듣지 못할까 주의하십시오. 구원을 얻은 모든 주의 백성들은 자신이 구원받은 사실을 전하도록 부르심을 받았습니다. 그러나 이 부르심은 복음 선포의 부르심과 다릅니다. 우리가 구원받은 사실은 단지 복음 선포를 위한 하나의 예일 뿐입니다. 바울은 복음을 전해야 하는 심적 부담에 대해 말합니다. 위의 내용은 구원을 위해 하나님을 만나려는 영혼들에게는 해당되지 않습니다. 이 세상에서 구원을 받는 것보다 더 쉬운 일은 없습니다. 구원이란 하나님의 주권적인 일이기 때문입니다. "내게로 오라. 내가 너를 구원하리라." 주님은 구원의 조건으로 어떤 제자 훈련을 내걸지 않으셨습니다. 예수 그리스도의 십자가를 통하면 구원에 이르도록 정해져 있습니다. 그러나 제자 훈련은 선택 사항입니다. "만일 누구든지 나의 제자가 되려면…"막 8:34.

위의 바울의 말은 예수 그리스도의 종이 되려는 자들과 관련됩니다. 그리스도의 종들은 자신들이 무엇을 할 것이며 어디로 갈 것인가에 대해 스스로 결정할 수 없습니다. 하나님께서는 자기를 기쁘시게 하기 위해 우리를 '찢겨진 빵과 부어지는 포도주'주님의 찢겨진 살과 쏟으신 피를 의미함로 만드십니다. 복음을 위해 구별되었다는 말은 하나님의 부르심을 받았다는 뜻입니다. 그러나 그 부르심을 건성으로 듣게 되면 그 사람은 주의 종으로서의 이름에 합당한 고통을 받기 시작합니다. 모든 야망은 꺾이고 인생의 욕망은 잠들게 되며 외적인 자랑들은 철저하게 제거되고 사그러듭니다. 오직 한 가지만 남게 되는데, 그것은 "복음을 위해 구별되었다"는 것입니다. 주님께로부터 부르심을 받았는데도 다른 방향으로 자신의 발을 옮기려는 자들에게 얼마나 불행한 일들이 발생합니까? 하나님께서 당신을 주의 복음의 종으로 부르시는지 확인하십시오. 주께서 당신을 부르실 때 그 부름을 방해하는 것들을 주의하십시오.

The recognized ban of relationship

We are made as the filth of the world. 1 Cor. 4:9-13.

Feb. 3rd

These words are not an exaggeration. The reason they are not true of us who call ourselves ministers of the gospel is not that Paul forgot the exact truth in using them, but that we have too many discreet affinities to allow ourselves to be made refuse. "Filling up that which is behind of the afflictions of Christ" is not an evidence of sanctification, but of being "separated unto the gospel."

"Think it not strange concerning the fiery trial which is to try you," says Peter. If we do think it strange concerning the things we meet with, it is because we are craven-hearted. We have discreet affinities that keep us out of the mire—"I won't stoop; I won't bend." You do not need to, you can be saved by the skin of your teeth if you like; you can refuse to let God count you as one separated unto the gospel.

Or you may say—"I do not care if I am treated as the offscouring of the earth as long as the Gospel is proclaimed." A servant of Jesus Christ is one who is willing to go to martyrdom for the reality of the gospel of God. When a merely moral man or woman comes in contact with baseness and immorality and treachery, the recoil is so desperately offensive to human goodness that the heart shuts up in despair. The marvel of the Redemptive Reality of God is that the worst and the vilest can never get to the bottom of His love. Paul did not say that God separated him to show what a wonderful man He could make of him, but "to reveal his son in me."

세상의 찌꺼기 같은 우리

우리가 지금까지 세상의 더러운 것과 만물의 찌꺼기같이 되었도다 (고전 4:13).

2월 3일

위 구절은 과장된 표현이 아닙니다. 위 내용이 오늘날 소위 복음 사역자들인 우리에게 해당되지 않는 이유는, 바울이 이 내용을 쓸 당시 정확한 의미를 몰랐기 때문이 아닙니다. 우리에게 너무 많은 세상의 애착들이 남아 있어서 우리는 만물의 찌꺼기가 되기를 스스로 거절하기 때문입니다. 거듭나서 거룩하게 될 때 누구나 "그리스도의 남은 고난을 채우는" 것은 아닙니다. 오직 "복음을 위해 따로 구별된 자"가 그리스도의 남은 고난을 채우게 됩니다.

베드로는 "너희를 연단하려고 오는 불 시험을 이상한 일 당하는 것같이 이상히 여기지 말라"벧전 4:12고 말합니다. 우리가 겪는 여러 고난을 이상하게 여긴다면, 이는 우리 마음이 겁으로 차 있기 때문입니다. 우리는 불 시험을 피할 수만 있다면 약삭빠르게 빠져나갈 것입니다. "나는 복음 때문에 부끄러움을 당하고 싶지는 않아. 사람들에게 굽히고 싶지 않아." 물론 당신은 그럴 필요가 없습니다. 그리고 간신히 구원도 받게 될 것입니다. 당신은 얼마든지 복음을 위해 당신을 따로 구별하시는 하나님을 거절할 수 있습니다.

그러나 반대로 당신은 "복음이 증거된다면 나는 이 땅에서 찌꺼기같이 대우 받아도 상관없다"라고 말할 수도 있습니다. 예수 그리스도의 종이란 하나님의 복음의 실체를 위해 순교할 각오를 한 자들입니다. 단지 도덕적인 사람이라면 부끄러움이나 부도덕을 경험하거나 배신을 당하게 될 때 그 악영향이 그의 '선함'에 너무나 큰 충격을 주기에 그의 마음은 절망으로 닫히게 됩니다. 그러나 하나님의 '구속의 실체'의 놀라움이란, 아무리 나쁘고 악한 사람이라도 하나님의 사랑에서 벗어날 수 없다는 사실입니다. 바울은 하나님께서 그를 얼마나 훌륭한 사람으로 만들 수 있는지를 보여주시기 위해 자신을 구별했다고 말하지 않습니다. 단지 "내 안에 계신 하나님의 아들을 보여주기 위해" 구별되었다고 말합니다.

The overmastering majesty of personal power

For the love of Christ constraineth us. 2 Cor. 5:14.

Paul says he is overruled, overmastered, held as in a vice, by the love of Christ. Very few of us know what it means to be held in a grip by the love of God; we are held by the constraint of our experience only. The one thing that held Paul, until there was nothing else on his horizon, was the love of God. "The love of Christ constraineth us"—when you hear that note in a man or woman, you can never mistake it. You know that the Spirit of God is getting unhindered way in that life.

When we are born again of the Spirit of God, the note of testimony is on what God has done for us, and rightly so. But the baptism of the Holy Ghost obliterates that for ever, and we begin to realize what Jesus meant when He said—"Ye shall be witnesses unto Me." Not witnesses to what Jesus can do—that is an elementary witness—but "witnesses unto Me." We will take everything that happens as happening to Him, whether it be praise or blame, persecution or commendation. No one can stand like that for Jesus Christ who is not constrained by the majesty of His personal power. It is the only thing that matters, and the strange thing is that it is the last thing realized by the Christian worker. Paul says he is gripped by the love of Christ; that is why he acts as he does. Men may call him mad or sober, but he does not care; there is only one thing he is living for, and that is to persuade men of the judgment seat of God, and of the love of Christ. This abandon to the love of Christ is the one thing that bears fruit in the life, and it will always leave the impression of the holiness and of the power of God, never of our personal holiness.

무엇에 사로잡혀 있습니까?

그리스도의 사랑이 우리를 강권하시는도다 (고후 5:14).

2월
4일

바울은 자신이 예수 그리스도의 사랑에 의해 사로잡혔다고 말합니다. 그런데 그 의미를 아는 사람은 많지 않습니다. 보통 자신들의 경험에 사로잡혀 있습니다. 그러나 바울을 사로잡고 있었던 유일한 것은 오직 하나님의 사랑이었습니다. "그리스도의 사랑이 우리를 강권하시는도다." 그리스도의 사랑에 의해 강권함을 받는 사람을 보면, 누구나 그 사람을 분명히 알아볼 수 있습니다. 성령이 그 사람의 삶 가운데서 자유롭게 역사하고 계시기 때문입니다.

하나님의 영으로 거듭난 직후에 우리의 주된 간증은 하나님께서 나를 위해 무슨 일을 하셨는가 하는 것입니다. 그러나 성령의 세례를 받고 나면 그러한 간증은 사라지고 "너희가 … 내 증인이 되리라"행 1:8는 예수님의 말씀을 깨닫기 시작합니다. 즉, 예수님께서 하실 수 있는 일을 증거하는 초보적인 것이 아니라 "예수님 그분의 증인"이 됩니다. 이후 우리는 우리에게 발생하는 모든 일들을, 영광이든 비난이든 핍박이든 칭찬이든 예수님께 친히 발생하는 일처럼 받아들이게 됩니다. 예수님의 인격적인 능력의 영광에 사로잡히지 않은 자는 결코 예수 그리스도를 위해 이런 자세를 취할 수 없습니다. 이 부분이 바로 사역자들이 깨달아야 하는 가장 중요한 부분입니다. 그러나 이상하게도 끝까지 깨닫지 못하는 부분이 이것입니다. 바울은 그가 하나님의 사랑에 사로잡혔으며 그 사랑 때문에 그렇게 행동한다고 말합니다. 사람들이 그의 정신이 온전하지 않다고 쑥덕거려도 그는 신경 쓰지 않습니다. 오직 그가 살아가는 단 한 가지 이유는 사람들에게 하나님의 심판과 예수 그리스도의 사랑을 알리는 것입니다. 그리스도의 사랑에 자신을 완전하게 내어맡기는 것만이 우리의 삶에 성령의 열매를 맺게 하는 비결입니다. 이러한 삶은 내가 얼마나 거룩한 사람인지를 드러내는 것이 아니라 하나님의 능력과 주의 거룩함을 드러내는 것입니다.

Are you ready to be offered?

Feb. 5th

Yea, and if I be offered upon the sacrifice and service of your faith, I joy and rejoice with you all. Phil. 2:17.

Are you willing to be offered for the work of the faithful—to pour out your life blood as a libation on the sacrifice of the faith of others? Or do you say—'I am not going to be offered up just yet, I do not want God to choose my work. I want to choose the scenery of my own sacrifice; I want to have the right kind of people watching me and saying, "Well done."'

It is one thing to go on the lonely way with dignified heroism, but quite another thing if the line mapped out for you by God means being a door-mat under other people's feet. Suppose God wants to teach you to say, "I know how to be abased"—are you ready to be offered up like that? Are you ready to be not so much as a drop in a bucket—to be so hopelessly insignificant that you are never thought of again in connection with the life you served? Are you willing to spend and be spent; not seeking to be ministered unto, but to minister? Some saints cannot do menial work and remain saints because it is beneath their dignity.

낮아지고 닳아질 수 있습니까?

> 만일 너희 믿음의 제물과 섬김 위에 내가 나를 전제로 드릴지라도
> 나는 기뻐하고 너희 무리와 함께 기뻐하리니 (빌 2:17).

2월 5일

　당신은 사역을 충성스럽게 감당하기 위해 믿음의 제물로 자신을 드릴 수 있습니까? 당신의 생명의 피를 다른 사람의 믿음을 위한 전제奠祭로 부을 수 있느냐는 것입니다. 그럴 수 없다면 당신은 이렇게 말할 것입니다. "나는 아직 나 자신을 다 드릴 수 없어요. 내가 무엇을 해야 하는지 하나님께서 결정하시는 것을 원하지 않아요. 내가 어떤 희생을 할 수 있는지 내가 결정하기를 원합니다. 사람들이 '잘했다'고 말했으면 좋겠어요."

　영웅심에 빠져 외로운 길을 걷는 것과, 하나님에 의해 정해진 삶을 살기 위해 다른 사람의 '신발털이개'가 되는 것은 완전히 다릅니다. 하나님께서 '남에게 천시받고 낮아지는 비결'을 가르치신다면 당신은 그 가르침대로 바쳐질 준비가 되어 있습니까? 물동이에 떨어지는 한방울의 물처럼 전혀 중요하지 않은 사람, 소망이 없을 정도로 너무나 별볼일 없는 사람, 당신의 섬김마저 아무도 기억해주지 않는 삶을 살아갈 준비가 되어 있습니까? 섬김을 받지 않고 오직 섬기기 위해 당신의 삶을 바치며 그 삶이 다 닳아지기를 원할 수 있습니까? 어떤 성도들은 성도이기를 원하면서도 천하고 궂은 일들은 싫어합니다. 자신들의 품위에 어울리지 않는다는 것입니다.

Are you ready to be offered?

I am already being poured out as a drink offering.
2 Tim. 4:6 (R.V. marg.).

"I am now ready to be offered." It is a transaction of will, not of sentiment. Tell God you are ready to be offered; then let the consequences be what they may, there is no strand of complaint now, no matter what God chooses. God puts you through the crisis in private, no one person can help another. Externally the life may be the same; the difference is in will. Go through the crisis in will, then when it comes externally there will be no thought of the cost. If you do not transact in will with God along this line, you will end in awakening sympathy for yourself.

"Bind the sacrifice with cords, even unto the horns of the altar." The altar means fire—burning and purification and insulation for one purpose only, the destruction of every affinity that God has not started and of every attachment that is not an attachment in God. You do not destroy it, God does; you bind the sacrifice to the horns of the altar; and see that you do not give way to self-pity when the fire begins. After this way of fire, there is nothing that oppresses or depresses. When the crisis arises, you realize that things cannot touch you as they used to do. What is your way of fire?

Tell God you are ready to be offered, and God will prove Himself to be all you ever dreamed He would be.

제물로 드려질 준비

전제와 같이 내가 벌써 부어지고 나의 떠날 시각이 가까웠도다 (딤후 4:6).

2월 6일

"전제로 드려질 준비가 되어 있습니다." 이는 감상이 아니라 의지의 문제입니다. 하나님께 당신이 전제로 드려질 준비가 되어 있다고 말씀하십시오. 어떤 결과가 발생하든 상관하지 마십시오. 그러면 하나님께서 어떤 상황을 선택하시든 이제는 작은 불평도 생기지 않을 것입니다. 하나님은 당신으로 하여금 위기를 지나게 하십니다. 아무도 당신을 도울 수 없습니다. 이때 외적으로는 삶의 모습이 이전과 같아 보일 수 있습니다. 그러나 당신의 의지에 차이가 발생합니다. 의지로 내적 위기를 겪어냅니다. 그러면 외부적으로 어떤 위기가 닥칠지라도 희생을 감수하며 나아갑니다. 만일 하나님께 의지를 드리지 않았다면 당신은 자기연민에 빠지게 될 것입니다.

"밧줄로 절기 제물을 제단 뿔에 맬지어다"시 118:27. 제단은 불을 의미합니다. 제단은 한 가지 목적을 위해 태우고 거룩하게 하고 구별합니다. 곧 하나님과 관련되지 않은 모든 것과 하나님께 나아가는 것을 방해하는 모든 것을 소멸시킵니다. 이 일은 당신이 하는 일이 아닙니다. 하나님께서 친히 하십니다. 당신이 해야 하는 일은 단지 제물을 제단 뿔에 묶는 것입니다. 이제 그 제물에 불이 붙기 시작합니다. 이때 자기연민에 빠지지 않도록 주의하십시오. 이 불이 다 타오른 후에는 더 이상 짓누르는 것도 없고 비참하게 하는 것도 없습니다. 위기가 발생해도 이제는 과거처럼 당신을 위협하지 못합니다. 당신을 태우는 불은 무엇입니까?

하나님께 전제로 드릴 준비가 되었다고 말씀하십시오. 그러면 당신은 당신의 하나님이 당신이 바라던 하나님보다 훨씬 크신 분이심을 알게 될 것입니다.

The discipline of dejection

*But we trusted ... and beside all this,
today is the third day ...* Luke 24:21.

Every fact that the disciples stated was right; but the inferences they drew from those facts were wrong. Anything that savours of dejection spiritually is always wrong. If depression and oppression visit me, I am to blame; God is not, nor is anyone else. Dejection springs from one of two sources—I have either satisfied a lust or I have not. Lust means—I must have it at once. Spiritual lust makes me demand an answer from God, instead of seeking God Who gives the answer. What have I been trusting God would do? And today—the immediate present—is the third day, and He has not done it, therefore I imagine I am justified in being dejected and in blaming God. Whenever the insistence is on the point that God answers prayer, we are off the track. The meaning of prayer is that we get hold of God, not of the answer. It is impossible to be well physically and to be dejected. Dejection is a sign of sickness, and the same thing is true spiritually. Dejection spiritually is wrong, and we are always to blame for it.

We look for visions from heaven, for earthquakes and thunders of God's power (the fact that we are dejected proves that we do), and we never dream that all the time God is in the commonplace things and people around us. If we will do the duty that lies nearest, we shall see Him. One of the most amazing revelations of God comes when we learn that it is in the commonplace things that the Deity of Jesus Christ is realized.

낙심의 훈련

> 우리는 이 사람이 이스라엘을 속량할 자라고 바랐노라 이뿐 아니라 이 일이 된지가 사흘째요 (눅 24:21).

2월 7일

　제자들이 언급한 모든 사건은 사실이었지만 그 사건으로부터 그들이 추론한 내용들은 틀렸습니다. 영적으로 낙심에 빠지지 않도록 주의해야 합니다. 만일 마음이 우울하거나 무거워지면 내게 문제가 있는 것이지, 하나님을 책망하거나 다른 사람을 책망할 일이 아닙니다.

　낙심은 둘 중 하나에서 발생하게 됩니다. 죄의 정욕을 만족시켰을 때 혹은 만족시키지 못했을 때 옵니다. 정욕이란 내가 원하는 것을 당장 취하려는 성향입니다. 영적인 정욕은 기도에 응답하시는 하나님을 구하기보다 당장 기도 응답만을 요구하는 것입니다. 하나님께 뭔가를 행하시기를 기대했습니까? 응답을 기다린지 오늘이 벌써 삼일째입니다. 그럼에도 하나님께서는 아무것도 행하지 않으셨습니다. 그러면 우리는 낙심하고 하나님을 원망하는 것이 당연하다고 생각합니다. 하나님께서 내 기도에 응답하셔야 한다는 고집은 정도에서 벗어난 것입니다. 기도의 의미는 기도의 응답이 아니라 하나님을 붙드는 것입니다. 낙심의 상태에서는 몸이 평안할 수 없습니다. 낙심은 영적으로 병든 증거입니다. 낙심의 책임은 언제나 내게 있습니다.

　우리는 하늘로부터 내려오는 환상을 기다립니다. 하나님의 능력의 증거인 것처럼 지진과 천둥을 기다립니다. 우리가 실망과 우울함에 빠지는 이유는 바로 이러한 것을 구하기 때문입니다. 우리는 주변의 평범한 일들과 사람들 가운데 하나님이 계시다는 사실을 꿈에도 생각하지 못합니다. 가까이 있는 책임을 다할 때 우리는 주님을 보게 될 것입니다. 가장 놀라운 하나님의 계시는 예수 그리스도의 신성이 평범한 것들 속에서 나타난다는 점입니다.

Instantaneous and insistent sanctification

And the very God of peace sanctify you wholly. 1 Thess. 5:23-24.

When we pray to be sanctified, are we prepared to face the standard of these verses? We take the term sanctification much too lightly. Are we prepared for what sanctification will cost? It will cost an intense narrowing of all our interests on earth, and an immense broadening of all our interests in God. Sanctification means intense concentration on God's point of view. It means every power of body, soul and spirit chained and kept for God's purpose only. Are we prepared for God to do in us all that He separated us for? And then after His work is done in us, are we prepared to separate ourselves to God even as Jesus did? "For their sakes I sanctify Myself." The reason some of us have not entered into the experience of sanctification is that we have not realized the meaning of sanctification from God's standpoint. Sanctification means being made one with Jesus so that the disposition that ruled Him will rule us. Are we prepared for what that will cost? It will cost everything that is not of God in us.

Are we prepared to be caught up into the swing of this prayer of the apostle Paul's? Are we prepared to say—"Lord make me as holy as You can make a sinner saved by grace?" Jesus has prayed that we might be one with Him as He is one with the Father. The one and only characteristic of the Holy Ghost in a man is a strong family likeness to Jesus Christ, and freedom from everything that is unlike Him. Are we prepared to set ourselves apart for the Holy Spirit's ministrations in us?

하나님의 관점에서의 거룩

평강의 하나님이 친히 너희를 온전히 거룩하게 하시고 (살전 5:23).

2월 8일

당신이 거룩해지기를 기도할 때 성경이 말하는 거룩의 기준을 맞출 준비가 되어 있습니까? 우리는 '거룩'을 너무 가볍게 생각합니다. 정말로 거룩을 위해 대가를 치를 준비가 되어 있습니까? 치러야 할 대가란 이 땅에서의 관심을 지극히 줄이고 하나님을 향한 관심을 무한히 넓히는 것입니다. 즉, 거룩이란 하나님의 관점을 향한 집중을 의미합니다. 우리의 영·혼·육이 서로 연결된 가운데 오직 하나님의 목적만을 위해 사용되는 것입니다. 당신은 하나님께서 당신을 따로 구별하신 목적을 당신 안에 이루고자 하실 때, 준비가 되어 있습니까? 또한 예수님처럼 당신도 하나님께서 당신을 거룩하게 하신 후에 하나님만을 위해 자신을 따로 구별할 준비가 되어 있습니까?

"그들을 위하여 내가 나를 거룩하게 하오니"요 17:19. 많은 사람들이 거룩의 체험에 들어가지 못하는 이유는 하나님의 관점에서의 거룩을 깨닫지 못했기 때문입니다. 거룩이란 예수 그리스도와 하나가 됨으로 예수님을 다스렸던 성향이 우리를 다스리게 하는 것입니다. 이를 위해 어떤 대가라도 치를 준비가 되어 있습니까? 우리 안에 하나님께 속하지 않은 모든 것을 희생해야 합니다.

사도 바울의 기도에 호응할 준비가 되어 있습니까? "주님, 주께서 은혜로 죄인을 구원하심같이 나를 거룩하게 하소서"라고 말할 준비가 되어 있습니까? 예수님께서는 자신이 하나님과 하나인 것처럼 우리가 주님과 하나 되기를 기도하셨습니다. 성령의 역사에서 가장 뚜렷하고 유일한 특징은 우리를 예수 그리스도와 닮게 만들면서 예수님과 관계없는 모든 것으로부터 자유하게 하신다는 점입니다. 성령께서 우리 안에서 역사하시도록 나 자신을 따로 구별할 준비가 되어 있습니까?

Are you exhausted spiritually?

Feb. 9th

The everlasting God ⋯ fainteth not, neither is weary. Isaiah 40:28.

Exhaustion means that the vital forces are worn right out. Spiritual exhaustion never comes through sin but only through service, and whether or not you are exhausted will depend upon where you get your supplies. Jesus said to Peter—"Feed My sheep," but He gave him nothing to feed them with. The process of being made broken bread and poured out wine means that you have to be the nourishment for other souls until they learn to feed on God. They must drain you to the dregs. Be careful that you get your supply, or before long you will be utterly exhausted. Before other souls learn to draw on the life of the Lord Jesus direct, they have to draw on it through you; you have to be literally 'sucked', until they learn to take their nourishment from God. We owe it to God to be our best for His lambs and His sheep as well as for Himself.

Has the way in which you have been serving God betrayed you into exhaustion? If so, then rally your affections. Where did you start the service from? From your own sympathy or from the basis of the Redemption of Jesus Christ? Continually go back to the foundation of your affections and recollect where the source of power is. You have no right to say—'Oh Lord, I am so exhausted.' He saved and sanctified you in order to exhaust you. Be exhausted for God, but remember that your supply comes from Him. "All my fresh springs shall be in Thee."

영적으로 곤비합니까?

> 영원하신 하나님 여호와, 땅 끝까지 창조하신 이는 피곤하지 않으시며 곤비하지 않으시며 (사 40:28).

2월 9일

피곤과 곤비는 생명력이 고갈된 것을 의미합니다. 영적 고갈은 죄가 아닌 섬김을 통해 옵니다. 영적으로 고갈되지 않으려면 지속적인 공급을 받아야 합니다. 예수님께서 베드로에게 말씀하셨습니다. "내 양을 먹이라"요 21:17. 그러나 주님은 베드로에게 양들을 먹일 아무 음식도 주지 않으셨습니다. 다른 사람을 위해 찢겨진 빵이 되고 부어지는 포도주가 된다는 뜻은, 그들이 영적으로 자라나 하나님으로부터 직접 양식을 공급받을 수 있을 때까지 당신이 그들에게 영적 영양분을 주어야 한다는 뜻입니다. 이때 그들은 당신을 밑바닥까지 고갈시킬 것입니다. 그러므로 당신 스스로 충분한 공급을 받고 있는지 확인하십시오. 그렇지 않으면 조만간에 완전히 고갈될 것입니다. 다른 영혼들이 주 예수님의 생명으로부터 직접 영양분을 얻을 수 있을 때까지 그들은 당신을 통해 영적으로 공급되어야 합니다. 즉, 그들이 하나님께로부터 영양분을 취할 수 있을 때까지 당신은 그들에게 영양분을 주어야 합니다. 따라서 우리는 하나님과 주님의 양들을 위해 주께로부터 최고의 영양분을 공급 받아야 합니다.

하나님을 섬기면서 영적으로 고갈되어 있습니까? 그렇다면 모든 관심사들을 모으십시오. 어떤 마음으로 봉사를 시작하게 되었는지 점검하십시오. 당신의 동정심 때문입니까, 아니면 예수 그리스도의 구속 때문입니까? 당신이 애착을 갖는 이유가 무엇인지 계속 점검하십시오. 또한 생명력의 근원이 어디인지 기억하십시오. 당신은 어떤 상황에서도 이렇게 말할 권리가 없습니다. "오, 주님! 제가 지쳤습니다." 주님은 다른 사람을 위해 당신이 고갈되게 하시려고 당신을 구원하시고 거룩하게 하셨습니다. 하나님을 위해 고갈되십시오. 그러나 모든 공급은 하나님께로부터 온다는 사실을 기억하십시오. "나의 모든 신선한 샘물은 그분 안에 있다네"시 87:7.

Is your imagination of God starved?

Lift up your eyes on high, and behold who hath created these things.
Isaiah 40:26.

The people of God in Isaiah's day had starved their imagination by looking on the face of idols, and Isaiah made them look up at the heavens; that is, he made them begin to use their imagination aright. Nature to a saint is sacramental. If we are children of God, we have a tremendous treasure in Nature. In every wind that blows, in every night and day of the year, in every sign of the sky, in every blossoming and in every withering of the earth, there is a real coming of God to us if we will simply use our starved imagination to realize it.

The test of spiritual concentration is bringing the imagination into captivity. Is your imagination looking on the face of an idol? Is the idol yourself? Your work? Your conception of what a worker should be? Your experience of salvation and sanctification? Then your imagination of God is starved, and when you are up against difficulties you have no power, you can only endure in darkness. If your imagination is starved, do not look back to your own experience; it is God Whom you need. Go right out of yourself, away from the face of your idols, away from everything that has been starving your imagination. Rouse yourself, take the gibe that Isaiah gave the people, and deliberately turn your imagination to God.

One of the reasons of stultification in prayer is that there is no imagination, no power of putting ourselves deliberately before God. We have to learn how to be 'broken bread and poured out wine' on the line of intercession more than on the line of personal contact. Imagination is the power God gives a saint to posit himself out of himself into relationships he never was in.

우상에 빠진 것은 아닙니까?

너희는 눈을 높이 들어 누가 이 모든 것을 창조하였나 보라 (사 40:26).

2월 10일

이사야 선지자 당시 하나님의 백성들은 우상을 바라보느라 마음이 기갈되어 있었습니다. 이때 이사야는 그들로 하여금 하늘을 바라보게 하고 그들이 바르게 생각하도록 돕습니다. 자연은 성도들에게 영적인 영양분을 줍니다. 하나님의 자녀들에게 자연이란, 말로 다 표현할 수 없는 엄청난 보화입니다. 산들바람, 매일의 밤과 낮, 하늘의 모든 별들, 꽃들의 피고 지는 상황 가운데서, 우리가 자연을 바라보며 마음을 열면 하나님께서 친히 우리에게 다가오시는 것을 체험할 수 있습니다.

영적 집중력이란 마음을 한곳으로 모으는 것입니다. 당신의 마음이 우상을 바라보는 것은 아닙니까? 당신 자신이 우상은 아닙니까? 당신의 일이 우상입니까? '사역은 어떠해야 한다'는 사상적 우상에 빠진 것은 아닙니까? 당신의 구원과 거룩의 경험이 우상은 아닙니까? 우상에 빠져 있다면 하나님을 향한 마음이 기갈된 것입니다. 이러한 경우 어려움이 오면 이길 힘이 없기 때문에 어둠 가운데 머물게 됩니다. 만일 당신의 마음이 기갈되어 있다면, 당신의 경험을 돌아보지 마십시오. 지금 당신에게 필요한 것은 하나님입니다. 자신에게 얽매이지 말고 자유하십시오. 우상으로부터 멀어지십시오. 당신의 마음을 갉아먹는 어떤 것도 허락하지 마십시오. 스스로 일으켜 세우고 이사야가 백성들에게 주었던 내용을 붙드십시오. 마음을 다해 당신의 마음을 주께로 향하십시오.

기도가 막히는 이유는, 기도할 생각이 없기 때문입니다. 마음을 다해 하나님께 자신을 집중시킬 힘이 없기 때문입니다. 우리가 사람을 직접 만나는 것도 좋지만, 그들을 위한 중보 기도를 통해 '찢겨진 빵과 부어지는 포도주'가 되는 비결을 배워야 합니다. 하나님께서는 우리가 기도할 때 강한 마음을 주셔서 자신에게서 벗어나 전에는 몰랐던 새로운 인격적 관계에 들어가게 하십니다.

Is your hope in God faint and dying?

Feb. 11th

Thou wilt keep him in perfect peace whose imagination is stayed on Thee. Isaiah 26:3 (R.V. marg.).

Is your imagination stayed on God or is it starved? The starvation of the imagination is one of the most fruitful sources of exhaustion and sapping in a worker's life. If you have never used your imagination to put yourself before God, begin to do it now. It is no use waiting for God to come; you must put your imagination away from the face of idols and look unto Him and be saved. Imagination is the greatest gift God has given us, and it ought to be devoted entirely to Him. If you have been bringing every thought into captivity to the obedience of Christ, it will be one of the greatest assets to faith when the time of trial comes, because your faith and the Spirit of God will work together. Learn to associate ideas worthy of God with all that happens in Nature—the sunrises and the sunsets, the sun and the stars, the changing seasons, and your imagination will never be at the mercy of your impulses, but will always be at the service of God.

"We have sinned with our fathers ⋯ and have forgotten"—then put a stiletto in the place where you have gone to sleep. 'God is not talking to me just now,' but He ought to be. Remember Whose you are and Whom you serve. Provoke yourself by recollection, and your affection for God will increase tenfold; your imagination will not be starved any longer, but will be quick and enthusiastic, and your hope will be inexpressibly bright.

마음이 기갈될 때

> 주께서 심지가 견고한 자를 평강하고 평강하도록 지키시리니
> 이는 그가 주를 신뢰함이니이다 (사 26:3).

2월 11일

당신의 마음은 주님께 고정되어 있습니까, 아니면 기갈되어 있습니까? 마음의 기갈은 사역자의 삶을 지치게 하고 힘을 빠지게 만드는 주범입니다. 만일 당신의 마음을 주 앞에서 세우지 못했다면 지금 당장 세우십시오. 주님께서 임하실 때까지 기다리지 마십시오. 당신의 마음을 우상으로부터 멀리하고 주님을 바라보아야 합니다. 그래야 구원을 얻습니다. 마음은 하나님께서 우리에게 주신 최고의 선물로써 주님께 완전하게 드려져야 합니다. 당신의 모든 생각을 사로잡아 그리스도께 순종시키십시오. 그러면 당신의 믿음과 함께 성령이 함께 역사할 것이기 때문에 어려움이 와도 능히 이길 수 있습니다. 자연 질서를 보면서 하나님 앞에서 가치 있는 생각을 할 수 있는 비결을 배우십시오. 해가 뜨고 지는 것, 하늘의 별들, 계절이 바뀌는 것을 보면서 감상에만 젖지 말고 언제나 주님을 섬기는 마음이 되도록 하십시오.

"우리가 우리의 조상들처럼 범죄하였고 … 우리는 잊어버렸다"시 106:6-7. 그렇다면 잠이 들었던 그 장소에 당신을 찌를 수 있는 송곳을 두십시오. "주님께서 이제는 나에게 말씀하지 않으시는 것 같아." 아닙니다. 지금 이 시간에도 주님은 분명하게 말씀하고 계십니다. 당신이 누구의 것이며 누구를 섬기는지 기억하십시오. 기억을 되살려서 당신 자신을 일으키십시오. 하나님을 향한 애정이 열 배로 늘어날 것입니다. 당신의 마음은 더 이상 기갈되지 않을 것이며 힘과 열정으로 넘치게 될 것입니다. 당신의 소망은 말로 표현할 수 없을 정도로 환하게 비칠 것입니다.

Must I listen?

And they said unto Moses, Speak thou with us and we will hear: but let not God speak with us, lest we die. Exodus 20:19.

We do not consciously disobey God, we simply do not heed Him. God has given us His commands; there they are, but we do not pay any attention to them, not because of wilful disobedience but because we do not love and respect Him. "If ye love Me, ye will keep My commandments." When once we realize that we have been 'disrespecting' God all the time, we are covered with shame and humiliation because we have not heeded Him.

"Speak thou with us: but let not God speak with us." We show how little we love God by preferring to listen to His servants only. We like to listen to personal testimonies, but we do not desire that God Himself should speak to us. Why are we so terrified lest God should speak to us? Because we know that if God does speak, either the thing must be done or we must tell God we will not obey Him. If it is only the servant's voice we hear, we feel it is not imperative, we can say, "Well, that is simply your own idea, though I don't deny it is probably God's truth."

Am I putting God in the humiliating position of having treated me as a child of His while all the time I have been ignoring Him? When I do hear Him, the humiliation I have put on Him comes back on me—"Lord, why was I so dull and so obstinate?" This is always the result when once we do hear God. The real delight of hearing Him is tempered with shame in having been so long in hearing Him.

주님의 음성을 직접 들으십시오!

2월 12일

모세에게 이르되 당신이 우리에게 말씀하소서 우리가 들으리이다
하나님이 우리에게 말씀하시지 말게 하소서 우리가 죽을까 하나이다 (출 20:19).

우리는 의식적으로 하나님을 불순종하지는 않습니다. 단지 그분께 신경을 쓰지 않을 뿐입니다. 하나님께서는 우리에게 명령을 주셨고 그 명령은 언제나 그 자리에 있습니다. 그러나 우리는 그 명령에 신경을 쓰지 않습니다. 의도적으로 불순종하려는 마음 때문이 아니라 하나님을 사랑하지 않고 존경하지도 않기 때문입니다. "너희가 나를 사랑하면 나의 계명을 지키리라"요 14:15. 하나님을 업신여겨왔다는 사실을 진정으로 깨달을 때에야 비로소 주님을 외면했던 자신에 대해 부끄러움과 비참함을 느끼게 됩니다.

"당신이 우리에게 말씀하소서. 그러나 하나님이 직접 우리에게 말씀하시지 말게 하소서." 우리는 주의 종의 음성은 듣고 싶어하지만 하나님의 음성은 거부합니다. 우리는 사람들의 간증을 듣는 것은 좋아하지만 하나님께서 우리에게 친히 말씀하시는 것은 싫어합니다. 하나님께서 우리에게 직접 말씀하시는 것을 왜 그토록 두려워합니까? 하나님께서 말씀하시면 그 말씀에 순종하든지 불순종하든지 양자 택일을 해야 하기 때문입니다. 그러나 주의 종을 통해 들으면 우리는 하나님의 명령으로 듣기보다 "아, 그것은 비록 하나님의 진리처럼 들리기는 해도 아마 당신이 생각이겠지요"라고 말할 수 있기 때문입니다.

하나님은 여전히 당신을 자녀로 대하시는데 당신은 항상 주님을 무시함으로써 모독해온 것은 아닙니까? 주님의 음성을 듣게 될 때, 주님을 모독했던 자신의 자세에 대해 큰 부끄러움을 느끼게 될 것입니다. "주님, 왜 저는 그렇게 무디고 고집이 세었던 것입니까?" 주님의 음성을 직접 듣게 될 때 우리는 언제나 자신을 향해 비참과 비통을 느낍니다. 주님의 음성을 듣는 진정한 기쁨은 너무나 오랫동안 그분을 듣지 않았던 부끄러움과 섞이게 됩니다.

The devotion of hearing

Speak; for Thy servant heareth. 1 Samuel 3:10.

Because I have listened definitely to one thing from God, it does not follow that I will listen to everything He says. The way in which I show God that I neither love nor respect Him is by the obtuseness of my heart and mind towards what He says. If I love my friend, I intuitively detect what he wants, and Jesus says, "Ye are My friends." Have I disobeyed some command of my Lord's this week? If I had realized that it was a command of Jesus, I would not consciously have disobeyed it; but most of us show such disrespect to God that we do not even hear what He says, He might never have spoken.

The destiny of my spiritual life is such identification with Jesus Christ that I always hear God, and I know that God always hears me (John 11:41). If I am united with Jesus Christ, I hear God by the devotion of hearing all the time. A lily, or a tree, or a servant of God, may convey God's message to me. What hinders me from hearing is that I am taken up with other things. It is not that I will not hear God, but that I am not devoted in the right place. I am devoted to things, to service, to convictions, and God may say what He likes but I do not hear Him. The child attitude is always "Speak, Lord, for Thy servant heareth." If I have not cultivated this devotion of hearing, I can only hear God's voice at certain times; at other times I am taken up with things—things which I say I must do, and I become deaf to Him, I am not living the life of a child. Have I heard God's voice today?

주님의 음성이 들립니까?

말씀하옵소서 주의 종이 듣겠나이다 (삼상 3:10).

2월 13일

하나님으로부터 어떤 한 가지 음성을 확실하게 들었다고 해서 그분이 말씀하시는 모든 것을 다 알아듣게 되는 것이 아닙니다. 주님의 말씀을 향해 내 마음과 생각이 무디어져 있다면, 이는 내가 주님을 사랑하지도, 존경하지도 않는다는 증거입니다. 만일 내가 나의 친구를 사랑하면 나는 직감적으로 그가 무엇을 원하는지 알 수 있습니다. 예수님께서는 "너는 나의 친구라"요 15:14고 말씀하셨습니다. 이번 주에 주님의 명령을 불순종했습니까? 만일 그것이 예수님의 명령인 줄 깨달았다면 나는 의식적으로 그 명령을 불순종하지 않았을 것입니다. 그러나 우리 대부분은 하나님의 말씀을 듣지 않을 정도로 하나님을 무시합니다. 그러면서 하나님께서 자신에게 한 번도 말씀하지 않으신 것처럼 행동합니다.

우리의 영적 삶의 목표는 예수 그리스도와 하나가 되어 언제나 하나님의 음성을 듣는 것입니다. 또한 하나님께서 언제나 나의 간구를 들으신다는 사실을 아는 것입니다요 11:41. 만일 내가 예수 그리스도와 연합되어 있다면 언제나 마음을 다해 하나님의 음성을 들으려고 할 것입니다. 꽃과 나무와 주의 종들은 하나님의 메시지를 내게 전합니다. 그러나 나는 다른 뭔가에 사로잡혀서 그 메시지를 듣지 못합니다. 하나님의 음성을 안 들으려고 하기보다는 나의 마음이 다른 곳에 빼앗겨 있는 것입니다. 따라서 하나님께서 원하는 바를 말씀하시더라도 우리는 세상의 일들과 봉사 활동 및 자기 확신 등에 사로잡혀 그분의 음성을 듣지 못합니다.

어린아이 같은 사람들의 자세는 언제나 "주여, 말씀하소서. 주의 종이 듣겠나이다"라는 것입니다. 늘 주님의 음성을 듣는 헌신된 마음을 개발하지 못하면 우리는 특별한 때에만 주님의 음성을 듣게 될 것입니다. 그러나 다른 보통 때는 자신이 중요하게 생각하는 것들에 마음이 사로잡혀서 전혀 하나님을 듣지 못하게 됩니다. 따라서 주의 자녀다운 삶을 살지 못하게 됩니다. 나는 오늘 하나님의 음성을 듣고 있습니까?

The discipline of heeding

Feb. 14th

What I tell you in darkness, that speak ye in light; and what ye hear in the ear, that preach ye upon the housetops. Matthew 10:27.

At times God puts us through the discipline of darkness to teach us to heed Him. Song birds are taught to sing in the dark, and we are put into the shadow of God's hand until we learn to hear Him. "What I tell you in darkness"—watch where God puts you into darkness, and when you are there, keep your mouth shut. Are you in the dark just now in your circumstances, or in your life with God? Then remain quiet. If you open your mouth in the dark, you will talk in the wrong mood: darkness is the time to listen. Don't talk to other people about it; don't read books to find out the reason of the darkness, but listen and heed. If you talk to other people, you cannot hear what God is saying. When you are in the dark, listen, and God will give you a very precious message for someone else when you get into the light.

After every time of darkness there comes a mixture of delight and humiliation (if there is delight only, I question whether we have heard God at all), delight in hearing God speak, but chiefly humiliation—"What a long time I was in hearing that! How slow I have been in understanding that! And yet God has been saying it all these days and weeks." Now He gives you the gift of humiliation which brings the softness of heart that will always listen to God now.

집중하는 훈련

2월 14일

내가 너희에게 어두운 데서 이르는 것을 광명한 데서 말하며 너희가 귓속말로 듣는 것을 집 위에서 전파하라 (마 10:27).

때때로 하나님께서는 우리에게 하나님의 음성을 듣는 자세를 가르치시기 위해 어둠을 지나게 하십니다. 종달새는 어둠 속에서 노래를 배웁니다. 주님의 백성들은 하나님 손길의 그림자에 머물면서 주님의 음성을 듣는 법을 배웁니다. "내가 너희에게 어두운 데서 이르는 것을…." 하나님께서 우리를 어두운 곳에 두시면 주의해서 입을 다무십시오. 지금 어두운 상황 가운데 있습니까? 하나님과의 관계가 어둡습니까? 그렇다면 잠잠하십시오. 만일 당신이 어둠 속에서 입을 열면 잘못된 기분 속에서 말하게 될 것입니다. 어두운 때는 우리가 들어야 할 시간입니다. 다른 사람에게 그 어둠에 대해 말하지 마십시오. 어둠의 이유를 알기 위해 책을 읽지 마십시오. 단지 주의하여 듣기를 힘쓰십시오. 만일 어둠 속에서 다른 사람에게 말하면 하나님의 음성을 듣지 못하게 될 것입니다. 당신이 어둠 가운데 있을 때 들으십시오. 그러면 당신이 어둠에서 나와 빛 가운데로 들어가게 될 때 하나님께서는 당신에게 다른 사람과 나눌 수 있는 아주 귀한 메시지를 주실 것입니다.

모든 어둠 후에는 기쁨과 부끄러움이 혼합되어 따라옵니다. 만일 기쁨만 남아 있다면 당신이 하나님의 음성을 정말 제대로 들었는지 의심스럽습니다. 어둠 속에서 하나님의 음성을 들으면 기쁘지만 동시에 매우 부끄럽습니다. "그렇게 오랫동안 주의 음성을 들었는데 어찌 그렇게 우둔하여 아무것도 깨닫지 못했던고! 하나님께서는 여러 날 동안 계속 내게 말씀하고 계셨구나!" 이제 당신은 하나님께서 주신 겸손하고 부드러운 마음을 갖게 됩니다. 따라서 언제나 '지금' 하나님을 듣게 됩니다.

Am I my brother's keeper?

None of us liveth to himself. Romans 14:7.

Has it ever dawned on you that you are responsible for other souls spiritually before God? For instance, if I allow any private deflection from God in my life, everyone about me suffers. We "sit together in heavenly places." "Whether one member suffer, all the members suffer with it." When once you allow physical selfishness, mental slovenliness, moral obtuseness, spiritual density, everyone belonging to your crowd will suffer. 'But,' you say, 'who is sufficient for these things, if you erect a standard like that?' Our sufficiency is of God, and of Him alone.

"Ye shall be My witnesses." How many of us are willing to spend every ounce of nervous energy, of mental, moral and spiritual energy we have for Jesus Christ? That is the meaning of a witness in God's sense of the word. It takes time, be patient with yourself. God has left us on the earth—what for? To be saved and sanctified? No, to be at it for Him. Am I willing to be broken bread and poured out wine for Him? To be spoilt for this age, for this life, to be spoilt from every standpoint but one—saving as I can disciple men and women to the Lord Jesus Christ. My life as a worker is the way I say 'thank you' to God for His unspeakable salvation. Remember it is quite possible for anyone of us to be flung out as reprobate silver—"… lest that by any means when I have preached to others, I myself should be a castaway."

주님의 증인과 일꾼 되기

우리 중에 누구든지 자기를 위해 사는 자가 없고 (롬 14:7).

2월 15일

하나님 앞에서 다른 영혼들에 대해 당신에게 책임이 있다는 사실을 깨달은 적이 있습니까? 예를 들어 자신이 하나님으로부터 개인적으로 멀어지면 내 주변의 많은 사람들이 나로 인해 고통을 당합니다. 우리는 "하늘에 함께 앉은 자들"엡 2:6이며 "만일 한 지체가 고통을 받으면 모든 지체가 함께 고통을"고전 12:26 받습니다. 당신이 이기적인 존재가 될 때, 짜증과 섭섭함으로 가득 찰 때, 도덕적으로 무디고 영적으로 어두워질 때, 당신 주변의 모든 사람들이 고통을 당하게 됩니다. 이때 당신은 질문합니다. "다른 사람까지 고려해야 한다는 이러한 기준을 누가 지킬 수 있다는 말입니까?" 오직 하나님으로 인해 그렇게 살 수 있습니다.

"너희는 내 증인이 될지라"행 1:8. 우리 중에 몇이나 자신이 가진 모든 신체적, 정신적, 도덕적, 영적 에너지를 오직 주 예수 그리스도를 위해 쓰려고 하겠습니까? 이것이 하나님께서 의미하시는 '증인'이라는 뜻입니다. 그러한 증인이 되기까지는 오랜 시간이 걸립니다. 왜 하나님께서 우리를 이 땅에 남겨 두셨습니까? 구원받고 거룩해지기 위함입니까? 그렇지 않습니다. 주님께서 우리를 주의 뜻대로 마음껏 사용하시기 위함입니다. 진심으로 주를 위해 '찢겨진 빵과 부어지는 포도주'가 될 수 있습니까? 사람들을 주 예수 그리스도의 제자로 만들 수만 있다면 이 세상의 온갖 천시와 멸시를 받아도 좋다고 말할 수 있습니까? 주님의 일꾼으로서의 일생은 말로 다 표현할 수 없는 주님의 구원의 은혜를 감사하는 것입니다. 누구든지 폐기된 은그릇처럼 밖으로 버려질 수 있다는 사실을 기억하십시오. "내가 내 몸을 쳐 복종하게 함은 내가 남에게 전파한 후에 자신이 도리어 버림을 당할까 두려워함이로다"고전 9:27.

The inspiration of spiritual initiative

Arise from the dead. Eph. 5:14.

All initiative is not inspired. A man may say to you—"Buck up, take your disinclination by the throat, throw it overboard, and walk out into the thing!" That is ordinary human initiative. But when the Spirit of God comes in and says, in effect, 'Buck up,' we find that the initiative is inspired.

We all have any number of visions and ideals when we are young, but sooner or later we find that we have no power to make them real. We cannot do the things we long to do, and we are apt to settle down to the visions and ideals as dead, and God has to come and say—"Arise from the dead." When the inspiration of God does come, it comes with such miraculous power that we are able to arise from the dead and do the impossible thing. The remarkable thing about spiritual initiative is that the life comes after we do the 'bucking up.' God does not give us overcoming life; He gives us life as we overcome. When the inspiration of God comes, and He says—"Arise from the dead," we have to get up; God does not lift us up. Our Lord said to the man with the withered hand—"Stretch forth thy hand," and as soon as the man did so, his hand was healed, but he had to take the initiative. If we will do the overcoming, we shall find we are inspired of God because He gives life immediately.

영적 회복

죽은 자들 가운데서 일어나라 (엡 5:14).

2월 16일

　모든 시발점마다 성령의 영감이 있는 것은 아닙니다. 누구라도 당신에게 "일어나라. 의기소침한 마음을 잡아서 밖으로 집어던지고 앞으로 나아가라!"고 말할 수 있습니다. 이러한 시발점은 일반적으로 인간적인 것입니다. 그러나 성령께서 오셔서 "일어나라"고 말씀하실 때는 효력이 나타납니다. 그때의 시발점에는 영감이 있습니다.

　어렸을 때 우리에게는 많은 꿈과 소망이 있었습니다. 그러나 자라나면서 그러한 꿈과 소망을 이룰 수 있는 능력이 우리에게 없음을 발견하게 됩니다. 원하는 것을 더 이상 할 수 없게 되자, 자신의 꿈과 소망이 사라졌다고 말합니다. 이때 주께서 다가와 말씀하십니다. "죽은 자들 가운데서 일어나라." 하나님의 영감은 기적 같은 능력과 함께 임하기 때문에, 우리는 죽은 자들 가운데서 일어나 불가능한 일들을 할 수 있게 됩니다. 영적 시발점에서 주목할 만한 것은 우리가 '일어난' 후에 생명이 온다는 사실입니다. 하나님께서는 우리에게 무작정 승리하는 삶을 주지 않으셨습니다. 우리가 일어나 극복할 때 우리에게 생명을 주십니다. 즉, "죽은 자들 가운데서 일어나라"고 주께서 말씀하실 때 우리가 일어나면 하나님의 영감이 임합니다. 주님께서 손 마른 자에게 말씀하셨습니다. "네 손을 내밀라"막 3:5. 이때 그 사람이 손을 내밀자 그의 손은 온전케 되었습니다. 주목할 점은 그가 손을 내밀었다는 사실입니다. 마찬가지로 우리가 일어나면 하나님께서 당장 생명을 주십니다. 그러면 우리는 주의 영감으로 충만하게 됩니다.

The initiative against depression

Arise and eat. 1 Kings 19:5.

Feb. 17th

The angel did not give Elijah a vision, or explain the Scriptures to him, or do anything remarkable; he told Elijah to do the most ordinary thing, viz., to get up and eat. If we were never depressed we should not be alive; it is the nature of a crystal never to be depressed. A human being is capable of depression, otherwise there would be no capacity for exaltation. There are things that are calculated to depress, things that are of the nature of death; and in taking an estimate of yourself, always take into account the capacity for depression.

When the Spirit of God comes He does not give us visions; He tells us to do the most ordinary things conceivable. Depression is apt to turn us away from the ordinary commonplace things of God's creation, but whenever God comes, the inspiration is to do the most natural simple things—the things we would never have imagined God was in, and as we do them we find He is there. The inspiration which comes to us in this way is an initiative against depression; we have to do the next thing and to do it in the inspiration of God. If we do a thing in order to overcome depression, we deepen the depression; but if the Spirit of God makes us feel intuitively that we must do the thing, and we do it, the depression is gone. Immediately we arise and obey, we enter on a higher plane of life.

우울증에 대항하는 첫걸음

일어나서 먹으라 (왕상 19:5).

2월 17일

 천사는 엘리야에게 비전을 준 것도 아니고 성경을 그에게 설명한 것도 아니며 어떤 놀랄 만한 일을 행한 것도 아닙니다. 다만 엘리야에게 가장 일상적인 일, 곧 "일어나서 먹으라"고 말했습니다. 우울한 적이 없다면 살아 있는 사람이 아닐 것입니다. 돌덩어리 같은 사람이 아닌 한, 인간은 우울할 수 있습니다. 그렇지 않다면 신나는 기쁨도 느낄 수 없을 것입니다. 누구에게나 자신을 우울하게 만드는 일들이 있습니다. 심지어 죽음과 같은 고통을 느끼게 하는 일들이 있습니다. 우리 자신도 우울증에 걸릴 수 있다는 사실을 언제나 염두에 두십시오.

 성령이 오시면 비전을 주시는 것이 아니라 가장 평범한 일들을 하라고 말씀하십니다. 우울증은 하나님께서 창조하신 가장 평범한 것으로부터 우리를 멀어지게 합니다. 그러나 하나님의 영감이 우리에게 임하면 우리는 가장 간단하고 평범한 일을 하게 됩니다. '정말 하나님께서 계시는가' 하고 의아해하던 그러한 평범한 일들 속에서 우리는 하나님을 발견하게 됩니다. 이때 임하게 되는 영감은 우리의 우울증을 제거하는 시발점이 됩니다.

 평범한 일을 해야 할 때 하나님의 영감 가운데서 그 일을 하십시오. 우울증을 극복하기 위해 뭔가를 하면 이는 우울증을 더 심각하게 만들 뿐입니다. 그러나 하나님의 영이 우리에게 무엇인가를 해야 한다는 직관적인 느낌을 줄 때 그것을 하면 우울증은 사라집니다. 성령에 따라 당장 일어나 순종하면 우리는 다시 활력을 회복하게 됩니다.

The initiative against despair

Feb. 18th

Rise let us be going. Matthew 26:46.

The disciples went to sleep when they should have kept awake, and when they realized what they had done it produced despair. The sense of the irreparable is apt to make us despair, and we say—'It is all up now, it is no use trying any more.' If we imagine that this kind of despair is exceptional, we are mistaken, it is a very ordinary human experience. Whenever we realize that we have not done that which we had a magnificent opportunity of doing, then we are apt to sink in despair, and Jesus Christ comes and says—'Sleep on now, that opportunity is lost for ever, you cannot alter it, but arise and go to the next thing.' Let the past sleep, but let it sleep on the bosom of Christ, and go out into the irresistible future with Him.

There are experiences like this in each of our lives. We are in despair, the despair that comes from actualities, and we cannot lift ourselves out of it. The disciples in this instance had done a downright unforgivable thing; they had gone to sleep instead of watching with Jesus, but He came with a spiritual initiative against their despair and said—'Arise and do the next thing.' If we are inspired of God, what is the next thing? To trust Him absolutely and to pray on the ground of His Redemption.

Never let the sense of failure corrupt your new action.

절망에 대항하는 첫걸음

일어나라 함께 가자 (마 26:46).

2월 18일

제자들은 깨어 있어야 할 때 깊은 잠이 들었고 나중에 이를 알게 되었을 때 절망에 빠지게 되었습니다. 이처럼 이미 저질러진 일로 인해 어떻게 할 수 없다는 느낌은 우리를 절망케 합니다. 우리는 말합니다. "다 끝났어. 더 이상 어떻게 할 수가 없어. 소용 없어." 우리는 자신의 절망이 예외적인 것이라고 생각하지만 그것은 오해입니다. 사실 절망을 경험해보지 않은 사람은 거의 없을 것입니다. 엄청난 기회가 있었는데 그것을 놓쳤다는 것을 알게 되었을 때, 우리는 쉽게 절망에 빠지곤 합니다. 그러나 예수 그리스도께서 오셔서 말씀하십니다. "지금 자느냐. 그 기회를 영원히 잃어버렸구나. 네가 다시 바꿀 수 없는 것이로구나. 그러나 일어나라. 함께 다음 단계로 가자." 과거로 하여금 잠이 들게 하십시오. 그러나 그 과거가 예수님의 품 안에서 잠들게 하십시오. 그리고 주님과 함께 다가오는 미래로 들어가십시오.

우리는 누구나 절망의 경험이 있습니다. 현실 속에서 우리는 쉽게 절망에 빠집니다. 그러나 스스로의 힘으로는 그 절망의 늪에서 빠져나오지 못합니다. 예수님의 제자들은 정말로 용서받지 못할 행동을 했습니다. 그들은 예수님과 함께 깨어 있어야 할 그때 깊은 잠이 들었습니다. 그러나 주님께서는 그들이 절망에서 빠져나올 수 있도록 친히 찾아오셔서 영적인 시발점을 허락하십니다. "일어나라. 다음 단계로 가자." 만일 우리가 하나님의 영으로 힘을 얻었다면 그 다음 단계는 무엇이겠습니까? 오직 주님을 온전히 의지하고 주의 구속을 바탕으로 기도하는 것입니다.

절대로 실패의식이 당신의 새로운 시작을 방해하지 못하도록 하십시오.

The initiative against drudgery

Arise, shine. Isaiah 60:1.

We have to take the first step as though there were no God. It is no use to wait for God to help us, He will not; but immediately we arise we find He is there. Whenever God inspires, the initiative is a moral one. We must do the thing and not lie like a log. If we will arise and shine, drudgery becomes divinely transfigured.

Drudgery is one of the finest touchstones of character there is. Drudgery is work that is very far removed from anything to do with the ideal—the utterly mean, grubby things; and when we come in contact with them we know instantly whether or not we are spiritually real. Read John 13; we see there the Incarnate God doing the most desperate piece of drudgery, washing fishermen's feet, and He says—"If I then, your Lord and Master, have washed your feet, ye also ought to wash one another's feet." It requires the inspiration of God to go through drudgery with the light of God upon it. Some people do a certain thing, and the way in which they do it hallows that thing for ever afterwards. It may be the most commonplace thing, but after we have seen them do it, it becomes different. When the Lord does a thing through us, He always transfigures it. Our Lord took on Him our human flesh and transfigured it, and it has become for every saint the temple of the Holy Ghost.

지겨움에 대항하는 첫걸음

일어나라 빛을 발하라 (사 60:1).

2월 19일

　때로 우리는 하나님께서 지금 내 곁에 계시지 않는 것처럼 생각하고 첫 발걸음을 떼야 합니다. 아무것도 하지 않으면서 하나님께서 돕기만을 기다리는 것은 소용없는 일입니다. 이러한 경우 하나님께서도 돕지 않으십니다. 물론 일어나는 즉시 우리는 하나님께서 그 자리에 계신 것을 발견하게 됩니다. 하나님께서 영감을 주시는 시발점은 우리의 도덕적(전인격적, 자발적) 선택입니다. 따라서 죽은 나무토막처럼 누워 있지 말고 뭔가 해야 합니다. 일어나 빛을 발하면 지겨운 일들이 거룩하게 승화됩니다.

　지겨운 일은 어떤 사람의 인격의 고상함을 가장 확실히 드러내는 시금석입니다. 그것은 자신의 이상과 가장 거리가 먼 일로써 그 사람에게는 가장 천하고 사소한 일입니다. 그런데 우리가 이러한 일을 어떻게 대하느냐에 따라 바로 우리가 참으로 영적인 사람인지 아닌지 알 수 있습니다. 요한복음 13장을 읽어보십시오. 거기서 우리는 성육신하신 하나님께서 소위 '가장 보잘것없고 지겨운 일'을 하시는 것을 발견하게 됩니다. 즉, 어부들의 발을 씻기고 계신 것입니다. 그러면서 주님은 "만일 너의 주요 선생인 내가 너희들의 발을 씻겼다면 너희도 또한 다른 사람들의 발을 씻겨야 하느니라"요 13:14고 말씀하십니다. 지겨운 일 가운데 주의 빛을 보기를 원한다면 하나님의 영감을 받고 그 일을 대해야 합니다. 하나님의 영으로 충만한 사람들이 보잘것없고 지겨운 일을 하면 신기하게도 그 일들이 거룩해집니다. 가장 진부하고 평범한 일이었는데, 그들이 하면 뭔가 달라지는 것입니다. 주님께서 우리를 통해 보잘것없고 지겨운 일들을 하시면 그 모든 일들이 승화됩니다. 주님께서는 인간의 몸을 입으셔서 그 몸을 변화시키셨습니다. 즉, 모든 믿는 자의 몸을 성령께서 거하시는 성전으로 만들어 놓으신 것입니다.

The initiative against dreaming

Arise, let us go hence. John 14:31.

Dreaming about a thing in order to do it properly is right; but dreaming about it when we should be doing it is wrong. After Our Lord had said those wonderful things to His disciples, we might have expected that He would tell them to go away and meditate over them all; but Our Lord never allowed 'mooning.' When we are getting into contact with God in order to find out what He wants, dreaming is right; but when we are inclined to spend our time in dreaming over what we have been told to do, it is a bad thing and God's blessing is never on it. God's initiative is always in the nature of a stab against this kind of dreaming, the stab that bids us "neither sit nor stand but go."

If we are quietly waiting before God and He has said—"Come ye yourselves apart," then that is meditation before God in order to get at the line He wants; but always beware of giving over to mere dreaming when once God has spoken. Leave Him to be the source of all your dreams and joys and delights, and go out and obey what He has said. If you are in love, you do not sit down and dream about the one you love all the time, you go and do something for him; and that is what Jesus Christ expects us to do. Dreaming after God has spoken is an indication that we do not trust Him.

몽상에서 벗어나십시오!

일어나라 여기를 떠나자 하시니라 (요 14:31).

2월 20일

　무슨 일을 제대로 하기 위해 꿈을 꾸는 것은 옳습니다. 그러나 실행에 옮기지 않고 계속 꿈만 꾸는 것은 옳지 않습니다. 우리는 주님의 놀라운 진리의 말씀을 들은 후 주께서 "이제 들었으니 가서 그 모든 말씀을 다시 묵상하라"고 말씀하실 것으로 기대합니다. 그러나 주님께서는 몽상을 허락하지 않으셨습니다. 주께서 원하시는 바를 알기 위해 하나님께 나아갈 때 '꿈'은 유익합니다. 그러나 이미 주께서 우리에게 무엇을 해야 하는지 분명히 알려주셨음에도 불구하고 계속 꿈만 꾸고 있다면 이는 악한 것입니다. 그러한 몽상가에게는 하나님의 축복이 절대로 임하지 않습니다. 따라서 하나님께서는 우리가 이러한 몽상에 빠지지 않도록 우리를 찌르십니다. 그래서 우리로 그 자리에 가만히 앉거나 머물지 않고 앞으로 나아가게 하십니다.

　만일 우리가 조용히 하나님 앞에서 기다리고 있는데, 하나님께서 "이리 와서 따로 앉으라"(막 6:31)고 말씀하시면 그때는 하나님께서 원하시는 것이 무엇인지를 알기 위해 묵상해야 합니다. 그러나 이미 주께서 말씀하신 후에는 몽상에 빠지지 않도록 주의해야 합니다. 이제 주님 그분을 당신의 꿈과 기쁨과 즐거움의 원천이 되게 하십시오. 주께서 말씀하신 대로 앞으로 나아가 순종하십시오. 만일 당신이 사랑에 빠져 있다면 가만히 앉아서 그 사람과 사랑하는 꿈만 꾸지는 않을 것입니다. 밖으로 나아가 그 사람을 위해 뭔가를 하게 될 것입니다. 이것이 바로 예수 그리스도께서 우리에게 원하시는 것입니다. 하나님께서 말씀하신 후에도 계속 몽상만 하고 있다면, 이는 하나님을 신뢰하지 않고 있다는 증거입니다.

Have you ever been carried away for Him?

She hath wrought a good work on Me. Mark 14:6.

If human love does not carry a man beyond himself, it is not love. If love is always discreet, always wise, always sensible and calculating, never carried beyond itself, it is not love at all. It may be affection, it may be warmth of feeling, but it has not the true nature of love in it.

Have I ever been carried away to do something for God not because it was my duty, nor because it was useful, nor because there was anything in it at all beyond the fact that I love Him? Have I ever realized that I can bring to God things which are of value to Him, or am I mooning round the magnitude of His Redemption whilst there are any number of things I might be doing? Not Divine, colossal things which could be recorded as marvellous, but ordinary, simple human things which will give evidence to God that I am abandoned to Him? Have I ever produced in the heart of the Lord Jesus what Mary of Bethany produced?

There are times when it seems as if God watches to see if we will give Him the abandoned tokens of how genuinely we do love Him. Abandon to God is of more value than personal holiness. Personal holiness focuses the eye on our own whiteness; we are greatly concerned about the way we walk and talk and look, fearful lest we offend Him. Perfect love casts out all that when once we are abandoned to God. We have to get rid of this notion— 'Am I of any use?' and make up our minds that we are not, and we may be near the truth. It is never a question of being of use, but of being of value to God Himself. When we are abandoned to God, He works through us all the time.

주님을 사랑하고 있습니까?

그가 내게 좋은 일을 하였느니라 (막 14:6).

2월 21일

　인간의 사랑에 있어서도 자기 자신을 잃을 정도로 빠지지 않는다면 그것은 사랑이 아닙니다. 사랑한다고 하면서 언제나 신중하고 현명하여 계산만 하고 있다면 이는 전혀 사랑이 아닐 것입니다. 이는 애착이거나 따스한 감정일 수는 있어도 사랑의 본질은 없는 것입니다.

　나 자신의 의무감이나 유익 때문이 아니라 오직 하나님을 사랑하기 때문에 주를 위해 뭔가를 하게 된 적이 있습니까? 주님을 사랑하면 지금 그분을 위해 할 수 있는 일들이 너무나 많은데, 당신은 그저 주님의 구속의 위대함만 묵상하고 있습니까? 내가 하나님과 사랑에 빠져 있는 증거는, 성스럽고 놀라운 일들이 아니라 일상적이고 단순한 인간적인 일들 가운데서 나타납니다. 문제는 나 자신이 하나님께 완전히 드려진 바가 되었느냐 하는 것입니다. 당신은 베다니의 마리아가 주님의 마음에 남겨놓은 그러한 감동을 주께 드린 적이 있습니까?

　하나님께서는 우리가 진실로 자신을 다 포기하기까지 하나님을 사랑하는지를 보시고자 때때로 우리를 지켜보십니다. 하나님께 우리 자신을 온전하게 내어드리는 것이 나의 개인적 거룩함보다 더 귀합니다. 개인적인 거룩은 우리의 관심을 자신의 정결함에 모으게 합니다. 걷기와 말하기, 심지어 우리의 외모까지 대단히 신경을 씁니다. 하나님을 화나게 만드는 것은 아닐까 하고 언제나 조바심을 냅니다. 그러나 하나님과의 사랑에 빠져 우리의 모든 것을 주께 내어맡기면 이러한 모든 염려들이 사라집니다. "나는 유용한 존재인가"라는 의식을 제거하십시오. 그러한 의식을 제거하기로 작정하면 그때 비로소 진리에 가까이 가게 될 것입니다. 유용한 사람이 되는 것이 중요한 것이 아니라 하나님과 사랑에 빠진 귀한 존재가 되는 것이 중요합니다. 오직 우리가 하나님께 완전하게 드려질 때 주님은 우리를 귀하게 여기셔서 언제나 우리를 통해 일하실 것입니다.

The discipline of spiritual tenacity

Be still, and know that I am God. Psalm 46:10.

Tenacity is more than endurance, it is endurance combined with the absolute certainty that what we are looking for is going to transpire. Tenacity is more than hanging on, which may be but the weakness of being too afraid to fall off. Tenacity is the supreme effort of a man refusing to believe that his hero is going to be conquered. The greatest fear a disciple has is not that he will be damned, but that Jesus Christ will be worsted, that the things He stood for—love and justice and forgiveness and kindness among men—will not win out in the end; the things He stands for look like will-o'-the-wisps. Then comes the call to spiritual tenacity, not to hang on and do nothing, but to work deliberately on the certainty that God is not going to be worsted.

If our hopes are being disappointed just now, it means that they are being purified. There is nothing noble the human mind has ever hoped for or dreamed of that will not be fulfilled. One of the greatest strains in life is the strain of waiting for God. "Because thou hast kept the word of My patience."

Remain spiritually tenacious.

영적 불굴의 자세

가만히 있어 내가 하나님 됨을 알지어다 (시 46:10).

불굴은 인내보다 더 많은 의미를 갖고 있습니다. 우리가 바라보는 것이 반드시 실현될 것이라는 절대적인 확신과 그 소망을 바라며 인내하는 것이 합쳐질 때, 이를 불굴이라고 합니다. 불굴은 실패할까 두려워 매달려 있는 상태가 아닙니다. 그의 영웅이 패배하지 않을 것을 강하게 믿고 앞으로 나아가는 것입니다. 제자들의 최대의 두려움은 자신들이 망하게 되는 것이 아니었습니다. 예수 그리스도께서 패배하실지도 모른다는 두려움이었습니다. 곧 주께서 보장하셨던 사랑, 공의, 용서, 자비가 결국 승리하지 못하고 수포로 돌아갈지도 모른다는 두려움이었습니다. 이때 영적 불굴을 촉구하는 음성이 들립니다. 그 음성은 아무것도 하지 않으면서 그냥 견디라는 음성이 아니라 하나님께서 결코 패배하지 않으신다는 확신 가운데 구체적으로 일을 진행시켜 나가라는 음성입니다.

만일 당신의 소망이 지금 난관을 겪고 있다면, 이는 그 소망이 정결케 되고 있다는 뜻입니다. 고결한 꿈과 소망은 반드시 실현됩니다. 인생에서 힘든 것 중 하나는 하나님을 기다리는 것입니다. 예수님께서 말씀하십니다. "네가 나의 인내의 말씀을 지켰은즉 내가 또한 너를 지켜 시험의 때를 면하게 하리니"계 3:10. 그러므로 영적으로 불굴의 자세를 지니십시오.

The determination to serve

Feb. 23rd

The son of Man came not to be ministered unto, but to minister. Matthew 20:28.

Paul's idea of service is the same as our Lord's: "I am among you as He that serveth"; "ourselves your servants for Jesus' sake." We have the idea that a man called to the Ministry is called to be a different kind of being from other men. According to Jesus Christ, he is called to be the 'door-mat' of other men; their spiritual leader, but never their superior. "I know how to be abased," says Paul. This is Paul's idea of service—"I will spend myself to the last ebb for you; you may give me praise or give me blame, it will make no difference. So long as there is a human being who does not know Jesus Christ, I am his debtor to serve him until he does." The mainspring of Paul's service is not love for men, but love for Jesus Christ. If we are devoted to the cause of humanity, we shall soon be crushed and broken-hearted, for we shall often meet with more ingratitude from men than we would from a dog; but if our motive is love to God, no ingratitude can hinder us from serving our fellow men.

Paul's realization of how Jesus Christ had dealt with him is the secret of his determination to serve others. "I was before a perjurer, a blasphemer, an injurious person"—no matter how men may treat me, they will never treat me with the spite and hatred with which I treated Jesus Christ. When we realize that Jesus Christ has served us to the end of our meanness, our selfishness, and sin, nothing that we meet with from others can exhaust our determination to serve men for His sake.

섬김의 결단

인자가 온 것은 섬김을 받으려 함이 아니라 도리어 섬기려 하고 (마 20:28).

2월 23일

섬김에 대한 바울의 생각은 주님의 것과 동일합니다. "나는 섬기는 자로 너희 중에 있노라"눅 22:27. "예수를 위해 우리가 너희의 종 된 것을"고후 4:5. 우리는 사역자로의 부르심은 다른 사람보다 우월한 위치에 서는 것으로 생각합니다. 그러나 예수 그리스도의 말씀에 의하면, 주의 부르심은 다른 사람의 '신발털이개'가 되라는 부르심입니다. 영적 지도자로의 부르심은 결코 높은 지위를 의미하지 않습니다. 바울은 "내가 비천에 처할 줄도 안다"빌 4:12고 말했습니다. 이것이 바울의 봉사관이었습니다. "나는 당신을 위해 나의 마지막 힘까지 다 사용할 것입니다. 당신이 내게 칭찬을 하든 비방을 하든 상관 없습니다. 예수 그리스도를 모르는 단 한 사람이라도 있는 한, 나는 그가 예수님을 믿을 때까지 그를 섬겨야 하는 빚진 자입니다." 그럼에도 바울의 섬김의 주된 동기는 사람을 향한 사랑이 아니라 예수 그리스도를 향한 사랑이었습니다. 만일 우리가 인류를 위해 헌신한다면 배은망덕한 사람들 때문에 우리의 가슴은 곧 멍이 들고 찢어질 것입니다. 그러나 우리의 동기가 하나님을 사랑하는 것이면 아무리 배은망덕한 사람들을 경험하게 될지라도 우리는 여전히 그들을 섬길 수 있습니다.

바울은 예수 그리스도께서 자신을 어떻게 대해주셨는지를 깨닫고 다른 사람을 섬기기로 결심합니다. "내가 전에는 비방자요 박해자요 폭행자였으나"딤전 1:13. 즉, 나를 향한 다른 사람들의 미움과 악의가 아무리 강할지라도 내가 예수 그리스도께 대했던 미움과 악의와 전혀 비교될 수 없다는 것입니다. 예수 그리스도께서 우리의 무례함과 이기심과 죄악에도 불구하고 어떻게 우리를 끝까지 섬기셨는지를 깨달으십시오. 그러면 우리도 바울처럼 결코 지치거나 포기하지 않고 끝까지 주를 위해 다른 사람들을 섬기게 될 것입니다.

The delight of sacrifice

I will very gladly spend and be spent for you. 2 Cor. 12:15.

When the Spirit of God has shed abroad the love of God in our hearts, we begin deliberately to identify ourselves with Jesus Christ's interests in other people, and Jesus Christ is interested in every kind of man there is. We have no right in Christian work to be guided by our affinities; this is one of the biggest tests of our relationship to Jesus Christ. The delight of sacrifice is that I lay down my life for my Friend, not fling it away, but deliberately lay my life out for Him and His interests in other people, not for a cause. Paul spent himself for one purpose only—that he might win men to Jesus Christ. Paul attracted to Jesus all the time, never to himself. "I am made all things to all men, that I might by all means save some."

When a man says he must develop a holy life alone with God, he is of no more use to his fellow men: he puts himself on a pedestal, away from the common run of men. Paul became a sacramental personality; wherever he went, Jesus Christ helped Himself to his life. Many of us are after our own ends, and Jesus Christ cannot help Himself to our lives. If we are abandoned to Jesus, we have no ends of our own to serve. Paul said he knew how to be a 'door-mat' without resenting it, because the mainspring of his life was devotion to Jesus. We are apt to be devoted not to Jesus Christ but to the things which emancipate us spiritually. That was not Paul's motive: "I could wish myself were accursed from Christ for my brethren"—wild, extravagant—is it? When a man is in love it is not an exaggeration to talk in that way, and Paul is in love with Jesus Christ.

희생의 즐거움

내가 너희 영혼을 위해 크게 기뻐하므로 재물을 사용하고
또 나 자신까지도 내어주리니 (고후 12:15).

2월
24일

하나님의 영이 하나님의 사랑을 우리 안에 부으실 때 우리 마음은 다른 사람을 향한 예수 그리스도의 관심과 일치하게 됩니다. 예수 그리스도는 모든 사람들에게 관심이 있으십니다. 우리는 자신의 애착에 따라 사역해서는 안 됩니다. 이는 예수 그리스도에 대한 우리의 관계를 시험하는 최대의 시험입니다. 희생의 즐거움이란 나의 '친구'(예수님)를 위해 나의 목숨을 내려놓는 것입니다. 단번에 목숨을 내던진다는 뜻이 아니라, 마음을 다해 주님 및 주님이 관심을 가지신 다른 사람을 위해 나의 삶을 내려놓는 것입니다. 바울은 단 한 가지 목적만을 위해 자신을 희생했습니다. 그것은 사람들로 하여금 주님을 믿게 하는 것입니다. 바울은 언제나 사람들을 자신이 아니라 주님께로 사로잡히게 했습니다. "여러 사람에게 여러 모습이 된 것은 아무쪼록 몇 사람이라도 구원하고자 함이니"고전 9:22.

하나님과 홀로 거룩한 삶을 살겠다고 하면서 사람들을 멀리 떠나 있으면 그는 동료들에게 아무 유익이 되지 못합니다. 이는 사람이 다니는 길에서 벗어나 아무도 없는 곳에 멋진 동상으로 서 있는 것과 같습니다. 그러나 바울은 다른 사람들을 위한 희생적인 사람이 되었습니다. 그가 어디를 가든 예수 그리스도께서는 그의 삶을 마음껏 사용하실 수 있었습니다. 예수 그리스도는 자신의 유익을 추구하는 사람을 쓰실 수 없습니다. 전적으로 예수님께 헌신되었다는 것은 자신의 유익을 위해 섬기지 않는다는 뜻입니다. 바울의 삶은 예수님만을 위해 헌신되어 있었기 때문에 그는 분을 내지 않으면서 다른 사람들의 '신발털이개'가 되는 비결을 안다고 말했습니다. 우리는 예수님께 헌신하기보다 우리를 영적으로 자유하게 해준다는 여러 견해들에 헌신하기 쉽습니다. 바울이 헌신하는 동기는 예수님과의 사랑이었습니다. "나의 형제 곧 골육의 친척을 위하여 내 자신이 저주를 받아 그리스도에게서 끊어질지라도 원하는 바로라"롬 9:3. 너무 과장된 표현입니까? 사랑에 빠진 자라면 이렇게 말하는 것은 과장이 아닙니다. 바울은 예수 그리스도와 사랑에 빠져 있었던 것입니다.

The destitution of service

Though the more abundantly I love you, the less I be loved. 2 Cor. 12:15.

Natural love expects some return, but Paul says—'I do not care whether you love me or not, I am willing to destitute myself completely, not merely for your sakes, but that I may get you to God.' "For ye know the grace of our Lord Jesus Christ, that, though He was rich, yet for your sakes He became poor." Paul's idea of service is exactly along that line—'I do not care with what extravagance I spend myself, and I will do it gladly.' It was a joyful thing to Paul.

The ecclesiastical idea of a servant of God is not Jesus Christ's idea. His idea is that we serve Him by being the servants of other men. Jesus Christ out-socialists the socialists. He says that in His Kingdom he that is greatest shall be the servant of all. The real test of the saint is not preaching the gospel, but washing disciples' feet, that is, doing the things that do not count in the actual estimate of men, but count everything in the estimate of God. Paul delighted to spend himself out for God's interests in other people, and he did not care what it cost. We come in with our economical notions— 'Suppose God wants me to go there—what about the salary? What about the climate? How shall I be looked after? A man must consider these things.' All that is an indication that we are serving God with a reserve. The apostle Paul had no reserve. Paul focuses Jesus Christ's idea of a New Testament saint in his life, viz., not one who proclaims the Gospel merely, but one who becomes broken bread and poured out wine in the hands of Jesus Christ for other lives.

섬김을 위한 궁핍

너희를 더욱 사랑할수록 나는 사랑을 덜 받겠느냐 (고후 12:15).

2월 25일

　인간적인 사랑은 대가를 바랍니다. 그러나 바울은 말합니다. "여러분이 나를 사랑하든 말든 개의치 않습니다. 나는 기꺼이 나 자신을 여러분을 위하고 또 여러분을 하나님께로 인도하기 위해 내가 궁핍하게 될지라도 완전하게 내어주겠습니다." 바울은 예수님을 섬김의 기준으로 삼았습니다. "우리 주 예수 그리스도의 은혜를 너희가 알거니와 부요하신 이로서 너희를 위하여 가난하게 되심은" 고후 8:9. 곧 바울의 봉사관은 정확하게 예수님의 그것과 같았습니다. "나는 나 자신을 얼마나 분에 넘치도록 내어주는가에 대해 관심이 없습니다. 나는 그 일을 즐겁게 할 것입니다." 섬김은 바울에게 기쁨이었습니다.

　하나님의 종에 대한 현대 교회의 개념은 예수 그리스도의 개념과는 다릅니다. 예수님에 의하면, 하나님의 종은 주님을 섬기기 위해 다른 사람들의 종이 되는 것입니다. 예수 그리스도는 이 땅의 사회주의를 초월하는 사회주의자이셨습니다. 주님은 주의 나라에서는 가장 위대한 자가 모든 사람들을 섬기는 종이 될 것이라고 말씀하셨습니다. 성도의 진가는 복음을 가르치는 것이 아니라 제자들의 발을 씻는 것입니다. 즉, 사람들에게는 중요하지 않지만 하나님께서 중요하게 여기시는 것을 행하는 것입니다. 바울은 자신이 지러야 할 희생이 어떠한 것이든 개의지 않고 다른 사람을 향한 하나님의 지대한 관심에 호응하기를 기뻐했습니다. 우리는 머릿속으로 계산하면서 주의 일에 임합니다. "하나님께서 나를 거기로 보내시면 사례는 얼마나 할까? 날씨는 어떻지? 나에 대한 배려를 많이 해줄까? 나도 사람인데 주변 환경에 신경 쓰는 것은 당연하지." 이러한 생각을 한다는 것은 우리가 하나님을 섬기는 데 조건을 따진다는 것을 의미합니다. 그러나 바울은 그 어떠한 조건도 붙인 적이 없습니다. 그는 예수 그리스도께서 가지신 성도의 개념을 그의 삶 속에 그대로 실행했습니다. 단지 복음만 전하는 자가 아니라 주님의 손에 붙들린 바 되어 다른 영혼들을 위해 '찢겨진 빵'이 되고 '부어지는 포도주'가 되었던 것입니다.

Inferior misgivings about Jesus

Sir, Thou hast nothing to draw with. John 4:11.

'I am impressed with the wonder of what God says, but He cannot expect me really to live it out in the details of my life!' When it comes to facing Jesus Christ on His own merits, our attitude is one of pious superiority—'Your ideals are high and they impress us, but in touch with actual things, it cannot be done.' Each of us thinks about Jesus in this way in some particular. These misgivings about Jesus start from the amused questions put to us when we talk of our transactions with God—'Where are you going to get your money from? How are you going to be looked after?' Or they start from ourselves when we tell Jesus that our case is a bit too hard for Him. "It is all very well to say 'Trust in the Lord,' but a man must live, and Jesus has nothing to draw with—nothing whereby to give us these things." Beware of the pious fraud in you which says—"I have no misgivings about Jesus, only about myself." None of us ever had misgivings about ourselves; we know exactly what we cannot do, but we do have misgivings about Jesus. We are rather hurt at the idea that He can do what we cannot.

My misgivings arise from the fact that I ransack my own person to find out how He will be able to do it. My questions spring from the depths of my own inferiority. If I detect these misgivings in myself, let me bring them to the light and confess them—"Lord, I have had misgivings about Thee, I have not believed in Thy wits apart from my own; I have not believed in Thine Almighty power apart from my finite understanding of it."

예수님에 대한 의심

주여 물 길을 그릇도 없고 (요 4:11).

2월 26일

"하나님의 말씀을 듣고 은혜를 받았지만, 설마 주께서 나의 구체적인 삶 속에서 그렇게 살라고 기대하시는 것은 아니겠지!" 예수 그리스도의 뛰어난 면들을 대하게 되면 우리의 자세는 경건 우월의식을 가지게 됩니다. "주님의 이상은 높고 인상적이지만 실제 삶에서 이룰 수 없는 것들이지." 우리 각자는 특별한 상황에서 예수님에 대해 이렇게 생각합니다. '설마 그렇게까지 기대하시지는 않겠지.' 예수님에 대한 이러한 의심은 우리가 하나님께 집중하기 어려운 상황에 처할 때 빗나간 질문을 하면서 시작됩니다. '어디서 돈을 구할 수 있지? 어떻게 주님이 나를 돌보실 수 있다는 말인가?' 이러한 의심은, 우리의 상황이 주님마저도 해결하실 수 없을 만큼 어려운 것이라는 생각에서 시작됩니다. "'주님을 의지하십시오'라고 말하는 것은 쉽지요. 그러나 먹고는 살아야지요. 주님께는 물 길을 그릇도 없고 주님이라 하실지라도 지금 당장 우리에게 대책을 마련해주실 수는 없으시지요."

"나는 예수님을 의심하지 않지만 나 자신에 대해 의심스럽다"는 경건한 속임수를 주의하십시오. 자신에 대해 의심하는 사람은 없습니다. 자신이 무엇을 할 수 없는지 정확하게 압니다. 그러나 예수님이 그렇게 하실 수 있는지 의심하는 것입니다. 우리는 오히려 우리가 할 수 없는 것을 주님께서 하실 수 있다는 생각에 상처를 받습니다.

의심은 주께서 내 문제를 어떻게 해결하실지를 스스로 고민하게 되면서 생겨납니다. 의심은 내 속의 깊은 곳에 있는 열등의식에서 솟아오릅니다. 만일 내 속에서 이러한 의심을 발견하게 되면, 그 의심을 빛으로 끄집어내어 고백하십시오. "주님, 당신에 대해 제가 의심했습니다. 주님의 지혜를 믿지 않고 제 능력만 믿었습니다. 제 이해의 한계를 초월하시는 주님의 전능하신 능력을 믿지 못했습니다."

The impoverished ministry of Jesus

From whence then hast Thou that living water? John 4:11.

"The well is deep"—and a great deal deeper than the Samaritan woman knew! Think of the depths of human nature, of human life, think of the depths of the 'wells' in you. Have you been impoverishing the ministry of Jesus so that He cannot do anything? Suppose there is a well of fathomless trouble inside your heart, and Jesus comes and says—"Let not your heart be troubled"; and you shrug your shoulders and say—"But, Lord, the well is deep; You cannot draw up quietness and comfort out of it." No, He will bring them down from above. Jesus does not bring anything up from the wells of human nature. We limit the Holy One of Israel by remembering what we have allowed Him to do for us in the past, and by saying—'Of course I cannot expect God to do this thing.' The thing that taxes almightiness is the very thing which as disciples of Jesus we ought to believe He will do. We impoverish His ministry the moment we forget He is Almighty; the impoverishment is in us, not in Him. We will come to Jesus as Comforter or as Sympathizer, but we will not come to Him as Almighty.

The reason some of us are such poor specimens of Christianity is because we have no Almighty Christ. We have Christian attributes and experiences, but there is no abandonment to Jesus Christ. When we get into difficult circumstances, we impoverish His ministry by saying—"Of course He cannot do any thing," and we struggle down to the deeps and try to get the water for ourselves. Beware of the satisfaction of sinking back and saying—"It can't be done"; you know it can be done if you look to Jesus. The well of your incompleteness is deep, but make the effort and look away to Him.

예수님의 빈곤한 사역

어디서 당신이 그 생수를 얻겠사옵나이까 (요 4:11).

우물이 깊습니다. 사마리아 여인이 안 것보다 훨씬 더 깊은 우물이었습니다. 인간 본성의 깊이, 당신 안에 있는 '우물'의 깊이를 생각해보십시오. 당신이 예수님의 사역을 빈곤하게 했기 때문에 주께서 아무것도 하실 수 없는 것은 아닙니까? 당신의 마음속에 깊이를 알 수 없는 고통의 우물이 있다고 상상해보십시오. 예수님께서 오셔서 말씀하십니다. "너희는 마음에 근심하지 말라"요 14:1. 이때 당신은 이해할 수 없다는 표정을 지으며 말합니다. "그러나 주님, 이 우물은 깊습니다. 주님이라도 이 고통의 우물에서는 평강과 위로를 길어낼 수 없으실 것입니다." 맞습니다. 주님께서는 인간 본성의 우물에서 아무것도 길어내지 않으십니다. 그러나 위로부터 생수를 길어내실 수 있습니다. 우리는 주님께 부탁할 영역을 제한했던 것을 기억하면서, 여전히 전능하고 거룩하신 분을 제한합니다. 그러나 예수님의 제자로서 우리는 하나님의 전능하심을 필요로 하는 그 일이야말로 주님께서 하실 수 있다고 믿어야 합니다. 주께서 전능한 분이심을 망각하는 순간, 우리는 주님의 사역을 빈곤하게 하는 것입니다. 주의 사역이 빈곤하게 되는 이유는 우리의 불신 때문입니다. 우리는 주님으로부터 위로와 동정을 원할 뿐, 그분을 전능자로 믿으려고 하지 않습니다.

우리 중에 형편없는 그리스도인들이 그토록 많은 이유는 전능하신 그리스도를 알지 못하기 때문입니다. 우리들 대부분은 그리스도인으로서의 겉모습과 경험은 있지만 아직 예수 그리스도께 철저하게 자신을 내려놓지 않았습니다. 그러므로 어려운 상황이 오면 주의 사역을 빈곤하게 합니다. "그렇지. 이것 보라구. 주님도 아무것도 할 수 없으시잖아." 그리고 깊은 우물에 내려가 자신의 힘으로 물을 길어보려고 애씁니다. 결국 "이것은 원래부터 불가능한 일이었어"라고 체념한 후 안주합니다. 이러한 불신앙의 자리에 머물지 않도록 주의하십시오. 주님을 바라보면 그 일이 이루어질 수 있다는 것을 믿으십시오. 분명히 당신의 미완성의 우물은 깊습니다. 그러나 우물을 보지 말고 주님을 바라볼 수 있도록 노력하십시오.

Do ye now believe?

*By this we believe ⋯ Jesus answered,
Do ye now believe?* John 16:30-31.

Now we believe. Jesus says—"Do you? The time is coming when you will leave Me alone." Many a Christian worker has left Jesus Christ alone and gone into work from a sense of duty, or from a sense of need arising out of his own particular discernment. The reason for this is the absence of the resurrection life of Jesus. The soul has got out of intimate contact with God by leaning to its own religious understanding. There is no sin in it, and no punishment attached to it; but when the soul realizes how he has hindered his understanding of Jesus Christ, and produced for himself perplexities and sorrows and difficulties, it is with shame and contrition he has to come back.

We need to rely on the resurrection life of Jesus much deeper down, to get into the habit of steadily referring everything back to Him; instead of this we make our commonsense decisions and ask God to bless them. He cannot, it is not in His domain, it is severed from reality. If we do a thing from a sense of duty, we are putting up a standard in competition with Jesus Christ. We become a 'superior person,' and say—"Now in this matter I must do this and that." We have put our sense of duty on the throne instead of the resurrection life of Jesus. We are not told to walk in the light of conscience or of a sense of duty, but to walk in the light as God is in the light. When we do anything from a sense of duty, we can back it up by argument; when we do anything in obedience to the Lord, there is no argument possible; that is why a saint can be easily ridiculed.

의무나 판단에 따른 사역

2월 28일

이로써 … 우리가 믿사옵나이다 예수께서 대답하시되
이제는 너희가 믿느냐 (요 16:30-31).

이제 우리는 믿습니다. 예수님께서 말씀하십니다. "너희가 믿느냐? 너희가 나를 홀로 두고 떠날 시간이 다가오고 있다." 많은 사역자들이 예수 그리스도를 홀로 내버려두고 의무감이나 자신의 특별한 판단에 따라 일합니다. 그 이유는 예수님의 부활하신 생명이 그들에게 없기 때문입니다. 사람들은 자신의 종교적 이해를 의지하면서 하나님과의 긴밀한 관계를 잃게 됩니다. 이 과정에서 죄악이나 이에 딸린 형벌도 없습니다. 그러나 예수 그리스도를 바르게 깨닫지 못함으로써 혼돈과 슬픔과 어려움이 발생합니다. 나중에 그는 이를 깨닫고 부끄러움과 후회에 빠집니다.

우리는 훨씬 더 깊게 예수님의 부활 생명을 의지해야 할 필요가 있습니다. 또한 만사를 주님과 연결짓는 습관을 길러야 합니다. 그러나 우리는 쉽게 상식적인 결정을 내리고 하나님께서 그 결정들을 축복하실 것을 부탁합니다. 그러나 하나님은 그렇게 하실 수 없습니다. 그 이유는 상식적인 결정은 주님의 영역에 속하지 않으며 영적 실체와 차단되어 있기 때문입니다. 만일 의무감으로 사역을 하면 우리는 예수 그리스도와 경쟁이 되는 또 다른 기준을 세우는 것입니다. 우리는 '우쭐한 사람'이 되어 말합니다. "자, 이 문제에 대해서는 내가 이렇게 저렇게 해봐야지." 이와 같이 우리는 예수님의 부활 생명 대신에 우리의 의무감을 보좌에 앉힙니다. 그러나 우리는 양심의 빛이나 의무감으로 살라고 부름을 받은 것이 아닙니다. 주께서 빛 가운데 계심같이 우리도 빛 가운데서 걸으라고 부름을 받은 것입니다. 우리가 의무감으로 뭔가를 할 때는 그 일을 왜 해야 하는지 따질 수 있습니다. 그러나 주께 순종하기 위해 무엇을 할 때는 논쟁하는 것이 불가능합니다. 바로 이러한 이유 때문에 성도들은 쉽게 조롱을 받습니다.

What do you want the Lord to do for you?

Lord, that I may receive my sight. Luke 18:41.

What is the thing that not only disturbs you but makes you a disturbance? It is always something you cannot deal with yourself. "They rebuked him, that he should hold his peace: but he cried so much the more." Persist in the disturbance until you yet get face to face with the Lord Himself; do not deify common sense. When Jesus asks us what we want Him to do for us in regard to the incredible thing with which we are faced, remember that He does not work in commonsense ways, but in supernatural ways.

Watch how we limit the Lord by remembering what we have allowed Him to do for us in the past: "I always failed there, and I always shall"; consequently we do not ask for what we want, "It is ridiculous to ask God to do this." If it is an impossibility, it is the thing we have to ask. If it is not an impossible thing, it is not a real disturbance. God will do the absolutely impossible.

This man received his sight. The most impossible thing to you is that you should be so identified with the Lord that there is nothing of the old life left. He will do it if you ask Him. But you have to come to the place where you believe Him to be Almighty. Faith is not in what Jesus says but in Himself; if we only look at what He says we shall never believe. When once we see Jesus, He does the impossible thing as naturally as breathing. Our agony comes through the wilful stupidity of our own heart. We won't believe, we won't cut the shore line, we prefer to worry on.

주께서 무엇을 해주시기를 원합니까?

주여 보기를 원하나이다 (눅 18:41).

2월 29일

당신을 번민하게 할 뿐 아니라 당신 때문에 남들이 번민하게 되는 것은 무엇입니까? 그것은 언제나 당신이 스스로 해결할 수 없는 문제들입니다. "앞서 가는 자들이 꾸짖어 잠잠하라 하되 저가 더욱 심히 소리질러"눅 18:39. 예수님과 얼굴과 얼굴로 직접 뵐 때까지 난감한 문제 속에서 계속 외치십시오. 상식을 하나님의 뜻으로 여기지 마십시오. 우리가 처한 어쩔 수 없는 난감한 상황에 대해 주께서 우리에게 "무엇을 해주기를 원하느냐"고 물으실 때, 주님은 상식틀에서 벗어나 초월적인 능력 안에서 일하신다는 것을 기억하십시오.

예전에 주님께 부탁할 영역을 제한했던 것을 기억하면서 지금 주님을 제한하려는 것을 주의하십시오. "나는 언제나 그 부분에서 실패했지. 앞으로도 계속 그 자리에서 실패할 거야." 결국 우리는 우리가 원하는 것을 구하지 않게 됩니다. "하나님께 이 일을 해달라고 부탁하는 것은 어리석은 일이야." 그러나 불가능한 일이야말로 바로 우리가 주께 부탁해야 하는 일입니다. 불가능한 것이 아니라면 실제적인 번민이 될 수 없습니다. 하나님께서는 완벽하게 불가능한 일을 능히 해내실 것입니다.

소경이었던 사람이 눈을 뜨게 되었습니다. 당신에게 가장 불가능한 일은 주님과 완벽하게 일체가 되어 옛 생명의 흔적을 하나도 남지 않게 하는 것입니다. 당신이 이 일을 주께 구하면 주께서 응답하실 것입니다. 그러나 먼저 당신이, 주님은 전능하신 분이라고 믿는 자리까지 가야 합니다. 믿음이란 주님께서 하신 말씀의 내용만을 믿기보다 주님 그분을 믿는 것입니다. 만일 주님께서 하신 말씀의 내용만 바라본다면 우리는 절대로 믿지 않을 것입니다. 우리가 주님을 알기만 하면 주님은 숨을 쉬는 것처럼 자연스럽게 불가능한 일을 해내실 것입니다. 우리의 고통은 마음의 완고함과 어리석음을 통해 옵니다. 우리는 믿지 않으려 하고, 쓸모없는 것들을 잘라내는 대신에 계속 걱정하기를 좋아합니다.

March 3

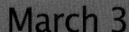

사명에 충실하십시오!

주님을 개인의 구주로 아는 단계를 넘어설 때

The undeviating question

Lovest thou Me? John 21:17.

Mar. 1st

Peter declares nothing now (cf. Matthew 26:33-35). Natural individuality professes and declares; the love of the personality is only discovered by the hurt of the question of Jesus Christ. Peter loved Jesus in the way in which any natural man loves a good man. That is temperamental love; it may go deep into the individuality, but it does not touch the centre of the person. True love never professes anything. Jesus said—"Whosoever shall confess Me before men," i.e., confess his love not merely by his words, but by everything he does.

Unless we get hurt right out of every deception about ourselves, the word of God is not having its way with us. The word of God hurts as no sin can ever hurt, because sin blunts feeling. The question of the Lord intensifies feeling, until to be hurt by Jesus is the most exquisite hurt conceivable. It hurts not only in the natural way but in the profound personal way. The word of the Lord pierces even to the dividing asunder of soul and spirit, there is no deception left. There is no possibility of being sentimental with the Lord's question; you cannot say nice things when the Lord speaks directly to you, the hurt is too terrific. It is such a hurt that it stings every other concern out of account. There never can be any mistake about the hurt of the Lord's word when it comes to his child; but the point of the hurt is the great point of revelation.

핵심을 찌르는 질문

네가 나를 사랑하느냐 (요 21:17).

3월 1일

　지금 베드로는 아무것도 장담하지 못합니다마 26:33-35. 자연적 개별성(타고난 개인의 특이성)으로는 호언장담합니다. 그러나 인격성(인간의 근본적 속성)의 사랑은 오직 예수 그리스도의 뼈아픈 질문에 의해 발견됩니다. 베드로는 일반인들이 훌륭한 사람을 존경하는 차원에서 예수님을 사랑했습니다. 이러한 사랑은 기질적인 사랑으로써 개별성까지 깊게 닿을 수는 있지만 인격의 중심부까지는 닿지 못합니다. 참된 사랑은 결코 큰소리치지 않습니다. 예수님께서 "사람 앞에서 나를 시인하는 자마다…"라고 말씀하셨는데, 이는 말로만 사랑을 고백하지 말고 모든 행위로 고백하라는 뜻입니다.

　자신의 간교함에 대해 아파한 적이 없다면 아직 하나님의 말씀이 우리에게 역사하지 않은 것입니다. 하나님의 말씀은 죄가 주는 그 어떤 아픔보다 우리를 더 아프게 합니다. 오히려 죄는 감각을 무디게 하기 때문에 점점 아픔이 줄어듭니다. 주님의 질문은 우리의 감정을 더욱 예민하게 해서 상상할 수 없을 만큼 우리를 아프게 합니다. 주님의 말씀은 양심적인 차원뿐만 아니라 가장 깊은 인격적 차원까지 우리를 아프게 합니다. 그 말씀은 심지어 혼과 영을 찔러 쪼개기까지 하므로 거짓이란 있을 곳이 없습니다. 그러므로 주님의 질문을 감상적으로 받을 가능성은 없습니다. 주님께시 직접 말씀하실 때는 그 아픔이 너무나 커서 당신은 멋진 말을 할 수 없습니다. 주님의 말씀에 합당하지 않은 모든 것들은 고통을 당합니다. 주님의 자녀에게 하나님의 말씀으로 인한 고통이 임하는 것은 결코 실수나 우연일 수 없습니다. 아픔의 그 순간이 사실은 위대한 계시의 순간입니다.

Have you felt the hurt of the Lord?

Mar. 2nd

Jesus said unto him the third time, Lovest thou Me? John 21:17.

Have you felt the hurt of the Lord to the uncovered quick, the place where the real sensitiveness of your life is lodged? The devil never hurts there, neither sin nor human affection hurts there, nothing goes through to that place but the word of God. "Peter was grieved, because Jesus said unto him the third time⋯." He was awakening to the fact that in the real true centre of his personal life he was devoted to Jesus, and he began to see what the patient questioning meant. There was not the slightest strand of delusion left in Peter's mind, he never could be deluded again. There was no room for passionate utterance, no room for exhilaration or sentiment. It was a revelation to him to realize how much he did love the Lord, and with amazement he said—"Lord, Thou knowest all things." Peter began to see how much he did love Jesus; but he did not say—"Look at this or that to confirm it." Peter was beginning to discover to himself how much he did love the Lord, that there was no one in heaven above or upon earth beneath beside Jesus Christ; but he did not know it until the probing, hurting questions of the Lord came. The Lord's questions always reveal me to myself.

The patient directness and skill of Jesus Christ with Peter! Our Lord never asks questions until the right time. Rarely, but probably once, He will get us into a corner where He will hurt us with His undeviating questions, and we will realize that we do love Him far more deeply than any profession can ever show.

주님의 아픔을 느낀 적이 있습니까?

세 번째 이르시되 요한의 아들 시몬아 네가 나를 사랑하느냐 (요 21:17).

3월 2일

당신의 내면 가장 깊숙한 곳까지 주님의 아픔을 느낀 적이 있습니까? 마귀도 결코 그곳까지는 아픔을 줄 수 없습니다. 물론 죄나 사람 사이의 애정도 마찬가지입니다. 오직 하나님의 말씀만이 그곳까지 들어갈 수 있습니다.

"주께서 세 번째 네가 나를 사랑하느냐 하시므로 베드로가 근심하여 이르되"요 21:17. 베드로는 이때 비로소 내면의 가장 깊은 중심에서 자신이 예수님께 헌신되었다는 사실을 깨닫게 되었습니다. 그는 주님께서 인내하며 반복해 물으시는 질문의 의미를 알았습니다. 그의 마음에는 실오라기 만한 거짓도 남아 있지 않았고 다시는 자신에게 속을 수 없게 되었습니다. 열정적으로 말하거나 감상이나 과장을 드러낼 여유도 없었습니다. 자신이 얼마나 주님을 사랑하는지를 깨달았던 놀라운 계시의 순간에, 그는 이렇게 말합니다. "주여, 주께서 모든 것을 아십니다." 그는 자신이 얼마나 주님을 사랑하는지 깨닫기 시작했습니다. 그러나 "제가 당신을 얼마나 사랑하는지 이것 보세요, 저것 보세요"라고 떠들썩하며 말하지 않았습니다. 다만 자신이 얼마나 주님을 사랑하는지 스스로 깊이 발견한 것입니다. 이제 그에게는 저 하늘에나 깊은 땅 속에나 오직 예수 그리스도 외에는 아무도 없게 된 것입니다. 그러나 주님의 통찰하시는 뼈아픈 질문을 받기까지, 그는 이러한 사실을 알지 못했습니다. 오직 주님의 질문만이 언제나 내가 누구인지를 참으로 알게 해줍니다.

베드로를 다루시는 예수님의 끈기와 직선적인 태도와 기술을 보십시오. 주님께서는 적절한 때가 오기 전까지 절대로 이 질문을 하지 않으십니다. 거의 드물게, 아마도 한 번, 주님은 우리를 피할 수 없는 곳에 데리고 가셔서 꿰뚫는 직선적인 질문으로 우리에게 고통을 가하십니다. 그러면 우리는 그 어떠한 고백보다 훨씬 더 깊이 주님을 사랑하는 자신을 깨닫게 될 것입니다.

The unrelieved quest

Feed My sheep. John 21:17.

This is love in the making. The love of God is un-made, it is God's nature. When we receive the Holy Spirit He unites us with God so that His love is manifested in us. When the soul is united to God by the indwelling Holy Spirit, that is not the end; the end is that we may be one with the Father as Jesus was. What kind of oneness had Jesus Christ with the Father? Such a oneness that the Father sent him down here to be spent for us, and He says— "As the Father hath sent Me, even so send I you."

Peter realizes now with the revelation of the Lord's hurting question that he does love Him; then comes the point—Spend it out. Don't testify how much you love Me, don't profess about the marvellous revelation you have had, but—"Feed My sheep." And Jesus has some extraordinarily funny sheep, some bedraggled, dirty sheep, some awkward butting sheep, some sheep that have gone astray!

It is impossible to weary God's love, and it is impossible to weary that love in me if it springs from the one centre. The love of God pays no attention to the distinctions made by natural individuality. If I love my Lord I have no business to be guided by natural temperament; I have to feed His sheep. There is no relief and no release from this commission. Beware of counterfeiting the love of God by working along the line of natural human sympathy, because that will end in blaspheming the love of God.

소모될 수 없는 사랑

내 양을 먹이라 (요 21:17).

3월 3일

"내 양을 먹이는 것"은 사랑을 이루는 과정입니다. 한편 하나님의 사랑은 이루는 과정이 아니라 하나님의 속성 자체입니다. 성령을 받을 때 우리는 하나님과 연합되고 주의 사랑이 우리 안에서 드러납니다. 성령께서 우리 안에 내주하시면 우리 영혼이 하나님과 연합되는데, 그것이 끝이 아닙니다. 최종 목표는 예수님처럼 우리도 아버지 하나님과 하나가 되는 것입니다. 그러면 예수 그리스도께서는 아버지와 어떠한 하나됨을 누리셨습니까? 우리를 위해 희생하시도록 아버지께서 이 세상에 주님을 보내실 만큼의 하나됨이었습니다. 주께서 말씀하십니다. "아버지께서 나를 보내신 것같이 나도 너희를 보내노라"요 20:21.

지금 베드로는 "나를 사랑하느냐"는 주님의 뼈아픈 질문의 의미를 깨닫기 시작합니다. 그것은 "다 소모하거라"는 의미입니다. "얼마나 나를 사랑하는지를 고백하지 말고, 얼마나 많은 놀라운 계시를 받았는지도 말하지 말고, 그저 '나의 양을 먹이라'"는 것입니다. 주님의 양 중에서는 지독하게 웃긴 양도 있고 질기도록 말 안 듣는 양도 있고 더러운 양, 이상한 양, 대항하며 들이받는 양, 그리고 다른 길로 헤매는 양들이 있는데, 이들을 다 사랑하며 자신을 다 소모하기까지 먹이라는 것입니다.

하나님의 사랑을 다 소모하는 것은 불가능한 일입니다. 만일 내 안의 사랑이 하나님의 사랑으로부터 넘쳐나는 것이라면 그 사랑을 소모하는 것은 불가능합니다. 하나님의 사랑은 각 개인의 자연적인 독자성(개별성)이나 특이성에 별 관심을 두지 않습니다. 만일 내가 주님을 사랑하면 나는 더 이상 자연적인 기질에 이끌리지 않게 될 것입니다. 나는 주님의 양을 먹여야 합니다. 누구도 이 사명을 감당하는 데 안심할 수 없고 예외가 될 수 없습니다. 사람의 자연적인 특성에 호감을 갖는 그러한 사랑을 하나님의 사랑으로 속지 않도록 주의하십시오. 그 사랑은 결국 하나님의 사랑을 모독하는 것으로 끝마치기 때문입니다.

Could this be true of me?

*But none of these things move me,
neither count I my life dear unto myself.* Acts 20:24.

It is easier to serve God without a vision, easier to work for God without a call, because then you are not bothered by what God requires; common sense is your guide, veneered over with Christian sentiment. You will be more prosperous and successful, more leisure-hearted, if you never realize the call of God. But if once you receive a commission from Jesus Christ, the memory of what God wants will always come like a goad; you will no longer be able to work for Him on the commonsense basis.

What do I really count dear? If I have not been gripped by Jesus Christ, I will count service dear, time given to God dear, my life dear unto myself. Paul says he counted his life dear only in order that he might fulfil the ministry he had received; he refused to use his energy for any other thing. Acts 20:24 states Paul's almost sublime annoyance at being asked to consider himself; he was absolutely indifferent to any consideration other than that of fulfilling the ministry he had received. Practical work may be a competitor against abandonment to God, because practical work is based on this argument—'Remember how useful you are here,' or—'Think how much value you would be in that particular type of work.' That attitude does not put Jesus Christ as the Guide as to where we should go, but our judgment as to where we are of most use. Never consider whether you are of use; but ever consider that you are not your own but His.

유용성을 고려하지 마십시오!

내가 달려갈 길과 주 예수께 받은 사명 곧 하나님의 은혜의 복음을 증언하는 일을 마치려 함에는 나의 생명조차 조금도 귀한 것으로 여기지 아니하노라 (행 20:24).

비전 없이 하나님을 섬기는 것은 쉽습니다. 소명 없이 주를 위해 일하는 것도 쉽습니다. 그 이유는 하나님의 요청에 의해 간섭을 받지 않아도 되기 때문입니다. 이러한 자들에게는 기독교적인 감상으로 포장된 상식이 그들의 인도자가 됩니다. 하나님의 소명을 깨닫지 못하더라도 더욱 창성하여 성공할 수 있고 여유도 누릴 수 있습니다. 그러나 일단 예수 그리스도로부터 사명을 받게 되면 하나님께서 원하시는 바가 언제나 우리의 기억 속에 있으면서 우리를 찌르는 막대기가 됩니다. 그러면 더 이상 주님을 위해 상식을 기반으로 일할 수 없게 됩니다.

진정으로 당신이 가장 소중히 여기는 것은 무엇입니까? 만일 예수 그리스도께 잡힌 바 되지 않았다면 봉사와 하나님께 드린 시간, 그리고 자신에게 속한 생명을 귀하게 여길 것입니다. 그러나 바울은 그가 받은 사명을 이루기 위해서만 그의 생명을 귀중히 여긴다고 말합니다. 그는 다른 무엇에도 그의 역량을 사용하기를 거부했습니다. 사도행전 20장 24절에서 바울은 자신을 신경 쓰게 하는 모든 것에 대해 하찮게 여깁니다. 그는 받은 사명을 이루는 것 외에는 전혀 신경 쓰지 않았습니다. 실질적인 사역 자체가 주를 향한 진정한 헌신을 가로막는 걸림돌이 될 수 있습니다. 실질적인 일을 앞세운 우리는 이렇게 생각합니다. '나는 여기서 얼마나 중요한 사람인가! 이 특별한 사역에 나는 얼마나 귀중한 존재인가!' 이러한 태도는 예수 그리스도를 인생의 인도자로 모시고 그분을 따르는 삶이 아니라 우리가 어디서 가장 유용한가를 스스로 판단하려는 삶일 뿐입니다. 당신이 유용한가 아닌가를 절대로 고려하지 마십시오. 다만 당신은 자신의 것이 아니라 주님의 것임을 언제나 잊지 마십시오.

Is he really Lord?

Mar. 5th

… so that I might finish my course with joy, and the ministry, which I have received of the Lord Jesus. Acts 20:24.

Joy means the perfect fulfilment of that for which I was created and regenerated, not the successful doing of a thing. The joy Our Lord had lay in doing what the Father sent Him to do, and He says —"As My Father hath sent Me, even so am I sending you." Have I received a ministry from the Lord? If so, I have to be loyal to it, to count my life precious only for the fulfilling of that ministry. Think of the satisfaction it will be to hear Jesus say—"Well done, good and faithful servant"; to know that you have done what He sent you to do. We have all to find our niche in life, and spiritually we find it when we receive our ministry from the Lord. In order to do this we must have companied with Jesus; we must know Him as more than a personal Saviour. "I will show him how great things he must suffer for My sake."

"Lovest thou Me?" Then—"Feed My sheep." There is no choice of service, only absolute loyalty to Our Lord's commission; loyalty to what you discern when you are in closest contact with God. If you have received a ministry from the Lord Jesus, you will know that the need is never the call: the need is the opportunity. The call is loyalty to the ministry you received when you were in real touch with Him. This does not imply that there is a campaign of service marked out for you, but it does mean that you will have to ignore the demands for service along other lines.

사명에 충성하십시오!

> 내가 달려갈 길과 주 예수께 받은 사명 곧 하나님의 은혜의 복음을 증언하는 일을 마치려 함에는 나의 생명조차 조금도 귀한 것으로 여기지 아니하노라 (행 20:24).

희락이란 내가 창조되고 거듭난 목적을 온전히 이루는 것이지 어떤 일을 성공적으로 이루어낸다는 것을 의미하지 않습니다. 주님께서 누리셨던 희락은 아버지께서 그분을 보내신 뜻을 이루는 데 있었습니다. 그래서 주님은 "아버지께서 나를 보내신 것같이 나도 너희를 보내노라"요 20:21고 말씀하셨습니다. 주님으로부터 받은 사명이 있습니까? 그렇다면 그 사명에 충성해야 합니다. 그리고 그 사명을 이루는 것만을 위해 나의 생명을 소중히 여겨야 합니다. 어느 날 예수님으로부터 이러한 말을 들으며 기뻐할 것을 생각해보십시오. 주께서 당신을 보낸 뜻을 당신이 다 이룬 것을 아시고 주님이 말씀하십니다. "잘하였도다 착하고 충성된 종아"마 25:21. 우리는 모두 인생 속에서 자기에게 가장 잘 맞는 것을 찾아야 합니다. 영적으로는 우리가 주께로부터 사명을 받을 때 그것을 찾게 됩니다. 이때 주께서 주신 사명을 이루기 위해 우리는 주님과 동행해야 합니다. 주님을 개인의 구주로만 아는 단계를 넘어서야 합니다. 우리도 주님께서 바울에 관해 "그가 내 이름을 위하여 얼마나 고난을 받아야 할 것을 내가 그에게 보이리라"행 9:16고 하신 말씀을 감당할 수 있어야 합니다.

"네가 나를 사랑하느냐? 그렇다면 나의 양을 먹이라"요 21:17. 우리에게는 주님을 섬김에 있어서 선택이 없습니다. 오직 주님이 맡기신 사명에 절대적으로 충성하는 것 외에는 없습니다. 당신이 하나님과 가장 가까운 관계에 있을 때 주님이 주신 사명에 충성하십시오. 만일 주 예수님께로부터 사명을 받았다면 당신은 더 이상의 소명이 필요하지 않습니다. 이제는 오직 사명을 이룰 기회가 필요한 것입니다. 이후로 당신에게는 주님과 진정한 친분이 있었을 때 받은 그 사역에 충성하는 것이 주님의 부르심입니다. 이 말은 당신만을 위해 구별된 섬김이 따로 확보되어 있다는 뜻이 아니라, 당신에게 주어진 사명을 확인한 이후에는 그 사명과 무관한 다른 섬김의 요구를 무시해야 한다는 뜻입니다.

Amid a crowd of paltry things

Mar. 6th

*… in much patience, in afflictions,
in necessities, in distresses.* 2 Cor. 6:4.

It takes Almighty grace to take the next step when there is no vision and no spectator—the next step in devotion, the next step in your study, in your reading, in your kitchen; the next step in your duty, when there is no vision from God, no enthusiasm and no spectator. It takes far more of the grace of God, far more conscious drawing upon God to take that step, than it does to preach the Gospel.

Every Christian has to partake of what was the essence of the Incarnation, he must bring the thing down into flesh-and-blood actualities and work it out through the finger-tips. We flag when there is no vision, no uplift, but just the common round, the trivial task. The thing that tells in the long run for God and for men is the steady persevering work in the unseen, and the only way to keep the life uncrushed is to live looking to God. Ask God to keep the eyes of your spirit open to the Risen Christ, and it will be impossible for drudgery to damp you. Continually get away from pettiness and paltriness of mind and thought out into the thirteenth chapter of St. John's Gospel.

끝없이 지루하고 힘든 상황 가운데

3월 6일

오직 모든 일에 하나님의 일꾼으로 자천하여
많이 견디는 것과 환난과 궁핍과 고난과 (고후 6:4).

더 이상 비전이나 소망이 없는 가운데 그 다음 단계를 향해 나아가기 위해서는 전능자의 은혜가 필요합니다. 하나님으로부터 어떠한 비전도 없고 그에 따라 열정이나 전망도 없을 때, 헌신, 연구, 독서, 집안일, 책임에 있어서 다음 단계로 나아가기 위해 하나님의 은혜가 훨씬 많이 필요합니다. 그 다음 단계를 향해 나아가기 위해서는, 복음을 선포할 때보다 더 많은 은혜가 필요하기 때문에 더 간절한 마음으로 하나님께 나아가 은혜를 받아야 합니다.

모든 그리스도인들은 성육신의 근본에 참여해야 합니다. 성육신의 근본이 그들의 살과 피가 활동하는 영역으로 나타나도록 해야 하고, 그들의 손길을 통해 성육신의 근본이 전달되어야 합니다.

비전이나 활기가 없고 매일 되풀이되는 지루한 일들만 있을 때 우리는 백기를 흔들어 항복을 표합니다. 삶 속에서 승리할 수 없습니다. 그러나 성육신의 근본을 삶 속에 적용하는 사람은 끝까지 인내할 수 있습니다. 결국 하나님과 사람을 위해 의미 있는 삶을 사는 것은 보이지 않는 곳에서도 꾸준하게 인내하는 것입니다. 짓눌리지 않는 삶을 유지할 수 있는 유일한 비결은 하나님만 바라보며 사는 것입니다. 당신의 눈이 부활하신 예수님께 언제나 고정될 수 있도록 기도하십시오. 그러면 진부하고 고리타분한 일들이라도 결코 당신을 지치게 하지 못할 것입니다. 계속적으로 조잡하고 소심한 마음과 생각에서 벗어나십시오. 이를 위해 예수님께서 제자들의 발을 씻기셨던 요한복음 13장을 묵상하십시오.

Undaunted radiance

Mar. 7th

Nay, in all these things, we are more than conquerors through Him that loved us. Romans 8:37.

Paul is speaking of the things that might seem likely to separate or wedge in between the saint and the love of God; but the remarkable thing is that nothing can wedge in between the love of God and the saint. These things can and do come in between the devotional exercises of the soul and God and separate individual life from God; but none of them is able to wedge in between the love of God and the soul of the saint. The bedrock of our Christian faith is the unmerited, fathomless marvel of the love of God exhibited on the Cross of Calvary, a love we never can and never shall merit. Paul says this is the reason we are more than conquerors in all these things, super-victors, with a joy we would not have but for the very things which look as if they are going to overwhelm us.

The surf that distresses the ordinary swimmer produces in the surf-rider the super joy of going clean through it. Apply that to our own circumstances, these very things—tribulation, distress, persecution, produce in us the super joy; they are not things to fight. We are more than conquerors through Him in all these things, not in spite of them, but in the midst of them. The saint never knows the joy of the Lord in spite of tribulation, but because of it. "I am exceeding joyful in all our tribulation," says Paul.

Undaunted radiance is not built on anything passing, but on the love of God that nothing can alter. The experiences of life, terrible or monotonous, are impotent to touch the love of God, which is in Christ Jesus our Lord.

쇠하지 않는 광채

> 그러나 이 모든 일에 우리를 사랑하시는 이로 말미암아
> 우리가 넉넉히 이기느니라 (롬 8:37).

3월 7일

바울은 하나님의 사랑과 성도 사이에 균열을 만들고 분리시키는 것들을 나열하고 있습니다. 그러나 주목할 만한 사실은 그 어느 것도 성도와 하나님의 사랑 사이에 균열을 만들 수 없다는 것입니다. 이러한 것들이 잠시 각 개인의 하나님을 향한 경건 생활에 방해가 될 수는 있어도 성도의 영혼과 하나님의 사랑 사이에 균열을 만들 수는 없습니다. 그리스도인의 믿음의 밑바닥에는 갈보리 십자가 상에서 보여진 무한한 하나님의 은혜와 사랑이 있습니다. 우리가 그 사랑을 받을 만한 자격이 있거나 어떤 존재가 되었기 때문에 받는 것이 아닙니다. 단지 하나님의 무한한 은혜 때문에 사랑을 받습니다. 바울은 이 사랑이 바로 우리가 모든 것에서 승리하는 원인이요 우리를 영원한 승리자로 만드는 열쇠라고 말합니다. 만일 이 사랑이 없었다면 우리는 우리를 집어삼키는 상황들 가운데서 결코 즐거움을 누릴 수 없었을 것입니다.

평범하게 수영을 즐기는 사람들을 괴롭히는 파도가 파도타기를 하는 사람들에게는 파도를 가르는 말할 수 없는 기쁨을 줍니다. 이 사실을 우리 환경에 적용해 보십시오. 환난, 고난, 압박은 우리가 싸워야 하는 것들이 아니라 우리 안에 엄청난 기쁨을 주는 요소입니다. 우리는 주님과 함께 그 환난을 통과하며 승리자가 됩니다. 성도는 환난 없이는 주님의 희락을 알 수 없습니다. 환난 때문에 주님의 희락을 이해합니다. 이에 바울은 "나는 모든 연약함 가운데 기뻐하노라"고 하였습니다 고후 7:14.

쇠하지 않는 광채는 잠깐 있다 사라지는 유한한 것으로부터 나올 수 없습니다. 오직 변함없는 영원한 하나님의 사랑에서 나옵니다. 인생의 그 어떠한 경험도, 무섭든 단조롭든 주 예수 그리스도 안에 있는 하나님의 사랑을 무기력하게 만들 수 없습니다.

The relinquished life

I am crucified with Christ. Gal. 2:20.

Mar. 8th

No one is ever united with Jesus Christ until he is willing to relinquish not sin only, but his whole way of looking at things. To be born from above of the Spirit of God means that we must let go before we lay hold, and in the first stages it is the relinquishing of all pretence. What Our Lord wants us to present to Him is not goodness, nor honesty, nor endeavour, but real solid sin; that is all He can take from us. And what does He give in exchange for our sin? Real solid righteousness. But we must relinquish all pretence of being anything, all claim of being worthy of God's consideration.

Then the Spirit of God will show us what further there is to relinquish. There will have to be the relinquishing of my claim to my right to myself in every phase. Am I willing to relinquish my hold on all I possess, my hold on my affections, and on everything, and to be identified with the death of Jesus Christ?

There is always a sharp painful disillusionment to go through before we do relinquish. When a man really sees himself as the Lord sees him, it is not the abominable sins of the flesh that shock him, but the awful nature of the pride of his own heart against Jesus Christ. When he sees himself in the light of the Lord, the shame and the horror and the desperate conviction come home.

If you are up against the question of relinquishing, go through the crisis, relinquish all, and God will make you fit for all that He requires of you.

제거된 생명

내가 그리스도와 함께 십자가에 못 박혔나니 (갈 2:20).

3월 8일

죄를 멀리할 뿐만 아니라 사물을 보는 전반적인 견해가 바뀔 때까지는, 우리는 예수 그리스도와 연합한 사람이라고 말할 수 없습니다. "하나님의 영으로 위에서 난다"는 뜻은 전에 붙잡던 것들을 다 내려놓아야 하는 것을 의미합니다. 특히 거듭남의 처음 단계는 모든 위선을 제거하는 것입니다. 주님께서 우리에게 내어놓기를 원하시는 것은 선행이나 정직, 노력이 아니라 참으로 지독한 우리의 죄성입니다. 주께서 우리에게서 가져가시려는 것은 바로 그 죄성입니다. 그러면 우리의 죄를 대신해 주님께서 주시려고 하는 것은 무엇입니까? 참으로 완전한 '의'입니다. 우리는 뭔가 된 것처럼 행동하는 위선과 하나님께 쓸모 있는 존재라는 착각을 제거해야 합니다.

그 후 성령께서 우리에게 더 제거해야 할 것을 보여주실 것입니다. 그것은 모든 면에서 나 자신에 대한 주장과 권한을 포기하는 것입니다. 내가 소유한 모든 것을 포기할 의사가 있습니까? 내가 사랑하는 모든 것들을 오직 주 예수님의 죽음과 하나 되기 위해 내려놓을 수 있습니까?

이 모든 것을 제거하기 전에 우리는 자신의 망상에서 벗어나기 위해 반드시 아주 뼈아프게 고통스러운 과정을 지나야 합니다. 주께서 나를 보시는 관점으로 나 자신을 보게 될 때 우리에게 충격을 주는 것은 내 육체의 징그러운 죄악들이 아니라 내 마음속에 예수 그리스도께 대항하는 무서운 교만입니다. 우리가 주님의 빛 가운데서 자신을 볼 때 부끄러움과 공포와 처절한 비참을 체험하게 됩니다.

만일 당신이 모든 것을 내려놓아야 하는 순간에 처해 있다면 그 위기를 뚫고 지나가십시오. 모든 것을 내려놓으십시오. 하나님께서 당신에게 요구하시는 모든 것에 당신이 합당하게 될 수 있도록 주님께서 당신을 변화시키실 것입니다.

The time of relapse

Mar. 9th

Will ye also go away? John 6:67.

A penetrating question. Our Lord's words come home most when He talks in the most simple way. We know Who Jesus is, but in spite of that He says—"Will ye also go away?" We have to maintain a venturing attitude toward Him all the time.

"From that time many of His disciples went back, and walked no more with Him." They went back from walking with Jesus, not into sin, but they relapsed. Many today are spending and being spent in work for Jesus Christ, but they do not walk with Him. The one thing God keeps us to steadily is that we may be one with Jesus Christ. After sanctification the discipline of our spiritual life is along this line. If God gives a clear and emphatic realization to your soul of what He wants, do not try to keep yourself in that relationship by any particular method, but live a natural life of absolute dependence on Jesus Christ. Never try to live the life with God on any other line than God's line, and that line is absolute devotion to Him. The certainty that I know I do not know—that is the secret of going with Jesus.

Peter only saw in Jesus Someone to minister salvation to him and to the world. Our Lord wants us to be yoke-fellows with Him.

물러가는 시간

예수께서 열두 제자에게 이르시되 너희도 가려느냐 (요 6:67).

3월 9일

가장 깊은 곳을 찌르는 질문입니다. 주님의 말씀이 간단할수록 그 말씀은 우리의 가장 깊은 곳에 임합니다. 우리는 예수님이 누구신지 압니다. 그럼에도 불구하고 주님은 "너희도 가려느냐?"고 물으십니다. 우리는 어떤 상황에서도 절대로 주를 놓치지 않겠다는 단호한 자세를 유지해야 합니다.

"그때부터 그의 제자 중에서 많은 사람이 떠나가고 다시 그와 함께 다니지 아니하더라"요 6:66. 그들은 주님과의 동행을 멈춘 것이지 죄에 빠진 것은 아닙니다. 단지 주님으로부터 물러간 것입니다. 오늘날 많은 사람들이 예수 그리스도를 위해 수고하고 희생하지만 주님과 동행하지는 않습니다. 하나님께서 우리에게 꾸준하게 원하시는 단 한 가지는, 우리가 주와 함께 언제나 하나가 되는 것입니다. 거듭나서 거룩하게 된 이후 애써야 할 영적인 훈련이란 바로 이러한 하나됨을 유지하는 것입니다. 만일 당신이 하나님께서 당신에게 원하시는 것을 분명히 깨달았다면, 어떤 특별한 방법으로 그 관계를 스스로 유지하려 하지 말고 오직 예수 그리스도만을 온전하게 의지하는 가운데 자연스러운 삶을 사십시오. 하나님께서 말씀하신 방법 외에 다른 방법으로 하나님과 함께하는 삶을 살려고 하지 마십시오. 오직 주님께만 철저하게 헌신하십시오. 자신이 무지하다는 것을 분명히 아는 것이 예수님과 동행하는 비결입니다.

베드로는 자신에게 구원을 주시고 세상을 구원하신 '그분'을 예수님 안에서만 보았습니다. 주님께서 우리에게 원하시는 것은 주님과 함께 멍에를 메는 것입니다.

Have a message and be one

Preach the word. 2 Tim. 4:2.

Mar. 10th

We are not saved to be "channels only," but to be sons and daughters of God. We are not turned into spiritual mediums, but into spiritual messengers; the message must be part of ourselves. The Son of God was His own message, His words were spirit and life; and as His disciples our lives must be the sacrament of our message. The natural heart will do any amount of serving, but it takes the heart broken by conviction of sin, and baptized by the Holy Ghost, and crumpled into the purpose of God, before the life becomes the sacrament of its message.

There is a difference between giving a testimony and preaching. A preacher is one who has realized the call of God and is determined to use his every power to proclaim God's truth. God takes us out of our own ideas for our lives and we are "batter'd to shape and use," as the disciples were after Pentecost. Pentecost did not teach the disciples anything; it made them the incarnation of what they preached—"Ye shall be witnesses unto Me."

Let God have perfect liberty when you speak. Before God's message can liberate other souls, the liberation must be real in you. Gather your material, and set it alight when you speak.

말씀과 하나가 되십시오!

너는 말씀을 전파하라 (딤후 4:2).

3월 10일

우리는 '통로'가 되기 위해서만 구원받은 것이 아니라 '하나님의 자녀'가 되기 위해 구원받은 것입니다. 우리는 영적 중개자가 아니라 영적 메시지 자체로 변화된 것입니다. 즉, 우리 자신이 메시지가 된 것입니다. 하나님의 아들 예수 그리스도는 그분 자신이 메시지였습니다. 그분의 말씀은 영이고 생명이었습니다. 우리의 삶도 그분의 제자로서 '메시지를 담은 성찬'이 되어야 합니다. 구원받지 않은 사람도 어느 정도 봉사할 수 있습니다. 그러나 그 삶이 '메시지를 담은 성찬'이 되려면 죄에 대한 책망으로 상한 마음이 되어야 하고 성령 세례를 받아야 하며 하나님의 목적을 위해 부서져야 합니다.

증인된 삶과 설교는 차이가 있습니다. 설교자는 하나님의 소명을 받고 하나님의 진리를 선포하기 위해 모든 힘을 다 쏟기로 결단한 사람입니다. 우리는 성령 강림 후의 제자들처럼 자신이 원하던 삶에서 벗어나 주를 위해 쓰임받을 수 있도록 주님께 다듬어지고 빚어진 사람들입니다. 성령 강림은 제자들에게 뭔가를 더 가르치기 위한 것이 아니었습니다. 그것은 그들이 외쳤던 메시지가 그들 자신에게 성육신하게 된 사건입니다. 곧 증거자가 되는 것이기에, 주님은 "너희가 내 증인이 되리라"행 1:8고 말씀하셨습니다.

당신이 말할 때 하나님께서 마음껏 당신을 통해 말씀하게 하십시오. 하나님의 메시지가 다른 영혼을 자유케 하기 전에 그 자유함이 먼저 당신 안에서 실제가 되어야 합니다. 최선을 다해 당신이 선포한 말이 당신의 삶이 되게 하십시오.

Vision

Mar. 11th

I was not disobedient unto the heavenly vision. Acts 26:19.

If we lose the vision, we alone are responsible, and the way we lose the vision is by spiritual leakage. If we do not run our belief about God into practical issues, it is all up with the vision God has given. The only way to be obedient to the heavenly vision is to give our utmost for God's highest, and this can only be done by continually and resolutely recalling the vision. The test is the sixty seconds of every minute, and the sixty minutes of every hour, not our times of prayer and devotional meetings.

"Though it tarry, wait for it." We cannot attain to a vision, we must live in the inspiration of it until it accomplishes itself. We get so practical that we forget the vision. At the beginning we saw the vision but did not wait for it; we rushed off into practical work, and when the vision was fulfilled, we did not see it. Waiting for the vision that tarries is the test of our loyalty to God. It is at the peril of our soul's welfare that we get caught up in practical work and miss the fulfilment of the vision.

Watch God's cyclones. The only way God sows His saints is by His whirlwind. Are you going to prove an empty pod? It will depend on whether or not you are actually living in the light of what you have seen. Let God fling you out, and do not go until He does. If you select your own spot, you will prove an empty pod. If God sows you, you will bring forth fruit. It is essential to practise the walk of the feet in the light of the vision.

하늘 비전에 순종하십시오!

아그립바 왕이여 그러므로 하늘에서 보이신 것을 내가 거스르지 아니하고 (행 26:19).

3월 11일

만일 비전을 잃으면 이는 우리의 책임입니다. 비전을 잃는 이유는 영적으로 틈이 생겼기 때문입니다. 만일 하나님을 향한 믿음을 실생활에서 적용하지 않는다면, 하나님께서 주신 비전은 아무 의미가 없습니다. 하늘의 비전에 순종하는 유일한 길은 '최상의 주님께 나의 최선을 드리는 것'입니다. 또한 단호한 결심 가운데 계속적으로 비전을 기억해야 합니다. 기도와 묵상 시간뿐 아니라 매 시간 매 순간 언제나 한결같은 마음으로 비전을 잊지 말아야 합니다.

"비록 더딜지라도 기다리라"합2:3. 우리의 힘만으로 비전을 이룰 수 없습니다. 비전이 비전을 이룹니다. 따라서 비전이 이루어질 때까지 그 비전이 주는 영감에 의해 살아야 합니다. 너무 실질적인 사람이 되다보면 비전을 잃게 됩니다. 처음에는 비전을 보았지만 비전이 이루어지는 것을 기다리지 못하고 실질적인 일에 급히 달려들면 비전을 잃게 됩니다. 또한 비전이 이루어지고 나면 더 이상 비전을 볼 수 없게 됩니다. 따라서 지체되는 비전을 기다리는 것은 하나님을 향한 우리의 충성심을 시험하는 것입니다. 비전을 이루는 것을 망각하고 실질적인 일에 붙들리는 것은 우리 영혼의 부요함을 잃는 것과 같습니다.

하나님께서 보내시는 돌풍을 잘 주시하십시오. 하나님께서 그분의 성도들에게 뭔가를 심는 유일한 방법은 돌풍이기 때문입니다. 돌풍이 일 때 당신은 속 빈 강정으로 드러나기를 원합니까? 이는 당신이 본 그 비전의 빛 가운데 실제로 사는지 아닌지에 달려 있습니다. 하나님께서 돌풍을 보내시면 가만히 계십시오. 주님보다 앞서지 말고 기다리십시오. 만일 당신이 돌풍 가운데 스스로 안전한 자리를 찾아 안주하면 당신은 아주 쓸모없는 속 빈 강정이 될 것입니다. 그러나 하나님께서 친히 당신께 뭔가를 심으시면 당신은 열매를 맺게 될 것입니다. 이는 비전의 빛 가운데 우리의 발걸음을 옮기는 훈련이 얼마나 중요한지를 보여줍니다.

Abandonment

Mar. 12th

Then Peter began to say unto Him, Lo, we have left all, and have followed Thee ⋯ Mark 10:28.

Our Lord replies, in effect, that abandonment is for Himself, and not for what the disciples themselves will get from it. Beware of an abandonment which has the commercial spirit in it—'I am going to give myself to God because I want to be delivered from sin, because I want to be made holy.' All that is the result of being right with God, but that spirit is not of the essential nature of Christianity. Abandonment is not for anything at all. We have got so commercialized that we only go to God for something from Him, and not for Himself. It is like saying—"No, Lord, I don't want Thee, I want myself; but I want myself clean and filled with the Holy Ghost; I want to be put in Thy showroom and be able to say—'This is what God has done for me.'" If we only give up something to God because we want more back, there is nothing of the Holy Spirit in our abandonment; it is miserable commercial self-interest. That we gain heaven, that we are delivered from sin, that we are made useful to God—these things never enter as considerations into real abandonment, which is a personal sovereign preference for Jesus Christ Himself.

When we come up against the barriers of natural relationship, where is Jesus Christ? Most of us desert Him—"Yes, Lord, I did hear Thy call; but my mother is in the road, my wife, my self-interest, and I can go no further." Then, Jesus says, "you cannot be My disciple."

The test of abandonment is always over the neck of natural devotion. Go over it, and God's own abandonment will embrace all those you had to hurt in abandoning. Beware of stopping short of abandonment to God. Most of us know abandonment in vision only.

헌신

3월 12일

베드로가 여짜와 이르되 보소서 우리가 모든 것을 버리고 주를 따랐나이다 (막 10:28).

주님께서 실제로 대답하신 내용은, 제자로서의 헌신이란 주님을 위한 것이지 다른 무엇을 얻기 위한 것은 아니라는 것입니다. 흥정하려는 장사꾼의 심정을 가진 헌신을 언제나 조심하십시오. "저는 죄로부터 구원받고, 거룩하게 되기를 원하기 때문에 저 자신을 하나님께 드립니다." 이러한 모든 것은 주님과 바른 관계만 맺어지면 저절로 주어지는 것이지만, 보상 심리는 기독교의 근본 정신도, 참된 헌신도 아닙니다. 상업주의 속에서 사는 우리는 뭔가 하나님께로부터 받을 것이 있을 때 헌신하는 경우가 있습니다. 그래서 이렇게 말합니다. "아닙니다. 주님, 저는 주님을 위하기보다 저 자신을 더 위합니다. 저는 자신이 깨끗하게 되기를 원하고 성령으로 충만하게 되기를 원합니다. 저는 주님의 전시장에 놓여져서 하나님께서 저를 위해 하신 일들을 사람들에게 내보이고 싶습니다." 그러나 참된 헌신은 하나님만을 위한 것이어야 합니다. 만일 하나님께 뭔가를 더 얻으려고 헌신한다면 그것은 성령의 역사가 없는 헌신이고 자신의 유익을 구하는 비굴한 장삿속 마음일 뿐입니다. 천국에 들어가는 것, 죄로부터 구원받는 것, 주님께 유익한 존재가 되는 것 등은 진정한 헌신을 할 때 고려되지 않습니다. 참된 헌신은 주 예수 그리스도만을 내 모든 인격 속에서 최고로 사모하는 것입니다.

인간관계 속에서 예수님은 어디 계십니까? 대부분 우리는 주님보다 사람과의 관계를 중요하게 여깁니다. "그래요, 주님. 저는 주님의 부르심을 들었습니다. 그러나 가족들은 어떻게 해야 하나요? 주님과 더 이상 함께 갈 수는 없어요." 이때 주님은 말씀하십니다. "그렇다면, 너는 내 제자가 될 수 없단다." 주를 향한 진정한 헌신은 언제나 인간관계보다 더 중요해야 합니다. 주저하지 말고 극복하십시오. 우리가 주님께 온전하게 헌신하면 그분은 우리의 헌신 가운데 상처 입은 주변 사람들의 아픔까지 완벽하게 책임지십니다. 주님께 헌신하다 중도에 멈추지 않도록 주의하십시오. 실제로는 헌신하지 못하고 비전만 찾다가 끝나는 경우가 많기 때문입니다.

The abandonment of God

God so loved the world that He gave ⋯ John 3:16.

Salvation is not merely deliverance from sin, nor the experience of personal holiness; the salvation of God is deliverance out of self entirely into union with Himself. My experimental knowledge of salvation will be along the line of deliverance from sin and of personal holiness; but salvation means that the Spirit of God has brought me into touch with God's personality, and I am thrilled with something infinitely greater than myself; I am caught up into the abandonment of God.

To say that we are called to preach holiness or sanctification, is to get into a side eddy. We are called to proclaim Jesus Christ. The fact that He saves from sin and makes us holy is part of the effect of the wonderful abandonment of God.

Abandonment never produces the consciousness of its own effort, because the whole life is taken up with the One to Whom we abandon. Beware of talking about abandonment if you know nothing about it, and you will never know anything about it until you have realized what John 3:16 means, that God gave Himself absolutely. In our abandonment we give ourselves over to God just as God gave Himself for us, without any calculation. The consequence of abandonment never enters into our outlook because our life is taken up with Him.

하나님의 내어주심

3월 13일

하나님이 세상을 이처럼 사랑하사 독생자를 주셨으니 이는 그를 믿는 자마다 멸망하지 않고 영생을 얻게 하려 하심이니라 (요 3:16).

구원은 단순히 죄로부터의 해방이 아니고 개인의 거룩을 경험하는 것도 아닙니다. 하나님의 구원은 우리가 자신으로부터 완전히 해방되어 주님과 연합되는 것을 말합니다. 물론 구원과 함께 얻게 되는 경험적 지식은 죄로부터의 구원 및 개인적인 거룩과 같은 선상에 있을 것입니다. 그러나 구원이 의미하는 바는 하나님의 영이 나로 하여금 하나님의 성품과 접촉하는 것이요, 나는 나 자신을 초월하시는 무한하고 위대한 그분께 매료되는 것입니다. 즉, 하나님께서 나를 위해 모든 것을 다 내어주셨음을 깨닫고 주님께 완전히 사로잡히는 것입니다.

거룩 및 성화를 선포하라고 부름 받았다고 말하는 것은 핵심에서 벗어나 곁으로 빠지는 것입니다. 우리는 예수 그리스도를 선포하라고 부름을 받았습니다. 주님께서 우리를 죄에서 구원하시고 거룩하게 하신 사실은, 하나님께서 자신의 모든 것을 주신 놀라운 사건에서 비롯되는 부수적인 효과일 뿐입니다.

자신을 온전히 내어주면 자신의 노력마저 전혀 의식하지 못하게 됩니다. 그 이유는 온전히 내어준 후에는 나의 모든 것을 드린 그분께 사로잡히기 때문입니다. 온전히 내어드림 없이 헌신에 대해 논하는 것을 주의하십시오. 요한복음 3장 16절이 무엇을 의미하는지 모른다면, 실상 헌신에 대해 아무것도 모르는 것입니다. 그 구절은 바로 예수님께서 자신을 포함한 모든 것을 완전하게 다 내어주셨다는 의미입니다. 따라서 예수님께서 우리를 위해 자신을 주심같이 우리도 아낌없이 헌신을 통해 자신을 하나님께 드려야 합니다. 주님께 자신을 온전히 드리면 우리가 다른 사람에게 어떻게 비쳐질지에 대해 신경 쓰지 않게 됩니다. 그 이유는 우리의 삶이 주님께만 완전히 사로잡힌 바 되기 때문입니다.

Obedience

His servants ye are to whom ye obey. Romans 6:16.

Mar. 14th

The first thing to do in examining the power that dominates me is to take hold of the unwelcome fact that I am responsible for being thus dominated because I have yielded. If I am a slave to myself, I am to blame for it because at a point away back I yielded myself to myself. Likewise, if I obey God I do so because I have yielded myself to Him.

Yield in childhood to selfishness, and you will find it the most enchaining tyranny on earth. There is no power in the human soul of itself to break the bondage of a disposition formed by yielding. Yield for one second to anything in the nature of lust (remember what lust is: 'I must have it at once,' whether it be the lust of the flesh or the lust of the mind), once yield and though you may hate yourself for having yielded, you are a bondslave to that thing. There is no release in human power at all, but only in the Redemption. You must yield yourself in utter humiliation to the only One Who can break the dominating power, viz., the Lord Jesus Christ. "He hath anointed Me ⋯ to preach deliverance to the captives."

We find this out in the most ridiculously small ways—"Oh, I can give that habit up when I like." You cannot, you will find that the habit absolutely dominates you because you yielded to it willingly. It is easy to sing—"He will break every fetter," and at the same time be living a life of obvious slavery to yourself. Yielding to Jesus will break every form of slavery in any human life.

순종

너희 자신을 종으로 내주어 누구에게 순종하든지
그 순종함을 받는 자의 종이 되는 줄을 너희가 알지 못하느냐 (롬 6:16).

3월
14일

나를 지배하는 세력을 점검하려면 가장 먼저 그 세력에게 스스로 기꺼이 순복한 적이 있다는 사실을 솔직히 인정하는 것입니다. 내가 나 자신의 종이라면 언젠가 나 자신에게 순복했기 때문입니다. 따라서 그 책임은 오직 내게 있습니다. 마찬가지로 내가 하나님께 순종한다면 이는 나 자신을 주님께 온전히 드렸기 때문입니다.

어렸을 때 이기심에 순복했다면, 이제는 그 이기심이 세상에서 가장 무거운 굴레를 씌우는 폭군이 된 것을 발견할 것입니다. 순복을 통해 형성된 기질은 그 사람을 지배하게 되어 그의 영혼 속에 있는 어떤 것으로도 제거될 수 없습니다. 한순간이라도, 한 번이라도 정욕에 마음을 주면 (정욕이란 마음의 정욕이든 육체의 정욕이든 "나는 지금 당장 이것을 가져야 해"라고 말합니다) 정욕에 항복한 자신을 아무리 미워한다고 할지라도 이미 당신은 그 정욕의 종이 된 것입니다. 안타깝게도 인간에게는 그 종의 상태로부터 자유할 수 있는 능력이 없습니다. 오직 그 능력은 예수 그리스도의 구속 안에만 있습니다. 따라서 당신을 주관하는 악한 세력으로부터 나오려면, 그 세력을 깨뜨릴 수 있는 유일한 분께 철저한 겸손의 자세로 자신을 맡겨야 합니다. 그분은 바로 주 예수 그리스도이십니다. "주의 성령이 내게 기름을 부으시고 나를 보내사 포로 된 자에게 자유를 … 전파하며"눅 4:18.

우습게도 우리는 아주 사소한 일에서부터 정욕의 종이 되는 것을 발견할 수 있습니다. "그래, 내가 원하기만 하면 아무 때나 그 버릇을 버릴 수 있을 거야"라고 스스로를 속입니다. 그러나 그럴 수 없습니다. 당신은 이미 그 정욕에 기꺼이 순복했기 때문에 그 버릇은 당신을 완벽하게 다스릴 것입니다. "그분께서 모든 결박을 푸셨도다"라고 찬양하면서 동시에 자신의 정욕에 철저하게 종 된 삶을 사는 것은 쉽습니다. 오직 주님께 순복할 때만이 인생의 모든 속박으로부터 벗어날 수 있습니다.

The discipline of dismay

Mar. 15th

And as they followed, they were afraid. Mark 10:32.

At the beginning we were sure we knew all about Jesus Christ, it was a delight to sell all and to fling ourselves out in a hardihood of love; but now we are not quite so sure. Jesus is on in front and He looks strange. "Jesus went before them: and they were amazed."

There is an aspect of Jesus that chills the heart of a disciple to the core and makes the whole spiritual life gasp for breath. This strange Being with His face set like a flint and His striding determination strikes terror into me. He is no longer Counsellor and Comrade, He is taken up with a point of view I know nothing about, and I am amazed at Him. At first I was confident that I understood Him, but now I am not so sure. I begin to realize there is a distance between Jesus Christ and me; I can no longer be familiar with Him. He is ahead of me and He never turns round; I have no idea where He is going, and the goal has become strangely far off.

Jesus Christ had to fathom every sin and every sorrow man could experience, and that is what makes Him seem strange. When we see Him in this aspect we do not know Him, we do not recognize one feature of his life, and we do not know how to begin to follow Him. He is on in front, a Leader Who is very strange, and we have no comradeship with Him.

The discipline of dismay is an essential necessity in the life of discipleship. The danger is to get back to a little fire of our own and kindle enthusiasm at it (cf. Isaiah 50:10-11). When the darkness of dismay comes, endure until it is over, because out of it will come that following of Jesus which is an unspeakable joy.

당혹스러움의 훈련

예루살렘으로 올라가는 길에 예수께서 그들 앞에 서서 가시는데
그들이 놀라고 따르는 자들은 두려워하더라 (막 10:32).

3월
15일

　처음에는 예수 그리스도를 잘 알고 있다고 확신했습니다. 그래서 모든 것을 다 팔아 모든 삶을 주를 향한 사랑을 위해 던지는 것이 기쁨이기도 했습니다. 그러나 지금은 그렇게 확신이 서지 않습니다. 예수님은 앞서 가시는데 매우 낯설게 보입니다. "예수께서 그들을 앞서 가시는데 그들은 이상히 여기더라."

　예수님께서는 제자들의 마음 가장 깊은 곳까지 서늘하게 하시면서 그들의 모든 영적인 삶의 호흡을 가쁘도록 만드십니다. 단호한 얼굴로 준엄한 결단을 하시는 그분의 낯선 모습은 우리에게 두려움으로 다가옵니다. 그때 그분은 더 이상 상담자도 아니고 친구도 아닙니다. 그분은 우리가 전혀 알 수 없는 그러한 표정으로 서 계십니다. 그러면 우리는 깜짝 놀라며 이상하게 여기게 됩니다. 처음에는 주님을 이해하고 있다고 확신했으나 지금은 아무것도 확신할 수 없습니다. 우리는 주님과 우리 사이에 큰 거리가 있음을 깨닫기 시작합니다. 더 이상 주님과 친근감을 느낄 수 없고 그분은 저만치 앞서 가십니다. 그리고 뒤도 한 번 돌아보지 않으십니다. 우리는 그분이 어디로 가시는지 알 수도 없고 목적지는 이상하고 멀게만 느껴집니다.

　예수 그리스도는 사람이 경험할 수 있는 모든 죄악과 슬픔을 가장 깊은 곳까지 다 이해하셔야 했습니다. 이 때문에 주님이 우리에게 매우 낯설게 보이십니다. 이러한 주님을 뵐 때 우리는 그분을 알지 못하고 그분의 삶의 모습을 이해할 수 없습니다. 따라서 주님을 어떻게 따라야 할지 알 수 없습니다. 우리는 최전방에 계신 아주 이상한 모습의 지도자이신 그분에게서 전혀 친밀감을 느낄 수 없습니다.

　제자의 길에서 당혹스러움의 훈련은 절대적으로 필요합니다. 사실 제자의 길 가운데 위험은 자신의 작은 열정에 묻혀서 헌신하는 것입니다 사 50:10-11. 당혹스러운 상황이 오면 그 어두운 상황이 끝날 때까지 잘 견디십시오. 때가 되면 주님을 따르는 것이 말로 다할 수 없는 기쁨이 될 것입니다.

The master assizes

For we must all appear before the judgment seat of Christ. 2 Cor. 5:10

Mar. 16th

Paul says that we must all, preacher and people alike, "appear before the judgment seat of Christ." If you learn to live in the white light of Christ here and now, judgment finally will cause you to delight in the work of God in you. Keep yourself steadily faced by the judgment seat of Christ; walk now in the light of the holiest you know. A wrong temper of mind about another soul will end in the spirit of the devil, no matter how saintly you are. One carnal judgment, and the end of it is hell in you. Drag it to the light at once and say—"My God, I have been guilty there." If you don't, hardness will come all through. The penalty of sin is confirmation in sin. It is not only God who punishes for sin; sin confirms itself in the sinner and gives back full pay. No struggling or praying will enable you to stop doing some things, and the penalty of sin is that gradually you get used to it and do not know that it is sin. No power save the incoming of the Holy Ghost can alter the inherent consequences of sin.

"But if we walk in the light as He is in the light." Walking in the light means for many of us walking according to our standard for another person. The deadliest Pharisaism today is not hypocrisy, but unconscious unreality.

죄에 대한 무감각

이는 우리가 다 반드시 그리스도의 심판대 앞에 나타나게 되어 각각 선악간에 그 몸으로 행한 것을 따라 받으려 함이라 (고후 5:10).

3월 16일

바울은 우리가 모두 예외없이 그리스도의 심판대 앞에 서야 한다고 말합니다. 만일 지금 이곳에서 그리스도의 정결한 빛 가운데 사는 것을 배운다면, 마지막 심판은 당신 안에서 하나님이 이루신 사역으로 인해 당신에게 기쁨이 될 것입니다. 언제나 당신이 그리스도의 심판대 앞에 설 것을 기억하십시오. 당신이 아는 가장 거룩한 빛 가운데 걷도록 하십시오. 당신이 아무리 거룩한 척하더라도 다른 사람을 향해 드러나는 나쁜 성질들은 사탄의 영에게 이용될 것입니다. 한 가지 죄성에 대한 심판은 당신으로 하여금 지옥을 경험하게 할 수 있습니다. 그러므로 당장 그 죄성을 빛으로 끄집어내어 고백하십시오. "나의 하나님, 제가 이 점에서 범죄한 죄인입니다." 만일 이렇게 고백하지 않으면 당신의 마음은 강퍅하게 될 것입니다. 죄에 대한 형벌은 그 죄가 결과를 맺는 것입니다. 죄를 징벌하는 것은 하나님만이 아닙니다. 죄 자체가 열매를 맺음으로써 그 죄로 인한 깊은 고통을 얻는 것입니다. 어떠한 버둥거림과 기도로도 그 죄를 멈추지 못합니다. 죄로 인한 형벌이란 점점 그 죄에 익숙해져서 그것이 죄인 줄을 알지 못하게 되는 것입니다. 오직 성령의 임재 외에는 죄의 뿌리 깊은 결과로부터 우리를 벗어나게 할 수 없습니다.

"그가 빛 가운데 계신 것같이 우리도 빛 가운데 행하면" 요일 1:7. 우리 중에는 빛 가운데 걷는다는 의미를, 다른 사람을 판단하기 위한 자신의 기준을 따르는 것으로 오해하는 사람도 있습니다. 이러한 사람들은 가장 파렴치한 현대판 바리새인들입니다. 오늘날 가장 심각한 바리새인들은 위선이 아니라 죄를 죄로 알지 못하는 무감각을 가졌습니다.

The worker's ruling passion

Mar. 17th

Wherefore we labour, that, …
we may be accepted of Him. 2 Cor. 5:9.

"Wherefore we labour …" It is arduous work to keep the master ambition in front. It means holding one's self to the high ideal year in and year out, not being ambitious to win souls or to establish churches or to have revivals, but being ambitious only to be "accepted of Him." It is not lack of spiritual experience that leads to failure, but lack of labouring to keep the ideal right. Once a week at least take stock before God, and see whether you are keeping your life up to the standard He wishes. Paul is like a musician who does not heed the approval of the audience if he can catch the look of approval from his Master.

Any ambition which is in the tiniest degree away from this central one of being "approved unto God" may end in our being castaways. Learn to discern where the ambition leads, and you will see why it is so necessary to live facing the Lord Jesus Christ. Paul says—"Lest my body should make me take another line, I am constantly watching so that I may bring it into subjection and keep it under."(1 Cor. 9:27.)

I have to learn to relate everything to the master ambition, and to maintain it without any cessation. My worth to God in public is what I am in private. Is my master ambition to please Him and be acceptable to Him, or is it something less, no matter how noble?

당신의 소망은 무엇입니까?

> 그런즉 우리는 몸으로 있든지 떠나든지
> 주를 기쁘시게 하는 자가 되기를 힘쓰노라 (고후 5:9).

3월 17일

"우리는 몸으로 있든지 떠나든지…." 언제나 주님의 비전을 앞세우고 그 비전을 향해 나아가는 것은 수고로운 일입니다. 이 수고는 영혼을 구원하기 위해 야망을 갖는 것도 아니고, 교회를 세우거나 부흥을 일으키는 것도 아니며, 오직 주님께 인정받는 것을 가장 높은 이상으로 삼아 자신을 맞추는 것입니다. 우리 삶이 실패하는 이유는 영적 경험의 결핍이 아니라 주님께서 주신 이상을 항상 유지하려는 수고의 결핍 때문입니다. 적어도 일주일에 한 번 이상 주님이 원하시는 그 기준에 따라 사는지 지난 삶을 점검하십시오. 바울은 마치 훌륭한 연주자처럼 관중을 의식하기보다는 스승의 인정을 받는 것에만 신경을 썼습니다.

만일 하나님께만 인정받으려는 진실한 마음에서 조금이라도 벗어나려는 야망이 생기면, 그 사람은 결국 하나님께 인정 받지 못하는 자로 남을 것입니다. 야망이 자신을 어디로 이끌고 가는지 살펴보십시오. 그러면 주 예수 그리스도를 바라보고 사는 인생이 왜 그렇게 중요한지 알게 될 것입니다. 바울이 말합니다. "내가 내 몸을 쳐 복종하게 함은 내가 남에게 전파한 후에 자신이 도리어 버림을 당할까 두려워함이로다"고전 9:27.

조금도 쉬지 말고 나의 모든 것을 가장 중요한 이 소망에 연결시키는 훈련을 하십시오. 하나님 앞에서 나의 공적인 가치는 내가 홀로 있을 때 어떤 사람이냐 하는 것입니다. 당신의 가장 중요한 소망은 주님을 기쁘시게 하고 그분께 인정 받는 것입니까? 아니면 아무리 고상해 보여도 주님께서 받으시기에 곤란한 것입니까?

Mar. 18th

Shall I rouse myself up to this?

*Having therefore these promises, dearly beloved,
let us cleanse ourselves from all filthiness of the
flesh and spirit, perfecting holiness in the fear of God.* 2 Cor. 7:1.

I claim the fulfilment of God's promises, and rightly, but that is only the human side; the Divine side is that through the promises I recognize God's claim on me. For instance, am I realizing that my body is the temple of the Holy Ghost, or have I a habit of body that plainly will not bear the light of God on it? By sanctification the Son of God is formed in me, then I have to transform my natural life into a spiritual life by obedience to Him. God educates us down to the scruple. When He begins to check, do not confer with flesh and blood, cleanse yourself at once. Keep yourself cleansed in your daily walk.

I have to cleanse myself from all filthiness of the flesh and spirit until both are in accord with the nature of God. Is the mind of my spirit in perfect agreement with the life of the Son of God in me, or am I insubordinate in intellect? Am I forming the mind of Christ, Who never spoke from His right to Himself, but maintained an inner watchfulness whereby He continually submitted His spirit to His Father? I have the responsibility of keeping my spirit in agreement with His Spirit, and by degrees Jesus lifts me up to where He lived—in perfect consecration to His Father's will, paying no attention to any other thing. Am I perfecting this type of holiness in the fear of God? Is God getting His way with me, and are other people beginning to see God in my life more and more?

Be serious with God and leave the rest gaily alone. Put God first literally.

하나님을 최고로 두십시오!

3월 18일

> 그런즉 사랑하는 자들아 이 약속을 가진 우리는 하나님을 두려워하는 가운데서 거룩함을 온전히 이루어 (고후 7:1).

나는 하나님의 약속이 이루어질 것을 정당하게 요청할 수 있습니다. 물론 사람 편에서만 그렇습니다. 당신이 하나님 편에서 하나님의 약속을 본다면 주님의 요구 사항을 알게 될 것입니다. 예를 들어, 정말 우리는 우리의 몸이 성령이 거하시는 성전이란 사실을 깨닫고 있습니까? 그렇다면 우리의 몸으로 하나님의 빛을 분명히 드러내는 습관을 가지고 있습니까? 성화란 하나님의 아들이 우리 안에 형성되는 것입니다. 나의 할 일은 주님을 향한 순종을 통해 자연적인 삶을 영적인 삶으로 변화시키는 것입니다. 하나님께서는 우리의 사소한 일까지도 간섭하시며 교훈하십니다. 주님께서 우리에게 양심의 가책을 주실 때는 혈육과 의논하지 말고 당장 자신을 정결케 하십시오. 매일의 삶 속에서 자신을 깨끗케 하십시오.

나의 육신과 영혼이 모두 하나님의 속성과 완전한 조화를 이룰 때까지 영과 육의 온갖 더러운 것으로부터 자신을 깨끗케 해야 합니다. 내 영과 마음은 내 안에 계신 하나님의 아들의 생명과 온전히 일치하고 있습니까, 아니면 나의 지식을 내세워 불순종합니까? 자신의 권리를 주장하지 않던 그리스도의 마음을 나도 내 마음속에 형성하고 있습니까? 또한 예수님께서 끊임없이 자신의 영을 하나님 아버지께 드리신 것처럼 우리도 깨어 있는 마음을 유지하고 있습니까? 우리는 자신의 영을 주의 성령과 온전히 일치시킬 책임이 있습니다. 그러면 점차적으로 주님께서는 우리의 삶을 그분의 삶의 수준으로 끌어올리실 것입니다. 그 삶은 다른 어떤 것에도 전혀 마음을 주지 않고 오직 하나님의 뜻에 온전히 드려진 삶입니다. 우리는 하나님을 경외하는 가운데 이러한 거룩을 완성시키고 있습니까? 하나님께서 우리를 통해 주의 길을 내셔서 다른 사람들이 우리의 삶을 통해 점점 더 하나님을 보기 시작합니까?

오직 하나님과의 관계를 가장 심각하게 생각하고 나머지 것들은 사소하게 여기기 바랍니다. 정말로 하나님을 최고로 두십시오.

The way of Abraham in faith

Mar. 19th

He went out, not knowing whither he went. Hebrews 11:8.

In the Old Testament, personal relationship with God showed itself in separation, and this is symbolized in the life of Abraham by his separation from his country and from his kith and kin. Today the separation is more of a mental and moral separation from the way that those who are dearest to us look at things, that is, if they have not a personal relationship with God. Jesus Christ emphasized this (see Luke 14:26).

Faith never knows where it is being led, but it loves and knows the One Who is leading. It is a life of faith, not of intellect and reason, but a life of knowing Who makes us 'go'. The root of faith is the knowledge of a Person, and one of the biggest snares is the idea that God is sure to lead us to success.

The final stage in the life of faith is attainment of character. There are many passing transfigurations of character; when we pray we feel the blessing of God enwrapping us and for the time being we are changed, then we get back to the ordinary days and ways and the glory vanishes. The life of faith is not a life of mounting up with wings, but a life of walking and not fainting. It is not a question of sanctification; but of something infinitely further on than sanctification, of faith that has been tried and proved and has stood the test. Abraham is not a type of sanctification, but a type of the life of faith, a tried faith built on a real God. "Abraham believed God."

믿음의 삶

갈 바를 알지 못하고 나아갔으며 (히 11:8).

3월 19일

구약에서 하나님과의 개인적인 교제는 따로 분리됨을 의미했습니다. 아브라함의 삶에서 이러한 현상이 나타나는데, 그는 친척과 고향으로부터 분리되었습니다. 오늘날 이러한 구별됨은 위치적인 개념보다 정신적, 도덕적인 면에서 고려됩니다. 만일 우리에게 가장 가까운 사람들이 하나님과 인격적 관계가 없을 경우 우리는 그들이 세상을 바라보는 관점에서부터 자신을 분리시킵니다. 예수 그리스도께서는 이를 더욱 강조하셨습니다. 눅 14:26.

믿음은 자신이 어디로 이끌리는지 전혀 알지 못하지만 이끄시는 그분을 사랑하고 아는 것입니다. 믿음의 삶이란 지성이나 이성적인 삶이 아니라 우리에게 "가라"고 하신 그분을 알아가는 삶입니다. 따라서 믿음의 뿌리는 그분을 아는 경험적, 인격적 지식에 있습니다. 믿음의 삶에서 큰 장애 중 하나는 하나님께서 반드시 우리를 성공으로 이끄실 것이라는 착각입니다.

믿음의 삶에서 궁극적인 단계는 언제나 인격적인 면에서의 완성입니다. 인격을 변화시키는 여러 사건들이 일어납니다. 우리가 기도할 때 우리를 둘러싸는 축복을 느끼기도 합니다. 한동안 우리는 변화된 것 같습니다. 그런데 일상적인 생활로 돌아가면 그 영광은 사라집니다. 믿음의 삶이란 날개를 펼쳐 저 높은 곳에 단숨에 날아오르는 삶을 의미하지 않습니다. 오히려 한걸음씩 계속 걸으며 나아가지만 지치지 않는 삶을 의미합니다. 믿음의 삶은 오직 개인의 성화뿐 아니라 훨씬 더 무한히 높은 차원의 것입니다. 믿음은 시련을 당할 때 증명되며 마침내 시험을 이기고 일어섭니다. 아브라함은 성화의 표준이 아니라 믿음의 삶의 표준입니다. 그는 참된 하나님 위에 시험을 이긴 믿음을 세웠습니다. "아브라함이 하나님을 믿었더라" 롬 4:3.

Friendship with God

Mar. 20th

··· *Shall I hide from Abraham that thing which I do?* Genesis 18:17.

Its Delights. This chapter brings out the delight of real friendship with God as compared with occasional feelings of His presence in prayer. To be so much in contact with God that you never need to ask Him to show you His will, is to be nearing the final stage of your discipline in the life of faith. When you are rightly related to God, it is a life of freedom and liberty and delight, you are God's will, and all your commonsense decisions are His will for you unless He checks. You decide things in perfect delightful friendship with God, knowing that if your decisions are wrong He will always check; when He checks, stop at once.

Its Difficulties. Why did Abraham stop praying when he did? He was not intimate enough yet to go boldly on until God granted his desire, there was something yet to be desired in his relationship to God. Whenever we stop short in prayer and say—"Well, I don't know; perhaps it is not God's will,"—there is still another stage to go. We are not so intimately acquainted with God as Jesus was, and as He wants us to be—"That they may be one even as We are one." Think of the last thing you prayed about—were you devoted to your desire or to God? Determined to get some gift of the Spirit or to get at God? "Your Heavenly Father knoweth what things ye have need of before ye ask Him." The point of asking is that you may get to know God better. "Delight thyself also in the Lord; and He shall give thee the desires of thine heart." Keep praying in order to get a perfect understanding of God Himself.

하나님과의 친구 관계

여호와께서 이르시되 내가 하려는 것을 아브라함에게 숨기겠느냐 (창 18:17).

3월 20일

주님과 친구된 기쁨 : 창세기 18장은 가끔 기도 가운데 하나님의 임재를 느끼며 기뻐하는 정도가 아니라 온전히 하나님과 진정한 친구가 되는 기쁨을 말합니다. 주님과 정말로 친밀하기 때문에 더 이상 주의 뜻이 무엇인지 물을 필요가 없을 정도입니다. 이는 믿음의 삶의 훈련에서 마지막 단계에 가깝습니다. 하나님과 온전한 관계를 맺으면 우리의 삶은 자유함과 기쁨과 평안으로 가득 찹니다. 우리 자신이 하나님의 뜻이 되며, 만일 하나님이 막지 않으신다면 우리가 상식적으로 내리는 결정들이 보통 그분의 뜻입니다. 그에 따라 하나님과의 기쁘고 완벽한 친분 안에서 삶을 결정해 나갑니다. 만일 우리의 결정이 잘못되었다면 주께서 언제나 막으실 것을 잘 알고 있으며, 만일 막으시면 당장 멈춥니다.

주님과 친구된 어려움 : 왜 아브라함은 기도를 멈추었습니까? 그는 하나님께서 그의 기도를 응답하실 때까지 담대히 나아갈 수 있을 만큼 하나님과의 관계가 충분히 깊지 못했습니다. 여전히 하나님과의 관계에서 부족한 것이 있었습니다. 우리는 기도를 하다가 멈추고, "글쎄, 잘 모르겠어요. 아마 하나님의 뜻이 아닐 수도 있겠지요"라고 말합니다. 이러한 경우는 여전히 하나님과의 관계에서 더 나아가야 할 다른 단계가 있습니다. 우리는 예수님께서 하나님과 시김같이 하나님과 친밀하지 못합니다. 주님께서 우리에게 원하시는 만큼 그분과 가깝지도 못합니다. "우리가 하나인 것처럼 저희들도 하나가 되게 하소서"요 17:11. 예수님이 마지막으로 기도한 것이 무엇인지 생각해보십시오. 자신의 욕망을 위한 것이었습니까, 아니면 하나님을 위한 것이었습니까? 성령의 몇 가지 은사를 구하기로 결정했습니까, 아니면 성령을 구했습니까? "하늘 아버지께서는 우리가 구하기도 전에 우리의 필요가 무엇인지 아십니다"마 6:8. 기도하는 이유는 하나님을 더욱 알기 위함입니다. "여호와를 기뻐하라 저가 네 마음의 소원을 이루어 주시리로다"시 37:4. 하나님을 온전하게 알 수 있도록 계속 기도하기 바랍니다요 17:11.

Interest or identification?

I have been crucified with Christ. Gal. 2:20.

Mar. 21st

The imperative need spiritually is to sign the death warrant of the disposition of sin, to turn all emotional impressions and intellectual beliefs into a moral verdict against the disposition of sin, viz., my claim to my right to myself. Paul says—"I have been crucified with Christ"; he does not say, "I have determined to imitate Jesus Christ," or, "I will endeavour to follow Him," but, "I have been identified with Him in His death." When I come to such a moral decision and act upon it, then all that Christ wrought for me on the Cross is wrought in me. The free committal of myself to God gives the Holy Spirit the chance to impart to me the holiness of Jesus Christ.

"… nevertheless I live…." The individuality remains, but the mainspring, the ruling disposition, is radically altered. The same human body remains, but the old satanic right to myself is destroyed.

"And the life which I now live in the flesh…," not the life which I long to live and pray to live, but the life I now live in my mortal flesh, the life which men can see, "I live by the faith of the Son of God." This faith is not Paul's faith in Jesus Christ, but the faith that the Son of God has imparted to him—"the faith of the Son of God." It is no longer faith in faith, but faith which has overleapt all conscious bounds, the identical faith of the Son of God.

관심입니까, 아니면 일치입니까?

내가 그리스도와 함께 십자가에 못 박혔나니 (갈 2:20).

3월 21일

영적으로 절대적으로 필요한 것은 죄성이 죽었다는 증서에 서명을 하는 것이며, 감정적인 표현과 지적인 믿음을 모두 동원해 죄성 곧 나 자신의 권리 주장을 버리겠다고 선포하는 것입니다. 바울은 "내가 그리스도와 함께 십자가에 못 박혔다"고 말합니다. 그는 "예수 그리스도를 닮기로 작정하였다"라거나 "그분을 따르기를 노력할 것이다"라고 말하지 않았습니다. 대신 "그리스도와 함께 하나로 일치되어 십자가에 못 박혔다"라고 말합니다. 우리가 이러한 영적인 결정을 내리고 그 결정에 따라 행하면, 주께서 우리를 위해 십자가 상에서 이루어 놓으신 모든 일들이 우리에게 역사하기 시작합니다. 기꺼이 나 자신을 온전히 주님께 드리면 성령께서 예수 그리스도의 거룩을 내게 부여하십니다.

"이제는 내가 산 것이 아니라." 사람의 개성은 여전히 남아 있지만 그 마음을 다스리던 성향은 완전히 바뀌게 됩니다. 그의 몸은 여전히 같지만 자신의 권리를 주장하던 과거 사탄의 권세는 제거됩니다.

"이제 내가 육체 가운데 사는 것은." 내가 원하는 삶도 아니고 기도를 통해 소원하던 삶도 아닙니다. 지금 이 죽을 육체 가운데 사는 삶을 말합니다. 그러나 모든 사람이 볼 수 있는 삶으로 "하나님의 아들을 믿는 믿음으로 사는" 삶입니다. 이것은 예수 그리스도를 믿는 바울의 믿음이 아니라 하나님의 아들께서 바울에게 부여하신 믿음입니다. 바로 하나님의 아들이 소유하셨던 믿음입니다. 이 믿음은 모든 의식적인 경계를 넘어서서 하나님 아들의 믿음과 일치된 믿음입니다.

The burning heart

Did not our heart burn within us? Luke 24:32.

Mar. 22nd

We need to learn this secret of the burning heart. Suddenly Jesus appears to us, the fires are kindled, we have wonderful visions; then we have to learn to keep the secret of the burning heart that will go through anything. It is the dull, bald, dreary, commonplace day, with commonplace duties and people, that kills the burning heart unless we have learned the secret of abiding in Jesus.

Much of our distress as Christians comes not because of sin, but because we are ignorant of the laws of our own nature. For instance, the only test as to whether we ought to allow an emotion to have its way is to see what the outcome of the emotion will be. Push it to its logical conclusion, and if the outcome is something God would condemn, allow it no more way. But if it is an emotion kindled by the Spirit of God and you do not let that emotion have its right issue in your life, it will react on a lower level. That is the way sentimentalists are made. The higher the emotion is, the deeper the degradation will be if it is not worked out on its proper level. If the Spirit of God has stirred you, make as many things inevitable as possible, let the consequences be what they will. We cannot stay on the mount of transfiguration, but we must obey the light we received there; we must act it out. When God gives a vision, transact business on that line, no matter what it costs.

> "We cannot kindle when we will.
> The fire which in the heart resides,
> The spirit bloweth and is still,
> In mystery our soul abides;
> But tasks in hours or insight will'd,
> Can be through hours of gloom fulfill'd."

뜨거운 마음의 비결

우리 속에서 마음이 뜨겁지 아니하더냐 (눅 24:32).

3월 22일

우리는 마음을 뜨겁게 하는 비결을 배울 필요가 있습니다. 예수님이 갑자기 우리에게 나타나시면 불이 붙게 되고 우리는 엄청난 비전을 갖게 됩니다. 이때 우리는 이 뜨거운 마음이 어떤 상황에서도 계속 타오르게 하는 비결을 배워야 합니다. 우리가 예수님 안에 거하는 그 비결을 배우지 않는다면, 지루하고 따분하며 재미없는 단조로운 일상 생활과 매일 보는 사람들은 우리의 뜨거운 마음을 차갑게 만들 것입니다.

그리스도인으로서 겪는 대부분의 번민은 죄 때문에 오기보다 자신의 속성에 대한 무지 때문에 옵니다. 예를 들어, 감정에 따르는 것을 허락할지 말지를 결정하는 유일한 판단 기준은, 그 감정으로 인해 야기될 결과를 미리 보는 것입니다. 논리적으로 따져보십시오. 만일 그 결과가 하나님께서 정죄하시는 것이라면 절대로 그 감정을 허락해서는 안 됩니다. 한편 성령에 의해 감정이 뜨거워졌을 경우 그 감정을 우리의 삶 가운데 적절히 표현하지 못하면 그 뜨거운 감정은 아주 낮은 차원에서 반응하게 될 것입니다. 바로 감상적인 차원에 머물게 됩니다. 만일 그러한 감정을 적절한 수준에서 다루지 않는다면 감정이 뜨거울수록 그 추락도 매우 깊고 상처도 심합니다. 만일 성령이 당신을 요동한다면 가능한 한 많은 일들이 진행될 수 있도록 하기 바랍니다. 그러면 그 결과들이 드러나게 될 것입니다. 우리는 변화산 상에서 계속 살 수 없습니다. 그곳에서 받은 빛에 따라 현실 가운데 순종해야 합니다. 하나님이 비전을 주시면 아무리 큰 대가를 치르더라도 비전에 맞는 일들을 하기 바랍니다.

"우리는 태우고 싶어도 태울 수 없네. 우리 마음속에 거하는 그 불.
성령이 숨을 쉬면 고요하지만 나의 영혼은 신비에 거하게 되네.
매 시간마다 일마다 깨달음을 주셔서 어둠의 시간이 다 마쳐지네."

Am I carnally minded?

Whereas there is among you jealousy and strife, are ye not carnal? 1 Cor. 3:3.

No natural man knows anything about carnality. The flesh lusting against the Spirit that came in at regeneration, and the Spirit lusting against the flesh, produces carnality. "Walk in the Spirit," says Paul, "and ye shall not fulfil the lusts of the flesh"; and carnality will disappear.

Are you contentious, easily troubled about trifles? "Oh, but no one who is a Christian ever is!" Paul says they are, he connects these things with carnality. Is there a truth in the Bible that instantly awakens petulance in you? That is a proof that you are yet carnal. If sanctification is being worked out, there is no trace of that spirit left.

If the Spirit of God detects anything in you that is wrong, He does not ask you to put it right; He asks you to accept the light, and He will put it right. A child of the light confesses instantly and stands bared before God; a child of the darkness says—"Oh, I can explain that away." When once the light breaks and the conviction of wrong comes, be a child of the light, and confess, and God will deal with what is wrong; if you vindicate yourself, you prove yourself to be a child of the darkness.

What is the proof that carnality has gone? Never deceive yourself; when carnality is gone it is the most real thing imaginable. God will see that you have any number of opportunities to prove to yourself the marvel of His grace. The practical test is the only proof. "Why," you say, "if this had happened before, there would have been the spirit of resentment!" You will never cease to be the most amazed person on earth at what God has done for you on the inside.

육신에 속한 그리스도인입니까?

너희는 아직도 육신에 속한 자로다 너희 가운데 시기와 분쟁이 있으니 어찌 육신에 속하여 사람을 따라 행함이 아니리요 (고전 3:3).

3월 23일

자연인은 육신에 대해 아는 바가 없습니다. 거듭날 때 우리에게 임하신 성령께서는 우리 육체의 소욕을 대항하시고 육체의 소욕은 성령을 대항합니다. 바로 성령을 대항하는 이 세력이 육신입니다. "성령을 따라 행하라 그리하면 육체의 욕심을 이루지 아니하리라" 갈 5:16. 우리가 성령을 따라 행하면 이 육신이 사라집니다.

당신은 사나우며 사소한 일들에 쉽게 분노합니까? 그리스도인이라면 절대 그렇지 않습니다. 그러나 바울은 이러한 증상을 그들 속의 육신과 연결시킵니다. 성경 안에 당신을 짜증나게 만드는 진리가 있습니까? 그렇다면 이는 당신이 지금 육에 속한 상태임을 증거합니다. 만일 성화하는 과정에 있다면, 그러한 마음이 있을 수 없습니다.

만일 성령께서 당신 안에서 뭔가 잘못된 것을 발견하시면 당신에게 그 잘못을 시정하라고 부탁하는 대신 빛을 받아들일 것을 요청하십시오. 주님이 당신의 잘못된 것을 바로 세우시는 것입니다. 이때 빛의 자녀들은 당장 죄를 자백하고 하나님 앞에서 벌거벗은 듯이 서게 됩니다. 그러나 어둠의 자녀들은 변명합니다. "오, 저는 그렇게 할 만한 이유가 있어요. 그 이유를 설명할 수 있어요." 빛이 들어와 자신의 잘못을 책망하면 빛의 자녀답게 죄를 자백하십시오. 그러면 하나님께서 잘못된 부분을 다루실 것입니다. 자신을 변론하려고 한다면 당신은 스스로 어둠의 자녀임을 시인하는 것이 될 뿐입니다.

육신이 떠났다는 증거는 무엇입니까? 결코 스스로 속지 마십시오. 육신이 떠난 가장 확실한 증거는 실제로 현실 속에서 드러납니다. 하나님께서는 분명히 하나님의 은혜의 놀라운 역사를 통해 당신의 육신이 떠났다는 사실을 스스로 확인할 수 있는 많은 기회를 주실 것입니다. 실질적인 확인이 곧 육신이 제거된 유일한 증거입니다. "이 일이 전에 발생했다면 분명 내 안에 짜증과 분노가 있었을 텐데…." 당신은 내면에서 하나님께서 하신 일을 보며 놀라게 될 것입니다.

Decreasing into his purpose

He must increase, but I must decrease. John 3:30.

If you become a necessity to a soul, you are out of God's order. As a worker, your great responsibility is to be a friend of the Bridegroom. When once you see a soul in sight of the claims of Jesus Christ, you know that your influence has been in the right direction, and instead of putting out a hand to prevent the throes, pray that they grow ten times stronger until there is no power on earth or in hell that can hold that soul away from Jesus Christ. Over and over again, we become amateur providences; we come in and prevent God, and say—'This and that must not be.' Instead of proving friends of the Bridegroom, we put our sympathy in the way, and the soul will one day say—"That one was a thief, he stole my affections from Jesus, and I lost my vision of Him."

Beware of rejoicing with a soul in the wrong thing, but see that you do rejoice in the right thing. "The friend of the Bridegroom ⋯ rejoiceth greatly because of the Bridegroom's voice: this my joy therefore is fulfilled. He must increase, but I must decrease." This is spoken with joy and not with sadness—at last they are to see the Bridegroom! And John says this is his joy. It is the absolute effacement of the worker, he is never thought of again.

Watch for all you are worth until you hear the Bridegroom's voice in the life of another. Never mind what havoc it brings, what upsets, what crumblings of health, rejoice with divine hilarity when once His voice is heard. You may often see Jesus Christ wreck a life before He saves it.

주의 목적을 위해 쇠하는 것

그는 흥하여야 하겠고 나는 쇠하여야 하리라 하니라 (요 3:30).

3월
24일

    만일 당신이 어떤 사람에게 절대적으로 필요한 존재가 된다면 당신은 하나님의 의도에서 벗어난 것입니다. 당신이 다른 사람으로 하여금 예수님의 요구에 따라 살도록 만든다면, 당신의 영향력은 아무 문제가 없다고 말할 수 있습니다. 그들의 역경을 막아주기 위해 손을 내미는 대신 그들이 열 배나 더 강해져서 이 세상의 그 어떠한 것도, 심지어 지옥이라 할지라도 그들의 영혼을 주 예수님께로부터 빼앗을 수 없도록 기도하기 바랍니다. 계속적으로 섣부른 간섭으로 "이런저런 일들이 있어서는 안 되지"라고 하며 그들의 도움이 되려고 하면, 이는 하나님의 역사를 간섭하는 것이요 하나님을 막는 것입니다. 이렇게 간섭하는 가운데 우리는 신랑 예수님의 친구 역할을 하는 것이 아니라 우리의 알량한 자비를 내세우는 것입니다. 그러나 그 영혼은 어느 날 이렇게 말할 것입니다. "그 사람은 도둑이었습니다. 주님을 향한 나의 사랑을 빼앗아갔지요. 나는 그때 저 사람 때문에 주님을 향한 비전을 잃었어요."

    그릇된 길에서 사람들과 함께 기뻐하는 것을 주의하십시오. 옳은 길에서 기뻐하고 있는지 살피십시오. "신랑의 음성을 듣는 친구가 크게 기뻐하나니 나는 이러한 기쁨으로 충만하였노라 그는 흥하여야 하겠고 나는 쇠하여야 하리라"요 3:29-30. 이 말은 슬픔이 아니라 기쁨 가운데 나온 것입니다. 마침내 그들이 신랑을 봅니다. 이것이 세례 요한의 기쁨이었습니다. 이것이 사역자의 정신입니다. 자신은 전혀 드러나지 않게 하고 다시는 기억조차 되지 않게 하는 것입니다.

    신랑의 음성이 들리기 전에, 다른 사람의 삶에 당신이 소중한 사람이 되려는 마음을 버리십시오. 당혹스럽거나 힘든 상황이라도, 심지어 건강을 잃더라도 당신이 그 사람의 신랑이 되려고 하지 마십시오. 오직 주님의 음성이 들릴 때 신성한 희열 가운데 기뻐하십시오. 당신은 종종 예수 그리스도께서 한 영혼을 구원하시기 위해 그의 삶을 파선케 하신다는 사실을 보게 될 것입니다.

The most delicate mission on earth

The friend of the Bridegroom. John 3:29.

Mar. 25th

Goodness and purity ought never to attract attention to themselves, they ought simply to be magnets to draw to Jesus Christ. If my holiness is not drawing towards Him, it is not holiness of the right order, but an influence that will awaken inordinate affection and lead souls away into side-eddies. A beautiful saint may be a hindrance if he does not present Jesus Christ but only what Christ has done for him; he will leave the impression—"What a fine character that man is!"—that is not being a true friend of the Bridegroom; I am increasing all the time, He is not.

In order to maintain this friendship and loyalty to the Bridegroom, we have to be more careful of our moral and vital relationship to Him than of any other thing, even of obedience. Sometimes there is nothing to obey, the only thing to do is to maintain a vital connection with Jesus Christ, to see that nothing interferes with that. Only occasionally do we have to obey. When a crisis arises we have to find out what God's will is, but the greater part of the life is not conscious obedience but the maintenance of this relationship—the friend of the Bridegroom. Christian work may be a means of evading the soul's concentration on Jesus Christ. Instead of being friends of the Bridegroom, we become amateur providences and may work against Him whilst we use His weapons.

이 땅에서 가장 미묘한 사명

> 서서 신랑의 음성을 듣는 친구가 크게 기뻐하나니 나는 이러한 기쁨으로 충만하였노라 (요 3:29).

3월 25일

절대로 사람들의 관심을 선함과 순결 그 자체로 인도해서는 안 됩니다. 그것들은 단지 예수님께로 인도하는 자석과 같아야 합니다. 만일 나의 거룩함이 사람들의 관심을 주님께로 향하도록 하는 것이 아니라면 그 거룩은 정상적인 궤도에서 벗어난 것입니다. 나아가 사람들의 마음에 비정상적인 애착을 유발시켜 그 영혼들로 하여금 곁길로 빠지게 하는 것입니다. 훌륭하고 멋진 성도가 예수님을 드러내지 못하고 예수님께서 그를 위해 하신 일을 통해 자신만 드러내면 오히려 그는 예수님께 방해거리일 뿐입니다. 그는 이러한 인상만 남기게 됩니다. "그 사람은 정말 멋진 인격을 가졌어." 이러한 사람은 신랑 예수님의 진정한 친구가 아닙니다. 이들은 마음속으로 "나는 언제나 계속 흥해야 하고 예수님은 쇠하셔야 한다"고 생각합니다.

신랑 예수님을 향한 우정과 충성을 유지하기 위해서는 다른 어떤 것보다 주님과 함께 자발적이고 살아 있는 인격적인 관계를 유지하는 데 더욱 힘써야 합니다. 가끔 특별하게 순종할 만한 것이 없을 때도 있습니다. 이때에도 반드시 해야 하는 일은, 주님과의 관계를 깨뜨리는 것을 절대로 허락하지 않고 계속 주님과의 활기찬 관계를 유지하는 것입니다. 그리다가 종종 순종해야 할 때 순종하면 됩니다. 위기가 발생했을 때 우리는 하나님의 뜻이 무엇인지 발견해야 합니다. 그러나 평범한 대부분의 삶에서 더 중요한 것은 의식적인 순종보다 주님과의 관계 유지입니다. 언제나 신랑 예수님과의 친구 관계를 누리는 것입니다. 종종 기독교 사역이 우리 마음을 빼앗아 주님께 집중하는 것을 방해할 수 있습니다. 신랑 예수님의 친구가 되는 대신 우리는 주의 일을 한답시고 주님의 무기들을 사용하면서 도리어 주님께 대항할 수도 있습니다.

Vision by personal purity

Blessed are the pure in heart; for they shall see God. Matthew 5:8.

Purity is not innocence, it is much more. Purity is the outcome of sustained spiritual sympathy with God. We have to grow in purity. The life with God may be right and the inner purity remain unsullied, and yet every now and again the bloom on the outside may be sullied. God does not shield us from this possibility, because in this way we realize the necessity of maintaining the vision by personal purity. If the spiritual bloom of our life with God is getting impaired in the tiniest degree, we must leave off everything and get it put right. Remember that vision depends on character—the pure in heart see God.

God makes us pure by His sovereign grace, but we have something to look after, this bodily life by which we come in contact with other people and with other points of view; it is these that are apt to sully. Not only must the inner sanctuary be kept right with God, but the outer courts as well are to be brought into perfect accord with the purity God gives us by His grace. The spiritual understanding is blurred immediately the outer court is sullied. If we are going to retain personal contact with the Lord Jesus Christ, it will mean there are some things we must scorn to do or to think, some legitimate things we must scorn to touch.

A practical way of keeping personal purity unsullied in relation to other people is to say to yourself—That man, that woman, perfect in Christ Jesus! That friend, that relative, perfect in Christ Jesus!

인격적인 청결에 의한 비전

마음이 청결한 자는 복이 있나니 그들이 하나님을 볼 것임이요 (마 5:8).

청결은 순진함 그 이상으로, 하나님과 영적으로 한마음을 유지할 때 나오는 결과입니다. 우리는 날마다 더 청결해져야 합니다. 하나님과의 삶은 바른 삶이어야 하고, 비록 이런저런 일로 외면은 더럽혀지더라도 그 내면의 청결함은 흠이 없어야 합니다. 하나님은 더럽혀질 가능성으로부터 우리를 보호하지는 않으십니다. 그러므로 우리는 하나님을 볼 수 있기 위해 인격적인 청결함을 유지해야 할 필요를 깨닫게 됩니다. 만일 하나님과의 영적인 풍성함에 조금이라도 차질이 생기면 모든 것을 뒤로하고 그 문제부터 바르게 하십시오. 비전은 마음 상태와 관련되어 있음을 잊지 마십시오. 마음이 청결한 자는 하나님을 봅니다.

하나님은 그분의 주권적인 은혜에 의해 우리를 청결케 하십니다. 그러나 우리가 스스로 돌봐야 할 부분도 있습니다. 이는 다른 사람 및 다른 견해를 접하게 될 때 우리의 내면도 쉽게 더럽혀질 수 있기 때문입니다. 그러므로 내면의 성전이 하나님과 바른 관계에 있을 뿐 아니라 외부와 접촉되는 바깥 뜰 또한 하나님의 은혜 가운데 우리에게 주신 청결함과 온전한 조화를 이루어야 합니다. 우리의 바깥 뜰이 더럽혀질 때 우리는 영적인 깨달음에 이를 수 없게 됩니다. 만일 주 예수 그리스도와 개인적인 교제를 유지하려면 자신을 더럽히는 모든 생각들과 행동들을 삼가야 합니다. 또한 다른 사람에게 합당한 것이라도 우리는 멀리해야 할 것들이 있습니다.

대인관계 속에서 개인의 청결함을 유지하는 실질적인 방안은 자신에게 이렇게 말하는 것입니다. "사람들과의 관계, 친구 및 친척들과의 관계도 오직 그리스도 안에서만 완전할 수 있다."

Vision by personal character

Mar. 27th

Come up hither, and I will shew thee things. Rev. 4:1.

An elevated mood can only come out of an elevated habit of personal character. If in the externals of your life you live up to the highest you know, God will continually say—"Friend, go up higher." The golden rule in temptation is—'Go higher.' When you get higher up, you face other temptations and characteristics. Satan uses the strategy of elevation in temptation, and God does the same, but the effect is different. When the devil puts you into an elevated place, he makes you screw your idea of holiness beyond what flesh and blood could ever bear. It is a spiritual acrobatic performance, you are just poised and dare not move; but when God elevates you by His grace into the heavenly places, instead of finding a pinnacle to cling to, you find a great table-land where it is easy to move.

Compare this week in your spiritual history with the same week last year and see how God has called you up higher. We have all been brought to see from a higher standpoint. Never let God give you one point of truth which you do not instantly live up to. Always work it out, keep in the light of it.

Growth in grace is measured not by the fact that you have not gone back, but that you have an insight into where you are spiritually; you have heard God say 'Come up higher,' not to you personally, but to the insight of your character. "Shall I hide from Abraham that thing which I do?" God has to hide from us what He does until by personal character we get to the place where He can reveal it.

인격적인 성품에 의한 비전

이리로 올라오라 이후에 마땅히 일어날 일들을 내가 네게 보이리라 (계 4:1).

3월 27일

높이 오르려는 마음은 인격적으로 자신을 고양시키려는 습관을 가진 사람들에게서만 나올 수 있습니다. 당신의 외면적인 삶에서 최고의 삶을 살 때 주님께서는 계속 말씀하십니다. "친구여, 더 올라오라." 유혹의 세계도 "더 높이 올라가라"는 원리를 사용합니다. 더 올라가면 또 다른 유혹과 특성들을 대면하게 됩니다. 사탄은 유혹의 차원을 더 높이는 전략을 사용합니다. 그런데 하나님도 같은 방법을 사용하셔서 성도들로 하여금 더 높은 곳에 오르게 하십니다. 그리고 결과는 다릅니다. 사탄이 당신을 더 높은 곳에 올려놓을 경우 그는 먼저 당신으로 하여금 왜곡된 거룩의 개념을 갖게 합니다. 마치 거룩이란 우리의 이 육신으로는 도무지 이룰 수 없는 것이기에 영적인 곡예사가 되어야 할 것처럼 말합니다. 그 후 그 자리에 올려지면 감히 움직일 생각도 못하고 꼼짝 못하게 됩니다. 그러나 하나님께서 그분의 은혜로 우리를 하늘의 장소로 올려놓으시면 우리는 매달릴 꼭대기가 아니라 그곳에서 마음껏 움직이며 뛰놀 수 있는 운동장을 발견하게 됩니다.

작년 이맘 때와 이번 주를 비교해 보십시오. 그리고 하나님께서 당신을 더 높은 곳으로 부르셨는지 확인해 보십시오. 우리는 모두 고양된 차원에서 볼 수 있도록 더 높은 곳으로 인도함을 받습니다. 하나님께서 어떤 진리를 말씀하시면 당장 그 진리대로 사십시오. 언제나 진리의 빛 가운데 사십시오.

은혜 가운데 성장한다는 것은 과거로 돌아가지 않았다는 사실로 입증되지 않습니다. 영적으로 당신의 위치를 볼 수 있는 통찰력이 바로 당신이 영적으로 성장한 증거입니다. "더 높이 올라오라"는 주의 음성은 단순히 당신에게 개인적으로 들리는 것이 아니라 당신 내면의 통찰력이 그 말씀을 받을 만하기 때문에 들리는 것입니다.

"내가 하려는 것을 아브라함에게 숨기겠느냐" 창 18:17 우리의 인격적인 성품의 분량이 하나님의 계시를 대할 수 있는 자리까지 이르기 전에는, 주님은 주께서 하실 일을 우리에게 숨기실 수밖에 없습니다.

Isn't there some misunderstanding?

Let us go into Judea. His disciples say unto Him … Goest Thou thither again? John 11:7-8.

I may not understand what Jesus Christ says, but it is dangerous to say that therefore He was mistaken in what He said. It is never right to think that my obedience to a word of God will bring dishonour to Jesus. The only thing that will bring dishonour is not obeying Him. To put my view of His honour in place of what He is plainly impelling me to do is never right, although it may arise from a real desire to prevent Him being put to open shame. I know when the proposition comes from God because of its quiet persistence. When I have to weigh the pros and cons, and doubt and debate come in, I am bringing in an element that is not of God, and I come to the conclusion that the suggestion was not a right one. Many of us are loyal to our notions of Jesus Christ, but how many of us are loyal to Him? Loyalty to Jesus means I have to step out where I do not see anything (cf. Matt. 14:29); loyalty to my notions means that I clear the ground first by my intelligence. Faith is not intelligent understanding, faith is deliberate commitment to a Person where I see no way.

Are you debating whether to take a step in faith in Jesus or to wait until you can see how to do the thing yourself? Obey Him with glad reckless joy. When He says something and you begin to debate, it is because you have a conception of His honour which is not His honour. Are you loyal to Jesus or loyal to your notion of Him? Are you loyal to what He says, or are you trying to compromise with conceptions which never came from Him? "Whatsoever He saith unto you, do it."

주님께 불명예가 되는 것

그 후에 제자들에게 이르시되 유대로 다시 가자 하시니 제자들이 말하되 랍비여 방금도 유대인들이 돌로 치려 하였는데 또 그리로 가시려 하나이까 (요 11:7-8).

3월 28일

주님이 말씀하신 것을 이해하지 못할 수 있습니다. 그렇다고 그분이 말씀하신 것을 틀렸다고 말하는 것은 위험합니다. 말씀에 순종할 경우 예수님께 불명예가 될지 모른다는 생각은 옳지 않습니다. 주님께 순종하지 않는 것만이 주님께 불명예가 됩니다. 주님께서 분명하게 말씀하신 대로 따르기보다 '이렇게 하면 주님께 영광이 될 거야'라는 나의 생각을 따르는 것은 옳지 않습니다. 심지어 그 생각이 주님께서 공개적으로 부끄럽게 되는 것을 막기 위한 선한 동기에서 나온 것이라 해도 그것은 잘못된 생각입니다.

나는 하나님으로부터 어떤 제안이 올 때를 압니다. 주님의 제안은 매우 조용하면서도 집요하기 때문입니다. 그러나 그 제안에 대해 내가 찬성 혹은 반대 의견을 가지고 내 속에서 따지면 의심과 다툼이 생기게 되고 하나님으로부터 온 것이 아닌 요소들을 끌어들이면서 결국 그 제안을 밀어내는 잘못된 결론에 이릅니다. 많은 사람들은 예수님이 아니라 예수님에 대한 자신의 교리에 충성합니다. 주님께 충성한다는 것은 아무것도 보이지 않는 상황에서 발걸음을 내딛고 나아가는 것입니다. 그러나 자신의 교리에 충성하는 것은 무엇보다 나의 지식을 신앙의 발판으로 삼는 것입니다. 믿음은 지적인 이해가 아닙니다. 아무것도 보이지 않는 그곳에서 마음을 다해 오직 주님만 의지하는 것입니다.

당신은 예수님을 따르는 믿음의 발걸음을 뗄 것인지, 아니면 스스로 뭔가 분명히 할 수 있을 때까지 기다릴 것인지 마음속에서 논쟁합니까? 아무 미련 없이 기쁨으로 주님께 순종하십시오. 주님께서 뭔가를 말씀하셨는데 계속 당신이 따진다면 그것은 주님께 영예가 되는 것을 내가 결정하기 때문입니다. 이러한 생각 자체가 주님께는 불명예가 됩니다. 당신은 그분의 말씀에 충성합니까, 아니면 예수님과 상관없는 자신의 교리에 빠져 타협하고 있습니까? "너희에게 무슨 말씀을 하시든지 그대로 하라" 요 2:5.

Our Lord's surprise visits

Be ye therefore ready also. Luke 12:40.

Mar. 29th

The great need for the Christian worker is to be ready to face Jesus Christ at any and every turn. This is not easy, no matter what our experience is. The battle is not against sin or difficulties or circumstances, but against being so absorbed in work that we are not ready to face Jesus Christ at every turn. That is the one great need, not facing our belief, or our creed, or the question whether we are of any use, but to face Him.

Jesus rarely comes where we expect Him; He appears where we least expect Him, and always in the most illogical connections. The only way a worker can keep true to God is by being ready for the Lord's surprise visits. It is not service that matters, but intense spiritual reality, expecting Jesus Christ at every turn. This will give our life the attitude of child-wonder which He wants it to have. If we are going to be ready for Jesus Christ, we have to stop being religious (that is, using religion as a higher kind of culture) and be spiritually real.

If you are looking off unto Jesus, avoiding the call of the religious age you live in, and setting your heart on what He wants, on thinking on His line, you will be called unpractical and dreamy; but when He appears in the burden and the heat of the day, you will be the only one who is ready. Trust no one, not even the finest saint who ever walked this earth, ignore him, if he hinders your sight of Jesus Christ.

주님의 갑작스러운 방문

3월
29일

그러므로 너희도 준비하고 있으라 생각하지 않은 때에
인자가 오리라 하시니라 (눅 12:40).

    그리스도의 사역자는 언제 어디서나 주님을 뵐 준비를 해야 합니다. 우리의 신앙 체험과 상관없이 이러한 자세를 취하는 것은 쉽지 않습니다. 우리는 죄와 어려움과 여러 상황들과 맞서는 대신 일에 너무 몰두해 주님을 만나뵐 준비를 하지 못하는 나 자신과 싸워야 합니다. 사실 우리에게 가장 필요한 것은 자신의 믿음, 신조, 유용성이 아니라 오직 주님을 만나뵙는 것입니다.
    예수님께서는 우리가 기대할 때 오시는 일이 거의 없습니다. 그분은 우리가 가장 기대하지 않을 때 나타나십니다. 그리고 우리 입장에서 논리적으로 볼 때 그분이 오실 시기가 전혀 아닌 때 오십니다. 따라서 주님을 향해 언제나 충성스러운 사역자가 될 수 있는 유일한 비결은 언제나 주님의 갑작스러운 방문을 예비하는 것입니다. 예비한다는 것은 특별한 봉사를 하는 차원이 아니라 주님이 언제 오실지 모른다는 기대 속에서 실제로 주님을 집중적으로 기다리는 것입니다. 이러한 마음자세는 우리 인생을 어린아이 같은 기대로 가득 차게 합니다. 하나님께서는 이러한 자세를 기뻐하십니다. 우리가 예수 그리스도의 오심을 예비하려면 고상한 문화로 여겨지는 '종교 생활'을 버리고 영적으로 실제적인 사람이 되어야 합니다.
    만일 당신이 유행을 따르는 종교의 부름을 피하면서 예수님을 바라보고 당신의 마음을 오직 주님께서 원하시는 데 두고 그분을 따라 생각한다면, 당신은 비현실적이요 꿈만 꾸는 자라고 조롱을 받게 될 것입니다. 그러나 분주하고 바쁜 어느 날 주님이 나타나실 때 당신만이 준비되어 있는 유일한 사람이 될 것입니다. 아무도 믿지 마십시오. 심지어 이 땅에서 존재했던 아주 고상한 성인마저, 만일 그가 당신이 예수님을 바라보는 것을 방해한다면 그를 무시하십시오.

Holiness v. hardness towards God

And He ⋯ wondered that there was no intercessor. Isaiah 59:16.

The reason many of us leave off praying and become hard towards God is because we have only a sentimental interest in prayer. It sounds right to say that we pray; we read books on prayer which tell us that prayer is beneficial, that our minds are quieted and our souls uplifted when we pray; but Isaiah implies that God is amazed at such thoughts of prayer.

Worship and intercession must go together, the one is impossible without the other. Intercession means that we rouse ourselves up to get the mind of Christ about the one for whom we pray. Too often instead of worshipping God, we construct statements as to how prayer works. Are we worshipping or are we in dispute with God—'I don't see how You are going to do it.' This is a sure sign that we are not worshipping. When we lose sight of God we become hard and dogmatic. We hurl our own petitions at God's throne and dictate to Him as to what we wish Him to do. We do not worship God, nor do we seek to form the mind of Christ. If we are hard towards God, we will become hard towards other people.

Are we so worshipping God that we rouse ourselves up to lay hold on Him, that we may be brought into contact with His mind about the ones for whom we pray? Are we living in a holy relationship to God, or are we hard and dogmatic?

"But there is no one interceding properly"—then be that one yourself, be the one who worships God and who lives in holy relationship to him. Get into the real work of intercession, and remember it is a work, a work that taxes every power; but a work which has no snare. Preaching the gospel has a snare; intercessory prayer has none.

하나님을 향한 거룩입니까, 강퍅함입니까?

사람이 없음을 보시며 중재자가 없음을 이상히 여기셨으므로 (사 59:16).

3월 30일

많은 사람들이 기도를 포기하고 하나님을 향해 마음이 강퍅해지는 이유는 우리가 기도할 때 감상적인 관심만 가지기 때문입니다. 기도한다는 말은 듣기 좋습니다. 기도에 관한 책들을 읽어보면 기도가 얼마나 유익한지를 알려줍니다. 기도할 때 우리 마음이 평강을 누리며 우리 영혼이 높은 곳으로 들려진다고 합니다. 그러나 이사야는 하나님께서 그러한 잘못된 기도의 개념에 놀라시는 것처럼 암시합니다.

경배하는 마음과 중보 기도는 병행되어야 합니다. 둘 중 하나가 없으면 불가능합니다. 중보 기도는 우리 자신을 붙들어 기도의 대상을 향한 그리스도의 마음을 취하는 것입니다. 우리는 너무나 자주, 기도 가운데 하나님을 경배하는 마음을 갖기보다 기도 응답이 어떻게 되어야 하는지의 논리를 펴나갑니다. 당신은 기도를 통해 하나님을 경배합니까, 하나님과 논쟁합니까? "저는 주께서 이 일을 어떻게 하실지 모르겠습니다." 이렇게 말하는 것은 하나님을 경배하고 있지 않다는 분명한 증거입니다. 하나님을 뵙지 못하면 우리의 마음은 강퍅해지고 고집이 세어집니다. 자신의 간청들을 하나님의 보좌 앞에 던져두고 우리가 원하는 것을 그분이 하셔야 한다고 명령을 내립니다. 이러한 기도 자세는 하나님을 예배하는 것이 아니고 그리스도의 마음을 가지려고 구하는 것도 아닙니다. 우리가 하나님을 향해 강퍅해지면 다른 사람을 향해서도 강퍅하게 될 것입니다.

기도하는 대상을 향해 그리스도께서 어떤 마음을 가지셨는지 그 마음을 갖고 싶어 주님께 예배하는 마음으로 매달립니까? 하나님과 거룩한 관계 가운데 살아갑니까, 아니면 마음이 굳고 고집을 부립니까? "마땅한 중재자가 없음이라." 당신 자신이 중재자가 되십시오. 하나님을 예배하며 그분과 거룩한 관계 속에서 사는 사람이 되십시오. 실제로 중보 기도의 사역을 시작하십시오. 중보 기도의 사역은 당신의 모든 힘을 필요로 합니다. 그러나 그것은 함정이 없는 사역입니다. 복음을 외칠 때는 사람을 의식하거나 인기를 구하는 등의 덫이 있을 수 있어도, 중보 기도에는 함정이 있을 수 없습니다.

Heedfulness v. hypocrisy in ourselves

If any man see his brother sin a sin which is not unto death, he shall ask, and He shall give him life for them that sin not unto death. 1 John 5:16.

If we are not heedful of the way the Spirit of God works in us, we shall become spiritual hypocrites. We see where other folks are failing, and we turn our discernment into the gibe of criticism instead of into intercession on their behalf. The revelation is made to us not through the acuteness of our minds, but by the direct penetration of the Spirit of God, and if we are not heedful of the source of the revelation, we shall become criticizing centres and forget that God says—"… he shall ask, and he shall give him life for them that sin not unto death." Take care lest you play the hypocrite by spending all your time trying to get others right before you worship God yourself.

One of the subtlest burdens God ever puts on us as saints is this burden of discernment concerning other souls. He reveals things in order that we may take the burden of these souls before Him and form the mind of Christ about them, and as we intercede on His line, God says He will give us "life for them that sin not unto death." It is not that we bring God into touch with our minds, but that we rouse ourselves until God is able to convey His mind to us about the one for whom we intercede.

Is Jesus Christ seeing of the travail of His soul in us? He cannot unless we are so identified with Himself that we are roused up to get His view about the people for whom we pray. May we learn to intercede so whole-heartedly that Jesus Christ will be abundantly satisfied with us as intercessors.

주의하는 것입니까, 위선입니까?

3월 31일

> 누구든지 형제가 사망에 이르지 아니하는 죄 범하는 것을 보거든 구하라 그리하면 사망에 이르지 아니하는 범죄자들을 위해 그에게 생명을 주시리라 사망에 이르는 죄가 있으니 이에 관하여 나는 구하라 하지 않노라 (요일 5:16).

우리 안에서 성령께서 어떻게 역사하시는지에 대해 주의하지 않으면 우리는 영적 위선자들이 됩니다. 다른 사람들이 죄 범하는 것을 보면 우리는 우리의 분별력을 사용해 그들을 위해 중보 기도하기보다 비판하며 조롱하기 쉽습니다. 계시는 지성의 예리함보다 성령의 직접적인 조명하심에 의해 임합니다. 계시의 원천 되시는 성령님께 주의하지 않으면 우리는 비판만 하게 되고 하나님께서 말씀하신 것을 잊게 될 것입니다. "구하라. 그리하면 주님께서 사망에 이르지 아니하는 죄를 짓는 자들을 위한 마음을 당신에게 주시리라." 당신이 하나님을 경배하는 마음으로 다른 사람을 위해 구하기 전에, 다른 사람을 비판의 입술로 바르게 세우려고 당신의 모든 시간을 사용하는 위선을 행하지 마십시오.

하나님께서 신자들에게 주신 미묘한 부담 중 하나는 다른 사람의 영혼에 대해 분별하는 것입니다. 주님이 여러 가지를 보여주시는 목적은 우리로 하여금 하나님 앞에서 다른 영혼의 짐을 지게 하시고 그들을 향해 그리스도의 마음을 갖게 하기 위함입니다. 이때 하나님의 뜻에 따라 중보 기도를 하면, 주께서는 사망에 이르지 않는 죄 지은 자들을 위하는 생명을 우리에게 주실 것입니다. 이는 하나님께서 내 마음을 만지실 때까지 기다리는 것이 아니라 나 자신을 기도 가운데 들어올려서 중보 기도 대상을 향한 하나님의 마음을 갖는 것입니다.

예수 그리스도께서 우리 안에서 주님의 영이 탄식하시는 것을 보고 계십니까? 주님과 온전히 일치되어 우리의 마음이 들어올려져서 중보 기도하는 그들을 향한 주님의 마음과 일치되지 않으면 그럴 수 없습니다. 예수 그리스도께서 중보 기도하는 우리로 인해 크게 만족하실 수 있도록, 우리는 전심으로 중보 기도하는 것을 바르게 배워야 합니다.

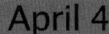

모든 짐을 주님께 맡기십시오!

감당할 수 없는 책임감에 짓눌릴 때

Heartiness v. heartlessness towards others

*It is Christ ⋯ who also maketh intercession for us ⋯
The Spirit ⋯ maketh intercession for the saints.* Romans 8:34,27.

Apr. 1st

Do we need any more argument than this to become intercessors—that Christ "ever liveth to make intercession"; that the Holy Spirit "maketh intercession for the saints"? Are we living in such vital relationship to our fellow men that we do the work of intercession as the Spirit-taught children of God? Begin with the circumstances we are in—our homes, our business, our country, the present crisis as it touches us and others—are these things crushing us? Are they badgering us out of the presence of God and leaving us no time for worship? Then let us call a halt, and get into such living relationship with God that our relationship to others may be maintained on the line of intercession whereby God works His marvels.

Beware of outstripping God by your very longing to do His will. We run ahead of Him in a thousand and one activities, consequently we get so burdened with persons and with difficulties that we do not worship God, we do not intercede. If once the burden and the pressure come upon us and we are not in the worshipping attitude, it will produce not only hardness toward God but despair in our own souls. God continually introduces us to people for whom we have no affinity, and unless we are worshipping God, the most natural thing to do is to treat them heartlessly, to give them a text like the jab of a spear, or leave them with a rapped-out counsel of God and go. A heartless Christian must be a terrible grief to Our Lord.

Are we in the direct line of the intercession of our Lord and of the Holy Spirit?

따뜻한 마음입니까, 무관심한 마음입니까?

4월 1일

그리스도 예수시니 그는 하나님 우편에 계신 자요 우리를 위해 간구하시는 자시니라 … 성령이 하나님의 뜻대로 성도를 위해 간구하심이니라 (롬 8:34,27).

중보 기도자가 되어야 할 필요에 대해 이보다 더 확실하게 보여주는 구절이 있습니까? 곧 예수님께서 우리를 위해 중보 기도하시고, 성령께서 성도를 위해 중보 기도하십니다. 당신은 성령님께 교육을 받은 하나님의 자녀로서 동료들을 위해 중보 기도를 드리는 관계 속에서 살고 있습니까? 지금 우리가 속한 상황에서부터 중보 사역을 시작하십시오. 가정, 사업, 나라, 지금 우리와 다른 사람들에게 영향을 미치는 현재의 위기 상황 등이 당신을 짓누르고 있습니까? 이러한 것들이 우리를 주님의 존전에서 밀어내고 그분을 경배할 시간이 없게 만듭니까? 그렇다면 잠깐 멈추고 하나님과 먼저 살아 있는 관계를 맺으십시오. 그래야만 우리가 다른 사람을 위해 중보 기도할 수 있는 상태에 이르게 되고, 그 기도를 통해 하나님께서 기적을 행하십니다.

주의 뜻을 이루고 싶은 간절한 소망 때문에 주님보다 앞서는 것을 주의하십시오. 우리는 수천 수만의 행사 가운데 주님보다 앞섭니다. 결국 사람들과 어려운 일들에 치여 주님을 경배하지 않게 되고 중보 기도도 하지 못하게 됩니다. 만일 여러 짐들과 압박에 눌려 하나님을 경배하지 못하게 되면 서서히 우리 마음은 하나님을 향해 강퍅해질 뿐 아니라 우리 영혼은 좌절합니다. 하나님께서는 계속 우리를 우리가 마음에 들어하지 않는 사람들에게로 인도하십니다. 이때 우리 마음이 하나님을 경배하는 상태가 아니라면 우리가 그들에게 행하는 가장 자연스러운 행위는 그들을 차갑게 대하는 것입니다. 한두 마디 뼈아픈 성경 구절을 던져주거나 틀에 박힌 신앙 상담을 하고 차갑게 떠납니다. 따스함이 없는 그리스도인은 분명 주님께 커다란 아픔일 것입니다.

중보하시는 주님과 성령의 마음에 일치되어 있습니까?

The glory that excels

Apr. 2nd

The Lord ⋯ hath sent me that thou mightest receive thy sight. Acts 9:17.

When Paul received his sight he received spiritually an insight into the Person of Jesus Christ, and the whole of his subsequent life and preaching was nothing but Jesus Christ—"I determined not to know anything among you, save Jesus Christ, and Him crucified." No attraction was ever allowed to hold the mind and soul of Paul save the face of Jesus Christ.

We have to learn to maintain an unimpaired state of character up to the last notch revealed in the vision of Jesus Christ.

The abiding characteristic of a spiritual man is the interpretation of the Lord Jesus Christ to himself, and the interpretation to others of the purposes of God. The one concentrated passion of the life is Jesus Christ. Whenever you meet this note in a man, you feel he is a man after God's own heart.

Never allow anything to deflect you from insight into Jesus Christ. It is the test of whether you are spiritual or not. To be unspiritual means that other things have a growing fascination for you.

"Since mine eyes have looked on Jesus,
I've lost sight of all beside,
So enchanted my spirit's vision,
Gazing on the Crucified."

최상의 영광

예수께서 나를 보내어 너로 다시 보게 하시고 (행 9:17).

4월
2일

바울이 시력을 다시 회복했을 때 그는 영적으로 예수 그리스도의 위격에 대한 통찰력을 얻게 되었습니다. 이후로 그의 여생과 가르침은 오직 예수 그리스도만 증거하는 것이었습니다. "내가 너희 중에서 예수 그리스도와 그가 십자가에 못 박히신 것 외에는 아무것도 알지 아니하기로 작정하였음이라"고전 2:2. 오직 주 예수 그리스도의 얼굴 외에 그 어떤 것도 바울의 마음과 영혼을 휘어잡을 수 없었습니다.

우리는 예수 그리스도를 보았을 때 계시된 주님의 그 모습에 이를 수 있도록 삶 가운데 흠 없는 성품을 유지하는 법을 배워야 합니다. 영적인 사람이 항상 지니고 있는 특징은 주 예수 그리스도를 잘 깨달은 후에 다른 사람에게도 하나님의 목적이신 그리스도를 알려주려고 한다는 점입니다. 따라서 그 인생의 단 한 가지 집중된 열정은 예수 그리스도입니다. 당신이 어떤 사람에게서 이러한 특징을 보았다면, 당신은 그 사람이 하나님의 마음에 합한 사람이라고 느낄 것입니다.

예수 그리스도만 바라보려는 당신의 통찰력을 왜곡시키려는 그 어떤 것도 결코 허락하지 마십시오. 바로 이 점이 당신이 영적인가 아닌가를 시험하는 기준입니다. 영적이지 않은 모습은 우리가 다른 뭔가에 매력을 느끼기 시작하는 것입니다.

"내 눈이 주를 뵌 이후로 다른 모든 것을 보지 않게 되었다네.
십자가에 달리신 주를 뵐 때에 나의 영혼을 사로잡으시네."

If thou hadst known!

Apr. 3rd

If thou hadst known … in this thy day, the things which belong unto thy peace! but now they are hid from thine eyes. Luke 19:42.

Jesus had entered into Jerusalem in triumph, the city was stirred to its foundations; but a strange god was there, the pride of Pharisaism; it was religious and upright, but a 'whited sepulchre.'

What is it that blinds me in this my day? Have I a strange god—not a disgusting monster, but a disposition that rules me? More than once God has brought me face to face with the strange god and I thought I should have to yield, but I did not do it. I got through the crisis by the skin of my teeth and I find myself in the possession of the strange god still; I am blind to the things which belong to my peace. It is an appalling thing that we can be in the place where the Spirit of God should be getting at us unhinderedly, and yet increase our condemnation in God's sight.

"If thou hadst known"—God goes direct to the heart, with the tears of Jesus behind. These words imply culpable responsibility; God holds us responsible for what we do not see. "Now they are hid from thine eyes"—because the disposition has never been yielded. The unfathomable sadness of the 'might have been'! God never opens doors that have been closed. He opens other doors, but He reminds us that there are doors which we have shut, doors which need never have been shut, imaginations which need never have been sullied. Never be afraid when God brings back the past. Let memory have its way. It is a minister of God with its rebuke and chastisement and sorrow. God will turn the 'might have been' into a wonderful culture for the future.

"너도 알았더라면!"

4월 3일

이르시되 너도 오늘 평화에 관한 일을 알았더라면 좋을 뻔하였거니와 지금 네 눈에 숨겨졌도다 (눅 19:42).

예수님께서는 승리의 기세로 예루살렘에 입성하셨습니다. 성은 예수님으로 인해 술렁거렸습니다. 그곳에는 이상한 우상 곧 바리새인들의 교만이 있었습니다. 바리새파는 매우 종교적이었고 인간의 눈으로 볼 때 아주 의로웠습니다. 그러나 '회칠한 무덤'이었습니다.

최근 나의 삶에서 나의 눈을 막고 흐리게 하는 것은 무엇입니까? 내 안에 이상한 우상이 있는 것은 아닙니까? 우상은 멀리하고 싶은 끔찍한 괴물이 아니라 오히려 내 안에서 나를 휘어잡는 성향입니다. 여러 번 하나님께서는 나로 이 우상을 대면하게 하셨습니다. 그때 나는 그 우상을 버려야 한다고 생각했지만 그렇게 하지 않았습니다. 우상으로 인한 위기에서 간신히 벗어났지만 여전히 나 자신은 그 우상에게 빠져 있다는 것을 발견합니다. 마음에 거리낌이 전혀 없는 그 뭔가에 눈이 멀어 있습니다. 정말로 끔찍한 것은 하나님의 영이 우리에게 아무 방해 없이 찾아오시는 장소에서도 우상에 빠질 수 있다는 사실입니다. 이러한 상태는 하나님께서 보시기에 더 큰 죄를 쌓는 것입니다.

"너도 알았더라면." 하나님은 그리스도 예수의 눈물을 가지고 우리 마음속에 직접 말씀하십니다. 이 말씀은 죄에 대한 책임을 묻는 것입니다. 우리의 눈이 가리워진 것에 대해 하나님께서 책임을 물으십니다. "지금 그것들은 네 눈에 감추어졌느니라." 왜냐하면 그 죄성이 끝까지 버티고 있었기 때문입니다. "그랬더라면…" 하는 후회는 얼마나 끝없이 슬픈 것입니까? 하나님께서는 이미 닫힌 문은 다시 열지 않으십니다. 그러나 주님은 다른 문들을 여십니다. 하나님께서는 닫히지 말아야 하는데 우리가 닫은 문들을 기억나게 하십니다. 더러움에 양보하지 말았어야 할 귀한 생각들을 떠오르게 하십니다. 하나님께서 과거를 기억나게 하실 때 절대로 두려워하지 마십시오. 기억이 자연스럽게 그 역할을 하도록 내버려 두십시오. 기억은 꾸짖음과 징계와 슬픔을 사용해 하나님의 수종을 듭니다. 하나님께서는 "그랬더라면" 하는 과거의 아픈 기억을 통해 멋진 미래를 펼쳐 주십니다.

Those borders of distrust

Apr. 4th

Behold, the hour cometh, ··· that ye shall be scattered. John 16:32.

Jesus is not rebuking the disciples, their faith was real, but it was disturbed; it was not at work in actual things. The disciples were scattered to their own interests, alive to interests that never were in Jesus Christ. After we have been perfectly related to God in sanctification, our faith has to be worked out in actualities. We shall be scattered, not into work, but into inner desolations and made to know what internal death to God's blessings means. Are we prepared for this? It is not that we choose it, but that God engineers our circumstances so that we are brought there. Until we have been through that experience, our faith is bolstered up by feelings and by blessings. When once we get there, no matter where God places us or what the inner desolations are, we can praise God that all is well. That is faith being worked out in actualities.

"··· and shall leave Me alone." Have we left Jesus alone by the scattering of His providence? Because we do not see God in our circumstances? Darkness comes by the sovereignty of God. Are we prepared to let God do as He likes with us—prepared to be separated from conscious blessings? Until Jesus Christ is Lord, we all have ends of our own to serve; our faith is real, but it is not permanent yet. God is never in a hurry; if we wait, we shall see that God is pointing out that we have not been interested in Himself, but only in His blessings. The sense of God's blessing is elemental.

"Be of good cheer, I have overcome the world." Spiritual grit is what we need.

축복보다 하나님을 바라십시오!

보라 너희가 다 각각 제 곳으로 흩어지고 나를 혼자 둘 때가 오나니 벌써 왔도다 (요 16:32).

4월 4일

예수님께서는 제자들을 꾸짖으시는 것이 아닙니다. 그들의 믿음은 진실했지만 흔들리고 있었습니다. 그래서 현실적인 상황에서 역사하지 않았습니다. 예수님은 자기의 유익을 구하는 마음이 없었지만, 제자들은 자신들의 유익을 구하여 뿔뿔이 흩어졌습니다. 우리가 거룩해짐으로써 하나님과 온전히 관계를 맺었다면 우리의 믿음은 현실 속에서 역사해야 합니다. 우리는 사역을 위한 것이 아니라 내면의 절망을 향해 흩어지게 될 것입니다. 그리고 소위 하나님의 '축복'에 대한 내면의 죽음을 겪게 될 것입니다. 당신은 이러한 일들에 대해 준비가 되었습니까? 이러한 일은 우리가 선택해서 발생하는 것이 아니고 하나님께서 우리의 상황을 간섭하셔서 우리로 그 자리에 있게 만드시는 것입니다. 이 경험을 통과할 때까지, 우리의 믿음은 감정과 축복에 의해 지탱될 뿐입니다. 그러나 그 자리에 한 번이라도 가게 되면 우리는 하나님께서 우리를 어디에 두시든, 우리의 내적 황폐함이 어떠하든 모든 것이 주 안에서 잘되었다고 찬송할 수 있게 됩니다. 이것이 바로 현실 속에서 역사하는 믿음입니다.

"나를 혼자 둘 때가 오나니." 하나님의 섭리에 의해 흩어질 때 주님을 홀로 두고 떠난 것은 아닙니까? 우리의 상황에서 하나님을 보지 못하고 있습니까? 싦의 어둠은 하나님의 수권에 의해 임하게 됩니다. 당신은 하나님께서 당신에게 원하시는 대로 뭐든 하시도록 허락할 준비가 되어 있습니까? 눈에 뜨이는 축복으로부터 멀어질 것에 대해서도 준비가 되었습니까? 예수님께서 '주'가 되실 때까지 우리 모두 자신의 유익을 구하게 되어 있습니다. 우리의 믿음은 진실한 것이지만 아직 흔들림이 없는 영구한 믿음은 아닙니다. 하나님은 절대 서두르는 일이 없으십니다. 만일 우리가 기다리면 하나님께서는 우리가 하나님보다 그분이 주실 축복에만 관심이 있다는 사실을 지적하실 것입니다. 하나님의 축복에 이끌리는 믿음은 아주 기초 상태에 있는 신앙입니다. "담대하라 내가 세상을 이기었노라" 요 16:33. 우리에게 필요한 것은 영적인 용기입니다.

His agony and our fellowship

Then cometh Jesus with them unto a place called Gethsemane, and saith unto the disciples, ⋯ tarry ye here, and watch with Me.
Matthew 26:36, 38.

We can never fathom the agony in Gethsemane, but at least we need not misunderstand it. It is the agony of God and Man in one, face to face with sin. We know nothing about Gethsemane in personal experience. Gethsemane and Calvary stand for something unique; they are the gateway into Life for us.

It was not the death on the cross that Jesus feared in Gethsemane; He stated most emphatically that He came on purpose to die. In Gethsemane He feared lest He might not get through as Son of Man. He would get through as Son of God—Satan could not touch Him there; but Satan's onslaught was that He would get through as an isolated Figure only; and that would mean that He could be no Saviour. Read the record of the agony in the light of the temptation: "Then the devil leaveth Him for a season." In Gethsemane Satan came back and was again overthrown. Satan's final onslaught against Our Lord as son of Man is in Gethsemane.

The agony in Gethsemane is the agony of the Son of God in fulfilling His destiny as the Saviour of the world. The veil is drawn aside to reveal all it cost Him to make it possible for us to become sons of God. His agony is the basis of the simplicity of our salvation. The Cross of Christ is a triumph for the son of Man. It was not only a sign that Our Lord had triumphed, but that He had triumphed to save the human race. Every human being can get through into the presence of God now because of what the Son of Man went through.

주님의 고통과 우리의 친교

이에 예수께서 제자들과 함께 겟세마네라 하는 곳에 이르러 제자들에게 이르시되 내가 저기 가서 기도할 동안에 너희는 여기 앉아 있으라 하시고 … 이에 말씀하시되 내 마음이 매우 고민하여 죽게 되었으니 너희는 여기 머물러 나와 함께 깨어 있으라 하시고 (마 26:36,38).

우리는 겟세마네의 고통을 결코 다 헤아릴 수 없습니다. 그러나 적어도 그 고통을 오해해서는 안 됩니다. 이 고통은 인간의 죄로 인해 신이자 인간이신 주님께서 겪는 고통입니다. 우리의 개인적 체험으로는 겟세마네에 대해 아무것도 알 수 없습니다. 겟세마네와 갈보리는 아주 유일한 것 곧 우리를 영생에 이르게 하는 문을 상징합니다.

예수님께서 겟세마네에서 두려워하신 것은 십자가의 죽음이 아니었습니다. 주께서 가장 강조하신 말씀은 자신이 죽기 위해 오셨다는 것이었습니다. 겟세마네에서 주께서 두려워하신 것은 '인자'로서의 사명을 다 감당해낼 수 있을까 하는 것이었습니다. '하나님의 아들'로서는 전혀 문제가 되지 않았습니다. 사탄은 '하나님의 아들'을 건드릴 수 없습니다. 그러나 사탄은 '인자'가 그 사명을 감당하지 못하도록 공격합니다. 곧 구세주가 되지 못하게 하는 것입니다. 예수님의 고난에 관한 기록을 사탄의 유혹의 배경 속에서 읽어보십시오. 주님의 공생애의 처음 시험은 이렇게 기록되어 있습니다. "마귀가 모든 시험을 다한 후에 얼마 동안 떠나니라"눅 4:13. 사탄은 겟세마네에 다시 돌아와 예수님을 시험했지만 또 패배했습니다. 사탄은 겟세마네에서 '인자'로서의 주님을 마지막으로 공격한 것입니다.

겟세마네의 고통은 '하나님의 아들'이 세상의 구세주가 되기 위해 자신에게 주어진 사명을 완수해야 하는 고통이었습니다. 우리를 하나님의 자녀가 될 수 있도록 하시기 위해 주께서 어떠한 대가를 치르셔야 하는지 그 비밀이 다 드러났습니다. 주님의 고통은 우리의 구원을 위한 유일한 반석입니다. 그리스도의 십자가는 '인자'로서의 승리입니다. 십자가는 우리 주께서 인류를 구원하시기 위해 승리하셨다는 표시입니다. 따라서 '인자'께서 고통을 겪으심으로써 누구든지 지금 하나님의 존전에 나아갈 수 있는 것입니다.

The collision of God and sin

Apr. 6th

Who His own self bare our sins in His own body on the tree. 1 Peter 2:24.

The Cross of Jesus is the revelation of God's judgment on sin. Never tolerate the idea of martyrdom about the Cross of Jesus Christ. The Cross was a superb triumph in which the foundations of hell were shaken. There is nothing more certain in Time or Eternity than what Jesus Christ did on the Cross: He switched the whole of the human race back into a right relationship with God. He made Redemption the basis of human life, that is, He made a way for every son of man to get into communion with God.

The Cross did not happen to Jesus: He came on purpose for it. He is "the Lamb slain from the foundation of the world." The whole meaning of the Incarnation is the Cross. Beware of separating God manifest in the flesh from the Son becoming sin. The Incarnation was for the purpose of Redemption. God became incarnate for the purpose of putting away sin; not for the purpose of Self-realization. The Cross is the centre of Time and of Eternity, the answer to the enigmas of both.

The Cross is not the cross of a man but the Cross of God, and the Cross of God can never be realized in human experience. The Cross is the exhibition of the nature of God, the gateway whereby any individual of the human race can enter into union with God. When we get to the Cross, we do not go through it; we abide in the life to which the Cross is the gateway.

The centre of salvation is the Cross of Jesus, and the reason it is so easy to obtain salvation is because it cost God so much. The Cross is the point where God and sinful man merge with a crash and the way to life is opened—but the crash is on the heart of God.

하나님과 죄의 충돌

친히 나무에 달려 그 몸으로 우리 죄를 담당하셨으니 (벧전 2:24).

4월 6일

    예수님의 십자가는 죄에 대한 하나님의 심판을 계시하신 것입니다. 예수 그리스도의 십자가를 일종의 순교로 생각하지 마십시오. 십자가는 지옥의 권세가 근본적으로 흔들리는 최고의 승리였습니다. 시간의 세계에서나 영원의 세계에서나 예수 그리스도께서 십자가 상에서 이루신 일보다 더 확실한 것은 없습니다. 십자가로 주님은 모든 인류로 하여금 하나님과의 바른 관계에 돌아오도록 하셨습니다. 하나님은 그리스도의 구속을 사람들의 생명의 근본이 되게 하셨습니다. 즉, 주님은 모든 사람으로 하여금 하나님과 사귐을 가질 수 있는 길을 열어놓으신 것입니다.

    십자가 사건은 예수님에게 우연히 발생한 사건이 아닙니다. 주님은 십자가를 위해 오셨습니다. 그는 "창세로부터 죽임을 당하신 어린 양"^{계 13:8}이십니다. 성육신의 모든 의미는 바로 십자가입니다. 성육신하신 하나님을 인류의 죄를 지신 인자로부터 분리시키는 실수를 하지 마십시오. 성육신은 죄를 제거하려는 구속을 위한 것이었습니다. 하나님이 성육신하신 목적은 하나님 자신을 실현하시기 위해서가 아닙니다. 십자가는 시간과 영원의 중심이며 그 둘 사이의 신비를 푸는 해답입니다.

    십자가는 사람의 십자가가 아니라 하나님의 십자가입니다. 하나님의 십자가는 인간의 체험 속에서 결코 깨달을 수 있는 것이 아닙니다. 십자가는 하나님의 속성을 드러내는 것이며 누구든지 십자가를 통해 하나님과의 연합 관계에 들어갈 수 있습니다. 십자가에 다다를 때 우리는 그 십자가를 통과하고 끝나는 것이 아닙니다. 오히려 십자가라는 통로를 지나 새로운 생명에 거하게 됩니다.

    구원의 중심에는 예수님의 십자가가 있습니다. 우리가 구원을 얻는 것이 그토록 쉬운 이유는 바로 하나님께서 그만큼 엄청나게 대가를 지불하셨기 때문입니다. 십자가는 하나님과 죄인 된 인간이 충돌해서 만나는 지점이요, 생명을 향하는 길이 열리는 지점입니다. 그러나 충돌은 오직 인간의 죄로 아파하시는 하나님의 마음에서 발생합니다. 결국 인간의 죄를 해결해야 하는 하나님의 대책은 십자가였습니다.

Why are we not told plainly?

Apr. 7th

He charged them that they should tell no man what things they had seen, till the Son of man were risen from the dead. Mark 9:9.

Say nothing until the Son of man is risen in you—until the life of the risen Christ so dominates you that you understand what the historic Christ taught. When you get to the right state on the inside, the word which Jesus has spoken is so plain that you are amazed you did not see it before. You could not understand it before, you were not in the place in disposition where it could be borne.

Our Lord does not hide these things; they are unbearable until we get into a fit condition of spiritual life. "I have yet many things to say unto you, but ye cannot bear them now." There must be communion with His risen life before a particular word can be borne by us. Do we know anything about the impartation of the risen life of Jesus? The evidence that we do is that His word is becoming interpretable to us. God cannot reveal anything to us if we have not His Spirit. An obstinate outlook will effectually hinder God from revealing anything to us. If we have made up our minds about a doctrine, the light of God will come no more to us on that line, we cannot get it. This obtuse stage will end immediately His resurrection life has its way with us.

"Tell no man⋯"—so many do tell what they saw on the mount of transfiguration. They have had the vision and they testify to it, but the life does not tally with it, the Son of man is not yet risen in them. I wonder when He is going to be formed in you and in me?

부활하신 생명과 연합할 때

> 그들이 산에서 내려올 때에 예수께서 경고하시되 인자가 죽은 자 가운데서 살아날 때까지는 본 것을 아무에게도 이르지 말라 하시니 (막 9:9).

4월 7일

인자가 당신 안에서 부활하실 때까지 아무것도 말하지 마십시오. 부활하신 그리스도의 생명이 당신을 다스리면 역사 속에 계셨던 그리스도께서 가르치신 말씀을 이해하게 됩니다. 당신의 내면이 바르게 되면 예수님께서 하셨던 말씀들이 너무나 자명하게 되어, 왜 전에는 그 말씀들이 보이지 않았는지 놀라게 됩니다. 전에 당신이 그 말씀을 이해할 수 없었다는 사실은 그때 당신의 마음은 그 말씀들을 감당할 만한 '상태'가 아니었음을 보여줍니다.

주님께서는 아무것도 숨기지 않으십니다. 그럼에도 우리는 영적인 생명의 합당한 조건에 이르기까지는 그 내용들을 감당할 수 없습니다. "내가 아직도 너희에게 이를 것이 많으나 지금은 너희가 감당하지 못하리라" 요 16:12. 따라서 우리가 특별한 어떤 말씀을 이해하려면 주님의 부활하신 생명과의 연합이 반드시 있어야 합니다. 우리는 정말로 예수님의 부활하신 생명이 우리에게 부여된다는 사실을 알고 있습니까? 만일 그 부활하신 생명이 우리에게 부여되었다면, 그 증거는 우리가 그분의 말씀을 깨닫게 된다는 사실입니다. 우리 마음에 주님의 성령이 없다면 하나님은 우리에게 아무것도 계시하실 수 없습니다. 우리의 고집스러운 편견은 하나님께서 우리에게 뭔가 계시하시는 것을 효과적으로 막습니다. 자기가 믿는 교리에 사로잡히면 하나님의 빛은 더 이상 임하지 않기 때문에 우리는 그 빛을 받을 수 없습니다. 그러나 주 예수 그리스도의 부활하신 생명이 우리 안에 거하게 될 때 그 완고한 상황은 당장 끝나게 될 것입니다.

"아무에게도 이르지 말라." 그럼에도 많은 사람들이 변화산에서 본 그 영광을 말합니다. 그들은 뭔가를 보았고 그래서 증거하지만, 만일 그들의 삶이 주님을 드러내지 못한다면 인자께서 아직 그들 안에서 부활하신 것이 아닙니다. 언제쯤 주님의 부활 생명이 당신과 내 안에 형성되겠습니까?

His resurrection destiny

Ought not Christ to have suffered these things, and to enter into His glory? Luke 24:26.

Our Lord's Cross is the gateway into His life: His Resurrection means that He has power now to convey His life to me. When I am born again from above, I receive from the risen Lord His very life.

Our Lord's Resurrection destiny is to bring "many sons unto glory." The fulfilling of His destiny gives Him the right to make us sons and daughters of God. We are never in the relationship to God that the Son of God is in; but we are brought by the Son into the relation of sonship. When Our Lord rose from the dead, He rose to an absolutely new life, to a life He did not live before He was incarnate. He rose to a life that had never been before; and His resurrection means for us that we are raised to His risen life, not to our old life. One day we shall have a body like unto His glorious body, but we can know now the efficacy of His resurrection and walk in newness of life. "I would know Him in the power of His resurrection."

"As Thou hast given Him power over all flesh, that He should give eternal life to as many as Thou hast given Him." "Holy Spirit" is the experimental name for Eternal Life working in human beings here and now. The Holy Spirit is the Deity in proceeding power Who applies the Atonement to our experience. Thank God it is gloriously and majestically true that the Holy Ghost can work in us the very nature of Jesus if we will obey Him.

주님께서 부활하신 목적

그리스도가 이런 고난을 받고 자기의 영광에 들어가야 할 것이 아니냐 (눅 24:26).

4월 8일

주님의 십자가는 그분의 생명으로 들어가는 정문입니다. 주님의 부활은 이제 그분께서 우리에게 그분의 생명을 전달할 수 있는 능력을 소유하셨음을 의미합니다. 위로부터 거듭날 때 우리는 부활하신 주님께로부터 그분 자신의 생명을 받는 것입니다.

주님이 부활하신 목적은 바로 많은 자녀들을 영광으로 인도하는 것입니다. 그분의 사명을 완성하심으로써 주님은 우리를 하나님의 자녀로 삼는 권한을 얻으셨습니다. 우리는 결코 하나님의 아들만이 하나님과 가지셨던 그 관계 속에 거하지 못할 것입니다. 그러나 우리는 하나님의 아들에 의해 양자의 관계를 갖게 됩니다. 주님께서는 죽음에서 부활하셨을 때 성육신하기 전에는 누리지 못했던 새로운 생명으로 살아나셨습니다. 곧 전에 없었던 새로운 생명으로 부활하신 것입니다. 주님의 부활은 우리가 옛 생명이 아닌 주님의 부활의 생명으로 다시 일어나게 되는 것을 의미합니다. 언젠가 우리도 주님의 그 영광스러운 몸처럼 변화된 몸을 갖게 될 것입니다. 그럼에도 지금 우리는 주님의 부활의 효력을 알 수 있으며 새로운 생명 안에서 행할 수 있습니다. "내가 그리스도와 그 부활의 권능과 그 고난에 참여함을 알고자 하여" 빌 3:10.

"아버지께서 아들에게 주신 모든 사람에게 영생을 주게 하시려고 만민을 다스리는 권세를 아들에게 주셨음이로소이다" 요 17:2. '성령'은 지금 이 땅에 존재하는 사람들 안에서 역사하는 '영원한 생명'의 또 다른 체험적 하나님의 이름입니다. 성령은 주님의 속죄를 계속적으로 우리의 경험에 적용시키는 능력의 하나님이십니다. 우리가 주님께 순종하려고 하면 성령께서는 우리 안에서 역사하셔서 그리스도의 성품을 이루십니다. 얼마나 영광스럽고 위대한 진리입니까? 이 진리로 인해 하나님께 감사하십시오.

Have I seen Him?

Apr. 9th

After that He appeared in another form unto two of them. Mark 16:12.

Being saved and seeing Jesus are not the same thing. Many are partakers of God's grace who have never seen Jesus. When once you have seen Jesus, you can never be the same, other things do not appeal as they used to do.

Always distinguish between what you see Jesus to be, and what He has done for you. If you only know what He has done for you, you have not a big enough God; but if you have had a vision of Jesus as He is, experiences can come and go, you will endure, "as seeing Him Who is invisible." The man blind from his birth did not know Who Jesus was until He appeared and revealed Himself to him. Jesus appears to those for whom he has done something; but we cannot dictate when He will come. Suddenly at any turn He may come—"Now I see Him!"

Jesus must appear to your friend as well as to you; no one can see Jesus with your eyes. Severance takes place where one and not the other has seen Jesus. You cannot bring your friend unless God brings him. Have you seen Jesus? Then you will want others to see Him too. "And they went and told it unto the residue, neither believed they them." You must tell, although they do not believe.

> "O could I tell, ye surely would believe it!
> O could I only say what I have seen!
> How should I tell or how can ye receive it,
> How, till He bringeth you where I have been?"

예수님을 보았습니까?

4월 9일

그 후에 그들 중 두 사람이 걸어서 시골로 갈 때에
예수께서 다른 모양으로 그들에게 나타나시니 (막 16:12).

구원을 받는 것과 주님을 보는 것은 다릅니다. 주님을 보지 못한 많은 사람들이 하나님의 은혜에 참여하기도 합니다. 그러나 예수님을 만나본 사람은 반드시 변화됩니다. 과거에 좋아하던 것을 더 이상 좋아하지 않게 됩니다.

예수님을 만나 그분이 어떤 분이신지를 아는 것과 주님께서 우리를 위해 이루신 일을 아는 것은 차이가 있습니다. 만일 당신이 주님께서 당신을 위해 이루신 일만 안다면 당신은 하나님을 충분히 안 것이 아닙니다. 그러나 당신이 예수님의 모습을 그대로 보았다면 삶 속에서 어떤 경험을 하더라도 당신은 보이지 않는 그분을 보는 것같이 하며 인내할 것입니다. 날 때부터 소경 된 자는 예수님께서 그에게 나타나 자신을 보이실 때까지 예수님이 누구신지 알지 못했습니다. 주께서는 누군가를 위해 어떤 일을 하신 후에 그에게 나타나십니다. 그러나 그분이 언제 나타나실지는 말할 수 없습니다. 갑자기 그분이 오시면, "나는 지금 그분을 봅니다"라고 외치게 됩니다.

당신에게 나타나신 예수님은 당신의 친구에게도 나타나셔야 합니다. 그 이유는 다른 사람의 눈으로는 주님을 볼 수 없기 때문입니다. 주님을 본 사람과 보지 못한 사람 사이에는 구분이 생깁니다. 하나님께서 당신의 친구를 인도하시지 않는 한, 당신이 그 친구를 인도할 수 없습니다. 예수님을 보았습니까? 그렇다면 당신은 다른 사람들도 예수님을 보게 되기를 원할 것입니다. "두 사람이 가서 남은 제자들에게 알리었으되 역시 믿지 아니하니라"막 16:13. 그들이 믿지 않더라도 당신은 반드시 말해야 합니다.

"내가 본 것을 말할 수만 있다면 당신은 분명히 믿게 될 텐데!
어떻게 말해야 당신이 받아들일까!
오직 주님께서 내가 섰던 그곳에 당신을 이끄신다면…."

Moral decision about sin

Apr. 10th

Knowing this, that our old man is crucified with Him, that the body of sin might be destroyed, that henceforth we should not serve sin. Romans 6:6.

Co-Crucifixion. Have I made this decision about sin—that it must be killed right out in me? It takes a long time to come to a moral decision about sin, but it is the great moment in my life when I do decide that just as Jesus Christ died for the sin of the world, so sin must die out in me, not be curbed or suppressed or counteracted, but crucified. No one can bring any one else to this decision. We may be earnestly convinced, and religiously convinced, but what we need to do is to come to the decision which Paul forces here.

Haul yourself up, take a time alone with God, make the moral decision and say—"Lord, identify me with Thy death until I know that sin is dead in me." Make the moral decision that sin in you must be put to death.

It was not a divine anticipation on the part of Paul, but a very radical and definite experience. Am I prepared to let the Spirit of God search me until I know what the disposition of sin is—the thing that lusts against the Spirit of God in me? Then if so, will I agree with God's verdict on that disposition of sin—that it should be identified with the death of Jesus? I cannot reckon myself "dead indeed unto sin" unless I have been through this radical issue of will before God.

Have I entered into the glorious privilege of being crucified with Christ until all that is left is the life of Christ in my flesh and blood? "I am crucified with Christ; nevertheless I live; yet not I, but Christ liveth in me."

함께 십자가에 못 박힘

4월 10일

우리가 알거니와 우리 옛 사람이 예수와 함께 십자가에 못 박힌 것은 죄의 몸이 죽어 다시는 우리가 죄에게 종 노릇 하지 아니하려 함이니 (롬 6:6).

함께 십자가에 못 박힘: "내 안에 있는 죄는 반드시 죽어야 한다." 죄에 대해 이러한 도덕적인 결단을 내리기까지는 오랜 시간이 걸립니다. 그러나 예수님께서 이 세상의 죄를 위해 죽으신 순간이 있었던 것처럼 우리 인생에도 죄를 향해 죽겠다는 위대한 결단의 순간이 필요합니다. 이는 내 안에 있는 죄를 절제하거나 짓누르거나 대항하는 정도가 아니라 반드시 십자가 상에서 죽여 없애야 하는 것입니다. 그 누구도 당신 대신에 이 결단을 할 수 없습니다. 다른 사람이 간절히 부탁할 수 있고 신앙적으로 설득할 수는 있어도, 바울이 위의 말씀에서 강력하게 요구하는 죄를 죽이려는 결단은 스스로 해야 합니다.

마음을 가다듬고 하나님과 함께하는 시간을 가지십시오. "주여, 죄가 제 안에서 죽은 것을 알 때까지 주님의 죽으심과 일치되게 하소서"라고 기도하십시오. 당신 안에 있는 죄가 반드시 죽도록 도덕적인 결단을 내리십시오.

위의 말씀은 바울의 미래에 나타날 신령한 모습을 기대한 것이 아니라, 이미 그의 삶 속에서 발생한 아주 근본적이고 확실한 체험을 말하는 것입니다. 나는 지금 내 안에 계신 성령을 대항하는 죄의 성향이 무엇인지 잘 알고 있습니까? 이를 알 때까지 성령께서 내 마음을 샅샅이 점검하도록 허락할 준비가 되어 있습니까? 그 후 죄를 향한 하나님의 판결, 즉 죄는 예수님의 죽으심과 일치되어 죽어야 한다는 판결에 동의합니까? 하나님 앞에서 이 근본적인 의지의 문제를 해결하지 못한다면 결코 "나 자신이 죄에 대해 참으로 죽은 것으로" 간주할 수 없습니다.

내 살과 피에 오직 예수님의 생명만이 남을 때까지 예수 그리스도와 함께 십자가에 못 박히는 영광스러운 특권에 들어가겠습니까? "내가 그리스도와 함께 십자가에 못 박혔나니 그런즉 이제는 내가 사는 것이 아니요 오직 내 안에 그리스도께서 사시는 것이라"갈 2:20.

Moral divinity

For if we have been planted together in the likeness of His death, we shall be also in the likeness of His resurrection. Romans 6:5.

Co-Resurrection. The proof that I have been through crucifixion with Jesus is that I have a decided likeness to Him. The incoming of the Spirit of Jesus into me readjusts my personal life to God. The resurrection of Jesus has given Him authority to impart the life of God to me, and my experimental life must be constructed on the basis of His life. I can have the resurrection life of Jesus now, and it will show itself in holiness.

The idea all through the Apostle Paul's writings is that after the moral decision to be identified with Jesus in His death has been made, the resurrection life of Jesus invades every bit of my human nature. It takes omnipotence to live the life of the Son of God in mortal flesh. The Holy Spirit cannot be located as a Guest in a house, He invades everything. When once I decide that my "old man" (i.e., the heredity of sin) should be identified with the death of Jesus, then the Holy Spirit invades me. He takes charge of everything, my part is to walk in the light and to obey all that He reveals. When I have made the moral decision about sin, it is easy to reckon actually that I am dead unto sin, because I find the life of Jesus there all the time. Just as there is only one stamp of humanity, so there is only one stamp of holiness, the holiness of Jesus, and it is His holiness that is gifted to me. God puts the holiness of His Son into me, and I belong to a new order spiritually.

함께 부활에 참여함

> 만일 우리가 그의 죽으심과 같은 모양으로 연합한 자가 되었으면 또한 그의 부활과 같은 모양으로 연합한 자도 되리라 (롬 6:5).

4월 11일

함께 부활에 참여함 : 예수님과 함께 십자가에 못 박혔다는 증거는 내가 그분과 뚜렷하게 닮는 것입니다. 예수님의 영이 내 안에 들어오면 나의 삶은 주님께 재조정됩니다. 예수님은 부활을 통해 하나님의 생명을 나에게 부여할 수 있는 권한을 받으셨습니다. 따라서 나의 실질적인 삶은 내 안에 부여된 하나님의 생명 위에 세워져야 합니다. 나는 지금 예수님의 부활 생명을 누릴 수 있습니다. 이 생명은 거룩을 통해 나타날 것입니다.

바울 서신의 전반적인 사상은, 예수 그리스도의 죽음에 일치되려는 도덕적인 결단을 내리고 나면 예수님의 부활 생명이 인간 본성의 모든 부분을 점령한다는 것입니다. 우리의 죽을 육체 안에서 하나님의 아들의 생명이 살아가려면 전능한 능력이 필요합니다. 성령은 육체라는 집에서 손님으로 있을 수 없습니다. 삶의 전 영역을 지배합니다. 내가 나의 '옛사람' 곧 죄의 유전이 예수님의 죽음과 일치되어야 한다고 결단하면, 성령이 나를 점령하기 시작하시며 나의 모든 것을 주관하십니다. 이때 나의 역할은 빛 가운데 걷는 것이요 그분이 계시하시는 것을 순종하는 것입니다.

죄에 대해 도덕적인 결단을 내리면 내가 실제로 죄에 죽었다는 것을 아는 것은 쉽습니다. 그 이유는 예수님의 생명이 내 안에 있는 것을 항상 발견하기 때문입니다. 인성도 오직 하나인 것처럼 거룩도 오직 하나로써 예수님의 거룩 외에 다른 것은 없습니다. 내게 선물로 주어지는 거룩은 바로 주님의 거룩입니다. 하나님은 그분의 아들의 거룩을 내게 부어주셨습니다. 나는 영적으로 새로운 질서 속에 속하게 됩니다.

Moral dominion

Apr. 12th

Death hath no more dominion over Him ⋯ in that He liveth, He liveth unto God. Likewise reckon ye also yourselves to be dead indeed unto sin, but alive unto God. Romans 6:9-11.

Co-Eternal Life. Eternal life was the life which Jesus Christ exhibited on the human plane, and it is the same life, not a copy of it, which is manifested in our mortal flesh when we are born of God. Eternal life is not a gift from God, eternal life is the gift of God. The energy and the power which were manifested in Jesus will be manifested in us by the sheer sovereign grace of God when once we have made the moral decision about sin.

"Ye shall receive the power of the Holy Ghost"—not power as a gift from the Holy Ghost; the power is the Holy Ghost, not something which He imparts. The life that was in Jesus is made ours by means of his Cross when once we make the decision to be identified with Him. If it is difficult to get right with God, it is because we will not decide definitely about sin. Immediately we do decide, the full life of God comes in. Jesus came to give us endless supplies of life: "that ye might be filled with all the fulness of God." Eternal Life has nothing to do with Time, it is the life which Jesus lived when He was down here. The only source of Life is the Lord Jesus Christ.

The weakest saint can experience the power of the Deity of the Son of God if once he is willing to 'let go.' Any strand of our own energy in ourselves will blur the life of Jesus. We have to keep letting go, and slowly and surely the great full life of God will invade us in every part, and men will take knowledge of us that we have been with Jesus.

영생을 나눔

사망이 다시 그를 주장하지 못할 줄을 앎이로다 그의 죽으심은 죄에 대해 단번에 죽으심이요 그의 살아 계심은 하나님께 대해 살아 계심이니 이와 같이 너희도 너희 자신을 죄에 대해서는 죽은 자요 그리스도 예수 안에서 하나님께 대해서는 살아 있는 자로 여길지어다 (롬 6:9-11).

4월 12일

영생을 나눔 : 영생은 예수 그리스도께서 이곳 인간 세상에서 보여주신 생명입니다. 우리가 하나님으로부터 거듭날 때 우리의 죽을 육체에 예수님의 생명 자체가 나타납니다. 복사된 예수님의 생명이 임하는 것이 아닙니다. 영생은 하나님으로부터 온 선물이 아니라 하나님 자신입니다. 예수님 안에서 드러났던 능력과 권능은 우리가 죄에 대해 도덕적인 결단을 내릴 때 하나님의 순전한 은혜에 의해 우리 안에서도 드러나게 됩니다.

"너희가 성령의 권능을 받게 될 것이라"행 1:8. 권능이란 성령으로부터 오는 은사로서의 능력이 아니고 그분이 부여하는 어떤 힘도 아니며 성령 자체입니다.

예수 안에 있었던 그 생명은 우리가 주님과 일치하기로 결단하면 주님의 십자가를 근거로 우리의 것이 됩니다. 우리가 하나님과 화목하는 것이 어렵다면 이는 우리가 죄에 대해 확실한 결단을 내리지 않았기 때문입니다. 그러나 결단하는 순간 하나님의 충만하신 생명이 우리 안에 들어옵니다. 예수님께서는 우리에게 끝없는 생명의 공급을 위해 오셨습니다. "그래서 너희들이 하나님의 충만하심으로 충만케 되길 원하노라"엡 3:19. 영생은 시간과는 전혀 관계없는 것이며 예수님께서 이 세상에 오셨을 때 그분이 사셨던 그 생명이 영생입니다. 그러므로 영생의 유일한 근원은 오직 주 예수 그리스도입니다.

아무리 연약한 성도라도 그의 모든 것을 '내려놓으면' 하나님의 아들의 거룩한 능력을 체험할 수 있습니다. 자신의 작은 능력이라도 주장하면 예수님의 생명을 가리울 것입니다. 그러므로 계속 내려놓을 때 하나님의 충만한 생명이 천천히, 그러나 확실하게 우리의 모든 삶의 영역에 임하게 될 것입니다. 이에 사람들이 우리가 주님과 함께하신다는 사실을 알게 될 것입니다.

What to do under the conditions

Apr. 13th

Cast thy burden upon the Lord. Psalm 55:22.

We must distinguish between the burden-bearing that is right and the burden-bearing that is wrong. We ought never to bear the burden of sin or of doubt, but there are burdens placed on us by God which He does not intend to lift off, He wants us to roll them back on Him. "Cast that He hath given thee upon the Lord." (R.V. marg.) If we undertake work for God and get out of touch with Him, the sense of responsibility will be overwhelmingly crushing; but if we roll back on God that which He has put upon us, He takes away the sense of responsibility by bringing in the realization of Himself.

Many workers have gone out with high courage and fine impulses, but with no intimate fellowship with Jesus Christ, and before long they are crushed. They do not know what to do with the burden, it produces weariness, and people say—"What an embittered end to such a beginning!"

"Roll thy burden upon the Lord"—you have been bearing it all; deliberately put one end on the shoulders of God. "The government shall be upon His shoulder." Commit to God "that He hath given thee"; not fling it off, but put it over on to Him and yourself with it, and the burden is lightened by the sense of companionship. Never dissociate yourself from the burden.

모든 짐을 주님께 맡기십시오!

네 짐을 여호와께 맡기라 (시 55:22).

4월 13일

우리는 옳은 짐과 그렇지 않은 짐을 구별할 줄 알아야 합니다. 결코 의심이나 죄의 짐을 져서는 안 됩니다. 그러나 하나님께서 의도적으로 우리에게 지게 하시는 짐들이 있습니다. 이러한 경우 주님은 그 짐을 옮길 의도가 없으십니다. 이때 주님은 우리가 그 짐을 다시 주님께 맡기기를 원하십니다. "네 짐을 여호와께 맡기라." 만일 우리가 하나님을 위해 일하면서 주님과의 관계가 끊어진다면 그 책임감은 감당할 수 없을 정도로 무거울 것입니다. 그러나 만일 우리가 주님께서 우리에게 지우신 짐을 다시 주님께 맡기면, 주님은 주님의 역사를 드러내시면서 우리의 책임감을 제거해 주십니다.

많은 사역자들이 높은 의욕과 건전한 열정을 가지고 주를 위해 일을 시작합니다. 그러나 주님과의 긴밀한 관계를 유지하지 못하기 때문에 얼마 되지 않아 포기하고 쓰러지게 됩니다. 그들은 자신에게 지워진 짐에 대해 어떻게 해야 할지 몰라서 피곤함에 빠집니다. 그러면 주변 사람들은 비웃습니다. "멋지게 시작하더니 저 꼴이 뭐람!"

모든 짐을 주님께 맡기십시오. 당신은 너무나 많은 짐을 혼자 다 지고 왔습니다. 이제 뜻을 다해 하나님의 어깨에 그 짐을 지우십시오. "정사가 그의 어깨에 있도다"시 9:6. 하나님께서 당신에게 맡기신 모든 짐을 주님께 맡기십시오. 그 짐을 던져버리지 말고 하나님께 맡기십시오. 그러면 하나님께서 도우시는 동료의식을 느끼게 되면서 그 짐은 가볍게 될 것입니다. 결코 그 짐을 포기하지 말고 주께 맡기십시오.

Inspired invincibility

Take My yoke upon you, and learn of Me. Matthew 11:29.

"Whom the Lord loveth, He chasteneth." How petty our complaining is! Our Lord begins to bring us into the place where we can have communion with Him, and we groan and say—"Oh Lord, let me be like other people!" Jesus is asking us to take one end of the yoke—"My yoke is easy, get alongside Me and we will pull together." Are you identified with the Lord Jesus like that? If so, you will thank God for the pressure of His hand.

"To them that have no might He increaseth strength." God comes and takes us out of our sentimentality, and our complaining turns into a psalm of praise. The only way to know the strength of God is to take the yoke of Jesus upon us and learn of Him.

"The joy of the Lord is your strength." Where do the saints get their joy from? If we did not know some saints, we would say—"Oh, he, or she, has nothing to bear." Lift the veil. The fact that the peace and the light and the joy of God are there is proof that the burden is there too. The burden God places squeezes the grapes and out comes the wine; most of us see the wine only. No power on earth or in hell can conquer the Spirit of God in a human spirit, it is an inner unconquerableness.

If you have the whine in you, kick it out ruthlessly. It is a positive crime to be weak in God's strength.

불평을 찬송의 시로 바꾸시는 분

나의 멍에를 메고 내게 배우라 (마 11:29).

"주께서 그 사랑하시는 자를 징계하시고"히 12:6. 우리의 불평은 얼마나 하찮은 것입니까! 주님은 우리가 주님과 교통할 수 있는 곳으로 우리를 인도하기 시작하십니다. 그러나 우리는 신음하며 말합니다. "오, 주님! 다른 사람들처럼 편하게 해주소서." 예수님께서는 우리에게 멍에의 한쪽 끝을 잡으라고 하십니다. "나의 멍에는 가벼우니 나와 함께 이 멍에를 메자." 당신은 이와 같이 주 예수님과 일치되었습니까? 그렇다면 당신은 주님의 도우시는 손을 느끼며 그분께 감사하게 될 것입니다.

"무능한 자에게는 힘을 더하시나니"사 40:29. 하나님은 오셔서 감상에 빠진 우리를 건져내시고 우리의 불평을 찬송의 시로 바꾸십니다. 하나님의 능력을 알 수 있는 유일한 방법은 예수님의 멍에를 지고 그분께 배우는 것입니다.

"여호와로 인하여 기뻐하는 것이 너희의 힘이니라"느 8:10. 성도들이 어디에서 기쁨을 얻습니까? 만일 우리가, 성도가 누구인지를 알지 못한다면 이렇게 말할 것입니다. "오, 그분은 멍에가 없이 편하게 살았답니다." 베일을 걷어올리십시오. 하나님의 평안과 빛과 기쁨이 있는 곳에는 반드시 멍에가 있습니다. 하나님께서 지워주시는 멍에는 포도송이를 짓이기게 되며 그 결과로 포도주가 나옵니다. 대부분의 사람들은 멍에로 인해 만들어진 포도주만 봅니다. 이 세상 및 지옥의 그 어떤 세력도 인간의 영혼 안에 계신 하나님의 영을 이길 수 없습니다. 성령은 정복될 수 없는 우리 안의 내적 힘입니다.

만일 당신 속에 불평이 있다면, 가차없이 발로 차버리십시오. 불평은 하나님의 능력을 무시하고 의도적으로 약해지는 적극적인 범죄입니다.

The relapse of concentration

Apr. 15th

But the high places were not taken away out of Israel; nevertheless the heart of Asa was perfect all his days. 2 Chron. 15:17.

Asa was incomplete in his external obedience, he was right in the main but not entirely right. Beware of the thing of which you say—"Oh, that does not matter much." The fact that it does not matter much to you may mean that it matters a very great deal to God. Nothing is a light matter with a child of God. How much longer are some of us going to keep God trying to teach us one thing? He never loses patience. You say—"I know I am right with God"; but still the 'high places' remain, there is something over which you have not obeyed. Are you protesting that your heart is right with God, and yet is there something in your life about which He has caused you to doubt? Whenever there is doubt, quit immediately, no matter what it is. Nothing is a mere detail.

Are there some things in connection with your bodily life, your intellectual life, upon which you are not concentrating at all? You are all right in the main, but you are slipshod; there is a relapse on the line of concentration. You no more need a holiday from spiritual concentration than your heart needs a holiday from beating. You cannot have a moral holiday and remain moral, nor can you have a spiritual holiday and remain spiritual. God wants you to be entirely his, and this means that you have to watch to keep yourself fit. It takes a tremendous amount of time. Some of us expect to "clear the numberless ascensions" in about two minutes.

영적 집중이 약해질 때

> 산당은 이스라엘 중에서 제하지 아니하였으나 아사의 마음이 일평생 온전하였더라 (대하 15:17).

4월 15일

아사 왕은 외적 순종에 있어서 온전하지 못했습니다. 그는 주된 일에서는 옳게 행했지만 온전하게 다 잘한 것은 아니었습니다. "오, 그것은 그렇게 중요한 것이 아니야"라고 말하는 것을 주의하십시오. 당신에게 중요하지 않은 것이 하나님께는 아주 중요한 일일 수 있습니다. 그 어떤 것도 하나님의 자녀들에게 가벼운 문제가 될 수 없습니다. 얼마나 더 오랫동안 하나님께서 이 한 가지를 우리에게 가르치셔야 하겠습니까? 하나님은 결코 인내를 잃지 않으십니다. 당신은 "나는 하나님과 올바른 관계에 있습니다"라고 말할지도 모릅니다. 그러나 당신이 여전히 순종하지 않는 부분인 '산당'이 남아 있습니다. 당신은 하나님과 올바른 관계에 있다고 주장하지만 실상 당신의 삶 속에 하나님께 순종하지 않는 의심스러운 것들이 남아 있지는 않습니까? 그것이 무엇이든 당장 없애십시오. 아무리 작은 것이라도 무시하고 지나가서는 안 됩니다.

당신의 육신의 삶 또는 지적인 삶과 관련해 전혀 대수롭지 않게 여기는 것들이 있습니까? 주된 일은 옳게 하고 있지만 다른 부분에서는 엉성하다면, 이는 주께 집중하는 마음이 느슨해지고 있는 것입니다. 당신의 심장이 쉬지 않듯이 영적 집중에서도 쉼은 필요 없습니다. 도덕적인 삶에서 벗어난 날을 보내면서 도덕적인 사람으로 유지될 수 없고, 영적인 삶에서 벗어난 날을 보내면서 영적인 사람으로 유지될 수 없습니다. 하나님께서는 당신이 온전하게 주의 것이 되기를 원하십니다. 당신 스스로 주의 뜻에 합당할 수 있도록 주의해야 합니다. 이를 위해 대단히 오랜 시간이 걸릴 것입니다. 그럼에도 불구하고 우리 중에는 불과 2분 내에 엄청난 영적 향상을 이루기를 기대합니다.

Can you come down?

While ye have light, believe in the light. John 12:36.

We all have moments when we feel better than our best, and we say—"I feel fit for anything; if only I could be like this always!" We are not meant to be. Those moments are moments of insight which we have to live up to when we do not feel like it. Many of us are no good for this workaday world when there is no high hour. We must bring our commonplace life up to the standard revealed in the high hour.

Never allow a feeling which was stirred in you in the high hour to evaporate. Don't put your mental feet on the mantelpiece and say—"What a marvellous state of mind to be in!" Act immediately, do something, if only because you would rather not do it. If in a prayer meeting God has shown you something to do, don't say—"I'll do it"; do it! Take yourself by the scruff of the neck and shake off your incarnate laziness. Laziness is always seen in cravings for the high hour; we talk about working up to a time on the mount. We have to learn to live in the grey day according to what we saw on the mount.

Don't cave in because you have been baffled once, get at it again. Burn your bridges behind you, and stand committed to God by your own act. Never revise your decisions, but see that you make your decisions in the light of the high hour.

말만 하지 말고 실천하십시오!

너희에게 아직 빛이 있을 동안에 빛을 믿으라 (요 12:36).

4월 16일

우리의 삶에는 최상의 상태를 느끼는 순간들이 있습니다. 그때 우리는 "만일 이렇게 항상 최상의 상태에 있을 수만 있다면 뭐든 할 수 있을 것 같다"라고 말합니다. 그러나 그러한 순간들은 그 상태에 머물라고 주어진 것이 아닙니다. 그러한 최상의 상태를 느끼지 못할 때, 목표로 삼고 살아갈 깨달음을 주기 위한 것입니다. 우리는 우리의 일상적인 삶을 그 절정의 순간에 계시되었던 그 기준에 따라 살 수 있도록 해야 합니다.

깨달음의 시간에 당신 마음을 흔들어 놓았던 그 감정들이 절대로 사라지지 않도록 하십시오. 또한 영적으로 "얼마나 대단한 상태였던지!"라고 말하며 우쭐해하지 마십시오. 예를 들어 기도회 때 하나님께서 당신에게 뭔가 하라고 보여주셨으면 "네, 하겠습니다"라고 말만 하지 말고 실천하십시오. 박차고 일어나서 몸에 박힌 게으름을 떨쳐버리십시오. 게으름은 언제나 최상의 상태를 그리워하기만 할 때 생깁니다. 우리는 최상의 상태에 이르렀던 이야기를 합니다. 우리는 일상적인 '궂은' 날에도 우리가 최상의 상태에서 보았던 비전에 따라 살 수 있는 비결을 배워야 합니다.

한번 좌절했다고 해서 동굴로 들어가지 마십시오. 다시 시도하십시오. 당신이 되돌아갈 다리를 불사르고 당신의 두 발로 일어나 하나님께 헌신하십시오. 당신이 내린 결정을 재고하지 말고 단지 그 결정이 최상의 빛에 거할 때 내린 결정인지만 확인하십시오.

Neck or nothing

Apr. 17th

Now when Simon Peter heard that it was the Lord, he girt his fisher's coat unto him ⋯, and did cast himself into the sea. John 21:7.

Have you ever had a crisis in which you deliberately and emphatically and recklessly abandoned everything? It is a crisis of will. You may come up to it many times externally, but it amounts to nothing. The real deep crisis of abandonment is reached internally, not externally. The giving up of external things may be an indication of being in total bondage.

Have you deliberately committed your will to Jesus Christ? It is a transaction of will, not of emotion; the emotion is simply the giltedge of the transaction. If you allow emotion first, you will never make the transaction. Do not ask God what the transaction is to be, but make it in regard to the thing you do see, either in the shallow or the profound place.

If you have heard Jesus Christ's voice on the billows, let your convictions go to the winds, let your consistency go to the winds, but maintain your relationship to Him.

감정이 아니라 의지입니다

4월 17일

시몬 베드로가 벗고 있다가 주님이라 하는 말을 듣고
겉옷을 두른 후에 바다로 뛰어내리더라 (요 21:7).

힘과 뜻을 다해 무조건 모든 것을 다 내려놓았던 위기를 지난 적이 있습니까? 그것은 의지의 위기입니다. 외적으로 여러 번 상황적인 위기를 당할지라도 내 의지에는 아무 변화가 없을 수도 있습니다. 진정 자신을 내려놓는 깊은 위기는 외적인 것이 아니라 내적인 것입니다. 심지어 외적인 것을 내려놓는 것이 내적으로는 철저하게 뭔가에 얽매여 있는 조짐일 수 있습니다.

마음을 다해 당신의 의지를 예수 그리스도께 드린 적이 있습니까? 이는 감정이 아닌 의지의 문제입니다. 감정은 단지 이러한 의지적 활동의 포장지일 뿐입니다. 만일 감정을 앞세우면 당신은 결코 의지적 해결을 할 수 없게 될 것입니다. 결단을 하고 나면 어떻게 될지 하나님께 묻지 말고, 얕든 깊든 깨달은 것에 대해 실천하기로 결단하십시오.

만일 풍파 가운데서 예수 그리스도의 음성을 들었다면 당신의 주관적인 확신이나 논리는 바람에 날려 보내고 오직 주님과의 관계만을 유지하십시오.

Readiness

Apr. 18th

God called unto him ⋯ and he said, Here am I. Exodus 3:4.

When God speaks, many of us are like men in a fog, we give no answer. Moses' reply revealed that he was somewhere. Readiness means a right relationship to God and a knowledge of where we are at present. We are so busy telling God where we would like to go. The man or woman who is ready for God and His work is the one who carries off the prize when the summons comes. We wait with the idea of some great opportunity, something sensational, and when it comes we are quick to cry—"Here am I." Whenever Jesus Christ is in the ascendant, we are there; but we are not ready for an obscure duty.

Readiness for God means that we are ready to do the tiniest little thing or the great big thing, it makes no difference. We have no choice in what we want to do; whatever God's programme may be we are there, ready. When any duty presents itself we hear God's voice as Our Lord heard His Father's voice, and we are ready for it with all the alertness of our love for Him. Jesus Christ expects to do with us as His Father did with Him. He can put us where He likes, in pleasant duties or in mean duties, because the union is that of the Father and Himself. "That they may be one, even as We are one."

Be ready for the sudden surprise visits of God. A ready person never needs to get ready. Think of the time we waste trying to get ready when God has called! The burning bush is a symbol of everything that surrounds the ready soul, it is ablaze with the presence of God.

준비된 사람

4월 18일

여호와께서 그가 보려고 돌이켜 오는 것을 보신지라 하나님이 떨기나무 가운데서 그를 불러 이르시되 모세야 모세야 하시매 그가 이르되 내가 여기 있나이다 (출 3:4).

하나님께서 부르실 때 우리 대부분은 안개 속에 갇힌 사람처럼 되어 대답을 하지 못합니다. 그러나 모세는 대답했고, 이는 그가 주님의 부르심에 준비되었음을 의미합니다. 준비라는 것은 하나님과의 바른 관계를 의미하며 자신이 현재 어디에 있는가를 아는 것입니다. 우리는 우리가 어디로 가고 싶은지 하나님께 말씀드리느라 바쁩니다. 그러나 하나님과 주의 사역을 위해 준비된 사람은 부름이 왔을 때 그 상을 놓치지 않고 낚아챕니다. 우리는 무언가 붐을 일으키는 어떤 큰 기회를 기다리다가 그때가 오면 "제가 여기 있습니다"라고 신속하게 부르짖습니다. 예수 그리스도께서 인기를 누리시는 곳에 함께 있으려고 합니다. 그러나 눈에 띄지 않는 의무에 대해서는 준비하지 않습니다.

하나님을 향한 준비는 지극히 작은 일이든 큰일이든 상관없이 준비하는 것입니다. 우리에게는 우리가 원하는 것을 할 수 있는 선택권이 없습니다. 하나님의 계획이 무엇이든 우리는 준비되어 있어야 합니다.

주님께서 아버지의 음성을 들으셨듯이 우리도 깨어 있는 마음으로 하나님의 음성을 듣고 어떤 의무가 주어지면 주를 향한 사랑으로 그 의무를 다할 준비가 되어야 합니다. 하늘 아버지께서 주님과 함께 일하신 것처럼 주님도 우리와 함께 일하실 것을 기대하십시오. 즐거운 의무이든 궂은 의무이든 주께서 원하시는 곳에 우리를 두실 것입니다. 이는 마치 아버지와 아들의 연합처럼 우리와 주님도 연합되어 있기 때문입니다. "우리와 같이 저희도 하나가 되게 하옵소서" 요 17:22.

하나님의 갑작스러운 방문을 예비하십시오. 준비된 자는 따로 준비할 필요가 없습니다. 하나님께서 부르셨을 때 뒤늦게 준비하느라고 꾸물거려서 되겠습니까? 타는 떨기나무는 준비된 영혼을 둘러싼 모든 것을 상징합니다. 그것은 하나님의 임재와 함께 타오릅니다.

Is it not in the least likely

*For Joab had turned after Adonijah,
though he turned not after Absalom.* 1 Kings 2:28.

Joab stood the big test, he remained absolutely loyal and true to David and did not turn after the fascinating and ambitious Absalom, but yet towards the end of his life he turned after the craven Adonijah. Always remain alert to the fact that where one man has gone back is exactly where any one may go back (see 1 Cor. 10:13). You have gone through the big crisis, now be alert over the least things; take into calculation the 'retired sphere of the leasts.'

We are apt to say—"It is not in the least likely that having been through the supreme crisis, I shall turn now to the things of the world." Do not forecast where the temptation will come; it is the least likely thing that is the peril. In the aftermath of a great spiritual transaction the 'retired sphere of the leasts' begins to tell; it is not dominant, but remember it is there, and if you are not warned, it will trip you up. You have remained true to God under great and intense trials, now beware of the undercurrent. Do not be morbidly introspective, looking forward with dread, but keep alert; keep your memory bright before God. Unguarded strength is double weakness, because that is where the 'retired sphere of the leasts' saps. The Bible characters fell on their strong points, never on their weak ones.

"Kept by the power of God"—that is the only safety.

작은 일에도 깨어 있으십시오!

이는 그가 다윗을 떠나 압살롬을 따르지 아니하였으나
아도니야를 따랐음이더라 (왕상 2:28).

4월
19일

요압은 큰 시험을 이겨냈습니다. 그는 다윗에게 절대적으로 충성했고 진실했습니다. 그는 매력적이고 야망이 많은 압살롬을 따르지 않았습니다. 그러나 그의 인생 끝에서 그는 비열한 아도니야를 지지했습니다. 어떤 사람이 잘못된 길로 빠졌다면 누구든지 잘못된 길로 빠질 수 있다는 사실을 항상 명심해야 합니다 고전 10:13. 큰 위기를 통과했다면 아주 자주 작은 일에도 깨어 있어야 합니다. '방치된 사소한 유혹들'을 신경 쓰십시오.

우리는 이렇게 말하기 쉽습니다. "엄청난 위기를 지났는데 어찌 세상적인 것들에 빠지겠는가." 유혹이 어디에서 올 것이라고 예상하지 마십시오. 위험은 전혀 예상치 않은 곳에 있습니다. 커다란 영적인 사건을 치른 후에는 '방치된 사소한 유혹들'이 드러나기 시작합니다. 눈에 크게 띄지는 않지만 그것들이 항상 그 자리에 있다는 사실을 기억하십시오. 만일 당신이 경계하지 않는다면 그 작은 것들이 당신을 넘어뜨릴 것입니다. 당신은 크고 강한 시련에서는 하나님께 충성해 왔습니다. 이제 그 밑의 암류에 신경을 쓰기 바랍니다. 두려움으로 미래를 바라보면서 강박관념으로 자신을 샅샅이 살피라는 의미가 아니라 깨어 있으라는 말입니다. 계속 하나님 앞에서 마음을 가다듬고 있으라는 말입니다. 경계하지 않은 장점들은 두 배로 약한 약점들이 됩니다. 왜냐하면 '방치된 사소한 유혹들'이 경계하지 않은 장점들을 통해 침입해 들어오기 때문입니다. 성경의 인물들은 자신들의 장점 때문에 무너졌지 그들의 약점 때문에 무너진 적이 없습니다.

"하나님의 능력에 의해 보호를 받으라" 벧전 1:5. 이 방법만이 유일한 안전을 보장합니다.

Can a saint slander God?

For all the promises of God in Him are yea, and in Him Amen. 2 Cor. 1:20.

Apr. 20th

Jesus told the parable of the talents recorded in Matthew 25 as a warning that it is possible for us to misjudge our capacity. This parable has not to do with natural gifts, but with the Pentecostal gift of the Holy Ghost. We must not measure our spiritual capacity by education or by intellect; our capacity in spiritual things is measured by the promises of God. If we get less than God wants us to have, before long we will slander Him as the servant slandered his master: "You expect more than You give me power to do; You demand too much of me, I cannot stand true to You where I am placed." When it is a question of God's Almighty Spirit, never say "I can't." Never let the limitation of natural ability come in. If we have received the Holy Spirit, God expects the work of the Holy Spirit to be manifested in us.

The servant justified himself in everything he did and condemned his lord on every point—"Your demand is out of all proportion to what you give." Have we been slandering God by daring to worry when He has said: "Seek ye first the Kingdom of God, and His righteousness; and all these things shall be added unto you?" Worrying means exactly what this servant implied— "I know You mean to leave me in the lurch." The person who is lazy naturally is always captious—"I haven't had a decent chance," and the one who is lazy spiritually is captious with God. Lazy people always strike out on an independent line.

Never forget that our capacity in spiritual matters is measured by the promises of God. Is God able to fulfil His promises? Our answer depends on whether we have received the Holy Spirit.

감히 걱정함으로 하나님을 모욕합니까?

> 하나님의 약속은 얼마든지 그리스도 안에서 예가 되니 그런즉 그로 말미암아 우리가 아멘 하여 하나님께 영광을 돌리게 되느니라 (고후 1:20).

4월 20일

예수님께서는 우리가 자신의 능력에 대해 오판할 가능성을 경고하기 위해 달란트 비유를 말씀하셨습니다.마 25장. 이 비유는 자연적 재능들과 관련된 것이 아니라 오순절에 성령을 선물로 주시는 사건과 관계됩니다. 우리는 영적 역량을 교육 또는 지능으로 평가해서는 안 됩니다. 자신의 영적 역량은 하나님의 약속(성령)에 의해 평가되어야 합니다. 만일 하나님께서 우리에게 원하시는 만큼 성령으로 충만하지 않으면 오래지 않아 우리는 하인이 주인을 비방한 것처럼 주를 비방하게 될 것입니다. "당신은 제가 일할 수 있는 능력보다 더 많은 것을 요구하십니다. 당신은 제게 너무나 많은 것을 요구하시기에 이제 이 상태로는 당신께 충성할 수 없습니다." 전능하신 성령과 관련해 절대로 "저는 할 수 없습니다"라고 말하지 마십시오. 결코 자연적인 능력의 한계를 끌여들여 핑계치 마십시오. 우리가 성령을 받았다면 하나님께서는 성령의 역사가 우리 안에서 드러나기를 기대하십니다.

하인은 자기가 한 일을 모두 정당화시키면서 모든 면에서 주인을 정죄했습니다. "당신의 요구는 당신이 내게 주신 것에 비해 말도 안 됩니다." 당신은 주님께서 "너희는 먼저 그의 나라와 그의 의를 구하라 그리하면 이 모든 것을 너희에게 더하시리라"마 6:33고 말씀하셨는데도 불구하고 감히 걱정함으로 하나님을 모욕한 적은 없습니까? 걱정은 정확하게 하인이 의미한 것과 같습니다. "저는 주께서 저를 곤경에 빠지도록 내버려두신 것을 압니다." 육신적으로 게으른 자는 언제나 "나는 좋은 기회가 한 번도 없었어"라고 불평하고, 영적으로 게으른 자는 하나님을 헐뜯습니다. 게으른 자는 언제나 자기 나름대로의 핑계가 있습니다.

영적인 일들 가운데 우리의 역량은 성령을 주시겠다는 하나님의 약속에 따라 평가된다는 사실을 절대로 잊지 마십시오. 하나님께서는 그분의 약속들을 당신에게 이루실 수 있습니까? 우리의 대답은 우리가 성령을 받았는가 아닌가에 달려 있습니다.

Now don't hurt the Lord!

Apr. 21st

Have I been so long time with you, and yet hast thou not known Me, Philip? John 14:9.

Our Lord must be repeatedly astounded at us—astounded at how un-simple we are. It is opinions of our own which make us stupid; when we are simple we are never stupid, we discern all the time. Philip expected the revelation of a tremendous mystery, but not in the One Whom he knew. The mystery of God is not in what is going to be, it is now; we look for it presently, in some cataclysmic event. We have no reluctance in obeying Jesus, but it is probable that we are hurting Him by the questions we ask. "Lord, show us the Father." His answer comes straight back—"There He is, always here or nowhere." We look for God to manifest Himself to His children: God only manifests Himself in His children. Other people see the manifestation, the child of God does not. We want to be conscious of God; we cannot be conscious of our consciousness and remain sane. If we are asking God to give us experiences, or if conscious experience is in the road, we hurt the Lord. The very questions we ask hurt Jesus because they are not the questions of a child.

"Let not your heart be troubled"—then am I hurting Jesus by allowing my heart to be troubled? If I believe the character of Jesus, am I living up to my belief? Am I allowing anything to perturb my heart, any morbid questions to come in? I have to get to the implicit relationship that takes everything as it comes from Him. God never guides presently, but always now. Realize that the Lord is here now, and the emancipation is immediate.

이제 주님을 아프게 하지 마십시오!

4월 21일

빌립아 내가 이렇게 오래 너희와 함께 있으되 네가 나를 알지 못하느냐 (요 14:9).

빌립은 엄청난 신비의 계시를 기대했습니다. 그러나 자신이 이미 알고 있는 예수님께 기대하지 않았습니다. 주님께서는 계속적으로 너무 복잡한 우리로 인해 놀라십니다. 우리를 어리석게 만드는 것은 우리의 쓸모없는 의견들입니다. 단순할 때 우리는 어리석지 않게 되고 항상 분별할 수 있게 됩니다. 하나님의 신비는 미래에 발생할 일들 가운데 있지 않고 '지금' 있습니다. 우리는 하나님의 신비를 나중에, 어떤 격변적인 사건에서 찾으려고 합니다. 그러나 하나님의 신비는 주님께 있습니다. 우리는 주님을 순종하는 데 꺼리는 마음은 없습니다. 그러나 이러한 질문을 할 때 우리는 주님을 아프게 하는 것입니다. "주님, 우리에게 아버지를 보여주소서"요 14:8. 이때 주님은 당장 대답하십니다. "여기 그분이 있다. 다른 곳이 아닌 바로 이곳에 네가 찾는 그분이 있다." 주의 자녀들은 하나님께 하나님 자신을 보여달라고 부탁할 때가 많습니다. 그러나 하나님은 주의 자녀들에게 이미 그들 '안에서' 자신을 보여주셨습니다. 다른 사람들은 이 현상을 봅니다. 그러나 정작 하나님의 자녀는 이를 보지 못합니다. 우리는 하나님을 의식할 수 있기를 원합니다. 만일 하나님께 우리가 하나님을 체험하게 해달라거나 하나님에 대한 의식적인 경험이 우리 인생 속에 있게 해달라고 부탁한다면, 이는 하나님을 아프게 하는 것입니다. 그러한 질문은 하나님의 자녀들의 질문일 수 없기 때문입니다.

"너희는 마음에 근심하지 말라"요 14:1. 내 마음이 근심하도록 내버려두는 것은 예수님을 아프게 한다는 말입니다. 주님의 성품을 믿는다면 정말 그 믿음에 따라 살고 있습니까? 내 마음을 흔들어놓는 것들을 용납하고 있는 것은 아닙니까? 쓸모없는 병적인 질문들이 내 마음속에 들어오는 것을 방치하는 것은 아닙니까? 우리는 모든 일들이 그분께로부터 오는 것으로 받아들일 만큼 주님과 깊은 관계를 맺어야 합니다. 하나님은 나중이 아니라 항상 지금 인도하십니다. 주님이 지금 이곳에 우리와 함께 계신다는 사실을 잊지 마십시오. 그러면 당장 자유함을 누리게 될 것입니다.

The light that fails

Apr. 22nd

We all with open face beholding ⋯ the glory of the Lord. 2 Cor. 3:18.

A servant of God must stand so much alone that he never knows he is alone. In the first phases of Christian life disheartenments come, people who used to be lights flicker out, and those who used to stand with us pass away. We have to get so used to it that we never know we are standing alone. "All men forsook me: ⋯ notwithstanding the Lord stood with me" (2 Tim. 4:16-17). We must build our faith, not on the fading light, but on the light that never fails. When 'big' men go we are sad, until we see that they are meant to go; the one thing that remains is looking in the face of God for ourselves.

Allow nothing to keep you from looking God sternly in the face about yourself and about your doctrine, and every time you preach see that you look God in the face about things first, then the glory will remain all through. A Christian worker is one who perpetually looks in the face of God and then goes forth to talk to the people. The characteristic of the ministry of Christ is that of unconscious glory that abides. "Moses wist not that the skin of his face shone while He talked with him."

We are never called on to parade our doubts or to express the hidden ecstasies of our life with God. The secret of the worker's life is that he keeps in tune with God all the time.

영원히 꺼지지 않는 빛

우리가 다 수건을 벗은 얼굴로 거울을 보는 것같이 주의 영광을 보매 (고후 3:18).

4월 22일

하나님의 종은 자신이 혼자라는 사실을 모를 만큼 홀로 서기를 많이 해야 합니다. 그리스도인의 삶의 초기 단계에서는 실망이 찾아옵니다. 불꽃이 되어주던 사람들이 서서히 꺼져가고 우리와 함께했던 사람들이 떠납니다. 우리는 이러한 것에 빨리 적응해야 하는데, 그렇게 되면 스스로 외롭게 서 있는 것을 알지 못하게 됩니다. "나와 함께한 자가 하나도 없고 다 나를 버렸으나 … 주께서 내 곁에 서서 나에게 힘을 주심은"딤후 4:16-17. 우리는 꺼져가는 불꽃이 아니라 영원히 타오르는 빛에 우리의 믿음을 세워야 합니다. '큰 도움이 되던 사람'이 떠날 때 우리는 슬퍼합니다. 그러나 그들은 마땅히 떠나야 하는 사람들입니다. 이때 우리에게 남은 일은 우리 자신을 위해 하나님의 얼굴을 바라보는 것입니다.

당신 자신의 모습과 신조 가운데 하나님의 얼굴을 바라보는 것을 막는 것이 있다면 단호하게 거절하십시오. 말씀을 가르칠 때마다 먼저 그 모든 것에서 하나님의 얼굴을 보려고 주의한다면, 항상 주의 영광이 머무르게 될 것입니다. 사역자란 끊임없이 하나님의 얼굴을 보는 자들이요 그 후 사람들에게 말하기 위해 나아가는 자들입니다. 그리스도를 위한 사역의 특성은 자신도 의식하지 못하는 영광이 자기에게 머물러 있는 것입니다. "모세는 자기가 여호와와 말하였음으로 말미암아 얼굴 피부에 광채가 나나 깨닫지 못하였더라"출 34:29.

우리가 부름을 받은 이유는 우리의 의심을 나열하기 위함도 아니요, 하나님과 자신만 아는 개인적인 신앙 체험의 황홀함을 드러내기 위함도 아닙니다. 사역자의 삶의 비결은 언제나 하나님과 같은 마음을 유지하는 것입니다.

The worship of the work

Labourers together with God. 1 Cor. 3:9.

Beware of any work for God which enables you to evade concentration on Him. A great many Christian workers worship their work. The one concern of a worker should be concentration on God, and this will mean that all the other margins of life, mental, moral and spiritual, are free with the freedom of a child— a worshipping child, not a wayward child. A worker without this solemn, dominant note of concentration on God is apt to get his work on his neck; there is no margin of body, mind or spirit free, consequently he becomes spent out and crushed. There is no freedom, no delight in life; nerves, mind and heart are so crushingly burdened that God's blessing cannot rest. But the other side is just as true—when once the concentration is on God, all the margins of life are free and under the dominance of God alone. There is no responsibility on you for the work; the only responsibility you have is to keep in living, constant touch with God, and to see that you allow nothing to hinder your co-operation with Him. The freedom after sanctification is the freedom of a child, the things that used to keep the life pinned down are gone. But be careful to remember that you are freed for one thing only—to be absolutely devoted to your co-Worker.

We have no right to judge where we should be put, or to have preconceived notions as to what God is fitting us for. God engineers everything; wherever He puts us our one great aim is to pour out a whole-hearted devotion to Him in that particular work. "Whatsoever thy hand findeth to do, do it with thy might."

우상이 된 사역

우리는 하나님의 동역자들이요 (고전 3:9).

> 4월
> 23일

하나님을 위한 사역이 하나님을 향한 당신의 집중을 방해하지 못하도록 주의하십시오. 너무나 많은 그리스도인 사역자들이 자신들의 사역을 예배합니다. 사역자의 유일한 관심은 오직 하나님만을 향해 집중하는 것이어야 합니다. 이는, 예배하는 자녀는 삶의 다른 부분들, 곧 정신적, 도덕적, 영적 활동으로 인해 하나님께 집중하는 것을 방해받지 않는다는 뜻입니다. 그러나 마음이 변덕스러운 자녀들은 그렇지 않습니다. 하나님을 향해 그 마음이 집중되지 않은 자녀의 특징은 목까지 일에 묻히게 됩니다. 육체적, 정신적, 영적으로 여유가 없습니다. 결과적으로 탈진해 쓰러집니다. 자유함이 없고 삶의 기쁨이 없으며 신경과 생각과 마음이 너무나 무거워서 하나님의 축복이 그 사람에게 임할 수 없습니다. 그러나 반대편에 설 때, 곧 우리의 모든 마음이 하나님께만 모아질 때는 우리 삶의 모든 부분에서 자유함을 누리게 되고 하나님의 다스림만 남게 됩니다. 사역을 위한 부담이 우리에게 있을 수 없습니다. 우리가 지녀야 하는 유일한 부담은 오직 하나님과 가장 깊이 살아 있는 관계를 유지하는 것입니다. 그러므로 주님과 동행하는 것을 막는 그 어떤 것도 허락하지 마십시오. 죄씻음을 받은 후 누리는 자유함은 주의 자녀들이 삶을 짓누르던 모든 것들로부터 벗어나는 자유함입니다.

그러나 우리가 오직 한 가지를 위해 자유하다는 사실을 언제나 잊지 않도록 주의해야 합니다. 곧 철저하게 주님께 동역자로서 헌신하는 것입니다. 우리는 하나님께서 우리를 어느 곳에 두실지에 대해 판단할 권리가 없습니다. 또한 '하나님께서 내게 잘 맞는 여차여차한 일을 하시겠지'라는 생각을 해서도 안 됩니다. 하나님께서 모든 것을 주관하십니다. 그분이 우리를 어디에 두시든 우리의 가장 큰 한 가지 목표는 우리에게 맡기신 그 사역에서 우리의 온 마음과 뜻을 주님께 부어드리는 것입니다. 당신의 손이 무엇을 하든지 주님만을 위해 온 맘 다해 섬기기 바랍니다 전 9:10.

The warning against wantoning

Apr. 24th

*Notwithstanding in this rejoice not,
that the spirits are subject unto you.* Luke 10:20.

As Christian workers, worldliness is not our snare, sin is not our snare, but spiritual wantoning is, viz., taking the pattern and print of the religious age we live in, making eyes at spiritual success. Never court anything other than the approval of God, go "without the camp, bearing His reproach." Jesus told the disciples not to rejoice in successful service, and yet this seems to be the one thing in which most of us do rejoice. We have the commercial view—so many souls saved and sanctified, thank God, now it is all right. Our work begins where God's grace has laid the foundation; we are not to save souls, but to disciple them. Salvation and sanctification are the work of God's sovereign grace; our work as His disciples is to disciple lives until they are wholly yielded to God. One life wholly devoted to God is of more value to God than one hundred lives simply awakened by His Spirit. As workers for God we must reproduce our own kind spiritually, and that will be God's witness to us as workers. God brings us to a standard of life by His grace, and we are responsible for reproducing that standard in others.

Unless the worker lives a life hidden with Christ in God, he is apt to become an irritating dictator instead of an indwelling disciple. Many of us are dictators, we dictate to people and to meetings. Jesus never dictates to us in that way. Whenever Our Lord talked about discipleship, He always prefaced it with an "IF," never with an emphatic assertion—"You must." Discipleship carries an option with it.

영적 방종에 대한 경고

> 귀신들이 너희에게 항복하는 것으로 기뻐하지 말고 (눅 10:20).

4월 24일

그리스도인 사역자들에게 올무는 세속이나 죄가 아니라 영적 방종입니다. 우리가 살고 있는 이 시대의 종교적 유행이나 흐름을 취해 영적 성공에 눈독을 들이는 것입니다. 절대로 하나님의 인정을 받는 것 외에 다른 어떤 것도 추구하지 마십시오. "그런즉 우리는 그의 치욕을 짊어지고 영문 밖으로 그에게 나아가자" 히 13:13. 예수님께서는 제자들에게 성공적인 사역으로 인해 기뻐하지 말라고 하셨지만 대부분의 사람들은 이 한 가지로만 기뻐하는 것 같습니다. 우리는 상업적인 관점을 가지고 있습니다. 얼마나 많은 영혼들이 구원을 받았고 거룩하게 되었는가를 계산하면서 하나님께 감사하고, 이제 모든 것이 잘되어간다고 흥겨워합니다. 그러나 우리의 사역은 하나님의 은혜가 기초를 놓은 곳에서 시작합니다. 우리는 영혼을 구원하기보다 그를 제자화해야 합니다. 구원과 죄씻음은 하나님의 주권적인 은혜의 사역입니다. 주의 제자로서 우리의 사역은 사람들이 전적으로 하나님께 순복할 때까지 그들의 삶을 제자화하는 것입니다. 하나님께 전적으로 드려진 한 사람의 영혼이 주의 영으로 단순히 각성된 수백의 영혼보다 더 가치 있습니다. 우리는 하나님의 사역자로서 영적으로 우리와 같은 자들을 재생산하는 것이고, 이것이 우리가 주님의 사역자라는 것을 증명하게 될 것입니다. 하나님은 그분의 은혜로 우리를 표준적인 삶으로 이끄실 것입니다. 우리는 다른 사람들 안에 똑같은 그 표준을 재생산할 책임이 있습니다.

사역자가 하나님 안에서 그리스도와 함께 감추어진 생명으로 살지 않는다면, 그는 주의 영이 함께하는 제자가 되는 대신 잔소리 많은 독재자가 되기 쉽습니다. 우리 중 많은 사람들이 독재자들입니다. 우리는 사람들에게 명령을 내리며 공동체에서도 명령합니다. 예수님께서는 결코 그런 식으로 명령하신 적이 없으십니다. 주께서는 제자 됨에 대해 말씀하실 때마다 언제나 "만약"이라는 말로 시작하셨지, "반드시 … 해야 한다"라는 식으로 강요하지 않으셨습니다. 제자가 되는 것은 강요가 아닌 선택입니다.

Instant in season

Apr. 25th

Be instant in season, out of season. 2 Tim. 4:2.

Many of us suffer from the morbid tendency to be instant "out of season." The season does not refer to time, but to us. "Be instant in season, out of season," whether we feel like it or not. If we do only what we feel inclined to do, some of us would do nothing for ever and ever. There are unemployables in the spiritual domain, spiritually decrepit people, who refuse to do anything unless they are supernaturally inspired. The proof that we are rightly related to God is that we do our best whether we feel inspired or not.

One of the great snares of the Christian worker is to make a fetish of his rare moments. When the spirit of God gives you a time of inspiration and insight, you say—"Now I will always be like this for God." No, you will not, God will take care you are not. Those times are the gift of God entirely. You cannot give them to yourself when you choose. If you say you will only be at your best, you become an intolerable drag on God; you will never do anything unless God keeps you consciously inspired. If you make a god of your best moments, you will find that God will fade out of your life and never come back until you do the duty that lies nearest, and have learned not to make a fetish of your rare moments.

최상의 상태를 우상으로 만든다면

4월 25일

때를 얻든지 못 얻든지 항상 힘쓰라 (딤후 4:2).

 우리 중에 많은 사람들이 '때를 얻지 못하는' 병을 앓고 있습니다. 때는 시간을 말하는 것이 아니라 우리의 마음을 말합니다. "때를 얻든지 못 얻든지 항상 힘쓰라." 우리가 하고 싶든 아니든 기회를 살리라는 말씀입니다. 만일 하고 싶은 것만 하려고 하면 우리 대부분은 끝까지 아무것도 하지 못할 것입니다. 영적인 세계에서 쓰임받을 수 없는 사람들이 있습니다. 그들은 영적으로 병약해져서 초자연적인 영감을 받지 않으면 아무것도 하지 않으려는 사람들입니다. 하나님과 올바른 관계를 지니고 있다는 증거는 영감을 받았다고 느끼든 아니든 자신의 최선을 다하는 것입니다.

 그리스도인 사역자들이 빠지는 가장 큰 함정은 자신의 예외적인 영감의 순간들에 집착하는 것입니다. 하나님의 영이 당신에게 영감과 통찰의 순간을 허락하시면 당신은 "나는 이제 하나님을 위해 항상 이런 상태가 될 것이다"라고 말합니다. 그렇지 않습니다. 당신은 그렇게 될 수 없습니다. 하나님께서는 당신이 항상 그런 상태로 머물지 못하게 하실 것입니다. 그러한 순간들은 순전히 하나님의 선물입니다. 당신이 선택한다고 해서 그러한 순간들을 만들어낼 수 있는 것이 아닙니다. 만일 당신이 예외적인 영감의 최고 상태에만 머물려고 하면, 당신은 하나님께 견딜 수 없는 귀찮은 존재가 될 것입니다. 하나님께서 당신이 의식할 수 있는 예외적인 영감을 주시지 않으면 당신은 결코 아무것도 하려고 하지 않을 것입니다. 만일 당신이 최상의 상태를 우상으로 만든다면 하나님께서는 당신에게서 멀어지실 것입니다. 그 후 하나님께서는 당신이 주께서 맡기신 가장 가까운 책임을 행할 때까지, 또한 주께서 허락하신 예외적인 드문 순간들에 더 이상 집착하지 않는 것을 배울 때까지 돌아오지 않으실 것입니다.

The supreme climb

Apr. 26th

Take now thy son, ⋯ and offer him there for a burnt-offering upon one of the mountains which I will tell thee of. Genesis 22:2.

Character determines how a man interprets God's will (cf. Psalm 18:25-26). Abraham interpreted God's command to mean that he had to kill his son, and he could only leave this tradition behind by the pain of a tremendous ordeal. God could purify his faith in no other way. If we obey what God says according to our sincere belief, God will break us from those traditions that misrepresent Him. There are many such beliefs to be got rid of, e.g., that God removes a child because the mother loves him too much—a devil's lie! and a travesty of the true nature of God. If the devil can hinder us from taking the supreme climb and getting rid of wrong traditions about God, he will do so; but if we keep true to God, God will take us through an ordeal which will bring us out into a better knowledge of Himself.

The great point of Abraham's faith in God was that he was prepared to do anything for God. He was there to obey God, no matter to what belief he went contrary. Abraham was not a devotee of his convictions, or he would have slain Isaac and said that the voice of the angel was the voice of the devil. That is the attitude of a fanatic. If you will remain true to God, God will lead you straight through every barrier into the inner chamber of the knowledge of Himself; but there is always this point of giving up convictions and traditional beliefs. Don't ask God to test you. Never declare as Peter did—"I will do anything, I will go to death with Thee." Abraham did not make any such declaration, he remained true to God, and God purified his faith.

잘못된 믿음들

4월 26일

네 사랑하는 독자 이삭을 데리고 … 내가 네게 일러준 한 산 거기서 그를 번제로 드리라 (창 22:2).

사람의 성품은 그 사람이 하나님의 뜻을 어떻게 해석하는가를 결정합니다시 18:25-26. 아브라함은 하나님의 명령을, 자기 아들을 죽여야 하는 것으로 해석했습니다. 그는 이러한 끔찍한 시련으로 인해 그 당시의 전통을 버릴 수 있었습니다. 하나님께서는 다른 방법으로 그의 믿음을 정결케 하실 수 없었습니다. 만일 우리가 진정한 믿음에 따라 하나님께서 말씀하시는 것을 순종하면, 하나님께서는 주님을 오해하게 만드는 전통으로부터 우리를 끄집어내실 것입니다. 제거되어야 할 잘못된 믿음들이 얼마나 많은지 모릅니다. 예를 들어, 어머니가 아들을 너무나 사랑하면 하나님께서 그 아들을 데려가신다는 믿음입니다. 이는 마귀의 거짓말이요 하나님의 참된 속성을 왜곡시키는 내용입니다. 마귀는 우리가 최정상까지 오르는 것을 방해할 수 있고 하나님에 대한 잘못된 전통을 퍼뜨릴 수 있다면 모든 최선을 다할 것입니다. 그러나 만일 우리가 하나님께 진실하면 하나님께서는 주님에 대한 더 나은 지식을 얻게 하기 위해 우리로 시련을 지나게 하실 것입니다.

아브라함이 하나님께 가졌던 믿음의 강점은 하나님을 위해 뭐든지 할 준비가 되어 있었다는 것입니다. 그는 자신이 믿는 바와 반대가 되더라도 하나님께 순종하는 것이라면 밀고 나갔습니다. 아브라함은 자기 신념을 위한 헌신자가 아니었습니다. 자기 신념의 종이었다면 그는 이삭을 죽이지 말라는 천사의 음성을 마귀의 음성으로 알았을 것입니다. 그것은 광신자의 모습입니다. 당신이 하나님께 진실되면 하나님께서는 곧바로 당신을 이끌어서 모든 역경을 지나게 하시고 주를 더 깊게 알 수 있는 내빈실로 인도하실 것입니다. 그러나 그곳에 이르기 위해서는 언제나 자신의 신념 및 잘못된 전통적인 믿음들을 포기해야 합니다. 하나님께 당신을 시험하라고 구하지 마십시오. 베드로와 같은 장담을 하지 마십시오. "제가 뭐든지 하겠습니다. 당신과 죽는 자리까지 가겠습니다"눅 22:33. 아브라함은 그러한 단언을 하지 않았습니다. 다만 하나님께 진실했으며 이에 하나님께서는 그의 믿음을 정화하셨습니다.

What do you want?

Seekest thou great things for thyself? Jeremiah 45:5.

Are you seeking great things for yourself? Not seeking to be a great one, but seeking great things from God for yourself. God wants you in a closer relationship to Himself than receiving His gifts, He wants you to get to know Him. A great thing is accidental, it comes and goes. God never gives us anything accidental. Nothing is easier than getting into a right relationship with God except when it is not God Whom you want but only what He gives.

If you have only come the length of asking God for things, you have never come to the first strand of abandonment, you have become a Christian from a standpoint of your own. "I did ask God for the Holy Spirit, but He did not give me the rest and the peace I expected." Instantly God puts His finger on the reason—you are not seeking the Lord at all, you are seeking something for yourself. Jesus says—"Ask, and it shall be given you." Ask God for what you want, and you cannot ask if you are not asking for a right thing. When you draw near to God, you cease from asking for things. "Your Father knoweth what things ye have need of, before ye ask Him." Then why ask? That you may get to know Him.

Are you seeking great things for yourself—"O Lord, baptize me with the Holy Ghost?" If God does not, it is because you are not abandoned enough to Him, there is something you will not do. Are you prepared to ask yourself what it is you want from God, and why you want it? God always ignores the present perfection for the ultimate perfection. He is not concerned about making you blessed and happy just now; He is working out His ultimate perfection all the time—"that they may be one even as We are."

Apr. 27th

선물보다 주님을 구하십시오!

네가 너를 위해 큰일을 찾느냐 (렘 45:5).

4월 27일

당신은 당신에게 위대한 일들이 발생하기를 바랍니까? 위대한 사람이 되기를 구하기보다 하나님께서 당신을 위해 대사를 이루시기를 기도합니까? 하나님께서는 당신이 주님의 선물을 받는 것보다 주님과 더욱 가까운 관계가 되는 데 관심을 가지기를 원하십니다. 주님은 당신이 그분을 알기를 원하십니다. 우리가 바라는 큰일들은 임시적으로 왔다가 사라집니다. 하나님께서는 결코 임시적인 것을 우리에게 주지 않으십니다. 만일 당신이 원하는 것이 축복이 아니라 하나님께만 있다면, 하나님과 바른 관계 속에 들어가는 것은 가장 쉽습니다. 당신이 하나님께 나아오는 이유가 단지 물질이라면, 당신은 온전한 헌신의 첫 단계에도 들어오지 못한 상태입니다. "하나님께 성령을 구했지만 주님은 제가 기대했던 쉼과 평강을 주지 않으셨습니다." 이때 하나님께서는 곧바로 그 이유를 지적하십니다. "너는 주님을 전혀 구하지 않는구나. 자신을 위해 뭔가를 구할 뿐이다." 당신이 원하시는 것을 하나님께 구하십시오. 그러나 옳지 않은 것을 구해서는 안 됩니다. 당신이 하나님께 가까이 갈수록 물질을 구하지 않게 될 것입니다. "구하기 전에 너희에게 있어야 할 것을 하나님 너희 아버지께서 아시느니라"마 6:8. 그러면 왜 구합니까? 주님을 알기 위함입니다.

자신을 위해 위대한 것을 구합니까? "오, 주님! 성령 세례를 세게 부어 주소서." 만일 하나님께서 그 기도에 응답하지 않으시면 이는 당신이 주님을 향해 완전히 항복하지 않았기 때문이며, 여전히 주님께 순종하지 않는 부분이 있기 때문입니다. 당신이 하나님께 무엇을 구하며 또한 왜 그것을 원하는지 자신에게 질문할 준비가 되어 있습니까? 하나님께서는 현재의 임시적인 것들, 지금 이곳에서 당신을 풍요롭게 하고 행복하게 하는 일에 관심이 없으십니다. 영원한 것들에 관심이 있으신 주님은 언제나 궁극적인 완성을 위해 일하실 뿐입니다. "우리가 하나됨같이 저희도 하나 되게 하소서"요 17:11.

What you will get

Thy life will I give thee for a prey in all places whither thou goest.
Jeremiah 45:5.

This is the unshakable secret of the Lord to those who trust Him—"I will give thee thy life." What more does a man want than his life? It is the essential thing. "Thy life for a prey" means that wherever you may go, even if it is into hell, you will come out with your life, nothing can harm it. So many of us are caught up in the shows of things, not in the way of property and possessions, but of blessings. All these have to go; but there is something grander that never can go—the life that is "hid with Christ in God."

Are you prepared to let God take you into union with Himself, and pay no more attention to what you call the 'great things'? Are you prepared to abandon entirely and let go? The test of abandonment is in refusing to say—"Well, what about this?" Beware of suppositions. Immediately you allow—"What about this?" it means you have not abandoned, you do not really trust God. Immediately you do abandon, you think no more about what God is going to do. Abandon means to refuse yourself the luxury of asking any questions. If you abandon entirely to God, He says at once, "Thy life will I give thee for a prey." The reason people are tired of life is because God has not given them anything, they have not got their life as a prey. The way to get out of that state is to abandon to God. When you do get through to abandonment to God, you will be the most surprised and delighted creature on earth; God has got you absolutely and has given you your life. If you are not there, it is either because of disobedience or a refusal to be simple enough.

"이 정도는 괜찮겠지"를 거절하십시오!

네가 가는 모든 곳에서는 내가 너에게 네 생명을 노략물 주듯 하리라 (렘 45:5).

4월 28일

    이것은 주를 의지하는 자를 향한 주님의 변함없는 비밀입니다. "내가 너로 생명을 얻게 하리라." 자기 생명보다 더 바랄 것이 무엇이 있습니까? 생명은 가장 중요한 것입니다. "생명을 노략물 주듯 한다"는 말은 당신이 어디로 가든 심지어 지옥이라 할지라도 전혀 해를 받지 않고 생명을 유지하게 될 것이라는 뜻입니다. 많은 사람들이 뭔가 다른 사람들에게 자랑하고 싶은 환상에 사로잡혀 있습니다. 반드시 재산과 소유물에 대한 것이 아니더라도 축복에 정신이 팔려 있습니다. 이 모든 것들은 사라질 것입니다. 그러나 절대로 사라질 수 없는 영광스럽고 위대한 것이 있습니다. 바로 하나님 안에 그리스도와 함께 감추어진 생명입니다.

    당신이 하나님과 하나로 연합되면, 삶 속에서 위대한 것들이라고 불렀던 것들에 더 이상의 관심이 사라질 것입니다. 당신은 주님과 연합될 준비가 되어 있습니까? 모든 것을 내려놓을 준비가 되어 있습니까? 철저한 포기의 시험은 "이 정도는 괜찮겠지"라고 말하는 것을 거절하는 것입니다. 추측을 주의하십시오. "이 정도는 괜찮겠지"라는 생각을 허락하는 것은 당신이 자신을 완전히 내려놓은 것이 아니며 하나님을 실제로 신뢰하는 것도 아닙니다. 자신을 완전히 내려놓으면 당신은 하나님께서 나를 어떻게 하실 것인가에 대해 더 이상 생각하지 않게 됩니다. 내려놓음이란 주님께 질문하려는 사치마저 거절하는 것입니다. 당신이 하나님께 완전하게 헌신한다면 주께서 당장 말씀하실 것입니다. "너에게 네 생명을 노략물 주듯." 사람이 삶에 싫증을 느끼는 이유는 하나님께서 그들에게 아무것도 주지 않으셨기 때문이 아니라 그들이 그들의 삶을 노략물로 얻지 못했기 때문입니다. 그 상태에서 벗어나는 길은 하나님께 전적으로 내려놓는 것입니다. 주님께 모든 것을 완전히 내려놓을 때 당신은 이 땅에서 가장 놀랍고 기쁜 피조물이 될 것입니다. 하나님께서는 당신을 완전히 사로잡아 당신에게 무한한 생명을 주실 것입니다. 아직 그 자리까지 가지 못했다면, 이는 불순종 때문이거나 당신이 단순해지기를 거절하기 때문입니다.

The graciousness of uncertainty

It doth not yet appear what we shall be. 1 John 3:2.

Apr. 29th

Naturally, we are inclined to be so mathematical and calculating that we look upon uncertainty as a bad thing. We imagine that we have to reach some end, but that is not the nature of spiritual life. The nature of spiritual life is that we are certain in our uncertainty, consequently we do not make our nests anywhere. Common sense says—"Well, supposing I were in that condition⋯." We cannot suppose ourselves in any condition we have never been in.

Certainty is the mark of the commonsense life: gracious uncertainty is the mark of the spiritual life. To be certain of God means that we are uncertain in all our ways, we do not know what a day may bring forth. This is generally said with a sigh of sadness; it should be rather an expression of breathless expectation. We are uncertain of the next step, but we are certain of God. Immediately we abandon to God, and do the duty that lies nearest, He packs our life with surprises all the time. When we become advocates of a creed, something dies; we do not believe God, we only believe our belief about Him. Jesus said "Except ye ⋯ become as little children." Spiritual life is the life of a child. We are not uncertain of God, but uncertain of what He is going to do next. If we are only certain in our beliefs, we get dignified and severe and have the ban of finality about our views; but when we are rightly related to God, life is full of spontaneous, joyful uncertainty and expectancy.

"Believe also in Me," said Jesus, not—"Believe certain things about Me." Leave the whole thing to Him, it is gloriously uncertain how He will come in, but He will come. Remain loyal to Him.

불확실성의 은혜

장래에 어떻게 될지는 아직 나타나지 아니하였으나 (요일 3:2).

4월 29일

우리는 수학적으로 계산하면서 살아왔기에 불확실한 것을 나쁘게 생각합니다. 우리는 자신의 계획이 이루어져야 안전하다고 생각하지만 영적인 삶의 속성은 그렇지 않습니다. 영적인 삶의 속성은 불확실성 속에서 확신을 누리는 것입니다. 따라서 우리는 이 땅 어디에서도 확신할 수 없습니다. 상식은 말합니다. "그래, 나도 저런 상황이라면 안전할 텐데." 그러나 우리는 결코 처해보지 않은 상황에서 자신을 가정해볼 수 없습니다. 확실성은 상식적인 생활의 표지입니다. 은혜로운 불확실성은 영적인 삶의 표지입니다.

하나님을 확신하는 것은 우리의 모든 면에서 불확실성을 인정하는 것입니다. 우리는 오늘 한 날에 어떤 일이 일어날지 알 수 없습니다. 이러한 불확실한 현실은 보통 슬픔의 한숨으로 표현되지만 실은 벅찬 기대로서 맞이해야 합니다. 우리는 다음 단계에 어떤 일이 발생할지 불확실합니다. 그러나 하나님을 확신합니다. 우리가 주께 자신을 내려놓고 주께서 맡기신 가장 가까운 의무를 수행하기 시작하면 그분은 언제나 깜짝 놀랄 일들로 우리의 삶을 채우십니다. 우리가 자신의 특별한 관념을 주장하고 옹호하려고 할 때 우리 안의 믿음은 죽어갑니다. 이는 하나님을 믿는 것이 아니라 단지 하나님에 대한 우리의 관념을 믿는 것입니다. "어린아이같이 되지 않으면"마 18:3. 영적인 삶은 어린아이의 삶입니다. 우리는 하나님에 대해 불확실하지 않습니다. 주께서 다음에 무엇을 하실지에 대해 불확실할 뿐입니다. 만일 우리가 자신의 믿음만 확신할 경우 자신만 고상한 사람으로 여기고 다른 사람을 향해 매우 비판적인 자세를 갖게 됩니다. 그러나 우리가 하나님과 바른 관계를 갖게 되면 우리의 삶은 불확실한 미래로 인해 오히려 저절로 넘치는 기대와 기쁨으로 가득 차게 됩니다.

예수님은 "나를 믿으라"고 말씀하셨지 "나에 관한 너의 신념을 믿으라"고 말씀하지 않으셨습니다. 모든 것을 주님께 맡기십시오. 주님이 어떻게 오실지 알 수 없는 것이 영광스러운 불확실성입니다. 그러나 주님은 반드시 오십니다. 주님께 충성을 다하십시오.

The spontaneity of love

Love suffereth long, and is kind ⋯ 1 Cor. 13:4-8.

Love is not premeditated, it is spontaneous, that is, it bursts up in extraordinary ways. There is nothing of mathematical certainty in Paul's category of love. We cannot say—"Now I am going to think no evil; I am going to believe all things." The characteristic of love is spontaneity. We do not settle statements of Jesus in front of us as a standard; but when His Spirit is having His way with us, we live according to His standard without knowing it, and on looking back we are amazed at the disinterestedness of a particular emotion, which is the evidence that the spontaneity of real love was there. In everything to do with the life of God in us, its nature is only discerned when it is past.

The springs of love are in God, not in us. It is absurd to look for the love of God in our hearts naturally, it is only there when it has been shed abroad in our hearts by the Holy Spirit.

If we try to prove to God how much we love Him, it is a sure sign that we do not love Him. The evidence of our love for Him is the absolute spontaneity of our love, it comes naturally. In looking back we cannot tell why we did certain things, we did them according to the spontaneous nature of His love in us. The life of God manifests itself in this spontaneous way because the springs of love are in the Holy Ghost. (Romans 5:5.)

사랑의 자발성

사랑은 오래 참고 사랑은 온유하며… (고전 13:4).

4월 30일

사랑은 미리 생각해보고 하는 것이 아닙니다. 저절로 되는 것입니다. 사랑은 특이한 방법으로 터집니다. 바울이 말하는 사랑의 특성에는 수학적인 확실성이 하나도 없습니다. 따라서 우리는 이렇게 장담할 수 없습니다. "나는 지금부터 악한 생각을 하지 않겠습니다. 나는 모든 것을 믿을 거예요." 사랑의 특성은 자발성입니다. 예수님의 말씀을 우리 앞에 표준으로 세워놓지 않아도 주의 영이 우리를 사로잡아 주관하시면 우리는 자신도 모르는 사이에 주님의 표준에 따라 살게 됩니다. 어느 날 문득 뒤를 돌아보면 어떤 특별한 감정에 끌린 것도 아닌데 주를 따르고 있는 자신을 보고 놀라게 됩니다. 이는 내 안에 자발적인 참된 사랑이 있었다는 증거입니다. 우리 안에 있는 하나님의 생명으로 행한 모든 일들은 시간이 지난 후에야 그 본질이 판명됩니다.

사랑의 샘은 하나님 안에 있지 우리 안에는 없습니다. 따라서 자연적인 인간의 마음에서 하나님의 사랑을 찾으려고 하는 것은 터무니없는 생각입니다. 오직 성령에 의해 하나님의 사랑이 우리 마음 안에 넓게 부어질 때 비로소 그 사랑이 우리 마음속에 있게 됩니다.

만일 우리가 얼마나 하나님을 사랑하는지를 주께 증거하려고 노력한다면, 이는 오히려 우리가 하나님을 사랑하지 않는다는 분명한 증거가 될 것입니다. 그 이유는 저절로 우러나는 사랑이야말로 주를 향한 참된 사랑이기 때문입니다. 그 사랑은 자연스럽게 흘러나옵니다. 뒤돌아보면 우리가 어떤 일들을 행한 이유를 설명할 수 없습니다. 우리도 모르는 사이에 우리 안에 있는 주님의 사랑이 자연스럽게 흘러나온 것이기 때문입니다. 하나님의 생명은 이같이 저절로 드러납니다. 그 이유는 사랑의 샘이 성령 안에 있기 때문입니다롬 5:5.

May 5

기분에 굴복하지 마십시오!

매 순간 '하고 싶지 않다'는 기분에 빠져들 때

Insight not emotion

I have to lead my life in faith, without seeing Him. 2 Cor. 5:7. (Moffatt.)

For a time we are conscious of God's attentions, then, when God begins to use us in His enterprises, we take on a pathetic look and talk of the trials and the difficulties, and all the time God is trying to make us do our duty as obscure people. None of us would be obscure spiritually if we could help it. Can we do our duty when God has shut up heaven? Some of us always want to be illuminated saints with golden haloes and the flush of inspiration, and to have the saints of God dealing with us all the time. A gilt-edged saint is no good, he is abnormal, unfit for daily life, and altogether unlike God. We are here as men and women, not as half-fledged angels, to do the work of the world, and to do it with an infinitely greater power to stand the turmoil because we have been born from above.

If we try to reintroduce the rare moments of inspiration, it is a sign that it is not God we want. We are making a fetish of the moments when God did come and speak, and insisting that He must do it again; whereas what God wants us to do is to walk by faith. How many of us have laid ourselves by, as it were, and said—"I cannot do any more until God appears to me." He never will, and without any inspiration, without any sudden touch of God, we will have to get up. Then comes the surprise—"Why, He was there all the time, and I never knew it!" Never live for the rare moments, they are surprises. God will give us touches of inspiration when He sees we are not in danger of being led away by them. We must never make our moments of inspiration our standard; our standard is our duty.

신앙의 표준

이는 우리가 믿음으로 행하고 보는 것으로 행하지 아니함이로라 (고후 5:7).

5월 1일

　한동안 우리는 하나님의 보살핌을 의식하며 삽니다. 그러다가 하나님께서 우리를 주의 사역을 위해 사용하려고 하시면 우리는 슬픈 기색을 띠고 고난과 역경에 대해 말합니다. 주의 사역을 하게 되면 하나님은 언제나 우리로 하여금 눈에 띄지 않게 하십니다. 그러나 우리는 할 수만 있으면 영적으로 눈에 띄고 싶어합니다. 하나님께서 하늘 문을 닫으시고 놀라운 영감을 허락하지 않으실 때에도 당신은 일상적 의무를 성실히 수행할 수 있습니까? 어떤 사람들은 언제나 흘러넘치는 영감과 함께 금빛 후광을 띤 성자처럼 빛나기를 원합니다. 그래서 다른 성도들이 자신을 특별히 대해주기를 원합니다. 그러나 금테로 된 후광을 쓰기를 원하는 성도들은 이 땅에서 아무 쓸모가 없습니다. 그러한 성도들은 비정상적이며 일상적인 삶에 맞지 않습니다. 사실 하나님을 전혀 닮지 않았습니다. 우리는 이 땅에서 일을 해야 하는 평범한 사람들입니다. 미완성 천사가 아닙니다. 다만 위로부터 거듭났기에 이 땅의 모든 요란함을 이기고 거룩하게 설 수 있는 무한한 능력을 소유한 자들입니다.

　만일 희귀한 영감의 순간들을 끊임없이 원한다면, 이는 우리가 원하는 것이 하나님이 아니라는 증거입니다. 우리는 하나님께서 우리를 찾아오셔서 말씀하셨던 특별한 순간들에 집착합니다. 그래서 하나님께서 그 순간들을 끊임없이 재현하시기를 고집합니다. 그러나 하나님께서 우리에게 원하시는 것은 믿음으로 행하는 것입니다. 당신은 어떤 영감이나 갑작스러운 하나님의 손길이 없이 스스로 일어서야 합니다. 그러면 그때 놀라운 깨달음이 임합니다. "주님은 언제나 이곳에 계셨는데 나는 왜 그 사실을 알지 못했을까?" 특이한 순간들은 갑작스러운 영감의 순간들일 뿐입니다. 하나님께서는 우리가 그러한 순간들에 의해 곁길로 빠질까 염려하십니다. 어떤 특별한 영감의 순간들을 신앙의 표준으로 삼지 마십시오. 우리의 표준은 평상시에 마땅히 해야 할 의무들입니다.

The passion of patience

May. 2nd

Though it tarry, wait for it. Hab. 2:3.

Patience is not indifference; patience conveys the idea of an immensely strong rock withstanding all onslaughts. The vision of God is the source of patience, because it imparts a moral inspiration. Moses endured, not because he had an ideal of right and duty, but because he had a vision of God. He "endured, as seeing Him Who is invisible." A man with the vision of God is not devoted to a cause or to any particular issue; he is devoted to God Himself. You always know when the vision is of God because of the inspiration that comes with it; things come with largeness and tonic to the life because everything is energized by God. If God gives you a time spiritually, as He gave His Son actually, of temptation in the wilderness, with no word from Himself at all, endure; and the power to endure is there because you see God.

"Though it tarry, wait for it." The proof that we have the vision is that we are reaching out for more than we have grasped. It is a bad thing to be satisfied spiritually. "What shall I render unto the Lord?" said the Psalmist, "I will take the cup of salvation." We are apt to look for satisfaction in ourselves—'Now I have got the thing; now I am entirely sanctified; now I can endure.' Instantly we are on the road to ruin. Our reach must exceed our grasp. "Not as though I had already attained, either were already perfect." If we have only what we have experienced, we have nothing; if we have the inspiration of the vision of God, we have more than we can experience. Beware of the danger of relaxation spiritually.

인내의 능력

비록 더딜지라도 기다리라 지체되지 않고 반드시 응하리라 (합 2:3).

5월 2일

인내는 무관심이 아닙니다. 인내는 모든 공격을 견뎌내는 어마어마한 강한 바위를 연상시킵니다. 하나님을 바라봄이 인내의 근원입니다. 주를 볼 때 도덕적 영감자발적으로 순종하려는 마음을 얻습니다. 모세는 의무감이나 어떤 이상 때문이 아니라 하나님을 보았기 때문에 인내했습니다. 그는 "보이지 않는 분을 보는 것같이 하여"히 11:27 참았습니다. 하나님을 보는 사람은 어떤 명분이나 특별한 관심사가 아니라 오직 하나님께 헌신합니다. 당신은 당신이 주님을 바라보는 때가 언제인지 잘 알고 있습니다. 그 이유는 주를 볼 때마다 영감을 얻기 때문입니다. 모든 일은 하나님에 의해 발생하기 때문에 우리 인생에 큰 의미와 도전을 줍니다. 하나님께서 현실 속에서 예수님께 광야의 시험을 주신 것처럼, 만일 우리에게도 영적 시험을 주시고 아무 말씀도 하지 않으신다면 인내하십시오. 당신은 주님을 바라보기 때문에 인내의 능력을 갖게 될 것입니다.

"비록 더딜지라도 기다리라." 우리가 비전을 가지고 있다면 우리는 자신의 한계를 넘어서서 나아가게 됩니다. 영적으로 안일함에 빠지는 것은 잘못된 것입니다. 시편 기자는 "내가 주를 위해 무엇이라고 말할까? 내가 더욱 구원의 잔을 마시리라"시 116:12-13고 말했습니다. 우리는 자신에게서 만족을 찾기를 원합니다. "이제 다 되었어. 충분해. 나는 온전하게 거룩해졌어. 나는 잘 인내할 수 있어." 그러나 영적 자만에 빠지는 순간 우리는 멸망의 길에 서게 됩니다. 우리의 비전은 우리의 한계를 초월해야 합니다. "내가 이미 얻었다 함도 아니요 온전히 이루었다 함도 아니라"빌 3:12. 체험한 것만 붙들고 있으면 우리에게 남는 것은 아무것도 없습니다. 하나님을 바라봄으로 영감을 얻으십시오. 우리는 지금까지 경험한 것 이상의 것을 얻어야 합니다. 영적으로 느슨해지는 것을 주의하십시오.

Vital intercession

Praying always with all prayer and supplication in the Spirit. Eph. 6:18.

As we go on in intercession we may find that our obedience to God is going to cost other people more than we thought. The danger then is to begin to intercede in sympathy with those whom God was gradually lifting to a totally different sphere in answer to our prayers. Whenever we step back from identification with God's interest in others into sympathy with them, the vital connection with God has gone; we have put our sympathy, our consideration for them, in the way, and this is a deliberate rebuke to God.

It is impossible to intercede vitally unless we are perfectly sure of God, and the greatest dissipator of our relationship to God is personal sympathy and personal prejudice. Identification is the key to intercession, and whenever we stop being identified with God, it is by sympathy, not by sin. It is not likely that sin will interfere with our relationship to God, but sympathy will, sympathy with ourselves or with others which makes us say—"I will not allow that thing to happen." Instantly we are out of vital connection with God.

Intercession leaves you neither time nor inclination to pray for your own 'sad sweet self.' The thought of yourself is not kept out, because it is not there to keep out; you are completely and entirely identified with God's interests in other lives.

Discernment is God's call to intercession, never to fault finding.

능력 있는 중보 기도

모든 기도와 간구로 하되 항상 성령 안에서 기도하고 (엡 6:18).

5월 3일

다른 사람들을 위해 중보 기도를 하다보면, 그들이 우리가 생각한 것보다 더 많은 대가를 치르는 것을 발견하게 됩니다. 이때 위험은, 하나님께서 우리의 기도에 응답하셔서 그 사람을 완전히 다른 영역으로 서서히 이끌고 계시는데 우리는 여전히 그를 불쌍히 여겨 간섭하기 시작하는 것입니다. 그 사람을 향한 하나님의 관심과 일치되지 못하고 오히려 그들에게 연민을 느낍니다. 그러면 우리에게는 하나님과의 살아 있는 관계는 사라지고 대신 그들을 향한 동정심과 배려만 남게 됩니다. 이것이 우리가 의도적으로 하나님을 질책하는 행위가 됩니다.

우리가 하나님을 완벽하게 신뢰하지 않으면 능력 있는 중보 기도는 불가능합니다. 하나님과 우리의 관계를 가장 많이 파괴하는 것은 개인적 동정심과 편견입니다. 하나님과의 일치가 중보 기도의 열쇠입니다. 주님과 일치되기를 거절하는 이유는 죄 때문이라기보다 다른 사람들을 향한 동정심 때문입니다. 하나님과의 관계를 방해하는 것도 죄보다는 동정심일 때가 많습니다. 다른 사람을 향한 동정심은 우리로 하여금 "나는 그 일이 발생하도록 허락하지 않을 거예요"라고 말하게 합니다. 그 즉시 우리는 하나님과의 생생한 관계를 상실하게 됩니다.

생동하는 중보 기도는 자기연민과 거리가 멉니다. 중보 기도자는 자신에 대한 생각을 하지 않습니다. 그 이유는 중보 기도에는 자신을 고려할 여지가 없기 때문입니다. 중보 기도를 통해 당신은 다른 사람을 향한 하나님의 관심과 철저하고 완전하게 일치됩니다.

하나님이 다른 사람의 삶에 대해 분별력을 주신 이유는 중보 기도를 위한 것이지, 남의 결점을 찾아 비판하기 위한 것이 아닙니다.

Vicarious intercession

Having therefore, brethren, boldness to enter into the holiest by the blood of Jesus. Hebrews 10:19.

May. 4th

Beware of imagining that intercession means bringing our personal sympathies into the presence of God and demanding that He does what we ask. Our approach to God is due entirely to the vicarious identification of our Lord with sin. We have "boldness to enter into the holiest by the blood of Jesus."

Spiritual stubbornness is the most effectual hindrance to intercession, because it is based on sympathy with that in ourselves and in others that we do not think needs atoning for. We have the notion that there are certain right and virtuous things in us which do not need to be based on the Atonement, and just in the domain of 'stodge' that is produced by this idea we cannot intercede. We do not identify ourselves with God's interests in others, we get petulant with God; we are always ready with our own ideas, and intercession becomes the glorification of our own natural sympathies. We have to realize that the identification of Jesus with sin means the radical alteration of all our sympathies. Vicarious intercession means that we deliberately substitute God's interests in others for our natural sympathy with them.

Am I stubborn or substituted? Petted or perfect in my relationship to God? Sulky or spiritual? Determined to have my own way or determined to be identified with Him?

대리적 중보 기도

> 그러므로 형제들아 우리가 예수의 피를 힘입어 성소에 들어갈 담력을 얻었나니 (히 10:19).

5월 4일

다른 사람을 향한 개인적인 동정심을 가지고 주의 보좌로 나아와 그들을 위해 우리가 청하는 것을 하나님이 하셔야 한다고 요구하는 것이 중보 기도라고 오해하지 마십시오. 우리가 하나님께 나아갈 수 있는 유일한 이유는, 주님께서 우리 죄를 대신 담당하셨기 때문입니다. 우리는 "예수의 피를 힘입어 성소에 들어갈 담력"을 얻는 것입니다.

중보 기도의 최대 장애물인 영적 완고함은 자신 또는 다른 사람의 좋은 점에 동감하게 되면서 속죄의 필요성을 느끼지 못하게 합니다. 우리 안에 속죄를 필요로 하지 않는 어떤 선하고 덕스러운 것들이 있다고 고집하는 것입니다. 이러한 생각에 의해 발생되는, 다른 사람을 향한 영적 무관심과 나태함은 우리로 하여금 중보 기도를 할 수 없게 합니다. 다른 사람을 향한 하나님의 관심과 우리의 관심이 일치되지 않습니다. 하나님을 못마땅하게 여기고 자신의 생각을 고집합니다. 이러한 중보 기도를 한다면 그 기도는 자신의 인간적 연민을 영광스럽게 하는 도구일 뿐입니다. 우리는 예수님께서 자신을 죄와 일치시키셨다는 사실로부터 우리의 모든 동정심과 관심이 근본적으로 변해야 한다는 사실을 깨달아야 합니다. 대리적 중보 기도란 마음을 다해 다른 사람을 향한 우리의 인간적인 연민을 버리고 그들을 향한 하나님의 관심으로 대치하는 것입니다.

내 마음은 인간적 연민을 고집합니까, 아니면 주님의 관심으로 대치했습니까? 하나님과의 관계에서 주님을 못마땅해 하고 있습니까, 아니면 온전한 관계 가운데 있습니까? 불만으로 가득 차 있습니까, 아니면 영적으로 충만합니까? 내 방식을 고집합니까, 아니면 주님과 일치하기로 결심했습니까?

Judgment on the abyss of love

For the time is come that judgment must begin at the house of God.
1 Peter 4:17.

The Christian worker must never forget that salvation is God's thought, not man's; therefore it is an unfathomable abyss. Salvation is the great thought of God, not an experience. Experience is only a gateway by which salvation comes into our conscious life. Never preach the experience; preach the great thought of God behind. When we preach we are not proclaiming how man can be saved from hell and be made moral and pure; we are conveying good news about God.

In the teachings of Jesus Christ the element of judgment is always brought out, it is the sign of God's love. Never sympathize with a soul who finds it difficult to get to God; God is not to blame. It is not for us to find out the reason why it is difficult, but so to present the truth of God that the Spirit of God will show what is wrong. The great sterling test in preaching is that it brings everyone to judgment. The Spirit of God locates each one to himself.

If Jesus ever gave us a command He could not enable us to fulfil, He would be a liar; and if we make our inability a barrier to obedience, it means we are telling God there is something He has not taken into account. Every element of self-reliance must be slain by the power of God. Complete weakness and dependence will always be the occasion for the Spirit of God to manifest His power.

구원, 하나님의 위대한 생각

하나님의 집에서 심판을 시작할 때가 되었나니 (벧전 4:17).

주님의 사역자들은 구원이 하나님의 생각이지 사람의 생각이 아님을 명심해야 합니다. 그러므로 구원은 측량할 수 없는 심연과 같습니다. 구원은 하나님의 위대한 생각이지 사람의 체험이 아닙니다. 체험은 단지 구원이 우리의 의식 속으로 들어올 수 있도록 하는 통로일 뿐입니다. 절대로 체험을 선포하지 말고 그 뒤에 있는 하나님의 위대한 생각을 선포하십시오. 우리는 사람이 어떻게 지옥으로부터 구원받을 수 있으며 어떻게 도덕적으로 순결한 사람이 될 수 있는가를 선포하는 것이 아닙니다. 하나님의 복음을 전해야 합니다.

예수 그리스도의 가르침에는 언제나 심판의 요소가 담겨 있습니다. 이는 사실 하나님의 사랑의 표시입니다. 하나님께 나아오기를 힘들어하는 사람들에게 공감하지 마십시오. 그것은 하나님 탓이 아닙니다. 우리의 역할은 그들이 하나님께 나아가는 것이 왜 어려운지를 찾아내는 것이 아니라 그들에게 하나님의 진리를 그대로 제시하는 것입니다. 그러면 하나님의 영이 그들에게 무엇이 잘못된 것인지 보여주실 것입니다. 설교에서 가장 어려운 시험은 그 설교가 모든 사람들을 심판 가운데로 이끌고 오는가 하는 것입니다. 그래야만 성령이 각 사람을 만나실 수 있습니다.

만일 예수님께서 우리에게 계명을 주시되 그 계명을 지킬 수 있는 힘을 주지 못하신다면, 주님은 거짓말쟁이일 것입니다. 만일 우리가 지킬 수 없는 계명이라서 순종할 수 없다면, 이는 하나님께서 뭔가를 고려하지 못하셨다고 하나님을 탓하는 것과 같습니다. 나 자신을 의지하려는 모든 요소들이 하나님의 능력에 의해 죽어야 합니다. 나 자신의 완전한 연약함을 인식하고 하나님만을 의지할 때 성령께서 그분의 능력을 드러내실 것입니다.

Liberty on the abyss of the gospel

Stand fast therefore in the liberty wherewith Christ hath made us free.
Gal. 5:1.

A spiritually minded man will never come to you with the demand—"Believe this and that"; but with the demand that you square your life with the standards of Jesus. We are not asked to believe the Bible, but to believe the One Whom the Bible reveals (cf. John 5:39-40). We are called to present liberty of conscience, not liberty of view. If we are free with the liberty of Christ, others will be brought into that same liberty—the liberty of realizing the dominance of Jesus Christ.

Always keep your life measured by the standards of Jesus. Bow your neck to His yoke alone, and to no other yoke whatever; and be careful to see that you never bind a yoke on others that is not placed by Jesus Christ. It takes God a long time to get us out of the way of thinking that unless everyone sees as we do, they must be wrong. That is never God's view. There is only one liberty, the liberty of Jesus at work in our conscience enabling us to do what is right.

Don't get impatient, remember how God dealt with you—with patience and with gentleness; but never water down the truth of God. Let it have its way and never apologize for it. Jesus said, "Go and make disciples," not—"make converts to your opinions."

그리스도로 인한 자유함

그러므로 굳건하게 서서 다시는 종의 멍에를 메지 말라 (갈 5:1).

성령에 속한 사람은 "이것저것을 믿어야 한다"고 요구하면서 당신에게 다가서지 않을 것입니다. 대신 예수님의 기준에 맞는 삶이 되어야 한다고 요구할 것입니다. 우리는 성경을 믿으라고 강요받지 않습니다. 그러나 성경이 계시하는 주님을 믿도록 요청받습니다요 5:39-40. 우리는 다른 사람들로 하여금 그들의 견해를 자유롭게 표출하도록 제시하기 위해 부름을 받은 것이 아니라, 그들의 양심의 자유함을 제시하도록 부름 받았습니다. 만일 우리가 그리스도로 인한 자유함을 누린다면 다른 사람들도 같은 자유함을 누릴 수 있도록 인도해야 할 것입니다. 이 자유함은 예수 그리스도의 권세와 통치를 깨달음으로 인한 자유함입니다.

언제나 당신의 삶을 예수님의 기준에 의해서만 평가하십시오. 오직 예수님의 멍에만 메십시오. 예수 그리스도의 멍에가 아닌 다른 멍에를 다른 사람의 목에 메려고 해서도 안 됩니다. 우리의 관점과 다르다는 이유로 다른 사람이 무조건 틀렸다고 생각하는 습성에서 하나님께서 우리를 끄집어내시는 데 오랜 시간이 걸립니다. 이러한 자세는 결코 하나님께서 원하시는 것이 아닙니다. 유일한 자유함은 우리 양심 가운데 역사하시는 예수님의 자유함으로서 우리로 하여금 옳은 것을 행하도록 합니다.

다른 사람들에게 오래 참으십시오. 하나님께서 당신을 어떻게 다루셨는가를 언제나 기억하십시오. 그분은 인내와 온유로 당신을 대하셨습니다. 그러나 하나님의 진리를 조금이라도 희석시키지 마십시오. 진리는 진리로 서게 하고 절대로 진리를 위해 변론하지 마십시오. 예수님께서는 "가서 제자 삼으라"고 하셨지 "사람들로 네 사상과 의견에 따르도록 하라"고 말씀하지 않으셨습니다.

Building for eternity

May. 7th

For which of you, intending to build a tower, sitteth not down first, and counteth the cost, whether he have sufficient to finish it? Luke 14:28.

Our Lord refers not to a cost we have to count, but to a cost which He has counted. The cost was those thirty years in Nazareth, those three years of popularity, scandal and hatred; the deep unfathomable agony in Gethsemane, and the onslaught at Calvary—the pivot upon which the whole of Time and Eternity turns. Jesus Christ has counted the cost. Men are not going to laugh at Him at last and say—"This man began to build, and was not able to finish."

The conditions of discipleship laid down by Our Lord in vv. 26-27 and 33 mean that the men and women He is going to use in His mighty building enterprises are those in whom He has done everything. "If any man come to Me, and hate not ⋯, he cannot be My disciple." Our Lord implies that the only men and women He will use in His building enterprises are those who love Him personally, passionately and devotedly beyond any of the closest ties on earth. The conditions are stern, but they are glorious.

All that we build is going to be inspected by God. Is God going to detect in His searching fire that we have built on the foundation of Jesus some enterprise of our own? These are days of tremendous enterprises, days when we are trying to work for God, and therein is the snare. Profoundly speaking, we can never work for God. Jesus takes us over for His enterprises, His building schemes entirely, and no soul has any right to claim where he shall be put.

제자의 조건

> 너희 중의 누가 망대를 세우고자 할진대 자기의 가진 것이 준공하기까지에 족할는지 먼저 앉아 그 비용을 계산하지 아니하겠느냐 (눅 14:28).

5월 7일

주님께서 말씀하시는 비용이란 우리가 치를 것이 아니라 주님이 치르실 비용입니다. 그 비용은 나사렛에서의 30년 생활이고, 3년간의 공생애 기간 중에 받으신 비방과 미움이며, 겟세마네 동산에서 겪으신 말할 수 없는 깊은 고통이요 마침내 갈보리에서 당하신 십자가 죽음입니다. 십자가 사건은 모든 시간과 영원이 접목하는 순간입니다. 예수님께서는 이와 같은 비용을 계산하셨던 것입니다. 사람들은 마침내 그분을 향해 "이 사람이 역사를 시작하고 능히 이루지 못했다"고 말하면서 비웃지 못하게 될 것입니다.

주님께서 제자가 되기 위한 조건으로 말씀하신 것이 누가복음 14장 26, 27, 33절인데, 그 의미는 주께서 주의 위대한 나라를 세우는 데 사용하실 사람들은 주께서 이미 모든 비용을 다 지불해 놓으신 자들이라는 것입니다. "무릇 내게 오는 자가 … 자기 목숨까지 미워하지 아니하면 능히 내 제자가 되지 못하고"눅 14:26. 주님께서 주님의 나라에 사용하실 수 있는 유일한 사람들은 이 땅에서 다른 그 어떤 것보다 오직 주님을 인격적, 열정적, 헌신적으로 훨씬 더 사랑하는 사람들입니다. 제자의 조건은 엄격하지만 영광스러운 것입니다.

우리가 수고하여 세운 것들은 하나님에 의해 점검될 것입니다. 하나님께서 주의 시험하는 불로 당신의 공력을 점검하실 때 혹시 주님의 기초 위에 당신 자신의 나라를 세운 것으로 드러나지는 않습니까? 보통 자신의 기업을 세우려는 때는 대규모의 놀라운 사업들을 이루는 때이며, 이때 주님을 위해 일한다고 하지만 사실 함정이 있습니다. 엄밀하게 말하자면, 우리는 하나님을 위해 결코 아무 일도 할 수 없습니다. 위대한 건축가이신 예수님께서 그분의 나라를 세우기 위해 우리를 취하실 뿐입니다. 온전히 주님의 사업이기에 그 누구도 자신이 어디에 있어야 한다고 주장할 권리가 없습니다.

The patience of faith

Because thou hast kept the word of My patience. Rev. 3:10.

Patience is more than endurance. A saint's life is in the hands of God like a bow and arrow in the hands of an archer. God is aiming at something the saint cannot see, and He stretches and strains, and every now and again the saint says—"I cannot stand any more." God does not heed, He goes on stretching till His purpose is in sight, then He lets fly. Trust yourself in God's hands. For what have you need of patience just now? Maintain your relationship to Jesus Christ by the patience of faith. "Though He slay me, yet will I wait for Him."

Faith is not a pathetic sentiment, but robust vigorous confidence built on the fact that God is holy love. You cannot see Him just now, you cannot understand what He is doing, but you know Him. Shipwreck occurs where there is not that mental poise which comes from being established on the eternal truth that God is holy love. Faith is the heroic effort of your life, you fling yourself in reckless confidence on God.

God has ventured all in Jesus Christ to save us, now He wants us to venture our all in abandoned confidence in Him. There are spots where that faith has not worked in us as yet, places untouched by the life of God. There were none of those spots in Jesus Christ's life, and there are to be none in ours. "This is life eternal, that they might know Thee." The real meaning of eternal life is a life that can face anything it has to face without wavering. If we take this view, life becomes one great romance, a glorious opportunity for seeing marvellous things all the time. God is disciplining us to get us into this central place of power.

믿음의 인내

네가 나의 인내의 말씀을 지켰은즉 (계 3:10).

5월 8일

인내란 지구력보다 더 강한 것입니다. 성도들의 삶은 명궁수의 손에 있는 활과 화살처럼 하나님의 손에 있습니다. 하나님은 성도들이 볼 수 없는 목표를 향해 조준하고 활을 당기십니다. 이때 성도들은 말합니다. "더 이상 견딜 수 없어요." 그러나 하나님께서는 별로 신경 쓰지 않으시고 과녁이 눈에 들어올 때까지 활을 당기고 쏘십니다. 주님의 손에 당신을 맡기십시오. 지금 인내해야 하는 상황입니까? 믿음의 인내로 예수 그리스도와의 관계를 유지하십시오. "그분이 나를 죽이신다고 해도 나는 여전히 주를 기다릴 것입니다"욥 13:15.

믿음은 연약한 동정심이 아닙니다. 오히려 믿음은, 하나님은 거룩한 사랑이라는 사실 위에 힘차고 담대하게 서 있는 확신입니다. 비록 당신이 지금 그분을 볼 수 없고 그분이 무엇을 하시는지 이해할 수 없어도 당신은 주님을 압니다. 믿음의 파선은, 하나님은 거룩한 사랑이라는 영원한 진리를 지적으로 붙들지 못할 때 찾아옵니다. 믿음은 당신의 삶의 최상의 노력으로서 하나님만 철저하게 신뢰하는 가운데 당신 자신을 과감히 던지는 것입니다.

하나님께서는 우리를 구원하시기 위해 예수 그리스도 안에서 자신의 모든 것을 거셨습니다. 이제 주님은 우리가 그분만을 믿는 믿음 안에서 우리의 인생을 주께 걸기를 원하십니다. 우리의 삶 가운데는 하나님의 생명에 의해 접촉되지 않은 영역, 즉 믿음이 역사하지 않은 부분들이 여전히 남아 있습니다. 예수 그리스도의 삶에는 이러한 부분이 없었습니다. 우리 안에도 그러한 부분이 있어서는 안 됩니다. "영생은 곧 유일하신 참하나님과 그가 보내신 자 예수 그리스도를 아는 것이니이다"요 17:3. 영생의 진정한 의미는 어떤 일들을 당해도 조금도 요동함이 없이 견딜 수 있는 생명입니다. 만일 우리가 이러한 관점을 취한다면 우리의 인생은 위대한 로맨스가 될 것이며 언제나 놀라운 일을 볼 수 있는 영광스러운 기회를 얻게 될 것입니다. 하나님께서는 주의 권능의 중심부로 우리를 이끌기 위해 우리 각자를 훈련시키십니다.

May 9th — Grasp without reach

Where there is no vision, the people cast off restraint.
Proverbs 29:18 (R.V.).

There is a difference between an ideal and a vision. An ideal has no moral inspiration; a vision has. The people who give themselves over to ideals rarely do anything. A man's conception of Deity may be used to justify his deliberate neglect of his duty. Jonah argued that because God was a God of justice and of mercy, therefore everything would be all right. I may have a right conception of God, and that may be the very reason why I do not do my duty. But wherever there is vision, there is also a life of rectitude because the vision imparts moral incentive.

Ideals may lull to ruin. Take stock of yourself spiritually and see whether you have ideals only or if you have vision.

"Ah, but a man's reach should exceed his grasp,
Or what's a heaven for?"

"Where there is no vision⋯." When once we lose sight of God, we begin to be reckless, we cast off certain restraints, we cast off praying, we cast off the vision of God in little things, and begin to act on our own initiative. If we are eating what we have out of our own hand, doing things on our own initiative without expecting God to come in, we are on the downward path, we have lost the vision. Is our attitude today an attitude that springs from our vision of God? Are we expecting God to do greater things than He has ever done? Is there a freshness and vigour in our spiritual outlook?

이상입니까, 비전입니까?

묵시가 없으면 백성이 방자히 행하거니와 (잠 29:18).

이상과 비전(묵시)은 다릅니다. 이상은 영적인 영감이 없지만 비전에는 영감이 있습니다. 이상에 빠진 사람들은 거의 아무것도 하지 않습니다. 스스로 신을 정의하면서 사람이 마땅히 해야 할 의무를 의도적으로 이행하지 않도록 정당화할 수 있습니다. 요나 선지자는 하나님께 불순종을 하면서도 하나님이 공의와 자비의 하나님이시기 때문에 모든 것이 잘될 것이라고 생각했습니다. 우리도 하나님에 관한 바른 개념을 가지고 있으면서 그 개념으로 의무를 수행하지 않을 근거를 마련할 수 있습니다. 그러나 비전이 있는 곳에는, 올바른 삶이 있습니다. 그 이유는 비전은 순종하고자 하는 도덕적(영적) 동기를 부여하기 때문입니다.

이상은 파멸을 초래할 수 있습니다. 영적으로 충만해져서 당신에게 이상만 있는지 아니면 비전이 있는지 확인해 보십시오.

"오, 인간이 자신의 한계를 넘어설 수 있다면,
하늘이 무엇을 위해 있겠는가!"

"묵시(비전)가 없으면", 즉 우리가 일단 하나님을 바라보지 않게 되면, 우리는 무절제해지고 제멋대로 행하기 시작합니다. 기도를 던져버리고, 작은 일들 속에서 하나님을 뵙는 것도 거부합니다. 우리의 모든 삶에서 스스로 주도권을 쥐고 행동하기 시작합니다. 만일 하나님께서 간섭하실 것을 기대하지 않고 자기 마음대로 행동하면서 자신의 능력을 믿고 살아간다면, 이는 영적으로 내리막길을 가는 것이며 비전을 잃은 것입니다. 오늘날 우리의 삶의 자세는 하나님의 비전에서 나온 것입니까? 주께서 지금까지 하신 일보다 더 위대한 일들을 하실 것을 기대합니까? 우리의 영적 안목에 신선함과 활력이 있습니까?

Take the initiative

Add to your faith virtue ...
("Furnish your faith with resolution," Moffatt) 2 Peter 1:5.

"Add" means there is something we have to do. We are in danger of forgetting that we cannot do what God does, and that God will not do what we can do. We cannot save ourselves nor sanctify ourselves, God does that; but God will not give us good habits, He will not give us character, He will not make us walk aright. We have to do all that ourselves, we have to work out the salvation God has worked in. "Add" means to get into the habit of doing things, and in the initial stages it is difficult. To take the initiative is to make a beginning, to instruct yourself in the way you have to go.

Beware of the tendency of asking the way when you know it perfectly well. Take the initiative, stop hesitating, and take the first step. Be resolute when God speaks, act in faith immediately on what He says, and never revise your decisions. If you hesitate when God tells you to do a thing, you endanger your standing in grace. Take the initiative, take it yourself, take the step with your will now, make it impossible to go back. Burn your bridges behind you—"I will write that letter"; "I will pay that debt." Make the thing inevitable.

We have to get into the habit of hearkening to God about everything, to form the habit of finding out what God says. If, when a crisis comes, we instinctively turn to God, we know that the habit has been formed. We have to take the initiative where we are, not where we are not.

첫 발걸음을 떼십시오!

너희 믿음에 덕을 … 더하라 (벧후 1:5,7).

5월 10일

"더하라"는 우리가 뭔가 해야 한다는 뜻입니다. 하나님께서 하시는 일을 우리가 할 수 없고 우리가 할 수 있는 일을 하나님께서 하지 않으신다는 사실을 잊지 마십시오. 우리는 자신을 구원할 수 없으며 거룩하게 할 수도 없습니다. 이 일은 하나님이 하십니다. 그러나 하나님께서 우리에게 좋은 습관이나 성품을 주시는 것이 아닙니다. 바르게 걷도록 무력을 행하시는 것도 아닙니다. 우리 자신이 이 모든 것을 해야 합니다. 하나님께서 우리 안에 이루신 구원을 우리도 이루어야 합니다. "더하라"는 뭔가를 하는 습관에 빠지라는 뜻입니다. 처음 단계에서는 어렵습니다. 첫 발걸음을 떼라는 것은 자신에게 명령해 가야 할 길로 가기 시작하라는 것입니다.

당신이 어떤 길로 가야 하는지를 너무나 잘 알면서 그 길을 의심하는 습성을 경계하십시오. 주저하지 말고 첫 발걸음을 떼십시오. 하나님께서 말씀하실 때 마음을 강하게 먹고 말씀대로 당장 믿음으로 행동하십시오. 당신의 결단을 절대로 재고하지 마십시오. 하나님께서 당신에게 무엇을 하라고 말씀하실 때 머뭇거리면 은혜로 서 있는 당신의 발판이 위험해집니다. 주도적으로 나아가십시오. 의지적으로 발걸음을 당장 떼십시오. 뒤로 돌아가는 것을 불가능하게 만드십시오. 지나온 다리를 태워버리십시오. 주께서 말씀하신 일을 불가피한 일로 만드십시오.

우리는 만사에 하나님의 음성을 경청하는 습관을 길러야 합니다. 하나님께서 무엇을 말씀하시는지 찾으려는 습관을 만들어야 합니다. 만일 위기가 오면 우리는 본능적으로 하나님을 의지합니다. 그러한 습관이 만들어져 있다는 뜻입니다. 나중에 다른 곳에서가 아니라 지금 당신이 있는 그 곳에서 주님의 말씀대로 첫 발걸음을 떼십시오.

You won't reach it on tiptoe

May. 11th

Add to your brotherliness … love. 2 Peter 1:7.

Love is indefinite to most of us, we do not know what we mean when we talk about love. Love is the sovereign preference of one person for another, and spiritually Jesus demands that that preference be for Himself (cf. Luke 14:26). When the love of God is shed abroad in our hearts by the Holy Ghost, Jesus Christ is easily first; then we must practise the working out of these things mentioned by Peter.

The first thing God does is to knock pretence and the pious pose right out of me. The Holy Spirit reveals that God loved me not because I was lovable, but because it was His nature to do so. 'Now,' He says to me, "show the same love to others"—"Love as I have loved you." "I will bring any number of people about you whom you cannot respect, and you must exhibit My love to them as I have exhibited it to you." You won't reach it on tiptoe. Some of us have tried to, but we were soon tired.

"The Lord suffereth long …." Let me look within and see; His dealings with me. The knowledge that God has loved me to the uttermost, to the end of all my sin and meanness and selfishness and wrong, will send me forth into the world to love in the same way. God's love to me is inexhaustible, and I must love others from the bedrock of God's love to me. Growth in grace stops the moment I get huffed. I get huffed because I have a peculiar person to live with. Just think how disagreeable I have been to God! Am I prepared to be so identified with the Lord Jesus that His life and His sweetness are being poured out all the time? Neither natural love nor Divine love will remain unless it is cultivated. Love is spontaneous, but it has to be maintained by discipline.

훈련해야 할 사랑

형제 우애에 사랑을 더하라 (벧후 1:7).

5월 11일

대부분의 사람들에게 사랑은 막연합니다. 사랑에 대해 말하면서 사랑이 무엇을 의미하는지조차 모릅니다. 사랑은 다른 사람보다 어떤 한 사람을 가장 좋아하는 것입니다. 주님은 영적으로 그러한 사랑을 원하십니다 눅 14:26. 하나님의 사랑이 성령에 의해 우리 마음속에 부어지면 예수 그리스도를 최고 우선순위로 두는 것은 쉽습니다. 그 다음에는 베드로가 언급한 것들을 실천할 수 있도록 연습해야 합니다.

하나님이 내게 하시는 첫 번째 일은 위선과 겉모양을 부수는 것입니다. 성령께서는 하나님께서 내가 사랑스러워서 나를 사랑하는 것이 아니라 그것이 그분의 속성이기 때문에 나를 사랑하심을 알려주십니다. 주님은 내게 말씀하십니다. "내가 너를 사랑한 것과 같은 사랑으로 다른 사람에게 보이라"요 15:12. "내가 너희를 사랑한 것같이 너희도 사랑하라." "내가 도무지 귀히 여길 수 없는 여러 사람들을 너에게 데리고 오겠다. 너는 내가 네게 보여준 것과 똑같은 사랑을 그들에게 보여주어야 한다." 그러한 사랑은 하룻밤 사이에 금세 이룰 수 있는 것이 아닙니다. 많은 사람들이 애쓰고 노력했지만 곧 지쳤습니다.

"너희를 대해 오래 참으사…"벧후 3:9. 내 속을 들여다보고 주님께서 나를 어떻게 다루어 오셨는가를 보십시오. 하나님께서 나를 지극히 사랑하시되 나의 모든 죄악에도 불구하고-이기심, 경박함, 잘못들도-사랑하셨다는 깨달음은 나로 하여금 세상으로 나아가 같은 사랑으로 사랑하게 할 것입니다. 나를 향한 하나님의 사랑은 한이 없습니다. 따라서 나를 향하신 하나님의 사랑을 근거로 다른 사람을 사랑해야 합니다. 은혜 가운데 성장하면 불끈 하는 순간들을 막을 수 있습니다. 나는 함께 살아야 하는 사람이 나를 힘들게 하기 때문에 화가 치밉니다. 그러나 내가 하나님께 얼마나 동의하지 않았는가를 생각해보십시오. 이제 주 예수님과 일치되어 당신을 통해 그분의 생명과 향기가 항상 흘러넘치게 하겠습니까? 자연적인 사랑이든 영적인 사랑이든 사랑은 공급을 받아 개발되지 않으면 유지될 수 없습니다. 사랑은 자발적입니다. 그러나 사랑은 훈련에 의해 유지되어야 합니다.

Make a habit of having no habits

For if these things are yours and abound, they make you to be not idle nor unfruitful. 2 Peter 1:8 (R.V.).

When we begin to form a habit we are conscious of it. There are times when we are conscious of becoming virtuous and patient and godly, but it is only a stage; if we stop there we shall get the strut of the spiritual prig. The right thing to do with habits is to lose them in the life of the Lord, until every habit is so practised that there is no conscious habit at all. Our spiritual life continually resolves into introspection because there are some qualities we have not added as yet. Ultimately the relationship is to be a completely simple one.

Your god may be your little Christian habit, the habit of prayer at stated times, or the habit of Bible reading. Watch how your Father will upset those times if you begin to worship your habit instead of what the habit symbolizes—"I can't do that just now, I am praying; it is my hour with God." No, it is your hour with your habit. There is a quality that is lacking in you. Recognize the defect, and then look for the opportunity of exercising yourself along the line of the quality to be added.

Love means that there is no habit visible, you have come to the place where the habit is lost, and by practice you do the thing unconsciously. If you are consciously holy, there are certain things you imagine you cannot do, certain relationships in which you are far from simple; that means there is something to be added. The only supernatural life is the life the Lord Jesus lived, and He was at home with God anywhere. Is there anywhere where you are not at home with God? Let God press through in that particular circumstance until you gain Him, and life becomes the simple life of a child.

경건 습관이라는 우상

너희에게 있어 흡족한즉 너희로 우리 주 예수 그리스도를 알기에 게으르지 않고
열매 없는 자가 되지 않게 하려니와 (벧후 1:8).

5월 12일

처음에 습관을 만들기 시작할 때 우리는 그 습관을 의식하게 됩니다. 그래서 우리가 덕이 있고 인내하며 경건해지는 것을 의식합니다. 그러나 이것은 잠깐의 단계일 뿐입니다. 의식하는 상태에서 멈추면 우리는 영적 자만의 굴레에 빠질 것입니다. 우리는 경건의 습관에 너무나 익숙해져서 그 습관을 전혀 의식하지 못할 때까지 주님의 생명 속에 잠겨야 합니다. 우리의 영적 생활은 아직 공급되지 못한 덜 채워진 부분들이 있기 때문에 끊임없이 자기 성찰을 해야 합니다. 궁극적으로 하나님과의 관계가 지극히 단순해야 합니다. 당신의 작은 습관이 우상이 될 수 있습니다. 정해진 시간에 기도하는 습관, 성경 읽는 습관 등이 우상이 됩니다. 경건 습관의 본래 목적인 하나님과의 교제 대신에 서서히 습관 자체를 예배하기 시작하면서 결국 습관이 우상이 됩니다. 이때 하늘 아버지께서 얼마나 분노하실지 주의하십시오. "하나님, 지금은 기도하고 있으니까 주님의 말씀에 순종할 수 없어요. 이 시간은 하나님을 위해 정한 시간이랍니다." 아닙니다! 이러한 경우 경건의 시간은 당신이 하나님과 함께하는 시간이 아니라 당신의 습관과 함께하는 시간입니다. 아직 당신에게는 부족한 성품들이 많습니다. 그 약점을 인정하고 성품을 다듬는 훈련의 기회를 찾으십시오.

사랑은 눈에 보이는 습관이 아닙니다. 사랑은 습관이 보이지 않는 자리까지 내려갑니다. 사랑의 연습을 통해 무의식적으로 사랑하는 자리까지 갈 수 있습니다. 만일 당신이 자신의 거룩을 의식한다면, 이는 당신에게 부족함이 있고 하나님과 거리가 있으며 그분과 진실한 관계가 아니라는 뜻입니다. 따라서 뭔가 공급되어야 한다는 것을 의미합니다. 그것은 초자연적인 유일한 생명으로서 주 예수 그리스도께서 사셨던 생명입니다. 그분은 어디에서나 하나님과 하나가 되어 평안하셨습니다. 하나님과 불편한 것이 있습니까? 그 특별한 상황에서도 하나님으로 들어오게 하셔서 당신의 주님이 되게 하십시오. 그때 당신의 삶은 어린아이와 같은 단순하고 진실한 삶이 될 것입니다.

The habit of a good conscience

A conscience void of offence toward God, and toward men. Acts 24:16.

God's commands are given to the life of His Son in us, consequently to the human nature in which His Son has been formed, His commands are difficult, but immediately we obey they become divinely easy.

Conscience is that faculty in me which attaches itself to the highest that I know, and tells me what the highest I know demands that I do. It is the eye of the soul which looks out either towards God or towards what it regards as the highest, and therefore conscience records differently in different people. If I am in the habit of steadily facing myself with God, my conscience will always introduce God's perfect law and indicate what I should do. The point is, will I obey? I have to make an effort to keep my conscience so sensitive that I walk without offence. I should be living in such perfect sympathy with God's Son, that in every circumstance the spirit of my mind is renewed, and I "make out" at once "what is that good, and acceptable and perfect, will of God."

God always educates us down to the scruple. Is my ear so keen to hear the tiniest whisper of the Spirit that I know what I should do? "Grieve not the Holy Spirit." He does not come with a voice like thunder; His voice is so gentle that it is easy to ignore it. The one thing that keeps the conscience sensitive to Him is the continual habit of being open to God on the inside. When there is any debate, quit. "Why shouldn't I do this?" You are on the wrong track. There is no debate possible when conscience speaks. At your peril, you allow one thing to obscure your inner communion with God. Drop it, whatever it is, and see that you keep your inner vision clear.

선한 양심을 갖는 습관

하나님과 사람에 대하여 항상 양심에 거리낌이 없기를 힘쓰나이다 (행 24:16).

5월 13일

　하나님의 명령은 우리 안에 계신 하나님의 아들의 생명에게 주어집니다. 결과적으로 인간의 속성 안에 하나님의 아들이 형성됩니다. 주의 명령은 어렵지만 우리가 즉시 순종하면 영적인 차원에서 쉬운 것이 됩니다.

　양심은 내가 아는 최상의 것에 마음의 초점을 두는 기능으로서, 사람마다 양심은 다르게 나타날 수 있습니다. 또한 양심은 영혼의 눈으로서 하나님을 향하거나 스스로 최상이라고 간주하는 것을 향합니다. 만일 내가 꾸준하게 하나님을 뵙는 습관을 가지고 있다면, 내 양심은 항상 하나님의 완전하신 율법을 소개하면서 내가 무엇을 해야 하는지를 지시합니다. 문제는 내가 순종할 것인가 하는 것입니다. 양심을 어기지 않고 잘 지내려면 나의 양심이 예민할 수 있도록 노력해야 합니다. 하나님의 아들 그리스도와 완전히 일치된 상태에서 살아가십시오. 그러면 모든 상황 가운데 마음의 영이 새롭게 될 것입니다. 그러면 당장 "하나님의 선하시고 기뻐하시고 온전하신 뜻이 무엇인지 분별"롬 12:2하게 됩니다.

　하나님께서는 언제나 작고 사소한 부분까지 우리를 일깨우십니다. 당신의 귀는 당신이 무엇을 해야 하는지를 말해주는 성령의 세미한 속삭임까지 들을 만큼 예민합니까? "하나님의 성령을 근심하게 하지 말라"엡 4:30. 주님은 천둥 같은 음성으로 오지 않으십니다. 주의 음성은 너무나 세미해서 쉽게 무시하게 됩니다. 우리의 양심을 예민하게 하는 것은 내면 세계를 언제나 하나님께 열어두는 끊임없는 습관입니다. 만일 내면 세계에 시비가 있으면 당장 그 일을 멈추십시오. "내가 왜 이것을 하면 안 되는 거지?"라는 의문을 품으면 당신은 잘못된 길에 있는 것입니다. 양심이 말할 때는 절대로 시비를 따져서는 안 됩니다. 헛된 모험을 걸고 하나라도 허락하면 양심을 어긴 일로 인해 하나님과의 내적 교통이 불투명하게 됩니다. 양심에 꺼려지는 것은 무엇이든 내려놓으십시오. 그리고 내면 세계의 시력이 맑게 유지되는지를 살펴보십시오.

The habit of enjoying the disagreeable

*That the life also of Jesus might be
made manifest in our mortal flesh.* 2 Cor. 4:10.

We have to form habits to express what God's grace has done in us. It is not a question of being saved from hell, but of being saved in order to manifest the life of the Son of God in our mortal flesh, and it is the disagreeable things which make us exhibit whether or not we are manifesting His life. Do I manifest the essential sweetness of the Son of God, or the essential irritation of 'myself' apart from Him? The only thing that will enable me to enjoy the disagreeable is the keen enthusiasm of letting the life of the Son of God manifest itself in me. No matter how disagreeable a thing may be, say—"Lord, I am delighted to obey Thee in this matter," and instantly the Son of God will press to the front, and there will be manifested in my human life that which glorifies Jesus.

There must be no debate. The moment you obey the light, the Son of God presses through you in that particular; but if you debate you grieve the Spirit of God. You must keep yourself fit to let the life of the Son of God be manifested, and you cannot keep yourself fit if you give way to self-pity. Our circumstances are the means of manifesting how wonderfully perfect and extraordinarily pure the Son of God is. The thing that ought to make the heart beat is a new way of manifesting the Son of God. It is one thing to choose the disagreeable, and another thing to go into the disagreeable by God's engineering. If God puts you there, He is amply sufficient.

Keep your soul fit to manifest the life of the Son of God. Never live on memories; let the word of God be always living and active in you.

역경을 이기는 습관

5월 14일

우리가 항상 예수의 죽음을 몸에 짊어짐은
예수의 생명이 또한 우리 몸에 나타나게 하려 함이라 (고후 4:10).

우리는 하나님께서 은혜로 우리 안에 이루신 것을 삶에서 표현하는 습관을 길러야 합니다. 단지 지옥으로부터 구원받기 위해서가 아니라 구원받은 후에 하나님의 아들의 생명을 우리의 죽을 육체를 통해 제대로 드러내기 위해서입니다. 그런데 우리가 주님의 생명을 드러내는지의 여부는 역경을 당해보면 압니다. 하나님의 아들의 그 원천적인 향기를 드러냅니까? 아니면 그분을 떠나 나 자신의 짜증과 신경질과 초조함을 드러냅니까? 역경 가운데 참된 자유함을 누릴 수 있는 유일한 비결은 하나님의 아들의 생명이 우리 안에서 드러나기를 간절히 열망하는 것입니다. 어떠한 역경이 있더라도 "주님, 저는 이 일에 주님께 순종하는 것이 기쁨입니다"라고 말해보십시오. 그러면 즉시 하나님의 아들이 우리 마음을 주장하게 되면서 나의 삶을 통해 주님을 영화롭게 하는 생명을 드러내실 것입니다.

역경 가운데 주님과 다투어서는 안 됩니다. 당신이 빛에 순종하는 순간 하나님의 아들이 당신을 통해 빛을 비추실 것입니다. 만일 하나님과 다투면 이는 주의 성령을 근심케 하는 것입니다. 하나님의 아들의 생명이 당신을 통해 드러날 수 있도록 자신을 추스리십시오. 자기연민에 빠지면 자신을 추스릴 수 없게 됩니다. 우리의 모든 상황들은 하나님의 아들이 얼마나 완벽하고 순결하신지를 드러내는 수단일 뿐입니다. 어떠한 상황에서도 하나님이 드러내실 수 있다는 사실은 우리의 가슴을 뛰게 합니다. 역경을 택하는 것과 하나님의 섭리 가운데 역경을 당하는 것은 다릅니다. 만일 하나님께서 역경을 허락하셨다면 그분은 당신 곁에서 충분히 당신을 도우실 것입니다.

어떤 상황에서든지 하나님의 아들의 생명이 드러나도록 자신의 영혼을 추스리십시오. 절대로 기억이나 경험으로 대처하지 말고 언제나 하나님의 말씀이 당신 안에서 살아 움직이게 하십시오.

The habit of rising to the occasion

That ye may know what is the hope of His calling ⋯ Eph. 1:18.

Remember what you are saved for—that the Son of God might be manifested in your mortal flesh. Bend the whole energy of your powers to realize your election as a child of God; rise to the occasion every time.

You cannot do anything for your salvation, but you must do something to manifest it, you must work out what God has worked in. Are you working it out with your tongue, and your brain and your nerves? If you are still the same miserable crosspatch, set on your own way, then it is a lie to say that God has saved and sanctified you.

God is the Master Engineer, He allows the difficulties to come in order to see if you can vault over them properly—"By my God have I leaped over a wall." God will never shield you from any of the requirements of a son or daughter of His. Peter says—"Think it not strange concerning the fiery trial which is to try you." Rise to the occasion; do the thing. It does not matter how it hurts as long as it gives God the chance to manifest Himself in your mortal flesh.

May God not find the whine in us any more, but may He find us full of spiritual pluck and athleticism, ready to face anything He brings. We have to exercise ourselves in order that the Son of God may be manifested in our mortal flesh. God never has museums. The only aim of the life is that the Son of God may be manifested, and all dictation to God vanishes. Our Lord never dictated to His Father, and we are not here to dictate to God; we are here to submit to His will so that He may work through us what He wants. When we realize this, He will make us broken bread and poured-out wine to feed and nourish others.

시련에 대항하는 습관

그의 부르심의 소망이 무엇이며 (엡 1:18).

5월 15일

    무엇을 위해 구원받았는지를 기억하십시오. 하나님의 아들이 당신의 죽을 육체를 통해 나타나게 하기 위해 구원받은 것입니다. 마음을 다해 하나님의 자녀로서 선택 받은 목적을 실현하십시오. 매번 기회를 잡으십시오. 당신이 구원받기 위해 할 수 있는 것은 아무것도 없습니다. 그러나 받은 구원을 나타내기 위해서는 뭔가를 해야 합니다. 당신은 하나님께서 당신 안에 이루신 일을 드러내야 합니다. 당신의 입과 머리와 뇌신경으로 당신의 구원을 삶 속에서 표현하고 있습니까? 당신이 여전히 옛 방식대로 행하는 까다로운 사람이라면, 하나님께서 당신을 구원하셨고 정결하게 하셨다는 것은 거짓말입니다.

    주님은 당신의 삶에 역경을 허락하시고 당신이 그 어려움들을 적절하게 극복하는지를 보십시오. "내가 하나님을 의지하고 담을 뛰어넘나이다"시 18:29. 하나님께서는 주의 자녀들을 자녀답게 만들 수 있는 요구 사항들로부터 당신을 면제시키는 일은 없으십니다. "너희를 연단하려고 오는 불 시험을 이상한 일 당하는 것같이 이상히 여기지 말라"벧전 4:12. 불 시험이 오면 일어나 대처하십시오. 만일 그 불 시험이 당신의 죽을 육체를 통해 그리스도의 생명을 드러낼 기회가 된다면 아무리 아픈 고통이라도 인내하십시오.

    더 이상 하나님께 불평하지 마십시오. 주께서 어떤 상황을 허용하시든지 영적 담력을 가지고 직면할 준비를 하십시오. 우리는 하나님의 아들이 우리의 죽을 육체를 통해 드러나시도록 해야 합니다. 인생의 유일한 목표는 그 인생을 통해 하나님의 아들이 드러나는 것이요 하나님께 명령하려는 마음은 사라지는 것입니다. 주님은 결코 하나님께 명령하신 적이 없습니다. 우리는 하나님께 명령하기 위해 이곳에 있는 것이 아닙니다. 하나님의 뜻에 순복하기 위해 여기 있으며, 주께서 주님이 원하시는 바를 우리를 통해 일하시는 것입니다. 우리가 이 사실을 깨달으면 그분은 우리를 '찢겨진 빵과 부어지는 포도주'가 되게 하셔서 다른 사람들을 먹이고 양육하게 하실 것입니다.

The habit of wealth

Partakers of the divine nature. 2 Peter 1:4.

We are made partakers of the Divine nature through the promises; then we have to 'manipulate' the Divine nature in our human nature by habits, and the first habit to form is the habit of realizing the provision God has made. "Oh, I can't afford it," we say—one of the worst lies is tucked up in that phrase. It is ungovernably bad taste to talk about money in the natural domain, and so it is spiritually, and yet we talk as if our Heavenly Father had cut us off with a shilling! We think it a sign of real modesty to say at the end of a day—"Oh, well, I have just got through, but it has been a severe tussle." And all the Almighty God is ours in the Lord Jesus! And He will tax the last grain of sand and the remotest star to bless us if we will obey Him. What does it matter if external circumstances are hard? Why should they not be! If we give way to self-pity and indulge in the luxury of misery, we banish God's riches from our own lives and hinder others from entering into His provision. No sin is worse than the sin of self-pity, because it obliterates God and puts self-interest upon the throne. It opens our mouths to spit out murmurings and our lives become craving spiritual sponges, there is nothing lovely or generous about them.

When God is beginning to be satisfied with us, He will impoverish everything in the nature of fictitious wealth, until we learn that all our fresh springs are in Him. If the majesty and grace and power of God are not being manifested in us (not to our consciousness), God holds us responsible. "God is able to make all grace abound," then learn to lavish the grace of God on others. Be stamped with God's nature, and His blessing will come through you all the time.

하나님이 주신 부요함을 누리는 습관

신성한 성품에 참여하는 자가 되게 하려 (벧후 1:4).

5월 16일

우리는 약속을 통해 신성한 성품에 참여하는 자가 되었습니다. 우리는 습관을 통해 신성한 성품을 우리 인간의 성품 안에 '만들어가야' 합니다. 가장 먼저 길러야 할 습관은 하나님께서 우리를 위해 다 준비해 두셨음을 깨닫는 습관입니다. 세상적으로도 돈 걱정만 하는 것은 못된 습성입니다. 영적 세계에서도 하나님의 공급을 믿지 않는 것은 악입니다. 우리는 하늘에 계신 아버지께서 한푼이라도 안 주시려고 더 깎는 인색한 분으로 말합니다. 우리는 하루를 마치면서 "오, 이런! 간신히 지냈습니다. 아주 힘든 하루였지요"라고 말하는 것을 미덕으로 생각합니다. 그러나 전능하신 하나님의 모든 것이 주 예수님 안에서 우리의 것입니다! 우리가 주님께 순종하면 주님은 바다의 모든 마지막 모래알과 가장 먼 별까지 사용하셔서 우리를 축복하실 것입니다. 상황이 어렵다고 하더라도 무슨 문제가 됩니까? 왜 난관이 없어야만 합니까? 자기연민이라는 비참한 영적 사치에 빠진다면 우리는 삶 가운데서 하나님의 풍요함을 포기하는 것이며 다른 사람들로 하여금 하나님의 공급하심을 받지 못하게 방해하는 것입니다. 자기연민보다 더 심각한 죄는 없습니다. 자기연민은 하나님 대신 자기 유익을 마음 보좌에 둡니다. 또한 우리의 입을 열어 불평을 쏟게 하고 우리 삶을 끝없는 영적 갈증에 빠지게 합니다. 이러한 상태에서는 사랑스러운 모습도, 덕스러운 모습도 없습니다.

하나님께서 우리를 기뻐하시는 순간부터, 주님께서는 우리가 참된 만족의 샘들이 주님 안에만 있다는 사실을 배울 수 있도록 이 세상에 속한 모든 헛된 부요를 궁핍하게 하십니다. 만일 하나님의 위엄과 은혜와 능력이 우리 안에서 나타나지 않는다면 하나님께서는 그 책임을 우리에게 물으십니다. "하나님이 능히 모든 은혜를 너희에게 넘치게 하시나니 이는 너희로 모든 일에 항상 모든 것이 넉넉하며"고후 9:8. 그렇다면 하나님의 은혜를 다른 사람에게 차고 넘치게 할 수 있는 비결을 배우십시오. 그 비결은 하나님의 성품이 당신의 성품을 통해 나타나게 하는 것입니다. 그러면 주의 축복이 언제나 당신을 통해 흘러넘치게 될 것입니다.

His ascension and our union

May. 17th

And it came to pass, while He blessed them, He was parted from them, and carried up into heaven. Luke 24:51.

We have no corresponding experience to the events in Our Lord's life after the Transfiguration. From then onwards Our Lord's life was altogether vicarious. Up to the time of the Transfiguration He had exhibited the normal perfect life of a man; from the Transfiguration onwards—Gethsemane, the Cross, the Resurrection—everything is unfamiliar to us. His Cross is the door by which every member of the human race can enter into the life of God; by His Resurrection He has the right to give eternal life to any man, and by His Ascension Our Lord enters heaven and keeps the door open for humanity.

On the Mount of Ascension the Transfiguration is completed. If Jesus had gone to heaven from the Mount of Transfiguration, He would have gone alone; He would have been nothing more to us than a glorious Figure. But He turned His back on the glory, and came down from the Mount to identify Himself with fallen humanity.

The Ascension is the consummation of the Transfiguration. Our Lord does now go back into His primal glory; but He does not go back simply as Son of God; He goes back to God as Son of Man as well as Son of God. There is now freedom of access for anyone straight to the very throne of God by the Ascension of the Son of Man. As Son of Man Jesus Christ deliberately limited omnipotence, omnipresence and omniscience in Himself. Now they are His in absolute full power. As Son of Man Jesus Christ has all power at the throne of God. He is King of kings and Lord of lords from the day of His Ascension until now.

주님의 승천과 우리의 연합

축복하실 때에 그들을 떠나 하늘로 올려지시니 (눅 24:51).

변화산 이후에 주님께 발생한 사건들은 우리에게는 발생할 수 없습니다. 그 이유는 그때부터 진행되는 주님의 삶은 전부 우리를 대신해 겪으신 경험이기 때문입니다. 변화산에 오르실 때까지의 주님의 삶은 정상적인 인간으로서 완전한 삶을 보여주셨습니다. 그러나 변화산에서부터는 겟세마네와 십자가와 부활을 경험하시게 되는데, 이는 우리에게 생소한 것들입니다. 주님의 십자가는 누구든지 하나님의 생명 속으로 들어갈 수 있는 입구입니다. 주님은 부활하심으로 누구에게라도 영생을 줄 수 있는 권한을 갖게 되었습니다. 승천하신 주께서는 인류를 위해 하늘 문을 열어두셨습니다.

주님의 변모는 승천하시면서 완성되었습니다. 만일 예수님께서 변화산 상에서 승천하셨다면 혼자 하늘에 가시고 말았을 것입니다. 그렇게 되었다면 주님은 우리에게 영광스러운 영웅에 불과했을 것입니다. 그러나 주님은 그 영화에 등을 돌리시고 변화산에서 내려오셨으며 타락한 인류와 자신을 일치시키셨습니다.

승천은 변모의 완성입니다. 주님은 처음에 가지셨던 영광으로 돌아가셨습니다. 그러나 단지 하나님의 아들로서만이 아니라 인자로서 하나님께 돌아가시게 되셨습니다. 인자가 승천하심으로 지금은 누구든지 하나님의 보좌에 곧바로 나아갈 자유가 생겼습니다. 예수 그리스도는 사람의 아들(인자)이 되셔서 스스로 자신 안에 있는 전지전능하신 능력과 무소부재를 제한하셨습니다. 이제 이러한 신성한 모든 능력들이 다시 완전하게 주님의 것이 되었습니다. 인자로서 예수 그리스도는 하나님의 보좌에서 모든 권능을 가지고 계십니다. 그분은 승천한 그날로부터 지금까지 왕 중의 왕이시며 만유의 주이십니다.

Careful unreasonableness

Behold the fowls of the air ⋯ consider the lilies of the field.
Matthew 6:26,28.

Consider the lilies of the field, how they grow, they simply are! Think of the sea, the air, the sun, the stars and the moon—all these are, and what a ministration they exert. So often we mar God's designed influence through us by our self-conscious effort to be consistent and useful. Jesus says that there is only one way to develop spiritually, and that is by concentration on God. "Do not bother about being of use to others, believe on Me"—pay attention to the Source, and out of you will flow rivers of living water. We cannot get at the springs of our natural life by common sense, and Jesus is teaching that growth in spiritual life does not depend on our watching it, but on concentration on our Father in heaven. Our heavenly Father knows the circumstances we are in, and if we keep concentrated on Him we will grow spiritually as the lilies.

The people who influence us most are not those who buttonhole us and talk to us, but those who live their lives like the stars in heaven and the lilies in the field, perfectly simply and unaffectedly. Those are the lives that mould us.

If you want to be of use to God, get rightly related to Jesus Christ and He will make you of use unconsciously every minute you live.

단순하고 꾸밈없는 삶

5월 18일

> 공중의 새를 보라 …
> 들의 백합화가 어떻게 자라는가 생각하여 보라 (마 6:26,28).

들의 백합화가 어떻게 자라는가 생각해보십시오. 그냥 자랍니다. 바다와 하늘과 별들과 달을 보십시오. 그것들은 다 그냥 존재합니다. 그럼에도 얼마나 자신들의 역할을 잘 감당합니까? 종종 체계적이고 유용한 사람이 되려는 우리의 자아의식적 노력 때문에 우리는 우리를 통해 나타내시려는 하나님의 계획을 망쳐놓습니다. 예수님께서는 우리가 영적으로 성장하기 위해서는 오직 한 길만 있다고 말씀하십니다. 그 한 길은 하나님께만 집중하는 것입니다. 위의 성경 구절은 "다른 사람에게 어떻게 하면 쓸모 있는 사람이 될까 염려하지 말고 단지 나를 믿으라"는 말씀입니다. 근원이신 하나님께 마음을 쏟으십시오. 그리하면 생수의 강이 당신으로부터 흐를 것입니다. 상식과 이성으로는 생명의 샘에 닿을 수 없습니다. 영적 성장은 신경을 쓴다고 되는 것이 아니라 하늘 아버지께 마음을 집중함으로 되는 것이라고 예수님께서 가르치십니다. 하늘 아버지는 우리가 처한 상황을 아십니다. 만일 우리가 주님께 집중하고 있으면 우리는 들의 백합처럼 영적으로 자라나게 될 것입니다.

우리에게 큰 영향을 미치는 사람들은 우리를 붙들고 많은 말을 하는 자들이 아닙니다. 하늘의 별들처럼, 들의 백합처럼 단순하고 꾸밈없이 믿음으로 사는 자들입니다. 그러한 삶이 우리를 변화시킵니다.

만일 하나님께 쓰임받기를 원한다면 예수 그리스도와 바른 관계를 맺으십시오. 그러면 주님께서는 당신이 모르는 가운데 당신이 사는 매 순간을 사용하실 것입니다.

"Out of the wreck I rise"

Who shall separate us from the love of Christ? Romans 8:35.

God does not keep a man immune from trouble; He says—"I will be with him in trouble." It does not matter what actual troubles in the most extreme form get hold of a man's life, not one of them can separate him from his relationship to God. We are "more than conquerors in all these things." Paul is not talking of imaginary things, but of things that are desperately actual; and he says we are super-victors in the midst of them, not by our ingenuity, or by our courage, or by anything other than the fact that not one of them affects our relationship to God in Jesus Christ. Rightly or wrongly, we are where we are, exactly in the condition we are in. I am sorry for the Christian who has not something in his circumstances he wishes was not there.

"Shall tribulation⋯?" Tribulation is never a noble thing; but let tribulation be what it may—exhausting, galling, fatiguing, it is not able to separate us from the love of God. Never let cares or tribulations separate you from the fact that God loves you.

"Shall anguish⋯?"—can God's love hold when everything says that His love is a lie, and that there is no such thing as justice?

"Shall famine⋯?"—can we not only believe in the love of God but be more than conquerors, even while we are being starved?

Either Jesus Christ is a deceiver and Paul is deluded, or some extraordinary thing happens to a man who holds on to the love of God when the odds are all against God's character. Logic is silenced in the face of every one of these things. Only one thing can account for it—the love of God in Christ Jesus. "Out of the wreck I rise" every time.

"다시 일어나리라"

5월 19일

누가 우리를 그리스도의 사랑에서 끊으리요
환난이나 곤고나 박해나 기근이나 적신이나 위험이나 칼이랴 (롬 8:35).

하나님께서는 그 누구도 고난에서 면제해주지 않으십니다. 주님은 "저희 환난 때에 내가 저희와 함께하실 것"시 91:15이라고 말씀하셨습니다. 현실 속에서 그 어떠한 극한상황의 고난도 문제가 되지 않습니다. 그 어떠한 고난도 우리를 하나님과의 관계에서 끊을 수 없기 때문입니다. 우리는 "이 모든 일에 넉넉히 이깁니다." 바울은 상상이 아닌 실제적으로 절박한 일들을 말하고 있습니다. 그는 우리가 이 모든 환난 가운데서 초자연적인 승리자들이라고 말합니다. 이는 우리의 재능이나 용기 때문이 아닙니다. 고난들이 예수 그리스도 안에서 우리가 누리는 하나님과의 관계에 전혀 영향을 미치지 못한다는 점에서, 초자연적인 승리자입니다. 상황이 어떠하든 우리가 처한 그 상황이 바로 우리가 있어야 하는 상황입니다. 그런데 안타깝게도 자신이 처한 상황에 대해 못마땅해하는 그리스도인들이 너무 많습니다.

환난은 결코 고상한 것이 아닙니다. 그러나 곤핍, 조롱, 피곤함 등의 환난이 있으면 그냥 두십시오. 그러한 환난이 하나님의 사랑으로부터 우리를 떼어놓을 수 없습니다. 절대로 세상 염려와 환난 때문에 하나님께서 당신을 사랑한다는 사실을 의심하지 마십시오. 모든 사람들이 하나님의 사랑은 거짓말이요 공의 같은 것은 이 세상에 없다고 말할 때, 당신은 하나님의 사랑으로 인내할 수 있습니까? 굶어죽는 상황에서도 하나님의 사랑을 믿을 뿐 아니라 그 상황을 넉넉히 이길 수 있습니까?

예수 그리스도가 사기꾼이어서 바울이 현혹된 것입니까? 그렇지 않다면 하나님의 성품에 전혀 어울리지 않는 일들, 즉 환난, 곤고, 기근 등이 발생하는 상황에서 하나님의 사랑을 끝까지 붙드는 자들에게는 예외적인 놀라운 일이 일어납니까? 논리적으로는 이러한 일을 설명할 수 없습니다. 오직 한 가지, 그리스도 예수 안에 있는 하나님의 사랑으로 고난을 감당할 수 있습니다. 나는 그 사랑으로 인해 고난 가운데서 매번 일어납니다.

The realm of the real

In your patience possess ye your souls. Luke 21:19.

When a man is born again, there is not the same robustness in his thinking or reasoning for a time as formerly. We have to make an expression of the new life, to form the mind of Christ. "Acquire your soul with patience." Many of us prefer to stay at the threshold of the Christian life instead of going on to construct a soul in accordance with the new life God has put within. We fail because we are ignorant of the way we are made, we put things down to the devil instead of our own undisciplined natures. Think what we can be when we are roused!

There are certain things we must not pray about—moods, for instance. Moods never go by praying, moods go by kicking. A mood nearly always has its seat in the physical condition, not in the moral: It is a continual effort not to listen to the moods which arise from a physical condition; never submit to them for a second. We have to take ourselves by the scruff of the neck and shake ourselves, and we will find that we can do what we said we could not. The curse with most of us is that we won't. The Christian life is one of incarnate spiritual pluck.

기분에 굴복하지 마십시오!

너희의 인내로 너희 영혼을 얻으리라 (눅 21:19).

5월 20일

사람이 거듭나면 과거와는 달리 한동안 생각과 논리에 확고하지 못합니다. 우리는 그리스도의 마음을 형성하기 위해 새 생명을 표현해야 합니다. "인내함으로 네 영혼을 얻으라." 우리 대부분은 하나님께서 우리 안에 넣어두신 새 생명에 따라 영혼을 세워나가는 대신에 그리스도인의 삶의 문턱에 머물기를 더 선호합니다. 우리는 자신이 어떻게 만들어져 있는지를 몰라서 실패합니다. 우리는 훈련되지 못한 자신의 본성을 탓하는 대신에 마귀를 탓합니다. 자신에 대해 바르게 깨달을 수만 있다면 얼마나 대단한 사람들이 되겠습니까!

우리가 기도할 필요가 없는 것들이 있습니다. 예를 들어 기분입니다. 기분이란 기도한다고 없어지는 것이 아닙니다. 발로 차버려야 떠납니다. 기분은 언제나 물리적인 조건과 깊은 관계가 있지, 도덕적(영적, 내면적)인 것이 아닙니다. 물리적인 조건에 따라 좌우되는 기분에 말려들지 않도록 계속적인 노력을 하십시오. 결코 한순간이라도 기분에 굴복하지 마십시오. 정신을 똑바로 차리고 기분을 떨쳐버리면 안될 것 같았는데 됩니다. 우리에게 임하는 대부분의 불행은 "하고 싶지 않다"는 기분 때문에 옵니다. 그리스도인의 삶이란 영적인 결단과 담력이 삶 가운데 나타나는 것입니다.

Divine reasonings of faith

May. 21st

But seek ye first the kingdom of God, and His righteousness; and all these things shall be added unto you. Matthew 6:33.

Immediately we look at these words of Jesus, we find them the most revolutionary statement human ears ever listened to. "Seek ye first the kingdom of God." We argue in exactly the opposite way, even the most spiritually-minded of us—"But I must live; I must make so much money; I must be clothed; I must be fed." The great concern of our lives is not the kingdom of God, but how we are to fit ourselves to live. Jesus reverses the order: Get rightly related to God first, maintain that as the great care of your life, and never put the concern of your care on the other things.

"Take no thought for your life ⋯." Our Lord points out the utter unreasonableness from His standpoint of being so anxious over the means of living. Jesus is not saying that the man who takes thought for nothing is blessed—that man is a fool. Jesus taught that a disciple has to make his relationship to God the dominating concentration of his life, and to be carefully careless about everything else in comparison to that. Jesus is saying—"Don't make the ruling factor of your life what you shall eat and what you shall drink, but be concentrated absolutely on God." Some people are careless over what they eat and drink, and they suffer for it; they are careless about what they wear, and they look as they have no business to look; they are careless about their earthly affairs, and God holds them responsible. Jesus is saying that the great care of the life is to put the relationship to God first, and everything else second.

It is one of the severest disciplines of the Christian life to allow the Holy Spirit to bring us into harmony with the teaching of Jesus in these verses.

믿음의 영적 논리

너희는 먼저 그의 나라와 그의 의를 구하라
그리하면 이 모든 것을 너희에게 더하시리라 (마 6:33).

5월 21일

주님께서 하신 이 말씀은 아마 인간의 귀로 들을 수 있는 가장 혁명적인 말씀일 것입니다. "먼저 그의 나라를 구하라." 그러나 우리는 정확하게 반대로 말하곤 합니다. 심지어 가장 영적인 사람들마저도 "그러나 내가 살아야 해, 돈이 많아야 해. 옷도 필요하고 먹고 살 것이 필요해"라고 말합니다. 우리의 가장 큰 관심은 하나님의 나라가 아니라 어떻게 하면 내가 사느냐 하는 것입니다. 그러나 예수님께서는 그 순서를 반대로 만드십니다. 먼저 하나님과의 관계를 바르게 하고 그 관계를 유지하는 것을 당신 삶의 최대 관심사로 삼으라는 것입니다. 다른 것들로 인해 염려에 빠지지 말라고 하십니다.

"내일 일을 위하여 염려하지 말라"마 6:34. 주님의 관점에서, 사람들이 삶의 수단에 대해 염려하는 것은 전혀 이치에 맞지 않습니다. 예수님은 아무것도 생각하지 않는 자가 복이 있다고 말씀하시는 것이 아닙니다. 그러한 사람은 어리석은 자입니다. 예수님께서는 제자들에게 하나님과의 관계가 그들의 삶에서 가장 주된 관심사가 되어야 한다고 가르치십니다. 하나님과의 관계 외에는 다른 모든 것에 대해 염려하지 않도록 주의하라고 말씀하십니다. "무엇을 먹을까 무엇을 마실까 하는 염려가 너희들의 삶을 주관해서는 안 된다. 오직 하나님께 절대적으로 집중하리." 어떤 사람들은 먹고 마시고 입는 것에 대해 부주의함으로 인해 고생합니다. 그들은 마치 돌봐야 할 것이 아무것도 없는 것 같습니다. 이 땅에서의 일들에 대해 부주의합니다. 이러한 경우 하나님께서는 그들에게 책임을 물으실 것입니다. 부주의를 합리화할 수 없습니다. 예수님의 말씀은 삶의 최대 관심에 있어서 하나님과의 관계를 첫째로 두고 다른 모든 것은 그 다음이라는 것입니다.

예수님께서 가르치신 이 말씀이 우리의 삶에 실현될 수 있도록 성령께 우리 자신을 의탁하는 일은 그리스도인의 삶에서 힘든 훈련 중 하나입니다.

Now this explains it

May. 22nd

That they all may be one; as Thou, Father, art in Me, and I in Thee, that they also may be one in Us. John 17:21.

If you are going through a solitary way, read John 17, it will explain exactly why you are where you are—Jesus has prayed that you may be one with the Father as He is. Are you helping God to answer that prayer, or have you some other end for your life? Since you became a disciple you cannot be as independent as you used to be.

The purpose of God is not to answer our prayers, but by our prayers we come to discern the mind of God, and this is revealed in John 17. There is one prayer God must answer, and that is the prayer of Jesus—"that they may be one, even as We are one." Are we as close to Jesus Christ as that?

God is not concerned about our plans; He does not say—'Do you want to go through this bereavement; this upset?' He allows these things for His own purpose. The things we are going through are either making us sweeter, better, nobler men and women; or they are making us more captious and fault-finding, more insistent upon our own way. The things that happen either make us fiends, or they make us saints; it depends entirely upon the relationship we are in to God. If we say—"Thy will be done," we get the consolation of John 17, the consolation of knowing that our Father is working according to His own wisdom. When we understand what God is after we will not get mean and cynical. Jesus has prayed nothing less for us than absolute oneness with Himself as He was one with the Father. Some of us are far off it, and yet God will not leave us alone until we are one with Him, because Jesus has prayed that we may be.

이제 설명이 됩니다

*아버지께서 내 안에, 내가 아버지 안에 있는 것같이
그들도 다 하나가 되어 우리 안에 있게 하사 (요 17:21).*

5월 22일

당신이 지금 외롭다면 요한복음 17장을 읽어보십시오. 그러면 당신이 지금 처한 상황을 분명하게 알게 될 것입니다. 예수님께서는 그분이 아버지와 하나인 것같이 당신이 아버지와 하나 되기를 기도하셨습니다. 당신은 하나님께서 그 기도를 응답하시도록 돕고 있습니까, 아니면 당신의 삶에 다른 목적이 있습니까? 제자가 된 이후로 당신은 예전처럼 자기 마음대로 살 수 없습니다. 하나님의 목적은 우리의 기도에 응답하시는 것이 아니라 우리의 기도를 통해 하나님의 마음을 분별하도록 만드시는 것입니다. 하나님께서 반드시 응답하셔야 하는 기도가 있습니다. 그 기도는 예수님의 기도입니다. "우리가 하나인 것같이 저희도 하나 되게 하소서"요 17:21. 이 기도의 내용처럼 우리는 예수 그리스도와 가까운 관계입니까?

하나님은 우리의 계획에는 관심이 없으십니다. 그분은 "네가 사랑하는 이를 잃은 고통, 어려움, 실패를 이기길 원하느냐?"라고 묻지 않으십니다. 주님께서는 이러한 모든 일들을 주님 자신의 목적을 위해 허락하십니다. 우리가 겪는 이러한 아픔들은 우리를 더 상냥하고 고상하며 속깊은 사람 혹은 더 까다롭고 남을 헐뜯고 자신의 고집만을 주장하는 사람으로 만듭니다. 우리가 겪은 일들을 통해 우리는 성자 혹은 악마가 됩니다. 이는 철저하게 우리가 하나님과 맺고 있는 관계에 달려 있습니다. 만일 "주의 뜻이 이루어지이다"라고 기도하면 우리는 요한복음 17장에서 위로를 받게 됩니다. 그 위로는 우리 아버지께서 그분의 지혜에 따라 일하고 계심을 아는 데서 옵니다. 하나님의 뜻을 알면 우리는 비판적이거나 냉소적인 사람이 되지 않을 것입니다. 예수님께서는 우리를 위해 기도하실 때 무엇보다 주님이 아버지와 하나됨같이 우리도 주님과 완전하게 하나 되기를 기도하셨습니다. 우리 중에는 이러한 하나됨에서 멀리 떠나 있는 사람도 있지만, 하나님께서는 우리가 주님과 하나 될 때까지 절대 우리를 홀로 두고 떠나지 않으실 것입니다. 예수님께서 그렇게 기도하셨기 때문입니다.

Careful infidelity

Take no thought for your life, what ye shall eat, or what ye shall drink; nor yet for your body what ye shall put on. Matthew 6:25.

Jesus sums up commonsense carefulness in a disciple as infidelity. If we have received the Spirit of God, He will press through and say—'Now where does God come in in this relationship, in this mapped-out holiday, in these new books?' He always presses the point until we learn to make Him our first consideration. Whenever we put other things first, there is confusion.

"Take no thought …"—don't take the pressure of forethought upon yourself. It is not only wrong to worry, it is infidelity, because worrying means that we do not think that God can look after the practical details of our lives, and it is never anything else that worries us. Have you ever noticed what Jesus said would choke the word He puts in? The devil? No, the cares of this world. It is the little worries always. I will not trust where I cannot see, that is where infidelity begins. The only cure for infidelity is obedience to the Spirit.

The great word of Jesus to His disciples is abandon.

'염려'라는 불신앙

목숨을 위해 무엇을 먹을까 무엇을 마실까
몸을 위해 무엇을 입을까 염려하지 말라 (마 6:25).

5월 23일

예수님께서는 제자들이 가진 일반적인 염려를 불신앙이라고 말씀하셨습니다. 우리가 성령을 받으면 성령께서 물으실 것입니다. "자, 이 관계 속에서, 이 휴가 계획에, 이 새로운 책들에, 하나님은 어디 계시지?" 성령은 우리가 주님을 첫째로 고려할 때까지 이 점을 항상 강조하십니다. 우리가 주님이 아닌 다른 것을 먼저 고려할 때마다 혼돈이 있게 됩니다.

"염려하지 말라." 장래에 대해 염려하지 마십시오. 염려는 옳지 않을 뿐 아니라 불신앙입니다. 염려란 하나님께서 우리 삶의 실제적인 부분을 돌보지 않으실 것이라고 생각하는 것이기 때문입니다. 사실 이 불신 외에는 우리를 염려하도록 만드는 것이 없습니다. 당신은 주님께서 우리 마음속에 넣어주신 말씀을 질식시키는 것이 무엇인지에 대한 주님의 경고에 주목한 적이 있습니까? 마귀입니까? 아닙니다. 이 세상의 염려입니다. 사소한 염려가 언제나 우리 마음속에 심겨진 말씀을 질식시키는 것입니다. "나는 내 눈으로 보지 않으면 믿을 수 없어!" 이것이 바로 불신앙이 시작되는 순간입니다. 이러한 불신앙에 대한 유일한 치료는 성령님께 순종하는 것입니다.

제자들에게 주신 예수님의 위대하신 말씀은 "다 내려놓으라"는 것입니다.

The delight of despair

May. 24th

And when I saw Him, I fell at His feet as dead. Rev. 1:17.

It may be that like the apostle John you know Jesus Christ intimately, when suddenly He appears with no familiar characteristic at all, and the only thing you can do is to fall at His feet as dead. There are times when God cannot reveal Himself in any other way than in His majesty, and it is the awfulness of the vision which brings you to the delight of despair; if you are ever to be raised up, it must be by the hand of God.

"He laid His right hand upon me." In the midst of the awfulness, a touch comes, and you know it is the right hand of Jesus Christ. The right hand not of restraint nor of correction nor of chastisement, but the right hand of the Everlasting Father. Whenever His hand is laid upon you, it is ineffable peace and comfort, the sense that "underneath are the everlasting arms," full of sustaining and comfort and strength. When once His touch comes, nothing at all can cast you into fear again. In the midst of all His ascended glory the Lord Jesus comes to speak to an insignificant disciple, and to say—"Fear not." His tenderness is ineffably sweet. Do I know Him like that?

Watch some of the things that strike despair. There is despair in which there is no delight, no horizon, no hope of anything brighter; but the delight of despair comes when I know that "in me (that is in my flesh) dwelleth no good thing." I delight to know that there is that in me which must fall prostrate before God when He manifests Himself, and if I am ever to be raised up it must be by the hand of God. God can do nothing for me until I get to the limit of the possible.

절망 속의 기쁨

내가 볼 때에 그의 발 앞에 엎드러져 죽은 자같이 되매 (계 1:17).

5월 24일

사도 요한처럼 당신도 예수님을 친밀하게 안다고 생각할 수 있습니다. 그런데 갑자기 주님께서 생소한 모습으로 나타나시면 그때 당신은 주님 발 앞에 죽은 자처럼 꿇어 엎드리게 됩니다. 때때로 하나님은 위엄 가운데 자신을 계시하지 않으시면 안 될 때가 있습니다. 그럴 때 바로 이 장엄하신 주님의 모습은 당신을 절망 속의 기쁨으로 인도합니다. 만일 일어나게 된다면 오직 하나님의 손길에 의해 가능합니다.

"그가 오른손을 얹고." 그 장엄함 가운데 누군가 나를 만집니다. 바로 예수 그리스도의 오른손입니다. 강요나 견책이나 혼을 내는 손이 아니라 영존하시는 아버지의 오른손입니다. 그 손이 당신 위에 놓일 때마다 말로 형용할 수 없는 평강과 위로가 옵니다. 나를 붙잡고 위로하며 힘을 주시는 영원하신 손입니다. 주님의 손길이 닿으면 당신을 두렵게 만드는 것이 아무것도 없습니다. 주 예수님께서 승천하시는 영광 가운데 보잘것없는 제자들에게 오셔서 말씀하십니다. "두려워 말라." 주님의 인자하심은 말로 형용할 수 없이 부드럽습니다. 나도 주님을 이렇게 알고 있습니까?

절망케 하는 것들을 주의하십시오. 기쁨도 기대도 소망도 더 밝은 미래도 없는 그러한 어두운 절망이 있습니다. 그러나 절망 속에서의 기쁨은 "내 육신에 선한 것이 거하지 아니하는 줄을" 알 때 옵니다. 주께서 자신을 내게 나타내실 때 나는 내 안에, 주 앞에 꿇어 엎드려야만 하는 것들이 있다는 것을 알고 기뻐합니다. 또한 오직 하나님의 손길에 의해서만 일어날 수 있다는 사실을 알 때 절망 속에서 기쁨이 생깁니다. 하나님께서는 내가 나 자신을 향해 절망할 때까지는 나를 위해 아무것도 하실 수 없습니다.

The test of self-interest

May. 25th

If thou wilt take the left hand, then I will go to the right; or if thou depart to the right hand, then I will go to the left. Genesis 13:9.

As soon as you begin to live the life of faith in God, fascinating and luxurious prospects will open up before you, and these things are yours by right; but if you are living the life of faith you will exercise your right to waive your rights, and let God choose for you. God sometimes allows you to get into a place of testing where your own welfare would be the right and proper thing to consider if you were not living a life of faith; but if you are, you will joyfully waive your right and leave God to choose for you. This is the discipline by means of which the natural is transformed into the spiritual by obedience to the voice of God.

Whenever right is made the guidance in the life, it will blunt the spiritual insight. The great enemy of the life of faith in God is not sin, but the good which is not good enough. The good is always the enemy of the best. It would seem the wisest thing in the world for Abraham to choose, it was his right, and the people around would consider him a fool for not choosing. Many of us do not go on spiritually because we prefer to choose what is right instead of relying on God to choose for us. We have to learn to walk according to the standard which has its eye on God. "Walk before Me."

자기 유익을 구하는 시험

네가 좌하면 나는 우하고 네가 우하면 나는 좌하리라 (창 13:9).

5월 25일

하나님 안에서 믿음의 삶을 시작하자마자 당신 앞에는 매력적이고 화려한 전망이 펼쳐지게 될 것입니다. 이 모든 것들이, 당신이 권리 주장을 할 수 있는 것들입니다. 그러나 만일 믿음의 삶을 살아간다면 당신은 당신의 권리들을 포기하고 하나님께서 당신을 위해 선택하시는 인생을 살 것입니다. 하나님은 때때로 당신을 시험하는 장소에 두실 것입니다. 그곳에서 만일 당신이 믿음의 삶을 살지 않으면 자신의 유익을 추구하는 것이 옳고 마땅한 권리라고 생각하게 됩니다. 그러나 그곳에서 믿음으로 살면 당신은 당신의 권리를 기쁘게 포기하고 하나님께서 당신을 위해 선택하시도록 허락할 것입니다. 이것이 하나님의 음성에 순종함으로써 자연적인 것을 영적인 것으로 변환시키는 훈련입니다.

우리의 삶이 '내 권리'에 의해 인도받을 때마다 그 삶은 영적으로 둔화됩니다. 믿음의 삶의 가장 큰 원수는 죄가 아니라 충만하지 못한 어설픈 '선'입니다. 이 '선'은 언제나 '최상의 선'의 원수입니다. 위의 말씀에서, 세상적으로 볼 때 아브라함이 먼저 선택을 하는 것이 가장 지혜롭게 보입니다. 분명 먼저 선택하는 것은 아브라함의 권리였습니다. 주변 사람들은 아브라함이 먼저 선택할 수 있는 권리를 주장하지 않은 모습을 보고 어리석은 자라고 생각했을 것입니다. 우리 대부분은 자신을 위해 하나님께서 선택하시도록 주님을 의지하는 대신에 자신의 권리에 따라 선택하기를 좋아하기 때문에 영적으로 성장하지 못합니다. 우리는 하나님께 시선을 집중하며 사는 법을 배워야 합니다. "너는 내 앞에서 행하여 완전하라"창 17:1.

Think as Jesus taught

Pray without ceasing. 1 Thess. 5:17.

We think rightly or wrongly about prayer according to the conception we have in our minds of prayer. If we think of prayer as the breath in our lungs and the blood from our hearts, we think rightly. The blood flows ceaselessly, and breathing continues ceaselessly; we are not conscious of it, but it is always going on. We are not always conscious of Jesus keeping us in perfect joint with God, but if we are obeying Him, He always is. Prayer is not an exercise, it is the life. Beware of anything that stops ejaculatory prayer. "Pray without ceasing," keep the childlike habit of ejaculatory prayer in your heart to God all the time.

Jesus never mentioned unanswered prayer; He had the boundless certainty that prayer is always answered. Have we by the Spirit the unspeakable certainty that Jesus had about prayer, or do we think of the times when God does not seem to have answered prayer? "Every one that asketh receiveth." We say—"But⋯, but⋯." God answers prayer in the best way, not sometimes, but every time, although the immediate manifestation of the answer in the domain in which we want it may not always follow. Do we expect God to answer prayer?

The danger with us is that we want to water down the things that Jesus says and make them mean something in accordance with common sense; if it were only common sense, it was not worth while for him to say it. The things Jesus says about prayer are supernatural revelations.

예수님께서 가르치신 기도

쉬지 말고 기도하라 (살전 5:17).

　우리는 옳든 그르든 자기 나름대로의 기도에 대한 개념에 따라 기도합니다. 기도를 폐의 호흡 또는 심장의 피처럼 생각한다면 그것은 옳습니다. 피는 끊임없이 흐르며 호흡도 쉬지 않고 진행됩니다. 우리는 이것을 의식하지 않지만 계속 진행되고 있습니다. 마찬가지로 우리는 예수님께서 언제나 우리를 계속 하나님과 완전하게 연결되도록 하신다는 사실을 의식하지 못합니다. 그러나 우리가 주님께 순종하면 그 사실을 알게 됩니다. 기도는 어떤 운동이 아니라 삶 자체입니다. 자연스럽게 흘러나오는 기도를 막지 마십시오. "쉬지 말고 기도하라." 당신의 마음이 언제나 하나님께 있는 가운데 어린아이와 같이 저절로 나오는 기도의 습관을 유지하십시오.

　예수님께서는 응답되지 않는 기도에 대해 말씀하신 적이 없습니다. 그분은 기도란 언제나 응답된다는 무한한 확신을 가지고 계셨습니다. 기도에 대해 예수님께서 가지셨던, 말로 표현할 수 없는 확신을 당신도 성령을 통해 가지고 있습니까? 아니면 하나님께서는 종종 기도에 응답하지 않으시는 때도 있다고 생각합니까? "구하는 이마다 얻을 것이요." 그러나 우리는 말합니다. "그러나… 글쎄요…." 하나님께서는 가끔이 아니라 매번 최선의 방법으로 기도에 응답하십니다. 그렇다고 우리가 원하는 내로 그 응답이 당장 나타난다는 뜻은 아닙니다. 당신은 하나님께서 기도에 응답하실 것을 기대합니까?

　예수님께서 말씀하신 것을 우리 상식에 맞추려고 그 내용을 희석시키는 것은 매우 위험합니다. 만일 주님의 말씀이 단지 상식만 위한 것이라면 주님께서 그러한 말씀을 하실 필요가 없었을 것입니다. 예수님께서 기도에 관해 말씀하신 것들은 초자연적인 계시들입니다.

The life that lives

Tarry ye in the city of Jerusalem, until ye be endued with power from on high. Luke 24:49.

May. 27th

The disciples had to tarry until the day of Pentecost not for their own preparation only; they had to wait until the Lord was glorified historically. As soon as He was glorified, what happened? "Therefore being by the right hand of God exalted, and having received of the Father the promise of the Holy Ghost, He hath shed forth this, which ye now see and hear." The parenthesis in John 7:39 ("For the Holy Ghost was not yet given; because that Jesus was not yet glorified") does not apply to us; the Holy Ghost has been given, the Lord is glorified; the waiting depends not on God's providence, but on our fitness.

The Holy Spirit's influence and power were at work before Pentecost, but He was not here. Immediately Our Lord was glorified in Ascension, the Holy Spirit came into this world, and He has been here ever since. We have to receive the revelation that He is here. The reception of the Holy Spirit is the maintained attitude of a believer. When we receive the Holy Spirit, we receive quickening life from the ascended Lord.

It is not the baptism of the Holy Ghost which changes men, but the power of the ascended Christ coming into men's lives by the Holy Ghost that changes them. We too often divorce what the New Testament never divorces. The baptism of the Holy Ghost is not an experience apart from Jesus Christ: it is the evidence of the ascended Christ.

The baptism of the Holy Ghost does not make you think of Time or Eternity, it is one amazing glorious NOW. "This is life eternal, that they might know Thee." Begin to know Him now, and finish never.

성령 세례

너희는 위로부터 능력으로 입혀질 때까지 이 성에 머물라 (눅 24:49).

5월 27일

제자들은 오순절까지 기다려야 했습니다. 자신들의 준비만을 위한 것이 아니라 주님께서 역사적으로 영광을 받으실 때까지 기다려야만 했습니다. 주께서 영광을 받으시자마자 어떤 일이 발생했습니까? "하나님이 오른손으로 예수를 높이시매 그가 약속하신 성령을 아버지께 받아서 너희가 보고 듣는 이것을 부어주셨느니라"행 2:33. 따라서 "예수께서 아직 영광을 받지 않으셨으므로 성령이 아직 그들에게 계시지 아니하시더라"요 7:39는 내용은 지금 우리에게 적용되지 않습니다. 성령은 이미 주어졌으며 주님은 영광을 받으셨습니다. 따라서 우리에게 기다림이란 성령을 보내시는 하나님의 역사적 경륜에 대한 것이 아니라 우리 자신의 성령 세례를 위한 것입니다.

성령의 영향과 능력은 오순절 이전에도 이미 있었습니다. 그러나 성령님 자신은 이 세상에 계신 것이 아니었습니다. 주님께서 승천하셔서 영광을 받으신 직후에 성령은 이 세상에 오셨습니다. 그 후 지금까지 계속 계십니다. 따라서 우리는 성령이 지금 여기에 계시다는 계시를 받아들여야 합니다. 성령을 영접하는 것은 신자들의 한결같은 자세여야 합니다. 성령을 영접할 때 우리는 승천하신 주님으로부터 살리는 영을 받는 것입니다.

사람을 변화시키는 것은 성령의 세례가 아니라 승천하신 그리스도의 능력이 성령을 통해 그 사람의 삶 가운데 임할 때 가능합니다. 우리는 너무나 자주 성경을 거슬러 성령 세례와 그리스도를 분리시키는 경향이 있습니다. 성령 세례는 예수 그리스도를 떠나서 올 수 있는 경험이 아닙니다. 그것은 그리스도께서 승천하신 증거입니다.

성령 세례는 당신으로 하여금 미래 또는 영원을 생각하라고 주신 것이 아닙니다. 그것은 언제나 놀랍고 영광스러운 '현재'를 위한 것입니다. "영생은 곧 유일하신 참하나님과 그가 보내신 자 예수 그리스도를 아는 것이니이다"요 17:3. 그분을 지금 알기 시작하십시오. 그리고 영원토록 멈추지 마십시오.

Unquestioned revelation

And in that day ye shall ask Me nothing. John 16:23.

When is 'that day'? When the Ascended Lord makes you one with the Father. In that day you will be one with the Father as Jesus is, and "in that day," Jesus says, "ye shall ask Me nothing." Until the resurrection life of Jesus is manifested in you, you want to ask this and that; then after a while you find all questions gone, you do not seem to have any left to ask. You have come to the place of entire reliance on the resurrection life of Jesus which brings you into perfect contact with the purpose of God. Are you living that life now? If not, why shouldn't you?

There may be any number of things dark to your understanding, but they do not come in between your heart and God. "And in that day ye shall ask Me no question"—you do not need to, you are so certain that God will bring things out in accordance with His will. John 14:1 has become the real state of your heart, and there are no more questions to be asked. If anything is a mystery to you and it is coming in between you and God, never look for the explanation in your intellect, look for it in your disposition, it is that which is wrong. When once your disposition is willing to submit to the life of Jesus, the understanding will be perfectly clear, and you will get to the place where there is no distance between the Father and His child because the Lord has made you one, and "in that day ye shall ask Me no question."

질문 없는 계시

그날에는 너희가 아무것도 내게 묻지 아니하리라 (요 16:23).

5월 28일

'그날'은 언제입니까? 승천하신 주님께서 당신을 하나님과 하나 되게 하실 때는 아닙니까? 그날에 당신은 예수님처럼 아버지와 하나가 될 것입니다. 예수님께서 "그날에 너희가 아무것도 내게 묻지 아니하리라"고 말씀하십니다. 예수님의 부활하신 생명이 당신 안에서 나타날 때까지는 당신은 이것저것 묻기를 원합니다. 그 후 시간이 좀 지나면 당신은 모든 질문이 사라진 것을 발견합니다. 더 이상 질문할 것이 없는 것 같습니다. 이제 하나님의 목적에 완전히 부합하는 예수님의 부활 생명에 온전히 의존하는 자리에 온 것입니다. 당신은 그 생명으로 살고 있습니까? 아니라면 그 이유는 무엇입니까?

당신이 잘 이해할 수 없는 어두운 것들이 있을지라도 그것이 하나님을 향한 당신의 마음을 떼어놓을 수 없습니다. "그날에는 너희가 아무것도 내게 묻지 아니하리라." 당신은 물을 필요가 없습니다. 당신은 하나님께서 주의 뜻에 따라 모든 것을 이루어가신다는 것을 분명히 확신하기 때문입니다. 당신의 마음 상태는 실제로 요한복음 14장 1절처럼 될 것이고, 더 이상 질문할 것이 없어집니다.

"너희는 마음에 근심하지 말라 하나님을 믿으니 또 나를 믿으라." 이상하게 당신과 하나님 사이에 뭔가 끼어들면 당신의 지성으로 설명하려고 하지 말고 당신 속의 성향 가운데 무엇이 잘못되었는가를 찾으십시오. 당신의 성향이 예수님의 생명에 기꺼이 항복하면 당신은 아버지와 더 이상의 거리를 느끼지 않게 되며 완벽하게 다 이해가 될 것입니다. 왜냐하면 주님께서 당신을 아버지와 하나 되게 하셨기 때문입니다. "그날에는 너희가 아무것도 내게 묻지 아니하리라."

Undisturbed relationship

At that day ye shall ask in My name ⋯
The Father Himself loveth you. John 16:26-27.

"At that day ye shall ask in My name," i.e., in My nature. Not—"You shall use My name as a magic word," but—"You will be so intimate with Me that you will be one with Me." "That day" is not a day hereafter, but a day meant for here and now. "The Father Himself loveth you"—the union is so complete and absolute. Our Lord does not mean that life will be free from external perplexities but that just as He knew the Father's heart and mind, so by the baptism of the Holy Ghost He can lift us into the heavenly places where He can reveal the counsels of God to us.

"Whatsoever ye shall ask the Father in My name⋯." "That day" is a day of undisturbed relationship between God and the saint. Just as Jesus stood unsullied in the presence of His Father, so by the mighty efficacy of the baptism of the Holy Ghost, we can be lifted into that relationship—"that they may be one, even as We are one."

"He will give it you." Jesus says that God will recognize our prayers. What a challenge! By the Resurrection and Ascension power of Jesus, by the sent-down Holy Ghost, we can be lifted into such a relationship with the Father that we are at one with the perfect sovereign will of God by our free choice even as Jesus was. In that wonderful position, placed there by Jesus Christ, we can pray to God in His name, in His nature, which is gifted to us by the Holy Ghost, and Jesus says—"Whatsoever ye shall ask the Father in My name, He will give it you." The sovereign character of Jesus Christ is tested by His own statements.

방해 받지 않는 관계

> 그날에 너희가 내 이름으로 구할 것이요 …
> 아버지께서 친히 너희를 사랑하심이라 (요 16:26–27).

5월 29일

"그날에 너희가 내 이름으로 구할 것이요." 곧 주님의 속성에 따라 구하라는 것이지, 예수님의 이름을 무슨 마술처럼 사용하라는 것이 아닙니다. 이는 그날에 "너희는 나와 매우 친밀해져서 나와 하나가 될 것이다"라는 것입니다. '그날'이란 미래의 어느 날이 아니고 지금 현재를 의미합니다. "아버지께서 친히 너희를 사랑하심이라"는 말씀도 주님과 우리의 연합이 완전하고 완벽한 것은 아버지의 사랑 때문이라는 뜻입니다. 이 의미는 우리 인생에 외부적 곤경이 없을 것이라는 뜻이 아닙니다. 주님이 아버지의 마음과 생각을 알았던 것같이, 주님께서 성령 세례를 통해 우리를 하늘로 올리셔서 하나님의 계획들을 우리에게 보이실 수 있다는 뜻입니다.

"너희가 무엇이든지 아버지께 구하는 것을 내 이름으로 주시리라"요 16:23. '그날'은 하나님과 성도들의 관계에서 아무 방해되는 것이 없는 날입니다. 예수님께서 하나님의 존전에서 흠 없이 서 계셨던 것처럼, 우리도 성령 세례의 강한 능력에 의해 그와 같은 관계로 들어갈 수 있습니다. "우리와 같이 저희도 하나가 되게 하옵소서"요 17:22.

"주께서 당신께 주시리라." 예수님께서는 자신의 이름을 인해 하나님께서 우리의 기도를 인정하실 것이라고 말씀하십니다. 이 얼마나 귀한 말씀입니까! 예수님의 부활과 승천의 능력에 의해, 또한 이 땅에 보내신 성령에 의해, 우리는 아버지와 그러한 관계로 들려질 수 있습니다. 그래서 예수님께서 그러셨던 것처럼 우리도 자유로운 선택을 통해 하나님의 완벽하신 주권적인 뜻에 하나가 될 수 있습니다. 예수 그리스도에 의해 높여진 그러한 놀라운 위치에서 우리는 성령께서 우리에게 선물로 주신 주님의 속성에 따라 주님의 이름으로 하나님께 기도할 수 있습니다. "너희가 무엇이든지 아버지께 구하는 것을 내 이름으로 주시리라." 이는 예수 그리스도께서 모든 것을 주관하시는 주권자가 되셨음을 친히 증거하는 것입니다.

"Yes—But!"

Lord, I will follow Thee; but ⋯ Luke 9:61.

Supposing God tells you to do something which is an enormous test to your common sense, what are you going to do? Hang back? If you get into the habit of doing a thing in the physical domain, you will do it every time until you break the habit determinedly; and the same is true spiritually. Again and again you will get up to what Jesus Christ wants, and every time you will turn back when it comes to the point, until you abandon resolutely. "Yes, but—supposing I do obey God in this matter, what about⋯?" "Yes, I will obey God if He will let me use my common sense, but don't ask me to take a step in the dark."

Jesus Christ demands of the man who trusts Him the same reckless sporting spirit that the natural man exhibits. If a man is going to do anything worth while, there are times when he has to risk everything on his leap, and in the spiritual domain Jesus Christ demands that you risk everything you hold by common sense and leap into what He says, and immediately you do, you find that what He says fits on as solidly as common sense.

At the bar of common sense Jesus Christ's statements may seem mad; but bring them to the bar of faith, and you begin to find with awestruck spirit that they are the words of God. Trust entirely in God, and when He brings you to the venture, see that you take it. We act like pagans in a crisis, only one out of a crowd is daring enough to bank his faith in the character of God.

"네, 그렇지만…"

주여 내가 주를 따르겠나이다마는… (눅 9:61).

5월 30일

 하나님께서 상식에 맞지 않는 일을 하라고 명하실 때 당신은 어떻게 하겠습니까? 뒤로 물러나겠습니까? 물리적인 영역에서 당신이 어떤 습관에 빠져 있다면 그 습관을 단호하게 깨뜨리기까지 매번 그 행위를 할 것입니다. 영적인 영역에서도 마찬가지입니다. 당신은 주님이 원하시는 것을 행하려고 매번 일어나지만 마지막 순간에 꼭 뒤로 물러서게 됩니다. "네, 그렇지만… 만일 제가 하나님께 순종하면, 저는 앞으로 어떻게 되는 것입니까?" "네, 상식에 벗어나지 않으면 하나님께 순종하겠습니다. 그러나 아무것도 보이지 않는 어둠 속으로 발을 떼라고는 하지 마세요."
 예수 그리스도는 주를 믿는 자들에게 자연인이 스포츠 세계에서 보여 주는 그러한 과감한 정신을 가지라고 요구하십니다. 사람이 뭔가 가치 있는 일을 하려면 모든 것을 걸고 과감하게 나아가야 할 때가 있습니다. 마찬가지로 영적인 상태에서도 그동안 상식을 초월해 주님의 말씀대로 믿음으로 과감히 나아가야 합니다. 그렇게 하는 순간 당신은 그분께서 말씀하신 것이 상식만큼이나 확실하다는 것을 알게 됩니다.
 상식선에서는 예수 그리스도의 말씀은 말도 안 되는 것처럼 보입니다. 그러나 주의 말씀을 믿음으로 받으면 당신은 주의 말씀이 하나님의 말씀인 것을 알게 되면서 놀라워하게 됩니다. 선석으로 하나님을 신뢰하십시오. 하나님께서 당신에게 모험을 할 수 있는 기회를 주시면 주저하지 말고 받아들이십시오. 대부분의 그리스도인들은 위기 상황에서 이방인들처럼 행동합니다. 그 많은 사람들 중 가끔 한두 사람만 하나님의 성품을 믿고 과감하게 나아갑니다.

God first

May. 31st

*Jesus did not commit Himself unto them,
··· for He knew what was in man.* John 2:24-25.

Put God First in Trust. Our Lord trusted no man; yet He was never suspicious, never bitter, never in despair about any man because He put God first in trust; He trusted absolutely in what God's grace could do for any man. If I put my trust in human beings first, I will end in despairing of everyone; I will become bitter, because I have insisted on man being what no man ever can be—absolutely right. Never trust anything but the grace of God in yourself or in anyone else.

Put God's Needs First. "Lo, I come to do Thy will, O God" (Hebrews 10:9).

A man's obedience is to what he sees to be a need; Our Lord's obedience was to the will of His Father. The cry today is—'We must get some work to do; the heathen are dying without God; we must go and tell them of Him.' We have to see first of all that God's needs in us personally are being met. "Tarry ye until ···." The purpose of this College is to get us rightly related to the needs of God. When God's needs in us have been met, then He will open the way for us to realize His needs elsewhere.

Put God's Trust First. "And whoso receiveth one such little child in My name, receiveth Me" (Matthew 18:5).

God's trust is that He gives me Himself as a babe. God expects my personal life to be a 'Bethlehem.' Am I allowing my natural life to be slowly transfigured by the indwelling life of the Son of God? God's ultimate purpose is that His Son might be manifested in my mortal flesh.

하나님을 최고로!

5월 31일

예수는 그의 몸을 그들에게 의탁하지 아니하셨으니 이는 친히 모든 사람을 아심이요 또 사람에 대하여 누구의 증언도 받으실 필요가 없었으니 이는 친히 사람의 속에 있는 것을 아셨음이니라 (요 2:24-25).

하나님을 최고로 신뢰하라! : 주님은 그 누구도 의지하지 않으셨습니다. 그럼에도 누구를 의심하거나 누구에게 악감정을 품거나 절망한 적이 없으셨습니다. 그 이유는 주님께서는 하나님을 제일 신뢰하셨기 때문입니다. 주님은 하나님의 은혜가 누구에게나 역사할 수 있다고 철저하게 믿으셨습니다. 만일 사람을 최고로 신뢰하면 반드시 실망하게 될 것이고 이로 인해 악감정을 갖게 될 것입니다. 그 이유는 그 누구도 이룰 수 없는 '절대적으로 옳은 것'을 사람에게 요구했기 때문입니다. 오직 당신과 타인 속에 있는 하나님의 은혜 외에는 그 어떤 것도 신뢰하지 마십시오.

하나님의 필요를 최우선에 두라! : "보시옵소서 내가 하나님의 뜻을 행하러 왔나이다" 히 10:9. 인간의 순종은 필요에 의해 행합니다. 주님의 순종은 그분의 아버지의 뜻에 의한 것이었습니다. 오늘날 외침은 "우리는 뭔가 할 일을 찾아야 한다. 이방인들이 하나님 없이 죽어가고 있다. 우리는 가서 그들에게 주님에 대해 말해야 한다"는 것입니다. 그러나 우리는 우선 각자 개인을 향한 하나님의 필요를 채워야 합니다. "너희는 … 때까지 이 성에 유하라." 우리가 배우고 훈련받는 주된 목적도 하나님의 필요를 채우기 위함입니다. 일단 우리 안에서 하나님의 필요가 채워지면 주께서는 주의 필요가 채워질 다른 곳으로 우리의 길을 열어주실 것입니다.

하나님의 믿음을 먼저 보라! : "또 누구든지 내 이름으로 이런 어린아이 하나를 영접하면 곧 나를 영접함이니" 마 18:5. 하나님의 믿음이란 하나님께서 내게 그분 자신을 아기로 주신 것입니다. 하나님은 나의 개인적인 삶이 하나의 '베들레헴'이 되기를 기대하십니다. 당신은 당신의 자연적인 삶이, 당신 속에 내주하시는 하나님의 아들의 생명에 의해 천천히 변화되는 것을 허락합니까? 하나님의 궁극적 목적은 그분의 아들이 나의 이 죽을 육체 안에서 드러나는 것입니다.

June 6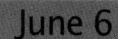

지금 주님 안에 거하십시오!
그리스도 안에 거하지 못하게 하는 것들이 생길 때

The staggering question

Jun. 1st

Son of man, can these bones live? Ezekiel 37:3.

Can that sinner be turned into a saint? Can that twisted life be put right? There is only one answer: "O Lord, Thou knowest, I don't." Never trample in with religious common sense and say—"Oh, yes, with a little more Bible reading and devotion and prayer, I see how it can be done."

It is much easier to do something than to trust in God; we mistake panic for inspiration. That is why there are so few fellow-workers with God and so many workers for Him. We would far rather work for God than believe in Him. Am I quite sure that God will do what I cannot do? I despair of men in the degree in which I have never realized that God has done anything for me. Is my experience such a wonderful realization of God's power and might that I can never despair of anyone I see? Have I had any spiritual work done in me at all? The degree of panic is the degree of the lack of personal spiritual experience.

"Behold, O my people, I will open your graves." When God wants to show you what human nature is like apart from Himself, He has to show it you in yourself. If the Spirit of God has given you a vision of what you are apart from the grace of God (and He only does it when His Spirit is at work), you know there is no criminal who is half so bad in actuality as you know yourself to be in possibility. My 'grave' has been opened by God and "I know that in me (that is in my flesh) dwelleth no good thing." God's Spirit continually reveals what human nature is like apart from His grace.

하나님을 믿기보다 하나님을 위해 일합니까?

인자야 이 뼈들이 능히 살 수 있겠느냐 (겔 37:3).

6월 1일

　어떻게 죄인이 성도로 변할 수 있습니까? 어떻게 망가진 인생이 바로 설 수 있습니까? 대답은 단 한 가지입니다. "오 주님, 저는 모르지만 주께서 아십니다." 절대로 종교적인 상식을 가지고 함부로 말하지 마십시오. "오, 그렇지요. 좀 더 많은 성경 읽기와 묵상 및 기도 시간을 통해 가능하다고 봅니다."

　언제나 하나님을 신뢰하는 것보다 뭔가를 하는 것이 더 쉽습니다. 우리는 당혹스러울 정도로 바쁜 행사를 보면서 성령께서 역사하시는 것으로 오해합니다. 바로 이러한 이유로 하나님과 '함께'하는 사역자가 너무나 적고 주님을 '위해' 일하는 사역자가 그렇게 많은 것입니다. 하나님을 믿기보다 하나님을 위해 일하겠다는 것입니다. 정말로 당신은 우리가 할 수 없는 일을 하나님이 하실 수 있다고 믿습니까? 하나님께서 우리를 위해 어떤 일을 하셨는가를 망각하는 만큼 우리는 사람들에게 실망합니다. 정말로 너무나 크신 하나님의 능력과 은혜를 경험해서 나 자신이 변했다면 어떻게 내가 만나는 사람들에게 실망할 수 있겠습니까? 정말로 당신 안에서 하나님께서 이루신 하나님의 위대한 영적인 일들을 경험했습니까? 사람들로 인해 얼마나 실망하느냐 하는 것은 개인적인 영적 체험의 부족과 비례합니다.

　"나의 백성들아 내가 너희의 무덤을 열 것이라"겔 37:13. 하나님을 떠난 인간들의 속성이 어떠한지를 우리에게 보여주기를 원하실 때 주님은 우리에게 우리 자신을 보여주십니다. 만일 하나님의 은혜가 없었다면 당신의 모습이 어떠했을지를 성령이 보여주신다면 (실제로 하나님께서는 성령이 역사하실 때 그렇게 하십니다) 당신은 그 어떤 범죄자라 할지라도 당신이 타락할 수 있는 타락의 절반도 안 된다는 사실을 깨닫게 될 것입니다. 자신의 '무덤'이 하나님에 의해 열리면 우리는 "우리 안에 선한 것이 없음을 압니다"라고 고백하게 됩니다. 성령은 하나님의 은혜가 없을 때 사람의 속성이 얼마나 악한지를 끊임없이 계시하십니다.

What are you haunted by?

What man is he that feareth the Lord? Psalm 25:12.

What are you haunted by? You will say—"By nothing," but we are all haunted by something, generally by ourselves, or, if we are Christians, by our experience. The Psalmist says we are to be haunted by God. The abiding consciousness of the life is to be God, not thinking about Him. The whole of our life inside and out is to be absolutely haunted by the presence of God. A child's consciousness is so mother-haunted that although the child is not consciously thinking of its mother, yet when calamity arises, the relationship that abides is that of the mother. So we are to live and move and have our being in God, to look at everything in relation to God, because the abiding consciousness of God pushes itself to the front all the time.

If we are haunted by God, nothing else can get in, no cares, no tribulation, no anxieties. We see now why Our Lord so emphasized the sin of worry. How can we dare be so utterly unbelieving when God is round about us? To be haunted by God is to have an effective barricade against all the onslaughts of the enemy.

"His soul shall dwell at ease." In tribulation, misunderstanding, slander, in the midst of all these things, if our life is hid with Christ in God, He will keep us at ease. We rob ourselves of the marvellous revelation of this abiding companionship of God. "God is our Refuge"—nothing can come through that shelter.

무엇에 사로잡혀 있습니까?

여호와를 경외하는 자 누구냐 (시 25:12).

6월 2일

무엇이 당신을 사로잡고 있습니까? 아마 "아무것도 없습니다"라고 대답할지 모르겠으나 우리 모두 뭔가에 사로잡혀 있습니다. 일반적으로는 이기심에 사로잡혀 있고, 그리스도인들 중에는 자신들의 신앙 체험에 사로잡혀 있기도 합니다. 시편 기자는, 하나님께 사로잡혀야 한다고 말합니다. 나의 지식에 사로잡혀서는 안 됩니다. 우리의 생애는 철저하게 하나님의 임재에 붙잡혀야 합니다. 아기들은 엄마를 의도적으로 생각하는 것이 아닌데도 아기의 의식 속에는 언제나 엄마가 있습니다. 그러므로 갓난아이의 뿌리 깊은 의식에는 엄마가 있기 때문에 어려움이 닥치면 저절로 엄마를 찾는 것입니다. 우리도 하나님 안에서 살고 움직이며 우리의 존재를 인식합니다. 모든 상황을 볼 때도 하나님과 관련해 보게 됩니다. 이는 바로 우리 속에 깊게 자리잡은 하나님을 향한 의식이 자연스럽게 밖으로 표출되는 것입니다.

하나님께 사로잡히면 염려나 환난이나 어려움 등 그 어떤 것도 우리 삶 가운데로 들어올 수 없습니다. 이제 우리는 주님께서 왜 그토록 염려의 죄악을 강조하셨는지 알 수 있습니다. 하나님께서 항상 우리 가운데 계시는데 어떻게 감히 주님을 불신할 수 있다는 말입니까? 하나님께 사로잡힌 바가 되면 원수의 모든 공격을 대항해 가장 효과적인 성벽을 세운 것입니다.

"그의 영혼이 쉼을 얻네"시 25:13. 환난이나 오해나 비방 등 그 어떤 상황 가운데서도 우리의 생명이 하나님 안에서 그리스도와 함께 숨겨져 있다면 주님은 우리의 평강을 지켜주십니다. "하나님은 우리의 피난처시라." 그 어떤 것도 이 피난처를 뚫고 들어올 수 없습니다.

The secret of the Lord

The secret (friendship R.V.) of the Lord is with them that fear Him. Psalm 25:14.

What is the sign of a friend? That he tells you secret sorrows? No, that he tells you secret joys. Many will confide to you their secret sorrows, but the last mark of intimacy is to confide secret joys. Have we ever let God tell us any of His joys, or are we telling God our secrets so continually that we leave no room for Him to talk to us? At the beginning of our Christian life we are full of requests to God, then we find that God wants to get us into relationship with Himself, to get us in touch with His purposes. Are we so wedded to Jesus Christ's idea of prayer—"Thy will be done"—that we catch the secrets of God? The things that make God dear to us are not so much His great big blessings as the tiny things, because they show His amazing intimacy with us; He knows every detail of our individual lives.

"⋯ him shall He teach in the way that He shall choose." At first we want the consciousness of being guided by God, then as we go on we live so much in the consciousness of God that we do not need to ask what His will is, because the thought of choosing any other will never occur to us. If we are saved and sanctified God guides us by our ordinary choices, and if we are going to choose what He does not want, He will check, and we must heed. Whenever there is doubt, stop at once. Never reason it out and say—"I wonder why I shouldn't?" God instructs us in what we choose, that is, He guides our common sense, and we no longer hinder His Spirit by continually saying—"Now, Lord, what is Thy will?"

주님과의 친밀함

여호와의 친밀하심이 그를 경외하는 자들에게 있음이여 (시 25:14).

6월 3일

　무엇이 진정한 친구라는 표시입니까? 가장 비밀스러운 기쁨입니다. 많은 사람들이 당신에게 자신들의 비밀스러운 슬픔을 고백할지 모르나 진정한 친밀함은 자신의 가장 비밀스러운 기쁨을 의미합니다. 하나님께 주님의 기쁨을 당신에게 말씀하시도록 한 적이 있습니까? 아니면 쉬지 않고 주님께 자신의 비밀만을 말하느라고 주님께서 당신에게 말씀하실 기회를 드리지 않는 것은 아닙니까? 그리스도인의 삶을 시작하는 초기에는 우리는 하나님께 부탁만 합니다. 그 후 하나님께서 우리와의 사귐을 원하신다는 사실을 알게 됩니다. 또한 주님의 목적을 향해 우리를 이끄신다는 사실을 알게 됩니다. 당신은 주 예수 그리스도의 기도의 본질에 붙들려 있습니까? "주의 뜻이 이루어지이다" 마 6:10. 이 정신에 붙들릴 때 하나님의 비밀을 붙잡게 됩니다. 우리는 주님께서 베푸신 많은 위대한 축복들뿐 아니라 작은 사건들 속에서 그분과의 친밀감을 느낄 수 있습니다. 주님께서 우리 각 개인의 아주 사소한 일들까지 관심을 가지신다는 사실을 깨닫게 되면서 주님과 더 깊은 친밀감을 느끼게 됩니다.

　"주께서 정하신 길로 나를 가르치소서" 시 25:12. 처음에 우리는 하나님의 인도하심을 의식하기를 원합니다. 그러나 이것이 지속되면 하나님을 풍성하게 의식하면서 우리는 그분의 뜻이 무엇인지 물을 필요가 없게 됩니다. 다른 뜻을 선택하고 싶은 생각이 들지 않기 때문입니다. 우리가 구원을 얻고 정결해진 후에는 하나님께서 우리의 일상적인 선택 속에서 우리를 인도하십니다. 우리가 주님이 원하지 않으시는 것을 선택하려 할 경우는 주님께서 막으실 것입니다. 이때 주의하십시오. 어떤 결정을 내릴 때 의심이 생긴다면 당장 그 결정을 멈추십시오. "왜 안 되는 거지?"라고 하며 절대로 자신을 합리화하지 마십시오. 하나님께서는 우리의 선택을 지도하실 것이며, 우리의 상식마저 인도하셔서 우리로 더 이상 다음 질문을 되풀이하면서 성령을 거스르지 않게 하실 것입니다. "주님, 정말로 이것이 주님의 뜻입니까?"

The never-failing God

*For He hath said, I will never leave thee,
nor forsake thee.* Hebrews 13:5.

Jun. 4th

What line does my thought take? Does it turn to what God says or to what I fear? Am I learning to say not what God says, but to say something after I have heard what He says? "He hath said, I will never leave thee, nor forsake thee. So that we may boldly say, The Lord is my helper, and I will not fear what man shall do unto me."

"I will in no wise fail thee"—not for all my sin and selfishness and stubbornness and waywardness. Have I really let God say to me that He will never fail me? If I have listened to this say-so of God's, then let me listen again.

"Neither will I in any wise forsake thee." Sometimes it is not difficulty that makes me think God will forsake me, but drudgery. There is no Hill Difficulty to climb, no vision given, nothing wonderful or beautiful, just the commonplace day in and day out—can I hear God's say-so in these things?

We have the idea that God is going to do some exceptional thing, that He is preparing and fitting us for some extraordinary thing by and by, but as we go on in grace we find that God is glorifying Himself here and now, in the present minute. If we have God's say-so behind us, the most amazing strength comes, and we learn to sing in the ordinary days and ways.

현재 순간에 지금 이곳에서

그가 친히 말씀하시기를 내가 결코 너희를 버리지 아니하고
너희를 떠나지 아니하리라 하셨느니라 (히 13:5).

6월
4일

어느 쪽으로 생각이 기웁니까? 하나님의 말씀입니까, 아니면 나 자신의 두려움입니까? 하나님의 말씀을 혀끝으로만 되풀이합니까, 아니면 마음으로 받고 응답합니까? "그가 친히 말씀하시기를 내가 결코 너희를 버리지 아니하고 너희를 떠나지 아니하리라 하셨느니라 그러므로 우리가 담대히 말하되 주는 나를 돕는 이시니 내가 무서워하지 아니하겠노라 사람이 내게 어찌하리요 하노라"히 13:5-6.

"내가 결코 너희를 버리지 아니하고." 나의 모든 죄와 이기심, 그리고 고집과 탈선에도 불구하고 주님은 절대로 나를 버리지 않으십니다. 진심으로 당신은 주께서 당신을 실망시키지 않으실 것이라는 음성을 믿습니까? 하나님의 이 음성을 들은 적이 있다면 지금 다시 들으십시오.

"너희를 떠나지 아니하리라." 하나님께서 나를 버리셨다는 생각이 들 때는 삶이 어려울 때가 아니라 지겨울 때입니다. 도전해볼 만한 일도 없고 비전도 없으며 놀랍고 아름다운 것도 없을 때입니다. 매일 지루한 나날들이 이어질 때 "너희를 떠나지 아니하리라"는 주님의 음성을 들을 수 있습니까?

우리는 하나님께서 어떤 예외적인 일들을 하실 것이라는 생각을 가지고 있습니다. 그래서 주께서 어떤 비범한 일들을 위해 우리를 준비시키고 계신다고 생각합니다. 그러나 은혜 가운데 살다보면 하나님께서 현재 이 순간에 지금 이곳에서 하나님 자신을 영화롭게 하시는 것을 발견하게 됩니다. 우리가 우리 마음 깊은 곳에 "내가 너를 버리지도 떠나지도 아니하리라"는 주님의 약속을 붙들고 있다면 가장 놀라운 힘이 임하게 됩니다. 그래서 우리는 평범한 날들과 생활 속에서 하나님을 찬양하는 것을 배우게 됩니다.

God's say-so

Jun. 5th

He hath said ⋯ so that we may boldly say ⋯ Hebrews 13:5-6.

My say-so is to be built on God's say-so. God says—"I will never leave thee," then I can with good courage say—"The Lord is my helper, I will not fear"—I will not be haunted by apprehension. This does not mean that I will not be tempted to fear, but I will remember God's say-so. I will be full of courage, like a child 'bucking himself up' to reach the standard his father wants. Faith in many a one falters when the apprehensions come, they forget the meaning of God's say-so, forget to take a deep breath spiritually. The only way to get the dread taken out of us is to listen to God's say-so.

What are you dreading? You are not a coward about it, you are going to face it, but there is a feeling of dread. When there is nothing and no one to help you, say—"But the Lord is my Helper, this second, in my present outlook." Are you learning to say things after listening to God, or are you saying things and trying to make God's word fit in? Get hold of the Father's say-so, and then say with good courage—"I will not fear." It does not matter what evil or wrong may be in the way, He has said—"I will never leave thee."

Frailty is another thing that gets in between God's say-so and ours. When we realize how feeble we are in facing difficulties, the difficulties become like giants, we become like grasshoppers, and God becomes a nonentity. Remember God's say-so—"I will in no wise fail you." Have we learned to sing after hearing God's key-note? Are we always possessed with the courage to say—"The Lord is my helper," or are we succumbing?

하나님께서 주시는 확신

6월 5일

> 돈을 사랑하지 말고 있는 바를 족한 줄로 알라 그가 친히 말씀하시기를 내가 결코 너희를 버리지 아니하고 너희를 떠나지 아니하리라 하셨느니라 그러므로 우리가 담대히 말하되 주는 나를 돕는 이시니 내가 무서워하지 아니하겠노라 사람이 내게 어찌하리요 하노라 (히 13:5-6).

내가 말하는 것들은 하나님께서 약속하신 말씀 위에 서야 합니다. 하나님께서 "내가 결코 너희를 떠나지 아니하리라"고 말씀하셨습니다. 우리도 힘찬 용기를 가지고 "주께서 나의 도움이시니 내가 두려워 아니하리라"고 말할 수 있어야 합니다. 그러면 나는 두려움에 갇히지 않게 됩니다. 마치 어떤 어린아이가 아빠의 기대에 부응하기 위해 용기를 내어 당당히 서는 것처럼, 나도 그렇게 설 것입니다. 우리 속에서 두려움을 제거하는 유일한 방법은 하나님께서 말씀하시는 것을 듣는 것입니다.

무엇을 두려워합니까? 당신이 겁쟁이가 아니라면 정면으로 부딪히려고 할 것입니다. 그러나 여전히 두려움의 감정은 남아 있습니다. 정말로 당신에게 아무것도 없고 도울 사람도 없을 때 "그러나 이 순간에도 주께서 나의 도움이시니…"라고 말해보십시오. 당신은 주님의 음성을 듣고 그대로 말합니까? 아니면 당신의 상황을 합리화하기 위해 하나님의 말씀을 끼워맞추려고 이런저런 핑계를 댑니까? 하나님 아버지의 약속을 붙드십시오. "나는 두려워하지 아니하리라." 우리 인생 길에 악한 일이나 잘못된 일이 발생해도 상관 없습니다. 그 이유는 주께서 "내가 너희를 결코 떠나지 아니하리라"고 말씀하셨기 때문입니다.

좌절과 두려움을 느낀다는 것은 하나님의 말씀을 붙들지 못하고 자신의 생각에 빠져 있다는 증거입니다. 어려움을 당하면 사람들은 자신의 연약함을 깨닫게 되면서 마치 큰 거인 앞에 숨어 있는 메뚜기 같다고 느낍니다. 하나님마저도 계시지 않는 것처럼 생각합니다. 이때 하나님의 약속을 기억하십시오. "내가 과연 너희를 버리지 아니하리라." 하나님 말씀의 '으뜸음'을 듣고 그 노래를 따라 찬양하는 것을 배웠습니까? "주는 나의 돕는 자"임을 선포하며 자신감에 넘칩니까? 아니면 난관과 어려움에 항복합니까?

Work out what God works in

Work out your own salvation. Phil. 2:12-13.

Your will agrees with God, but in your flesh there is a disposition which renders you powerless to do what you know you ought to do. When the Lord is presented to the conscience, the first thing conscience does is to rouse the will, and the will always agrees with God. You say—"But I do not know whether my will is in agreement with God." Look to Jesus and you will find that your will and your conscience are in agreement with Him every time. The thing in you which makes you say 'I shan't' is something less profound than your will; it is perversity, or obstinacy, and they are never in agreement with God. The profound thing in man is his will, not sin. Will is the essential element in God's creation of man: sin is a perverse disposition which entered into man. In a regenerated man the source of will is almighty, "For it is God which worketh in you both to will and to do of His good pleasure." You have to work out with concentration and care what God works in; not work your own salvation, but work it out, while you base resolutely in unshaken faith on the complete and perfect Redemption of the Lord. As you do this, you do not bring an opposed will to God's will, God's will is your will, and your natural choices are along the line of God's will, and the life is as natural as breathing. God is the source of your will, therefore you are able to work out His will. Obstinacy is an unintelligent 'wadge' that refuses to be enlightened; the only thing is for it to be blown up with dynamite, and the dynamite is obedience to the Holy Spirit.

Do I believe that Almighty God is the source of my will? God not only expects me to do His will, but He is in me to do it.

나의 의지와 하나님의 뜻

항상 복종하여 두렵고 떨림으로 너희 구원을 이루라 (빌 2:12).

당신의 뜻은 하나님과 일치합니다. 그러나 당신의 육신 속에는 당신이 마땅히 해야 할 일을 하지 못하게 하는 어떤 성향이 있습니다. 주께서 우리의 양심에 말씀하시면 양심은 당장 하나님의 뜻과 일치하는 결단을 할 수 있도록 우리 의지를 일으켜 세웁니다. 그러나 당신은 "나의 의지가 하나님의 뜻과 일치하는지 잘 알 수 없다"고 핑계합니다. 예수님을 바라보십시오. 그러면 당신의 의지와 양심이 항상 하나님의 뜻과 일치할 것입니다. "나는 하지 않겠다"고 말하는 것은 사실 당신의 의지보다 덜 깊은 차원의 것입니다. 그것은 고집이나 완고함으로 절대로 하나님과 일치하지 않습니다.

사람에게 가장 깊은 것은 의지이지 죄가 아닙니다. 의지는 하나님께서 인간을 창조하실 때부터 원래 있었던 가장 근본적인 것입니다. 반면 죄는 사람 속에 들어온 심술궂은 성향입니다. 그러나 거듭난 사람 안에서는 하나님으로 인해 의지의 힘이 무한하게 됩니다. "너희 안에서 행하시는 이는 하나님이시니 자기의 기쁘신 뜻을 위하여 너희에게 소원을 두고 행하게 하시나니"빌 2:13. 하나님께서 당신 안에 이루신 일을 조심스럽게 이루어가십시오. 당신 스스로 구원을 이루라는 말이 아닙니다. 주님께서 완성하신 완전한 구속 위에 조금도 흔들리지 않는 강한 믿음을 바탕으로 주께서 이루신 일을 우리의 삶 속에서 이루어가라는 말입니다. 이렇게 할 때 당신은 하나님의 뜻을 세워나가게 될 것입니다. 하나님의 뜻이 당신의 뜻이 되고 당신의 자연스러운 선택은 하나님의 뜻과 일치하게 될 것입니다. 또한 당신의 삶은 호흡처럼 자연스러울 것입니다. 하나님은 당신의 의지의 근원이시기에, 당신은 하나님의 뜻을 이루어낼 수 있습니다. 고집은 우리 속에 뭉쳐 있는 장애물로서 '깨달음'을 거부하는 어리석은 성향입니다. 이를 제거하는 방법은 오직 다이너마이트로 터뜨리는 것, 곧 성령님께 순종하는 것입니다.

당신은 전능하신 하나님께서 우리 의지의 근원이심을 믿습니까? 오직 하나님만이 우리가 그분의 뜻을 행하기를 기대하실 뿐 아니라 그분 자신이 우리 안에 친히 내재하시며 그 뜻을 이루십니다.

Don't slack off

Jun. 7th

Whatever ye shall ask in My name, that will I do. John 14:13.

Am I fulfilling this ministry of the interior? There is no snare, or any danger of infatuation or pride in intercession, it is a hidden ministry that brings forth fruit whereby the Father is glorified. Am I allowing my spiritual life to be frittered away, or am I bringing it all to one centre—the Atonement of my Lord? Is Jesus Christ more and more dominating every interest in my life? If the one central point, the great exerting influence in my life, is the Atonement of the Lord, then every phase of My life will bear fruit for Him.

I must take time to realize what is the central point of power. Do I give one minute out of sixty to concentrate upon it? "If ye abide in Me"—continue to act and think and work from that centre—"ye shall ask what ye will, and it shall be done unto you." Am I abiding? Am I taking time to abide? What is the greatest factor of power in my life? Is it work, service, sacrifice for others, or trying to work for God? The thing that ought to exert the greatest power in my life is the Atonement of the Lord. It is not the thing we spend the most time on that moulds us most; the greatest element is the thing that exerts most power. We must determine to be limited and concentrate our affinities.

"Whatsoever ye shall ask in My name, that will I do." The disciple who abides in Jesus is the will of God, and his apparently free choices are God's foreordained decrees. Mysterious? Logically contradictory and absurd? Yes, but a glorious truth to a saint.

내 삶의 구심점

너희가 내 이름으로 무엇을 구하든지 내가 행하리니 (요 14:13).

6월 7일

사람에게 보이지 않는 내적 사역을 충실히 이루고 있습니까? 중보 기도에는 덫도 없고 극단 및 교만의 위험도 없습니다. 이는 하나님께서 영광 받으시는 진실한 열매를 맺는 숨겨진 사역입니다. 영적인 삶을 부실하게 내버려두고 있습니까? 아니면 주님의 속죄를 당신의 모든 삶의 중심에 두고 있습니까? 예수 그리스도께서 당신의 삶의 모든 분야를 다스리고 계십니까? 만일 하나의 구심점, 곧 주님의 속죄가 내 삶의 가장 큰 영향을 주는 중심이라면 삶의 모든 영역에서 주님을 위해 열매를 맺을 것입니다.

내 삶의 구심력이 되시는 그분을 깨닫기 위해 많은 시간을 들여야 합니다. 이 구심점에 집중하기 위해 단 일분이라도 사용하고 있습니까? "너희가 내 안에 거하고"요 15:7. 이 중심으로부터 계속 생각하고 행하고 봉사하십시오. "무엇이든지 원하는 대로 구하라 그리하면 이루리라"요 15:7. 나는 주 안에 거하고 있습니까? 거하기 위해 시간을 드리고 있습니까? 나의 삶에서 가장 큰 힘을 주는 요소는 무엇입니까? 다른 사람을 위한 일이나 봉사나 섬김입니까, 하나님을 위해 일하려는 노력입니까? 내 삶에서 가장 위대한 힘을 발휘해야 하는 것은 주님의 속죄여야 합니다. 시간을 많이 들인다고 우리가 빚어지는 것이 아닙니다. 우리에게 가장 영향력을 미치는 것이 우리를 변화시킵니다. 따라서 우리는 자신을 제한히여 우리의 애착이 언제나 이 위대한 능력인 그리스도의 속죄에 있게 해야 합니다.

"내 이름으로 무엇을 구하든지 내가 행하리니." 예수님 안에 거하는 제자가 곧 하나님의 뜻입니다. 그들의 자유로운 선택들은 사실 하나님의 미리 정하신 작정에 의한 것입니다. 신비합니다. 논리적으로 모순되고 말도 안 됩니다. 그러나 이는 성도들에게 영광스러운 진리입니다.

What next?

If ye know these things, happy are ye if ye do them. John 13:17.

Determine to know more than others. If you do not cut the moorings, God will have to break them by a storm and send you out. Launch all on God, go out on the great swelling tide of His purpose, and you will get your eyes open. If you believe in Jesus, you are not to spend all your time in the smooth waters just inside the harbour bar, full of delight, but always moored; you have to get out through the harbour bar into the great deeps of God and begin to know for yourself, begin to have spiritual discernment.

When you know you should do a thing, and do it, immediately you know more. Revise where you have become 'stodgy' spiritually, and you will find it goes back to a point where there was something you knew you should do, but you did not do it because there seemed no immediate call to, and now you have no perception, no discernment; at a time of crisis you are spiritually distracted instead of spiritually self-possessed. It is a dangerous thing to refuse to go on knowing.

The counterfeit of obedience is a state of mind in which you work up occasions to sacrifice yourself; ardour is mistaken for discernment. It is easier to sacrifice yourself than to fulfil your spiritual destiny, which is stated in Romans 12:1-2. It is a great deal better to fulfil the purpose of God in your life by discerning His will than to perform great acts of self-sacrifice. "To obey is better than sacrifice." Beware of harking back to what you were once when God wants you to be something you have never been. "If any man will do⋯, he shall know⋯."

열심보다 귀한 순종

너희가 이것을 알고 행하면 복이 있으리라 (요 13:17).

6월 8일

만일 당신이 세상의 항구에 매인 밧줄을 끊지 않으면, 하나님께서 폭풍으로 그 줄을 끊으시고 당신을 바다로 내보내실 것입니다. 당신의 인생의 배를 하나님께 매달고 하나님의 목적이 담긴 커다란 파도를 향해 나아가십시오. 그러면 당신의 눈이 활짝 뜨일 것입니다. 만일 예수님을 믿는다면 항구의 술집에서 그곳을 떠날 생각도 없이 감미로운 술에 취하거나 쾌락을 즐겨서는 안 됩니다. 당장 항구의 술집을 떠나 하나님의 위대한 깊은 세계로 들어가야 합니다. 그러면 자신에 대해 알게 되고 영적 분별력을 갖게 됩니다.

당신이 어떤 일을 해야 한다는 것을 알게되면 당장 순종하십시오. 순종하면 더 많은 것을 깨닫게 됩니다. 당신이 어디에서 영적으로 막혀버렸는지 점검하십시오. 그곳은 바로 당신이 무엇을 해야 한다는 것을 알면서도 당장 필요한 것 같지 않아 순종하지 않은 지점일 것입니다. 그 결과로 영적 지각도 없어지고 분별력도 사라진 것입니다. 이는 영적으로 자신을 충만케 해야 하는 위기의 때에 오히려 영적으로 집중하지 못했기 때문입니다. 이처럼 순종해야 하는 순간에 순종을 거부하는 것이 얼마나 위험합니까?

순종의 모조품은 열심입니다. 자기 맘대로 자신을 희생시키는 마음 상태입니다. 이러한 열심이 종종 영적 분별을 대신하곤 합니다. 그래서 로마서 12장 1-2절에 언급된 영적 사명을 이루기보다 자신의 열심을 드러내려고 합니다. 그러나 하나님의 뜻을 분별함으로 당신의 삶 속에서 그분의 뜻을 이루어 드리는 것이 자신을 희생시키는 그 어떤 위대한 열심보다 훨씬 귀한 것입니다. "순종이 제사보다 낫고"삼상 15:22. 하나님께서 당신을 새로운 피조물로 만들어가실 때 자꾸 과거의 모습을 돌아보려는 것을 주의하십시오. "사람이 하나님의 뜻을 행하려 하면 … 알리라"요 7:17.

The next best thing to do

Jun. 9th

For everyone that asketh receiveth. Luke 11:10.

Ask if you have not Received. There is nothing more difficult than to ask. We will long and desire and crave and suffer, but not until we are at the extreme limit will we ask. A sense of unreality makes us ask. Have you ever asked out of the depths of moral poverty? "If any of you lack wisdom, let him ask of God⋯" but be sure that you do lack wisdom. You cannot bring yourself up against Reality when you like. The next best thing to do if you are not spiritually real, is to ask God for the Holy Spirit on the word of Jesus Christ (see Luke 11:13). The Holy Spirit is the One Who makes real in you all that Jesus did for you.

"For everyone that asketh receiveth." This does not mean you will not get if you do not ask (cf. Mat. 5:45), but until you get to the point of asking you won't receive from God. To receive means you have come into the relationship of a child of God, and now you perceive with intelligent and moral appreciation and spiritual understanding that these things come from God.

"If any of you lack wisdom⋯" If you realize you are lacking, it is because you have come in contact with spiritual reality; do not put your reasonable blinkers on again. People say—Preach us the simple gospel: don't tell us we have to be holy, because that produces a sense of abject poverty, and it is not nice to feel abjectly poor. "Ask" means beg. Some people are poor enough to be interested in their poverty, and some of us are like that spiritually. We will never receive if we ask with an end in view; if we ask, not out of our poverty but out of our lust. A pauper does not ask from any other reason than the abject panging condition of his poverty, he is not ashamed to beg. Blessed are the paupers in spirit.

아직 받지 않았다면 구하십시오!

구하는 이마다 받을 것이요 찾는 이는 찾아낼 것이요
두드리는 이에게는 열릴 것이니라 (눅 11:10).

6월
9일

　구하는 것보다 더 어려운 것은 없습니다. 우리는 바라고 원하며 간절히 마음을 태우지만 극한 상황이 되기까지는 구하지 않습니다. 절망적인 상황만이 우리로 구하게 만드는 것입니다. 당신은 영적 궁핍을 느끼는 가운데 구해본 적이 있습니까? "누구든지 지혜가 부족하거든 … 하나님께 구하라"약 1:5. 그러나 구하기 전에 당신이 지혜가 부족하다는 것을 분명히 알아야 합니다. 단지 당신이 원한다고 해서 '영적 실체'를 즉시 체험하게 되는 것이 아닙니다. 만일 영적인 것을 실제로 느끼지 못할 때 할 수 있는 최선의 방안은 예수 그리스도의 말씀에 따라 하나님께 성령을 구하는 것입니다눅 11:13. 성령님은 예수님께서 당신을 위해 이루신 모든 것을 당신 안에서 실제가 되도록 만들어주는 분이십니다.

　"구하는 이마다 받을 것이요"눅 11:10. 구하지 않으면 얻지 못한다는 의미가 아닙니다. 다만 구하는 그 지경까지 당신은 하나님께로부터 아무것도 얻지 못할 것이라는 의미입니다. 받는다는 의미는 당신이 하나님의 아들로서의 관계 속으로 들어갔다는 뜻입니다. 그래서 당신은 이 모든 것들이 하나님께로부터 왔다는 것을 지적으로 이해하고 도덕적으로 감사하며 영적으로 인식하게 되는 것입니다.

　"누구든지 지혜가 부족하거든…." 당신이 부족하다는 것을 깨달았다면 이는 당신이 영적 실체를 접하게 되었다는 뜻입니다. 이때 당신의 논리로 영적인 눈을 가리지 마십시오. 사람들은 말합니다. "우리에게 간단한 복음만 가르치시오. 우리가 거룩해야 한다고 말하지 마시오. 거룩을 말하면 비참할 정도로 우리가 영적으로 가난한 것을 느끼기 때문이오." 어떤 사람들은 너무나 가난하여 그 빈곤을 인정하고 양식을 구합니다. 영적으로도 그러합니다. 우리가 궁핍 때문이 아니라 욕심으로 구하면 결코 받을 수 없습니다. 가난한 사람은 다른 이유가 아닌 오직 비참할 정도의 빈곤 때문에 구할 뿐입니다. 그것을 부끄러워하지 않습니다. 영적으로 가난한 사람은 복이 있습니다.

The next best thing to do

Seek, and ye shall find. Luke 11:9.

Seek if you have not found. "Ye ask, and receive not, because ye ask amiss." If you ask for things from life instead of from God, you ask amiss, that is, you ask from a desire for self-realization. The more you realize yourself the less will you seek God. "Seek, and ye shall find." Get to work, narrow your interests to this one. Have you ever sought God with your whole heart, or have you only given a languid cry to Him after a twinge of moral neuralgia? Seek, concentrate, and you will find.

"Ho, every one that thirsteth, come ye to the waters." Are you thirsty, or smugly indifferent—so satisfied with your experience that you want nothing more of God? Experience is a gateway, not an end. Beware of building your faith on experience, the metallic note will come in at once, the censorious note. You can never give another person that which you have found, but you can make him homesick for what you have.

"Knock, and it shall be opened unto you." "Draw nigh to God." Knock—the door is closed, and you suffer from palpitation as you knock. "Cleanse your hands"—knock a bit louder, you begin to find you are dirty. "Purify your heart"—this is more personal still, you are desperately in earnest now—you will do anything. "Be afflicted"—have you ever been afflicted before God at the state of your inner life? There is no strand of self-pity left, but a heartbreaking affliction of amazement to find you are the kind of person that you are. "Humble yourself"—it is a humbling business to knock at God's door—you have to knock with the crucified thief. "To him that knocketh, it shall be opened."

구하고 집중하십시오!

찾으라 그러면 찾아낼 것이요 (눅 11:9).

"구하여도 받지 못함은 … 잘못 구하기 때문이라"약 4:3. 만일 하나님을 구하는 대신에 당신의 삶을 만족시키기 위해 구한다면 당신은 잘못 구하고 있는 것입니다. 이는 당신 자신을 실현하기를 원하는 욕망에서 구하는 것이기 때문입니다. 자신을 실현하려고 할수록 하나님을 덜 구하게 됩니다. "찾으라. 그러면 찾을 것이요." 마음을 다해 당신의 관심을 이 한 가지로 집중하십시오. 당신의 온 마음을 다해 하나님을 찾습니까? 아니면 영적으로 어떤 고통을 느낄 때에야 하나님께 부르짖습니까? 구하고 집중하면 당신은 찾게 될 것입니다.

"모든 목마른 자들아 물로 나아오라"사 55:1. 당신은 목마릅니까? 아니면 신앙 체험에 만족하여 하나님께로부터 더 원하는 것이 없는 것처럼 안일한 가운데 무관심합니까? 신앙 체험은 시작이지 끝이 아닙니다. 믿음을 신앙 체험 위에 세우지 않도록 주의하십시오. 그렇지 않으면 당신의 입에서는 차가운 잔소리와 비판의 소리만 나오게 될 것입니다. 당신이 발견한 것을 결코 다른 사람에게 줄 수는 없지만, 당신은 다른 사람으로 하여금 당신이 소유하는 것에 대해 간절한 마음을 갖게 할 수 있습니다.

"문을 두드리라 그러면 너희에게 열릴 것이니"눅 11:9. "하나님을 가까이 하라"약 4:8. 문을 두드리십시오. 잠겨 있는 문을 두드릴 때 가슴이 두근거릴 것입니다. "손을 깨끗이 하라." 좀 더 시끄럽게 두드려 보십시오. 당신은 자신이 더럽다는 것을 발견하기 시작합니다. "마음을 성결케 하라." 이 말씀이 조용히 우리 마음에 가까이 다가옵니다. 당신은 이제 절실할 정도로 간절해져서 뭐든 하려고 합니다. "울지어다"약 4:9. 당신은 하나님 앞에서 내면 상태 때문에 울어본 적이 있습니까? 이러한 슬픔은 자기연민과는 거리가 먼 것이며 자신이 어떤 사람인가를 깨닫고 가슴이 찢어지는 고통을 당하는 것입니다. "낮추라"약 4:10. 하나님의 문을 두드리는 것은 자기를 낮추는 일입니다. 당신은 십자가에 달린 도둑과 함께 주님의 문을 두드려야 합니다. "두드리는 이에게는 열릴 것이니라"눅 11:10.

6월 10일

Getting there

Jun. 11th

Come unto Me. Matthew 11:28.

Do I want to get there? I can now. The questions that matter in life are remarkably few, and they are all answered by the words—"Come unto Me." Not—"Do this, or don't do that"; but—"Come unto Me." If I will come to Jesus my actual life will be brought into accordance with my real desires; I will actually cease from sin, and actually find the song of the Lord begin.

Have you ever come to Jesus? Watch the stubbornness of your heart, you will do anything rather than the one simple childlike thing—"Come unto Me." If you want the actual experience of ceasing from sin, you must come to Jesus.

Jesus Christ makes Himself the touchstone. Watch how He used the word 'Come.' At the most unexpected moments there is the whisper of the Lord—"Come unto Me." and you are drawn immediately. Personal contact with Jesus alters everything. Be stupid enough to come and commit yourself to what He says. The attitude of coming is that the will resolutely lets go of everything and deliberately commits all to Him.

"and I will give you rest," i.e., I will stay you. Not—I will put you to bed and hold your hand and sing you to sleep; but—I will get you out of bed, out of the languor and exhaustion, out of the state of being half dead while you are alive; I will imbue you with the spirit of life, and you will be stayed by the perfection of vital activity. We get pathetic and talk about 'suffering the will of the Lord!' Where is the majestic vitality and might of the Son of God about that?

"내게로 오라"

6월 11일

수고하고 무거운 짐 진 자들아 다 내게로 오라 내가 너희를 쉬게 하리라 (마 11:28).

주님이 오라고 하신 그곳에 이르고 싶습니까? 지금 당장 갈 수 있습니다. 삶 속에서 정말로 중요한 질문들은 얼마 되지 않습니다. 그리고 그러한 삶의 질문들은 "내게로 오라"는 말씀으로 다 대답이 됩니다. "이것을 하라, 저것을 하지 말라"가 아니라 "내게로 오라"입니다. 만일 주님께로 가면 나의 실제 삶은 진정한 소원과 잘 조화되게 됩니다. 나는 실제로 죄를 멈추게 되고 주님의 노래가 내게서 흘러나오게 됩니다. 당신은 예수님께로 나아간 일이 있습니까? 당신 마음의 완고함을 경계하십시오. 당신은 다른 것은 다해도 어린아이 같은 마음으로 "내게로 오라"는 단순한 요구는 끝까지 안 하려고 할 것입니다. 그러나 만일 당신이 죄를 멈추는 실제적 체험을 원한다면 예수님께 나아가십시오.

예수 그리스도께서는 자신을 당신 삶의 성패에 대한 시금석으로 만드셨습니다. "오라"는 말씀을 주님께서 어떻게 사용하셨는지 주목하십시오. 가장 예상치 못한 순간에 주님의 속삭임이 있습니다. "내게로 오라." 당신은 즉시 주님께로 이끌립니다. 주님과의 인격적 만남은 모든 것을 변화시킵니다. 주께 나아가 주님의 말씀에 자신을 다 내려놓을 만큼 어리석은 자가 되십시오. 주께 나아가는 자세는 마음을 다해 모든 것을 내려놓고 주께 맡기는 것입니다.

"내가 너희를 쉬게 하리라." 즉, 그분이 우리를 지탱하리라는 말씀입니다. 이 말씀은 하나님이 우리를 자리에 눕히고 손을 잡아주고 자장가를 불러 잠을 재워주겠다는 뜻이 아닙니다. 오히려 우리를 잠자리에서 나오게 하고, 살았으나 반은 죽어 있는 영적 게으름과 탈진 상태에서 나오게 한다는 말씀입니다. 곧 생명의 영을 불어넣어 온전한 생동력으로 지탱해주겠다는 말씀입니다. 우리는 감상적으로 주님의 뜻을 위한 고난을 말하곤 합니다. 그러나 그 고난을 이길 수 있게 하는 하나님의 아들의 그 엄청난 능력과 생동력은 어디에 있습니까?

Getting there

Jun. 12th

Master, where dwellest Thou? ⋯ Come and see ⋯ Come with Me. John 1:39.

"They abode with Him that day." That is about all some of us ever do, then we wake up to actualities, self-interest arises and the abiding is passed. There is no condition of life in which we cannot abide in Jesus.

"Thou art Simon, thou shalt be called Cephas." God writes the new name on those places only in our lives where He has erased the pride and self-sufficiency and self-interest. Some of us have the new name in spots only, like spiritual measles. In sections we look all right. When we have our best spiritual mood on, you would think we were very high-toned saints; but don't look at us when we are not in that mood. The disciple is one who has the new name written all over him; self-interest and pride and self-sufficiency have been completely erased.

Pride is the deification of self, and this today in some of us is not of the order of the Pharisee, but of the publican. To say 'Oh, I'm no saint,' is acceptable to human pride, but it is unconscious blasphemy against God. It literally means that you defy God to make you a a saint. "I am much too weak and hopeless, I am outside the reach of the Atonement." Humility before men may be unconscious blasphemy before God. Why are you not a saint? It is either that you do not want to be a saint, or that you do not believe God can make you one. It would be all right, you say, if God saved you and took you straight to heaven. That is just what He will do! "We will come unto Him, and make our abode with Him." Make no conditions, let Jesus be everything, and He will take you home with Him not only for a day, but for ever.

성도입니까?

랍비여 어디 계시오니이까 하니 예수께서 이르시되 와서 보라 (요 1:38-39).

"그들이 가서 … 그날 함께 거하니"요 1:39. 기껏해야 그분과 '하루'를 함께하는 것이 우리 대부분의 모습입니다. 우리는 현실로 돌아가자마자 다시 자신의 유익을 구하기 시작하다가 더 이상 주님과 함께 거하지 않습니다. 사실 그 어떠한 삶의 조건도 우리로 하여금 예수님 안에 거할 수 없도록 만들 수 없는데도 말입니다.

"네가 … 시몬이니 장차 게바라 하리라"요 1:42. 하나님께서는 주께서 우리의 삶 속에서 우리의 교만과 자긍과 이기심을 지워버린 곳에 친히 새로운 이름을 적어주십니다. 우리 중에는 마치 영적 홍역처럼 몇 군데에만 새로운 이름을 가진 자들이 있습니다. 물론 그 부분에서는 아주 잘 서 있는 것처럼 보입니다.

사람들은 영적으로 최상일 때는 매우 대단한 성도라는 말을 듣습니다. 그러나 영적으로 침체일 때는 아무에게도 본이 되지 않는 형편없는 성도가 됩니다. 제자란 삶의 전반적인 부분에서 새로운 이름을 가진 자입니다. 제자에게는 사욕과 교만과 자족이 완전히 지워져야 합니다.

교만은 자신을 신성화하는 것입니다. 지금 이 세대에 있어서 교만은 바리새인이 아닌 세리의 모습으로 나타납니다. "아, 나는 도저히 성도라고 할 수 없어"라고 말하는 것은 하나님을 향한 무의식적인 신성 모독입니다. 문자적으로 이 말은 "나는 너무나 약하고 가능성이 없기에 십자가의 속죄로도 나를 어쩔 수 없어"라는 의미로, 당신을 성도로 만드신 하나님께 도전하는 것입니다. 왜 자신을 성도라고 말하지 않습니까? 이는 당신이 성도가 되고 싶지 않거나 당신을 성도로 만드신 하나님을 믿지 않거나 둘 중 하나입니다. 당신은 하나님께서 당신을 구원하시고 즉시 천국으로 데려가시면 참 좋겠다고 생각합니다. 물론 하나님은 그렇게 하실 것입니다. "우리가 저에게 와서 거처를 저와 함께하리라." 조건을 만들지 마십시오. 아무 조건 없이 예수님께서 모든 것이 되게 하십시오. 그러면 주께서 당신을 단 하루가 아니라 영원히 주님과 함께하도록 하실 것입니다.

Getting there

Jun. 13th

Come ye after Me. Mark 1:17.

One of the greatest hindrances in coming to Jesus is the excuse of temperament. We make our temperament and our natural affinities barriers to coming to Jesus. The first thing we realize when we come to Jesus is that He pays no attention whatever to our natural affinities. We have the notion that we can consecrate our gifts to God. You cannot consecrate what is not yours; there is only one thing you can consecrate to God, and that is your right to yourself (Romans 12:1). If you will give God your right to yourself, He will make a holy experiment out of you. God's experiments always succeed. The one mark of a saint is the moral originality which springs from abandonment to Jesus Christ. In the life of a saint there is this amazing wellspring of original life all the time; the Spirit of God is a well of water springing up, perennially fresh. The saint realizes that it is God Who engineers circumstances, consequently there is no whine, but a reckless abandon to Jesus. Never make a principle out of your experience; let God be as original with other people as He is with you.

If you abandon to Jesus, and come when He says "Come," He will continue to say "Come" through you; you will go out into life reproducing the echo of Christ's "Come." That is the result in every soul who has abandoned and come to Jesus.

Have I come to Jesus? Will I come now?

권리 포기

나를 따라오라 (막 1:17).

6월 13일

　예수님께 나아가는 데 있어서 가장 큰 방해가 되는 것은 기질입니다. 우리의 기질과 자연스러운 애착이 우리가 예수님께 나아가는 것을 방해합니다. 그러나 예수님께 나아갔을 때 처음에 깨닫게 되는 것은, 우리가 애착을 가진 것이 무엇이든 주님은 그것들에 전혀 관심이 없으시다는 것입니다. 우리는 우리의 재능을 하나님께 바칠 수 있다고 생각합니다. 그러나 그 재능들은 당신의 것이 아니기 때문에 바칠 수 없습니다. 당신이 하나님께 바칠 수 있는 유일한 단 한 가지는 자신에 대한 권리입니다[롬 12:1]. 만일 당신이 하나님께 당신 자신에 대한 권리를 포기한다면 주께서는 당신의 삶으로 거룩한 실험을 하실 것입니다. 감사하게도 하나님의 그 실험은 언제나 성공합니다.

　성도의 한 가지 특징은 예수 그리스도께 자신을 철저하게 내려놓음으로써 그곳에서 샘이 솟아나 흐르게 되는 것입니다. 그래서 성도의 삶에는 항상 원천적인 생명으로부터 놀라운 샘물이 흘러넘칩니다. 성령이 사시사철 내내 신선하게 솟아나는 우물물이 되십니다. 성도는 모든 환경 및 사건을 연출하는 분이 하나님이심을 깨닫고 결과적으로 아무 불평이 없게 됩니다. 오직 예수님께 무조건 다 내려놓을 뿐입니다. 당신의 체험으로부터 어떤 원칙도 만들지 마십시오. 하나님께서 당신에게 원천이 되듯이, 다른 사람에게도 하나님만이 원천이 되게 하십시오.

　만일 예수님께 전적으로 맡기고 예수님께서 "오라" 하실 때 오면, 그분께서 당신을 통해 다른 사람에게도 "오라"고 말씀하실 것입니다. 따라서 당신은 그리스도의 "오라"는 메아리를 계속 만들어가는 삶으로 나아가게 될 것입니다. 이것이 주님께 모든 것을 맡기고 나아가는 영혼들에게 나타나는 결과입니다.

　당신은 예수님께 나아갔습니까? 지금 나아가겠습니까?

Get a move on

Jun. 14th

Abide in Me. John 15:4.

The Spirit of Jesus is put into me by the Atonement, then I have to construct with patience the way of thinking that is exactly in accordance with my Lord. God will not make me think like Jesus, I have to do it myself; I have to bring every thought into captivity to the obedience of Christ. "Abide in Me"—in intellectual matters, in money matters, in every one of the matters that make human life what it is. It is not a bandbox life.

Am I preventing God from doing things in my circumstances because I say it will hinder my communion with Him? That is an impertinence. It does not matter what my circumstances are, I can be as sure of abiding in Jesus in them as in a prayer meeting. I have not to change and arrange my circumstances myself. With Our Lord the inner abiding was unsullied; He was at home with God wherever His body was placed. He never chose His own circumstances, but was meek towards His Father's dispensations for Him. Think of the amazing leisure of Our Lord's Life! We keep God at excitement point, there is none of the serenity of the life hid with Christ in God about us.

Think of the things that take you out of abiding in Christ— "Yes, Lord, just a minute, I have got this to do; Yes, I will abide when once this is finished; when this week is over, it will be all right, I will abide then." Get a move on; begin to abide now. In the initial stages it is a continual effort until it becomes so much the law of life that you abide in Him unconsciously. Determine to abide in Jesus wherever you are placed.

지금 주님 안에 거하십시오!

내 안에 거하라 (요 15:4).

예수님의 영은 속죄에 의해 내 안에 들어와 계십니다. 그렇다면 나는 주님과 정확하게 일치하는 생각을 갖기 위해 인내를 갖고 훈련해야 합니다. 하나님께서는 저절로 내가 예수님처럼 생각하도록 만들지 않으셨습니다. 스스로 그렇게 해야 합니다. 즉, 나의 모든 생각을 주님께 복종하도록 해야 합니다. "내 안에 거하라." 지적인 문제, 돈 문제 등 그것이 무엇이든 인간 삶의 모든 영역에서 주님 안에 거해야 합니다. 일시적이거나 잠깐 인위적으로 사는 삶이 아닙니다.

하나님과의 교제가 방해된다는 이유로 하나님마저도 나의 상황 가운데 역사하시지 못하도록 막는 것은 아닙니까? 그렇다면 그것은 주제넘은 행동입니다. 당신의 상황이 어떠하든 문제가 되지 않습니다. 우리는 기도회 못지않게 다른 상황에서도 예수님 안에 거할 수 있어야 합니다. 스스로 나의 상황을 바꾸거나 조작해서는 안 됩니다. 주님과 함께한다면 나의 내면 세계는 상황에 의해 더럽혀지지 않기 때문입니다. 주님께서는 그분의 몸이 어디에 있든 하나님과 함께하셨습니다. 주님은 스스로 상황을 선택하지 않으셨습니다. 어디서든 하나님의 뜻을 행하며 온유한 자세를 취하셨습니다. 주님의 삶 속에 나타난 그 놀라운 여유를 생각해보십시오. 우리는 감정적 흥분을 통해 하나님을 체험하려고 하지만, 거기에는 그리스도와 함께 하나님 안에 감추어진 생명의 평강이 없습니다.

당신으로 하여금 그리스도 안에 거하지 못하게 하는 것들이 무엇인가 생각해보십시오. "네, 주님. 잠깐만요. 지금은 이것을 해야 하거든요. 네, 이것을 마치면 주님 안에 거하겠습니다. 이 주가 지나면, 모든 것이 잘되면, 그러면 거하겠습니다." 아닙니다. 당장 나아가십시오. 지금 거하십시오. 처음에는 계속적인 노력이 필요합니다. 그러나 때가 되면 삶의 습관이 되어 무의식 중에 주님 안에 거하게 될 것입니다. 어느 곳에 있든지 주님 안에 거하기로 결단하십시오.

Get a move on

And beside this, ··· add. 2 Peter 1:5.

Jun. 15th

You have inherited the Divine nature, says Peter (v. 4), now screw your attention down and form habits, give diligence, concentrate. "Add" means all that character means. No man is born either naturally or supernaturally with character; he has to make character. Nor are we born with habits; we have to form habits on the basis of the new life God has put into us. We are not meant to be illuminated versions, but the common stuff of ordinary life exhibiting the marvel of the grace of God. Drudgery is the touchstone of character. The great hindrance in spiritual life is that we will look for big things to do. "Jesus took a towel···, and began to wash the disciples' feet."

There are times when there is no illumination and no thrill, but just the daily round, the common task. Routine is God's way of saving us between our times of inspiration. Do not expect God always to give you His thrilling minutes, but learn to live in the domain of drudgery by the power of God.

It is the 'adding' that is difficult. We say we do not expect God to carry us to heaven on flowery beds of ease, and yet we act as if we did! The tiniest detail in which I obey has all the omnipotent power of the grace of God behind it. If I do my duty, not for duty's sake, but because I believe God is engineering my circumstances, then at the very point of my obedience the whole superb grace of God is mine through the Atonement.

일상 속에서 빚어지는 성품

그러므로 너희가 더욱 힘써 … 더하라 (벧후 1:5,7).

6월 15일

베드로는 당신이 신의 성품을 물려받았다고 말합니다. 그러니 이제 마음을 모아 경건의 습관을 만들기 위해 집중적으로 노력하라고 말합니다. "더하라"의 대상은 성품을 의미합니다. 그 누구도 자연적으로나 초자연적으로나 성품이 완성된 가운데 태어나지 않습니다. 스스로 성품을 만들어야 합니다. 또한 습관을 가지고 태어나는 것도 아닙니다. 우리는 하나님께서 우리 안에 넣으신 새 생명을 근거로 습관을 만들어야 합니다. 우리는 자신의 완벽함과 눈부심을 드러내는 삶이 아니라 일상 생활 속에서 하나님의 은혜의 기이함을 드러내도록 창조되었습니다. 매일 되풀이되는 단조로움이 우리의 성품을 결정하는 시금석입니다. 영적인 삶의 가장 큰 장애는 뭔가 큰일을 찾으려 하는 것입니다. 그러나 "예수님께서는 수건을 가져다가" 제자들의 발을 씻기셨습니다.

아무 조명도 받지 못하고 신나는 일도 없으며 매일 일상적인 똑같은 일만 반복되는 그러한 때가 있을 것입니다. 그러나 이 기간이 하나님께서 우리를 가장 많이 빚으시는 때입니다. 하나님께 항상 당신에게 신나는 순간들을 주실 것으로 기대하지 마십시오. 되풀이되는 따분한 삶에서 하나님의 능력으로 사는 것을 배워야 합니다.

성품이 자라나도록 '공급'하는 일은 쉽지 않습니다. 말로는 하나님께서 안락한 꽃침대 위에서 우리를 하늘로 데리고 가실 것을 기대하지 않는다고 하지만, 우리의 행동은 그러한 하나님을 바라며 살고 있습니다. 아주 작은 일에서 주님을 순종해 보십시오. 그 순종 뒤에는 하나님의 은혜의 전능하신 능력이 있음을 알게 될 것입니다. 의무 때문에 억지로 순종하지 마십시오. 하나님께서 나의 모든 상황을 연출하신다는 것을 믿고 나의 할 바를 행하십시오. 그러면 순종하는 즉시 속죄를 통한 하나님의 온전하신 그 엄청난 은혜가 나의 것이 됩니다.

What do you make of this

Greater love hath no man than this, that a man lay down his life for his friend ⋯ I have called you friends. John 15:13,15.

Jesus does not ask me to die for Him, but to lay down my life for Him. Peter said—"I will lay down my life for Thy sake," and he meant it; his sense of the heroic was magnificent. It would be a bad thing to be incapable of making such a declaration as Peter made; the sense of our duty is only realized by our sense of the heroic. Has the Lord ever asked you—"Wilt thou lay down thy life for My sake?" It is far easier to die than to lay down the life day in and day out with the sense of the high calling. We are not made for brilliant moments, but we have to walk in the light of them in ordinary ways. There was only one brilliant moment in the life of Jesus, and that was on the Mount of Transfiguration; then He emptied Himself the second time of His glory, and came down into the demon-possessed valley. For thirty-three years Jesus laid out His life to do the will of His Father, and, John says, "we ought to lay down our lives for the brethren." It is contrary to human nature to do it.

If I am a friend of Jesus, I have deliberately and carefully to lay down my life for Him. It is difficult, and thank God it is difficult. Salvation is easy because it cost God so much, but the manifestation of it in my life is difficult. God saves a man and endues him with the Holy Spirit, and then says in effect—"Now work it out, be loyal to Me, whilst the nature of things round about you would make you disloyal." "I have called you friends." Stand loyal to your Friend, and remember that His honour is at stake in your bodily life.

예수 그리스도께 충성하십시오!

*사람이 친구를 위해 자기 목숨을 버리면 이보다 더 큰 사랑이 없나니 …
너희를 친구라 하였노니 (요 15:13,15).*

6월
16일

　예수님께서는 내게 주를 위해 목숨을 버리라고 부탁하지 않으십니다. 대신 주를 위해 내 삶을 내려놓으라고 하십니다. 베드로가 "주를 위하여 내 목숨을 버리겠나이다"요 13:37라고 말할 때, 그는 진심이었습니다. 그의 영웅심은 대단한 것이었습니다. 베드로처럼 이러한 선언을 할 수 있습니까? 의무감은 영웅심에 의해 실현됩니다. 주께서 당신에게 "네가 나를 위하여 네 삶을 내려놓겠느냐"요 13:38라고 물으신 적이 있습니까? 당장 목숨을 바치는 것이 높은 소명의식을 가지고 하루하루 자신의 삶을 내려놓는 것보다 훨씬 쉽습니다. 우리는 어떤 찬란한 순간을 위해 지음받은 것이 아니라 일상 생활 속에서 그 찬란한 빛 가운데 걷도록 부름을 받았습니다. 예수님의 삶에는 오직 단 한 번 휘황찬란한 순간이 있었습니다. 그것은 변화산에서의 사건이었습니다. 그러자 그분은 이 두 번째 영광마저 비우고 다시 악령들로 가득 찬 계곡으로 내려가셨습니다. 주님은 33년간 하나님의 뜻을 행하기 위해 날마다 자신의 삶을 내려놓으셨습니다. 요한이 말합니다. "우리도 형제들을 위해 우리의 삶을 내려놓는 것이 마땅하다"요일 3:16. 이는 인간 본성의 행위와는 전혀 반대가 되는 내용입니다.

　내가 예수님의 친구라면 마음을 다해 주께 나의 삶을 조심스럽게 내려놓아야 합니다. 이것은 어려운 일입니다. 어렵기 때문에 하나님께 감사해야 합니다. 하나님께서 우리의 구원을 위해 이미 엄청난 대가를 치르셨기 때문에 구원은 쉽습니다. 그러나 그 구원이 내 삶 속에서 드러나게 하는 것은 어렵습니다. 이에 하나님께서는 사람을 구원하시고 그에게 성령을 부여하셨습니다. 그리고 당부하십니다. "이제 힘을 내라. 비록 네 주변의 상황들이 너를 방해해도 내게 충성하라." 예수님께서는 우리에게 "나는 너희를 친구라 하였노니"라고 하십니다. 당신의 참친구이신 주 예수 그리스도께 충성하십시오. 그분의 영예가 당신의 이 땅에서의 삶에 의해 좌우된다는 사실을 언제나 기억하십시오.

The uncritical temper

Jun. 17th

Judge not, that ye be not judged. Matthew 7:1.

Jesus says regarding judging—Don't. The average Christian is the most penetratingly critical individual. Criticism is a part of the ordinary faculty of man; but in the spiritual domain nothing is accomplished by criticism. The effect of criticism is a dividing up of the powers of the one criticized; the Holy Ghost is the One in the true position to criticize, He alone is able to show what is wrong without hurting and wounding. It is impossible to enter into communion with God when you are in a critical temper; it makes you hard and vindictive and cruel, and leaves you with the flattering unction that you are a superior person. Jesus says, as a disciple, cultivate the uncritical temper. It is not done once and for all. Beware of anything that puts you in the superior person's place.

There is no getting away from the penetration of Jesus. If I see the mote in your eye, it means I have a beam in my own. Every wrong thing that I see in you, God locates in me. Every time I judge, I condemn myself (see Romans 2:17-20). Stop having a measuring rod for other people. There is always one fact more in every man's case about which we know nothing. The first thing God does is to give us a spiritual spring-cleaning; there is no possibility of pride left in a man after that. I have never met the man I could despair of after discerning what lies in me apart from the grace of God.

비판하지 않는 기질

비판을 받지 아니하려거든 비판하지 말라 (마 7:1).

6월
17일

　예수님께서는 비판하지 말라고 말씀하셨습니다. 대부분의 그리스도인들은 아주 혹독할 정도로 비판적입니다. 비판은 인간의 정상적인 기능의 일부입니다. 그러나 영적 세계에서는 그 어느 것도 비판에 의해 이루어지는 것이 없습니다. 비판의 결과는 비판받는 자의 여러 능력들을 분산시킵니다. 성령님만이 비판할 수 있는 온전한 위치에 계시는 유일한 분이십니다. 그분만이 상처나 억울함 없이 무엇이 잘못되었는지를 보이실 수 있습니다. 남을 비판하려는 분위기에서는 하나님과 교통하는 것이 불가능합니다. 비판하려는 감정으로 인해 당신의 마음은 강퍅해지고 원한을 품게 되며 잔인하게 됩니다. 나아가 당신 자신에게 아첨하며 자신이 다른 사람보다 훨씬 낫다는 우월감에 빠집니다. 예수님께서는 제자들에게 비판하지 않는 기질을 개발하라고 말씀하셨습니다. 이는 하루 아침에 되는 것이 아닙니다. 자신이 우월한 위치에 있다고 착각하지 마십시오.

　마음을 꿰뚫으시는 예수님의 시선을 우리는 피할 수 없습니다. 주님의 말씀에 의하면, 만일 내가 당신의 눈에서 티를 본다면 이는 내 안에 들보가 있다는 뜻입니다. 내가 당신에게서 보는 모든 잘못된 것들을 하나님께서는 내 안에서 찾아내십니다. 내가 비판할 때마다 나는 나 자신을 정죄하는 것입니다(롬 2:17-20). 다른 사람을 향해 비판하려는 잣대를 버리십시오. 언제나 우리가 알지 못하는 또 다른 요소들이 다른 사람들에게 있기 마련입니다. 하나님께서 우리를 향해 제일 먼저 하시는 일은 우리 안의 영적 대청소입니다. 청소 후에는 그 사람의 마음속에 교만이 사라집니다. '하나님의 은혜가 없었다면 나 자신이 얼마나 부패한 존재가 되었을까'를 깨달은 후, 나는 나를 실망시키는 사람을 만나본 적이 없습니다.

Don't think now, take the road

And Peter ⋯ walked on the water to go to Jesus. But when he saw the wind boisterous, he was afraid. Matthew 14:29-30.

The wind was actually boisterous, the waves were actually high, but Peter did not see them at first. He did not reckon with them, he simply recognized his Lord, and stepped out in recognition of Him and walked on the water. Then he began to reckon with the actual things, and down he went instantly. Why could not our Lord have enabled him to walk at the bottom of the waves as well as on the top of them? Neither could be done saving by recognition of the Lord Jesus.

We step right out on God over some things, then self-consideration enters in and down we go. If you are recognizing your Lord, you have no business with where He engineers your circumstances. The actual things are, but immediately you look at them you are overwhelmed, you cannot recognize Jesus, and the rebuke comes: "Wherefore didst thou doubt?" Let actual circumstances be what they may, keep recognizing Jesus, maintain complete reliance on Him.

If you debate for a second when God has spoken, it is all up. Never begin to say—"Well, I wonder if He did speak?" Be reckless immediately, fling it all out on Him. You do not know when His voice will come, but whenever the realization of God comes in the faintest way imaginable, recklessly abandon. It is only by abandon that you recognize Him. You will only realize His voice more clearly by recklessness.

바람과 풍랑을 바라봅니까?

베드로가 배에서 내려 물 위로 걸어서 예수께로 가되
바람을 보고 무서워 빠져가는지라 (마 14:29-30).

6월
18일

바람이 실제로 사납게 몰아치고 있었습니다. 풍랑은 실제로 높이 일었습니다. 그러나 베드로는 처음에 이것들을 보지 못했습니다. 그는 바람과 풍랑을 고려하지 않았고 단지 주님만 인식했습니다. 그때 그는 발을 내딛어 물 위를 걸었습니다. 그러자 그는 실제 일어난 일들을 고려하게 되었습니다. 그 순간 당장 물속에 빠져들었습니다. 사실 주님께서는 베드로로 하여금 파도 위에서뿐 아니라 파도 밑에서도 걷도록 하실 수 있었습니다. 그러나 주 예수님을 인식하지 않는다면 둘 다 불가능한 것입니다.

어떤 문제를 당하면 우리는 당장 하나님께 나아갑니다. 그러나 자신에 관한 여러 형편을 고려하게 되면서 침몰합니다. 만일 당신이 주님만 인식하고 있다면 주께서 당신을 어떤 상황으로 이끌고 가시든 아무런 상관이 없습니다. 실제 바람과 풍랑은 언제나 있는 것이고 단지 당신이 그것을 바라보는 즉시 당신은 주눅이 들면서 예수님을 알아볼 수 없게 되는 것입니다. 그러면 주님께서 꾸짖으십니다. "왜 의심하였느냐?" 우리가 처한 실제 상황 가운데서 예수님을 계속 인식하며 온전하게 주만 의지하십시오.

만일 하나님께서 말씀하셨을 때 단 일초라도 주님께 따진다면 모든 것이 끝장입니다. 절대로 "그래, 정말로 주님께서 말씀하신 것일까?"라고 의심하지 마십시오. 조금도 주저 없이 당장 주님께 자신을 던지십시오. 당신은 언제 주의 음성을 듣게 될지 모릅니다. 그러나 아무리 미세한 음성이라도 주님의 음성으로 깨닫는다면, 주저 없이 주께 던지십시오. 모든 것을 믿고 완전히 주께 맡기는 것만이 주님을 인정하는 것입니다. 기꺼이 주께 맡길 때 당신은 주의 음성을 더욱 분명하게 듣게 될 것입니다.

The service of passionate devotion

Jun. 19th

Lovest thou Me? Feed My sheep. John 21:16.

Jesus did not say—Make converts to your way of thinking, but look after My sheep, see that they get nourished in the knowledge of Me. We count as service what we do in the way of Christian work; Jesus Christ calls service what we are to Him, not what we do for Him. Discipleship is based on devotion to Jesus Christ, not on adherence to a belief or a creed. "If any man come to Me and hate not ⋯, he cannot be My disciple." There is no argument and no compulsion, but simply—"If you would be My disciple, you must be devoted to Me." A man touched by the Spirit of God suddenly says—"Now I see Who Jesus is," and that is the source of devotion.

Today we have substituted credal belief for personal belief, and that is why so many are devoted to causes and so few devoted to Jesus Christ. People do not want to be devoted to Jesus, but only to the cause He started. Jesus Christ is a source of deep offence to the educated mind of today that does not want Him in any other way than as a Comrade. Our Lord's first obedience was to the will of His Father, not to the needs of men; the saving of men was the natural outcome of His obedience to the Father. If I am devoted to the cause of humanity only, I will soon be exhausted and come to the place where my love will falter; but if I love Jesus Christ personally and passionately, I can serve humanity though men treat me as a door-mat. The secret of a disciple's life is devotion to Jesus Christ, and the characteristic of the life is its unobtrusiveness. It is like a corn of wheat, which falls into the ground and dies, but presently it will spring up and alter the whole landscape. (cf. John 12:24.)

열정적인 헌신

네가 나를 사랑하느냐 (요 21:16).

6월 19일

    예수님께서는 당신의 생각을 따르는 교인을 만들라고 말씀하지 않으시고 '내 양'을 돌보라고 하셨습니다. 그들이 예수님을 아는 지식에서 영양분을 먹고 자라나도록 돌보라고 하셨습니다. 우리는 기독교적인 방식을 따라 일하는 것을 봉사라고 여깁니다. 그러나 예수님은 '주를 위해 어떤 일을 하는가'가 아니라 '주께 어떤 존재가 되어 있는가'를 봉사라고 부르십니다. 제자의 길은 예수 그리스도께 드려지는 헌신을 바탕으로 합니다. 어떤 특별한 믿음이나 교리에 충성하는 것을 의미하지 않습니다. "무릇 내게 오는 자가 … 미워하지 아니하면 능히 내 제자가 되지 못하고" 눅 14:26. 여기에는 논쟁할 여지도, 강요도 없습니다. "네가 나의 제자가 되려면 너는 내게 헌신되어야 한다"라고 말씀하실 뿐입니다. 하나님의 영에 의해 감동을 받은 사람은 갑자기 이렇게 말합니다. "이제 저는 주님이 누구신지 압니다." 이것이 헌신의 근원입니다.

    오늘날 우리는 신조를 개인의 믿음으로 대치했습니다. 그래서 그런지 많은 사람들이 여러 다른 명분에 헌신하지만 예수 그리스도께 헌신하는 사람은 아주 적습니다. 사람들은 예수님께 헌신하기를 원하지 않고, 예수님의 사역에만 헌신하기를 원합니다. 예수 그리스도는 오늘날 현대 교양인들에게 하나의 큰 걸림돌로서, 자신들의 목적 성취를 위한 대상이 될 뿐 그 이상은 아닙니다. 주님이 순종하신 첫째 대상은 사람의 필요가 아니라 아버지의 뜻이었습니다. 인간을 구원하신 것도 주님께서 아버지께 순종함으로 오는 자연적인 결과였습니다. 내가 인간을 위한 명분에 헌신한다면 곧 지쳐서 그들을 향한 나의 사랑마저 흔들리는 지경에 이르게 될 것입니다. 그러나 내가 예수 그리스도를 인격적으로, 열정적으로 사랑한다면 비록 인간들이 나를 헌신짝처럼 천하게 여길지라도 그들을 섬길 수 있습니다. 제자 된 삶의 비결은 예수 그리스도를 향한 헌신입니다. 그리고 그러한 삶의 특징은 자신을 내세우지 않는 겸손입니다. 이는 마치 땅에 떨어져 죽는 밀알과 같습니다. 그러나 조만간에 다시 피어나 모든 풍경을 바꾸어놓을 것입니다 요 12:24.

Have you come to "when" yet?

*And the Lord turned the captivity of Job
when he prayed for his friends.* Job 42:10.

The plaintive, self-centred, morbid kind of prayer, a dead-set that I want to be right, is never found in the New Testament. The fact that I am trying to be right with God is a sign that I am rebelling against the Atonement. "Lord, I will purify my heart if You will answer my prayer; I will walk rightly if You will help me." I cannot make myself right with God, I cannot make my life perfect; I can only be right with God if I accept the Atonement of the Lord Jesus Christ as an absolute gift. Am I humble enough to accept it? I have to resign every kind of claim and cease from every effort, and leave myself entirely alone in His hands, and then begin to pour out in the priestly work of intercession. There is much prayer that arises from real disbelief in the Atonement. Jesus is not beginning to save us, He has saved us, the thing is done, and it is an insult to ask Him to do it.

If you are not getting the hundredfold more, not getting insight into God's word, then start praying for your friends, enter into the ministry of the interior. "The Lord turned the captivity of Job when he prayed for his friends." The real business of your life as a saved soul is intercessory prayer. Wherever God puts you in circumstances, pray immediately, pray that His Atonement may be realized in other lives as it has been in yours. Pray for your friends now; pray for those with whom you come in contact now.

다른 사람의 속죄를 위한 기도

욥이 그의 친구들을 위해 기도할 때 여호와께서 욥의 곤경을 돌이키시고 (욥 42:10).

6월 20일

자기 감정에 도취된 기도, 자기 중심적인 병적인 기도, 자신을 의롭게 보이려는 기도는 성경에서 결코 찾아볼 수 없습니다. 스스로의 힘으로 하나님과 바른 관계를 맺어보겠다고 애쓰는 것은 속죄에 대해 반역을 일으킵니다. "주님, 주님께서 제 기도에 응답하시면 저는 제 마음을 정결케 하겠습니다. 주께서 저를 도와주시면 바르게 걷겠습니다." 그러나 나는 하나님과 바른 관계를 세울 수 없습니다. 내 인생을 완전하게 할 수 없습니다. 하나님과 바른 관계를 맺을 수 있는 유일한 길은 오직 주 예수 그리스도의 속죄를 절대적인 선물로 받아들이는 것입니다. 그 선물을 받아들일 만큼 낮아져 있습니까? 모든 요청을 내려놓고 모든 노력을 멈추십시오. 자신을 주의 손에 완전하게 맡기십시오. 그 후 다른 사람들을 위한 제사장적인 중보 기도 사역에 전념하십시오. 안타깝게도 속죄에 대한 불신앙 때문에 자신의 구원을 위해 많은 기도를 드리는 경우도 있습니다. 예수님은 우리를 구원하기 시작하시는 것이 아닙니다. 그분은 이미 우리를 구원하셨으며, 구원은 완성된 작업입니다. 그러므로 주님께 그 일을 또 하시라고 기도하는 것은 주를 향한 모독입니다.

아직 백배의 결실을 얻지 못했다면, 하나님의 말씀에 깊은 깨달음이 없다면 친구들을 위해 기도를 시작하십시오. 사람들의 내면 세계를 변화시키는 사역에 임하십시오. "욥이 그의 친구들을 위해 기도할 때 여호와께서 욥의 곤경을 돌이키시고…." 구원을 받은 자로서 당신이 꼭 해야 할 참된 일이 있다면 그것은 중보 기도입니다. 하나님께서 당신을 어떤 상황에 두시든지 즉시 기도하기 시작하십시오. 주님의 속죄가 당신에게 임했던 것처럼 다른 사람에게도 그 속죄가 실현되도록 기도하십시오. 지금 당신의 친구들과 당신이 만나는 사람들을 위해 기도하십시오.

The ministry of the interior

Jun. 21st

But ye are ⋯ a royal priesthood. 1 Peter 2:9.

By what right do we become "a royal priesthood"? By the right of the Atonement. Are we prepared to leave ourselves resolutely alone and to launch out into the priestly work of prayer? The continual grubbing on the inside to see whether we are what we ought to be, generates a self-centred, morbid type of Christianity, not the robust, simple life of the child of God. Until we get into a light relationship to God, it is a case of hanging on by the skin of our teeth, and we say—"What a wonderful victory I have got!" There is nothing indicative of the miracle of Redemption in that. Launch out in reckless belief that the Redemption is complete, and then bother no more about yourself, but begin to do as Jesus Christ said—pray for the friend who comes to you at midnight, pray for the saints, pray for all men. Pray on the realization that you are only perfect in Christ Jesus, not on this plea—"O Lord, I have done my best, please hear me."

How long is it going to take God to free us from the morbid habit of thinking about ourselves? We must get sick unto death of ourselves, until there is no longer any surprise at anything God can tell us about ourselves. We cannot touch the depths of meanness in ourselves. There is only one place where we are right, and that is in Christ Jesus. When we are there, we have to pour out for all we are worth in the ministry of the interior.

내면 세계를 위한 사역

너희는 택하신 족속이요 왕 같은 제사장들이요 (벧전 2:9).

6월 21일

우리가 무슨 권리로 '왕 같은 제사장'이 됩니까? 속죄의 권리입니다. 자신을 과감히 버리고 제사장적인 기도 사역을 시작할 준비가 되어 있습니까? 자신이 제대로 서 있는가를 알아보기 위해 끊임없이 자신의 내면 세계만 들여다보면 어느새 자기 중심적인 병적 교인이 됩니다. 그러면 힘 있고 진실한 하나님의 자녀로서의 삶을 살지 못하게 됩니다. 이러한 경우는 하나님과 올바른 관계를 가지지도 못한 채 간신히 스스로의 힘에 매달려서 "나는 멋진 승리를 이루었다"고 말하는 것과 같습니다. 이런 모습에는 구속의 기적이 나타난 흔적이 전혀 없습니다. 구속은 완성되었음을 분명히 믿고 전진하십시오. 더 이상 자신에 대해 신경 쓰지 말고 예수님께서 중보 기도하라고 말씀하신 것을 실행하십시오. 한밤중에 당신을 찾아오는 친구와 성도들을 위해, 모든 사람을 위해 기도하십시오. "오 주님, 저는 최선을 다했습니다. 그러니 제 기도를 들어주소서"라고 아뢰는 대신에 오직 예수 그리스도의 완성된 구속 때문에 우리의 기도가 응답된다는 깨달음 가운데 기도하십시오.

하나님께서 자신만 생각하는 우리의 병적 습관에서 우리를 자유케 하시는 데 얼마나 오래 걸리시겠습니까? 하나님께서 우리 자신에 관해 어떤 말씀을 하셔도 더 이상 놀랄 필요가 없을 정도로 자신에 대해 죽어야 합니다. 우리는 자신의 천박함의 깊이를 다 알 수 없습니다. 우리가 의롭게 될 수 있는 유일한 곳은 바로 예수 그리스도 안입니다. 주님 안에 거하게 되면 우리의 내적인 생명이 마음껏 중보 사역을 감당할 수 있도록 모든 힘을 다 쏟아부어야 합니다.

The undeviating test

For with what judgment ye judge, ye shall be judged; and with what measure ye mete, it shall be measured to you again. Matthew 7:2.

This statement is not a haphazard guess, it is an eternal law of God. Whatever judgment you give, it is measured to you again. There is a difference between retaliation and retribution. Jesus says that the basis of life is retribution—"with what measure ye mete, it shall be measured to you again." If you have been shrewd in finding out the defects in others, remember that will be exactly the measure given to you. Life serves back in the coin you pay. This law works from God's throne downwards (cf. Psalm 18:25-26).

Romans 2 applies it in a still more definite way, and says that the one who criticizes another is guilty of the very same thing. God looks not only at the act, He looks at the possibility. We do not believe the statements of the Bible to begin with. For instance, do we believe this statement, that the things we criticize in others we are guilty of ourselves? The reason we see hypocrisy and fraud and unreality in others is because they are all in our own hearts. The great characteristic of a saint is humility—"Yes, all those things and other evils would have been manifested in me but for the grace of God; therefore I have no right to judge"

Jesus says—"Judge not, that ye be not judged"; if you do judge, it will be measured to you exactly as you have judged. Who of us would dare to stand before God and say—"My God, judge me as I have judged my fellow men?" We have judged our fellow men as sinners; if God should judge us like that we would be in hell. God judges us through the marvellous Atonement of Jesus Christ.

하나님의 판단 기준

> 너희가 비판하는 그 비판으로 너희가 비판을 받을 것이요
> 너희가 헤아리는 그 헤아림으로 너희가 헤아림을 받을 것이니라 (마 7:2).

6월 22일

　이 말씀은 우연한 짐작이 아니라 하나님의 영원한 법칙입니다. 당신이 어떠한 판단을 하든지 그 판단은 당신에게 다시 돌아올 것입니다. 보복과 보상에는 차이가 있습니다. 예수님께서는 삶의 원칙은 보상이라고 말씀하십니다. "너희가 헤아리는 그 헤아림으로 너희가 헤아림을 받을 것이니라." 만약 당신이 지금까지 간교한 태도로 타인의 결점을 들추어냈다면, 당신도 그것과 똑같은 방식으로 평가를 받을 것입니다. 이 점을 기억하십시오. 인생은 당신이 지불한 대로 되돌아옵니다. 이 법칙은 하나님의 보좌로부터 역사합니다시 18:25-26.

　로마서 2장은 이 법칙을 매우 분명하게 보여줍니다. 즉, 남을 비판하는 자는 그 동일한 비판을 받아 마땅한 죄인입니다. 하나님께서는 행동뿐 아니라 그 가능성도 보십니다. 우리는 처음부터 성경이 언급하는 바를 믿지 않습니다. 예를 들어, 우리가 다른 사람을 비판할 때 우리 자신도 이미 죄를 지었다는 사실을 믿습니까? 우리가 다른 사람에게서 위선과 속임수와 거짓을 보는 이유는 바로 우리 마음속에도 똑같은 것들이 있기 때문입니다. 성도의 가장 큰 특징은 겸손입니다. "그렇습니다. 하나님의 은혜가 아니라면 내 안에 있는 그 모든 더러운 것들과 죄악들이 다 드러났을 것입니다. 그러므로 나는 비판할 권한이 없습니다."

　예수님께서는 "비판을 받지 아니하려거든 비판하지 말라"마 7:1고 하십니다. 만일 당신이 비판을 하면 그대로 당신도 비판을 받게 될 것입니다. 우리 중에 누가 감히 하나님 앞에 서서 "하나님, 제가 동료들을 판단한 대로 저를 판단하십시오"라고 말할 수 있겠습니까? 우리는 동료들을 죄인으로 판단해 왔습니다. 만일 하나님께서 이와 같이 우리를 판단하신다면 우리는 지옥에 떨어질 것입니다. 그러나 하나님께서는 예수 그리스도의 그 놀라운 속죄를 통해 우리를 판단하십니다.

Acquaintance with grief

A Man of sorrows and acquainted with grief. Isaiah 53:3.

We are not acquainted with grief in the way in which Our Lord was acquainted with it; we endure it, we get through it, but we do not become intimate with it. At the beginning of life we do not reconcile ourselves to the fact of sin. We take a rational view of life and say that a man by controlling his instincts, and by educating himself, can produce a life which will slowly evolve into the life of God. But as we go on, we find the presence of something which we have not taken into consideration, viz., sin, and it upsets all our calculations. Sin has made the basis of things wild and not rational.

We have to recognize that sin is a fact, not a defect; sin is red-handed mutiny against God. Either God or sin must die in my life. The New Testament brings us right down to this one issue. If sin rules in me, God's life in me will be killed; if God rules in me, sin in me will be killed. There is no possible ultimate but that. The climax of sin is that it crucified Jesus Christ, and what was true in the history of God on earth will be true in your history and in mine. In our mental outlook we have to reconcile ourselves to the fact of sin as the only explanation as to why Jesus Christ came, and the explanation of the grief and sorrow in life.

하나님 아니면 죄 죽이기

간고를 많이 겪었으며 질고를 아는 자라 (사 53:3).

6월 23일

　우리는 주님이 겪으신 고통을 알지 못합니다. 우리는 고통을 당하고 견디지만 그것에 익숙해지지는 않습니다. 인간은 처음부터 자신 안의 죄의 실체를 인정할 수 없습니다. 그래서 인본적인(이성적인) 관점을 취하며 본능을 통제하고 교육을 하면 서서히 하나님의 수준으로 나아갈 수 있다고 말합니다. 그러나 인생을 살아가면서 전혀 예상하지 못했던 죄라는 존재를 발견하게 됩니다.

　죄는 우리의 모든 계산을 다 뒤집어 엎습니다. 죄는 모든 것을 거칠고 비합리적인 것으로 만들었습니다. 죄는 엄연한 사실이지 어떤 결함이 아닙니다. 우리는 반드시 이 점을 인정해야 합니다. 죄는 실제로 하나님께 대항하는 반란 행위입니다. 그리스도인의 삶에서 하나님과 죄, 둘 중의 하나는 반드시 죽어야 합니다. 성경은 우리에게 이 한 가지 문제를 철저하게 알려주고 있습니다. 만일 죄가 나를 다스리면 내 안에 있는 하나님의 생명이 죽게 됩니다. 반대로 만일 내 안에서 하나님이 다스리시면 내 안의 죄가 죽게 됩니다. 이 외에 다른 궁극적인 것은 없습니다. 죄의 최악의 상태는 예수 그리스도를 죽이는 순간이었습니다. 이 땅에서, 하나님의 역사에서 사실이었던 것은 당신과 나의 삶의 역사 속에서도 사실이 될 것입니다. 논리적인 차원에서도 죄의 실체를 인정해야만 예수 그리스도께서 오신 이유에 대한 유일한 설명이 되고 또한 우리 삶의 슬픔과 고통에 대해서도 설명이 될 수 있습니다.

Reconciling one's self to the fact of sin

This is your hour, and the power of darkness. Luke 22:53.

It is not being reconciled to the fact of sin that produces all the disasters in life. You may talk about the nobility of human nature, but there is something in human nature which will laugh in the face of every ideal you have. If you refuse to agree with the fact that there is vice and self-seeking, something downright spiteful and wrong in human beings, instead of reconciling yourself to it when it strikes your life, you will compromise with it and say it is of no use to battle against it. Have you made allowance for this hour and the power of darkness, or do you take a recognition of yourself that misses out sin? In your bodily relationships and friendships do you reconcile yourself to the fact of sin? If not, you will be caught round the next corner and you will compromise with it. If you reconcile yourself to the fact of sin, you will realize the danger at once—"Yes, I see what that would mean." The recognition of sin does not destroy the basis of friendship; it establishes a mutual regard for the fact that the basis of life is tragic. Always beware of an estimate of life which does not recognize the fact that there is sin.

Jesus Christ never trusted human nature, yet He was never cynical, never suspicious, because He trusted absolutely in what He could do for human nature. The pure man or woman, not the innocent, is the safeguarded man or woman. You are never safe with an innocent man or woman. Men and women have no business to be innocent; God demands that they be pure and virtuous. Innocence is the characteristic of a child; it is a blameworthy thing for a man or woman not to be reconciled to the fact of sin.

죄성을 인정하십시오!

이제는 너희 때요 어둠의 권세로다 (눅 22:53).

6월
24일

　우리는 죄의 세력이 삶의 모든 재난을 야기시킨다는 사실을 인정하지 않습니다. 당신은 아마도 인간성의 고상함을 말할지도 모르겠습니다. 그러나 당신의 모든 이상을 비웃는 것이 인간성 안에 있습니다. 만일 당신이 인간 속에 악독과 이기심, 저 밑바닥 어딘가에 너무나 독하고 악한 뭔가가 있다는 사실을 부정한다면, 또한 당신도 마찬가지라는 사실을 인정하지 않는다면, 죄가 당신의 삶을 공격할 때 당신은 죄와 타협하게 될 것이고 죄와 싸울 필요가 없다고 말할 것입니다. 당신은 어둠의 때와 죄의 세력을 고려해 왔습니까? 아니면 죄를 인정하지 않은 채 당신 자신을 인식합니까? 친구 관계에서도 죄의 세력이 도사리고 있다는 사실을 인정합니까? 아니라면 당신은 다음 골목길에서 죄와 타협하게 될 것입니다. 그러나 죄의 세력을 인정하면 즉시 그 위험을 깨닫고, "네, 저는 죄의 세력이 무엇을 의미하는지 압니다"라고 말할 것입니다. 죄의 인식은 친구 관계를 깨뜨리지 않습니다. 오히려 삶의 근본은 비극이라는 사실 앞에서 서로 돈독하게 배려하게 될 것입니다. 죄의 실체를 인식하지 못하는 인생관을 항상 경계하십시오.
　예수 그리스도는 인간성을 절대 믿지 않으셨습니다. 반면 인간성을 향해 냉소적이거나 의심하신 적도 없습니다. 그 이유는 주께서는 그분이 인간성을 위해 무엇을 할 수 있는지를 절대적으로 확신하셨기 때문입니다. 주님의 보호를 받는 자는 진실한 사람이지 죄가 없는 사람이 아닙니다. 스스로 죄가 없다고 생각하는 사람들은 절대로 안전할 수 없습니다. 사람은 죄 없는 상태와는 전혀 무관합니다. 하나님께서는 우리에게 서로 진실하고 긍휼하라고 요구하셨습니다. 죄의 실체를 못 느끼는 것은 어린아이들의 특징입니다. 그러나 어른들이 죄의 세력을 인정하지 않는다면 비난받아 마땅합니다.

Receiving one's self in the fires of sorrow

Jun. 25th

What shall I say? Father, save me from this hour? But for this cause came I unto this hour. Father, glorify Thy name. John 12:27-29 (R.V.).

My attitude as a saint to sorrow and difficulty is not to ask that they may be prevented, but to ask that I may preserve the self God created me to be through every fire of sorrow. Our Lord received Himself in the fire of sorrow, He was saved not from the hour, but out of the hour.

We say that there ought to be no sorrow, but there is sorrow, and we have to receive ourselves in its fires. If we try and evade sorrow, refuse to lay our account with it, we are foolish. Sorrow is one of the biggest facts in life; it is no use saying sorrow ought not to be. Sin and sorrow and suffering are, and it is not for us to say that God has made a mistake in allowing them.

Sorrow burns up a great amount of shallowness, but it does not always make a man better. Suffering either gives me my self or it destroys my self. You cannot receive your self in success, you lose your head; you cannot receive your self in monotony, you grouse. The way to find your self is in the fires of sorrow. Why it should be so is another matter, but that it is so is true in the Scriptures and in human experience. You always know the man who has been through the fires of sorrow and received himself, you are certain you can go to him in trouble and find that he has ample leisure for you. If a man has not been through the fires of sorrow, he is apt to be contemptuous, he has no time for you. If you receive yourself in the fires of sorrow, God will make you nourishment for other people.

슬픔의 불 가운데

6월 25일

무슨 말을 하리요 아버지여 나를 구원하여 이때를 면하게 하여 주옵소서 그러나 내가 이를 위해 이때에 왔나이다 아버지여 아버지의 이름을 영광스럽게 하옵소서 (요 12:27-29).

슬픔과 어려움에 대한 성도의 태도는 고난들을 막아달라고 구할 것이 아니라 매번 슬픔의 불을 지나면서 하나님께서 창조하신 '자아'를 보존하게 해달라고 구하는 것이어야 합니다. 주님은 슬픔의 불을 받아들이셨습니다. 그리고 고통으로부터 구원받으신 게 아니라 바로 고통 안에서 구원을 받으셨습니다.

우리는 슬픔이 있어서는 안 된다고 말하지만 슬픔은 언제나 있습니다. 그러므로 우리는 슬픔의 불을 자연스럽게 받아들여야 합니다. 슬픔을 피하려고 하거나 슬픔과 관련된 사건을 거부하려고 한다면, 이는 어리석은 것입니다. 삶 속에서 슬픔은 너무나 자명한 사실이기 때문입니다. 그러므로 슬픔이 있어서는 안 된다고 말해보았자 아무 소용이 없습니다. 죄와 슬픔과 고난은 항상 존재합니다. 우리는 하나님께서 그러한 것들을 실수로 허락하셨다고 말해서는 안 됩니다.

슬픔은 많은 천박한 것들을 불태우지만 그렇다고 항상 사람을 더 훌륭하게 만드는 것도 아닙니다. 고난은 내게 '자아'를 찾게 하든지 '자아'를 파괴합니다. 당신은 성공 속에서 자아를 발견할 수 없고 오히려 이성을 잃습니다. 단조로운 삶 속에서도 자아를 발견하지 못하고 오히려 불평하게 될 것입니다. 자신을 발견하게 될 때는 슬픔의 불 가운데 있을 때입니다. 그 이유는 중요하지 않습니다. 다만 성경과 인간의 경험은 그것이 사실임을 알려줍니다. 당신은 슬픔의 불을 지나 그 속에서 자신을 발견한 사람들을 언제나 알아볼 수 있습니다. 고통 가운데 있을 때 이러한 사람을 찾아가면 그는 당신을 위해 충분한 시간을 내어줄 것입니다. 슬픔의 불을 지나지 않은 사람들은 남을 멸시하는 경향이 있기 때문에 당신을 위해 내어줄 시간이 없습니다. 만일 당신이 슬픔의 불을 받아들이면 하나님께서는 당신을 다른 사람의 영적 성장을 위한 영양분이 되게 하실 것입니다.

Always now

Jun. 26th

> *We … beseech you that ye receive not the grace of God in vain.* 2 Cor. 6:1.

The grace you had yesterday will not do for today. Grace is the overflowing favour of God; you can always reckon it is there to draw upon. "In much patience, in afflictions, in necessities, in distresses"—that is where the test for patience comes. Are you failing the grace of God there? Are you saying—"Oh, well, I won't count this time?" It is not a question of praying and asking God to help you; it is taking the grace of God now. We make prayer the preparation for work, it is never that in the Bible. Prayer is the exercise of drawing on the grace of God. Don't say—"I will endure this until I can get away and pray." Pray now; draw on the grace of God in the moment of need. Prayer is the most practical thing, it is not the reflex action of devotion. Prayer is the last thing in which we learn to draw on God's grace.

"In stripes, in imprisonments, in tumults, in labours,"—in all these things manifest a drawing upon the grace of God that will make you a marvel to yourself and to others. Draw now, not presently: The one word in the spiritual vocabulary is Now. Let circumstances bring you where they will, keep drawing on the grace of God in every conceivable condition you may be in. One of the greatest proofs that you are drawing on the grace of God is that you can be humiliated without manifesting the slightest trace of anything but His grace.

"Having nothing …" Never reserve anything. Pour out the best you have, and always be poor. Never be diplomatic and careful about the treasure God gives. This is poverty triumphant.

언제나 지금

너희를 권하노니 하나님의 은혜를 헛되이 받지 말라 (고후 6:1).

6월 26일

당신이 과거에 받은 은혜는 오늘을 위해서는 아무런 역사를 일으키지 못합니다. 은혜는 하나님의 넘치는 자비입니다. 그러므로 당신은 언제든지 은혜가 필요할 때 받을 수 있습니다. 인내의 시험은 "많이 견디는 것과 환난과 궁핍과 고난"고후 6:4이 있을 때 옵니다. 이러한 때 당신은 놓치지 않고 하나님의 은혜를 받아야 합니다. "아, 이번에는 놓쳤네요"라고 말합니까? 하나님께 도움을 요청하는 기도에 문제가 있는 것이 아닙니다. 하나님의 은혜를 '지금' 받고 있지 않는 것이 문제입니다. 우리는 기도를 일의 준비라고 생각합니다. 그러나 성경에는 그런 내용이 없습니다. 기도는 하나님의 은혜를 길어내는 활동입니다. 따라서 "기도할 시간을 낼 수 있을 때까지 참자"라고 말하지 마십시오. '지금' 기도하십시오. 필요의 순간에 하나님의 은혜를 길어내십시오. 기도는 가장 실제적인 것입니다. 헌신의 반사 작용이 아닙니다. 기도는 하나님의 은혜를 길어오는 것을 배우는 데 가장 먼저 알아야 하는 것입니다.

"매맞음과 갇힘과 난동과 수고로움과"고후 6:5. 이 모든 일들 가운데서 하나님의 은혜를 길어내면 당신은 자신과 다른 이들에게 하나님의 기적 같은 깜짝 놀랄 존재가 될 것입니다. '나중'이 아니라 '지금' 은혜를 얻으십시오. 영적인 세계에서 가장 중요한 한 단어는 '지금'입니다. 환경이 어떠하든, 어떠한 입장에 서 있든 계속 하나님의 은혜를 길어내십시오. 하나님의 은혜를 길어내고 있다는 위대한 증거 중 하나는 굴욕을 당하면서도 주의 은혜를 드러낸다는 사실입니다.

"아무것도 없는 자 같으나"고후 6:10. 뭐든 쌓아두지 마십시오. 당신이 가진 최선의 것을 쏟고 항상 가난하게 되십시오. 하나님께서 주신 물질 때문에 소심해지지 마십시오. 다 쏟아붓는 것이 승리하는 궁핍입니다.

The overshadowing personal deliverance

I am with thee to deliver thee, saith the Lord. Jeremiah 1:8.

God promised Jeremiah that He would deliver him personally—"Thy life will I give unto thee for a prey." That is all God promises His children. Wherever God sends us, He will guard our lives. Our personal property and possessions are a matter of indifference, we have to sit loosely to all these things; if we do not, there will be panic and heartbreak and distress. That is the inwardness of the overshadowing of personal deliverance.

The Sermon on the Mount indicates that when we are on Jesus Christ's errands, there is no time to stand up for ourselves. Jesus says, in effect, 'Do not be bothered with whether you are being justly dealt with or not.' To look for justice is a sign of deflection from devotion to Him. Never look for justice in this world, but never cease to give it. If we look for justice, we will begin to grouse and to indulge in the discontent of self-pity—"Why should I be treated like this?" If we are devoted to Jesus Christ we have nothing to do with what we meet, whether it is just or unjust. Jesus says—"Go steadily on with what I have told you to do and I will guard your life. If you try to guard it yourself, you remove yourself from My deliverance." The most devout among us become atheistic in this connection; we do not believe God, we enthrone common sense and tack the name of God on to it. We do lean to our own understanding, instead of trusting God with all our hearts.

구원을 방해하는 먹구름

내가 너와 함께하여 너를 구원하리라 나 여호와의 말이니라 (렘 1:8).

6월 27일

하나님께서는 예레미야에게 그를 개인적으로 구원해주겠다고 약속하셨습니다. "내가 너에게 생명을 노략물 주듯 하리라"렘 45:5. 이 약속은 하나님께서 그분의 자녀들에게 하신 것입니다. 하나님께서 우리를 어디로 보내시든 우리의 생명을 보호하실 것입니다. 우리의 개인 재산과 소유는 별로 중요하지 않습니다. 우리는 이러한 것들에 마음을 쏟아서는 안 됩니다. 그렇지 않으면 공포와 마음의 상처와 걱정이 밀려올 것입니다. 이러한 것들이 바로 우리를 향한 하나님의 구원을 방해하는 내적 먹구름입니다.

산상수훈은 우리가 예수님의 사명을 감당할 때는 자신을 챙길 시간이 전혀 없다는 것을 지적합니다. 예수님의 말씀은 당신이 공정하게 대우를 받는 것에 신경 쓰지 말라는 것입니다. 공의를 바라는 것은 주를 향한 헌신에서 빗나가고 있다는 증거입니다. 이 세상에서 결코 공의를 구하지 마십시오. 그러나 공의를 베푸는 일은 결코 멈추지 마십시오. 우리가 공의를 바라면 우리는 곧 불평하게 되고 자기연민의 불만족에 빠져들게 됩니다. "왜 내가 이런 대접을 받아야 하는 거지?" 그러나 우리가 예수 그리스도께 헌신했다면 우리가 무슨 일을 당하든, 그것이 불의하든 그렇지 않든 상관 없습니다. 예수님께서 말씀하십니다. "계속 꾸준하게 내가 너에게 하라고 한 것을 하거라. 내가 네 생명을 보호하리라. 만일 네가 스스로 자신을 보호하려고 하면 너는 나의 구원을 받을 수 없다."

우리 중 가장 경건한 사람도 이 점에 있어서는 무신론자가 되는 경우가 많습니다. 하나님을 믿는 대신에 상식을 왕으로 모시고 그 위에 하나님의 이름표를 붙입니다. 전심으로 하나님을 의지하기보다 자신의 생각만을 의지합니다.

Apprehended by God

*If that I may apprehend that for which also
I am apprehended.* Phil. 3:12.

Never choose to be a worker; but when once God has put His call on you, woe be to you if you turn to the right hand or to the left. We are not here to work for God because we have chosen to do so, but because God has apprehended us. There is never any thought of—'Oh well, I am not fitted for this.' What you are to preach is determined by God, not by your own natural inclinations. Keep your soul steadfastly related to God, and remember that you are called not to bear testimony only, but to preach the gospel. Every Christian must testify, but when it comes to the call to preach, there must be the agonizing grip of God's hand on you. Your life is in the grip of God for that one thing. How many of us are held like that?

Never water down the word of God; preach it in its undiluted sternness. There must be unflinching loyalty to the word of God; but when you come to personal dealing with your fellow men, remember who you are—not a special being made up in heaven, but a sinner saved by grace.

"I count not myself to have apprehended: but this one thing I do…."

하나님께 사로잡힌 사역자

잡힌 바 된 그것을 잡으려고 달려가노라 (빌 3:12).

6월 28일

사역자가 되려고 절대로 스스로 선택하지 마십시오. 그러나 하나님께서 당신을 부르셨을 때 당신이 좌로나 우로 치우치면 화가 있게 됩니다. 우리는 우리가 선택해서 하나님을 위해 일하는 것이 아닙니다. 오히려 하나님께서 우리를 사로잡으셨기 때문에 그 일을 합니다. 절대로 "아, 나는 이 일에 부적격입니다"라고 생각하지 마십시오. 당신이 무엇을 전파할 것인지는 하나님에 의해 결정되는 것이지 당신의 천성적 기질에 의한 것이 아닙니다. 당신의 영혼이 언제나 하나님께 꾸준하게 연결될 수 있도록 노력하고, 당신은 주님의 증인이 될 뿐만 아니라 복음을 전파하라고 부름을 받았다는 사실을 기억하십시오. 모든 그리스도인은 증인이 되어야 하지만, 말씀을 전파하는 것은 당신을 아프도록 붙드시는 하나님의 손이 있어야 합니다. 그러면 당신의 삶은 오직 한 가지, 이 말씀 전파를 위해 하나님께 사로잡힌 바 됩니다. 우리 중 과연 몇 사람이나 이렇게 사로잡혀 있습니까?

하나님의 말씀을 결코 희석시키지 마십시오. 순수하고 엄중한 말씀 그대로 전파해야 합니다. 하나님의 말씀을 향해 불굴의 충성이 있어야 합니다. 그러나 개인적으로 당신의 동료를 대할 때는 당신도 하늘에서 특별하게 만들어진 존재가 아니라 단지 은혜로 구원받은 죄인일 뿐이라는 사실을 기억하십시오.

"나는 아직 내가 잡은 줄로 여기지 아니하고 오직 한 일 … 부름의 상을 위하여 달려가노라" 빌 3:13-14.

Direction of discipline

And if thy right hand offend thee cut it off and cast it from thee: for it is profitable for thee that one of thy members should perish, and not that thy whole body should be cast into hell. Matthew 5:30.

Jesus did not say that everyone must cut off the right hand, but—"If your right hand offends you in your walk with Me, cut it off." There are many things that are perfectly legitimate, but if you are going to concentrate on God you cannot do them. Your right hand is one of the best things you have, but Jesus says if it hinders you in following His precepts, cut it off. This line of discipline is the sternest one that ever struck mankind.

When God alters a man by regeneration, the characteristic of the life to begin with is that it is maimed. There are a hundred and one things you dare not do, things that to you and in the eyes of the world that knows you are as your right hand and your eye, and the unspiritual person says—"Whatever is wrong in that? How absurd you are!" There never has been a saint yet who did not have to live a maimed life to start with. But it is better to enter into life maimed and lovely in God's sight than to be lovely in man's sight and lame in God's. In the beginning Jesus Christ by His Spirit has to check you from doing a great many things that may be perfectly right for everyone else but not right for you. See that you do not use your limitations to criticize someone else.

It is a maimed life to begin with, but in v. 48 Jesus gives the picture of a perfectly full-orbed life—"Ye shall be perfect, as your heavenly Father is perfect."

훈련의 방향

6월 29일

또한 만일 네 오른손이 너로 실족하게 하거든 찍어 내버리라 네 백체 중 하나가 없어지고 온 몸이 지옥에 던져지지 않는 것이 유익하니라 (마 5:30).

예수님께서는 모든 사람들이 오른손을 잘라내야 한다고 말씀하신 것은 아니었습니다. 그러나 "만일 네 오른손이 나와의 동행을 방해하거든 잘라버리라"는 것입니다. 이 세상에는 당신이 마음대로 행해도 완벽하게 합법적인 것들이 많이 있습니다. 그러나 당신이 주님께 집중하려 할 때 해서는 안 되는 것들이 있습니다. 당신의 오른손은 당신이 가지고 있는 최고의 것들 중 하나입니다. 그러나 예수님께서 말씀하십니다. 만일 그것이 주님의 계명을 따르는 데 방해된다면 잘라내라는 것입니다. 지금 이 훈련은 인간에게 충격을 주는 가장 혹독한 훈련입니다.

하나님께서 사람을 거듭나게 함으로 변화시키실 때, 그 삶의 특징은 불구로서 시작하는 것입니다. 이제는 해서는 안 되는 수백 가지의 것들이 생겼습니다. 이런 것들은 과거 당신의 세속적인 눈에는 당신의 오른손과 오른눈처럼 여겨지던 것들입니다. 세상 사람들은 말합니다. "도대체 그것이 뭐가 나쁘다는 것입니까? 당신은 정말 이상한 사람이네요." 성도로서 불구의 삶으로 시작하지 않는 사람은 절대로 없습니다. 그러나 불구지만 하나님의 눈에 아름다운 삶을 시작하는 것이, 사람의 눈에 아름답지만 하나님의 눈에 불구인 삶보다 낫습니다. 처음에는 예수 그리스도께서 주의 성령으로 당신의 많은 행동들을 막으십니다. 비록 그 행동이 다른 사람에게는 완벽하게 어울릴지 몰라도 당신에게는 적합하지 않기 때문입니다. 그러므로 당신의 기준으로 다른 사람의 행위를 함부로 비난하지 않도록 주의해야 합니다.

영적 삶의 출발은 불구의 삶입니다. 그러나 예수님께서는 완벽하게 온전해진 삶의 그림을 제시하십니다. "하늘에 계신 아버지의 온전하심과 같이 너희도 온전하라" 마 5:48.

Do it now

Agree with thine adversary quickly. Matthew 5:25.

Jesus Christ is laying down this principle—"Do what you know you must do, now, and do it quickly"; if you do not, the inevitable process will begin to work and you will have to pay to the last farthing in pain and agony and distress. God's laws are unalterable; there is no escape from them. The teaching of Jesus goes straight to the way we are made up.

To see that my adversary gives me my rights is natural; but Jesus says that it is a matter of eternal and imperative importance to me that I pay my adversary what I owe him. From our Lord's standpoint it does not matter whether I am defrauded or not; what does matter is that I do not defraud. Am I insisting on my rights, or am I paying what I owe from Jesus Christ's standpoint?

Do the thing quickly, bring yourself to judgment now. In moral and spiritual matters, you must do it at once; if you do not, the inexorable process will begin to work. God is determined to have His child as pure and clean and white as driven snow, and as long as there is disobedience in any point of His teaching, He will prevent none of the working of His spirit. Our insistence in proving that we are right is nearly always an indication that there has been some point of disobedience. No wonder the Spirit so strongly urges to keep steadfastly in the light!

"Agree with thine adversary quickly." Have you suddenly turned a corner in any relationship and found that you had anger in your heart? Confess it quickly, quickly put it right before God, be reconciled to that one—do it now.

지금 당장!

너를 고발하는 자와 함께 길에 있을 때에 급히 사화하라 (마 5:25).

6월 30일

예수님은 다음 원칙을 정하셨습니다. "네가 알기에 마땅히 해야 하는 일을 하라. 지금 당장 하라!" 만일 그렇게 하지 않으면 어쩔 수 없는 일들이 발생할 것이며 당신은 고통과 좌절과 슬픔 속에서 그 모든 것에 대해 완벽하게 갚아야 할 날이 옵니다. 하나님의 법은 바뀌지 않습니다. 이 원칙에서 벗어날 길은 없습니다. 예수님의 가르치심은 우리가 어떠해야 하는지 직설적으로 말씀하십니다.

원수 앞에서 나의 권리를 주장하는 것은 자연스러운 것입니다. 그러나 예수님께서는 내가 나의 원수에게 빚진 것을 지불해야 한다고 말씀하십니다. 이는 영원과 관련된 시급한 일이라는 것입니다. 주님의 관점에서는 내가 사기를 당했는지 안 당했는지가 중요한 것이 아닙니다. 중요한 것은 내가 사기치지 않는 것입니다. 나는 나의 권한을 주장합니까? 아니면 주님 보시기에 내가 빚진 것을 지불하려고 애씁니까?

그 일을 당장 하십시오. 지금 그 문제를 해결하십시오. 특별히 도덕적이고 영적인 문제라면 당신은 더욱 빨리 해결해야 합니다. 그렇지 않으면 다시는 그 문제를 해결할 기회가 없을 수 있습니다. 하나님께서는 하나님의 자녀들을 순결하고 맑고 눈처럼 희게 하기로 정하셨습니다. 주님의 가르침에 위배되는 불순종이 있는 한, 그분은 성령께서 이러한 목적을 위해 역사하시는 것을 절대로 막지 않으십니다. 자신이 옳다는 것을 끝까지 주장하려는 자세는 언제나 불순종의 요소가 있다는 사실을 기억하십시오. 성령께서 그렇게 강하게 우리에게 빛 가운데 거하라고 말씀하시는 것은 당연합니다.

"네 원수와 가능한 빨리 화해하라." 인간관계가 깨진 것이 당신의 마음속에 분노가 있었기 때문입니까? 그렇다면 빨리 고백하십시오. 하나님 앞에서 그 마음을 바르게 하십시오. 그리고 그 사람과 다시 화목하십시오. 지금 당장!

July 7

구름 속에서 무엇을 봅니까?

슬픔, 고통, 궁핍의 상황들에 휩싸일 때

The inevitable penalty

Verily I say unto thee, Thou shalt by no means come out thence, till thou have paid the uttermost farthing. Matthew 5:26.

"There is no heaven with a little of hell in it." God is determined to make you pure and holy and right; he will not allow you to escape for one moment from the scrutiny of the Holy Spirit. He urged you to come to judgment right away when He convicted you, but you did not; the inevitable process began to work and now you are in prison, and you will only get out when you have paid the uttermost farthing. "Is this a God of mercy, and of love?" you say. Seen from God's side, it is a glorious ministry of love. God is going to bring you out pure and spotless and undefiled; but He wants you to recognize the disposition you were showing—the disposition of your right to yourself. The moment you are willing that God should alter your disposition, His re-creating forces will begin to work. The moment you realize God's purpose, which is to get you rightly related to Himself and then to your fellow men, He will tax the last limit of the universe to help you take the right road. Decide it now—"Yes, Lord, I will write that letter tonight"; "I will be reconciled to that man now."

These messages of Jesus Christ are for the will and the conscience, not for the head. If you dispute the Sermon on the Mount with your head, you will blunt the appeal to your heart.

"I wonder why I don't go on with God!" Are you paying your debts from God's standpoint? Do now what you will have to do some day. Every moral call has an 'ought' behind it.

화목의 복음

> 진실로 네게 이르노니 네가 한 푼이라도 남김이 없이 다 갚기 전에는 결코 거기서 나오지 못하리라 (마 5:26).

7월 1일

작은 구석에 지옥을 만들어둔 천국은 없습니다. 하나님께서는 당신을 순결하고 거룩하며 의롭게 만들기로 하셨습니다. 그분은 당신이 한순간도 성령의 세심한 간섭에서 벗어날 수 없게 하십니다. 그분은 성령께서 당신에게 죄를 알려주실 때 당장 심판을 받도록 재촉하십니다. 그러나 당신은 끝까지 저항합니다. 따라서 할 수 없이 법적 절차를 밟게 되며 결국 당신은 감옥에 있게 됩니다. 당신은 이제 모든 것을 하나도 남김없이 다 갚아야만 그 감옥에서 나올 수 있습니다. "정말로 하나님은 자비가 있으시고 사랑이 있으시단 말인가?"라고 당신은 말합니다. 그러나 하나님의 편에서 보면 이것은 영광스러운 사랑의 사역입니다. 하나님께서는 당신을 순결하고 흠 없고 깨끗하게 하실 것이기 때문입니다. 이를 위해 하나님께서는 당신이 그동안 보여왔던 죄성을 깨닫기를 원하십니다. 그 죄성은 바로 자기주장입니다. 당신이 하나님께서 그 죄성을 고쳐주시기를 간절히 원한다면, 그분의 재창조의 역사가 시작될 것입니다. 그 후 당신은 하나님과 이웃과 바른 관계를 맺게 될 것입니다. 주님은 당신이 바른 길로 걸을 수 있도록 우주의 모든 방법을 다 동원하실 것입니다. 지금 결정하십시오. "그래요, 주님. 저는 그 사람과 지금 당장 화목하도록 하겠습니다."

주 예수 그리스도의 화목의 복음은 의지와 양심을 위한 것이지 머리를 위한 것이 아닙니다. 만일 우리가 우리의 머리로 산상수훈에 대해 따진다면 우리는 이미 마음속에서 외치는 주님의 메시지를 망쳐놓는 것입니다.

"나는 왜 하나님과 동행하지 못하는 것일까?" 그렇다면 당신이 하나님의 입장에서 볼 때 모든 빚을 청산했는지 질문해 보십시오. '언젠가 하게 되겠지'라고 생각하지 말고 꼭 해야 하는 일이라면 지금 당장 하십시오. 모든 도덕적 요구에는 '반드시' 순종이라는 요소가 있습니다.

The conditions of discipleship

Jul. 2nd

*If any man come to Me, and hate not …,
he cannot be My disciple. Luke 14:26, also 27, 33.*

If the closest relationships of life clash with the claims of Jesus Christ, He says it must be instant obedience to Himself. Discipleship means personal, passionate devotion to a Person, Our Lord Jesus Christ. There is a difference between devotion to a Person and devotion to principles or to a cause. Our Lord never proclaimed a cause; He proclaimed personal devotion to Himself. To be a disciple is to be a devoted love-slave of the Lord Jesus. Many of us who call ourselves Christians are not devoted to Jesus Christ. No man on earth has this passionate love to the Lord Jesus unless the Holy Ghost has imparted it to him. We may admire Him, we may respect Him and reverence Him, but we cannot love Him. The only Lover of the Lord Jesus is the Holy Ghost, and He sheds abroad the very love of God in our hearts. Whenever the Holy Ghost sees a chance of glorifying Jesus, He will take your heart, your nerves, your whole personality, and simply make you blaze and glow with devotion to Jesus Christ.

The Christian life is stamped by 'moral spontaneous originality,' consequently the disciple is open to the same charge that Jesus Christ was, viz., that of inconsistency. But Jesus Christ was always consistent to God, and the Christian must be consistent to the life of the Son of God in him, not consistent to hard and fast creeds. Men pour themselves into creeds, and God has to blast them out of their prejudices before they can become devoted to Jesus Christ.

주님을 진정 사랑합니까?

> 무릇 내게 오는 자가 자기 부모와 처자와 형제와 자매와 더욱이 자기 목숨까지 미워하지 아니하면 능히 내 제자가 되지 못하고 (눅 14:26).

7월 2일

만일 인생에서 가장 가까운 관계가 예수 그리스도의 요청과 충돌이 될 때, 주께서는 당장 주님께 순종해야 한다고 말씀하십니다. 제자도란 주 예수 그리스도의 인격에 개인적이고 열정적인 헌신을 의미합니다. 여기서 우리는 주님의 인격에 헌신하는 것과 어떤 원칙이나 요소에 헌신하는 것과는 큰 차이가 있다는 사실을 알아야 합니다. 주님께서는 우리가 헌신할 다른 대상들을 말씀하신 적이 없으십니다. 그분은 단지 개인적인 헌신을 자신에게 요청하실 뿐입니다. 따라서 주님의 제자가 된다는 것은 그분께 사랑의 종으로 헌신되는 것을 말합니다. 사실 스스로 그리스도인이라고 부르는 우리 중에 예수 그리스도의 인격을 향해 헌신되지 않은 사람들이 많습니다. 성령께서 주를 향한 열정적인 사랑을 부어주지 않으시면 이 땅의 그 누구도 예수님을 사랑할 수 없습니다. 주님을 사모하고 존경하고 경외할지라도 우리는 그분을 사랑하지 않을 수 있습니다. 주 예수 그리스도를 가장 사랑하는 유일한 분은 성령이십니다. 그리고 성령은 우리 마음속에 하나님의 사랑을 넓게 비쳐줍니다. 예수 그리스도를 영화롭게 할 수 있는 기회가 주어질 때마다 성령께서는 우리의 마음과 감각과 모든 성품을 다 휘어잡아서 주 예수 그리스도께 뜨거운 헌신을 하게 하십니다.

그리스도인의 삶은 '자발적인 순종의 독특함'으로 인이 찍힌 사람들입니다. 따라서 제자들은 예수 그리스도께서 '일관성이 없는 모순되는 사람'이라고 비방 받으셨던 것과 똑같은 비방을 받게 됩니다. 그러나 예수 그리스도는 언제나 하나님께 일관되셨습니다. 그리스도인은 어떤 신조나 율례보다 자신 안에 계신 하나님의 아들의 생명에 일관되어야 합니다. 만일 사람이 신조에만 자신을 쏟아부으면 하나님께서는 주님께 헌신될 수 있도록 그의 신조에 따른 편견들을 제거하실 것입니다.

The concentration of personal sin

*Woe is me! for I am undone;
because I am a man of unclean lips.* Isaiah 6:5.

When I get into the presence of God, I do not realize that I am a sinner in an indefinite sense; I realize the concentration of sin in a particular feature of my life. A man will say easily—"Oh yes, I know I am a sinner," but when he gets into the presence of God he cannot get off with that statement. The conviction is concentrated on—'I am this, or that, or the other.' This is always the sign that a man or woman is in the presence of God. There is never any vague sense of sin, but the concentration of sin in some personal particular. God begins by convicting us of one thing fixed on in the mind that is prompted by His Spirit; if we will yield to His conviction on that point, He will lead us down to the great disposition of sin underneath. That is the way God always deals with us when we are consciously in His presence.

This experience of the concentration of sin is true in the greatest and the least of saints as well as in the greatest and the least of sinners. When a man is on the first rung of the ladder of experience, he may say—"I do not know where I have gone wrong, but the Spirit of God will point out some particular definite thing." The effect of the vision of the holiness of the Lord on Isaiah was to bring home to him that he was a man of unclean lips. "And he laid it upon my mouth, and said, Lo, this hath touched thy lips; and thine iniquity is taken away, and thy sin purged." The cleansing fire had to be applied where the sin had been concentrated.

개인적 죄에 대한 집중

그때에 내가 말하되 화로다 나여 망하게 되었도다
나는 입술이 부정한 사람이요 (사 6:5).

**7월
3일**

우리가 하나님의 존전에 서게 될 때는 막연하게 우리가 죄인이라는 것을 깨닫게 되는 것이 아닙니다. 우리는 우리 삶 속에 나타난 어떤 특별한 죄성에 대해 깨닫게 됩니다. 사람은 쉽게 말할 수 있습니다. "그래, 내가 죄인이지." 그러나 하나님의 존전에 서게 될 때에는 그런 말로 넘어갈 수 없습니다. 하나님 앞에서 죄성에 대한 그분의 지적이 너무나 확연하게 드러나기 때문입니다. 막연한 죄의식을 느끼는 정도가 아니라 자신의 특별한 죄에 집중하도록 하나님께서 성령을 통해 우리 마음속에 있는 고정된 죄성을 드러내십니다. 이때 만일 우리가 성령이 주시는 깨달음에 항복하면 하나님께서는 우리의 깊은 죄성을 다루기 시작하십니다. 하나님은 우리가 주의 존전을 의식할 때마다 언제나 이러한 방법으로 우리를 다루십니다.

자신의 죄성에 대해 집중적으로 깨닫게 되는 경험은 위대한 성자에게나 가장 작은 성자에게나 무서운 죄인에게나 가벼운 죄인에게나 한결같은 것입니다. 이 경험의 첫째 단계에서 사람들은 이렇게 말할지 모릅니다. "저는 제가 어디에서 잘못된 줄 몰랐습니다." 그러나 성령이 어떤 정확한 죄를 지적하실 것입니다. 이사야는 거룩하신 하나님을 뵌 후에 스스로 '부정한 입'의 죄성을 알게 되었습니다. "그것을 내 입술에 대며 이르되 보라 이것이 네 입술에 닿았으니 네 악이 제하여졌고 네 죄가 사하여졌느니라"사 6:7. 죄성이 집중적으로 드러날 때에는 그 죄성을 제거하기 위해 정결케 하는 불을 그곳에 대야 합니다.

One of God's great don'ts

Jul. 4th

Fret not thyself, it tendeth only to evil doing. Psalm 37:8 (R.V.).

Fretting means getting out at elbows mentally or spiritually. It is one thing to say "Fret not," but a very different thing to have such a disposition that you find yourself able not to fret. It sounds so easy to talk about "resting in the Lord" and "waiting patiently for Him" until the nest is upset—until we live, as so many are doing, in tumult and anguish, is it possible then to rest in the Lord? If this 'don't' does not work there, it will work nowhere. This 'don't' must work in days of perplexity as well as in days of peace, or it never will work. And if it will not work in your particular case, it will not work in anyone else's case. Resting in the Lord does not depend on external circumstances at all, but on your relationship to God Himself.

Fussing always ends in sin. We imagine that a little anxiety and worry are an indication of how really wise we are; it is much more an indication of how really wicked we are. Fretting springs from a determination to get our own way. Our Lord never worried and He was never anxious, because He was not 'out' to realize His own ideas; He was 'out' to realize God's ideas. Fretting is wicked if you are a child of God.

Have you been bolstering up that stupid soul of yours with the idea that your circumstances are too much for God? Put all 'supposing' on one side and dwell in the shadow of the Almighty. Deliberately tell God that you will not fret about that thing. All our fret and worry is caused by calculating without God.

염려와 짜증이 죄에 이릅니다

분을 그치고 노를 버리며 불평하지 말라 오히려 악을 만들 뿐이라 (시 37:8).

7월
4일

    짜증(신경질, 분노, 불평)이라는 것은 정신적 또는 영적으로 정상에서 벗어났다는 의미입니다. "짜증을 내지 말라"고 말하는 것과 짜증을 내지 않는 기질을 소유하는 것은 많이 다릅니다. 우리는 짜증을 내지 않는 것이 얼마나 힘든지를 잘 압니다. "주 안에서 평안하기 바랍니다", "안정이 올 때까지 주 안에서 참고 기다리십시오"라고 말하는 것은 아주 쉽습니다. 그러나 모든 사람들이 그렇듯이, 우리가 살아가면서 혼란과 역경 속에서 참으로 주 안에서 안식하는 것은 어렵습니다. "이렇게 하지 말라"는 것이 뜻대로 되지 않는다면 사실 어떤 것도 제대로 되지 않습니다. "이렇게 하지 말라"는 평안할 때나 좌절의 상황에서나 동일하게 적용되어야 하는 말입니다. 또한 만일 어떤 특별한 상황에서 "이렇게 하지 말라"가 적용되지 않는다면 다른 경우에 있어서도 마찬가지입니다. 따라서 주 안에서 평안을 얻는 것은 환경에 의한 것이 전혀 아님을 알아야 합니다. 그 평안은 오직 하나님 자신과 우리와의 관계에 달려 있습니다.

    짜증을 내며 신경질을 내는 것은 언제나 죄와 연결됩니다. 우리는 약간의 걱정과 근심은 지혜로운 것이라고 생각하지만 사실 그것은 우리가 얼마나 악한지를 말해줍니다. 짜증은 바로 자기 마음대로 하겠다는 의지에서 오는 것이기 때문입니다. 주님은 한 번도 걱정하거나 근심한 적이 없으셨습니다. 그 이유는 그분이 이 땅에 자신의 뜻이나 포부를 구현하러 오신 것이 아니기 때문입니다. 그분은 하나님의 뜻을 실현하기 위해 오셨습니다. 그러므로 우리가 하나님의 자녀라고 하면서 짜증(걱정, 신경질, 염려 등)을 낸다면 이는 악한 것입니다. 지금 나의 상황은 하나님께서 해결하시기에도 벅찰 것이라는 아주 어리석은 생각을 한 적은 없습니까? 모든 어리석은 생각은 다 접고 전능자의 그늘에 머무십시오. 그리고 의도적으로 하나님께 말씀하십시오. "그 어떤 것에 대해서도 염려하지 않으며 짜증내지 않겠습니다." 우리의 모든 염려와 신경질은 하나님을 고려하지 않기에 발생되는 문제들입니다.

Don't calculate without God

Jul. 5th

Commit thy way unto the Lord; trust also in Him; and He shall bring it to pass. Psalm 37:5.

Don't calculate without God.

God seems to have a delightful way of upsetting the things we have calculated on without taking Him into account. We get into circumstances which were not chosen by God, and suddenly we find we have been calculating without God; He has not entered in as a living factor. The one thing that keeps us from the possibility of worrying is bringing God in as the greatest factor in all our calculations.

In our religion it is customary to put God first, but we are apt to think it is an impertinence to put Him first in the practical issues of our lives. If we imagine we have to put on our Sunday moods before we come near to God, we will never come near Him. We must come as we are.

Don't calculate with the evil in view.

Does God really mean us to take no account of the evil? "Love ··· taketh no account of the evil." Love is not ignorant of the existence of the evil, but it does not take it in as a calculating factor. Apart from God, we do reckon with evil; we calculate with it in view and work all reasonings from that standpoint.

Don't calculate with the rainy day in view.

You cannot lay up for a rainy day if you are trusting Jesus Christ. Jesus said—"Let not your heart be troubled." God will not keep your heart from being troubled. It is a command—"Let not ···" Haul yourself up a hundred and one times a day in order to do it, until you get into the habit of putting God first and calculating with Him in view.

하나님을 제일로 두는 습관

네 길을 여호와께 맡기라 그를 의지하면 그가 이루시고 (시 37:5).

7월 5일

하나님을 고려하지 않는 계획은 하지 말라 : 하나님께서는 주님을 고려하지 않은 인생 계획들에 대해 문제 삼으십니다. 우리는 하나님께서 우리를 위해 정해주지 않으신 인생 길로 빠지게 되면 그때서야 하나님을 고려하지 않고 인생을 계획했음을 발견하게 됩니다. 살아계신 그분이 가장 중요한 요소임을 망각한 것입니다. 염려의 가능성으로부터 우리를 지켜내는 것은 우리의 모든 인생 계획에서 하나님을 최대 요소로 고려하는 것입니다. 하나님을 가장 먼저 고려하는 것이 당연하지만, 사실 현실 속에서는 주님을 가장 우선으로 두는 것이 부적절하다고 생각합니다. 만일 주님께 나아가는 것을 마치 일요일에 교회 가는 것처럼 특별한 분위기를 만들고 특별한 기분으로 준비하는 것이라고 오해한다면, 우리는 일상 생활에서 결코 주님께 나아가지 않게 될 것입니다. 우리는 우리 모습 그대로 나아가야 합니다.

악한 것을 고려하는 계획은 세우지 말라 : 하나님께서는 우리가 악한 것을 계획하기를 원하지 않으십니다. "사랑은 악한 것을 생각하지 아니하며…"고전 13:5. 사랑은 악의 존재에 대해 무지하지 않습니다. 그러나 그 악한 요소들을 인생 계획에서 고려하지 않습니다. 그러나 하나님을 멀리하면 우리는 악을 고려하게 됩니다. 그 상태로 인생 계획을 세우게 되며 그 후 모든 생각과 관점이 악의 바탕 위에 서는 것입니다.

염려스러운 일을 고려하는 계획은 세우지 말라 : 주 예수 그리스도를 믿으면서 우리는 불행한 날들을 미리 준비하면 안 됩니다. 예수님께서 "마음에 근심하지 말라"고 말씀하셨습니다. 하나님께서는 우리 마음을 근심으로부터 지키지 않으실 것입니다. "근심하지 말라"는 것은 주님의 명령이기 때문입니다. 하루에 수백 번이라도 이 말씀을 기억하며 자신을 추스르십시오. 하나님을 언제나 먼저 고려하는 습관을 갖고 그분을 제일로 두는 삶이 되도록 하십시오.

Vision and reality

And the parched ground shall become a pool. Isaiah 35:7.

We always have visions before a thing is made real. When we realize that although the vision is real, it is not real in us, then is the time that Satan comes in with his temptations, and we are apt to say it is no use to go on. Instead of the vision becoming real, there has come the valley of humiliation.

"Life is not as idle ore,

But iron dug from central gloom,

And batter'd by the shocks of doom

To shape and use."

God gives us the vision, then He takes us down to the valley to batter us into the shape of the vision, and it is in the valley that so many of us faint and give way. Every vision will be made real if we will have patience. Think of the enormous leisure of God! He is never in a hurry. We are always in such a frantic hurry. In the light of the glory of the vision we go forth to do things, but the vision is not real in us yet; and God has to take us into the valley, and put us through fires and floods to batter us into shape, until we get to the place where He can trust us with the veritable reality. Ever since we had the vision God has been at work, getting us into the shape of the ideal, and over and over again we escape from His hand and try to batter ourselves into our own shape.

The vision is not a castle in the air, but a vision of what God wants you to be. Let Him put you on His wheel and whirl you as He likes, and as sure as God is God and you are you, you will turn out exactly in accordance with the vision. Don't lose heart in the process. If you have ever had the vision of God, you may try as you like to be satisfied on a lower level, but God will never let you.

하나님의 비전

뜨거운 사막이 변해 못이 될 것이며 (사 35:7).

어떤 일이 실재가 되기 전에 언제나 비전이 있습니다. 그 비전이 아직 실재가 되지 않았을 때 사탄은 우리를 유혹해 넘어지게 합니다. 이 유혹에 빠지면 그 비전은 실재가 될 수 없으며 그 비전을 가졌던 자는 비참의 골짜기로 떨어집니다.

"인생은 광맥과 같이 쉽지 않다네.
철은 어두운 광맥에서 파헤쳐지며
인생의 역경에 의해 빚어짐으로 사용될 수 있게 된다네."

하나님은 우리에게 비전을 주시고 우리를 골짜기로 데리고 가셔서 그 비전에 맞게 빚기 시작하십니다. 이 역경의 골짜기에서 많은 사람들이 실족하고 포기합니다. 그러나 모든 비전은 우리가 인내하면 반드시 이루어집니다. 우리는 항상 미칠 정도로 급하지만 주님은 절대로 급하지 않으십니다. 비전의 영광의 빛 때문에 우리는 급하게 뭔가를 하려고 하지만, 아직은 그 비전이 우리 안에서 실재가 될 수 없습니다. 하나님께서 우리를 골짜기로 인도하셔서 우리를 그 비전에 합당하게 빚으셔야 하기 때문입니다. 이를 위해 불과 창수를 지나게 하실 것입니다. 그 과정을 통과하고 나면 하나님께서는 우리를 신뢰하셔서 그 비전의 실재를 허락하십니다. 비전을 주신 하나님은 우리로 그 비전에 맞는 사람이 되게 하시기 위해 언제나 일해오셨습니다. 그러나 우리는 계속 그분의 손으로부터 도망치려고 했으며 스스로 비전에 맞게 자신의 형상을 빚어보려고 애썼습니다.

비전은 공중에 떠 있는 멋진 산성이 아니라 당신이 어떠한 사람이 되는가에 있습니다. 그분으로 하여금 그분이 원하시는 대로 당신의 삶을 빚도록 하십시오. 그때서야 비로소 당신은 그 비전에 잘 어울리는 사람으로 변화될 것입니다. 그 과정에서 용기를 잃지 마십시오. 정말로 하나님의 비전을 갖고 있다면, 당신이 영적으로 낮은 차원에서 만족하려고 할 때 하나님께서는 결코 당신의 안일함을 허락하지 않으실 것입니다.

All noble things are difficult

Jul. 7th

Enter ye in at the strait gate ⋯ : because strait is the gate, and narrow is the way ⋯ Matthew 7:13-14.

If we are going to live as disciples of Jesus, we have to remember that all noble things are difficult. The Christian life is gloriously difficult, but the difficulty of it does not make us faint and cave in, it rouses us up to overcome. Do we so appreciate the marvellous salvation of Jesus Christ that we are our utmost for His highest?

God saves men by His sovereign grace through the Atonement of Jesus; He works in us to will and to do of His good pleasure; but we have to work out that salvation in practical living. If once we start on the basis of His Redemption to do what He commands, we find that we can do it. If we fail, it is because we have not practised. The crisis will reveal whether we have been practising or not. If we obey the Spirit of God and practise in our physical life what God has put in us by His Spirit, then when the crisis comes, we shall find that our own nature as well as the grace of God will stand by us.

Thank God He does give us difficult things to do! His salvation is a glad thing, but it is also a heroic, holy thing. It tests us for all we are worth. Jesus is bringing many "sons unto glory," and God will not shield us from the requirements of a son. God's grace turns out men and women with a strong family likeness to Jesus Christ, not milksops. It takes a tremendous amount of discipline to live the noble life of a disciple of Jesus in actual things. It is always necessary to make an effort to be noble.

제자의 삶은 어렵습니다

좁은 문으로 들어가라 멸망으로 인도하는 문은 크고 그 길이 넓어 그리로 들어가는 자가 많고 생명으로 인도하는 문은 좁고 길이 협착하여 찾는 이가 적음이라 (마 7:13-14).

만일 예수님의 제자로 살아가려고 한다면 우리는, 모든 고상한 것들은 어렵다는 것을 기억해야 합니다. 그리스도인의 삶은 영광스럽지만 어려운 길입니다. 그러나 그 어려움은 우리로 하여금 낙망하거나 주눅들게 하는 것이 아니라 극복하도록 동기를 부여합니다. 당신은 당신을 구원하신 그 놀라운 주 예수님의 은혜를 감사하며 진정 지극히 높으신 주님께 당신의 최선의 것을 드립니까?

하나님께서는 예수 그리스도의 구속을 통한 하나님의 주권적인 은혜로 사람을 구원하십니다. 그분은 우리 안에서 일하시며 우리로 그분의 기쁘신 뜻을 따르게 하시고 순종하게 하십니다. 이때 우리는 실제적인 삶 속에서 그 구원을 실현해야 합니다. 구원을 실현하려면 주님의 구속을 바탕으로 서서 주님의 명령에 순종하기 시작하면 됩니다. 만일 실패하면 이는 우리가 실천해보지 않아서 그런 것입니다. 삶의 위기는 우리가 구원을 실현해 보았는지 아닌지를 드러냅니다. 만일 우리가 하나님의 영께 순종하여 하나님께서 그분의 영으로 우리 안에 넣으신 것을 실제 삶 속에서 실천한다면, 위기를 당할 때 하나님의 은혜를 경험하게 될 것입니다.

우리에게 어려운 일들을 겪게 하신 하나님께 감사하십시오. 그분이 주신 구원은 너무나 기쁜 것이지만 동시에 우리의 용기와 담력과 거룩이 필요한 것입니다. 따라서 어려운 일들은 우리가 그 모든 영광을 누릴 자격이 되는지 시험합니다. 예수님은 "많은 아들을 이끌어 영광에 들어가게" 하십니다. 이때 하나님께서는 자녀들을 영광으로 이끄시는 데 필요한 어떤 여건들을 회피하도록 돕지 않으실 것입니다. 하나님의 은혜는 무례하고 버릇없는 사람들이 아니라 예수 그리스도를 닮은 든든한 가족을 만들어냅니다. 실제적인 상황에서 예수님의 제자로서 고상한 삶을 살기 위해서는 상당히 많은 훈련을 필요로 합니다. 하나님의 자녀로서 고상하기 위해서는 항상 많은 노력이 필요합니다.

The will to loyalty

Choose you this day whom ye will serve. Joshua 24:15.

Will is the whole man active. I cannot give up my will, I must exercise it. I must will to obey, and I must will to receive God's Spirit. When God gives a vision of truth it is never a question of what He will do, but of what we will do. The Lord has been putting before us all some big propositions, and the best thing to do is to remember what you did when you were touched by God before—the time when you were saved, or first saw Jesus, or realized some truth. It was easy then to yield allegiance to God; recall those moments now as the Spirit of God brings before you some new proposition.

"Choose you this day whom ye will serve." It is a deliberate calculation, not something into which you drift easily; and everything else is in abeyance until you decide. The proposition is between you and God; do not confer with flesh and blood about it. With every new proposition other people get more and more 'out of it,' that is where the strain comes. God allows the opinion of His saints to matter to you, and yet you are brought more and more out of the certainty that others understand the step you are taking. You have no business to find out where God is leading, the only thing God will explain to you is Himself.

Profess to Him—"I will be loyal." Immediately you choose to be loyal to Jesus Christ, you are a witness against yourself. Don't consult other Christians, but profess before Him—"I will serve Thee." Will to be loyal—and give other people credit for being loyal too.

충성을 향한 의지

너희가 섬길 자를 오늘 택하라 오직 나와 내 집은 여호와를 섬기겠노라 (수 24:15).

　의지는 사람의 전 인격적인 행위입니다. 나라는 존재는 의지를 포기할 수 없고 그것을 행사해야 합니다. 순종은 의지로 해야 하고 성령을 받는 것도 의지로 합니다. 하나님께서 진리의 비전을 주실 때 문제는 '그분이 무엇을 하실 것인가'가 아니라 '우리가 무엇을 할 것인가'입니다. 주님은 이미 커다란 계획을 우리 앞에 놓아두셨습니다. 이때 내가 해야 할 최선은 지난 날 하나님께서 나를 만지실 때 내가 무엇을 했었는지를 기억하는 것입니다. 구원받았을 때 또는 처음 주님을 보았을 때, 진리를 깨달았을 때를 기억하는 것입니다. 그때 당신은 주님께 모든 것을 쉽게 내려놓았습니다. 성령께서 당신에게 새로운 제안을 주실 때마다 그 순간들을 기억하십시오.

　"너희가 섬길 자를 오늘 택하라." 마음과 뜻을 다해 결정해야 합니다. 아무렇게나 쉽게 결정할 수 있는 것이 아닙니다. 결정하기 전에는 당신의 모든 남은 삶은 사실 공중에 떠 있는 상태입니다. 이 제안은 오직 당신과 하나님 사이에 있어야 하는 것입니다. 이 제안에 대해 혈육과 의논하지 마십시오. 새로운 제안이 주어질 때마다 다른 사람들은 점점 더 상관이 없기에 빠져나갑니다. 이때 우리에게 긴장이 옵니다. 물론 하나님께서는 다른 성도들의 의견이 중요하도록 허락하셨습니다. 그러나 당신은 점점 다른 사람들이 당신을 이해할 수 없다는 것을 확신하게 됩니다. 결국 당신은 하나님께서 당신을 어디로 인도하시든 주님만 의지하게 됩니다. 당신이 확신할 수 있는 분은 하나님 밖에 없기 때문입니다.

　주님께 고백하십시오. "제가 충성하겠습니다." 주 예수님께 충성을 선택하는 즉시 당신은 자신을 부인하게 될 것입니다. 다른 그리스도인들과 상의하지 말고 단지 하나님 앞에서 고백하십시오. "저는 당신을 섬기겠습니다. 제 뜻을 다해 충성하겠습니다." 동시에 그렇게 주께 충성하는 사람들을 귀히 여기십시오.

The great probing

Ye cannot serve the Lord. Joshua 24:19.

Have you the slightest reliance on any thing other than God? Is there a remnant of reliance left on any natural virtue, any set of circumstances? Are you relying on yourself in any particular in this new proposition which God has put before you? That is what the probing means. It is quite true to say—"I cannot live a holy life"; but you can decide to let Jesus Christ make you holy. "Ye cannot serve the Lord God"—but you can put yourself in the place where God's Almighty power will work through you. Are you sufficiently right with God to expect Him to manifest His wonderful life in you?

"Nay, but we will serve the Lord." It is not an impulse, but a deliberate commitment. You say—"But God can never have called me to this, I am too unworthy, it can't mean me." It does mean you, and the weaker and feebler you are, the better. The one who has something to trust in is the last one to come anywhere near saying—"I will serve the Lord."

We say—"If I really could believe!" The point is—If I really will believe. No wonder Jesus Christ lays such emphasis on the sin of unbelief. "And He did not many mighty works there because of their unbelief." If we really believed that God meant what He said—what should we be like! Dare I really let God be to me all that He says He will be?

위대한 성찰

7월 9일

여호수아가 백성에게 이르되 너희가 여호와를 능히 섬기지 못할 것은
그는 거룩하신 하나님이시요 질투하시는 하나님이시니
너희의 잘못과 죄들을 사하지 아니하실 것임이라 (수 24:19).

조금이라도 하나님 외에 다른 것을 의지하는 것이 남아 있습니까? 어떤 환경이나 자연적인 것들을 의지하려는 경향이 남아 있습니까? 하나님께서 당신에게 특별한 제안을 하셨을 때 여전히 당신 자신을 의지합니까? 이러한 질문으로 자신을 점검하는 것이 성찰이 의미하는 바입니다. "나는 거룩한 삶을 살 수 없어요"라고 말하는 것이 맞을 수 있습니다. 그러나 당신은 예수 그리스도께서 당신을 거룩하게 만드실 수 있도록 결정할 수 있습니다. "너희가 여호와를 능히 섬기지 못하리라." 그러나 당신은 하나님의 전능하신 능력이 당신을 통해 역사하실 수 있도록 자신을 내어놓을 수 있습니다. 당신은 주님께서 당신 안에 있는 주의 놀라운 생명을 나타내실 수 있을 만큼 하나님과 친밀한 관계에 있습니까?

"아니니이다 우리가 여호와를 섬기겠나이다"수 24:21. 이것은 충동에 의한 것이 아니라 신중한 헌신입니다. 당신은 이렇게 말할지 모릅니다. "하나님께서 저를 이곳까지 부르실 리가 없습니다. 저는 너무나 자격이 되지 않습니다. 하나님이 저에게 이런 제안을 하실 리가 없습니다." 당신의 말이 맞습니다. 우리는 자격이 되지 않습니다. 그러나 분명히 주님은 당신을 부르신 것입니다. 당신이 약할수록, 그리고 힘들수록 주님은 더 부르십니다. 뭔가를 의지할 것이 있는 사람은 끝까지 "내가 주를 섬기겠습니다"라고 말하지 않습니다.

우리는 말합니다. "만일 내가 정말로 믿을 수만 있다면!" 문제는 내가 정말로 믿으려고 의지하느냐 하는 것입니다. 예수님께서 불신앙의 죄가 얼마나 큰 것인지 강조하신 것은 아주 마땅합니다. "그들이 믿지 않음으로 말미암아 거기서 많은 능력을 행하지 아니하시니라"마 13:58. 만일 우리가 하나님께서 말씀하신 것을 진정으로 믿었다면 우리가 얼마나 달라져 있겠습니까? 담대하게 하나님께서 말씀하신 모든 것이 그대로 이루어지도록 하나님께 허락합니까?

The spiritual sluggard

Let us consider one another to provoke unto love and to good works; not forsaking the assembling of ourselves together. Hebrews 10:24-25.

We are all capable of being spiritual sluggards; we do not want to mix with the rough and tumble of life as it is, our one object is to secure retirement. The note struck in Hebrews 10 is that of provoking one another and of keeping together—both of which require initiative, the initiative of Christ-realization, not of self-realization. To live a remote, retired, secluded life is the antipodes of spirituality as Jesus Christ taught it.

The test of our spirituality comes when we come up against injustice and meanness and ingratitude and turmoil, all of which have the tendency to make us spiritual sluggards. We want to use prayer and Bible reading for the purpose of retirement. We utilize God for the sake of getting peace and joy, that is, we do not want to realize Jesus Christ, but only our enjoyment of Him. This is the first step in the wrong direction. All these things are effects and we try to make them causes.

"I think it meet," said Peter, "⋯ to stir you up by putting you in remembrance." It is a most disturbing thing to be smitten in the ribs by some provoker of God, by someone who is full of spiritual activity. Active work and spiritual activity are not the same thing. Active work may be the counterfeit of spiritual activity. The danger of spiritual sluggishness is that we do not wish to be stirred up, all we want to hear about is spiritual retirement. Jesus Christ never encourages the idea of retirement—"Go tell My brethren⋯."

영적인 게으름뱅이

> 서로 돌아보아 사랑과 선행을 격려하며 모이기를 폐하는 어떤 사람들의 습관과 같이 하지 말고 오직 권하여 그날이 가까움을 볼수록 더욱 그리하자 (히 10:24-25).

7월 10일

우리는 모두 영적인 게으름뱅이들이 될 수 있습니다. 우리는 험하고 거친 인생을 원하지 않으며, 우리의 단 한 가지 목적은 안일한 삶입니다. 그러나 히브리서 10장의 중요한 도전은 서로 격려하며 깨어 있게 하는 것입니다. 서로 자기 중심이 아니라 주님 중심이 될 수 있도록 붙들어주는 것입니다. 사실 혼자 멀리 떨어져서 은둔의 삶을 사는 것은 예수님께서 가르치신 영적인 삶과 정반대의 삶입니다.

우리의 믿음은 불의와 천대와 무례함과 불안정한 삶을 겪게 될 때 시험받게 됩니다. 이때 이러한 시험은 우리로 영적인 게으름에 빠지게 하는 경향이 있습니다. 우리는 안일한 삶을 목표로 해서 기도를 사용하고 성경을 읽습니다. 우리는 하나님을 이용하여 안정과 기쁨을 얻기를 원할 뿐이지 우리의 삶을 통해 예수 그리스도를 실현하는 데는 관심이 없습니다. 단지 그분을 통해 복을 즐기려 할 뿐입니다. 이것이 바로 잘못된 방향으로 나아가는 첫 단계입니다. 이러한 모든 안정과 기쁨은 바른 길을 걸을 때의 부수적인 열매여야 하지 우리가 그러한 것을 근본적인 목적으로 삼아서는 안 됩니다.

베드로는 "너희를 일깨워 생각나게 함이 옳은 줄로 여기노니"벧후 1:13라고 말합니다. 영적으로 충만한 하나님의 사람에 의해 우리의 옆구리를 찔린다는 것은 가장 귀찮은 일입니다. '적극적으로 일하는 것'과 '영적 활동'은 분명히 다른데, 많은 성도들이 적극적으로 일하는 것을 영적 활동으로 착각합니다. 영적 게으름에 빠지면 자극 받는 것을 싫어하며, 영적인 면에서 격리된 삶을 살거나 은퇴하는 것만을 고집합니다. 그러나 예수님은 절대로 격리된 삶이나 영적 은퇴를 권장하신 적이 없습니다. 오히려 서로 깨어날 수 있도록 옆구리를 찔러야 하는 것입니다. "가서 내 형제들에게 … 가라 하라"마 28:10.

The spiritual saint

Jul. 11th

That I may know Him. Phil. 3:10.

The initiative of the saint is not towards self-realization, but towards knowing Jesus Christ. The spiritual saint never believes circumstances to be haphazard, or thinks of his life as secular and sacred; he sees everything he is dumped down in as the the means of securing the knowledge of Jesus Christ. There is a reckless abandonment about him. The Holy Spirit is determined that we shall realize Jesus Christ in every domain of life, and He will bring us back to the same point again and again until we do. Self-realization leads to the enthronement of work; whereas the saint enthrones Jesus Christ in his work. Whether it be eating or drinking or washing disciples' feet, whatever it is, we have to take the initiative of realizing Jesus Christ in it. Every phase of our actual life has its counterpart in the life of Jesus. Our Lord realized His relationship to the Father even in the most menial work. "Jesus knowing ⋯ that He was come from God, and went to God; ⋯ took a towel, ⋯ and began to wash the disciples feet."

The aim of the spiritual saint is "that I may know Him." Do I know Him where I am today? If not, I am failing Him. I am here not to realize myself, but to know Jesus. In Christian work the initiative is too often the realization that something has to be done and I must do it. That is never the attitude of the spiritual saint, his aim is to secure the realization of Jesus Christ in every set of circumstances he is in.

영적인 성도

내가 그리스도와 그 부활의 권능과 그 고난에 참여함을 알고자 하여
그의 죽으심을 본받아 (빌 3:10).

7월 11일

성도의 삶의 동기는 자신의 뜻을 구현하려는 것이 아니라 예수님을 알아가는 것이어야 합니다. 성령이 충만한 성도는 우연한 상황을 믿지 않으며 자신의 삶을 종교적인 영역과 세속적인 영역으로 나누지도 않습니다. 그가 어떤 상황 가운데 던져진다고 할지라도 그 상황은 예수 그리스도를 더 알게 하는 과정이라고 생각합니다. 그는 주님께 자신의 모든 것을 철저하게 내려놓습니다. 성령의 뜻은 우리 삶의 모든 영역에서 예수 그리스도를 드러내시는 것입니다. 따라서 삶의 영역 속에서 주 예수 그리스도가 드러나지 않으면, 성령님은 계속 우리가 그리스도를 드러낼 수 있도록 같은 상황으로 이끄십니다. 영적인 성도는 자신의 일을 통해 예수 그리스도를 높이지만, 자기실현을 추구하는 자들은 자신이 이룬 일을 영화롭게 합니다.

반면에 성도는 그의 모든 일에서 예수 그리스도를 영화롭게 합니다. 먹든 마시든 제자들의 발을 씻든 무엇을 하든, 우리는 그 안에서 예수 그리스도를 실현하려는 동기를 가져야 합니다. 우리 삶의 모든 분야는 예수님의 생애에도 있는 것이었습니다. 주님은 가장 천한 일에서까지 아버지와의 관계를 나타내 실현하셨습니다. "예수는 … 자기가 하나님께로부터 오셨다가 하나님께로 돌아가실 것을 아시고 … 수건을 가져다가 … 제자들의 발을 씻기시고"요 13:3-5. 영적인 성도의 목적은 "그분을 알려 하는 것"입니다. 오늘 우리가 서 있는 그곳에서 주님을 알아가고 있습니까? 그렇지 않다면 우리는 믿음의 길에서 실패하게 됩니다. 우리는 지금 이 땅에 나를 실현하기 위해 온 것이 아니라 예수 그리스도를 알기 위해 온 것입니다. 그리스도인으로서 섬길 때에도 종종 그 섬기는 동기가, 뭔가 이루어야 한다는 강박관념과 그것을 해야 한다는 의무감일 때가 많습니다. 그러나 이러한 자세는 결단코 영적인 성도의 자세가 아니며, 우리의 목적은 언제나 우리가 처한 모든 상황 속에서 예수 그리스도를 실현하는 것이어야 합니다.

The spiritual society

Till we all come ⋯ unto the measure of the stature of the fulness of Christ. Eph. 4:13.

Rehabilitation means the putting back of the whole human race into the relationship God designed it to be in, and this is what Jesus Christ did in Redemption. The Church ceases to be a spiritual society when it is on the look-out for the development of its own organization. The rehabilitation of the human race on Jesus Christ's plan means the realization of Jesus Christ in corporate life as well as in individual life. Jesus Christ sent apostles and teachers for this purpose—that the corporate Personality might be realized. We are not here to develop a spiritual life of our own, or to enjoy spiritual retirement; we are here so to realize Jesus Christ that the Body of Christ may be built up.

Am I building up the Body of Christ, or am I looking for my own personal development only? The essential thing is my personal relationship to Jesus Christ—"That I may know Him." To fulfil God's design means entire abandonment to him. Whenever I want things for myself, the relationship is distorted. It will be a big humiliation to realize that I have not been concerned about realizing Jesus Christ, but only about realizing what He has done for me.

"My goal is God Himself, not joy nor peace,
Nor even blessing, but Himself, my God."

Am I measuring my life by this standard or by anything less?

영적인 공동체

우리가 다 하나님의 아들을 믿는 것과 아는 일에 하나가 되어 온전한 사람을 이루어 그리스도의 장성한 분량이 충만한 데까지 이르리니 (엡 4:13).

7월 12일

회복이란 전 인류를 하나님께서 원래 계획하신 대로 하나님과 바른 관계 가운데 두는 것입니다. 이 회복을 위해 바로 예수 그리스도께서 구속을 이루신 것입니다. 교회는 더 이상 자신의 조직의 성장만을 바라는 그러한 영적 단체가 되기를 멈추어야 합니다. 예수 그리스도의 계획 속에서 인류의 회복은 우리 각자의 삶에서뿐 아니라 교회가 공동체로서 예수 그리스도를 이 땅에 구현해야 하는 것입니다. 예수 그리스도는 이 목적을 위해 사도를 보내시고 선생을 보내셨습니다. 그렇게 함으로써 교회가 공동체적으로 주님의 성품을 이 세상에 구현하도록 하신 것입니다. 우리는 각 개인의 영적인 삶을 개발하거나 영적인 휴가를 즐기기 위해 이 땅에 있는 것이 아닙니다. 다만 예수 그리스도의 몸이 세워질 수 있도록 예수 그리스도를 구현하기 위해 여기 있을 뿐입니다.

나는 지금 그리스도의 몸을 세우고 있습니까, 아니면 자신의 개발만을 중시하고 있습니까? 가장 중요한 것은 예수 그리스도와 인격적 관계를 갖는 것입니다. "내가 그분을 알고자 하여"빌 3:10. 하나님의 계획을 수행하는 것은 그분께 완전히 헌신하는 것을 뜻합니다. 나 자신을 위해 뭔가를 원할 때마다 그 관계는 어그러지게 됩니다. 예수 그리스도를 구현하는 데 관심이 없고 오직 그분이 나를 위해 무엇을 하셨는가만 관심이 있다면 이는 매우 부끄러운 일입니다.

"제 목표는 제 자신의 기쁨과 평안도 아니고 하나님 당신입니다.
심지어 축복도 아니며 바로 당신, 나의 하나님이십니다."

나는 지금 이러한 기준으로 나의 삶을 평가합니까? 아니면 다른 뭔가로 자신의 삶을 평가합니까?

The price of vision

In the year that king Uzziah died, I saw also the Lord. Isaiah 6:1.

Our soul's history with God is frequently the history of the "passing of the hero." Over and over again God has to remove our friends in order to bring Himself in their place, and that is where we faint and fail and get discouraged. Take it personally: In the year that the one who stood to me for all that God was, died—I gave up everything? I became ill? I got disheartened? or—I saw the Lord?

My vision of God depends upon the state of my character. Character determines revelation. Before I can say "I saw also the Lord," there must be something corresponding to God in my character. Until I am born again and begin to see the Kingdom of God, I see along the line of my prejudices only; I need the surgical operation of external events and an internal purification.

It must be God first, God second, and God third, until the life is faced steadily with God and no one else is of any account whatever. "In all the world there is none but thee, my God, there is none but thee."

Keep paying the price. Let God see that you are willing to live up to the vision.

비전의 대가

> 웃시야 왕의 죽던 해에 내가 본즉 주께서 높이 들린 보좌에 앉으셨는데 그의 옷자락은 성전에 가득하였고 (사 6:1).

7월 13일

하나님과 함께 믿음의 길을 걷다보면 주님께서 종종 우리의 "영웅들을 사라지게" 하십니다. 하나님께서는 나의 영웅들의 자리에 친히 계시기 위해 그들을 데려가십니다. 이때 우리는 실족하고 쓰러지고 낙심합니다. 개인적으로 생각해보십시오. 나에게 마치 하나님처럼 전부였던 사람이 지난 해에 돌아가셨다고 한다면, 그때 모든 것을 포기했습니까? 아파 누웠습니까? 낙심되었습니까? 아니면 주님을 보았습니까?

'우리가 하나님을 보는가 못 보는가' 하는 문제는 전적으로 우리 성품의 상태에 달려 있습니다. 그 이유는 하나님이 인간 성품의 상태에 따라 계시 여부를 결정하시기 때문입니다. "내가 주님을 또한 보았습니다"라고 말할 수 있기 전에 내 성품 안에는 하나님과 일치되는 것이 있어야 합니다. 거듭나서 하나님 나라를 보기 시작할 때까지는 나는 일반적으로 내 편견에 따라서만 보게 됩니다. 그러므로 주님을 보기 전에 나는 외적인 사건을 통한 수술이 필요하고 내면은 정결하게 되어야 합니다.

언제나 변함없이 하나님을 뵈오면서 아무것도 안중에 들어오지 않습니다. 처음도 하나님이요 둘째도 하나님이며 셋째도 하나님이십니다. "이 온 세상에서 나의 하나님 외에 다른 분이 없습니다. 오직 당신 밖에 없습니다." 계속 대가를 지불하십시오. 당신이 정녕 하나님께서 주신 비전에 따라 사는 것을 그분이 보실 수 있도록 하십시오.

The account with persecution

Jul. 14th

But I say unto you, That ye resist not evil; but whosoever shall smite thee on thy right cheek, turn to him the other also. Matthew 5:39.

These verses reveal the humiliation of being a Christian. Naturally, if a man does not hit back, it is because he is a coward; but spiritually if a man does not hit back, it is a manifestation of the Son of God in him. When you are insulted, you must not only not resent it, but make it an occasion to exhibit the Son of God. You cannot imitate the disposition of Jesus; it is either there or it is not. To the saint personal insult becomes the occasion of revealing the incredible sweetness of the Lord Jesus.

The teaching of the Sermon on the Mount is not—Do your duty, but—Do what is not your duty. It is not your duty to go the second mile, to turn the other cheek, but Jesus says if we are His disciples, we shall always do these things. There will be no spirit of—"Oh well, I cannot do any more, I have been so misrepresented and misunderstood." Every time I insist upon my rights, I hurt the Son of God; whereas I can prevent Jesus from being hurt if I take the blow myself. That is the meaning of filling up that which is behind of the afflictions of Christ. The disciple realizes that it is his Lord's honour that is at stake in his life, not his own honour.

Never look for right in the other man, but never cease to be right yourself. We are always looking for justice; the teaching of the Sermon on the Mount is—Never look for justice, but never cease to give it.

모독에 대한 대처

나는 너희에게 이르노니 악한 자를 대적하지 말라
누구든지 네 오른편 뺨을 치거든 왼편도 돌려대며 (마 5:39).

이 구절은 그리스도인으로서 받는 모독을 말합니다. 세상적으로 볼 때 우리가 뺨을 맞고 다시 상대의 뺨을 치지 않는다면 그 사람은 겁쟁이입니다. 그러나 영적인 차원에서 어떤 사람이 뺨을 맞고 같이 뺨을 치지 않는다면 이는 그 사람 안에 하나님의 아들이 계심이 드러나는 것입니다. 모독을 당할 때 당신은 그 상황에서 불쾌감을 드러내지 않아야 할 뿐 아니라 오히려 하나님의 아들을 보일 수 있는 기회로 삼아야 합니다. 당신은 예수님의 성품을 흉내낼 수 없습니다. 오직 그분이 당신 안에 계신지 아닌지가 문제입니다. 성도가 받는 모독은 주 예수 그리스도의 말할 수 없는 향기를 드러낼 수 있는 기회입니다.

산상수훈의 가르침은 '이것이 너의 의무이다'를 말하는 것이 아니라 오히려 '너의 의무가 아닌 것을 하라'는 것입니다. 일 마일을 함께 더 걸어 주는 것은 당신의 의무가 아니며 왼뺨을 돌려대는 것도 당신의 의무가 아닙니다. 그러나 예수님께서는 만일 당신이 예수님의 제자라면 언제나 이와 같은 일들을 해야 한다는 것입니다. 주님의 제자들에게는 이러한 말이 통하지 않습니다. "이제는 더 이상 참을 수 없어. 너무 많이 오해를 받았고 너무 많이 억울해." 우리가 우리 주장을 하는 매 순간마다 우리는 하나님의 아들께 해를 끼치는 것입니다. 그러나 그 모독과 오해와 억울함을 그냥 당하면 우리는 주님께서 해를 당하시는 것을 막을 수 있습니다. 바로 이 의미가 주님의 남은 고난에 동참한다는 의미입니다. 그리스도의 제자로서 우리의 삶 속에서 가장 중요하게 생각해야 하는 것은 그리스도의 영광이지 나 자신의 영광이 아닙니다.

결코 다른 사람에게 나의 권리를 주장하지 마십시오. 그러나 언제나 올바른 사람이 되십시오. 우리는 언제나 자신에 관한 공의를 구하지만, 산상수훈의 가르침에 따라 결코 자신을 위한 공의를 구하지 말고 다른 사람에게 공의를 행하는 일을 멈춰서는 안 됩니다.

The point of spiritual honour

I am debtor both to the Greeks, and to the barbarians. Romans 1:14

Paul was overwhelmed with the sense of his indebtedness to Jesus Christ, and he spent himself to express it. The great inspiration in Paul's life was his view of Jesus Christ as his spiritual creditor. Do I feel that sense of indebtedness to Christ in regard to every unsaved soul? The spiritual honour of my life as a saint is to fulfil my debt to Christ in relation to them. Every bit of my life that is of value I owe to the Redemption of Jesus Christ; am I doing anything to enable Him to bring His Redemption into actual manifestation in other lives? I can only do it as the Spirit of God works in me this sense of indebtedness.

I am not to be a superior person amongst men, but a bondslave of the Lord Jesus. "Ye are not your own." Paul sold himself to Jesus Christ. He says—'I am a debtor to everyone on the face of the earth because of the Gospel of Jesus; I am free to be an absolute slave only.' That is the characteristic of the life when once this point of spiritual honour is realized. Quit praying about yourself and be spent for others as the bondslave of Jesus. That is the meaning of being made broken bread and poured out wine in reality.

영적 영예의 순간

헬라인이나 야만인이나 지혜 있는 자나
어리석은 자에게 다 내가 빚진 자라 (롬 1:14).

7월 15일

바울은 예수 그리스도께 빚진 마음으로 가득 차 있었습니다. 그는 이 빚진 마음을 표현합니다. 사도 바울의 인생 속에서 영적 동기는 예수 그리스도를 향한 빚진 마음입니다. 구원받지 못한 모든 영혼들을 향해 예수님께 빚진 마음을 느낍니까? 성도로서 이제 내 남은 삶의 영적 영광은, 예수님께 진 나의 빚을 다른 사람과 관련해 갚아가는 것입니다. 그 이유는 내 삶에 조금이라도 가치가 남아 있다면 예수 그리스도의 구속에 빚진 것이기 때문입니다. 나는 지금 다른 사람의 삶 속에 주님께서 그분의 구속을 실제적으로 드러낼 수 있도록 돕는 역할을 하고 있습니까? 성령의 역사로 인해 내 안에 빚진 자의 마음이 가득 찰 때에야 비로소 이 일을 할 수 있게 됩니다.

나는 사람들 사이에서 뛰어난 사람이 아니라 주 예수 그리스도의 종 된 사람입니다. "너희는 너희의 것이 아니라"고전 6:19. 바울은 자신을 예수님께 팔았습니다. 그리고 "나는 복음으로 인해 이 땅의 모든 사람들에게 빚진 사람입니다. 나는 주님께 완전한 종이 되었을 때만 자유합니다"라고 말했습니다. 이는 바로 영적 영광이 무엇인지를 깨달은 인생들의 고백입니다. 자신을 위한 기도를 멈추고 예수님의 종으로서 다른 사람을 위해 사십시오. 이것이 실제 삶 속에서 '찢겨진 빵과 부어지는 포도주'가 된다는 뜻입니다.

The notion of divine control

How much more shall your Father which is in heaven give good things to them that ask Him? Matthew 7:11.

Jesus is laying down rules of conduct for those who have His Spirit. By the simple argument of these verses He urges us to keep our minds filled with the notion of God's control behind everything, which means that the disciple must maintain an attitude of perfect trust and an eagerness to ask and to seek.

Notion your mind with the idea that God is there. If once the mind is notioned along that line, then when you are in difficulties it is as easy as breathing to remember—Why, my Father knows all about it!. It is not an effort, it comes naturally when perplexities press. Before, you used to go to this person and that, but now the notion of the Divine control is forming so powerfully in you that you go to God about it. Jesus is laying down the rules of conduct for those who have His Spirit, and it works on this principle— "God is my Father, He loves me, I shall never think of anything He will forget, why should I worry?"

There are times, says Jesus, when God cannot lift the darkness from you, but trust Him. God will appear like an unkind friend, but He is not; He will appear like an unnatural Father, but He is not; He will appear like an unjust judge, but He is not. Keep the notion of the mind of God behind all things strong and growing. Nothing happens in any particular unless God's will is behind it, therefore you can rest in perfect confidence in Him. Prayer is not only asking, but an attitude of mind which produces the atmosphere in which asking is perfectly natural. "Ask, and it shall be given you."

하나님의 주권에 대한 인식

7월 16일

너희가 악한 자라도 좋은 것으로 자식에게 줄 줄 알거든 하물며
하늘에 계신 너희 아버지께서 구하는 자에게 좋은 것으로 주시지 않겠느냐 (마 7:11).

예수님은 성령이 있는 자들에게 행동의 규칙을 정하셨습니다. 이 간단한 말씀을 통해 주님께서는 모든 상황 가운데서 하나님의 주권을 인식하라고 요청하십니다. 이 뜻은 주의 제자들은 하나님을 구하고 찾는 간절한 마음을 가지라는 것과 주를 향한 완전한 신뢰를 언제나 유지하라는 말씀입니다.

항상 하나님께서 우리와 함께 계신다고 생각하십시오. 그러면 어려움이 찾아와도 "나의 아버지는 이 모든 것에 대해 다 알고 계신다"라는 생각이 자연스럽게 들 것입니다. 이러한 상태가 되는 것은 노력이 아닙니다. 혼돈이 올 때 자연스럽게 나타나는 반응입니다. 과거에는 어려움을 가지고 이 사람 저 사람에게 찾아갔지만 지금은 하나님께서 모든 것을 다스리신다는 의식이 당신 안에 너무나 강하게 만들어져서 그 문제에 대해 하나님께 바로 가서 말하게 됩니다. 예수님께서는 성령이 있는 자들에게 행동의 규칙을 정하셨습니다. 이 규칙은 이렇게 역사합니다. "하나님은 나의 아버지이십니다. 그분은 나를 사랑하시며 나에 관해 그 어떤 것도 잊지 않으십니다. 따라서 왜 염려합니까?"

예수님께서는, 하나님께서 우리 삶 가운데 어둠을 제거하지 않으시는 때가 있을 것이라고 말씀하셨습니다. 그러나 그때에도 하나님을 믿으라고 말씀하십니다. 마치 하나님과 전혀 무관한 사이처럼 느껴질 때가 있다 할지라도 실제로는 전혀 그렇지 않은 것입니다. 하나님이 우리 아버지가 아닌 것처럼 느껴질지라도 실제로는 그렇지 않습니다. 그분이 공의롭지 않으신 재판관처럼 느껴질지라도 실제는 그렇지 않습니다. 모든 어려운 일들과 고통스러운 환경 속에서도 하나님을 인식하십시오. 하나님의 뜻이 없는 사건은 절대로 발생하지 않기 때문입니다. 그러므로 어떠한 상황에서도 하나님을 향한 완전한 확신 속에서 참된 쉼을 가질 수 있습니다. 기도라는 것은 단순히 구하기만 하는 것이 아니라 구할 수 있는 평강한 마음을 얻는 자세이기도 합니다. "구하라 그리하면 너희에게 주실 것이요." 마 7:7.

The miracle of belief

My speech and my preaching was not with enticing words. 1 Cor. 2:4.

Paul was a scholar and an orator of the first rank; he is not speaking out of abject humility, but saying that he would veil the power of God if, when he preached the gospel, he impressed people with his "excellency of speech." Belief in Jesus is a miracle produced only by the efficacy of Redemption, not by impressiveness of speech, not by wooing and winning, but by the sheer unaided power of God. The creative power of the Redemption comes through the preaching of the Gospel, but never because of the personality of the preacher. The real fasting of the preacher is not from food, but rather from eloquence, from impressiveness and exquisite diction, from everything that might hinder the gospel of God being presented. The preacher is there as the representative of God—"as though God did beseech you by us." He is there to present the Gospel of God, not human ideals. If it is only because of my preaching that people desire to be better, they will never get anywhere near Jesus Christ. Anything that flatters me in my preaching of the Gospel will end in making me a traitor to Jesus; I prevent the creative power of His redemption from doing its work.

"I, if be lifted up ⋯, will draw all men unto Me."

믿음의 기적

> 내 말과 내 전도함이 설득력 있는 지혜의 말로 하지 아니하고 (고전 2:4).

7월 17일

바울은 최고의 학자요 언변에 뛰어난 사람이었습니다. 위 말씀은 바울이 겸손한 척하며 말하는 것이 아니라, 그가 복음을 전할 때 그의 '멋진 웅변'으로 사람들을 감명시키면 하나님의 능력이 가리워질까 봐 말한 것입니다. 사람들이 예수님을 믿게 되는 것은 오직 구속의 효능에 의해 발생되는 기적이지 웅변이나 호소력의 멋진 말로 되는 것이 아닙니다. 오직 순전한 하나님의 능력으로 되는 것입니다.

구속의 창조적인 능력은 복음의 가르침을 통해 옵니다. 그 복음을 가르치는 자의 개성 때문에 오는 것이 아닙니다. 따라서 복음 증거자의 진정한 금식은 음식이 아니라 자신을 멋지게 드러내려는 언변, 감명, 우아함 등, 하나님의 복음만이 제시되는 것에서부터 주위를 빼앗는 모든 것이어야 합니다. 설교자는 그 자리에 하나님의 대언자로 "하나님이 우리로 너희를 권면하시는 것같이" 서 있습니다. 설교자는 하나님의 복음을 제시하기 위해 그 자리에 서 있는 것입니다. 자신의 언변으로 사람들을 좀 더 멋진 사람으로 만들려고 하는 것이라면 그는 예수님 근처에도 가보지 못한 설교자입니다. 복음을 증거하는 자리에서 예수님이 아니라 자신을 드러내려는 설교자는 결국 예수님을 향한 반역자로 드러날 것입니다. 자신을 드러내려 하면 할수록 우리는 주님의 창조적인 구속의 능력을 막는 것입니다.

"내가 땅에서 들리면 모든 사람을 내게로 이끌겠노라" 요 12:32.

The mystery of believing

And he said, Who art Thou, Lord? Acts 9:5.

Jul. 18th

By the miracle of Redemption Saul of Tarsus was turned in one second from a strong-willed, intense Pharisee into a humble, devoted slave of the Lord Jesus.

There is nothing miraculous about the things we can explain. We command what we are able to explain, consequently it is natural to seek to explain. It is not natural to obey; nor is it necessarily sinful to disobey. There is no moral virtue in obedience unless there is a recognition of a higher authority in the one who dictates. It is possibly an emancipation to the other person if he does not obey. If one man says to another— "You must," and "You shall," he breaks the human spirit and unfits it for God. A man is a slave for obeying unless behind his obedience there is a recognition of a holy God. Many a soul begins to come to God when he flings off being religious, because there is only one Master of the human heart, and that is not religion but Jesus Christ. But woe be to me if when I see Him I say—"I will not." He will never insist that I do, but I have begun to sign the death-warrant of the Son of God in my soul. When I stand face to face with Jesus Christ and say—"I will not," He will never insist; but I am backing away from the re-creating power of His Redemption. It is a matter of indifference to God's grace how abominable I am if I come to the light; but woe be to me if I refuse the light (see John 3:19-21).

신앙의 신비

주여 누구시니이까 (행 9:5).

7월 18일

강퍅하고 고집센 바리새인이었던 다소의 사울이 구속의 기적에 의해 순식간에 변해 겸손하고 충성된 예수님의 종이 되었습니다.

우리가 설명할 수 있는 것들이라면 기적이 아닙니다. 우리가 설명할 수 있는 것은 우리가 그것을 조절할 수 있다는 뜻입니다. 따라서 설명을 요구하는 것들은 초자연적인 일들이 아니라 자연스러운 일들입니다. 순종은 자연스러운 일이 아닙니다. 불순종이 반드시 죄악이 되는 것도 아닙니다. 명령하는 자의 우월한 권위가 인정되지 않으면 그에게 순종하는 것은 아무런 도덕적 가치가 없습니다. 어떤 사람이 다른 사람에게 자유한 사람이라면 그 사람에게 순종할 이유가 없습니다. 어떤 사람이 다른 사람을 종으로 만들어 "이것을 하라"고 명령한다면 그는 다른 사람의 영혼을 파괴하는 것이며 하나님께 옳지 않은 것입니다. 마찬가지로 거룩하신 하나님을 인식하지 않고 아무에게나 순종한다면 그가 순종하는 이유는 그 사람의 종이 되었기 때문입니다.

많은 영혼들이 종교에서 벗어날 때 비로소 하나님께 나아가기 시작합니다. 그 이유는 그 사람의 마음에는 오직 한 주인밖에 없기 때문입니다. 이 주인은 종교가 아니라 예수 그리스도이십니다. 내가 주님을 만나보았을 때 "주께 순종하지 않겠습니다"라고 말하면 내게 화가 있습니다. 주님은 내가 순종해야 한다고 결코 주장하지 않으시지만 만일 순종하지 않는다면 나는 내 영혼에 계신 '하나님의 아들'의 사망 확인서에 서명을 하는 것입니다. 내가 예수 그리스도와 얼굴을 맞대고 섰을 때 "순종하지 않겠습니다"라고 말한다고 해도 주께서는 절대로 순종을 강요하지 않으실 것입니다. 그러나 나는 주의 구속의 재창조의 능력으로부터 이탈되고 있는 것입니다. 이는 하나님의 은혜에 무관심하게 되었다는 것인데, 만일 내가 빛에 나아가게 된다면 얼마나 참람한 자가 되겠습니까! 만일 내가 빛을 거부하면 내게 화가 임할 것입니다 요 3:19-21.

Mastery over the believer

Ye call Me Master and Lord; and ye say well; for so I am. John 13:13.

Jul. 19th

Our Lord never insists on having authority; He never says—'Thou shalt.' He leaves us perfectly free—so free that we can spit in His face, as men did; so free that we can put Him to death, as men did; and He will never say a word. But when His life has been created in me by His Redemption, I instantly recognize His right to absolute authority over me. It is a moral domination—"Thou art worthy ⋯" It is only the unworthy in me that refuses to bow down to the worthy. If when I meet a man who is more holy than myself, I do not recognize his worthiness and obey what comes through him, it is a revelation of the unworthy in me. God educates us by means of people who are little better than we are, not intellectually, but 'holily,' until we get under the domination of the Lord Himself, and then the whole attitude of the life is one of obedience to Him.

If Our Lord insisted upon obedience He would become a taskmaster, and He would cease to have any authority. He never insists on obedience, but when we do see Him we obey Him instantly. He is easily Lord, and we live in adoration of Him from morning till night. The revelation of my growth in grace is the way in which I look upon obedience. We have to rescue the word 'obedience' from the mire. Obedience is only possible between equals. It is the relationship between father and son, not between master and servant. "I and My Father are one." "Though He were a Son, yet learned He obedience by the things which He suffered." The Son's obedience was as Redeemer, because He was Son, not in order to be Son.

자발적 순종

너희가 나를 선생이라 또는 주라 하니 너희 말이 옳도다 내가 그러하다 (요 13:13).

7월 19일

주님은 절대로 자신의 권위를 주장하지 않으십니다. 그분은 결코 "너는 … 반드시 해야 한다"고 말씀하지 않으십니다. 그분은 우리를 완벽하게 자유롭게 하십니다. 그래서 우리는 사람들이 그러했던 것같이 그분의 얼굴에 침을 뱉을 수 있을 만큼 자유합니다. 또한 사람들이 그분을 죽였던 것같이 우리도 그분을 죽일 수 있을 만큼 자유합니다. 그래도 주님은 아무 말도 하지 않으실 것입니다. 그러나 주님의 생명이 주님의 구속에 의해 내 안에 창조되는 즉시 나는 주님의 완전한 권위 아래 있음을 인식하게 됩니다. 이는 도덕적(영적) 통치입니다. "우리 주 하나님이여 … 합당하오니"계 4:11. 내 안에 있는 가치 없는 것들만이 가치 있는 분께 순복하기를 거부합니다. 만일 내가 자신보다 거룩한 사람을 만났는데 그의 가치를 인정하지 않고 그를 통해 오는 것들을 순종하지 않는다면 이는 내 안에 가치가 없는 것들이 드러나는 순간들입니다. 하나님은 지적인 면이 아니라 거룩한 면에서 우리보다 조금 나은 자들을 사용해 우리가 주님의 통치하에 들어갈 때까지 우리를 교육하십니다. 그 후 우리의 전반적인 삶의 자세는 주님을 향한 순종으로 일관됩니다.

주님께서 순종을 강요하신다면 그분은 노예 감독자와 같을 것이요 참된 권위를 갖지 못할 것입니다. 주님은 결코 순종을 강요하지 않으십니다. 그러나 우리가 주님을 만나뵙게 되면 당장 주께 순종합니다. 우리는 쉽게 주님을 우리의 주인으로 모실 것이며 아침부터 밤까지 주님을 경외하면서 살게 될 것입니다. 내가 은혜 가운데 자라나고 있다는 증거는 나의 순종을 보면 알 수 있습니다. 우리는 진흙탕에 빠져 있는 '순종'이란 단어를 살려내야 합니다. 순종은 동등한 관계에서만 가능합니다. 아들과 아버지의 관계에서 참된 순종이 가능한 것이지 주인과 노예의 관계가 되면 참된 순종이란 그 의미가 사라지게 됩니다. "나와 아버지는 하나이니라"요 10:30. 그분은 아들이셨지만 고난을 통해 순종을 배우셨습니다. "아들의 순종은 구속주로서의 순종이었습니다." 아들이 되기 위해 순종한 것이 아니라 '아들이기 때문에' 순종하셨습니다.

Dependent on God's presence

Jul. 20th

They that wait upon the Lord ⋯ shall walk and not faint. Isaiah 40:31.

There is no thrill in walking; it is the test of all the stable qualities. To "walk and not faint" is the highest reach possible for strength. The word "walk" is used in the Bible to express the character—"John looking on Jesus as He walked, said, Behold the Lamb of God!" There is never anything abstract in the Bible, it is always vivid and real. God does not say—"Be spiritual," but—"Walk before Me."

When we are in an unhealthy state physically or emotionally, we always want thrills. In the physical domain this will lead to counterfeiting the Holy Ghost; in the emotional life it leads to inordinate affection and the destruction of morality; and in the spiritual domain if we insist on getting thrills, on mounting up with wings, it will end in the destruction of spirituality.

The reality of God's presence is not dependent on any place, but only dependent upon the determination to set the Lord always before us. Our problems come when we refuse to bank on the reality of His presence. The experience the Psalmist speaks of—"Therefore will we not fear, though ⋯"—will be ours when once we are based on Reality; not the consciousness of God's presence but the reality of it—'Why, He has been here all the time.'

At critical moments it is necessary to ask guidance, but it ought to be unnecessary to be saying always—"Oh Lord, direct me here, and there." Of course He will! If our commonsense decisions are not God's order, He will press through them and check; then we must be quiet and wait for the direction of His presence.

주님 앞에서 걷는 삶

7월 20일

오직 여호와를 앙망하는 자는 새 힘을 얻으리니 독수리가 날개치며 올라감 같을 것이요 달음박질하여도 곤비하지 아니하겠고 걸어가도 피곤하지 아니하리로다 (사 40:31).

걷는 데에는 스릴이 없습니다. 걷는다는 것은 우리가 얼마나 건강하고 안정한지를 증거하는 것입니다. "걸어가도 피곤하지 아니하리로다"는 가장 높은 차원에서 힘을 소유한 것입니다. "걷는다"는 단어는 성경에서 인격을 나타낼 때 사용됩니다. "예수께서 거니심을 보고 말하되 보라 하나님의 어린양이로다"요 1:36. 성경에는 추상적인 것이 절대로 없습니다. 언제나 선명한 실재입니다. 하나님께서는 "영적으로 되라"고 하지 않고 "내 앞에서 걸으라"고 말씀하십니다.

우리는 언제나 육체적, 정신적으로 건강하지 않을 때 스릴을 원하게 됩니다. 이러한 스릴을 향한 소원은 육체적으로 성령을 흉내내려 할 것입니다. 스릴을 향한 소원은 감정적인 영역에서는 부적절한 애정으로 나아가게 하여 도덕적으로 파멸하게 할 것입니다. 만일 영적인 영역에서도 계속 스릴을 원하여 날개 위에만 오르려고 하면 결국 믿음을 잃고 영적 파멸에 이르게 될 것입니다.

하나님의 임재의 실체는 어떤 장소에 따른 것이 아니라 언제나 우리 앞에 주님을 모시겠다는 결단에 따릅니다. 문제는 우리가 주의 임재의 실체 위에 우리의 삶을 세우기를 거절한다는 점입니다. 시편 기자의 "그러므로 … 우리는 두려워하지 아니하리로다"시 46:1-2라는 체험 고백은 우리가 주님의 실체에 서 있을 때 가능합니다. 실체에 서 있다는 말은 하나님의 임재를 감상적으로 느끼는 것이 아니라 하나님의 임재의 실체를 믿음으로 보는 것을 의미합니다. 왜냐하면 그분은 실제로 언제나 그곳에 계시기 때문입니다! 위기의 순간에 필요한 것은 인도하심을 구하는 것입니다. 그러나 항상 "오 주님, 저를 이렇게 저렇게 인도하소서"라고 말할 필요는 없습니다. 물론 주님은 인도하실 것입니다! 만일 우리의 상식적인 결정이 주님의 뜻에 어긋난다면 주님은 가책하시고 막으실 것입니다. 그러한 때 우리는 잠잠히 주님의 임재를 바라는 가운데 그분의 인도하심을 기다려야 합니다.

The gateway to the kingdom

Blessed are the poor in spirit. Matthew 5:3.

Beware of placing Our Lord as a Teacher first. If Jesus Christ is a Teacher only, then all He can do is to tantalize me by erecting a standard I cannot attain. What is the use of presenting me with an ideal I cannot possibly come near? I am happier without knowing it. What is the good of telling me to be what I never can be—to be pure in heart, to do more than my duty, to be perfectly devoted to God? I must know Jesus Christ as Saviour before His teaching has any meaning for me other than that of an ideal which leads to despair. But when I am born again of the Spirit of God, I know that Jesus Christ did not come to teach only: He came to make me what He teaches I should be. The Redemption means that Jesus Christ can put into any man the disposition that ruled His own life, and all the standards God gives are based on that disposition.

The teaching of the Sermon on the Mount produces despair in the natural man—the very thing Jesus means it to do. As long as we have a self-righteous, conceited notion that we can carry out Our Lord's teaching, God will allow us to go on until we break our ignorance over some obstacle, then we are willing to come to Him as paupers and receive from Him. "Blessed are the paupers in spirit," that is the first principle in the kingdom of God. The bedrock in Jesus Christ's kingdom is poverty, not possession; not decisions for Jesus Christ, but a sense of absolute futility—'I cannot begin to do it.' Then Jesus says—"Blessed are you." That is the entrance, and it does take us a long while to believe we are poor! The knowledge of our own poverty brings us on to the moral frontier where Jesus Christ works.

하나님 왕국으로 들어가는 문

심령이 가난한 자는 복이 있나니 (마 5:3).

주님을 선생으로 먼저 생각하는 것을 조심하십시오. 만일 예수 그리스도께서 선생에 불과하다면 그분이 할 수 있는 모든 것은 내가 다다를 수 없는 기준을 세워놓고 약을 올리는 것입니다. 내가 도무지 다다를 수 없는 이상을 제시하는 것이 무슨 소용이 있습니까? 모르는 것이 훨씬 행복할 것입니다. 내가 절대로 될 수 없는 상태를 말하는 것이 무슨 유익이 있습니까? 마음의 청결, 내 의무보다 더하는 것, 하나님께 완벽하게 헌신하는 것 등 주님의 가르침이 우리에게 진정한 의미가 있기 위해서는 먼저 예수 그리스도를 구세주로 알아야 합니다. 그렇지 않으면 산상수훈은 나로 절망에 빠지게 하는 이상 밖에는 되지 못합니다. 하나님의 영으로 거듭날 때 우리는 예수 그리스도께서 가르치기만을 위해 오신 것이 아님을 알게 됩니다. 주님은 내가 주께서 가르치신 대로 될 수 있도록 나를 '만들기' 위해 오셨습니다. 구속이란 예수 그리스도의 삶을 주관했던 그 심성을 주께서 누구에게든지 넣으실 수 있다는 뜻입니다. 하나님께서 주신 모든 삶의 표준은 그 심성을 가지고 있다는 전제로 주어진 것입니다.

산상수훈은 거듭나지 않은 사람들에게는 좌절을 만들어냅니다. 이는 예수님께서 의도하신 바입니다. 우리가 자기 의에 속아서 주님의 가르침을 수행할 수 있다고 착각하는 한, 하나님께서는 우리가 어떤 난관을 만나 자신의 무지를 깨달을 때까지 계속 내버려 두십니다. 그러면 결국 난관을 만나게 되어 자신의 영적 빈곤을 깨닫게 되면서 주께 나아가 손을 벌리게 되는 것입니다. "마음이 가난한 자는." 이것이 하나님의 왕국에 들어가는 첫째 원칙입니다. 예수 그리스도의 나라에 들어가는 문은 가난이지 풍요가 아닙니다. 예수 그리스도를 위한 나의 결정에 의해 들어가는 것이 아니라 자신에 대해 완벽하게 무용지물이라는 사실을 의식할 때 들어가게 되는 것입니다. "나는 아무것도 할 수 없습니다." 이때 주님이 말씀하십니다. "네가 복이 있도다." 이것이 바로 왕국의 입구입니다. 아쉽게도 우리가 가난하다는 것을 깨닫는 데는 오랜 기간이 걸립니다. 그러나 자신의 가난함에 대한 깨달음은 예수 그리스도께서 역사하시는 영적 전선으로 우리를 이끌어갑니다.

Sanctification

Jul. 22nd

This is the will of God, even your sanctification. 1 Thess. 4:3.

The Death Side. In sanctification God has to deal with us on the death side as well as on the life side. Many of us spend so much time in the place of death that we get sepulchral. There is always a battle royal before sanctification, always something that tugs with resentment against the demands of Jesus Christ. Immediately the Spirit of God begins to show us what sanctification means, the struggle begins. "If any man come to Me, and hate not … his own life, he cannot be My disciple."

The Spirit of God in the process of sanctification will strip me until I am nothing but 'myself,' that is the place of death. Am I willing to be 'myself,' and nothing more—no friends, no father, no brother, no self-interest, simply ready for death? That is the condition of sanctification. No wonder Jesus said: "I came not to send peace, but a sword." This is where the battle comes, and where so many of us faint. We refuse to be identified with the death of Jesus on this point. "But it is so stern," we say; "He cannot wish me to do that." Our Lord is stern; and He does wish me to do that.

Am I willing to reduce myself simply to 'me,' determinedly to strip myself of all my friends think of me, of all I think of myself, and to hand that simple naked self over to God? Immediately I am, He will sanctify me wholly, and my life will be free from earnestness in connection with everything but God.

When I pray—"Lord, show me what sanctification means for me," He will show me. It means being made one with Jesus. Sanctification is not something Jesus Christ puts into me: it is Himself in me.

거룩의 조건

하나님의 뜻은 이것이니 너희의 거룩함이라 (살전 4:3).

7월 22일

우리의 거룩함에 있어서 하나님께서는 살려야 하는 쪽도 다루시지만 죽어야 하는 쪽도 다루십니다. 우리 중 많은 사람들은 시체더미만 있는 죽음의 편에서 너무나 많은 시간을 보냅니다. 거룩을 이루는 과정에는 언제나 고귀한 싸움이 있는데, 이 싸움은 내면에서 예수 그리스도의 요구에 항상 대항하는 어떤 세력과 싸우는 것입니다. 성령께서 거룩이 무엇을 의미하는지를 보여주시면 바로 싸움이 시작됩니다. "무릇 내게 오는 자가 … 자기 목숨까지 미워하지 아니하면 능히 내 제자가 되지 못하고"눅 14:26.

거룩의 과정에서 하나님의 영은 '나 자신' 밖에는 아무것도 남는 것이 없는 죽음의 장소까지 우리를 몰고 가십니다. 기꺼이 친구도, 부모도, 형제도, 자기 유익도 구할 수 없는, 단지 죽음만 기다리는 '나 자신'이 되겠습니까? 이것이 바로 거룩의 조건입니다. 따라서 예수님께서 "내가 … 화평이 아니요 검을 주러 왔노라"고 말씀하신 것은 당연합니다. 거룩의 이 지점이 바로 싸움이 시작되는 곳이요 우리 대부분의 사람들이 실패하는 곳입니다. 이 지점에서 예수님의 죽음과 함께 하나 되기를 거절합니다. 우리는 말합니다. "그러나 이것은 너무나 가혹합니다. 주님께서는 나에게 그렇게 하라고 원하실 수 없어요." 그렇지 않습니다. 주님은 우리가 예수님의 죽음과 하나 되기를 원하십니다.

정말로 아무것도 없는 '나'가 되어도 괜찮겠습니까? 단호한 결심을 통해 나의 모든 친구들이 아는 나 자신을 벗어버리고, 나 자신에 대한 모든 생각을 접고 단지 완전히 비워진 나 자신을 하나님께 드리겠습니까? '나'만 남는 그 순간에 주께서는 나를 전적으로 거룩하게 하실 것입니다. 그리고 나의 인생은 하나님과 하나 되고 싶은 간절함 외에는 다른 모든 것으로부터 철저하게 자유하게 될 것입니다. "주여, 제게 거룩함이 무엇인지 보여주소서"라고 기도하면 주님께서 보여주실 것입니다. 거룩이란 예수님과 하나가 되는 것을 의미합니다. 예수님께서 우리 안에 뭔가 추가하시는 것이 아니라 내 안에 계신 그분이 바로 나의 거룩인 것입니다고전 1:30.

Sanctification

Of Him are ye in Christ Jesus, who of God is made unto us ⋯ sanctification. 1 Cor. 1:30.

The Life Side. The mystery of sanctification is that the perfections of Jesus Christ are imparted to me, not gradually, but instantly when by faith I enter into the realization that Jesus Christ is made unto me sanctification. Sanctification does not mean anything less than the holiness of Jesus being made mine manifestly.

The one marvellous secret of a holy life lies not in imitating Jesus, but in letting the perfections of Jesus manifest themselves in my mortal flesh. Sanctification is 'Christ in you.' It is His wonderful life that is imparted to me in sanctification, and imparted by faith as a sovereign gift of God's grace. Am I willing for God to make sanctification as real in me as it is in His word?

Sanctification means the impartation of the holy qualities of Jesus Christ. It is His patience, His love, His holiness, His faith, His purity, His godliness, that is manifested in and through every sanctified soul. Sanctification is not drawing from Jesus the power to be holy; it is drawing from Jesus the holiness that was manifested in Him, and He manifests it in me. Sanctification is an impartation, not an imitation. Imitation is on a different line. In Jesus Christ is the perfection of everything, and the mystery of sanctification is that all the perfections of Jesus are at my disposal, and slowly and surely I begin to live a life of ineffable order and sanity and holiness "Kept by the power of God."

거룩의 신비

7월 23일

너희는 하나님으로부터 나서 그리스도 예수 안에 있고 예수는 하나님으로부터 나와서 우리에게 지혜와 의로움과 거룩함과 구원함이 되셨으니 (고전 1:30).

거룩의 신비는 예수 그리스도의 완전함이 내게 부여되었다는 사실입니다. 거룩은 점진적으로 되는 것이 아니라 예수 그리스도께서 나에게 거룩이 되셨다는 사실을 믿음으로 깨닫는 순간에 즉시 되는 것입니다. 성화는 예수님의 거룩이 나의 삶을 통해 드러나는 것입니다.

거룩한 삶의 경이로운 비밀은 예수님을 모방하는 것이 아니라 예수님의 완전함이 나의 부패한 육체를 통해 나타나는 것입니다. 거룩(성화)은 곧 '우리 안에 계신 그리스도'이며, '예수님의 놀라운 생명'입니다. 이 생명은 하나님의 은혜의 주권적인 선물인데 믿음을 통해 우리에게 전달됩니다. 예수님의 생명이 하나님의 말씀을 통해 나타났듯이, 성화가 당신의 삶을 통해 실제로 드러나도록 당신이 허락하겠습니까?

거룩은 예수 그리스도의 거룩한 품성을 부여받는 것입니다. 주님의 인내, 사랑, 거룩, 믿음, 순결, 경건 등의 모든 품성들이 정결하게 된 영혼의 내면 안에 부여되어 그 영혼을 통해 외부로 드러납니다. 거룩이란 주님께로부터 거룩하게 될 수 있는 능력을 얻어내는 것이 아니라 주님 안에서 나타났던 거룩을 주님께로부터 받아내는 것입니다. 따라서 거룩은 부여받는 것이지 모방하는 것이 아닙니다. 모방은 거룩과는 전혀 다른 선상에 있습니다. 예수 그리스도 안에서는 모든 것이 완전합니다. 거룩의 신비는 예수님의 모든 완전하심이 내게 주어졌다는 것입니다. 그러므로 나는 더디지만 확실하게 "하나님의 지키시는 능력에 의해" 질서 있고 건전하고 거룩한 신령한 삶을 살기 시작하는 것입니다.

Disposition and deeds

Jul. 24th

Except your righteousness shall exceed the righteousness of the scribes and Pharisees, ye shall in no case enter into the kingdom of heaven. Matthew 5:20.

The characteristic of a disciple is not that he does good things, but that he is good in motive because he has been made good by the supernatural grace of God. The only thing that exceeds right 'doing' is right 'being.' Jesus Christ came to put into any man who would let Him a new heredity which would exceed the righteousness of the scribes and Pharisees. Jesus says—'If you are My disciple you must be right not only in your living, but in your motives, in your dreams, in the recesses of your mind.' You must be so pure in your motives that God Almighty can see nothing to censure. Who can stand in the Eternal Light of God and have nothing for God to censure? Only the Son of God, and Jesus Christ claims that by His Redemption He can put into any man His own disposition, and make him as unsullied and as simple as a child. The purity which God demands is impossible unless I can be re-made within, and this is what Jesus has undertaken to do by His Redemption.

No man can make himself pure by obeying laws. Jesus Christ does not give us rules and regulations; His teachings are truths that can only be interpreted by the disposition He puts in. The great marvel of Jesus Christ's salvation is that He alters heredity. He does not alter human nature; He alters its mainspring:

성향과 행동

7월 24일

> 내가 너희에게 이르노니 너희 의가 서기관과 바리새인보다 더 낫지 못하면 결코 천국에 들어가지 못하리라 (마 5:20).

주님의 제자의 특징은 어떤 선한 일을 하는 것이 아닙니다. 그러나 주님의 제자라면 선한 동기를 가지는데, 이는 하나님의 초자연적인 은혜에 의해 선하게 만들어졌기 때문입니다. 선한 '일'을 능가하는 유일한 것은 선한 '존재'입니다. 예수 그리스도께서는 주께 삶의 주권을 맡기는 자에게 서기관과 바리새인의 의를 능가하는 새로운 유전형질을 넣어주십니다.

예수님께서는 만일 그분의 제자라면 삶이 의로워야 할 뿐 아니라 마음의 동기나 소망, 마음속 깊은 곳의 생각들도 의로워야 한다고 말씀하십니다. 당신의 마음속 동기까지 순결하여 전능하신 하나님께서 지적하실 만한 것이 없어야 합니다. 그렇다면 그 누가 하나님의 영원한 빛 앞에 설 수 있으며 하나님께서 지적하실 만한 것이 없는 사람일 수 있겠습니까? 오직 하나님의 아들 예수 그리스도 밖에 없습니다. 예수님께서는 그분의 구속을 통해 누구에게든지 자신의 성향을 넣어주실 수 있고, 그를 갓난아기같이 순결하고 단순하게 만드실 수 있습니다. 따라서 하나님께서 요구하시는 순결은 만일 내가 주 안에서 재창조되지 않으면 불가능합니다. 이것이 주님께서 그분의 구속을 통해 착수하신 일입니다.

그 누구도 율법을 지킴으로 자신을 순결하게 할 수 없습니다. 예수 그리스도께서는 율례과 규칙을 주시기 위해 오신 것이 아닙니다. 그분의 가르침은 진리인데 오직 그분이 우리 안에 넣으신 새로운 성향에 의해서만 해석될 수 있습니다. 예수 그리스도의 구원의 가장 놀라운 것은 그분이 우리의 유전형질을 바꾸신다는 것입니다. 인성이 아니라 그 근원을 바꾸십니다.

Am I blessed like this?

Jul. 25th

Blessed are ⋯ Matthew 5:3-10.

When we first read the statements of Jesus they seem wonderfully simple and unstartling, and they sink unobserved into our unconscious minds. For instance, the Beatitudes seem merely mild and beautiful precepts for all unworldly and useless people, but of very little practical use in the stern workaday world in which we live. We soon find, however, that the Beatitudes contain the dynamite of the Holy Ghost. They explode, as it were, when the circumstances of our lives cause them to do so. When the Holy Spirit brings to our remembrance one of these Beatitudes we say—"What a startling statement that is!" and we have to decide whether we will accept the tremendous spiritual upheaval that will be produced in our circumstances if we obey His words. That is the way the Spirit of God works. We do not need to be born again to apply the Sermon on the Mount literally. The literal interpretation of the Sermon on the Mount is child's play; the interpretation by the Spirit of God as He applies Our Lord's statements to our circumstances is the stern work of a saint.

The teaching of Jesus is out of all proportion to our natural way of looking at things, and it comes with astonishing discomfort to begin with. We have slowly to form our walk and conversation on the line of the precepts of Jesus Christ as the Holy Spirit applies them to our circumstances. The Sermon on the Mount is not a set of rules and regulations: it is a statement of the life we will live when the Holy Spirit is getting His way with us.

성령의 폭발적 능력

··· 한 자는 복이 있나니··· (마 5:3-10).

7월 25일

우리가 처음에 예수님의 말씀을 읽으면 너무나 간단하고 평범하여 자연스럽게 우리의 무의식적인 마음속으로 가라앉습니다. 예를 들어, 산상수훈은 고상한 사람들에게나 세속적인 사람들에게 아주 부드럽고 아름다운 금언으로 들립니다. 우리가 살아가는 거친 일상 생활에서는 전혀 실용성이 없어 보입니다. 그러나 산상수훈은 성령의 폭발적 능력을 담고 있습니다. 말하자면, 그것이 터질 만한 상황이 되면 산상수훈의 교훈들은 엄청난 폭발력을 발휘합니다. 성령께서 이 산상수훈의 교훈 중 하나를 기억나게 하시면 우리는 "이 얼마나 놀라운 말씀인가!"라고 감탄하게 됩니다. 이때 우리는 주님의 말씀에 순종함으로 우리의 환경에서 발생하게 될 놀라운 영적 변혁을 받아들일지 말지를 결정해야 합니다. 이것이 성령께서 일하시는 방법입니다.

산상수훈의 내용을 문자적으로 적용한다면 굳이 우리가 거듭날 필요는 없습니다. 그러나 산상수훈을 문자적으로 해석하는 것은 어린아이들의 장난입니다. 성령께서 주의 말씀을 우리의 상황에 적용하시는 것처럼, 성령에 의해 주의 말씀을 해석하는 것은 성도들이 해야 할 엄중한 작업입니다.

예수님의 가르침은 우리가 자연스럽게 사물을 바라보는 방법과 진혀 맞지 않습니다. 따라서 주님의 가르침은 처음부터 놀라울 정도로 불편합니다. 성령께서 주님의 교훈들을 우리 상황에 적용하실 때 우리도 서서히 예수님의 교훈에 합당한 마음과 언행을 형성해가야 합니다. 산상수훈은 규범이나 율례가 아닙니다. 성령이 우리의 삶을 인도하실 때 삶에 나타나는 현상들을 진술한 것입니다.

The account with purity

Out of the heart proceed ··· Matthew 15:18-20.

Jul. 26th

We begin by trusting our ignorance and calling it 'innocence', by trusting our innocence and calling it 'purity'; and when we hear these rugged statements of Our Lord's, we shrink and say—"But I never felt any of those awful things in my heart." We resent what Jesus Christ reveals. Either Jesus Christ is the supreme Authority on the human heart, or He is not worth paying any attention to. Am I prepared to trust His penetration, or do I prefer to trust my innocent ignorance? If I make conscious innocence the test, I am likely to come to a place where I find with a shuddering awakening that what Jesus Christ said is true, and I shall be appalled at the possibility of evil and wrong in me. As long as I remain under the refuge of innocence, I am living in a fool's paradise. If I have never been a blackguard, the reason is a mixture of cowardice and the protection of civilized life; but when I am undressed before God, I find that Jesus Christ is right in His diagnosis.

The only thing that safeguards is the Redemption of Jesus Christ. If I will hand myself over to Him, I need never experience the terrible possibilities that are in my heart. Purity is too deep down for me to get to naturally: but when the Holy Spirit comes in, He brings into the centre of my personal life the very Spirit that was manifested in the life of Jesus Christ, viz., Holy Spirit, which is unsullied purity.

청결한 삶

마음에서 나오는 것은… (마 15:19).

7월 26일

우리는 우리의 무지를 신뢰하면서 이를 '순진'이라고 부르고, 순진을 신뢰하면서 이를 '청결'이라고 부릅니다. 그러나 주님의 혹독한 말씀을 들으면 우리는 움츠리면서 이렇게 말합니다. "그러나 나는 내 마음속에서 그렇게 끔찍한 것들 중 하나라도 느낀 적이 없습니다." 우리는 예수 그리스도께서 드러내시는 것에 대해 반감을 갖습니다. 우리는 여기서 예수 그리스도께서 인간의 마음에 대해 최고의 권위자이신지 아니면 그분의 말씀에 조금도 신경 쓸 필요가 없는 인물이든지, 둘 중 하나를 인정해야 합니다.

나는 주님의 꿰뚫는 말씀을 신뢰할 준비가 되어 있습니까? 아니면 자신의 순진한 무지를 더 신뢰하겠습니까? 만일 내가 자신이 순진하다는 의식을 시험대에 올려놓는다면 나는 예수님께서 말씀하신 것이 옳다는 것을 깨닫고 떨게 될 것입니다. 내 안에 악과 허물의 가능성을 보며 놀라게 됩니다. 내가 순진이라는 피난처 아래에 머무는 동안 나는 어리석은 자의 낙원에 살고 있었던 것입니다. 내가 악당이라는 사실을 체험해보지 못했다면, 이는 겁 많은 소심함과 문명 생활의 보호 때문입니다. 그러나 내가 하나님 앞에서 벌거벗은 듯이 서게 될 때 나는 예수 그리스도의 인간들을 향한 진단이 옳다는 사실을 발견하게 됩니다.

우리를 보호해주는 유일한 안전책은 예수 그리스도의 구속입니다. 만일 나 자신을 주님께 맡기면 마음속에 있는 끔찍한 죄악의 가능성을 경험할 필요가 없습니다. 청결은 인간적으로 이루기에는 너무나 깊습니다. 그러나 성령께서 내 안에 들어오시면 그분은 개인의 삶의 중심부에 예수 그리스도의 삶 가운데서 드러나셨던 그 영으로 오시는 것입니다. 곧 성령만이 더러움이 전혀 없으신 완전한 청결이십니다.

The way to know

*If any man will do His will,
he shall know of the doctrine* ⋯ John 7:17.

The golden rule for understanding spiritually is not intellect, but obedience. If a man wants scientific knowledge, intellectual curiosity is his guide; but if he wants insight into what Jesus Christ teaches, he can only get it by obedience. If things are dark to me, then I may be sure there is something I will not do. Intellectual darkness comes through ignorance; spiritual darkness comes because of something I do not intend to obey.

No man ever receives a word from God without instantly being put to the test over it. We disobey and then wonder why we don't go on spiritually. "If when you come to the altar," said Jesus, "there you remember your brother hath ought against you ⋯ don't say another word to Me, but first go and put that thing right." The teaching of Jesus hits us where we live. We cannot stand as humbugs before Him for one second. He educates us down to the scruple. The Spirit of God unearths the spirit of self-vindication; He makes us sensitive to things we never thought of before.

When Jesus brings a thing home by His word, don't shirk it. If you do, you will become a religious humbug. Watch the things you shrug your shoulders over, and you will know why you do not go on spiritually. First go—at the risk of being thought fanatical you must obey what God tells you.

진리를 아는 방법

> 사람이 하나님의 뜻을 행하려 하면 이 교훈이 하나님께로부터 왔는지 내가 스스로 말함인지 알리라 (요 7:17).

7월 27일

영적인 것을 이해하는 황금률은 지능이 아니라 순종입니다. 사람이 과학적인 지식을 원하면 지적 호기심이 그를 인도해야 합니다. 그러나 만일 그가 예수 그리스도께서 가르치신 것을 깨닫고자 한다면 오직 순종을 통해 얻을 수 있습니다. 만일 일들이 내게 힘들어 진다면 이는 분명히 순종하지 않으려는 뭔가가 있어서 그러합니다. 지적 어둠은 무지로부터 옵니다. 그러나 영적 어둠은 내 안에 순종하지 않으려는 뭔가가 있기 때문입니다.

하나님의 말씀을 받을 때 그 말씀으로 인해 당장 시험에 놓이지 않는 사람은 없습니다. 우리는 불순종하면서 왜 영적으로 성장하지 않는가 하고 의아해합니다. 예수님께서 말씀하셨습니다. "그러므로 예물을 제단에 드리려다가 거기서 네 형제에게 원망 들을 만한 일이 있는 것이 생각나거든 예물을 제단 앞에 두고 먼저 가서 형제와 화목하고 그 후에 와서 예물을 드리라"마 5:23-24. 예수님의 가르침은 현재 우리에게 해당하는 말씀이며, 우리는 단 한순간도 주님을 속일 수 없습니다. 그분은 우리 삶의 미세한 부분까지 가르치십니다. 하나님의 영은 자신을 변명하려는 사람을 들추어 내십니다. 주님은 우리가 전에는 전혀 생각하지 못했던 것들에 대해 더욱 민감하게 하십니다.

예수님께서 주의 말씀으로 마음속에 임하게 할 때 회피하지 마십시오. 만일 당신이 회피하면, 당신은 종교적인 위선자가 됩니다. 당신이 변명하며 순종하지 않으려는 자세를 조심하십시오. 당신이 왜 영적으로 성장하지 않는지 알게 될 것입니다. 먼저 순종하십시오. 광신이라고 생각될 위험을 무릅쓰고라도 하나님께서 당신에게 말씀하신 대로 순종해야 합니다.

After obedience—what?

And straightway He constrained His disciples to get into the ship, and to go to the other side ⋯ Mark 6:45-52.

We are apt to imagine that if Jesus Christ constrains us, and we obey Him, He will lead us to great success. We must never put our dreams of success as God's purpose for us; His purpose may be exactly the opposite. We have an idea that God is leading us to a particular end, a desired goal; He is not. The question of getting to a particular end is a mere incident. What we call the 'process', God calls the 'end.'

What is my dream of God's purpose? His purpose is that I depend on Him and on His power now. If I can stay in the middle of the turmoil calm and unperplexed, that is the end of the purpose of God. God is not working towards a particular finish; His end is the process—that I see Him walking on the waves, no shore in sight, no success, no goal, just the absolute certainty that it is all right because I see Him walking on the sea. It is the process, not the end, which is glorifying to God.

God's training is for now, not presently. His purpose is for this minute, not for something in the future. We have nothing to do with the afterwards of obedience; we get wrong when we think of the afterwards. What men call training and preparation, God calls the end.

God's end is to enable me to see that He can walk on the chaos of my life just now. If we have a further end in view, we do not pay sufficient attention to the immediate present; but if we realize that obedience is the end, then each moment as it comes is precious.

주님의 목적

7월 28일

예수께서 즉시 제자들을 재촉하사 … 건너편 벳새다로 가게 하시고 (막 6:45).

우리는 예수 그리스도께서 우리를 강권하실 때 그분께 순종하면 그분이 우리를 대성공으로 인도하실 것이라고 생각하는 경향이 있습니다. 그러나 우리는 결코 성공의 꿈을 우리를 향하신 하나님의 목적이라고 내세우면 안 됩니다. 주님의 목적은 오히려 반대일 수 있습니다. 우리는 하나님께서 우리가 원하는 어떤 특별한 목적을 향해 우리를 인도하고 계신다고 생각합니다. 그러나 그렇지 않습니다. 특별한 목적을 이루게 되는 것은 어쩌다가 그렇게 된 것입니다. 우리가 '과정'이라고 부르는 것을 하나님께서는 '목적'이라고 부르십니다.

무엇이 하나님의 목적에 대한 나의 꿈입니까? 그분의 목적은 지금 내가 주님과 주의 능력을 의지하는 것입니다. 만일 요동 속에서 평안하고 당황하지 않을 수 있다면, 그것이 하나님의 목적의 성취입니다. 하나님은 어떤 특별한 마무리를 향해 역사하지 않으십니다. 그분의 목적은 그 과정입니다. 해변도 보이지 않고 성공도, 목적지도 없는 가운데서 파도 위를 걷고 계시는 주님을 보는 것입니다. 바다 위를 걸으시는 주님을 보기 때문에 완전한 확신 가운데 머무는 것입니다. 하나님을 영화롭게 하는 것은 과정이지 목적이 아닙니다.

하나님의 훈련은 지금 받아야 하는 것이지 나중에 받으려고 하면 안 됩니다. 그분의 목적은 이 순간을 위한 것이지 먼 미래를 위한 것이 아닙니다. 우리는 순종한 이후의 일들에 관해서는 상관할 필요가 없습니다. 우리가 순종한 이후의 일들이 어떻게 될까를 생각하면 그릇되게 됩니다. 사람들이 훈련 또는 준비라고 말하는 것을 하나님께서는 목적이라고 부르십니다.

하나님의 목적은 주께서 지금 내 삶의 혼돈 위에서 걸으실 수 있음을 내가 볼 수 있게 하는 것입니다. 만일 우리가 이것 외에 더 이상의 목적을 보려고 한다면 우리는 당면한 현재에 충분한 주의를 기울이는 것이 아닙니다. 우리가 순종이 목적이라는 사실을 깨달을 때 다가오는 각 순간들마다 귀하게 여기게 되는 것입니다.

What do you see in your clouds?

Behold, He cometh with clouds. Rev. 1:7.

In the Bible clouds are always connected with God. Clouds are those sorrows or sufferings or providences, within or without our personal lives, which seem to dispute the rule of God. It is by those very clouds that the Spirit of God is teaching us how to walk by faith. If there were no clouds, we should have no faith. "The clouds are but the dust of our Father's feet." The clouds are a sign that He is there. What a revelation it is to know that sorrow and bereavement and suffering are the clouds that come along with God! God cannot come near without clouds, He does not come in clear shining.

It is not true to say that God wants to teach us something in our trials; through every cloud He brings, He wants us to unlearn something. God's purpose in the cloud is to simplify our belief until our relationship to Him is exactly that of a child—God and my own soul, other people are shadows. Until other people become shadows, clouds and darkness will be mine every now and again. Is the relationship between myself and God getting simpler than ever it has been?

There is a connection between the strange providences of God and what we know of Him, and we have to learn to interpret the mysteries of life in the light of our knowledge of God. Unless we can look the darkest, blackest fact full in the face without damaging God's character, we do not yet know Him.

"They feared as they entered the cloud …." Is there anyone "save Jesus only" in your cloud? If so, it will get darker; you must get to the place where there is "no one any more save Jesus only."

구름 속에서 무엇을 봅니까?

볼지어다 그가 구름을 타고 오시리라 (계 1:7).

7월 29일

　성경에서 구름은 언제나 하나님과 관련됩니다. 구름은 하나님의 통치에 반항하는 듯한 우리 개인 생활의 안팎에서 일어나는 슬픔, 고통, 궁핍의 상황들입니다. 하나님의 영은 이 구름들을 통해 우리에게 어떻게 믿음으로 걸을 수 있는가를 가르치십니다. 만일 구름이 없다면 우리에게 믿음도 없을 것입니다. "구름은 단지 우리 하늘 아버지의 발의 티끌이로다" 나 1:3. 구름은 주님께서 그곳에 계시다는 증표입니다. 슬픔과 사별과 고통이 하나님과 함께 오는 구름이라는 사실은 얼마나 귀한 계시입니까! 하나님께서는 구름 없이는 우리에게 가까이 오실 수 없습니다. 그분은 청명하게 비치는 가운데 오지 않으십니다.

　하나님께서 고난 속에서 우리에게 뭔가를 가르치기를 원하신다고 말하는 것은 옳지 않습니다. 주님께서는 모든 구름을 통해 우리가 배웠던 것을 '버리기'를 원하십니다. 구름을 통한 하나님의 목적은 주님과 우리의 관계가 정확하게 어린아이처럼 될 때까지 우리의 믿음을 단순하게 하기 위한 것입니다. 오직 중심은 하나님과 나만의 관계요, 다른 사람들은 그림자일 뿐입니다. 다른 사람들이 그림자가 될 때까지는 구름과 어둠은 언제나 나에게 임할 것이며 다시 찾아올 것입니다. 과연 나 자신과 하나님의 관계가 과거 그 어느 때보다 점점 더 단순해지고 있습니까?

　하나님의 이해할 수 없는 섭리와 우리가 하나님을 아는 것 사이에는 어떤 연관이 있습니다. 하나님을 아는 우리의 지식에 비추어 인생의 신비들을 해석하는 것을 배워야 합니다. 가장 어둡고 암담한 현실을 직접 대하면서도 하나님의 성품을 의심하지 않을 수 있을 때까지는, 아직 우리는 하나님을 모르는 것입니다.

　"구름 속으로 들어갈 때에 그들이 무서워하더니…" 눅 9:34. 당신의 구름 속에서 "오직 예수님만"이 아니라 다른 사람도 보입니까? 그렇다면 더 어두워질 것입니다. 당신은 "오직 예수님 외에는 다른 아무도 보이지 않는 곳"으로 가야만 합니다.

The discipline of disillusionment

*Jesus did not commit Himself unto them …
for He knew what was in man.* John 2:24-25.

Disillusionment means that there are no more false judgments in life. To be undeceived by disillusionment may leave us cynical and unkindly severe in our judgment of others, but the disillusionment which comes from God brings us to the place where we see men and women as they really are, and yet there is no cynicism, we have no stinging, bitter things to say. Many of the cruel things in life spring from the fact that we suffer from illusions. We are not true to one another as facts; we are true only to our ideas of one another. Everything is either delightful and fine, or mean and dastardly, according to our idea.

The refusal to be disillusioned is the cause of much of the suffering in human life. It works in this way—if we love a human being and do not love God, we demand of him every perfection and every rectitude, and when we do not get it we become cruel and vindictive; we are demanding of a human being what he or she cannot give. There is only one Being Who can satisfy the last aching abyss of the human heart, and that is the Lord Jesus Christ. Why Our Lord is apparently so severe regarding every human relationship is because He knows that every relationship not based on loyalty to Himself will end in disaster. Our Lord trusted no man, yet He was never suspicious, never bitter. Our Lord's confidence in God and in what His grace could do for any man was so perfect that He despaired of no one. If our trust is placed in human beings, we shall end in despairing of everyone.

허상을 제거하는 훈련

> 예수는 그의 몸을 그들에게 의탁하지 아니하셨으니 … 친히 사람의 속에 있는 것을 아셨음이니라 (요 2:24-25).

7월 30일

허상을 제거한다는 것은 삶 속에서 더 이상 잘못된 판단이 없게 되는 것을 의미합니다. 허상에 속게 되면 우리는 냉소적인 사람이 되거나 다른 사람을 판단하는 데 야박할 정도로 거칠게 됩니다. 그러나 하나님의 도움으로 허상을 제거하게 되면 우리는 사람들을 그들 모습 그대로 보게 됩니다. 냉소함도 사라지고 날카롭거나 거친 말도 하지 않게 됩니다. 삶 속에서 발생하는 잔인한 많은 일들은 우리가 허상을 보는 병에 걸려 있기 때문에 일어납니다. 우리는 서로를 향해 상대의 실제 모습대로 대하지 않습니다. 우리는 다른 사람을 향한 내 생각에 따라 그들을 대할 뿐입니다. 내 생각에 따라 모든 것이 기쁘거나 좋을 수 있고 형편없거나 못날 수 있습니다.

허상을 제거하는 것을 거부함으로 인생사의 많은 고통을 야기시켰습니다. 예를 들면 우리가 사람을 사랑하고 하나님을 사랑하지 않는다고 할 경우 우리는 사람에게서 모든 완벽을 기대하고 모든 철저함을 요구합니다. 이때 사람에게서 원하는 것을 얻지 못하면 우리는 잔인해지고 악감정을 품게 됩니다. 우리는 어리석게 그 사람이 줄 수 없는 것을 요구하는 것입니다. 인간 심층의 깊은 요구를 만족시킬 수 있는 분은 오직 '그분' 주 예수 그리스도 밖에 없으십니다. 주님께서 모든 인간관계에 관해 그토록 분명하게 엄격하신 이유는 주님을 향한 충성에 서 있지 못한 모든 인간관계는 결국 비극으로 끝날 것을 아시기 때문입니다. 주님은 아무도 신뢰하지 않으셨습니다. 그러나 누구를 의심하지도 않으셨고 결코 악감정으로 대하지도 않으셨습니다. 하나님에 대한 확신과 주의 은혜, 사람의 한계에 대한 확신이 너무나 완벽하셔서 주님은 누구에게도 절망을 느끼신 적이 없습니다. 만일 우리의 신뢰가 사람에게 있다면 우리는 모든 사람들에 대해 절망하게 될 것입니다.

Till you are entirely His

Let your endurance be a finished product, so that you may be finished and complete, with never a defect. James 1:4 (Moffatt).

Many of us are all right in the main, but there are some domains in which we are slovenly. It is not a question of sin, but of the remnants of the carnal life which are apt to make us slovenly. Slovenliness is an insult to the Holy Ghost. There should be nothing slovenly, whether it be in the way we eat and drink, or in the way we worship God.

Not only must our relationship to God be right, but the external expression of that relationship must be right. Ultimately God will let nothing escape, every detail is under His scrutiny. In numberless ways God will bring us back to the same point over and over again. He never tires of bringing us to the one point until we learn the lesson, because He is producing the finished product. It may be a question of impulse, and again and again, with the most persistent patience, God has brought us back to the one particular point; or it may be mental wool-gathering, or independent individuality. God is trying to impress upon us the one thing that is not entirely right.

We have been having a wonderful time this Session over the revelation of God's Redemption, our hearts are perfect towards Him; His wonderful work in us makes us know that in the main we are right with Him; now, says the Spirit, through St. James, "Let your endurance be a finished product." Watch the slipshod bits—"Oh, that will have to do for now." Whatever it is, God will point it out with persistence until we are entirely His.

온전하게 주의 것이 될 때까지

7월 31일

인내를 온전히 이루라 이는 너희로 온전하고 구비하여 조금도 부족함이 없게 하려 함이라 (약 1:4).

우리 대부분은 주요 부분에서는 모두 괜찮은 사람들입니다. 그러나 어떤 부분에서는 엉망입니다. 이는 죄의 문제는 아니지만 우리를 무질서하게 만드는 육에 속한 삶의 잔재들입니다. 무질서하게 행동하는 것은 성령을 향한 모독입니다. 먹든지 마시든지 하나님을 예배하는 방법에서든지 엉망으로 해서는 안 됩니다.

우리의 하나님을 향한 관계가 옳아야 할 뿐 아니라 그 관계의 외적 표현도 옳아야 합니다. 궁극적으로 하나님께서는 아무것도 놓치지 않고 모든 구체적인 것까지 다 훑어보실 것입니다. 하나님은 셀 수 없는 여러 방법으로 우리를 다시 같은 자리에 거듭 데려다 놓으실 것입니다. 주님은 우리가 그 자리에서 교훈을 배울 때까지 계속 우리를 그 자리에 데려다 놓으시는 것입니다. 그 이유는 주님께서는 완제품을 생산하시기 때문입니다. 우리의 충동적인 성격 때문에 문제가 될 수 있습니다. 그러면 하나님께서는 가장 일관적인 인내를 가지고 반복적으로 이 문제를 다루시며, 우리를 같은 특정한 문제의 자리로 계속 데려다 놓으십니다. 그 문제는 정신적 안일함일 수도 있고 자신만을 고려하는 이기적인 마음일 수도 있습니다. 어떤 문제이든 하나님은 우리에게 옳지 않은 이 한 가지를 계속 해결하도록 이끄십니다.

우리는 하나님의 구속의 계시에 대해 생각해볼 수 있는 놀라운 시간들을 가져왔습니다. 주님을 향한 우리의 마음은 완전합니다. 주께서 우리 안에서 이루신 놀라운 일은 우리의 주요 부분에서는 주님과 바른 관계가 되도록 하셨습니다. 이제 야고보 사도를 통해 성령께서 말씀하십니다. "너의 인내로 완제품이 되게 하라." 곁으로 빗나가는 것들을 주의하십시오. "오, 지금 당장 해야겠네요." 그것이 무엇이든, 하나님께서는 당신이 온전하게 주님의 것이 될 때까지 끝까지 그것을 지적하실 것입니다.

August 8

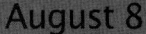

성령을 소멸하지 마십시오!

주님의 징계와 꾸지람을 듣게 될 때

Something more about his ways

Aug. 1st

When Jesus had made an end of commanding His disciples, He departed thence to teach and to preach in their cities. Matthew 11:1.

He comes where He commands us to leave. If when God said 'Go,' you stayed, because you were so concerned about your people at home, you robbed them of the teaching and preaching of Jesus Christ Himself. When you obeyed and left all consequences to God, the Lord went into your city to teach; as long as you would not obey, you were in the way. Watch where you begin to debate and to put what you call duty in competition with your Lord's commands. "I know God told me to go, but then my duty was here"; that means you do not believe that Jesus means what he says.

He teaches where He instructs us not to.

"Master, ⋯ let us make three tabernacles."

Are we playing the spiritual amateur providence in other lives? Are we so noisy in our instruction of others that God cannot get anywhere near them? We have to keep our mouths shut and our spirits alert. God wants to instruct us in regard to His Son, He wants to turn our times of prayer into mounts of transfiguration, and we will not let Him. When we are certain of the way God is going to work, He will never work in that way any more.

He works where He sends us to wait.

"Tarry ye ⋯ until ⋯ " Wait on God and He will work, but don't wait in spiritual sulks because you cannot see an inch in front of you! Are we detached enough from our own spiritual hysterics to wait on God? To wait is not to sit with folded hands, but to learn to do what we are told.

These are phases of His ways we rarely recognize.

주님의 인도하심에 대해

8월 1일

> 예수께서 열두 제자에게 명하기를 마치시고 이에 그들의 여러 동네에서 가르치시며 전도하시려고 거기를 떠나 가시니라 (마 11:1).

주님께서는 우리에게 떠나라고 하시는 곳으로 오십니다. 만일 하나님께서 가라고 하실 때 가족들을 너무 걱정해 머뭇거린다면 당신은 그들에게 예수님의 가르침이 임하지 못하게 하는 것입니다. 만일 하나님께 순종하고 모든 결과를 하나님께 맡긴 채 떠난다면, 주께서는 당신이 가는 그 도시에 가셔서 가르치실 것입니다. 그러나 불순종할 경우 당신은 주님의 길을 방해하는 것입니다. 당신이 어디서 논쟁하게 되는지 주시하십시오. 특히 나의 책임이라고 하면서 주님의 명령에 불순종하는 부분은 없는지 점검하십시오. "주님께서 가라고 하시는 말씀을 알지만 내 책임이 남아 있어서…." 이 말은 주님께서 말씀하시는 것을 믿지 않겠다는 의미입니다.

주님은 주께서 우리가 간섭하지 말라고 하신 곳에서 가르치십니다. "주여… 우리가 초막 셋을 짓되"눅 9:33. 영적 미숙아로서 다른 사람의 삶에 간섭하여 문제를 일으키는 것은 아닙니까? 그들의 삶에 너무나 많은 참견을 하여 하나님께서 그들 근처에도 못 가게 되는 것은 아닙니까? 우리는 우리의 입을 다물고 영이 깨어 있도록 해야 합니다. 하나님은 그분의 아들에 관해 우리에게 가르치기를 원하십니다. 그때 주님은 우리의 기도하는 시간을 변화산 상의 영광으로 바꾸십니다. 그러나 우리는 그분이 이 일을 하시도록 허락하지 않습니다. 우리가 하나님께서 이렇게 저렇게 일하실 것이라고 확신할 때 주님은 결코 그렇게 일하지 않으십니다.

주님은 주께서 우리에게 기다리라고 하신 그곳에서 일하십니다. "…때까지 이 성에 머물라"눅 24:49. 하나님을 기다리며 그분이 일하실 때까지 기다리십시오. 그러나 한치 앞이 보이지 않는다고 하여 영적으로 화난 상태에서 기다리지 마십시오. 우리는 주님을 기다릴 만큼 영적 긴장감에서 자유하고 있습니까? 기다림이란 가만히 손을 접고 앉아 있는 것이 아니라 하나님의 음성을 듣는 법을 배우는 것입니다. 이 기다림의 상태에서 우리는 보통 때 거의 구별할 수 없는 주님의 역사를 보게 됩니다.

The discipline of difficulty

In the world ye shall have tribulation: but be of good cheer; I have overcome the world. John 16:33.

Aug. 2nd

An average view of the Christian life is that it means deliverance from trouble. It is deliverance in trouble, which is very different. "He that dwelleth in the secret place of the Most High⋯ there shall no evil befall thee"—no plague can come nigh the place where you are at one with God.

If you are a child of God, there certainly will be troubles to meet, but Jesus says do not be surprised when they come. "In the world ye shall have tribulation: but be of good cheer; I have overcome the world, there is nothing for you to fear." Men who before they were saved would scorn to talk about troubles, often become 'fushionless' after being born again because they have a wrong idea of a saint.

God does not give us overcoming life: He gives us life as we overcome. The strain is the strength. If there is no strain, there is no strength. Are you asking God to give you life and liberty and joy? He cannot, unless you will accept the strain. Immediately you face the strain, you will get the strength. Overcome your own timidity and take the step, and God will give you to eat of the tree of life and you will get nourishment. If you spend yourself out physically, you become exhausted; but spend yourself spiritually, and you get more strength. God never gives strength for tomorrow, or for the next hour, but only for the strain of the minute. The temptation is to face difficulties from a commonsense standpoint. The saint is hilarious when he is crushed with difficulties because the thing is so ludicrously impossible to anyone but God.

환난의 훈련

8월 2일

이것을 너희에게 이르는 것은 너희로 내 안에서 평안을 누리게 하려 함이라 세상에서는 너희가 환난을 당하나 담대하라 내가 세상을 이기었노라 (요 16:33).

그리스도인의 삶에 관한 일반적인 관점은 문제로부터의 구원을 의미합니다. 그러나 그리스도인의 삶은 문제 '안에서의' 구원이라는 점을 이해해야 합니다. 이 개념은 일반적 개념과 아주 다릅니다. "지존자를 너의 거처로 삼았으므로 화가 네게 미치지 못하며 재앙이 네 장막에 가까이 오지 못하리니"시 91:9-10. 당신이 하나님과 하나가 되는 곳에는 어떠한 재난도 접근할 수 없습니다.

당신이 하나님의 자녀라면 분명히 어려움을 당하게 될 것입니다. 그러나 예수님께서는 어려움이 올 때 놀라지 말라고 말씀하십니다. "세상에서는 너희가 환난을 당하나 담대하라 내가 세상을 이기었노라"요 16:33. "너희는 마음에 근심하지도 말고 두려워하지도 말라"요 14:27. 구원받기 전에는 역경에 대해 말하는 것을 비웃던 사람들이 구원받은 이후에도 '성도의 삶'에 대한 잘못된 개념 때문에 불평하거나 걱정합니다.

하나님은 우리에게 정복하는 생명을 주신 것이 아니라 우리가 난관을 극복할 때 생명을 주십니다. 곧 긴장이 힘인 것입니다. 만일 긴장이 없다면 힘이 생길 수 없습니다. 당신은 하나님께서 당신에게 생명과 자유와 기쁨을 주시기를 구합니까? 그러나 당신이 고난을 받으려고 하지 않으면 주님은 그러한 것들을 주실 수 없습니다. 그 긴장을 맞이하는 순간에 당신은 힘을 얻게 될 것입니다.

당신의 겁내는 마음을 극복하고 발을 떼십시오. 그때 하나님께서는 당신에게 생명나무를 먹게 하실 것이며 당신은 힘을 얻게 될 것입니다. 신체적으로는 당신이 자신을 소모할수록 지치게 됩니다. 그러나 영적으로는 당신이 자신을 소모할수록 더욱 힘을 얻게 됩니다. 하나님은 결코 내일 또는 다음 시간을 위해 힘을 주지 않으십니다. 단지 그 순간의 긴장을 위해 힘을 주실 뿐입니다. 유혹은 문제를 대할 때 상식으로 대하려 하는 것입니다. 성도는 어려움을 당할 때 큰 기쁨이 넘칩니다. 그 이유는 모든 사람들에게 불가능한 상황이 하나님께는 전혀 문제가 될 수 없기 때문입니다.

The big compelling of God

Aug. 3rd

Behold, we go up to Jerusalem. Luke 18:31.

Jerusalem stands in the life of Our Lord as the place where He reached the climax of His Father's will. "I seek not Mine own will, but the will of the Father which hath sent Me." That was the one dominating interest all through Our Lord's life, and the things He met with on the way, joy or sorrow, success or failure, never deterred Him from His purpose. "He steadfastly set His face to go to Jerusalem."

The great thing to remember is that we go up to Jerusalem to fulfil God's purpose, not our own. Naturally, our ambitions are our own; in the Christian life we have no aim of our own. There is so much said today about our decisions for Christ, our determination to be Christians, our decisions for this and that, but in the New Testament it is the aspect of God's compelling that is brought out. "Ye have not chosen Me, but I have chosen you."

We are not taken up into conscious agreement with God's purpose, we are taken up into God's purpose without any consciousness at all. We have no conception of what God is aiming at, and as we go on it gets more and more vague. God's aim looks like missing the mark because we are too short-sighted to see what He is aiming at. At the beginning of the Christian life we have our own ideas as to what God's purpose is—"I am meant to go here or there"; "God has called me to do this special work"; and we go and do the thing, and still the big compelling of God remains. The work we do is of no account, it is so much scaffolding compared with the big coming of God. "He took unto Him the twelve," He takes us all the time. There is more than we have got at as yet.

강권하시는 하나님

보라 우리가 예루살렘으로 올라가노니 (눅 18:31).

8월
3일

예수 그리스도의 인생에서 예루살렘은 그분이 하나님 아버지의 뜻을 이루시는 정상의 자리였습니다. "나는 나의 뜻대로 하려 하지 않고 나를 보내신 이의 뜻대로 하려 하므로"요 5:30. 이것이 주님의 전 생애를 이끌어 간 가장 중요한 관심이었습니다. 그가 그 길 위에서 어떤 것을 만나든, 기쁨이든 슬픔이든, 성공이든 실패든 그 어떤 것도 그분이 이루시려는 목적을 막지 못했습니다. "예수께서 … 예루살렘을 향하여 올라가기로 굳게 결심하시고"눅 9:51.

우리가 '예루살렘'에 올라가는 것은 자신의 뜻이 아닌 하나님의 뜻을 이루기 위한 것임을 명심해야 합니다. 자연적으로, 우리의 야망은 우리의 것입니다. 그러나 그리스도인의 삶에서 우리의 야망이란 있을 수 없습니다. 최근에 그리스도를 위한 결단, 그리스도인이 되겠다는 결심, 이것저것을 하겠다는 결정들이 많이 유행합니다. 그러나 신약 성경에서는 우리의 결심보다 하나님의 강권하시는 면을 강조합니다. "너희가 나를 택한 것이 아니요 내가 너희를 택하여 세웠나니"요 15:16. 우리가 의식적으로 하나님의 목적에 붙들리는 것이 아니라, 아무런 의식 없이 하나님의 목적에 사로잡히는 것입니다.

우리는 하나님께서 무엇을 목표로 하시는지 전혀 개념이 없으며 앞으로 갈수록 더욱 애매해집니다. 우리는 너무 근시안적이라서 하나님의 목적이 원래의 목표에서 벗어나는 것처럼 느껴집니다. 그리스도인의 삶의 처음 부분에서는 하나님의 목표가 어떠할 것이라는 자신의 생각이 있습니다. "나는 이곳저곳에 가도록 되었지. 하나님은 나로 이 특별한 일로 부르신 거야." 그리고 우리는 그곳으로 가고 그 일을 하게 됩니다. 그러나 하나님의 커다란 강권하심이 그대로 남아 있는 경우가 대부분입니다. 우리가 하는 일은 중요하지 않습니다. 하나님의 강권과 비교하면 바닥 밖에 되지 않습니다. "예수께서 열두 제자를 데리시고"눅 18:31. 주님이 우리를 항상 데리고 다니십니다. 우리가 도착한 것보다 아직 갈 길이 훨씬 많이 남아 있습니다.

The brave comradeship of God

Then He took unto Him the twelve. Luke 18:31.

The bravery of God in trusting us! You say—"But He has been unwise to choose me, because there is nothing in me; I am not of any value." That is why He chose you. As long as you think there is something in you, God cannot choose you because you have ends of your own to serve; but if you have let Him bring you to the end of your self-sufficiency, then He can choose you to go with Him to Jerusalem, and that will mean the fulfilment of purposes which He does not discuss with you.

We are apt to say that because a man has natural ability, therefore he will make a good Christian. It is not a question of our equipment but of our poverty; not of what we bring with us, but of what God puts into us; not a question of natural virtues, of strength of character, knowledge, and experience—all that is of no avail in this matter. The only thing that avails is that we are taken up into the big compelling of God and made His comrades (cf. 1 Cor. 1:26-30). The comradeship of God is made up out of men who know their poverty. He can do nothing with the man who thinks that he is of use to God. As Christians we are not out for our own cause at all, we are out for the cause of God, which can never be our cause. We do not know what God is after, but we have to maintain our relationship with Him whatever happens. We must never allow anything to injure our relationship with God; if it does get injured, we must take time and get it put right. The main thing about Christianity is not the work we do, but the relationship we maintain and the atmosphere produced by that relationship. That is all God asks us to look after, and it is the one thing that is being continually assailed.

하나님의 용감한 동료

예수께서 열두 제자를 데리시고 (눅 18:31).

8월
4일

하나님은 부족한 우리를 과감하게 믿어주셨습니다! 당신은 말할 것입니다. "그러나 그분이 나를 선택하신 것은 지혜롭지 않습니다. 왜냐하면 내 안에는 아무것도 없기 때문입니다. 나는 아무 가치가 없습니다." 그러나 바로 그러하기 때문에 주께서 당신을 선택하신 것입니다. 당신 안에 뭔가 있다고 생각하는 한, 그분은 당신이 자신의 유익을 위해 섬길 것을 알기에 당신을 선택할 수 없으십니다. 그러나 당신이 주님으로 하여금 자신에 대해 더 이상 바랄 것이 없도록 하면, 그때 주님은 당신을 택하셔서 함께 예루살렘으로 가게 하십니다. 그리고 이 뜻은 하나님께서 당신과는 상의하지 않고 주의 뜻을 이루시는 것을 의미합니다.

우리는 보통 누군가에게 재능이 많기 때문에 좋은 그리스도인이 될 것이라고 말합니다. 그러나 실제로 초점은 우리의 재능이 아니라 가난한 마음이며, '우리가 무엇을 가지고 있는가'가 아니라 '하나님이 우리 안에 무엇을 넣으셨는가'입니다. 곧 우리의 자연적 성품의 능력 및 지식, 경험이 아닙니다. 이러한 모든 것은 사실 하나님께는 아무 쓸모가 없는 것입니다. 정말 쓰임받기 위해 갖추어야 할 유일한 것은 하나님의 위대한 강권하심에 사로잡혀서 주님의 동료가 되는 것입니다.고전 1:26-31. 하나님의 동료는 오직 자신의 가난함을 깨닫는 사람만 가능합니다. 주님은 하나님께 여전히 유용하다고 생각하는 자들을 향해 아무것도 할 수 없으십니다. 우리가 그리스도인이 된 것은 자신이 아니라 하나님을 위해서입니다. 우리는 하나님께서 무엇을 추구하시는지 다 알지 못하지만 어떤 상황에서도 주님과 인격적인 관계를 유지해야 합니다. 우리는 그 어떤 것이라도 하나님과의 관계를 파괴하는 것을 허용해서는 안 됩니다. 만일 이 관계가 손상되었으면 우리는 시간을 가지고 이 관계부터 바로 세워야 합니다. 기독교의 중심은 우리가 하는 '일'이 아니라 우리가 유지해야 하는 '하나님과의 관계'입니다. 그 관계에 의해 모든 주변 상황이 바뀝니다. 이것이 바로 하나님께서 우리에게 원하시는 전부입니다. 우리가 계속적으로 공격을 받아 손상되기 쉬운 것도 바로 하나님과의 관계입니다.

The baffling call of God

Aug. 5th

And all things that are written by the prophets concerning the Son of man shall be accomplished ⋯. And they understood none of these things. Luke 18:31, 34.

God called Jesus Christ to what seemed unmitigated disaster. Jesus Christ called His disciples to see Him put to death; He led every one of them to the place where their hearts were broken. Jesus Christ's life was an absolute failure from every standpoint but God's. But what seemed failure from man's standpoint was a tremendous triumph from God's, because God's purpose is never man's purpose.

There comes the baffling call of God in our lives also. The call of God can never be stated explicitly; it is implicit. The call of God is like the call of the sea, no one hears it but the one who has the nature of the sea in him. It cannot be stated definitely what the call of God is to, because His call is to be in comradeship with Himself for His own purpose, and the test is to believe that God knows what He is after. The things that happen do not happen by chance, they happen entirely in the decree of God. God is working out His purposes.

If we are in communion with God and recognize that He is taking us into His purposes, we shall no longer try to find out what His purposes are. As we go on in the Christian life it gets simpler, because we are less inclined to say—"Now why did God allow this and that?" Behind the whole thing lies the compelling of God. "There's a divinity that shapes our ends." A Christian is one who trusts the wits and the wisdom of God, and not his own wits. If we have a purpose of our own, it destroys the simplicity and the leisureliness which ought to characterize the children of God.

당황케 하는 하나님의 부르심

선지자들을 통하여 기록된 모든 것이 인자에게 응하리라 … 제자들이 이것을 하나도 깨닫지 못했으니 그 말씀이 감취었으므로 그들이 그 이르신 바를 알지 못했더라 (눅 18:31,34).

8월
5일

하나님께서는 조금도 에누리 없이 아주 비참한 재난을 당하도록 예수 그리스도를 부르셨습니다. 예수 그리스도는 그분의 제자들을 부르셔서 자신이 죽음을 당하시는 것을 보게 하셨습니다. 주님은 우리 각자를 부르실 때 우리의 마음이 상하는 곳으로 인도하십니다. 예수 그리스도의 생애는 하나님의 관점이 아닌 세상적 관점에서 볼 때 완전한 실패입니다. 그러나 인간의 관점에서 볼 때 실패로 보이는 것도 하나님의 관점에서는 가장 놀라운 승리입니다. 그 이유는 하나님의 목적은 결코 사람의 목적과 같지 않기 때문입니다.

우리 인생 속에서도 우리를 당황케 하는 하나님의 부르심이 있습니다. 하나님의 부르심을 정확하게 말하기는 쉽지 않습니다. 언제나 드러나지 않게 나타나는 하나님의 부르심은 마치 바다의 부름과 같습니다. 아무도 듣지 못하지만 자신 안에 바다의 성품을 가진 자는 들을 수 있습니다. 하나님의 부르심이 무엇인지 분명하게 말할 수 없습니다. 그 이유는 주님의 부르심은 주님의 목적을 위해 그분 자신과 동료가 되도록 부르시기 때문입니다. 그리고 우리에게 이 동료로서의 자격 시험은 하나님께서 무엇을 하고 계시는지 하나님이 알고 계신다는 믿음입니다. 이 세상에는 우연히 발생하는 것이 없습니다. 모든 일들이 완전한 하나님의 경륜 가운데서 일어납니다. 하나님은 주의 경륜 가운데 사신의 목적을 이루고 계십니다.

만일 우리가 하나님과 교통하면서 주께서 우리를 주님의 목적으로 인도하고 계신다는 것을 인식한다면, 우리는 그분의 목적이 무엇인지 더 이상 알아보려고 하지 않을 것입니다. 그리스도인의 삶을 계속해서 살아갈수록 이는 더욱 단순하게 됩니다. 그 이유는 점점 더 "왜 하나님께서 이러저러한 일들을 허락하셨을까?"라고 묻지 않기 때문입니다. 모든 사건 뒤에는 하나님의 강권하심이 있습니다. "우리의 목적을 빚어가는 분은 하나님이십니다." 그리스도인은 자신의 재주가 아닌 하나님의 능력과 지혜를 온전히 믿는 자들입니다. 만일 우리가 자신의 목적을 가지고 있다면, 이는 하나님의 자녀들의 특징인 단순함과 여유로움을 파괴할 것입니다.

The cross in prayer

Aug. 6th

At that day ye shall ask in My name. John 16:26.

We are too much given to thinking of the Cross as something we have to get through; we get through it only in order to get into it. The Cross stands for one thing only for us—a complete and entire and absolute identification with the Lord Jesus Christ, and there is nothing in which this identification is realized more than in prayer.

"Your Father knoweth what things ye have need of, before ye ask Him." Then why ask? The idea of prayer is not in order to get answers from God; prayer is perfect and complete oneness with God. If we pray because we want answers, we will get huffed with God. The answers come every time, but not always in the way we expect, and our spiritual huff shows a refusal to identify ourselves with Our Lord in prayer. We are not here to prove God answers prayer; we are here to be living monuments of God's grace.

"I say not that I will pray the Father for you: for the Father Himself loveth you." Have you reached such an intimacy with God that the Lord Jesus Christ's life of prayer is the only explanation of your life of prayer? Has Our Lord's vicarious life become your vital life? 'At that day' you will be so identified with Jesus that there will be no distinction.

When prayer seems to be unanswered, beware of trying to fix the blame on someone else. That is always a snare of Satan. You will find there is a reason which is a deep instruction to you, not to anyone else.

기도하는 이유

그날에 너희가 내 이름으로 구할 것이요 (요 16:26).

8월 6일

우리는 십자가를 생각할 때 우리가 통과해야 할 어떤 것으로 생각하는 경우가 많습니다. 우리는 뭔가를 얻기 위해 십자가를 지난다고 생각합니다. 그러나 십자가는 단 한 가지를 위한 것입니다. 그것은 우리로 온전히, 그리고 완벽하게 절대적으로 주 예수 그리스도와 하나가 되게 하는 것입니다. 이러한 하나됨은 그 어떤 것보다 기도를 통해 실현될 수 있습니다.

"구하기 전에 너희에게 있어야 할 것을 하나님 너희 아버지께서 아시느니라"마 6:8. 그렇다면 왜 구합니까? 기도의 개념은 하나님께로부터 어떠한 응답을 얻기 위함이 아닙니다. 기도는 하나님과 온전하게 하나가 되는 것입니다. 만일 우리가 응답을 원하여 기도한다면, 우리는 하나님과의 관계에서 허탈감을 느낄 수 있습니다. 응답은 언제나 옵니다. 그러나 항상 우리가 원하는 대로 오는 것이 아닙니다. 우리의 영적 허탈감은 우리가 기도를 통해 주님과 하나가 되는 것을 거절했다는 사실을 보여줄 뿐입니다. 우리는 하나님이 우리의 기도에 응답하신다는 사실을 증명하기 위해 존재하는 것이 아니라, 하나님의 은혜의 살아 있는 증거품으로 이 땅에 존재합니다.

"그날에 … 내가 너희를 위하여 아버지께 구하겠다 하는 말이 아니니 … 아버지께서 친히 너희를 사랑하심이라"요 16:26-27. 당신은 주 예수 그리스도의 기도로 인해 당신이 기도할 수 있다는 사실을 깨달을 만큼 하나님과 친밀합니까? 주님의 대속의 삶이 당신의 생동력 있는 삶이 되고 있습니까? '그날에' 당신은 예수님과 너무나 일치가 되어 주님과 당신 사이에 구별이 없을 것입니다.

기도가 응답되지 않는 것 같을 때, 다른 사람에게 구실을 찾아 비난하려는 자세를 주의하십시오. 이것이 언제나 사탄의 올무입니다. 응답되지 않는 기도를 통해 언제나 다른 사람이 아닌 바로 당신에게 깊은 교훈을 주시려는 하나님의 뜻이 있음을 발견하게 될 것입니다.

Prayer in the Father's house

Aug. 7th

Wist ye not that I must be in My Father's house? Luke 2:49 (R.V.).

Our Lord's childhood was not immature manhood: our Lord's childhood is an eternal fact. Am I a holy innocent child of God by identification with my Lord and Saviour? Do I look upon life as being in my Father's house? Is the Son of God living in His Father's house in me?

The abiding Reality is God, and His order comes through the moments. Am I always in contact with Reality, or do I only pray when things have gone wrong, when there is a disturbance in the moments of my life? I have to learn to identify myself with my Lord in holy communion in ways some of us have not begun to learn as yet. "I must be about My Father's business,"—live the moments in My Father's house.

Narrow it down to your individual circumstances—are you so identified with the Lord's life that you are simply a child of God, continually talking to Him and realizing that all things come from His hands? Is the Eternal Child in you living in the Father's house? Are the graces of His ministering life working out through you in your home, in your business, in your domestic circle? Have you been wondering why you are going through the things you are? It is not that you have to go through them, it is because of the relation into which the Son of God has come in His Father's providence in your particular sainthood. Let Him have His way, keep in perfect union with Him.

The vicarious life of your Lord is to become your vital simple life; the way He worked and lived among men must be the way He lives in you.

내 안에 계신 주님

내가 내 아버지 집에 있어야 될 줄을 알지 못하셨나이까 (눅 2:49).

8월 7일

　주님의 유년 시절은 미성숙한 남성의 모습이 아니었습니다. 주님의 유년기는 하나님 아버지 앞에서 영원한 사실입니다. 나는 거룩하고 흠 없는 하나님의 자녀로서 나의 주님이시며 구세주이신 예수님과 하나가 되어 있습니까? 나는 나의 삶이 아버지의 집에 있어야 하는 줄로 생각합니까? 내 안에 있는 아버지의 성전에 주님이 살아 계십니까?

　내 안에 거하시는 실체는 하나님이시며 주의 명령은 순간마다 옵니다. 나는 언제나 실체 되시는 주님과 연합된 가운데 있습니까? 아니면 뭔가 잘못될 때만 기도하며 나의 삶 속에 방해가 있을 때만 기도합니까? 여러 다른 사람들이 아직 터득하지 못했을지라도 나는 주님과 거룩한 교제 가운데 일치하는 법을 배워야만 합니다. "나는 나의 아버지의 일에 모든 마음이 가 있습니다." 아버지의 집에서 순간순간을 살아야 합니다.

　이제 이 모든 깨달음을 당신 개인의 상황에 적용해 보십시오. 당신은 주님의 생명과 온전하게 일치되었기에 진정한 하나님의 자녀로서의 모습이 나타납니까? 진정한 하나님의 자녀라면 하나님의 자녀답게 계속 주님과 말씀을 나눌 것이며 모든 것이 주의 손으로부터 왔음을 깨달을 것입니다. 영원한 아들이신 주님께서 당신 안에 있는 아버지의 집에 거하고 계십니까? 주님의 사역을 통한 은혜가 당신을 통해 가정과 사업과 친구들에게 흐르고 있습니까? 당신이 지금 경험하는 일들을 왜 당하는지 의아해 본 적이 있습니까? 이는 당신을 거룩하게 하시려는 하나님 아버지의 섭리 가운데 하나님이 당신으로 하여금 주님과 깊은 관계를 맺게 하시려고 허락하신 일입니다. 따라서 발생되는 모든 일들을 주님의 섭리 가운데 의탁하고, 주님과 온전한 하나됨을 유지해야 합니다.

　주님께서 당신 안에서 당신 대신 살아가실 때 당신의 삶은 생동력 있는 단순한 삶이 됩니다. 주님께서 이 땅에 계실 때 사람들 사이에서 역사하고 살아가셨던 모습이, 주께서 당신 안에서 살아가실 때 당신을 통해서도 나타날 것입니다.

Prayer in the Father's honour

That holy thing which shall be born of thee shall be called the Son of God. Luke 1:35.

If the Son of God is born into my mortal flesh, is His holy innocence and simplicity and oneness with the Father getting a chance to manifest itself in me? What was true of the Virgin Mary in the historic introduction of God's Son into this earth is true in every saint. The Son of God is born into me by the direct act of God; then I as a child of God have to exercise the right of a child, the right of being always face to face with my Father. Am I continually saying with amazement to my commonsense life—"Why do you want to turn me off here? Don't you know that I must be about my Father's business?" Whatever the circumstances may be, that Holy, Innocent, Eternal Child must be in contact with His Father.

Am I simple enough to identify myself with my Lord in this way? Is He getting His wonderful way in me? Is God realizing that His Son is formed in me, or have I carefully put Him on one side? Oh the clamour of these days! Everyone is clamouring—for what? For the Son of God to be put to death. There is no room here for the Son of God just now, no room for quiet holy communion with the Father.

Is the Son of God praying in me or am I dictating to Him? Is He ministering in me as He did in the days of His flesh? Is the Son of God in me going through His passion for His own purposes? The more one knows of the inner life of God's ripest saints, the more one sees what God's purpose is—"filling up that which is behind of the afflictions of Christ." There is always something to be done in the sense of "filling up."

내 안에 계신 하나님의 아들

이러므로 나실바 거룩한 이는 하나님의 아들이라 일컬어지리라 (눅 1:35).

8월 8일

만일 하나님의 아들이 나의 이 썩어질 몸 안에서 태어난다면, 주님의 거룩하신 순전하심과 단순하심과 하나님과 하나됨이 내 안에 드러날 수 있는 기회가 되겠습니까? 역사적으로 하나님의 아들을 이 세상에 보내실 때 처녀 마리아에게 실제 가능한 일이었다면 모든 성도들에게도 가능한 일입니다. 하나님의 아들은 하나님의 직접적인 역사에 의해 내 안에 태어나십니다. 그러면 나는 하나님의 자녀로서 자녀의 권세를 행사하게 되고 아버지를 언제나 얼굴과 얼굴로 대할 수 있는 권한이 생깁니다. 그렇다면 나는 계속적으로 의아한 마음으로 나의 상식의 삶에 대해 이렇게 말해야 합니다. "왜 여기서 내가 좌절해야 하지? 내가 아버지의 일로 마음이 사로잡혀야 한다는 사실을 깨닫자!" 상황과 상관없이 그 거룩하고 순결하신 영원한 아들께서는 아버지와 연결되어야 합니다.

나 자신도 주님과 하나가 될 수 있을 만큼 단순합니까? 주님께서 내 안에서 주의 놀라우신 일들을 마음대로 하시도록 마음을 비웠습니까? 하나님께서 보실 수 있을 만큼 내 안에서 주님의 형상이 빚어지고 있습니까? 아니면 조심스럽게 주님을 한쪽으로 밀쳐내고 있습니까? 오, 최근의 그 모든 난리들! 모든 사람이 난리입니다. 그런데 무엇을 위해 난리입니까? 하나님의 아들을 십자가에 죽이기 위해 난리입니다. 지금 하나님의 아들이 계실 곳은 없습니다. 하나님 아버지와 조용하고 거룩한 교제를 나눌 공간과 시간이 없는 것입니다.

내 안에 계신 하나님의 아들께서 기도하십니까? 아니면 내가 그분께 지휘하고 있습니까? 주께서 이 땅에서 사역하셨던 것처럼 지금 내 안에서 역사하고 계십니까? 내 안에 계신 하나님의 아들께서 그분 자신의 목적을 이루기 위해 십자가의 고난을 지나십니까? 가장 성숙한 성도들의 내면 세계를 알수록 무엇이 하나님의 목적인지 더 잘 보게 됩니다. 그 목적은 "그리스도의 남은 고난을 그의 몸 된 교회를 위해 내 육체에 채우는" 것입니다. "채운다"는 뜻은 언제나 무엇인가 해야 할 일이 있다는 뜻입니다.

Prayer in the Father's hearing

Father, I thank Thee that thou hast heard Me. John 11:41.

When the Son of God prays, He has only one consciousness, and that consciousness is of His Father. God always hears the prayers of His Son, and if the Son of God is formed in me the Father will always hear my prayers. I have to see that the Son of God is manifested in my mortal flesh. "Your body is the temple of the Holy Ghost," the 'Bethlehem' of the Son of God. Is the Son of God getting His chance in me? Is the direct simplicity of the life of God's Son being worked out exactly as it was worked out in His historic life? When I come in contact with the occurrences of life as an ordinary human being, is the prayer of God's Eternal Son to His Father being prayed in me? "In that day ye shall ask in My name ⋯." What day? The day when the Holy Ghost has come to me and made me effectually one with my Lord.

Is the Lord Jesus Christ being abundantly satisfied in your life or have you got a spiritual 'strut' on? Never let common sense obtrude and push the Son of God on one side. Common sense is a gift which God gave to human nature; but common sense is not the gift of His Son. Supernatural sense is the gift of His Son; never enthrone common sense. The Son detects the Father; common sense never yet detected the Father and never will. Our ordinary wits never worship God unless they are transfigured by the indwelling Son of God. We have to see that this mortal flesh is kept in perfect subjection to Him and that He works through it moment by moment. Are we living in such human dependence upon Jesus Christ that His life is being "manifested in our mortal flesh"?

아버지께서 들으시는 기도

아버지여 내 말을 들으신 것을 감사하나이다 (요 11:41).

8월 9일

하나님의 아들이 기도하실 때에는 오직 한 가지만 의식하셨는데, 그것은 하나님 아버지셨습니다. 하나님께서는 언제나 아들의 기도를 들으십니다. 따라서 하나님의 아들이 내 속에 계시다면 아버지는 언제나 나의 기도를 들으실 것입니다. 그러므로 나는 하나님의 아들이 나의 유한한 몸에 나타나는지를 살펴봐야 합니다. "너희 몸은 … 성령의 전인 줄을 알지 못하느냐"고전 6:19. 우리의 몸은 하나님 아들의 베들레헴입니다. 하나님의 아들이 내 안에서 자신을 드러내실 기회를 얻고 있습니까? 역사 속에서 나타나셨던 하나님의 아들의 그 분명하고 진실한 삶이 현재 나를 통해서도 나타나고 있습니까? 내게 발생하는 평범한 생활 속에서 내 안에 계신 하나님의 영원한 아들이 평범한 나를 통해 하나님 아버지께 기도를 드리도록 합니까? "그날에 너희가 내 이름으로 구할 것이요"요 16:26. 그날은 언제입니까? 바로 성령이 내게 오셔서 나를 실제로 주님과 하나 되도록 하는 날입니다.

주 예수 그리스도께서 당신의 삶을 통해 참으로 만족하신다고 느낍니까? 아니면 당신은 영적 침체 가운데 있습니까? 상식을 앞세워 하나님의 아들을 곁으로 밀어내서는 안 됩니다. 상식은 하나님께서 인간에게 주신 선물이지만 그분의 아들이 주신 선물은 아닙니다. 그분이 아들이 주신 선물은 초자연적인 감각입니다. 따라서 결코 상식을 왕좌에 앉혀서는 안 됩니다. 아들은 아버지를 알아보지만 상식은 아버지를 결코 알지 못하며 알 수도 없을 것입니다. 우리의 일반적인 지혜는 하나님의 아들에 의해 변화되지 않는 한, 결코 하나님을 예배하지 않습니다. 우리는 이 유한한 몸이 주님께 완전히 굴복하는지, 주님께서 이 몸을 통해 매 순간마다 역사하시는지 살펴야 합니다. 주님의 생명이 매 순간마다 드러날 수 있도록 예수 그리스도께 의존하는 삶을 살고 있습니까?

The sacrament of the saint

Aug. 10th

Let them that suffer according to the will of God, commit the keeping of their souls to Him in well-doing. 1 Peter 4:19.

To choose to suffer means that there is something wrong; to choose God's will even if it means suffering is a very different thing. No healthy saint ever chooses suffering; he chooses God's will, as Jesus did, whether it means suffering or not. No saint dare interfere with the discipline of suffering in another saint.

The saint who satisfies the heart of Jesus will make other saints strong and mature for God. The people who do us good are never those who sympathize with us, they always hinder, because sympathy enervates. No one understands a saint but the saint who is nearest to the Saviour. If we accept the sympathy of a saint, the reflex feeling is—'Well, God is dealing hardly with me.' That is why Jesus said self-pity was of the devil (see Matt. 16:23). Be merciful to God's reputation. It is easy to blacken God's character because God never answers back, He never vindicates Himself. Beware of the thought that Jesus needed sympathy in His earthly life; He refused sympathy from man because He knew far too wisely that no one on earth understood what He was after. He took sympathy from His Father only, and from the angels in heaven. (cf. Luke 15:10.)

Notice God's unutterable waste of saints. According to the judgment of the world, God plants His saints in the most useless places. We say—'God intends me to be here because I am so useful.' Jesus never estimated His life along the line of the greatest use. God puts His saints where they will glorify Him, and we are no judges at all of where that is.

하나님이 어디에 두시든

8월 10일

그러므로 하나님의 뜻대로 고난을 받는 자들은 또한 선을 행하는 가운데에 그 영혼을 미쁘신 조물주께 의탁할지어다 (벧전 4:19).

고난을 선택한다는 것은 뭔가 잘못되는 것입니다. 그러나 비록 고난을 의미하더라도 하나님의 뜻으로 알고 선택한다면 이때는 매우 다른 의미입니다. 건강한 성도라도 고난을 택하는 것은 아닙니다. 그러나 예수님처럼 어떤 선택이 하나님의 뜻이라면 그것이 고난이든 아니든 그 길을 선택합니다. 다른 성도가 고난의 훈련을 받을 때 참견해서는 안 됩니다.

예수님의 마음을 만족시키는 성도는 다른 성도로 하여금 하나님을 향해 힘있게 자라나게 하고 성숙하도록 돕는 자입니다. 우리에게 선을 행하는 자들은 우리를 동정하는 자들이 아닙니다. 오히려 그들의 동정은 우리 믿음의 성장을 방해합니다. 오직 주님께 가장 가까운 성도들 외에는 다른 성도들을 연단하시는 주님의 손길을 이해할 수 없습니다. 만일 우리가 다른 성도들의 동정을 받아들인다면 그로 인해 드는 생각은 '이런, 하나님께서 나를 거칠게 다루시는구나'라는 것입니다. 바로 이러한 이유로 예수님께서는 자기연민이 얼마나 악한 것인지를 말씀하셨던 것입니다 마 16:23. 하나님의 역사에 대해 언제나 마음을 넓히십시오. 우리는 주님이 자신을 신원하지 않으실 뿐더러 답변하지 않으신다고 해서 하나님의 성품을 오해하기 쉽습니다. 예수님께서 그분의 공생애 중 사람들의 동정을 필요로 하신 적이 없다는 점을 기억하십시오. 주님은 사람으로부터의 동정을 거부하셨습니다. 그 이유는 주께서는 이 세상의 그 누구도 주님이 무엇을 추구하는지 이해할 수 있는 사람들이 없다는 것을 아셨기 때문입니다. 주님은 오직 하나님 아버지께로부터 긍휼과 자비를 구하셨습니다. 그리고 하늘의 천사로부터 도움을 얻을 뿐이었습니다 눅 15:10.

세상 기준으로 볼 때 하나님께서는 그분의 성도들을 말로 표현할 수 없을 정도로 낭비하는 것처럼 보인다는 것을 주지하십시오. 하나님께서는 가장 쓸모없는 곳에 성도들을 두십니다. 우리는 말합니다. '이곳에서 내가 너무나 필요하기에 주께서 나를 여기에 두셨구나.' 그러나 예수님께서는 결코 자신의 삶을 얼마나 쓸모 있었는가로 평가하지 않으셨습니다. 주의 백성들이 주님을 영화롭게 하는 곳에 성도들을 두실 뿐입니다. 우리는 그곳이 어디든지 맞다 그르다 판단할 수 없습니다.

This experience must come

Aug. 11th

And he saw him no more. 2 Kings 2:12.

It is not wrong to depend upon Elijah as long as God gives him to you, but remember the time will come when he will have to go; when he stands no more to you as your guide and leader, because God does not intend he should. You say—"I cannot go on without Elijah." God says you must.

Alone at your Jordan. (v. 14.) Jordan is the type of separation where there is no fellowship with anyone else, and where no one can take the responsibility for you. You have to put to the test now what you learned when you were with your Elijah. You have been to Jordan over and over again with Elijah, but now you are up against it alone. It is no use saying you cannot go; this experience has come, and you must go. If you want to know whether God is the God you have faith to believe Him to be, then go through your Jordan alone.

Alone at your Jericho. (v. 15.) Jericho is the place where you have seen your Elijah do great things. When you come to your Jericho you have a strong disinclination to take the initiative and trust in God, you want someone else to take it for you. If you remain true to what you learned with Elijah, you will get the sign that God is with you.

Alone at your Bethel. (v. 23.) At your Bethel you will find yourself at your wits' end and at the beginning of God's wisdom. When you get to your wits' end and feel inclined to succumb to panic, don't; stand true to God and He will bring His truth out in a way that will make your life a sacrament. Put into practice what you learned with your Elijah, use his cloak and pray. Determine to trust in God and do not look for Elijah any more.

홀로 서 있을 때

다시 보이지 아니하는지라 (왕하 2:12).

8월 11일

하나님께서 당신에게 엘리야 선지자와 같은 믿음의 사람을 보내주셨다면, 그를 의지하는 것은 당연합니다. 그러나 당신의 '엘리야'가 떠나야만 하는 때가 온다는 것을 기억해야 합니다. 이제 하나님께서 의도하지 않으시기 때문에 '엘리야'가 더 이상 당신의 인도자와 지도자가 될 수 없을 때 당신은 말합니다. "나는 '엘리야' 없이는 갈 수가 없어요." 그러나 하나님께서는 당신이 가야 한다고 말씀하십니다.

요단에서 홀로 서 있음14절 : 요단은 아무도 당신과 사귀는 사람이 없고 당신 대신에 책임을 질 사람도 없는 고독한 장소를 의미합니다. 이제 당신은 당신이 엘리야와 있었을 때 배운 것을 시험받아야 합니다. 당신은 엘리야와 함께 여러 번 요단을 지나다녔습니다. 그러나 지금 당신은 홀로 요단을 건너야 합니다. 당신이 건널 수 없다고 말하는 것은 아무 소용이 없습니다. 이 시험은 다가왔으며 당신은 건너야만 합니다. 만일 당신이 믿었던 그 하나님이 정말로 당신의 하나님인지 알기 원한다면 홀로 당신의 요단강을 건너십시오.

여리고에서 홀로 서 있음15절 : 여리고는 당신이 당신의 엘리야가 위대한 일을 행했던 것을 목격했던 장소입니다. 그래서 당신의 여리고에 오면 당신은 하나님을 신뢰하면서 앞서나갈 강한 의향이 없습니다. 당신은 다른 사람이 당신 대신에 그 일을 책임지기를 원하게 됩니다. 그러나 만일 당신이 엘리야에게 배운 것에 충성한다면 하나님께서 당신과 함께하신다는 증거를 얻게 될 것입니다.

벧엘에서 홀로 서 있음23절 : 당신의 벧엘에서 당신은 당황하여 어쩔 줄 모르게 되지만 바로 그곳이 하나님의 지혜가 시작되는 곳입니다. 궁지에 몰리면 당황하게 되고 정신을 잃기 쉽지만 정신을 차리십시오. 하나님께 진실하게 서면 주님께서는 주의 진리로 당신의 삶을 붙드셔서 거룩한 산 제사가 되게 하실 것입니다. 당신의 엘리야에게 배운 것을 실천하십시오. 그가 남긴 겉옷과 기도를 사용하십시오. 하나님을 신뢰하기로 굳게 결단하고 더 이상 엘리야를 찾지 마십시오.

The theology of rest

Why are ye fearful, O ye of little faith? Matthew 8:26.

Aug. 12th

When we are in fear we can do nothing less than pray to God, but Our Lord has a right to expect that those who name His Name should have an understanding confidence in Him. God expects His children to be so confident in Him that in any crisis they are the reliable ones. Our trust is in God up to a certain point, then we go back to the elementary panic prayers of those who do not know God. We get to our wits' end, showing that we have not the slightest confidence in Him and His government of the world; He seems to be asleep, and we see nothing but breakers ahead.

"O ye of little faith!" What a pang must have shot through the disciples—"Missed it again!" And what a pang will go through us when we suddenly realize that we might have produced downright joy in the heart of Jesus by remaining absolutely confident in Him, no matter what was ahead.

There are stages in life when there is no storm, no crisis, when we do our human best; it is when a crisis arises that we instantly reveal upon whom we rely. If we have been learning to worship God and to trust Him, the crisis will reveal that we will go to the breakingpoint and not break in our confidence in Him.

We have been talking a great deal about sanctification—what is it all going to amount to? It should work out into rest in God which means oneness with God, a oneness which will make us not only blameless in His sight but a deep joy to Him.

주님을 향한 신뢰

어찌하여 무서워하느냐 믿음이 작은 자들아 (마 8:26).

8월 12일

두려움이 있을 때 우리는 하나님께 기도하는 것 외에 다른 것을 할 수 없습니다. 그러나 주님은 주의 이름을 부르는 자들이 주님을 향해 확실한 신뢰를 가질 것을 기대하십니다. 하나님은 주의 자녀들이 주님을 향한 확신으로 가득 차기를 바라시며, 어떠한 위기에서도 하나님께서 그들을 보시기에 조금도 변함없이 믿을 만한 자녀들이 되어줄 것을 기대하십니다. 우리는 어느 정도까지는 하나님을 신뢰합니다. 그러다가 곧 하나님을 알지 못하는 사람들처럼 공포심에 빠져서 유치한 기도를 드립니다. 우리가 어쩔 줄 모르며 당황하게 되는 이유는 주님을 향한 확신이 전혀 없음을 보여주는 것이며, 세상을 향한 하나님의 주권에 대해 확신을 잃은 것을 보여주는 것입니다. 이때 우리에게 주님은 잠드신 것 같고 우리 눈에는 우리를 파괴하려는 것 밖에 보이지 않게 됩니다.

"믿음이 작은 자들아!" 제자들이 이 말씀을 듣고 "또 실패했구나"라고 생각하며 얼마나 큰 고통 속에 있었겠습니까? 우리 앞에 어떠한 미래가 펼쳐지더라도 주님을 완전히 신뢰하기만 하면 얼마든지 주님의 마음에 기쁨을 드릴 수 있었던 기회들이었는데, 그 기회들을 놓칠 때마다 우리 마음속에 오는 쓰라림들은 어떠하겠습니까?

인생에는 폭풍도 없고 위기도 없이 그저 인간의 최선을 다하기만 하는 때도 있습니다. 그러나 위기가 오면 우리가 누구를 신뢰하는지를 당장 드러냅니다. 만일 우리가 하나님을 예배하고 그분을 의지하는 것을 배워왔다면, 가장 고통스러운 위기를 지나면서도 주님을 향한 신뢰를 잃지 않을 것입니다.

우리는 성화에 대해 많이 다루었습니다. 성화가 말하려는 핵심이 무엇입니까? 성화는 하나님 안에서 안식할 수 있도록 역사하는 것이며, 이는 하나님과 하나됨을 의미합니다. 하나님과 하나 될 때 우리는 주님 보시기에 흠이 없을 뿐만 아니라 주님께는 깊은 기쁨이 됩니다.

Quench not the Spirit

Quench not the spirit. 1 Thess. 5:19.

The voice of the Spirit is as gentle as a zephyr, so gentle that unless you are living in perfect communion with God, you never hear it. The checks of the Spirit come in the most extraordinarily gentle ways, and if you are not sensitive enough to detect His voice you will quench it, and your personal spiritual life will be impaired. His checks always come as a still small voice, so small that no one but the saint notices them.

Beware if in personal testimony you have to hark back and say—"Once, so many years ago, I was saved." If you are walking in the light, there is no harking back, the past is transfused into the present wonder of communion with God. If you get out of the light you become a sentimental Christian and live on memories, your testimony has a hard, metallic note. Beware of trying to patch up a present refusal to walk in the light by recalling past experiences when you did walk in the light. Whenever the Spirit checks, call a halt and get the thing right, or you will go on grieving Him without knowing it.

Suppose God has brought you up to a crisis and you nearly go through but not quite, He will engineer the crisis again, but it will not be so keen as it was before. There will be less discernment of God and more humiliation at not having obeyed; and if you go on grieving the Spirit, there will come a time when that crisis cannot be repeated, you have grieved Him away. But if you go through the crisis, there will be the psalm of praise to God. Never sympathize with the thing that is stabbing God all the time. God has to hurt the thing that must go.

성령의 음성을 들으십시오!

성령을 소멸하지 말며 (살전 5:19).

8월 13일

성령의 음성은 미풍처럼 부드러워서 하나님과 완전한 교통 가운데 살지 않으면 결코 그 음성을 들을 수 없습니다. 성령의 가책은 가장 부드럽게 오기 때문에 그분의 음성을 감지할 만큼 예민하지 않으면, 당신은 성령을 소멸할 것이고 영적 생활에 문제가 생길 것입니다. 성령의 가책은 언제나 잔잔하고 조용한 음성으로 오는 작은 소리이기에, 오직 깨어 있는 성도들만 알아들을 수 있습니다.

개인적인 간증을 할 때 "구원받은 지가 정말로 꽤 오래되었구나"라고 말하며 과거를 되돌아보아야 한다면 주의하십시오. 당신이 빛 가운데 걸으면 과거를 되돌아볼 필요가 없기 때문입니다. 과거는 현재 하나님과 나누는 놀라운 교제 속으로 묻혀버렸기 때문입니다. 빛에서 벗어나면 당신은 감상적인 그리스도인이 되어 과거의 추억 속에 살게 됩니다. 따라서 당신의 간증은 딱딱한 금속음을 내게 됩니다. 과거에 빛 가운데 걸었을 때의 경험만을 그리워하면서 현재 빛 가운데 걷는 것을 거절하려는 경향을 주의하십시오. 성령께서 뭔가 가책하시면 당장 멈추어 서서 그것을 바르게 하십시오. 그렇지 않으면 당신은 자신도 모르는 사이에 성령을 거스르게 될 것입니다.

하나님께서 당신을 위기 상황으로 몰고 가셨다고 생각해보십시오. 당신이 그 위기를 거의 지나갔지만 완전히 끝내지 않을 경우, 하나님께서는 그 위기를 다시 조성하실 것입니다. 그러나 이번에는 전처럼 고통스럽지는 않을 것입니다. 하나님을 덜 의식하게 될 것이고 이때도 순종하지 않을 경우 더 큰 부끄러움이 임하게 될 것입니다. 만일 계속 성령을 거스르면 위기는 더 이상 반복되지 않는 시간이 올 것이고, 이때가 되면 당신은 성령님을 소멸해버린 것입니다. 그러나 만일 당신이 위기를 통과하면 당신의 마음과 입에서 하나님을 향한 찬양이 흘러넘칠 것입니다. 하나님을 항상 가슴 아프게 하는 것들에 대해 결코 어떠한 연민도 갖지 마십시오. 하나님은 우리의 삶 가운데서 사라져야 하는 것들을 제거하기 위해 우리를 아프게 하셔야만 합니다.

Chastening

*Despise not the chastening of the Lord,
nor faint when thou art rebuked of Him.* Hebrews 12:5.

It is very easy to quench the Spirit; we do it by despising the chastening of the Lord, by fainting when we are rebuked by Him. If we have only a shallow experience of sanctification, we mistake the shadow for the reality, and when the Spirit of God begins to check, we say—"Oh, that must be the devil."

Never quench the Spirit, and do not despise Him when He says to you—"Don't be blind on this point any more; you are not where you thought you were. Up to the present, I have not been able to reveal it to you, but I reveal it now." When the Lord chastens you like that, let Him have His way. Let Him relate you rightly to God.

"Nor faint when thou art rebuked of Him." We get into sulks with God and say—"Oh well, I can't help it; I did pray and things did not turn out right, and I am going to give it all up." Think what would happen if we talked like this in any other domain of life!

Am I prepared to let God grip me by His power and do a work in me that is worthy of Himself? Sanctification is not my idea of what I want God to do for me; sanctification is God's idea of what He wants to do for me, and He has to get me into the attitude of mind and spirit where at any cost I will let Him sanctify me wholly.

성령을 소멸하지 마십시오!

주의 징계하심을 경히 여기지 말며
그에게 꾸지람을 받을 때에 낙심하지 말라 (히 12:5).

8월 14일

성령을 소멸시키는 것은 아주 쉽습니다. 주님의 징계를 무시하거나 주님께 꾸지람을 들을 때 낙심해버리면 됩니다. 우리가 얕은 차원의 성화의 경험만 가지고 있다면, 우리는 그림자를 실체로 착각하기 쉽습니다. 그래서 성령이 견책하기 시작하실 때 우리는 "아, 이건 마귀의 일임에 틀림없어"라고 말합니다.

결코 성령을 소멸하지 마십시오. 성령께서 이렇게 말씀하실 때 그분을 무시하지 마십시오. "더 이상 이 부분에 눈을 감지 말라. 네 생각에 네가 있지 말아야 할 곳에 있구나. 지금까지 너에게 그것을 보여줄 수 없었지만 이제 보여준다." 주께서 이와 같이 징계하실 때 그분의 방법으로 하시도록 순응하십시오. 그분으로 당신을 하나님께 올바르게 서도록 하십시오.

"꾸지람을 받을 때 낙심하지 말라." 우리는 하나님께 볼멘소리를 내며 말합니다. "오, 이런. 어쩔 수 없었답니다. 저도 기도했는데 잘 안 되었습니다. 이제 포기하렵니다." 만일 만사를 이런 식으로 말해버린다면 어떻게 될지 생각해보십시오!

하나님께서 그분의 능력으로 나를 사로잡으셔서 주님께서 받으시기에 합당한 일을 내 안에서 하시도록, 나 자신을 주께 맡길 준비가 되어 있습니까? 성화는 하나님께서 나를 위해 뭔가 해주시기를 원하는 '내 나름대로의 생각'이 아니라, 오히려 하나님께서 친히 나를 위해 무엇을 하실까에 대한 '하나님의 생각'입니다. 주님은 내가 어떠한 희생을 치르는 한이 있더라도 나 자신의 온전한 성화를 위해 주께서 역사하기를 바라는 그러한 마음과 영혼의 자세를 취하는 자리까지 우리를 이끄실 것입니다.

Signs of the new birth

Ye must be born again. John 3:7.

Aug. 15th

The answer to the question "How can a man be born when he is old?" is—When he is old enough to die—to die right out to his 'rag rights,' to his virtues, to his religion, to everything, and to receive into himself the life which never was there before. The new life manifests itself in conscious repentance and unconscious holiness.

"As many as received Him." (John 1:12.) Is my knowledge of Jesus born of internal spiritual perception, or is it only what I have learned by listening to others? Have I something in my life that connects me with the Lord Jesus as my personal Saviour? All spiritual history must have a personal knowledge for its bedrock. To be born again means that I see Jesus.

"Except a man be born again, he cannot see the kingdom of God." (John 3:3.) Do I seek for signs of the Kingdom, or do I perceive God's rule? The new birth gives a new power of vision whereby I begin to discern God's rule. His rule was there all the time, but true to His nature; now that I have received His nature, I can see His rule.

"Whosoever is born of God doth not commit sin," (1 John 3:9.) Do I seek to stop sinning or have I stopped sinning? To be born of God means that I have the supernatural power of God to stop sinning. In the Bible it is never—Should a Christian sin? The Bible puts it emphatically—A Christian must not sin. The effective working of the new birth life in us is that we do not commit sin, not merely that we have the power not to sin, but that we have stopped sinning. 1 John 3:9 does not mean that we cannot sin; it means that if we obey the life of God in us, we need not sin.

거듭남의 증표

8월 15일

내가 네게 거듭나야 하겠다 하는 말을 놀랍게 여기지 말라 (요 3:7).

"사람이 늙으면 어떻게 다시 태어날 수 있습니까?" 니고데모가 물었던 이 질문에 대한 정답이 무엇일까요? '자아가 죽음으로써' 인간은 새롭게 태어납니다. 다시 말하면 자신의 '낡은 주장'과 자신의 미덕, 그리고 자신의 종교와 모든 것에 대해 솔직하게 죽고, 자신에게 없던 예수님의 생명을 기꺼이 영접할 때 인간은 거듭납니다. 이처럼 새롭게 태어난 성도는 의식적으로 회개하고 무의식적으로는 거룩한 삶을 영위합니다.

"영접하는 자"요 1:12. 예수님에 대한 나의 지식은 내적인 영적 인식에 의한 것입니까? 아니면 다른 사람들에게 들어서 배운 것일 뿐입니까? 내 삶 속에서 주 예수 그리스도를 나의 개인적 구세주로 연결시키는 어떠한 것이 있습니까? 모든 영적 역사는 그 밑바탕에 주 예수님을 체험한 인격적인 지식이 있어야 합니다. 거듭났다는 것은 내가 예수님을 본다는 뜻입니다.

"사람이 거듭나지 아니하면 하나님의 나라를 볼 수 없느니라"요 3:3. 하나님 나라의 표적들을 구합니까? 아니면 하나님의 통치를 인식합니까? 새 생명은 하나님의 통치를 분별하는 새로운 능력을 줍니다. 그분의 다스림은 그분의 본성에 따라 언제나 진행되어 왔습니다. 이제 우리는 그분의 본성을 받았으며 그분의 통치를 볼 수 있게 되었습니다.

"하나님께로부터 난 자마다 죄를 짓지 아니하나니"요일 3:9. 죄를 안 지으려고 노력합니까? 아니면 죄를 멈추었습니까? 하나님으로부터 거듭났다는 것은 죄를 멈출 수 있는 하나님의 초자연적인 능력을 가지게 되었다는 뜻입니다. 성경은 절대로 "그리스도인은 죄를 질 수밖에 없는가?"라고 묻지 않습니다. 성경은, 그리스도인은 죄를 지어서는 안 된다고 강조합니다. 우리 안의 새 생명의 효과적인 역사는 우리가 죄를 범하지 않는 것입니다. 죄를 짓지 않을 수 있는 능력만 있는 것이 아니라 죄 짓기를 멈춘 것입니다. 요한일서 3장 9절의 의미는 우리가 죄를 지을 수 없다는 뜻이 아닙니다. 우리 안에 있는 하나님의 생명에 따라 순종하면 우리는 죄를 지을 필요가 없다는 뜻입니다.

Does He know me

He calleth ⋯ by name. John 10:3.

When I have sadly misunderstood Him? (John 20:17.) It is possible to know all about doctrine and yet not know Jesus. The soul is in danger when knowledge of doctrine out steps intimate touch with Jesus. Why was Mary weeping? Doctrine was no more to Mary than the grass under her feet. Any Pharisee could have made a fool of Mary doctrinally, but one thing they could not ridicule out of her was the fact that Jesus had cast seven demons out of her; yet His blessings were nothing in comparison to Himself. Mary "saw Jesus standing and knew not that it was Jesus ⋯"; immediately she heard the voice, she knew she had a past history with the One who spoke. "Master!"

When I have stubbornly doubted? (John 20:27.) Have I been doubting something about Jesus—an experience to which others testify but which I have not had? The other disciples told Thomas that they had seen Jesus, but Thomas doubted—"Except I shall see ⋯, I will not believe." Thomas needed the personal touch of Jesus. When His touches come, or how they come, we do not know; but when they do come they are indescribably precious. "My Lord and my God!" (John 20:28.)

When I have selfishly denied Him? (John 21:15-17.) Peter had denied Jesus Christ with oaths and curses, and yet after the Resurrection Jesus appeared to Peter alone. He restored him in private, then He restored him before the others. "Lord, Thou knowest that I love Thee."

Have I a personal history with Jesus Christ? The one sign of discipleship is intimate connection with Him, a knowledge of Jesus Christ which nothing can shake.

예수님과의 친밀한 교제

그가 자기 양의 이름을 각각 불러 인도하여 내느니라 (요 10:3).

8월 16일

너무나 슬퍼서 주님을 못 알아볼 때 요 20:15 : 모든 교리를 다 알고도 여전히 예수님을 모를 수 있습니다. 교리의 지식이 예수님과의 친밀한 교제보다 앞서면 그 사람의 영혼은 위험합니다. 왜 마리아가 울고 있습니까? 마리아에게 교리라는 것은 그녀의 신발 밑에 있는 풀보다 나을 것이 없었습니다. 바리새인들은 마리아를 교리적으로 조롱할 수 있었을 것입니다. 그러나 그들이 그녀를 조롱할 수 없었던 것이 하나 있었는데, 그것은 예수님께서 그녀로부터 일곱 귀신을 쫓아낸 사실이었습니다. 그러나 여전히 예수님이 베푸신 축복마저 예수님과 비교하면 아무것도 아니었습니다. 마리아는 예수님의 서신 것을 보나 그분인 줄 알지 못했습니다 요 20:13-16. 그러나 그녀가 주님의 목소리를 듣는 순간, 그분이 바로 그녀에게 말씀하셨던 과거의 그 예수님인 줄을 깨닫고 "선생님!"이라고 외쳤습니다.

고집스러울 정도로 의심할 때 요 20:27 : 예수님에 대해 뭔가 의심한 적이 있습니까? 다른 사람들은 경험했지만 나는 경험하지 못했기 때문에 의심한 적은 없습니까? 다른 제자들이 도마에게 예수님을 보았다고 말했습니다. 그러나 도마는 의심했습니다. "내 손을 그분의 옆구리에 넣어보지 않고는 믿지 아니하겠노라." 도마는 예수님의 인격적인 만지심이 필요했습니다. 언제 어떻게 주님의 만지심이 임할지 우리는 모릅니다. 그러나 주의 만지심이 임했을 때 이는 형언할 수 없이 귀한 것입니다. "나의 주님이시요 나의 하나님이시니이다" 요 20:28.

이기심 때문에 주님을 부인할 때 요 21:15-17 : 베드로는 예수 그리스도를 맹세와 저주로 부인했습니다. 그럼에도 불구하고 부활하신 예수님께서 베드로를 홀로 만나주셨습니다. 주님은 그를 사적으로 회복시키시고 그 후 다른 사람들 앞에서도 그를 회복시켜 주셨습니다. "내가 주님을 사랑하는 줄 주님께서 아시나이다" 요 21:15.

당신은 예수 그리스도와 개인적인 사귐의 역사가 있습니까? 제자도의 한 가지 증표는 주님과의 친밀한 연결, 곧 그 어떤 것도 흔들 수 없는 예수 그리스도를 아는 지식입니다.

Are you discouraged in devotion?

Yet lackest thou one thing; sell all that thou hast ⋯ and come, follow Me. Luke 18:22.

Aug. 17th

"And when he heard this ⋯" Have you ever heard the Master say a hard word? If you have not, I question whether you have heard Him say anything. Jesus Christ says a great deal that we listen to, but do not hear; when we do hear, His words are amazingly hard.

Jesus did not seem in the least solicitous that this man should do what He told him, He made no attempt to keep him with Him. He simply said—"Sell all you have, and come, follow Me." Our Lord never pleaded, He never cajoled, He never entrapped; He simply spoke the sternest words mortal ears ever listened to, and then left it alone.

Have I ever heard Jesus say a hard word? Has He said something personally to me to which I have deliberately listened? Not something I can expound or say this and that about, but something I have heard Him say to me? This man did understand what Jesus said, he heard it and he sized up what it meant, and it broke his heart. He did not go away defiant; he went away sorrowful, thoroughly discouraged. He had come to Jesus full of the fire of earnest desire, and the word of Jesus simply froze him; instead of producing an enthusiastic devotion, it produced a heart-breaking discouragement. And Jesus did not go after him, He let him go. Our Lord knows perfectly that when once His word is heard, it will bear fruit sooner or later. The terrible thing is that some of us prevent it bearing fruit in actual life. I wonder what we will say when we do make up our minds to be devoted to Him on that particular point? One thing is certain, He will never cast anything up at us.

강요하지 않으시는 주님

8월 17일

네가 아직도 한 가지 부족한 것이 있으니 네게 있는 것을 다 팔아 가난한 자들을 나눠주라 … 그리고 와서 나를 따르라 (눅 18:22).

"그 사람이 이 말을 듣고…." 당신은 주님께서 당신이 순종하기에 힘든 말씀을 하시는 것을 들은 적이 있습니까? 예수 그리스도께서는 우리가 들어야 하는 많은 말씀을 하시지만 우리는 듣지 않습니다. 우리가 들을 때 그분의 말씀은 놀라울 정도로 힘든 말씀들입니다.

예수님은 부자 청년에게 주님의 말씀을 순종해야 한다고 조금도 강요하지 않으셨습니다. 주님은 그를 붙잡으려고 애쓰지도 않으셨습니다. 주님은 단순하게 말씀하셨습니다. "네가 가지고 있는 모든 것을 팔고 내게로 와서 나를 따르라." 그분은 결코 속여서 덫에 빠뜨리는 일이 없으십니다. 단지 사람의 귀로 들을 수 있는 가장 심한 말씀을 하시고 그 후 그대로 남겨두십니다.

당신은 예수님께서 당신에게 거친 말씀을 하시는 것을 들은 적이 있습니까? 내가 이렇다 저렇다 설명할 수는 없지만 주님께서 내게 말씀하시는 것을 들어보았습니까? 이 부자는 예수님께서 말씀하신 것을 이해했습니다. 그는 들었고, 무슨 말씀인지 분명히 붙잡았으며, 그 말씀은 그의 마음을 갈라놓았습니다. 그는 주님께 불쾌한 마음을 가지고 떠나지 않았고, 오히려 완전히 낙심한 가운데 비통에 잠겨 떠났습니다. 그는 불같이 뜨겁고 간절한 소원을 가지고 주님께 왔지만 예수님의 말씀은 단지 그를 차갑게 만들었습니다. 주님의 말씀은 이 청년으로 하여금 열광적인 헌신을 자아내는 대신에 가슴이 찢어지는 낙심을 안겨주었습니다. 예수님은 그 청년이 떠나도록 내버려 두셨습니다. 주님께서는 주의 말씀이 사람의 마음속에 한 번이라도 들려지면 그 말씀은 조만간 열매를 맺게 될 것을 분명히 알고 계셨습니다. 안타까운 것은 우리 중 몇몇은 주의 말씀이 우리의 현실적인 삶 속에서 열매를 맺지 못하도록 막는다는 점입니다. 우리도 부자 청년의 경우처럼 어떤 특별한 지점에서 주님께 헌신하기로 다짐할 때 주께서 진정으로 요구하시는 것이 무엇인지 알게 된다면 과연 우리는 뭐라고 말하겠습니까? 한 가지 확실한 것은 주님께서는 우리를 억지로 강요하지 않으신다는 것입니다.

Have you ever been expressionless with sorrow?

And when he heard this, he was very sorrowful: for he was very rich. Luke 18:23.

The rich young ruler went away expressionless with sorrow; he had not a word to say. He had no doubt as to what Jesus said, no debate as to what it meant, and it produced in him a sorrow that had not any words. Have you ever been there? Has God's word come to you about something you are very rich in—temperament, personal affinity, relationships of heart and mind? Then you have often been expressionless with sorrow. The Lord will not go after you, He will not plead, but every time He meets you on that point He will simply repeat—If you mean what you say, those are the conditions.

"Sell all that thou hast"—undress yourself morally before God of everything that might be a possession until you are a mere conscious human being, and then give God that. That is where the battle is fought—in the domain of the will before God. Are you more devoted to your idea of what Jesus wants than to Himself? If so, you are likely to hear one of His hard sayings that will produce sorrow in you. What Jesus says is hard, it is only easy when it is heard by those who have His disposition. Beware of allowing anything to soften a hard word of Jesus Christ's.

I can be so rich in poverty, so rich in the consciousness that I am nobody, that I shall never be a disciple of Jesus; and I can be so rich in the consciousness that I am somebody—that I shall never be a disciple. Am I willing to be destitute of the sense that I am destitute? This is where discouragement comes in. Discouragement is disenchanted self-love, and self-love may be love of my devotion to Jesus.

혹시 '헌신'을 사랑합니까?

그 사람이 큰 부자이므로 이 말씀을 듣고 심히 근심하더라 (눅 18:23).

8월 18일

젊은 부자 관원은 말없이 슬픔을 가지고 떠났습니다. 그는 할 말이 없었습니다. 그는 예수님께서 말씀하신 것에 대해 의심도 없었고 그 의미에 대해 따질 필요가 없었습니다. 주님의 말씀은 그 청년의 마음속에 말로 표현할 수 없는 슬픔을 남겼습니다. 당신은 이러한 경험이 있습니까? 당신의 삶 속에서 남들보다 부요하다고 느낀 부분들-성격, 개인적인 집착, 마음과 생각이 머무는 것들-에 대해 하나님의 말씀이 당신에게 임한 적이 있습니까? 그때 당신은 종종 슬픔으로 인해 말도 못하게 되었을 것입니다. 주님은 당신을 따르지도 않을 것이고 애걸하지도 않으실 것입니다. 다만 문제의 지점에서 주님은 당신을 만나시고 단순히 같은 말씀을 되풀이하실 것입니다. "네가 말한 것이 진심이라면 조건이 있단다."

"네게 있는 것을 다 팔아"눅 18:22. 하나님 앞에서 당신의 소유로 여겨지는 모든 것을 다 내려놓고 당신 홀로 서보십시오. 그리고 하나님께 아무 소유도 없는 자신을 드리십시오. 그곳이 바로 하나님 앞에서 나의 의지를 다 드리는 싸움이 있는 곳입니다. 당신은 주님보다는 주님이 무엇을 원하실 것이라는 당신의 '생각'에 더 헌신하는 것은 아닙니까? 만일 그렇다면 당신은 당신 속에 슬픔을 자아낼 주님의 거친 말씀을 듣게 될 것입니다. 주님께서 말씀하신 것은 어렵습니다. 그러나 주님의 성향을 가진 자들에게 주님의 말씀은 쉽습니다. 예수 그리스도이 거친 말씀들을 부드럽게 만들려고 하는 그 어떠한 타협도 허락하지 않도록 주의하십시오.

사람은 가난 속에서도 교만해질 수 있습니다. 자신이 아무것도 아니라는 자아의식이 너무 커져서 결국 예수님의 부르심까지 거절할 정도가 되어 예수님의 제자가 되지 못하는 사람들도 있습니다. 자신이 대단한 존재라는 의식이 너무 커져서 주님의 제자가 될 수 없는 사람도 있습니다. 내가 궁핍하다는 그 의식마저도 주님께 내려놓고 있습니까? 이렇게 하지 못하면 이 부분을 통해 실망이 들어오게 됩니다. 실망은 자기 사랑의 환상이 깨어지는 것입니다. 자기 사랑은 예수님께 자신을 드린 것이 아니라 예수님께 드린다고 하는 자신의 '헌신'을 사랑하는 것일 수 있습니다.

Self-consciousness

Come unto Me. Matthew 11:28.

Aug. 19th

God means us to live a fully-orbed life in Christ Jesus, but there are times when that life is attacked from the outside, and we tumble into a way of introspection which we thought had gone. Self-consciousness is the first thing that will upset the completeness of the life in God, and self-consciousness continually produces wrestling. Self-consciousness is not sin; it may be produced by a nervous temperament or by a sudden dumping down into new circumstances. It is never God's will that we should be anything less than absolutely complete in Him. Anything that disturbs rest in Him must be cured at once, and it is not cured by being ignored, but by coming to Jesus Christ. If we come to Him and ask Him to produce Christ-consciousness, He will always do it until we learn to abide in Him.

Never allow the dividing up of your life in Christ to remain without facing it. Beware of leakage, of the dividing up of your life by the influence of friends or of circumstances; beware of anything that is going to split up your oneness with Him and make you see yourself separately. Nothing is so important as to keep right spiritually. The great solution is the simple one— "Come unto Me." The depth of our reality, intellectually, morally and spiritually, is tested by these words. In every degree in which we are not real, we will dispute rather than come.

자아의식

내게로 오라 (마 11:28).

하나님은 우리가 그리스도 예수 안에서 온전한 삶을 살기를 원하십니다. 그러나 이러한 삶은 외부로부터 공격을 받을 때가 있습니다. 그러면 우리는 사라졌다고 생각했던 자아의식의 습관에 빠져들게 됩니다. 자아의식은 하나님 안에서의 온전한 삶을 가장 먼저 흔들어놓는 것입니다. 자아의식은 계속적인 내면 세계 속에서의 씨름을 만듭니다. 자아의식은, 죄는 아니지만 신경이 과민할 때나 갑자기 새로운 환경에 던져질 때 발생합니다. 우리가 하나님 안에서 완전하도록 온전하게 되지 않는 것은 하나님의 뜻이 아닙니다. 주님 안에서 참된 안식을 방해하는 그 어떤 것도 당장 치료되어야 합니다. 이러한 자아의식적 과민성은 무시한다고 치료되는 것이 아니라 오직 예수 그리스도께 나아감으로 치료됩니다. 만일 우리가 주님께 나아가 '자아의식'이 아닌 '예수님 의식'을 갖게 해달라고 간구한다면, 주님께서는 그 기도를 응답하셔서 우리로 주님 안에 거하는 것을 배우게 하실 것입니다.

그리스도 안에 거하는 당신의 삶을 분리시키려는 것이 있다면, 절대로 방치해두지 마십시오. 곁길로 빠지는 것을 조심하고 친구 및 환경의 영향이 당신의 삶을 분열하는 것을 주의하십시오. 주님과의 하나됨을 파괴하여 당신을 분리된 자아로 보게 하려는 것들을 주의하십시오. 영적으로 하나님과 바른 관계를 유지하는 것보다 더 중요한 것은 이 세상에 아무것도 없습니다. 가장 위대한 해답은 이 간단한 명령에 있습니다. "내게로 오라." 우리의 지적, 도덕적, 영적 실체의 깊이는 이 한 말씀으로 측정됩니다. 우리가 실체와 분리되는 만큼 우리는 예수님께 나아가기보다 자신의 자아의식의 세계 속에서 끝없는 논쟁을 하려고 합니다.

Completeness

And I will give you rest. Matthew 11:28.

Whenever anything begins to disintegrate your life with Jesus Christ, turn to Him at once and ask Him to establish rest. Never allow anything to remain which is making the dis-peace. Take every element of disintegration as something to wrestle against, and not to suffer. Say—"Lord, prove Thy consciousness in me", and self-consciousness will go and He will be all in all. Beware of allowing selfconsciousness to continue because by slow degrees it will awaken self-pity, and self-pity is Satanic. "Well, I am not understood; this is a thing they ought to apologize for; that is a point I really must have cleared up." Leave others alone and ask the Lord to give you Christ-consciousness, and He will poise you until the completeness is absolute.

The complete life is the life of a child. When I am consciously conscious, there is something wrong. It is the sick man who knows what health is. The child of God is not conscious of the will of God because he is the will of God. When there has been the slightest deviation from the will of God, we begin to ask—"What is Thy will?" A child of God never prays to be conscious that God answers prayer, he is so restfully certain that God always does answer prayer.

If we try to overcome self-consciousness by any commonsense method, we develop it tremendously. Jesus says "Come unto Me and I will give you rest," i.e., Christ-consciousness will take the place of self-consciousness. Wherever Jesus comes He establishes rest, the rest of the perfection of activity that is never conscious of itself.

온전한 삶

내가 너희를 쉬게 하리라 (마 11:28).

8월 20일

　예수 그리스도와 함께하는 당신의 삶을 분열시키는 것이 생길 때마다 당장 주님께 나아와 안식을 주실 것을 구하십시오. 평안을 깨는 그 어떤 것도 허락하지 마십시오. 평안이 없는 상태에서 고통을 당하지 말고 그 평안을 깨는 대상과 대항해 싸우십시오. "주님, 제 안에 당신만을 의식하게 하소서." 이렇게 기도할 때 자아의식은 사라지고 주님께서 당신의 전부가 되실 것입니다. 자아의식이 계속되는 것을 허락하지 마십시오. 그 이유는, 자아의식은 서서히 자기연민을 발생시키며 자기연민은 사탄에게 속한 것이기 때문입니다. "글쎄, 그들이 나를 오해한 것이지. 그들은 내게 사과해야 해. 그 점은 내가 분명하게 해야 할 것 같아." 모든 것들을 다 내려놓고 오직 주님께서 당신에게 그리스도 의식을 주시기를 간구하십시오. 당신의 온전함이 완벽해질 때까지 주께서 당신을 붙드실 것입니다.

　온전한 삶은 어린아이 같은 삶입니다. 내가 의식하고 있다는 것을 의식할 정도라면 나는 뭔가 잘못된 것입니다. 건강이 무엇인지를 아는 자들은 병든 자들입니다. 하나님의 자녀는 그 자신이 곧 하나님의 뜻이기 때문에 하나님의 뜻을 의식하지 못합니다. 하나님의 뜻에서 조금이라도 벗어나게 되면 우리는 묻기 시작합니다. "무엇이 당신의 뜻입니까?" 하나님의 자녀는 결코 하나님께서 기도에 응답하신다는 것을 의식하기 위해 기도하지 않습니다. 그는 하나님께서 언제나 기도에 응답하시는 것을 평안한 마음 가운데 확신하기 때문입니다.

　만일 우리가 어떤 상식적인 방법으로 자아의식을 극복하려 한다면 우리는 오히려 놀라울 정도로 자아의식을 개발하게 될 것입니다. 예수님께서는 "내게로 오라. 내가 너희를 쉬게 하리라"고 말씀하셨습니다. 곧 그리스도 의식이 자아의식의 자리를 차지해야 합니다. 예수님께서 찾아오시는 곳마다 주님께서는 완성된 사역의 안식, 곧 더 이상 신경 쓸 것 없는 안식을 허락하십니다.

The ministry of the unnoticed

Blessed are the poor in spirit. Matthew 5:3.

The New Testament notices things which from our standards do not sem to count. "Blessed are the poor in spirit," literally—Blessed are the paupers—an exceedingly commonplace thing! The preaching of today is apt to emphasize strength of will, beauty of character—the things that are easily noticed. The phrase we hear so often, "Decide for Christ," is an emphasis on something Our Lord never trusted. He never asks us to decide for Him, but to yield to Him, a very different thing. At the basis of Jesus Christ's Kingdom is the unaffected loveliness of the commonplace. The thing I am blessed in is my poverty. If I know I have no strength of will, no nobility of disposition, then Jesus says—"Blessed are you", because it is through this poverty that I enter His Kingdom. I cannot enter His Kingdom as a good man or woman, I can only enter it as a complete pauper.

The true character of the loveliness that tells for God is always unconscious. Conscious influence is priggish and un-Christian. If I say, 'I wonder if I am of any use,' I instantly lose the bloom of the touch of the Lord. "He that believeth in Me, out of him shall flow rivers of living water." If I examine the outflow, I lose the touch of the Lord.

Which are the people who have influenced us most? Not the ones who thought they did, but those who had not the remotest notion that they were influencing us. In the Christian life the implicit is never conscious; if it is conscious, it ceases to have this unaffected loveliness which is the characteristic of the touch of Jesus. We always know when Jesus is at work because He produces in the commonplace something that is inspiring.

눈에 띄지 않는 섬김

마음이 가난한 자는 복이 있나니 (마 5:3).

8월 21일

성경은 우리 기준으로 별로 중요하지 않는 것들을 주목합니다. "마음이 가난한 자는 복이 있나니." 문자적으로는 "가난뱅이는 복이 있나니"라니! 너무나 말이 되지 않습니다! 오늘날의 설교는 의지력 및 인격의 아름다움과 같이 눈에 쉽게 띄는 것들을 강조합니다. 우리가 자주 듣는 문구인 "예수 그리스도를 돕기 위해 결단하세요"라는 말은 주님께서 절대로 원하지 않으시는 내용을 강조한 것입니다. 주님은 우리에게 항복하라고 하셨고, 주를 돕기 위해 결단하도록 요구하신 적이 없으십니다. 이 둘은 아주 다른 것입니다. 예수 그리스도의 나라의 바탕에는 평범한 것들의 순수한 아름다움이 있습니다. 내가 복 있는 이유는 나의 가난 때문입니다. 만일 내게 의지력도 없고 드러낼 만한 고상한 성향도 없을 때 주님은 말씀하십니다. "네가 복이 있도다." 이는 그 가난을 통해 내가 주님의 나라에 들어가기 때문입니다. 내가 좋은 사람이기 때문에 천국에 들어갈 수 있는 것이 아닙니다. 완전한 가난뱅이이기 때문에 들어갈 수 있는 것입니다.

하나님께서 인정하시는 진정한 아름다운 성품은 언제나 무의식적인 것입니다. 의식적으로 남에게 영향을 미치는 것은 교만 또는 비기독교적인 것입니다. 만일 '내가 유용한 존재인가'에 초점을 두기 시작하면 나는 곧 주님의 풍성하신 손길을 잃게 됩니다. "나를 믿는 자는 … 그 배에서 생수의 강이 흘러나오리라"요 7:38. 만일 내가 그 흐름의 양을 검사하고 있다면 주님의 손길을 놓치는 것입니다.

어떤 사람들이 우리에게 가장 영향을 미치고 있습니까? 스스로 우리에게 영향을 주었다고 생각하는 자들이 아니라 오히려 그런 의식과는 거리가 먼 사람들입니다. 그리스도인의 삶은 눈에 띄지 않고 절대로 의식되지 않습니다. 만일 의식된다면 이는 예수님의 손길의 특성인 순수한 아름다움과는 관계가 없는 것입니다. 우리는 언제나 예수님께서 일하실 때를 알 수 있는데, 그 이유는 주님은 평범한 것들을 통해 영적인 일들을 만들어내시기 때문입니다.

"I indeed ⋯ but He"

I indeed baptize you with water ⋯ but He ⋯ shall baptize you with the Holy Ghost and fire. Matthew 3:11.

Have I ever come to a place in my experience where I can say—"I indeed ⋯ but He"? Until that moment does come, I will never know what the baptism of the Holy Ghost means. "I indeed" am at an end, I cannot do a thing: "but He" begins just there—He does the things no one else can ever do. Am I prepared for His coming? Jesus cannot come as long as there is anything in the way either of goodness or badness. When He comes am I prepared for Him to drag into the light every wrong thing I have done? It is just there that He comes. Wherever I know I am unclean, He will put His feet; wherever I think I am clean, He will withdraw them.

Repentance does not bring a sense of sin, but a sense of unutterable unworthiness. When I repent, I realize that I am utterly helpless; I know all through me that I am not worthy even to bear His shoes. Have I repented like that? Or is there a lingering suggestion of standing up for myself? The reason God cannot come into my life is because I am not through into repentance.

"He shall baptize you with the Holy Ghost and fire." John does not speak of the baptism of the Holy Ghost as an experience, but as a work performed by Jesus Christ, "He shall baptize you." The only conscious experience those who are baptized with the Holy Ghost ever have is a sense of absolute unworthiness.

"I indeed" was this and that; "but He" came, and a marvellous thing happened. Get to the margin where He does everything.

"나는 … 그러나 그는"

8월 22일

나는 너희로 회개하게 하기 위해 물로 세례를 베풀거니와 …
그는 성령과 불로 너희에게 세례를 베푸실 것이요 (마 3:11).

"나는 … 그러나 그는"이라고 말할 수 있는 경험을 한 적이 있습니까? 이 순간이 올 때까지는 나는 성령 세례가 무엇을 의미하는지 결코 알지 못합니다. 정말로 나의 모든 것이 완전히 끝나서 아무것도 할 수 없습니다. 그러나 주님께서 바로 거기서 일하기 시작하십니다. 주님은 다른 어떤 사람도 할 수 없는 일들을 하십니다. 나는 그분의 오심에 대해 준비되어 있습니까? 좋은 것이든 나쁜 것이든 주님 오시는 그 길을 막는 한, 예수님은 오실 수 없습니다. 주님이 오실 때 나는 주님께서 내가 잘못한 모든 것들을 빛으로 끄집어내실 것에 대해 준비가 되어 있습니까? 주님이 오시는 곳이 바로 그곳입니다. 내가 깨끗하지 않다는 것을 아는 곳마다 주님은 찾아오셔서 일하십니다. 내가 깨끗하다고 생각하는 곳에서 주님께서는 그분의 발을 거두십니다.

회개란 죄에 대한 감각뿐 아니라 자신에 대한 철저한 무가치함을 느끼는 것을 의미합니다. 내가 회개할 때 내게는 철저하게 아무 가능성이 없다는 것을 깨닫습니다. 나는 주님의 신발을 들기에도 자격이 되지 않는다는 것을 알게 됩니다. 나는 이와 같은 회개를 했습니까? 아니면 나를 변호할 생각들이 아직 마음에 남아 있습니까? 하나님께서 나의 삶 속에 들어오실 수 없는 이유는 내가 아직 온전한 회개에 이르지 못했기 때문입니다.

"그는 성령과 불로 너희에게 세례를 베푸실 것이요." 요한은 성령 세례를 하나의 경험이 아니라 예수 그리스도의 사역으로 소개하고 있습니다. "그가 너희를 세례할 것이요." 성령 세례를 받은 자의 유일한 의식적 경험은 자신의 절대적인 무가치함을 깨닫는 것입니다.

나는 진실로 별것 아니었습니다. 그러나 주님이 내게 오셨습니다. 그리고 놀라운 일이 발생했습니다. 당신이 끝나는 곳, 그러나 주님께서 모든 것을 다 행하시는 곳으로 나아가십시오.

Prayer choice and prayer conflict

When thou prayest, enter into thy closet, and ⋯ pray to thy Father which is in secret. Matthew 6:6.

Jesus did not say—"Dream about thy Father in secret," but "pray to thy Father in secret." Prayer is an effort of will. After we have entered our secret place and have shut the door, the most difficult thing to do is to pray. We cannot get our minds into working order, and the first thing that conflicts is wandering thoughts. The great battle in private prayer is the overcoming of mental wool-gathering. We have to discipline our minds and concentrate on wilful prayer.

We must have a selected place for prayer and when we get there the plague of flies begins—This must be done, and that. "Shut thy door." A secret silence means to shut the door deliberately on emotions and remember God. God is in secret, and He sees us from the secret place; He does not see us as other people see us, or as we see ourselves. When we live in the secret place it becomes impossible for us to doubt God, we become more sure of Him than of anything else. Your Father, Jesus says, is in secret and nowhere else. Enter the secret place, and right in the centre of the common round you find God there all the time. Get into the habit of dealing with God about everything. Unless in the first waking moment of the day you learn to fling the door wide back and let God in, you will work on a wrong level all day; but swing the door wide open and pray to your Father in secret, and every public thing will be stamped with the presence of God.

은밀한 가운데 기도하십시오!

너는 기도할 때에 네 골방에 들어가 문을 닫고 은밀한 중에 계신 네 아버지께 기도하라 은밀한 중에 보시는 네 아버지께서 갚으시리라 (마 6:6).

8월 23일

예수님께서는 "은밀한 중에 계신 네 아버지를 꿈꾸라"고 하지 않으시고 "은밀한 중에 계신 네 아버지께 기도하라"고 하셨습니다. 기도는 의지의 노력입니다. 은밀한 곳에 들어가 문을 닫은 후 가장 하기 어려운 것이 기도입니다. 기도할 때 우리는 우리의 생각들을 정상적으로 활동하도록 할 수 없습니다. 기도의 첫 번째 갈등은 방황하는 생각들입니다. 혼자 기도할 때 가장 큰 싸움은 정신적으로 방황하는 생각들을 극복하는 것입니다. 우리는 우리의 마음을 훈련해 의지를 가지고 기도에 집중할 수 있어야 합니다.

우리는 기도를 위해 특별한 장소를 선택해야 합니다. 우리가 그곳에 가서도 우리의 마음은 날파리 같은 생각들로 가득 차게 됩니다. '이것도 해야 하고 저것도 해야 하는데.' "네 문을 닫고." 은밀한 조용한 시간이란 모든 감정의 문을 의도적으로 닫고 하나님을 기억하는 것을 의미합니다. 하나님은 은밀한 가운데 계시며 은밀한 곳에서 우리를 보십니다. 주님은 다른 사람이 우리를 보듯이 또는 우리가 자신을 보듯이 보는 분이 아닙니다. 우리가 참으로 "은밀한 가운데" 살아갈 때 하나님을 의심하는 것은 불가능하게 되며, 우리는 무엇보다 하나님을 더욱 확신하게 됩니다. 예수님께서는, "하늘 아버지는 은밀한 곳에만 계시고 다른 곳에 계시지 않는다"고 말씀하셨습니다. 은밀한 곳으로 들어가십시오. 그러면 모든 환경의 중심에 언제나 하나님이 계심을 발견하게 될 것입니다. 모든 상황을 가져가 하나님과 대면하는 습관을 기르십시오. 매일 잠이 깨는 첫 순간에 당신의 문을 활짝 열고 주님이 들어오시도록 하는 것을 배우지 않으면 당신은 온종일 잘못된 차원에서 일하게 될 것입니다. 그러나 문을 활짝 열고 당신의 아버지께 은밀한 가운데 기도하면 모든 보이는 일들마다 하나님의 임재의 흔적이 남을 것입니다.

The spiritual index

Aug. 24th

Or what man is there of you, whom if his son ask bread, will he give him a stone? Matthew 7:9.

The illustration of prayer that Our Lord uses here is that of a good child asking for a good thing. We talk about prayer as if God heard us irrespective of the fact of our relationship to Him Never say it is not God's will to give you what you ask, don't sit down and faint, but find out the reason, turn up the index. Are you rightly related to your wife, to your husband, to your children, to your fellow-students—are you a 'good child' there? "Oh, Lord, I have been irritable and cross, but I do want spiritual blessing." You cannot have it, you will have to do without until you come into the attitude of 'a good child.'

We mistake defiance for devotion; arguing with God for abandonment. We will not look at the index. Have I been asking God to give me money for something I want when there is something I have not paid for? Have I been asking God for liberty while I am withholding it from someone who belongs to me? I have not forgiven someone his trespasses; I have not been kind to him; I have not been living as God's child among my relatives and friends.

I am a child of God only by regeneration, and as a child of God I am good only as I walk in the light. Prayer with most of us is turned into pious platitude, it is a matter of emotion, mystical communion with God. Spiritually we are all good at producing fogs. If we turn up the index, we will see very clearly what is wrong—that friendship, that debt, that temper of mind. It is no use praying unless we are living as children of God. Then, Jesus says—"Everyone that asketh receiveth."

영적 지침

너희 중에 누가 아들이 떡을 달라 하는데 돌을 주며 (마 7:9).

8월 24일

위 말씀에서 주님께서 사용하시는 기도의 예화는 선한 것을 구하는 선한 자녀에 대한 것입니다. 우리는 기도에 대해 말할 때 마치 하나님은 우리와 하나님과의 관계에 상관없이 우리의 기도를 들으시는 것처럼 말합니다. 결코 당신이 구하는 것을 하나님께서 주시지 않는 것이 주의 뜻이라고 말하지 마십시오. 기도가 응답되지 않았다고 그냥 자리에 앉아 있지 말고 응답되지 않은 이유를 여러 영적 지침을 펼쳐서 찾아보십시오. 당신의 아내 혹은 남편과의 관계, 자녀와의 관계, 동료들과의 관계는 어떠합니까? 당신은 그러한 관계 속에서 하나님의 '좋은 자녀'입니까? "오 주님, 저는 짜증을 냈고 신경질을 부렸습니다. 그러나 영적 축복을 원합니다." 그러나 당신은 그 축복을 받을 수 없습니다. 당신이 하나님의 '좋은 자녀'의 자세를 가질 때까지는 그 축복 없이 지내야 합니다.

우리는 하나님께 따지면서 자기 마음대로 행하는 것을 헌신으로 오해합니다. 우리는 영적 지침을 보지 않습니다. 다른 사람에게 빚진 돈을 갚지 않으면서 그것을 갚기 위해 구하기보다 내가 원하는 뭔가를 더 얻기 위해 하나님께 돈을 달라고 구하지는 않습니까? 나에게 속한 사람을 자유롭게 하지 않으면서 내게 자유를 달라고 구하고 있지는 않습니까? 남의 과실을 용서하지 않고 냉정하게 대하지 않았습니까? 친척들과 친구들 사이에서 하나님의 자녀로서 살았습니까?

우리는 오직 거듭남으로 하나님의 자녀가 됩니다. 그러나 오직 빛 가운데 행할 때 하나님의 좋은 자녀가 됩니다. 우리 대부분은 기도를 종교적 상투어로 바꾸어 버렸습니다. 그래서 기도가 감정의 문제가 되었고 하나님과의 '신비'한 체험이 되었습니다. 우리는 모두 영적 안개를 만드는 데 전문가들입니다. 우리가 영적 지침을 펴본다면 우리는 무엇이 잘못되었는가를 뚜렷하게 보게 될 것입니다. 친구와의 관계, 갚지 않은 빚, 혈기를 부린 것 등 우리가 하나님의 자녀로서 살지 않는 한 기도는 아무 소용이 없습니다. 우리가 하나님의 자녀로 살아갈 때 예수님은 "구하는 이마다 얻을 것이요"라고 말씀하십니다.

The fruitfulness of friendship

I have called you friends. John 15:15.

We never know the joy of self-sacrifice until we abandon in every particular. Self-surrender is the most difficult thing—"I will if ⋯!" "Oh well, I suppose I must devote my life to God." There is none of the joy of self-sacrifice in that.

As soon as we do abandon, the Holy Ghost gives us an intimation of the joy of Jesus. The final aim of self-sacrifice is laying down our lives for our Friend. When the Holy Ghost comes in, the great desire is to lay down the life for Jesus; the thought of sacrifice never touches us because sacrifice is the love passion of the Holy Ghost.

Our Lord is our example in the life of self-sacrifice—"I delight to do Thy will, O My God." He went on with His sacrifice with exuberant joy. Have I ever yielded in absolute submission to Jesus Christ? If Jesus Christ is not the lodestar, there is no benefit in the sacrifice; but when the sacrifice is made with the eyes on Him, slowly and surely the moulding influence begins to tell.

Beware of letting natural affinities hinder your walk in love. One of the most cruel ways of killing natural love is by disdain built on natural affinities. The affinity of the saint is the Lord Jesus. Love for God is not sentimental; to love as God loves is the most practical thing for the saint.

"I have called you friends." It is a friendship based on the new life created in us, which has no affinity with our old life, but only with the life of God life. It is unutterably humble, unsulliedly pure, and absolutely devoted to God.

성도의 애착

너희를 친구라 하였노니 (요 15:15).

8월 25일

모든 것을 내려놓기까지는, 우리는 결코 자기 희생의 기쁨을 알 수 없습니다. 자기 항복은 가장 어려운 일입니다. "만일 …하면 완전하게 순복하겠는데…. 이런, 나의 삶을 주님께 다 드려야만 하는데…." 이런 경우에는 자기 희생의 기쁨이 없습니다. 우리가 자신을 완전히 내려놓는 순간 성령은 우리에게 예수님의 기쁨을 맛보게 하십니다. 자기 희생의 최종 목표는 우리의 친구 되신 주님을 위해 우리의 생명을 내려놓는 것입니다. 성령께서 우리 안에 들어오시면 예수님을 위해 나의 생명을 내어놓는 것이 가장 큰 소망이 됩니다. 이때는 희생을 하고 있다는 생각마저 우리에게 들지 않습니다. 그 이유는 희생은 성령의 사랑을 표현하는 열정이기 때문입니다.

주님은 자기 희생적 삶의 본이십니다. "나의 하나님이여 내가 주의 뜻 행하기를 즐기오니"시 40:8. 주님께서는 감당할 수 없는 기쁨으로 자신의 희생을 치르셨습니다. 예수 그리스도께 완전히 순복하며 자신을 내어드렸습니까? 만일 예수 그리스도를 위한 것이 아니라면 그 어떠한 희생도 아무 유익이 없습니다. 주님께 우리의 눈을 고정한 가운데 자기 희생을 치렀을 때, 서서히 그러나 분명하게 주의 빛으시는 역사가 나타나기 시작합니다.

자연적인 애착들이 사랑 안에서 행하는 당신의 삶을 방해하지 못하도록 하십시오. 자연적인 애착을 제거하려면 그것을 혐오하면 됩니다. 성도의 애착은 주 예수 그리스도여야 합니다. 하나님을 향한 우리의 사랑이 감상적이 되어서는 안 됩니다. 그 이유는 하나님이 사랑하심같이 성도가 사랑하는 것은 가장 실천적인 것이기 때문입니다.

"너희를 친구라 하였노니." 예수님과의 우정은 우리 안에 창조된 새 생명 위에 세워지는 것으로서 옛 생명에 대해 아무 애착이 없고 오직 하나님의 생명과만 나누는 것입니다. 그 우정은 말로 다할 수 없을 정도로 겸손하며 조금도 흠 없이 맑고 완벽하게 주님께 헌신하는 것입니다.

Are you ever disturbed?

Peace I leave with you, My peace I give unto you. John 14:27.

There are times when our peace is based upon ignorance, but when we awaken to the facts of life, inner peace is impossible unless it is received from Jesus. When Our Lord speaks peace, He makes peace, His words are ever "spirit and life." Have I ever received what Jesus speaks? "My peace I give unto you"—it is a peace which comes from looking into His face and realizing His undisturbedness.

Are you painfully disturbed just now, distracted by the waves and billows of God's providential permission, and having, as it were, turned over the boulders of your belief, are you still finding no well of peace or joy or comfort; is all barren? Then look up and receive the undisturbedness of the Lord Jesus. Reflected peace is the proof that you are right with God because you are at liberty to turn your mind to Him. If you are not right with God, you can never turn your mind anywhere but on yourself. If you allow anything to hide the face of Jesus Christ from you, you are either disturbed or you have a false security.

Are you looking unto Jesus now, in the immediate matter that is pressing, and receiving from Him peace? If so, He will be a gracious benediction of peace in and through you: But if you try to worry it out, you obliterate Him and deserve all you get. We get disturbed because we have not been considering Him. When one confers with Jesus Christ the perplexity goes, because He has no perplexity, and our only concern is to abide in Him. Lay it all out before Him and in the face of difficulty, bereavement and sorrow, hear Him say—"Let not your heart be troubled."

불안합니까?

평안을 너희에게 끼치노니 곧 나의 평안을 너희에게 주노라 (요 14:27).

8월 26일

무지로 인해 마음이 평안할 때가 있습니다. 그러나 우리가 삶 가운데 발생하는 사건들을 깨닫게 될 때, 예수님께로부터 받지 않은 한 내면의 평안은 유지될 수 없습니다. 주님께서 "평안하라"고 말씀하시면 평안이 생깁니다. 그분의 말씀은 변함없는 "영이요 생명입니다." 예수님께서 말씀하신 것을 받은 적이 있습니까? "나의 평안을 너희에게 주노라." 이 평안은 주님의 얼굴을 바라보고 그분의 평강을 깨달을 때 옵니다.

지금 고통스러울 정도로 불안합니까? 하나님의 주권 가운데 허락된 풍랑과 바람으로 마음이 혼란 가운데 있습니까? 당신의 믿음의 반석들을 다 들춰보았지만 여전히 평강과 기쁨과 위로가 없습니까? 마음이 허망합니까? 그렇다면 주 예수님의 평강을 바라보고 그것을 받으십시오. 당신의 마음속에 투영되는 평안은 당신이 하나님과 바른 관계에 있음을 의미하며, 이는 당신의 마음이 주님께로 향했다는 증거입니다. 당신은 언제든지 당신의 마음을 주님께 드릴 수 있는 자유가 있습니다. 만일 하나님과 바른 관계에 있지 않다면, 당신의 마음은 오직 자신만 생각할 수밖에 없습니다. 그 어떤 것에도 마음을 줄 수 없습니다. 만일 어떤 이유이든 예수 그리스도의 얼굴을 바라보지 않는다면, 당신은 불안에 빠지든지 아니면 거짓된 안정감을 취하게 됩니다.

당신을 압박하는 문제들 가운데서 지금 예수님을 바라봄으로 평안을 얻고 있습니까? 그렇다면 주님께서는 당신 안에, 그리고 당신을 통해 평강의 은혜로운 축복이 되실 것입니다. 그러나 염려함으로 문제들을 해결하려고 한다면, 당신은 주님을 밀쳐내는 것이며 이에 합당한 결과를 얻게 됩니다. 우리가 불안에 빠지는 이유는 주님을 고려하지 않기 때문입니다. 그러나 누구든지 예수 그리스도와 상의할 때 당황스러움은 사라지게 되고 우리의 유일한 관심은 주님 안에 거하는 것이 됩니다. 그 이유는 주님께는 당황스러움이 없기 때문입니다. 주님 앞에 모든 것을 내어놓으십시오. 고통, 이별, 슬픔을 당할 때 "너희는 마음에 근심하지 말라"요 14:1는 주님의 말씀에 귀를 기울이십시오.

Theology alive

Aug. 27th

Walk while ye have the light, lest darkness come upon you. John 12:35.

Beware of not acting upon what you see in your moments on the mount with God. If you do not obey the light, it will turn into darkness. "If therefore the light that is in thee be darkness, how great is that darkness!" The second you waive the question of sanctification or any other thing upon which God gave you light, you begin to get dry rot in your spiritual life. Continually bring the truth out into actuality; work it out in every domain, or the very light you have will prove a curse.

The most difficult person to deal with is the one who has the smug satisfaction of an experience to which he can refer back, but who is not working it out in practical life. If you say you are sanctified, show it. The experience must be so genuine that it is shown in the life. Beware of any belief that makes you self-indulgent; it came from the pit, no matter how beautiful it sounds.

Theology must work itself out in the most practical relationships. "Except your righteousness shall exceed the righteousness of the scribes and Pharisees,⋯" said Our Lord, i.e., you must be more moral than the most moral being you know. You may know all about the doctrine of sanctification, but are you running it out into the practical issues of your life? Every bit of our life, physical, moral and spiritual, is to be judged by the standard of the Atonement.

속죄의 표준

빛이 있을 동안에 다녀 어둠에 붙잡히지 않게 하라 (요 12:35).

당신이 하나님과 함께 변화산 상에 있었을 때 본 것을 삶에 실천하지 않는 것을 주의하십시오. 만일 당신이 빛에 순종하지 않으면 그 빛은 어둠으로 변할 것입니다. "네게 있는 빛이 어두우면 그 어둠이 얼마나 더하겠느냐"마 6:23. 하나님께서 빛으로 비추어주신 성화 및 여러 문제를 당신이 거부하는 순간, 당신의 영적 생명은 말라비틀어지기 시작합니다. 모든 삶의 영역에서 계속 진리를 삶에 실천하십시오. 그렇지 않으면 당신이 받은 바로 그 빛이 저주가 될 것입니다.

가장 다루기 힘든 사람은 과거의 영적 경험에 잘난 척하며 만족하지만 현실적인 삶에서는 그 경험대로 살지 않는 사람입니다. 만일 당신이 스스로 성화되었다고 말한다면 그 증거를 보이십시오. 그 경험은 삶 속에서 보일 만큼 진짜여야 합니다. 자기 만족에 빠지는 믿음을 주의하십시오. 그것은 아무리 아름답게 들려도 지옥 구덩이로부터 온 것입니다.

신학은 가장 현실적인 관계 속에서 그 진가를 증거해야 합니다. 주님께서는 "너희 의가 서기관과 바리새인보다 더 낫지 못하면 결코 천국에 들어가지 못하리라"마 5:20고 말씀하셨습니다. 즉, 당신이 아는 가장 도덕적인 사람보다 더 도덕적이어야 한다는 말씀입니다. 당신은 성화에 관한 교리에 대해 잘 알고 있지만, 삶의 현실적인 문제에서도 그 교리대로 행동하고 있습니까? 당신의 물질적, 도덕적, 영적인 면에서 삶의 모든 부분은 예수 그리스도의 속죄의 표준에 의해 평가되어야 합니다.

What's the good of prayer?

Aug. 28th

Lord, teach us to pray. Luke 11:1.

It is not part of the life of a natural man to pray. We hear it said that a man will suffer in his life if he does not pray; I question it. What will suffer is the life of the Son of God in him, which is nourished, not by food, but by prayer. When a man is born from above, the life of the Son of God is born in him, and he can either starve that life or nourish it. Prayer is the way the life of God is nourished. Our ordinary views of prayer are not found in the New Testament. We look upon prayer as a means of getting things for ourselves; the Bible idea of prayer is that we may get to know God Himself.

"Ask and ye shall receive." We grouse before God, we are apologetic or apathetic, but we ask very few things. Yet what a splendid audacity a childlike child has! Our Lord says—"Except ye become as little children." Ask, and God will do. Give Jesus Christ a chance, give Him elbow room, and no man will ever do this unless he is at his wits' end. When a man is at his wits' end it is not a cowardly thing to pray, it is the only way he can get into touch with Reality. Be yourself before God and present your problems, the things you know you have come to your wits' end over. As long as you are self-sufficient, you do not need to ask God for anything.

It is not so true that "prayer changes things" as that prayer changes me and I change things. God has so constituted things that prayer on the basis of Redemption alters the way in which a man looks at things. Prayer is not a question of altering things externally, but of working wonders in a man's disposition.

기도는 나를 바꿉니다

제자 중 하나가 여짜오되 주여 … 기도를 … 우리에게도 가르쳐 주옵소서 (눅 11:1).

8월 28일

 기도는 거듭나지 않은 사람의 삶의 일부가 될 수 없습니다. 흔히 기도하지 않는 사람은 그의 삶에서 고통을 당할 것이라고 하지만, 그렇지 않습니다. 우리가 기도하지 않을 때 어려움을 당하시는 분은 우리 안에 계신 하나님의 아들의 생명입니다. 이 생명은 음식이 아니라 기도에 의해 영양을 공급받습니다. 사람이 위로부터 거듭나게 되면 하나님의 아들의 생명이 그 사람 안에서 태어나게 되는데, 이때 그 사람은 그 생명을 굶길 수도 있고 영양을 줄 수도 있습니다. 기도는 우리 안에 있는 하나님의 생명이 영양을 공급받는 방법입니다. 기도에 관한 우리의 일반적인 개념은 성경이 가르치는 것과 같지 않습니다. 우리는 흔히 기도를 자신을 위해 뭔가 얻는 수단으로 생각합니다. 그러나 성경에서 말하는 기도의 개념은 우리가 기도를 통해 하나님 그분을 알게 되는 것입니다.

 "구하는 이마다 받을 것이요"눅 11:10. 우리는 하나님 앞에서 불평합니다. 기도를 통해 무엇을 구하기보다 변명하거나 기도에 신경 쓰지 않습니다. 그러나 어린아이 같은 하나님의 자녀들은 얼마나 확실한 담대함을 보입니까? 주님께서 말씀하십니다. "어린아이들과 같이 되지 아니하면." 구하십시오. 하나님께서 주실 것입니다. 예수 그리스도께 주의 뜻대로 하실 수 있는 기회를 드리십시오. 그러나 우리는 막다른 상황이 오기 전까지는 그렇게 하지 않습니다. 어쩔 수 없는 상황에서 기도하는 것은 겁쟁이들이나 하는 것이 아닙니다. 오히려 기도는 실체 되시는 주님을 접할 수 있는 유일한 길입니다. 하나님 앞에 당신 모습 그대로 서서 도무지 해결할 수 없는 문제들을 아뢰십시오. 당신이 자기 만족에 빠져 있다면, 하나님께 그 어떤 것도 구할 필요를 느끼지 않을 것입니다.

 "기도는 상황을 바꾼다"는 말은 맞지 않습니다. 기도는 나를 바꾸며 나는 상황을 바꿉니다. 하나님은 구속을 기초로 한 기도가 그 사람이 상황을 보는 눈을 바꾸도록 설정하셨습니다. 기도는 외부적인 것들을 바꾸는 문제가 아니라 사람의 성향을 바꾸어내는 놀라운 기적을 일으키는 역사입니다.

Sublime intimacy

Aug. 29th

Said I not unto thee, that if thou wouldest believe, thou shouldest see the glory of God? John 11:40.

Every time you venture out in the life of faith, you will find something in your commonsense circumstances that flatly contradicts your faith. Common sense is not faith, and faith is not common sense; they stand in the relation of the natural and the spiritual. Can you trust Jesus Christ where your common sense cannot trust Him? Can you venture heroically on Jesus Christ's statements when the facts of your commonsense life shout "It's a lie?" On the mount it is easy to say—"Oh yes, I believe God can do it"; but you have to come down into the demon-possessed valley and meet with facts that laugh ironically at the whole of your mount-of-transfiguration belief. Every time my programme of belief is clear to my own mind, I come across something that contradicts it. Let me say I believe God will supply all my need, and then let me run dry, with no outlook, and see whether I will go through the trial of faith, or whether I will sink back to something lower.

Faith must be tested, because it can be turned into a personal possession only through conflict. What is your faith up against just now? The test will either prove that your faith is right, or it will kill it. "Blessed is he whosoever shall not be offended in Me." The final thing is confidence in Jesus. Believe steadfastly on Him and all you come up against will develop your faith. There is continual testing in the life of faith, and the last great test is death. May God keep us in fighting trim! Faith is unutterable trust in God which never dreams that He will not stand by us.

믿음의 싸움

8월 29일

예수께서 이르시되 내 말이 네가 믿으면
하나님의 영광을 보리라 하지 아니하였느냐 (요 11:40).

믿음의 삶 가운데 과감히 앞으로 나아갈 때마다 당신의 믿음과 자명하게 상반되는 일들이 상식적인 상황에서 발견됩니다. 상식은 믿음이 아닙니다. 상식은 자연적인 것, 믿음은 초자연적인 것과 관련됩니다. 상식적으로는 주님을 의지할 수 없는 상황에서 예수 그리스도를 의지할 수 있습니까? 상식적인 판단이 "거짓말이 아닐까?"라고 외칠 때에도 용감하게 예수 그리스도의 말씀을 믿고 나아갈 수 있습니까? 변화산 상에서는 "네, 그렇습니다. 나는 하나님께서 그 일을 하실 수 있다고 믿습니다"라고 말하기 쉽지만, 악령으로 가득 찬 계곡으로 내려오면 당신의 변화산 상에서의 모든 믿음을 비아냥거리는 사건들을 대면해야 합니다. 믿음의 체계적 사고가 내 마음에 자명할 때마다 오히려 그와 상반되는 현실들을 만나게 됩니다. 가령, 하나님께서 나의 모든 필요를 채우신다고 믿는다고 고백하는 순간 나는 궁핍해지고 미래가 보이지 않습니다. 이러한 때 나는 믿음의 시련을 통과하겠습니까? 아니면 더 낮은 차원으로 뒤로 물러앉겠습니까?

믿음은 시련을 거쳐야만 합니다. 그 이유는, 믿음은 오직 시험을 지나야만 인격적으로 소유한 믿음이 될 수 있기 때문입니다. 지금 당신이 겪고 있는 믿음의 시험은 무엇입니까? 그 시험은 당신의 믿음을 입증할 수도 있고 그 믿음을 죽일 수도 있습니다. "누구든지 나로 말미암아 실족하지 아니하는 자는 복이 있도다"마 11:6. 믿음에서 마지막까지 가장 중요한 것은 예수님에 대한 확신입니다. 끝까지 견고하게 주님을 믿으십시오. 당신이 만나는 모든 역경은 당신의 믿음을 자라나게 할 것입니다. 믿음의 삶에는 계속적인 시험이 있을 것이고 마지막 가장 큰 시험은 죽음입니다. 하나님께서 우리의 믿음의 싸움에서 우리를 지켜주시기를 간구해야 합니다. 믿음이란 말로 다할 수 없을 정도로 하나님을 신뢰하는 것이며, 주께서 우리를 내버려두신다는 것은 꿈도 꿀 수 없는 확신입니다.

Am I convinced by Christ?

Notwithstanding in this rejoice not ⋯, but rather rejoice because your names are written in heaven. Luke 10:19-20.

Jesus Christ says, in effect, Don't rejoice in successful service, but rejoice because you are rightly related to Me. The snare in Christian work is to rejoice in successful service, to rejoice in the fact that God has used you. You never can measure what God will do through you if you are rightly related to Jesus Christ. Keep your relationship right with Him, then whatever circumstances you are in, and whoever you meet day by day, He is pouring rivers of living water through you, and it is of His mercy that He does not let you know it. When once you are rightly related to God by salvation and sanctification, remember that wherever you are, you are put there by God; and by the reaction of your life on the circumstances around you, you will fulfil God's purpose, as long as you keep in the light as God is in the light.

The tendency today is to put the emphasis on service. Beware of the people who make usefulness their ground of appeal. If you make usefulness the test, then Jesus Christ was the greatest failure that ever lived. The lodestar of the saint is God Himself, not estimated usefulness. It is the work that God does through us that counts, not what we do for Him. All that Our Lord heeds in a man's life is the relationship of worth to His Father. Jesus is bringing many sons to glory.

사역보다 관계가 중요합니다

그러나 귀신들이 너희에게 항복하는 것으로 기뻐하지 말고 너희 이름이 하늘에 기록된 것으로 기뻐하라 (눅 10:20).

예수님께서는 성공적인 사역으로 기뻐하지 말고 당신이 주님과 바른 관계에 있는 것으로 기뻐하라고 말씀하십니다. 그리스도인의 사역에서 함정은 성공적인 사역으로 기뻐하는 것이요, 하나님께서 당신을 사용하셨다는 사실로 기뻐하는 것입니다. 당신이 만일 예수 그리스도와 바른 관계에 있으면 당신을 통해 하나님께서 무엇을 하실지 절대로 짐작할 수 없습니다. 계속적으로 주님과 바른 관계를 유지하십시오. 그러면 당신이 어떠한 상황에 있든, 매일 누구를 만나든, 주님은 당신을 통해 생수의 강을 흐르게 하실 것입니다. 이때 당신으로 하여금 이러한 사실을 모르게 하시는 것도 주님의 자비입니다. 구원과 성화를 통해 하나님과 바른 관계에 있게 되었다면, 당신이 처한 그곳이 바로 하나님께서 친히 정하신 곳임을 기억하십시오. 하나님께서 빛 가운데 계심같이 당신도 빛 가운데 거하기만 하면, 주변 상황에 대한 당신의 반응에 의해 당신은 하나님의 뜻을 이루게 될 것입니다.

오늘날의 풍조는 사역을 강조하고 있습니다. 사람들의 유용성으로 그들의 사역의 기초를 삼는 자들을 경계하십시오. 당신이 사람을 유용성으로 평가한다면, 예수 그리스도는 이 세상에서 살았던 자들 중 가장 큰 실패자일 것입니다. 성도를 인도하는 대상은 하나님이시지 당신의 유용성이 아닙니다. 하나님께서 우리를 통해 하시는 일이 중요한 것이지, 우리가 주를 위해 하는 일이 중요한 것이 아닙니다. 주님께서 사람의 삶 속에서 가장 귀히 여기시는 것은 그 사람이 하나님 아버지와 어떠한 관계를 갖는가 하는 것입니다. 예수님께서는 "많은 아들들을 이끌어" 히 2:10 하나님 아버지의 영광에 들어가게 하십니다.

Aug. 31st

My joy … your joy

*That My joy might remain in you,
and that your joy might be full.* John 15:11.

What was the joy that Jesus had? It is an insult to use the word happiness in connection with Jesus Christ. The joy of Jesus was the absolute self-surrender and self-sacrifice of Himself to His Father, the joy of doing that which the Father sent Him to do. "I delight to do Thy will." Jesus prayed that our joy might go on fulfilling itself until it was the same joy as His. Have I allowed Jesus Christ to introduce His joy to me?

The full flood of my life is not in bodily health, not in external happenings, not in seeing God's work succeed, but in the perfect understanding of God, and in the communion with Him that Jesus Himself had. The first thing that will hinder this joy is the captious irritation of thinking out circumstances. The cares of this world, said Jesus, will choke God's word. Before we know where we are, we are caught up in the shows of things. All that God has done for us is the mere threshold; He wants to get us to the place where we will be His witnesses and proclaim Who Jesus is.

Be rightly related to God, find your joy there, and out of you will flow rivers of living water. Be a centre for Jesus Christ to pour living water through. Stop being self-conscious, stop being a sanctified prig, and live the life hid with Christ. The life that is rightly related to God is as natural as breathing wherever it goes. The lives that have been of most blessing to you are those who were unconscious of it.

진정한 기쁨

8월 31일

내가 이것을 너희에게 이름은 내 기쁨이 너희 안에 있어
너희 기쁨을 충만하게 하려 함이니라 (요 15:11).

예수님께서 누리셨던 기쁨은 어떤 기쁨이었습니까? 예수 그리스도와 관련해 '행복'이라는 단어를 쓰는 것은 모독입니다. 예수님의 기쁨은 주님의 아버지께 드리는 완전한 자기 포기와 자기 희생이었습니다. 곧 아버지께서 주님께 맡기신 일을 수행하는 기쁨입니다. "내가 주의 뜻 행하기를 즐기오니"시 40:8. 예수님은 우리가 예수님께서 누리셨던 똑같은 기쁨을 누리는 분량까지 우리의 기쁨이 충만하도록 기도하셨습니다. 나는 예수 그리스도께서 주님의 기쁨을 내게 소개하시도록 허락했습니까?

풍성한 삶을 사는 것은 건강한 몸이나 외부적 환경에 달려 있지 않습니다. 하나님을 위한 사역이 성공적인 것을 보는 데 있지도 않습니다. 풍성한 삶은 하나님을 완전하게 이해하는 데 있으며 예수님이 하나님과 가지셨던 교통 가운데 있습니다. 이 기쁨을 가장 먼저 방해하는 것은 상황을 바라보는 가운데 짜증을 내는 것입니다. 예수님께서는 세상의 염려가 하나님의 말씀을 막아 결실치 못하게 한다고 말씀하셨습니다. 우리는 어디에 서 있는지 깨닫기 전에 보이는 것들에 마음이 사로잡혀서 근심에 빠집니다. 하나님께서 우리를 위해 하신 모든 일들은 단지 풍성한 삶의 시작일 뿐입니다. 주님은 우리가 주님의 증인이 될 수 있는 곳까지 이끄신 후에 예수님이 누구신지 선포하기를 원하십니다.

하나님과 바른 관계를 가지십시오. 거기서 당신의 기쁨을 발견하십시오. 그러면 당신으로부터 생수의 강이 흐를 것입니다. 예수님께서 생수를 쏟아내실 수 있는 중심점이 되십시오. 자아의식을 멈추고 스스로 거룩하다고 생각하는 교만한 자가 되지 말고 오직 그리스도와 함께 숨겨진 그 생명으로 사십시오. 우리가 어느 곳에 있든지 주님과 함께 우리 안에 숨겨진 그 생명이 하나님과 바른 관계를 맺는 것은 숨을 쉬는 것처럼 자연스러운 것입니다. 가장 축복이 되는 사람들의 삶은 자신들이 누군가에게 가장 큰 축복이 된다는 것도 의식하지 못하고 사는 것입니다.

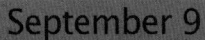

September 9

예수님과 동행하고 있습니까?

크고 작은 시험들 가운데 숨고 싶을 때

Destiny of holiness

Ye shall be holy; for I am holy. 1 Peter 1:16 (R.V.).

Continually restate to yourself what the purpose of your life is. The destined end of man is not happiness, nor health, but holiness. Nowadays we have far too many affinities, we are dissipated with them; right, good, noble affinities which will yet have their fulfilment, but in the meantime God has to atrophy them. The one thing that matters is whether a man will accept the God Who will make him holy. At all costs a man must be rightly related to God.

Do I believe I need to be holy? Do I believe God can come into me and make me holy? If by your preaching you convince me that I am unholy, I resent your preaching. The preaching of the gospel awakens an intense resentment because it must reveal that I am unholy; but it also awakens an intense craving. God has one destined end for mankind, viz., holiness. His one aim is the production of saints. God is not an eternal 'blessing-machine' for men; He did not come to save men out of pity: He came to save men because He had created them to be holy. The Atonement means that God can put me back into perfect union with Himself, without a shadow between, through the Death of Jesus Christ.

Never tolerate through sympathy with yourself or with others any practice that is not in keeping with a holy God. Holiness means unsullied walking with the feet, unsullied talking with the tongue, unsullied thinking with the mind—every detail of the life under the scrutiny of God. Holiness is not only what God gives me, but what I manifest that God has given me.

거룩이라는 목적

내가 거룩하니 너희도 거룩할지어다 (벧전 1:16).

9월 1일

삶의 목적이 무엇인지 계속적으로 자신에게 말하십시오. 삶의 목표는 행복이나 건강이 아니라 거룩입니다. 오늘날 우리는 너무나 많은 옳고 선하고 고상한 애착들을 가지고 있기 때문에, 그 애착들을 이루기 위해 우리의 삶을 다 탕진하고 있습니다. 그러나 우리가 그러는 동안에 하나님께서는 그 애착들을 위축시키셔야 합니다. 단 한 가지 중요한 것은, 사람은 그를 거룩하게 만드실 하나님을 영접하느냐 하는 것입니다. 어떤 희생을 치르더라도 사람은 하나님과 바른 관계를 가져야 합니다.

거룩해져야 한다고 믿습니까? 하나님께서 내게 오셔서 나를 거룩하게 만드실 것을 믿습니까? 만일 당신이 설교를 통해 내가 거룩하지 않다고 설득하면 나는 당신의 설교에 분노할 것입니다. 복음의 설교는 내가 거룩하지 않음을 드러내기 때문에 내게 강한 분노를 일으킵니다. 또한 거룩을 향한 강한 염원을 일으킵니다. 하나님이 인류를 향해 가지신 한 가지 목적은 바로 거룩입니다. 그분의 한 가지 목표는 성도들을 많이 만드시는 것입니다. 하나님은 사람을 위한 영원한 '축복 기계'가 아니십니다. 주님은 동정심으로 우리를 구원하러 오신 것이 아닙니다. 주님은 사람들을 구원하기 위해 오셨는데, 그 이유는 그들이 거룩을 향해 창조되었기 때문입니다. 속죄란 하나님께서 예수 그리스도의 죽음을 통해 나와 하나님 자신과 완전한 연합의 상태로 회복하셔서 그 둘 사이에 어떠한 그림자도 없게 하는 것입니다.

자신이나 다른 사람을 향한 동정심을 핑계로 거룩하신 하나님과의 관계를 해치는 그 어떤 행위들도 허용하지 마십시오. 거룩은 당신의 발걸음이 더럽혀지지 않는 것이고, 당신의 혀로 더러운 것을 말하지 않는 것이며, 머리로 더러운 생각을 하지 않는 것을 의미합니다. 모든 삶의 영역이 철저하게 하나님의 심사를 거치는 것입니다. 거룩은 하나님께서 내게 주신 것일 뿐 아니라 하나님께서 내게 주신 것을 나를 통해 드러내는 것입니다.

The sacrament of sacrifice

Sep. 2nd

He that believeth in Me, ⋯ out of him shall flow ⋯. John 7:38.

Jesus did not say—"he that believeth in Me shall realize the blessing of the fullness of God," but—"he that believeth in Me, out of him shall escape everything he receives." Our Lord's teaching is always antiself-realization. His purpose is not the development of a man; His purpose is to make a man exactly like Himself, and the characteristic of the Son of God is self-expenditure. If we believe in Jesus, it is not what we gain, but what He pours through us that counts. It is not that God makes us beautifully rounded grapes, but that He squeezes the sweetness out of us. Spiritually, we cannot measure our life by success, but only by what God pours through us, and we cannot measure that at all.

When Mary of Bethany broke the box of precious ointment and poured it on Jesus' head, it was an act for which no one else saw any occasion; the disciples said it was a waste. But Jesus commended Mary for her extravagant act of devotion, and said that wherever His gospel was preached "this also that she hath done shall be spoken of for a memorial of her." Our Lord is carried beyond Himself with joy when He sees any of us doing what Mary did, not being set on this or that economy, but being abandoned to Him. God spilt the life of His Son that the world might be saved; are we prepared to spill out our lives for Him?

"He that believeth in Me out of him shall flow rivers of living water," that is, hundreds of other lives will be continually refreshed. It is time now to break the life, to cease craving for satisfaction, and to spill the thing out. Our Lord is asking who of us will do it for Him?

생명을 깨뜨릴 시간

나를 믿는 자는 … 그 배에서 생수의 강이 흘러나오리라 (요 7:38).

9월 2일

예수님께서는 "나를 믿는 자는 하나님의 충만하신 복을 누릴 것이다"라고 말씀하지 않으십니다. 그러나 "나를 믿는 자는 그가 받은 모든 것이 그로부터 나오게 된다"라고 말씀하셨습니다. 주님의 가르침은 언제나 자기 실현과는 정반대입니다. 주님의 목적은 사람을 개발하는 것이 아니라 사람을 주님과 정확하게 같게 만드는 것입니다. 하나님의 아들의 특징은 자신을 소모하는 것입니다. 예수님을 믿는다면 우리가 무엇을 얻는 것이 아니라 주님께서 우리를 통해 가장 귀한 것들을 부으시는 것입니다. 곧 하나님께서 우리를 아름답고 좋은 포도로 만드시는 것이 아니라 우리를 통해 포도즙을 짜내시는 것입니다. 영적인 세계에서 볼 때, 우리는 성공으로 우리 삶을 평가해서는 안 되며, 단지 하나님께서 우리를 통해 부으시는 것으로 평가되어야 합니다. 그러나 이 부분에서 우리는 전혀 평가할 수 없습니다.

베다니의 마리아가 귀한 향유를 깨뜨려 예수님의 머리에 부었을 때, 이는 누가 보아도 아무 의미가 없는 행위였습니다. 그래서 제자들은 이를 낭비라고 말했습니다. 그러나 예수님께서는 마리아의 터무니없는 낭비처럼 보이는 헌신을 칭찬하시며 "어디서든지 복음이 전파되는 곳에는 이 여자가 행한 일도 말하여 그를 기억하리라"막 14:9고 말씀하셨습니다. 주님께서는 이런저런 계산에 얽매이지 않고 모든 것을 주께 다 드린 마리아가 했던 행위를 우리도 할 때 기쁨을 이기지 못하십니다. 하나님은 그분의 아들의 생명을 쪼개셔서 세상이 구원을 받도록 하셨습니다. 우리도 주를 위해 우리의 생명을 쏟아부을 준비가 되어 있습니까?

"나를 믿는 자는 … 그 배에서 생수의 강이 흘러나오리라." 이 믿는 자를 통해 흐르는 생수의 강으로 인해 수없이 많은 다른 사람의 생명들이 끊임없이 새로워질 것입니다. 지금은 생명을 깨뜨릴 시간입니다. 자기 만족을 추구하는 욕구를 멈추고 모든 것을 주를 위해 쏟아부을 때입니다. 주님은 "누가 주님을 위해 이 일을 할까"라고 묻고 계십니다.

The waters of satisfaction scattered

Sep. 3rd

··· *Nevertheless he would not drink thereof but poured it out unto the Lord.* 2 Samuel 23:16.

What has been like water from 'the well of Bethlehem' to you recently—love, friendship, spiritual blessing? Then at the peril of your soul, you take it to satisfy yourself. If you do, you cannot pour it out before the Lord. You can never sanctify to God that with which you long to satisfy yourself. If you satisfy yourself with a blessing from God, it will corrupt you; you must sacrifice it, pour it out, do with it what common sense says is an absurd waste.

How am I to pour out unto the Lord natural love or spiritual blessing? In one way only—in the determination of my mind. There are certain acts of other people which one could never accept if one did not know God, because it is not within human power to repay them. But immediately I say—"This is too great and worthy for me, it is not meant for a human being at all, I must pour it out unto the Lord"; then these things pour out in rivers of living water all around. Until I do pour these things out before the Lord, they endanger those I love as well as myself because they will turn to lust. We can be lustful in things which are not sordid and vile. Love has to get to its transfiguration point of being poured out unto the Lord.

If you have become bitter and sour, it is because when God gave you a blessing you clutched it for yourself; whereas if you had poured it out unto the Lord, you would have been the sweetest person out of heaven. If you are always taking blessings to yourself and never learn to pour out anything unto the Lord, other people do not get their horizon enlarged through you.

주님께 부어드릴 수 있습니까?

9월 3일

베들레헴 성문 곁 우물물을 길어가지고 다윗에게로 왔으나 다윗이 마시기를 기뻐하지 아니하고 그 물을 여호와께 부어드리며 (삼하 23:16).

    최근에 당신에게 '베들레헴의 우물물'은 무엇이었습니까? 사랑, 우정, 영적 축복입니까? 당신의 영혼이 위험할 정도로 당신의 만족만을 위해 그것을 취한다면 당신은 그것을 하나님 앞에서 부을 수 없습니다. 자신을 만족시키기 위해 갈망하는 것들로는 하나님께 거룩하게 구별해드릴 수 없습니다. 하나님께로부터 오는 축복으로 당신의 욕구를 채우려 한다면 오히려 그 축복은 당신을 부패하게 할 것입니다. 당신은 그것을 여호와 하나님께 희생제물로 부어드려야 합니다. 상식적으로는 말도 안 되는 낭비처럼 보입니다.

    주님께 어떻게 본능적인 애착과 영적 축복을 부어드릴 수 있습니까? 오직 한 가지 방법은 마음을 결심하는 것입니다. 어떤 사람이 하나님을 알지 못할 때 다른 사람들이 그에게 행하는 어떤 귀한 행위를 그가 결코 받아들일 수 없는 때가 있습니다. 그 이유는 그들의 행위를 갚는 것이 인간의 능력을 벗어나기 때문입니다. 그러나 내가 즉시 "이는 내가 감당하기에 너무 크고 가치가 있다"고 말한다면, 이는 한 사람만을 위한 것이 아니기에 그것을 주님께 부어드려야 합니다. 그러면 이 귀한 것들이 그 주변을 생수의 강으로 넘치게 합니다. 그러나 내가 이것들을 주님 앞에 부어드리지 않는다면, 이것들은 나의 탐욕이 되기 때문에 나 자신뿐 아니라 내가 사랑하는 사람들까지 위험에 처하게 합니다. 우리는 더럽고 사악한 것이 아닌 것들을 향해서도 탐욕을 가질 수 있습니다. 사랑은 주님께 부어드려야 하는 변화의 지점까지 이르러야만 합니다.

    만일 당신이 원한을 품고 마음이 상했다면 이는 하나님께서 당신에게 주신 축복을 자신만을 위해 움켜쥐었기 때문입니다. 그러나 당신이 그것을 주님께 부어 드린다면 당신은 하늘에서 내려온 가장 멋진 사람이 될 것입니다. 만일 당신이 언제나 당신 자신만을 위해 축복을 움켜쥐고 주님께 그 축복을 부어드리는 것을 배우지 못한다면 다른 사람들은 당신을 통해 그들의 지경을 넓히지 못하게 되는 것입니다.

Sep. 4th

His!

Thine they were, and Thou gavest them Me. John 17:6.

The missionary is one in whom the Holy Ghost has wrought this realization—"Ye are not your own." To say 'I am not my own,' is to have reached a great point in spiritual nobility. The true nature of the life in the actual whirl is the deliberate giving up of myself to another in sovereign preference, and that other is Jesus Christ. The Holy Spirit expounds the nature of Jesus to me in order to make me one with my Lord, not that I might go off as a showroom exhibit. Our Lord never sent any of the disciples out on the ground of what He had done for them. It was not until after the Resurrection, when the disciples had perceived by the power of the Holy Spirit Whom He was, that Jesus said "Go."

"If any man come to Me and hate not …, he cannot be My disciple," not—he cannot be good and upright, but—he cannot be one over whom Jesus writes the word 'Mine.' Any one of the relationships Our Lord mentions may be a competitive relationship. I may prefer to belong to my mother, or to my wife, or to myself; then says Jesus, you cannot be My disciple. This does not mean I will not be saved, but it does mean that I cannot be 'His.'

Our Lord makes a disciple His own possession, He becomes responsible for him. "Ye shall be witnesses unto Me." The spirit that comes in is not that of doing anything for Jesus, but of being a perfect delight to Him. The secret of the missionary is—I am His, and He is carrying out His enterprises through me.

Be entirely His.

온전히 주님의 것이 되십시오!

그들은 아버지의 것이었는데 내게 주셨으며 (요 17:6).

9월 4일

선교사란 하나님의 영이 다음의 깨달음을 허락하시는 자들입니다. "너희는 너희 자신의 것이 아니라"고전 6:19. "나는 내 것이 아니라"는 사실을 깨닫고 말하는 것은 영적 성장에 있어서 높은 위치에 이른 것입니다. 현실적인 소요 가운데서 성령의 인도함을 받는 진정한 삶의 특징은 완전한 하나님의 주권 앞에 마음을 다해 자신을 비우고 다른 분께 맡기는 것입니다. 그분은 다름 아닌 예수 그리스도이십니다. 성령은 예수님의 속성을 나에게 설명해주시며 나로 하여금 주님과 하나 되게 하십니다. 이때 나는 자신을 드러내려고 하지 않습니다. 주님은 절대로 주께서 그들을 위해 이루셨던 기적을 근거로 제자들을 파송하신 적이 없으십니다. 예수님의 부활 이후에 제자들이 성령의 능력으로 예수님이 누구셨는지를 알아보기 전까지는 "가라"고 말씀하지 않으셨습니다.

"무릇 내게 오는 자가 자기 부모와 처자와 형제와 자매와 더욱이 자기 목숨까지 미워하지 아니하면 능히 내 제자가 되지 못하고"눅 14:26. 그가 착하고 바른 사람이 될 수 없다는 뜻이 아니라 주께서 '내 것'이라는 단어를 쓸 수 없는 사람이 된다는 뜻입니다. 지금 주께서 말씀하시는 인간관계는 주님을 향해 경쟁이 되는 관계입니다. 나는 부모님께 속하기를 더 원하고 배우자 또는 자신에게 속하기를 더 원할 수 있습니다. 그때 주께서는 "너는 내 제자가 될 수 없다"고 말씀하십니다. 이는 구원받지 못한다는 뜻이 아니라 '주님의 것'이 되지 못한다는 뜻입니다. 주님께서는 제자들을 그분 자신의 소유로 만드셨습니다. 따라서 주께서는 그 사람에 대해 책임지십니다. "너는 내 증인이 되리라." 우리 안에 들어오시는 영은 주를 위해 뭔가 하게 하는 영이라기보다 주님께서 가장 기뻐하시는 존재로 만드시는 영입니다. 진정한 선교의 비밀은 "나는 그분의 것이라. 그리고 그분께서 나를 통해 그분의 사역을 이루고 계신다"는 것입니다.

온전히 주님의 것이 되십시오!

The missionary watching

Sep. 5th

Watch with Me. Matthew 26:40.

"Watch with Me"—with no private point of view of your own at all, but watch entirely with Me. In the early stages we do not watch with Jesus, we watch for Him. We do not watch with Him through the revelation of the Bible; in the circumstances of our lives. Our Lord is trying to introduce us to identification with Himself in a particular Gethsemane, and we will not go; we say—"No, Lord, I cannot see the meaning of this, it is bitter." How can we possibly watch with Someone Who is inscrutable? How are we going to understand Jesus sufficiently to watch with Him in His Gethsemane, when we do not know even what His suffering is for? We do not know how to watch with Him; we are only used to the idea of Jesus watching with us.

The disciples loved Jesus Christ to the limit of their natural capacity, but they did not understand what He was after. In the Garden of Gethsemane they slept for their own sorrow, and at the end of three years of the closest intimacy they "all forsook Him and fled."

"They were all filled with the Holy Ghost"—the same "they," but something wonderful has happened in between, viz., Our Lord's Death and Resurrection and Ascension, and the disciples have been invaded by the Holy Spirit. Our Lord had said—"Ye shall receive power after that the Holy Ghost is come upon you," and this meant that they learned to watch with Him all the rest of their lives.

깨어 있으십시오!

너희가 나와 함께 한 시간도 이렇게 깨어 있을 수 없더냐 (마 26:40).

"나와 함께 깨어 있으라." 자신의 개인적인 입장은 다 내려놓고 오직 주와 함께 온전히 깨어 있어야 합니다. 구원받은 후 처음 단계에서는 주님과 '함께' 깨어 있지 않고 주를 '위해' 깨어 있을 뿐입니다. 우리는 삶의 상황들 가운데서 성경의 계시를 통해 주님과 함께 깨어 있지 않습니다. 주님께서는 우리에게 겟세마네라는 특별한 상황에서 자신과 함께 하나가 되자고 제안하십니다. 이때 우리는 가지 않으려고 합니다.

"싫어요, 주님. 저는 그렇게 하시는 이유를 알 수 없어요. 게다가 너무 힘들어요."

어떻게 우리가 이해할 수도 없는 분과 함께 깨어 있을 수 있을까요? 주님께서 왜 고통을 당하셨는지 이해하지도 못하는 상황에서, 겟세마네 동산에서 그분과 함께 깨어 있는 일이 과연 가능할까요? 우리는 그분과 어떻게 깨어 있어야 하는지 모릅니다. 단지 주님이 우리와 함께 깨어 계신다는 생각에만 익숙해져 있습니다.

제자들은 인간적으로 사랑할 수 있는 최대의 사랑으로 주를 사랑했습니다. 그러나 그들은 주께서 무엇을 추구하시는지 이해할 수 없었습니다. 겟세마네 동산에서 그들은 자신들의 슬픔 가운데 잠이 들었고, 그렇게 친밀했던 3년 동안의 관계에도 불구하고 끝에 가서는 모두 예수님을 버리고 도망쳤습니다.

"그들이 다 성령의 충만함을 받고"행 2:4. 여기서 "저희"는 예수님을 버리고 도망친 사람들입니다. 그러나 엄청난 일들이 그 사이에 발생했습니다. 주님의 죽으심과 부활과 승천을 지난 후에, 주께서 말씀하신 대로 제자들은 성령의 임재하심을 체험하게 되었습니다. "성령이 너희에게 임하시면 너희가 권능을 받고"행 1:8. 이후 그들은 그들의 남은 생애 가운데 주님과 함께 깨어 있는 것이 무엇인지를 배웠던 것입니다.

Diffusiveness of life

Rivers of living water. John 7:38.

A river touches places of which its source knows nothing, and Jesus says if we have received of His fulness, however small the visible measure of our lives, out of us will flow the rivers that will bless to the uttermost parts of the earth. We have nothing to do with the outflow—"This is the work of God that ye believe ···." God rarely allows a soul to see how great a blessing he is.

A river is victoriously persistent, it overcomes all barriers. For a while it goes steadily on its course, then it comes to an obstacle and for a while it is baulked, but it soon makes a pathway round the obstacle. Or a river will drop out of sight for miles, and presently emerge again broader and grander than ever. You can see God using some lives, but into your life an obstacle has come and you do not seem to be of any use. Keep paying attention to the Source, and God will either take you round the obstacle or remove it. The river of the Spirit of God overcomes all obstacles. Never get your eyes on the obstacle or on the difficulty. The obstacle is a matter of indifference to the river which will flow steadily through you if you remember to keep right at the Source. Never allow anything to come between yourself and Jesus Christ, no emotion, or experience; nothing must keep you from the one great sovereign Source.

Think of the healing and far-flung rivers nursing themselves in our souls! God has been opening up marvellous truths to our minds, and every point He has opened up is an indication of the wider power of the river He will flow through us. If you believe in Jesus, you will find that God has nourished in you mighty torrents of blessing for others.

축복의 강물

나를 믿는 자는 … 그 배에서 생수의 강이 흘러나오리라 (요 7:38).

9월 6일

강은 그 근원이 알지 못하는 곳으로 흘러갑니다. 예수님께서는 우리가 주님의 충만하심을 받으면 그 충만함이 우리의 삶에서 아주 작게 보일지라도 우리로부터 강이 흐르기 시작하여 땅 끝까지 이르러 복이 될 것이라고 말씀하셨습니다. 우리는 그 강물이 어디로 어떻게 흐를지에 관해서는 아무 상관이 없습니다. "하나님께서 보내신 이를 믿는 것이 하나님의 일이니라"요 6:29. 하나님은 어떤 사람이 세상을 향해 얼마나 위대한 축복인지를 그 사람에게 좀처럼 보게 하지 않으십니다.

강은 모든 장애를 극복하면서 승리하는 모습으로 흘러갑니다. 한동안 꾸준히 그 길을 따라 흐릅니다. 그러다가 장애를 만나게 되고 한동안 막힙니다. 그러나 곧 그 장애물을 돌아서 길을 만들고 나아갑니다. 강은 꽤 긴 거리 동안 보이지 않다가 곧 다시 넓게 합쳐져서 전보다 더 큰 물줄기가 됩니다. 당신은 하나님께서 다른 사람들을 사용하고 계시는 것을 봅니다. 그러나 당신의 삶에는 장애물이 나타나 당신은 아무 쓸모가 없어 보입니다. 근원이신 예수님께 계속 집중하십시오. 하나님께서는 당신으로 하여금 그 장애물을 피해서 가게 하시거나 그 장애물을 아예 제거해주실 것입니다. 성령의 강은 모든 장애물을 극복합니다. 절대로 당신의 시야를 장애물 또는 어려움에 고정시키지 마십시오. 만일 당신이 잊지 않고 근원과 가까이 히고 있다면, 강은 당신을 통해 끊임없이 흘러 그 장애물은 문제도 되지 않을 것입니다. 다른 그 어떤 것도, 감정이든 경험이든, 당신과 예수 그리스도 사이에 끼어들어오지 못하게 하십시오. 그 어떤 것도 유일하고 위대한 주권자이신 예수님으로부터 당신을 차단하지 못하게 하십시오. 우리를 통해 멀리까지 흘러나가 많은 영혼들을 치유하고 살찌우는 강들을 생각해보십시오. 하나님은 우리 마음에 놀라운 진리들을 열어 보여주십니다. 주께서 보여주시는 모든 진리들은 주께서 우리를 통해 흐르게 하시는 강이 점점 더 힘을 얻고 있다는 표시입니다. 당신이 예수님을 믿는다면 하나님께서는 다른 사람들을 위해 당신 안에 강한 축복의 강물을 흐르게 하십니다.

Sep. 7th

Springs of benignity

The water that I shall give him shall be in him a well of water. John 4:14.

The picture Our Lord gives is not that of a channel but a fountain. "Be being filled," and the sweetness of vital relationship to Jesus will flow out of the saint as lavishly as it is imparted to him. If you find your life is not flowing out as it should, you are to blame; something has obstructed the flow. Keep right at the Source, and—you will be blessed personally? No, out of you will flow rivers of living water, irrepressible life.

We are to be centres through which Jesus can flow as rivers of living water in blessing to everyone. Some of us are like the Dead Sea, always taking in but never giving out, because we are not rightly related to the Lord Jesus. As surely as we receive from Him, He will pour out through us, and in the measure He is not pouring out, there is a defect in our relationship to Him. Is there anything between you and Jesus Christ? Is there anything that hinders your belief in Him? If not, Jesus says, out of you will flow rivers of living water. It is not a blessing passed on, not an experience stated, but a river continually flowing. Keep at the Source, guard well your belief in Jesus Christ and your relationship to Him, and there will be a steady flow for other lives, no dryness and no deadness.

Is it not too extravagant to say that out of an individual believer, rivers are going to flow? "I do not see the rivers," you say. Never look at yourself from the standpoint of—"Who am I?" In the history of God's work you will nearly always find that it has started from the obscure, the unknown, the ignored, but the steadfastly true to Jesus Christ.

은혜의 샘물

내가 주는 물은 그 속에서 영생하도록 솟아나는 샘물이 되리라 (요 4:14).

9월 7일

주님이 보여주시는 그림은 물이 흐르는 도랑이 아니라 생수가 솟는 샘입니다. "가득 채우라." 그러면 그에게 부어진 그대로 주님과의 생동력 있는 관계의 아름다움이 그 성도로부터 차고 넘치도록 흘러나올 것입니다. 만일 당신의 생명이 마땅히 넘쳐흘러야 하는데, 그렇지 않다면 이는 당신이 책임을 져야 합니다. 뭔가 그 흐름을 막고 있는 것입니다. 근원(예수님)에게 연결되어 있어야 합니다. 그러면 개인적으로 복을 받습니까? 아닙니다. 그것보다는 당신으로부터 그 누구도 막을 수 없는 생수의 강이 흐르게 됩니다.

우리는 모든 사람들에게 축복이 되는 생수의 강이신 예수님이 우리를 통해 흐르실 수 있도록 샘이 되어야 합니다. 우리 중 어떤 이들은 사해 같아서 언제나 받기만 하고 절대로 나누지 않습니다. 그 이유는 우리가 주 예수님과 바른 관계에 있지 않기 때문입니다. 우리가 주님으로부터 확실하게 받기만 하면, 주님은 우리를 통해 생수의 강을 흘러넘치게 하실 것입니다. 따라서 주님께서 차고 넘치도록 주지 못하시는 이유는 그만큼 주님과의 관계에 결함이 있는 것입니다. 당신과 예수님 사이에 거리를 만드는 뭔가가 있습니까? 그분을 믿는 믿음을 방해하는 것이 있습니까? 없다면, 예수님께서 당신으로부터 생수의 강이 흐르게 될 것이라고 말씀하십니다. 이는 어떤 축복이 전달되는 것도 아니요 어떤 경험도 아니라, 끊임없이 흐르는 생수의 강입니다. 근원(예수님)에 가까이 있어야 합니다. 예수 그리스도를 믿는 당신의 믿음과 그분과의 관계를 잘 지키십시오. 그러면 메마름도 없고 죽음도 없는 가운데 끊임없는 생수가 다른 사람들을 위해 흐를 것입니다.

믿는 한 사람으로부터 강이 흐를 것이라는 말이 너무 지나칩니까? "내게는 강이 보이지가 않네요"라고 당신은 말합니다. "나는 누구인가"라는 관점에서 당신 자신을 보지 마십시오. 하나님 나라 사역의 역사에서 보면, 그 강물은 언제나 거의 보잘것없고 유명하지 않으며 무시당하지만 변함없이 주 예수님께 진실한 사람들로부터 시작됩니다.

Do it yourself

Casting down imaginations and every high thing that exalteth itself against the knowledge of God. 2 Cor. 10:5.

Determinedly Demolish some Things. Deliverance from sin is not deliverance from human nature. There are things in human nature, such as prejudices, which the saint has to destroy by neglect; and other things which have to be destroyed by violence, i.e., by the Divine strength imparted by God's Spirit. There are some things over which we are not to fight, but to stand still in and see the salvation of God; but every theory or conception which erects itself as a rampart against the knowledge of God is to be determinedly demolished by drawing on God's power, not by fleshly endeavour or compromise (v. 4).

It is only when God has altered our disposition and we have entered into the experience of sanctification that the fight begins. The warfare is not against sin; we can never fight against sin: Jesus Christ deals with sin in Redemption. The conflict is along the line of turning our natural life into a spiritual life, and this is never done easily, nor does God intend it to be done easily. It is done only by a series of moral choices. God does not make us holy in the sense of character; He makes us holy in the sense of innocence, and we have to turn that innocence into holy character by a series of moral choices. These choices are continually in antagonism to the entrenchments of our natural life, the things which erect themselves as ramparts against the knowledge of God. We can either go back and make ourselves of no account in the Kingdom of God, or we can determinedly demolish these things and let Jesus bring another son to glory.

하나님께 의지한 싸움

하나님 아는 것을 대적하여 높아진 것을 다 무너뜨리고
모든 생각을 사로잡아 (고후 10:5).

9월
8일

　죄로부터의 구원이란 인간 본성으로부터의 구원을 의미하는 것이 아닙니다. 인간의 본성 중 선입견 같은 것들은 신자들이 무시하면 제거됩니다. 그러나 어떤 것은 오직 하나님의 영에 의해 부여된 신적 능력에 의해서만 강제적으로 제거될 수 있습니다. 또 어떤 것은 우리가 싸우기보다는 가만히 서서 하나님의 구원을 보아야 하는 것도 있습니다. 그러나 하나님의 지식을 대항하여 날뛰는 모든 이론과 개념은 인간의 노력이나 타협으로 되는 것이 아니고 오직 뜻을 다해 하나님의 능력만을 의지할 때 무너뜨릴 수 있습니다.
　오직 하나님께서 우리의 성향을 바꾸시고 우리가 성화의 과정으로 들어가야만 그 싸움은 시작됩니다. 이 싸움은 죄와의 싸움이 아닙니다. 우리는 죄와 결코 싸울 수 없습니다. 오직 예수 그리스도만이 그분의 구속을 통해 죄를 다루실 수 있을 뿐입니다. 우리의 싸움은 육에 속한 삶을 영에 속한 삶으로 바꾸는 것입니다. 이 일은 결코 쉬운 일이 아니며 하나님께서도 그 싸움이 쉽도록 의도하지 않으셨습니다. 이 싸움은 오직 계속적인 믿음의 선택을 통해 승리할 수 있는 싸움입니다.
　하나님께서는 우리 자신의 성품이 거룩해지고 있다는 느낌이 아니라 죄사함을 통해 우리를 거룩하게 하십니다. 그러면 우리는 죄사함을 받은 그 상태에서 계속적인 믿음의 선택을 통해 거룩한 성품으로 나아가는 것입니다. 이 믿음의 선택은 우리의 자연적인 생명의 생각과 논리에 계속적인 반감을 일으킬 것이며 하나님의 지식을 대항해 날뛰는 주변의 모든 것들에게 적개심을 갖게 할 것입니다. 우리는 후퇴하여 하나님의 왕국과 관련 없는 삶을 살 수도 있고 강한 결심 가운데 하나님을 대적하는 것들을 멸절시켜 나아가면서 예수님으로 하여금 다른 영혼들을 구원의 영광으로 인도하게 하실 수 있습니다.

Do it yourself

Bringing into captivity every thought to the obedience of Christ.
2 Cor. 10:5.

Determinedly Discipline other Things. This is another aspect of the strenuous nature of sainthood. Paul says—"I take every project prisoner to make it obey Christ." (Moffatt.) How much Christian work there is today which has never been disciplined, but has simply sprung into being by impulse! In Our Lord's life every project was disciplined to the will of His Father. There was not a movement of an impulse of His own will as distinct from His Father's—"The Son can do nothing of Himself." Then take ourselves—a vivid religious experience, and every project born of impulse put into action immediately, instead of being imprisoned and disciplined to obey Christ.

This is a day when practical work is over-emphasized, and the saints who are bringing every project into captivity are criticized and told that they are not in earnest for God or for souls. True earnestness is found in obeying God, not in the inclination to serve Him that is born of undisciplined human nature. It is inconceivable, but true nevertheless, that saints are not bringing every project into captivity, but are doing work for God at the instigation of their own human nature which has not been spiritualized by determined discipline.

We are apt to forget that a man is not only committed to Jesus Christ for salvation; he is committed to Jesus Christ's view of God, of the world, of sin and of the devil, and this will mean that he must recognize the responsibility of being transformed by the renewing of his mind.

하나님의 뜻에 맞는 사역

9월 9일

하나님 아는 것을 대적하여 높아진 것을 다 무너뜨리고
모든 생각을 사로잡아 (고후 10:5).

이 구절은 성도가 쉬지 않고 싸워야 하는 부분을 말합니다. 바울은 "나는 나의 모든 사역이 그리스도께 순종되도록 철저하게 사로잡습니다"라고 말했습니다. 최근에 얼마나 많은 그리스도인들의 사역들이 전혀 훈련받지 못한 가운데 진행되고 있습니까? 즉흥적으로 진행되는 일들이 얼마나 많습니까? 주님의 삶 가운데서는 그분의 모든 사역이 아버지의 뜻에 맞도록 훈련되어 있었습니다. 결코 아버지의 뜻과 분리되어 자신의 뜻대로 즉흥적으로 된 사역들이 없었습니다. "아들이 아버지께서 하시는 일을 보지 않고는 아무것도 스스로 할 수 없나니"요 5:19. 이제 자신을 돌아보십시오. 지금 모든 사역들이 그리스도께 사로잡혀 그분께 순종되도록 훈련하기보다는 생생한 종교적 체험을 위해 즉흥적으로 만들어져서 곧바로 진행되고 있습니다.

지금은 실용적인 사역들이 너무나 강조되고 있으며, 주님께 모든 사역을 순복시키려는 신자들을 향해 하나님과 영혼들을 향한 열정이 부족하다고 비난하는 세대입니다. 올바른 사역은 언제나 하나님께 순종하는 데서 발견됩니다. 훈련되지 않은 인간의 속성에서 나오는 열정으로는 주님을 온전히 섬길 수 없습니다. 참으로 생각할 수 없는 일들이기는 하지만 실세로 발생하는 일들이 있습니다. 성도들이 모든 사역을 주님께로 항복시키기보다 전혀 훈련되지 않은 인간의 냄새 나는 속성을 가지고 하나님의 일을 하려고 한다는 사실입니다.

우리는 구원을 위해 예수님께 우리의 모든 것을 맡겨야 할 뿐 아니라 예수님께서 가지셨던 하나님, 세상, 죄와 사탄을 향한 관점에 대해서도 철저하게 배워야 합니다. 이 뜻은 우리가 마음을 새롭게 함으로 변화를 받아야 할 책임을 인식하고 있어야 한다는 말입니다.

Missionary munitions

Sep. 10th

When thou wast under the fig tree, I saw thee. John 1:48.

Worshipping as Occasion serves. We imagine we would be all right if a big crisis arose; but the big crisis will only reveal the stuff we are made of, it will not put anything into us. 'If God gives the call, of course I will rise to the occasion.' You will not unless you have risen to the occasion in the workshop, unless you have been the real thing before God there. If you are not doing the thing that lies nearest, because God has engineered it, when the crisis comes instead of being revealed as fit, you will be revealed as unfit. Crises always reveal character.

The private relationship of worshipping God is the great essential of fitness. The time comes when there is no more 'figtree' life possible, when it is out into the open, out into the glare and into the work, and you will find yourself of no value there if you have not been worshipping as occasion serves you in your home. Worship aright in your private relationships, then when God sets you free you will be ready, because in the unseen life which no one saw but God you have become perfectly fit, and when the strain comes you can be relied upon by God.

"I can't be expected to live the sanctified life in the circumstances I am in; I have no time for praying just now, no time for Bible reading, my opportunity hasn't come yet; when it does, of course I shall be all right." No, you will not. If you have not been worshipping as occasion serves, when you get into work you will not only be useless yourself, but a tremendous hindrance to those who are associated with you.

The workshop of missionary munitions is the hidden, personal, worshipping life of the saint.

위기가 올 때

네가 무화과나무 아래에 있을 때에 보았노라 (요 1:48).

9월 10일

어떤 큰 위기가 발생해도 우리는 괜찮을 것이라고 생각합니다. 그러나 큰 위기는 우리가 어떤 사람들인지를 드러낼 뿐, 우리에게 뭔가를 주는 것은 아닙니다. "만일 위기가 찾아오면 당연히 나는 일어날 것입니다." 그러나 만일 당신이 삶의 현장에서 지금까지 하나님 보시기에 제대로 살아오지 않았다면 위기가 찾아올 때 일어날 수 없을 것입니다. 만일 가장 가까운 곳에 놓인 일들을 하지 못하고 있다면, 위기가 찾아올 때 당신은 부적격자로 드러날 것입니다. 위기란 언제나 사람의 성품을 드러냅니다.

하나님을 개인적으로 예배하는 관계가 위기를 해결하는 가장 중요한 요소입니다. 더 이상 '무화과나무' 아래에서의 삶이 불가능한 때가 올 것입니다. 만일 가정에서 여러 평범한 상황 가운데 주님을 예배하는 삶을 살아오지 못했다면, 어떤 공적인 일이나 모든 사람들이 보는 일을 감당하게 될 때 당신은 전혀 가치가 없는 존재임을 발견하게 될 것입니다. 따라서 당신의 개인적인 관계 가운데 바른 예배를 드리십시오. 그리하면 하나님께서 당신을 자유하게 하실 때 당신은 준비가 되어 있을 것입니다. 다른 사람은 모르고 하나님만 아시는 보이지 않은 삶에서 당신은 완벽하게 적격자로 살아왔다면, 어려운 상황이 올 때 하나님께서 당신을 신뢰하실 것이기 때문입니다.

"나는 지금 이러한 상황에서 거룩한 삶을 살 수 없습니다. 지금은 기도할 시간도 없고 성경 읽을 시간도 없습니다. 아직 신앙 생활을 할 기회가 오지 않았습니다. 그때가 되면 저도 잘할 것입니다." 그렇지 않습니다. 당신은 그때가 되어도 바른 신앙 생활을 하지 않을 것입니다. 평범한 날들 속에서 예배하는 삶을 살아오지 않았다면, 실제로 주의 일을 할 수 있는 기회가 왔을 때 당신은 전혀 쓸모 없는 자일 뿐만 아니라 당신과 관련된 자들에게 커다란 방해거리 밖에 안 될 것입니다.

위기가 찾아왔을 때 선교 군수품을 사용할 줄 아는 능력을 소유한 성도는 평소에 보이지 않는 개인적 예배의 삶을 살아왔던 자들입니다.

Missionary munitions

Sep. 11th

If I then, your Lord and Master, have washed your feet, ye also ought to wash one another's feet. John 13:14.

Ministering as Opportunity Surrounds us. This does not mean selecting our surroundings, it means being very selectly God's in any haphazard surroundings which He engineers for us. The characteristics we manifest in our immediate surroundings are indications of what we will be like in other surroundings.

The things that Jesus did were of the most menial and commonplace order, and this is an indication that it takes all God's power in me to do the most commonplace things in His way. Can I use a towel as He did? Towels and dishes and sandals, all the ordinary sordid things of our lives, reveal more quickly than anything what we are made of. It takes God Almighty Incarnate in us to do the meanest duty as it ought to be done.

"I have given you an example, that ye should do as I have done to you." Watch the kind of people God brings around you, and you will be humiliated to find that this is His way of revealing to you the kind of person you have been to Him. Now, He says, exhibit to that one exactly what I have shown to you.

"Oh," you say, "I will do all that when I get out into the foreign field." To talk in this way is like trying to produce the munitions of war in the trenches—you will be killed while you are doing it.

We have to go the 'second mile' with God. Some of us get played out in the first ten yards, because God compels us to go where we cannot see the way, and we say—"I will wait till I get nearer the big crisis." If we do not do the running steadily in the little ways, we shall do nothing in the crisis.

우리 안에 있는 주님의 능력으로

내가 주와 또는 선생이 되어 너희 발을 씻었으니
너희도 서로 발을 씻어주는 것이 옳으니라 (요 13:14).

9월
11일

주변 사람들을 위해 사역한다는 뜻은 우리가 상황을 선택한다는 뜻이 아닙니다. 그것은 주께서 우리를 위해 조성해 놓으시는 대로 어떤 상황에서나 사역하신다는 뜻입니다. 우리가 현재 상황 가운데서 드러내 보이는 특징들은 다른 상황에서도 마찬가지일 것입니다.

예수님께서 행하신 일들은 아주 보잘것없고 일상적인 것들이었습니다. 이는 바로 주님이 행하신 대로 우리가 가장 일상적인 일들을 하려고 할 때 우리 안에 있는 모든 하나님의 능력을 사용해야 한다는 것을 의미합니다. 주님이 사용하신 것처럼 우리도 수건을 사용할 수 있습니까? 남의 발을 씻겨주고 설거지를 하고 신을 신고 벗는 일들은 우리 삶 가운데 가장 일상적인 일들로서 다른 그 어떤 일보다 가장 쉽게 할 수 있는 일들입니다. 그런데 이 일이 원래 의도된 대로 되려면 우리 안에 임하신 하나님의 전능하신 능력이 사용되어야 합니다.

"내가 너희에게 행한 것같이 너희도 행하게 하려 하여 본을 보였노라" 요 13:15. 하나님께서 당신 주변에 이끌어 놓으시는 사람들이 어떠한 사람들인가 주의해서 보십시오. 이들은 바로 당신이 주님께 어떠한 사람이었는가를 보여주는 사람들로서, 이를 알게 될 때 당신은 겸손하게 됩니다. 주께서 "내가 너희에게 어떻게 하였는지, 정확하게 그 사람에게 보여주도록 하라"고 말씀하십니다.

"그래요, 주님. 제가 먼 훗날 선교지에나 가게 되면 그렇게 하도록 하지요." 이렇게 말하는 것은 한창 전쟁 중에 전쟁 참호 속에서 전쟁 무기를 만들기 시작하는 것과 같습니다. 이렇게 되면 당신은 무기를 만드는 중에 죽게 될 것입니다. 우리는 하나님과 십 리를 더 가야만 합니다. 그러나 우리 중 어떤 사람들은 하나님께서 가라고 하신 그 길에서는 앞이 전혀 보이지 않는다는 이유로 처음 100미터정도 가서는 신나게 놀기 시작합니다. "나는 큰 위기에 올 때까지 이렇게 쉬며 기다리겠습니다." 그러나 만일 조금씩 꾸준히 준비하지 않으면 위기를 당할 때 아무것도 할 수 없게 될 것입니다.

By spiritual confusion

Sep. 12th

Ye know not what ye ask. Matthew 20:22.

There are times in spiritual life when there is confusion, and it is no way out to say that there ought not to be confusion. It is not a question of right and wrong, but a question of God taking you by a way which in the meantime you do not understand, and it is only by going through the confusion that you will get at what God wants.

The Shrouding of His Friendship. (Luke 11:5-8.) Jesus gave the illustration of the man who looked as if he did not care for his friend, and He said that that is how the Heavenly Father will appear to you at times. You will think He is an unkind friend, but remember He is not; the time will come when everything will be explained. There is a cloud on the friendship of the heart, and often even love itself has to wait in pain and tears for the blessing of fuller communion. When God looks completely shrouded, will you hang in in confidence in Him?

The Shadow on His Fatherhood. (Luke 11:11-13.) Jesus says there are times when your Father will appear as if He were an unnatural father, as if He were callous and indifferent, but remember He is not; I have told you—"Everyone that asketh receiveth." If there is a shadow on the face of the Father just now, hang into it that He will ultimately give His clear revealing and justify Himself in all that He permitted.

The Strangeness of His Faithfulness. (Luke 18:1-8.) "When the Son of Man cometh, shall He find faith on the earth?" Will He find the faith which banks on Him in spite of the confusion? Stand off in faith believing that what Jesus said is true, though in the meantime you do not understand what God is doing. He has bigger issues at stake than the particular things you ask.

영적인 혼돈 속에서

너희가 구하는 것을 알지 못하는도다 (마 20:22).

9월 12일

영적인 삶에 혼돈이 있을 때가 있습니다. 혼돈이 아예 없을 수는 없고, 이는 옳고 그름의 문제도 아닙니다. 혼돈은 하나님께서 당신이 이해할 수 없는 곳으로 당신을 데리고 가시는 것입니다. 이 과정을 지나야만 당신은 하나님께서 원하시는 것을 깨닫게 됩니다.

주님의 우정이 가려질 때 눅 11:5-8 : 주님께서는 때로는 하늘 아버지께서 우리를 돌보지 않으시는 것처럼 보일 때가 있다고 말씀하십니다. 이때 당신은 하나님이 매우 불친절한 친구라고 생각하겠지만 그렇지 않습니다. 때가 되면 모든 것이 설명될 것입니다. 마음을 다하는 진정한 우정에도 구름 낄 때가 있으며 종종 사랑 자체도 더 풍성한 사귐의 축복을 위해 고통과 눈물 속에서 기다려야 할 때가 있습니다. 하나님이 철저하게 가려져 보이지 않아도 당신은 주를 향한 확신을 유지할 수 있습니까?

주님의 아버지 되심에 그늘이 덮일 때 눅 11:11-13 : 예수님께서는 당신의 하늘 아버지께서 매우 이상할 정도로 냉담하고 무관심한 것처럼 보이실 때가 있다고 말씀하십니다. 그러나 그분은 그렇지 않습니다. "구하는 이마다 받을 것이요" 눅 11:10. 지금 그늘이 가려져서 하나님 아버지의 얼굴을 볼 수 없더라도 그분께서 왜 이 모든 것을 허락하셨는가를 밝히 드러내고 알려주실 것을 확실하게 믿고 주께 매달리십시오.

주님의 신실하심에 의혹이 생길 때 눅 18:1-8 : "그러나 인자가 올 때에 세상에서 믿음을 보겠느냐" 눅 18:8 어떤 혼돈에도 불구하고 주님만 의지하는 믿음을 가졌습니까? 하나님이 하시는 일을 이해할 수 없는 그러한 상황에서도 예수님께서 말씀하신 것이 진실임을 믿는 가운데 굳건히 서십시오. 하나님께서는 당신이 구하는 특별한 것들보다 당장 해결해야 할 훨씬 더 큰 문제들이 있습니다.

After surrender—what?

I have finished the work which Thou gavest Me to do. John 17:4.

Surrender is not the surrender of the external life, but of the Will; when that is done, all is done. There are very few crises in life; the great crisis is the surrender of the will. God never crushes a man's will into surrender, He never beseeches him, He waits until the man yields up his will to Him. That battle never needs to be re-fought.

Surrender for Deliverance. "Come unto Me, and I will give you rest." It is after we have begun to experience what salvation means that we surrender our wills to Jesus for rest. Whatever is perplexing heart or mind is a call to the will—"Come unto Me." It is a voluntary coming.

Surrender for Devotion. "If any man will come after Me, let him deny himself." The surrender here is of my self to Jesus, my self with His rest at the heart of it. "If you would be My disciple, give up your right to yourself to Me." Then the remainder of the life is nothing but the manifestation of this surrender. When once the surrender has taken place we never need 'suppose' anything. We do not need to care what our circumstances are, Jesus is amply sufficient.

Surrender for Death. (John 21:18-19.) "… another shall gird thee." Have you learned what it means to be bound for death? Beware of a surrender which you make to God in an ecstasy; you are apt to take it back again. It is a question of being united with Jesus in His death until nothing ever appeals to you that did not appeal to Him.

After surrender—what? The whole of life after surrender is an aspiration for unbroken communion with God.

의지의 순복

아버지께서 내게 하라고 주신 일을 내가 이루어 (요 17:4).

9월 13일

순복은 외적인 삶이 아니라 의지를 내어맡기는 것입니다. 의지를 내어맡기면 모든 것이 이루어집니다. 삶의 대단히 많은 중대 국면 가운데 가장 큰 갈림길은 의지의 순복입니다. 하나님께서는 우리에게 순복을 강요하지 않고 우리 스스로 내어맡길 때까지 기다리십니다. 이 싸움은 결코 다시 반복할 필요가 없습니다.

구원을 위한 순복 : "내게로 오라 내가 너희를 쉬게 하리라"마 11:28. 참된 쉼을 위해 우리 의지를 주님께 순복한 이후에 구원의 의미가 무엇인지를 경험하게 됩니다. 마음과 생각을 번민케 하는 일이 있다는 것은 "내게로 오라"는 의지를 향한 부름입니다. 그 부름에 자원해서 가는 것입니다.

헌신을 위한 순복 : "누구든지 나를 따라오려거든 자기를 부인하고"마 16:24. 여기서 순복은 나 자신을 예수님께 내어드리고 내 마음 중심에서 주님의 안식을 누리는 것입니다. "만일 내 제자가 되려면 네 자신에 대한 권리를 내게 내어맡겨야 한다." 그 후 그의 남은 삶은 내어맡긴 삶의 표현일 뿐입니다. 한번 내어맡기고 나면, 우리는 '만일'이라는 상황을 생각할 필요가 없습니다. 우리 상황이 어떠하든 상관없이 주님만으로 충분한 것입니다.

죽음을 위한 순복 : "남이 네게 띠 띠우고"요 21:18. 죽음을 향해 묶인다는 것이 무엇을 의미하는지 압니까? 어떤 황홀한 순간에 하나님께 당신을 내어맡기는 결단을 주의하십시오. 당신은 다시 취소할 가능성이 많기 때문입니다. 순복이란 예수님께 관심을 끌지 못한 것들이 당신에게도 전혀 관심이 될 수 없을 만큼, 주님의 죽으심과 함께 예수님과 연합하는 것입니다.

내어맡긴 후에는 무엇을 해야 합니까? 내어맡긴 후의 모든 삶은 오직 하나님과의 계속되는 사귐을 열망하는 것입니다.

Imagination v. inspiration

The simplicity that is in Christ. 2 Cor. 11:3.

Simplicity is the secret of seeing things clearly. A saint does not think clearly for a long while, but a saint ought to see clearly without any difficulty. You cannot think a spiritual muddle clear, you have to obey it clear. In intellectual matters you can think things out, but in spiritual matters you will think yourself into cotton wool. If there is something upon which God has put His pressure, obey in that matter, bring your imagination into captivity to the obedience of Christ with regard to it and everything will become as clear as daylight. The reasoning capacity comes afterwards, but we never see along that line, we see like children; when we try to be wise we see nothing (Matthew 11:25.).

The tiniest thing we allow in our lives that is not under the control of the Holy Spirit is quite sufficient to account for spiritual muddle, and all the thinking we like to spend on it will never make it clear. Spiritual muddle is only made plain by obedience. Immediately we obey, we discern. This is humiliating, because when we are muddled we know the reason is in the temper of our mind. When the natural power of vision is devoted to the Holy Spirit, it becomes the power of perceiving God's will and the whole life is kept in simplicity.

내 논리입니까, 성령의 감동입니까?

그리스도를 향하는 진실함 (고후 11:3).

9월 14일

　진실함은 사물을 분명하게 보는 비결입니다. 성도는 한동안 어떤 상황을 전부 이해할 수 없어도 곧 아무 어려움 없이 분명히 보게 됩니다. 당신은 영적 혼돈을 논리적으로 명료하게 설명할 수 없을 것입니다. 그러나 영적 혼돈 가운데 주님의 말씀을 더욱 분명하게 순종할 수 있습니다. 지적인 문제라면 논리적으로 생각해낼 수 있을 것입니다. 그러나 영적인 문제는 아무리 생각을 한다고 해도 더 혼란에 빠질 뿐입니다. 따라서 하나님께서 당신에게 강권하시는 일이 있다면 반드시 순종하고 그 상황과 관련한 당신의 모든 상상을 사로잡아 그리스도께 복종시켜야 합니다. 그러면 모든 것이 대낮처럼 분명하게 보이게 될 것입니다. 그 후에 논리적인 이해도 따라오게 됩니다. 그럼에도 불구하고 우리는 논리적인 이해의 차원에서 상황을 보려고 하지 않고 오직 어린아이같이 보려고 할 것입니다. 그 이유는 우리가 세상적 지혜를 구할 때 실체를 보지 못하기 때문입니다 마 11:25.

　우리의 삶 가운데서 아무리 작은 것이라도 성령의 인도하심에서 벗어난 것을 허락할 경우 그것은 영적 혼돈을 일으키는 데 충분한 원인이 됩니다. 그리고 영적 혼돈은 우리가 시간을 아무리 들여서 논리적으로 생각한다고 해도 결코 명료해지지 않습니다. 영적 혼란은 오직 순종에 의해서만 해결됩니다. 순종하는 순간 우리는 분별하게 됩니다. 이때 우리는 우리가 영적 혼돈에 빠지게 된 이유가 우리 마음의 어떤 기질 때문임을 알게 되면서 부끄러움을 느끼게 됩니다. 우리가 성령님께 복종하며 타고난 판단력을 완전히 드릴 때, 우리는 그것을 통해 하나님의 뜻을 분별하며 단순한 삶을 살 수 있습니다. 그렇게 되면 당신의 삶은 항상 진실함 가운데 머물게 될 것입니다.

What to renounce

But have renounced the hidden things of dishonesty. 2 Cor. 4:2.

Sep. 15th

Have you renounced 'the hidden things of dishonesty'?—the things that your sense of honour will not allow to come to the light. You can easily hide them. Is there a thought in your heart about anyone which you would not like to be dragged into the light? Renounce it as soon as it springs up; renounce the whole thing until there is no hidden thing of dishonesty or craftiness about you. Envy, jealousy, strife—these things arise not necessarily from the disposition of sin, but from the make-up of your body which was used for this kind of thing in days gone by (see Romans 6:19 and 1 Peter 4:1-2): Maintain a continual watchfulness so that nothing of which you would be ashamed arises in your life.

"Not walking in craftiness," that is, resorting to what will carry your point. This is a great snare. You know that God will only let you work in one way, then be careful never to catch people the other way; God's blight will be upon you if you do. Others are doing things which to you would be walking in craftiness, but it may not be so with them; God has given you another standpoint. Never blunt the sense of your Utmost for His Highest. For you to do a certain thing would mean the incoming of craftiness for an end other than the highest, and the blunting of the motive God has given you. Many have gone back because they are afraid of looking at things from God's stand-point. The crisis comes spiritually when a man has to emerge a bit farther on than the creed he has accepted.

거절해야 할 것

이에 숨은 부끄러움의 일을 버리고 (고후 4:2).

9월 15일

당신은 '숨은 부끄러움의 일'을 버렸습니까? 빛으로 드러나면 당신의 명예가 훼손되는 일들 말입니다. 당신은 그것들을 쉽게 감출 수 있습니다. 당신의 마음속에는 노출되어서는 안 되는, 다른 사람에 대한 숨기고 싶은 생각이 있습니까? 그것이 떠오르는 즉시 거절하십시오. 당신에게 숨겨진 부정직이나 교활함이 전혀 없을 때까지 철저히 거절하십시오. 질투, 시기, 분쟁 같은 것들은 반드시 죄성에서만 오는 것이 아니라, 오히려 지난 날 이러한 죄성을 위해 쓰이던 당신의 육체를 더 치장하려고 하는 데에서 옵니다롬 6:19 ; 벧전 4:1-3. 당신의 삶 속에서 부끄러운 일들이 없도록 계속적으로 경계하십시오.

"속임으로 행하지 아니하며." 속임은 당신의 뜻을 관철하기 위해 거짓을 사용하는 것입니다. 이는 무서운 함정입니다. 당신은 하나님께서 오직 한 가지 방법을 허락하셨음을 압니다. 그렇다면 속임으로 다른 사람들을 이끌지 않도록 주의하십시오. 만일 그렇게 하면 하나님께서 당신을 파멸케 하실 것입니다. 다른 사람들은 당신을 속이면서도 그것이 잘못되었다는 사실을 인식하지 못할지도 모릅니다. 그러나 하나님은 당신에게 한층 높은 차원의 삶을 살라고 요구하십니다. 바로 최상의 주님께 당신의 최선을 드리는 것입니다. 이 목적 외에 다른 목적을 위해 행하는 것은 하나님께서 당신에게 주신 동기를 흐리게 하는 것이요 어느새 속임이 당신에게 스며들게 되는 것입니다. 많은 사람들이 하나님의 관점에서 상황을 보지 못하고 두려워하는 가운데 주께서 주신 목적을 버리고 다시 과거의 삶으로 돌아갔습니다. 사람은 그가 받아들인 교리보다 한걸음 더 나아가야만 영적으로 위대한 변화를 체험하게 됩니다.

The divine region of religion

Sep. 16th

But thou, when thou prayest, enter into thy closet, and when thou hast shut thy door, pray to thy Father which is in secret. Matthew 6:6.

The main idea in the region of religion is—Your eyes upon God, not on men. Do not have as your motive the desire to be known as a praying man. Get an inner chamber in which to pray where no one knows you are praying, shut the door and talk to God in secret. Have no other motive than to know your Father in heaven. It is impossible to conduct your life as a disciple without definite times of secret prayer:

"But when ye pray, use not vain repetitions ….." (v. 7). God is never impressed by our earnestness. He does not hear us because we are in earnest, but only on the ground of Redemption. Prayer is not simply getting things from God, that is an initial form of prayer; prayer is getting into perfect communion with God. If the Son of God is formed in us by regeneration, He will press forward in front of our common sense and change our attitude to the things about which we pray.

"Everyone that asketh receiveth." We pray pious blether, our will is not in it, and then we say God does not answer; we never asked for anything. "Ye shall ask what ye will," said Jesus. Asking means our will is in it. Whenever Jesus talked about prayer, He put it with the grand simplicity of a child; we bring in our critical temper and say—"Yes, but …" Jesus said—"Ask." But remember that we have to ask of God things that are in keeping with the God Whom Jesus Christ revealed.

하나님을 향하는 기도

너는 기도할 때에 네 골방에 들어가 문을 닫고
은밀한 중에 계신 네 아버지께 기도하라 (마 6:6).

9월 16일

신앙의 중심은 당신의 눈이 사람이 아니라 하나님을 향하는 것입니다. 기도하는 사람으로 알려지고 싶은 욕구로 기도하지 마십시오. 아무도 모르게 골방에 들어가 문을 닫고 오직 은밀한 가운데 하나님께 기도하십시오. 당신의 하늘 아버지를 아는 것 외에 다른 동기를 가지면 안 됩니다. 은밀한 기도를 위해 정해놓은 시간도 없이 당신이 제자의 삶을 산다는 것은 불가능합니다.

"기도할 때에 중언부언하지 말라"마 6:7. 하나님은 우리가 열심히 기도하기 때문에 우리 기도를 들으시는 것이 아닙니다. 오직 예수님의 구속에 근거해서 들으시는 것입니다. 하나님께서는 절대로 우리의 열심에 감동받지 않으십니다. 기도는 단지 하나님으로부터 뭔가를 얻기 위한 것이 아니라-물론 이것은 기도의 가장 초보 단계입니다-하나님과 온전한 교제 가운데 들어가는 것입니다. 만일 하나님의 아들이 중생에 의해 내 안에 계시다면 그분은 우리의 상식을 넘어서는 곳까지 강권하셔서 우리의 기도 내용 및 기도의 자세를 변화시키실 것입니다.

"구하는 이마다 받을 것이요"마 7:8. 우리는 의지를 사용하지 않은 채 종교적인 상투어로 기도합니다. 그런 후 하나님이 기도에 응답하지 않으신다고 불평합니다. 사실 우리는 아무것도 구하지 않았습니다. 예수님은 "무엇이든지 원하는 대로 구하라"요 15:7고 말씀하셨습니다. 구한다는 것은 우리의 의지가 그 안에 들어 있다는 뜻입니다. 예수님께서는 어린아이와 같이 가장 진실하게 기도해야 한다고 말씀하셨습니다. 그러나 우리는 비판적인 마음으로 반응하며 말합니다. "네, 그렇지만…." 예수님은 "구하라"고 하셨습니다. 그러나 우리가 하나님께 구해야 하는 것은 예수 그리스도께서 계시하신 그 하나님과 조화되는 내용이어야 한다는 사실을 기억하십시오.

What's the good of temptation?

There hath no temptation taken you but such as is common to man. 1 Cor. 10:13.

The word 'temptation' has come down in the world; we are apt to use it wrongly: Temptation is not sin, it is the thing we are bound to meet if we are men. Not to be tempted would be to be beneath contempt. Many of us, however, suffer from temptations from which we have no business to suffer, simply because we have refused to let God lift us to a higher plane where we would face temptations of another order.

A man's disposition on the inside, i.e., what he possesses in his personality, determines what he is tempted by on the outside. The temptation fits the nature of the one tempted, and reveals the possibilities of the nature. Every man has the setting of his own temptation, and the temptation will come along the line of the ruling disposition.

Temptation is a suggested short cut to the realization of the highest at which I aim—not towards what I understand as evil, but towards what I understand as good. Temptation is something that completely baffles me for a while, I do not know whether the thing is right or wrong. Temptation yielded to is lust deified, and is a proof that it was timidity that prevented the sin before.

Temptation is not something we may escape, it is essential to the full-orbed life of a man. Beware lest you think you are tempted as no one else is tempted; what you go through is the common inheritance of the race, not something no one ever went through before. God does not save us from temptations; He succours us in the midst of them (Heb. 2:18.)

시험의 유익

사람이 감당할 시험 밖에는 너희가 당한 것이 없나니 (고전 10:13).

9월 17일

'시험'이라는 단어는 이 세상에서 그 의미가 곡해되어 왔습니다. 우리는 그 단어를 잘못 사용하기 쉽습니다. 시험은 죄가 아니며 우리가 사람이라면 직면할 수밖에 없는 것입니다. 시험을 받지 않는다는 것은 모독을 당하고 있다는 뜻일 수도 있습니다. 그러나 한편 고생할 필요가 없는 시험을 당하는 자들이 많습니다. 그 이유는 단지 하나님께서 우리를 더 높은 영적 수준으로 올리시려는 것을 우리가 허락하지 않았기 때문입니다.

외적으로 받는 시험은 그 사람의 내면적 성향, 즉 그 사람이 소유한 인품에 따라 결정됩니다. 시험은 시험 받는 자의 본성과 맞아떨어지는 것이기에, 그 사람의 본성을 드러냅니다. 모든 사람들은 각각 그 사람만이 시험 받는 상황이 있으며, 시험은 그 사람을 지배하는 성향에서 오게 됩니다.

시험은 내가 목표로 하는 최상을 실현할 수 있는 지름길을 제시합니다. 그 목표는 내가 악하다고 생각하는 것이 아니라 오히려 선하다고 생각하는 것입니다. 시험은 한동안 나를 완전하게 혼란에 빠지게 만드는 것으로서, 상황의 옳고 그름을 분별하지 못하게 합니다. 시험에 빠지는 것은 내 마음속에 우상이 된 욕심에게 굴복하는 것인데, 이는 이미 전에 그 죄를 거절하지 않았다는 증거입니다.

시험은 우리가 피할 수 있는 것이 아니며, 인생 가운데 반드시 있는 것입니다. 당신이 시험을 당할 때 다른 사람이 받지 않은 시험을 받고 있다고 생각하지 마십시오. 당신이 겪는 것은 모든 인류가 공통적으로 겪는 것입니다. 전에 아무도 겪어보지 않았던 것들이 아닙니다. 하나님은 우리에게 시험을 면제해주지 않으십니다. 주님은 시험 가운데서 우리를 구원하십니다 히 2:18.

His temptation and ours

Sep. 18th

For we have not an high priest which cannot be touched with the feeling of our infirmities; but was in all points tempted like as we are, yet without sin. Hebrews 4:15.

Until we are born again, the only kind of temptation we understand is that mentioned by St. James—"Every man is tempted, when he is drawn away of his own lust, and enticed." But by regeneration we are lifted into another realm where there are other temptations to face, viz., the kind of temptations Our Lord faced. The temptations of Jesus do not appeal to us, they have no home at all in our human nature. Our Lord's temptations and ours move in different spheres until we are born again and become His brethren. The temptations of Jesus are not those of a man, but the temptations of God as Man. By regeneration the Son of God is formed in us, and in our physical life He has the same setting that He had on earth. Satan does not tempt us to do wrong things; he tempts us in order to make us lose what God has put into us by regeneration, viz., the possibility of being of value to God. He does not come on the line of tempting us to sin, but on the line of shifting the point of view, and only the Spirit of God can detect this as a temptation of the devil.

Temptation means the test by an alien power of the possessions held by a personality. This makes the temptation of Our Lord explainable. After Jesus in His baptism had accepted the vocation of bearing away the sin of the world, He was immediately put by God's Spirit into the testing machine of the devil; but He did not tire. He went through the temptation "without sin," and retained the possessions of His personality intact.

주님께서 당하신 시험

우리에게 있는 대제사장은 우리의 연약함을 동정하지 못하실 이가 아니요 모든 일에 우리와 똑같이 시험을 받으신 이로되 죄는 없으시니라 (히 4:15).

거듭날 때까지 우리가 아는 한 가지 시험은 사도 야고보가 말한 것입니다. "오직 각 사람이 시험을 받는 것은 자기 욕심에 끌려 미혹됨이니" 약 1:14. 그러나 거듭난 이후에는 우리가 다른 영역으로 옮겨져서 전혀 다른 시험을 당하게 됩니다. 곧 주님께서 당하였던 시험들입니다. 예수님께서 당한 시험들은 우리에게 전혀 관심을 끌지 못하는데, 그 이유는 그 시험들이 인간의 본성이 맞지 않기 때문입니다. 주님께서 당하신 시험과 우리가 당하는 시험은, 우리가 거듭나 주님의 형제가 될 때까지는 전혀 다른 영역에 해당하는 것입니다. 예수님께서 당하셨던 시험들은 일반 사람들이 당하는 시험들이 아니며, '인자'로서 하나님께서 당하셨던 시험들이었습니다. 거듭남에 의해 하나님의 아들이 우리 안에 형성되면, 주님께서는 이 땅에 계시면서 가지셨던 똑같은 상황을 우리의 육신의 삶을 통해 갖게 되십니다. 사탄은 거듭난 우리에게 그릇된 일을 하도록 시험하는 것이 아닙니다. 그가 시험하는 것은 하나님께서 거듭남을 통해 우리에게 넣어주신 것, 즉 우리가 하나님께 가치 있는 존재가 될 수 있는 가능성을 잃게 하는 것입니다. 사탄은 우리가 죄를 짓도록 유혹하는 데 그치지 않고 우리의 관점을 바꾸려고 합니다. 오직 성령만이 사탄의 유혹을 간파해낼 수 있습니다.

유혹은 인격적 본성과 관련한 성품들을 외부의 세력이 시험하는 것입니다. 이는 주님께서 당하신 유혹을 설명해줍니다. 예수님께서 세례를 받으신 후에 세상 죄를 감당하는 소명을 받으셨습니다. 이후에 당장 성령께서 그분을 사탄에게 시험 받도록 광야로 이끄셨습니다. 그러나 주님은 지치지 않으셨고 "죄를 범치 아니하시고" 그 시험을 통과하셨습니다. 주님은 그분의 인격적 본성의 성품들을 온전히 지키신 것입니다.

Do you continue to go with Jesus?

Sep. 19th

Ye are they which have continued with Me in My temptations. Luke 22:28.

It is true that Jesus Christ is with us in our temptations, but are we going with Him in His temptations? Many of us cease to go with Jesus from the moment we have an experience of what He can do. Watch when God shifts your circumstances, and see whether you are going with Jesus, or siding with the world, the flesh and the devil. We wear His badge, but are we going with Him? "From that time many of His disciples went back and walked no more with Him." The temptations of Jesus continued throughout His earthly life, and they will continue throughout the life of the Son of God in us. Are we going with Jesus in the life we are living now?

We have the idea that we ought to shield ourselves from some of the things God brings round us. Never! God engineers circumstances, and whatever they may be like we have to see that we face them while abiding continually with Him in His temptations. They are His temptations, not temptations to us, but temptations to the life of the Son of God in us. The honour of Jesus Christ is at stake in your bodily life. Are you remaining loyal to the Son of God in the things which beset His life in you?

Do you continue to go with Jesus? The way lies through Gethsemane, through the city gate, outside the camp; the way lies alone, and the way lies until there is no trace of a footstep left, only the voice, "Follow Me."

예수님과 동행하고 있습니까?

너희는 나의 모든 시험 중에 항상 나와 함께 한 자들인즉 (눅 22:28).

9월 19일

우리가 시험 받을 때 예수 그리스도께서 우리와 함께하시는 것은 사실입니다. 그러나 우리는 주님께서 시험 받으실 때 주님과 함께합니까? 우리는 예수님께서 받으실 시험이 어떤 것들인가를 경험하는 순간부터 주님과 함께하기를 포기합니다. 하나님께서 당신의 상황을 옮기실 때 당신이 예수님과 동행하는지, 아니면 세상, 육신, 마귀와 어울리는지를 살펴보십시오. 우리는 주님의 이름을 달고 다니지만 정말로 주님과 동행하고 있습니까? "그의 제자 중에서 많은 사람이 떠나가고 다시 그와 함께 다니지 아니하더라"요 6:66.

예수님께서 당하신 시험들은 그분이 이 땅에서 사시는 동안 계속되었습니다. 그 시험들은 우리 안에 계신 하나님의 아들의 생명에게 계속될 것입니다. 지금 살아가는 삶 가운데서 예수님과 동행하고 있습니까?

우리는 하나님께서 주변에 허락하시는 여러 상황으로부터 자신을 보호하려는 생각이 있습니다. 그렇게 해서는 안 됩니다. 하나님은 우리의 상황을 조성하는 분이십니다. 따라서 어떤 상황이든 우리는 우리를 통해 우리 안에서 시험을 받으시는 주님과 계속적으로 함께하며 그 상황들을 직면해야 합니다. 그 시험들은 주님이 당하시는 시험들로서, 우리 안에 계시는 하나님의 아들의 생명을 향한 시험들이지 우리가 당하는 시험들은 아닙니다. 예수 그리스도의 영예가 당신의 육신의 삶에 의해 좌우됩니다. 당신은 하나님의 독생자에게 지속적으로 충성을 다하고 있습니까? 주변의 환경이 당신 안에 내재하시는 주님의 생명을 위협하는 상황에도 불구하고 말입니다.

당신은 예수님과 계속 동행합니까? 그 길은 겟세마네를 지나고 성문을 지나 영문 밖으로 나아가는 길입니다. 외로운 길이며 아무 발자국의 흔적도 없는 곳까지 이르는 길입니다. 오직 "나를 따르라"는 음성이 있을 뿐입니다.

The divine rule of life

*Be ye therefore perfect,
even as your Father in heaven is perfect.* Matthew 5:48.

Our Lord's exhortation in these verses is to be generous in our behaviour to all men. In the spiritual life beware of walking according to natural affinities. Everyone has natural affinities; some people we like and others we do not like. We must never let those likes and dislikes rule in our Christian life. "If we walk in the light as God is in the light," God will give us communion with people for whom we have no natural affinity.

The Example Our Lord gives us is not that of a good man, or even of a good Christian, but of God Himself. "Be ye therefore perfect, even as your Father in heaven is perfect"—show to the other man what God has shown to you; and God will give us ample opportunities in actual life to prove whether we are perfect as our Father in heaven is perfect. To be a disciple means that we deliberately identify ourselves with God's interests in other people. "That ye love one another; as I have loved you⋯."

The expression of Christian character is not good doing, but Godlikeness: If the Spirit of God has transformed you within, you will exhibit Divine characteristics in your life, not good human characteristics. God's life in us express itself as God's life, not as human life trying to be godly. The secret of a Christian is that the supernatural is made natural in him by the grace of God, and the experience of this works out in the practical details of life, not in times of communion with God. When we come in contact with things that create a buzz, we find to our amazement that we have power to keep wonderfully poised in the centre of it all.

하나님을 닮아가는 삶

하늘에 계신 너희 아버지의 온전하심과 같이 너희도 온전하라 (마 5:48).

9월 20일

이 구절에서 주님의 권면은 모든 사람들에게 관용하라는 것입니다. 영적 생활에서 자연스러운 애착에 따라 행하는 것을 주의하십시오. 모든 사람들은 각각 자연스러운 애착이 있습니다. 어떤 사람은 좋고 어떤 사람은 싫습니다. 그러나 우리는 이러한 좋고 싫음으로 그리스도인의 삶을 좌우하게 해서는 안 됩니다. "저가 빛 가운데 계신 것같이 우리도 빛 가운데 행하면 우리가 서로 사귐이 있고"요일 1:7. 하나님께서는 우리에게 우리가 자연적인 애착이 가지 않는 사람과도 교제하도록 하십니다.

주님께서 우리에게 보여주신 본은 좋은 사람 또는 좋은 그리스도인의 본이 아니라 하나님 자신의 본입니다. "하늘에 계신 너희 아버지의 온전하심과 같이 너희도 온전하라." 하나님께서 당신에게 보여주신 것을 다른 사람에게 보여주십시오. 하나님께서는 우리의 현재 삶에서 하늘 아버지께서 온전하심같이 우리도 온전함을 증거할 수 있는 많은 기회들을 주실 것입니다. 제자가 된다는 것은 나의 마음을 다해 다른 사람을 향한 하나님의 관심에 나를 일치시키는 것입니다. "서로 사랑하라 내가 너희를 사랑한 것같이 너희도 서로 사랑하라"요 13:34.

그리스도인의 성품이 나타나는 것은 선을 행할 때가 아니라 하나님을 닮을 때입니다. 하나님의 영이 당신을 내적으로 변화시키면 당신은 당신의 삶에서 인간적으로 훌륭한 특성들이 아니라 하나님의 성품을 드러내게 됩니다. 우리 안의 하나님의 생명은 하나님의 생명 자체를 나타내려고 할 뿐, 경건해지려고 애쓰는 인간의 생명을 나타내지 않습니다. 그리스도인의 삶의 비결은 그 사람 안에 있는 초자연적인 것이 하나님의 은혜에 의해 자연스럽게 되는 것입니다. 이러한 경험은 하나님과 교통하는 시간이 아니라 실질적이고 구체적인 삶 가운데 체험된다는 것입니다. 우리는 혼란스러운 상황을 접하게 되면서도 그 소용돌이 가운데 평정을 취할 수 있는 엄청난 능력이 우리에게 있다는 사실을 발견하면서 놀라게 됩니다.

Missionary predestination

Sep. 21st

And now, saith the Lord, that formed me from the womb to be His servant. Isaiah 49:5.

The first thing that happens after we have realized our election to God in Christ Jesus is the destruction of our prejudices and our parochial notions and our patriotisms; we are turned into servants of God's own purpose. The whole human race was created to glorify God and enjoy Him for ever. Sin has switched the human race on to another tack, but it has not altered God's purpose in the tiniest degree; and when we are born again we are brought into the realization of God's great purpose for the human race, viz., I am created for God, He made me. This realization of the election of God is the most joyful realization on earth, and we have to learn to rely on the tremendous creative purpose of God. The first thing God will do with us is to "force through the channels of a single heart" the interests of the whole world. The love of God, the very nature of God, is introduced into us, and the nature of Almighty God is focused in John 3:16—"God so loved the world…."

We have to maintain our soul open to the fact of God's creative purpose, and not muddle it with our own intentions. If we do, God will have to crush our intentions on one side however much it may hurt. The purpose for which the missionary is created is that he may be God's servant, one in whom God is glorified. When once we realize that through the salvation of Jesus Christ we are made perfectly fit for God, we shall understand why Jesus Christ is so ruthless in His demands. He demands absolute rectitude from His servants, because He has put into them the very nature of God.

Beware lest you forget God's purpose for your life.

하나님의 종

9월 21일

**여호와께서 말씀하시나니
그는 태에서부터 나를 그의 종으로 지으신 이시요 (사 49:5).**

우리가 그리스도 예수 안에서 하나님의 택함을 받았다는 사실을 깨달은 후에 가장 먼저 발생되는 사건은 우리의 편견과 편협한 생각들과 국부적인 충성심이 무너지는 것입니다. 우리는 하나님의 목적만을 위한 종으로 변하게 됩니다. 모든 인류는 하나님을 영화롭게 하고 영원히 하나님을 즐거워하기 위해 창조되었습니다. 죄는 인류로 하여금 다른 길로 빠지게 하였지만 하나님의 목적을 조금도 바꾸지 못했습니다. 거듭날 때 우리는 인류를 향한 하나님의 위대한 목적을 깨닫게 됩니다. 곧 나는 하나님을 위해 피조되었다는 사실입니다. 그분이 나를 만드셨습니다. 하나님의 택함을 깨닫는 것은 이 땅에서 가장 큰 기쁨입니다. 우리는 하나님의 그 엄청난 창조의 목적을 의지하는 것을 배워야 합니다. 하나님께서 우리와 함께 가장 먼저 하시는 일은 "일편단심의 마음을 채널로 하여" 전 세계를 유익하게 하는 것입니다. 하나님의 본성 자체인 하나님의 사랑이 우리에게 임하게 됩니다. 전능하신 하나님의 사랑은 요한복음 3장 16절에 요약되어 있습니다. "하나님이 세상을 이처럼 사랑하사…."

우리는 하나님의 창조의 목적에 열린 마음을 가져야 합니다. 나 자신의 주장으로 하나님의 뜻을 망쳐서는 안 됩니다. 만일 망치게 되면, 하나님은 한쪽에서 우리가 아무리 고통을 당할지라도 우리의 주장을 좌절케 하실 것입니다. 선교사는 하나님의 종으로 선택되었으며 그를 통해 하나님은 영광을 받으십니다. 예수 그리스도의 구원을 통해 우리가 하나님을 위해 완벽하게 빚어졌다는 사실을 깨닫게 될 때, 우리는 예수 그리스도의 요구들이 왜 그렇게 가차없이 엄격한지 이해하게 됩니다. 주님은 그분의 종들에게 하나님의 성품 자체를 넣어주셨기 때문에 그들에게 완전한 엄정함을 요구하십니다.

당신의 삶을 향하신 하나님의 목적을 잊지 않도록 주의하십시오.

The missionary's Master

Ye call Me Master and Lord: and ye say well; for so I am. John 13:13.

To have a master and to be mastered is not the same thing. To have a master means that there is one who knows me better than I know myself, one who is closer than a friend, one who fathoms the remotest abyss of my heart and satisfies it, one who has brought me into the secure sense that he has met and solved every perplexity and problem of my mind. To have a master is this and nothing less—"One is your Master, even Christ."

Our Lord never enforces obedience; He does not take means to make me do what He wants. At certain times I wish God would master me and make me do the thing, but He will not; in other moods I wish He would leave me alone, but He does not.

"Ye call me Master and Lord"—but is He? Master and Lord have little place in our vocabulary, we prefer the words Saviour, Sanctifier Healer. The only word to describe mastership in experience is love, and we know very little about love as God reveals it. This is proved by the way we use the word obey. In the Bible obedience is based on the relationship of equals, that of a son with his father. Our Lord was not God's servant, He was His son. "Though He were a Son, yet learned He obedience ⋯" If our idea is that we are being mastered, it is a proof that we have no master; if that is our attitude to Jesus, we are far away from the relationship He wants. He wants us in the relationship in which He is easily Master without our conscious knowledge of it, all we know is that we are His to obey.

순종할 이유

너희가 나를 선생이라 또는 주라 하니 너희 말이 옳도다 내가 그러하다 (요 13:13).

9월 22일

주인을 모시는 것과 지배받으며 사는 것은 같은 것이 아닙니다. 주인을 모시는 것은 내가 나 자신을 아는 것보다 더 나를 아시는 분이 있다는 뜻입니다. 그분은 어떤 친구보다도 가깝고 내 마음의 가장 깊은 곳을 아시며 내 영혼을 만족시키는 분이십니다. 그분은 나의 마음속 모든 근심과 문제들을 알고 해결해주심으로써 나를 안심시키는 분이십니다. 주인을 모신다는 것은 바로 "오직 한 분, 우리의 주인 그리스도"를 주로 모시는 것입니다. 주님은 절대로 순종을 강요하지 않으십니다. 주께서 원하시는 것을 내가 하도록 하기 위해 어떤 수단도 취하지 않으십니다. 때로는 우리는 하나님께서 친히 나를 다스리셔서 나로 하여금 어떤 일을 하게 하셨으면 하고 바랍니다. 그러나 그분은 그렇게 하지 않으십니다. 어떤 때는 그분이 나를 홀로 내버려 두셨으면 하고 바라는 때도 있지만, 그때도 주님은 그렇게 하지 않으십니다.

"너희가 나를 선생이라 또는 주라 하니." 정말로 예수님께서 당신의 선생이요 주이십니까? '선생'과 '주'는 우리가 자주 쓰는 용어가 아닙니다. 우리는 구세주, 거룩하게 하시는 분, 치유자라는 용어를 선호합니다. 우리의 경험으로 볼 때 주님의 다스리심을 서술할 수 있는 유일한 단어는 사랑입니다. 그러나 아쉽게도 우리는 하나님께서 계시하시는 사랑에 대해 거의 아는 바가 없습니다. 이는 우리가 순종이라는 단어를 어떻게 사용하는가를 보면 알 수 있습니다. 성경에서 순종이란 아버지와 아들의 관계처럼 동등한 관계에 근거를 두고 있습니다. 주님은 하나님의 종이 아니라 하나님의 아들이셨습니다. "그가 아들이시면서도 받으신 고난으로 순종함을 배워서"히 5:8. 만일 우리가 지배받고 있다고 생각한다면 우리는 선생이 없는 것입니다. 또한 지배받는 것처럼 예수님을 대한다면 우리는 주님이 원하시는 관계와 거리가 먼 것입니다. 주님께서는 우리가 지배받고 있다는 의식이 없이 우리의 주인이 되시는 관계를 원하십니다. 우리가 아는 모든 것은, 우리는 주님의 소유이기에 마땅히 주님께 순종해야 한다는 것입니다.

The missionary's goal

Behold, we go up to Jerusalem. Luke 18:31.

In the natural life our ambitions alter as we develop; in the Christian life the goal is given at the beginning, the beginning and the end are the same, viz., Our Lord Himself. We start with Christ and we end with Him—"until we all attain to the stature of the manhood of Christ Jesus," not to our idea of what the Christian life should be. The aim of the missionary is to do God's will, not to be useful, not to win the heathen; he is useful and he does win the heathen, but that is not his aim. His aim is to do the will of his Lord.

In Our Lord's life Jerusalem was the place where He reached the climax of His Father's will upon the Cross, and unless we go with Jesus there, we shall have no companionship with Him. Nothing ever discouraged Our Lord on His way to Jerusalem. He never hurried through certain villages where He was persecuted, or lingered in others where He was blessed. Neither gratitude nor ingratitude turned Our Lord one hair's breadth away from His purpose to go up to Jerusalem.

"The disciple is not above his Master." The same things will happen to us on our way to our Jerusalem. There will be the works of God manifested through us, people will get blessed, and one or two will show gratitude and the rest will show gross ingratitude, but nothing must deflect us from going up to our Jerusalem.

"There they crucified Him." That is what happened when Our Lord reached Jerusalem, and that happening is the gateway to our salvation. The saints do not end in crucifixion: by the Lord's grace they end in glory. In the meantime our watchword is—I, too, go up to Jerusalem.

주의 뜻을 행하기

보라 우리가 예루살렘으로 올라가노니 (눅 18:31).

9월 23일

자연적인 삶에 있어서는 사람이 발전함에 따라 야망도 바뀝니다. 그러나 그리스도인의 삶에 있어서는 처음부터 끝까지 목적이 같습니다. 그 목표는 주 예수 그리스도입니다. 우리는 우리 나름대로 생각하는 그리스도인의 삶에 이르는 것이 아니라 "그리스도의 장성한 분량까지 자라나도록" 힘쓰며 그렇게 마칩니다. 선교사의 목표는 하나님의 뜻을 수행하는 것이지 유용한 사람이 된다거나 이방인들의 마음을 사는 것이어서는 안 됩니다. 물론 유용한 사람이 되고 이방인들의 마음을 사야 합니다. 그러나 그것은 선교의 목적이 아닙니다. 선교의 목적은 주의 뜻을 행하는 것입니다.

주님의 삶 가운데서 예루살렘은 십자가 상에서 그분이 아버지의 뜻을 이루어 드리는 절정에 이르는 장소였습니다. 우리가 예수님과 함께 그곳까지 가지 않으면 우리는 주님의 친구가 아닙니다. 그 어떤 것도 예루살렘으로 향하시는 주님의 발걸음을 막지 못했습니다. 그분은 핍박받는다는 이유로 어떤 마을들을 급하게 지나지 않으셨고, 그분이 축복을 받는다고 해서 어떤 마을에 오래 머물지도 않으셨습니다. 사람들의 감사나 배은망덕이 예루살렘으로 향하시는 주님의 뜻을 한치라도 바꾸지 못했습니다.

"제자가 그 선생보다 또는 종이 그 상전보다 높지 못하나니"마 10:24. 예루살렘으로 가는 길에서 우리에게도 똑같은 일들이 발생할 것입니다. 우리를 통해 하나님의 역사들이 나타날 것이며 이에 사람들이 복을 받게 될 것입니다. 한두 사람은 감사를 표현할 것이요 나머지는 무섭도록 배은망덕할 것입니다. 그러나 그 어느 것도 예루살렘으로 올라가는 우리의 발걸음을 가로막지 못하게 해야 합니다.

"거기서 예수를 십자가에 못 박고"눅 23:33. 이는 주님께서 예루살렘에 도착하셨을 때 발생한 사건입니다. 이 사건은 우리의 구원의 문입니다. 성도들은 십자가에서 끝나지 않습니다. 성도들은 주님의 은혜로 인해 영광으로 마칩니다. 그때까지 우리의 좌우명은 "나도 예루살렘으로 올라가리라"가 되어야 합니다.

The "go" of preparation

Sep. 24th

Therefore if thou bring thy gift to the altar, and there thou rememberest that thy brother hath ought against thee; leave there thy gift before the altar, and go thy way; first be reconciled to thy brother, and then come and offer thy gift. Matthew 5:23-24.

It is easy to imagine that we shall get to a place where we are complete and ready, but preparation is not suddenly accomplished, it is a process steadily maintained. It is dangerous to get into a settled state of experience. It is preparation and preparation.

The sense of sacrifice appeals readily to a young Christian. Humanly speaking, the one thing that attracts to Jesus Christ is our sense of the heroic, and the scrutiny of Our Lord's words suddenly brings this tide of enthusiasm to the test. "First be reconciled to thy brother." The "go" of preparation is to let the word of God scrutinize. The sense of heroic sacrifice is not good enough. The thing the Holy Spirit is detecting in you is the disposition that will never work in His service. No one but God can detect that disposition in you. Have you anything to hide from God? If you have, then let God search you with His light. If there is sin, confess it, not admit it. Are you willing to obey your Lord and Master, whatever the humiliation to your right to yourself may be?

Never discard a conviction. If it is important enough for the Spirit of God to have brought it to your mind, it is that thing He is detecting. You were looking for a great thing to give up. God is telling you of some tiny thing; but at the back of it there lies the central citadel of obstinacy: "I will not give up my right to myself"—the thing God intends you to give up if ever you are going to be a disciple of Jesus Christ.

준비는 과정입니다

9월 24일

그러므로 예물을 제단에 드리려다가 거기서 네 형제에게 원망들을 만한 일이 있는 것이 생각나거든 예물을 제단 앞에 두고 먼저 가서 형제와 화목하고 그 후에 와서 예물을 드리라 (마 5:23-24).

언젠가 우리가 온전하게 준비될 것이라고 생각하는 것은 쉽습니다. 그러나 준비는 갑자기 이루어지지 않고 꾸준하게 유지되는 과정입니다. 현재 상태에 안주하는 것은 위험합니다. 언제나 준비하고 또 준비해야 합니다.

젊은 성도들은 희생 정신에 쉽게 매료됩니다. 인간적으로 말해서 우리가 예수 그리스도께 매력을 느끼는 이유는 우리의 영웅심리 때문입니다. 그러나 주님의 말씀을 유심히 살피다보면 갑자기 이러한 열정의 파도가 시험을 당하게 됩니다.

"먼저 가서 형제와 화목하고." "가라"는 준비는 하나님의 말씀으로 당신의 마음을 자세히 점검하라는 말씀입니다. 영웅적인 희생 정신만으로 충분하지 못합니다. 성령께서 당신 안에서 하시는 일은 주님을 섬기기에 도움이 되지 않는 성향을 찾아내시는 것입니다. 오직 하나님만이 당신 안에서 그 성향을 찾아내실 수 있습니다. 당신은 하나님께로부터 숨기는 것이 있습니까? 만일 있다면 하나님께서 주님의 빛으로 찾아내도록 하십시오. 죄가 있다면 그 죄를 고백하십시오. 죄를 인정하는 것으로 충분하지 않습니다. 자신에 대한 당신의 권리를 포기하고 그 어떠한 모욕을 당할지라도 당신의 주와 선생 되시는 주님께 기꺼이 순종하겠습니까?

결코 주님을 향한 확신을 버리지 마십시오. 성령께서 당신의 마음에 생각나게 하실 정도로 중요한 것이라면, 그것이 바로 성령께서 찾아내 점검하시는 것입니다. 당신은 뭔가 큰것을 포기해야 한다고 생각했을 것입니다. 그런데 하나님은 당신에게 작은 뭔가를 말씀하십니다. 그러나 그 사소한 것 뒤에는 완고함이라는 성채가 자리잡고 있습니다. "나는 나 자신에 대한 나의 권리를 포기하지 않을 것입니다." 이것이야말로 하나님께서 당신이 예수 그리스도의 제자가 되기 위해 포기하기를 원하시는 것입니다.

The "go" of relationship

And whosoever shall compel thee to go a mile, go with him twain. Matthew 5:41.

The summing up of Our Lord's teaching is that the relationship which He demands is an impossible one unless He has done a supernatural work in us. Jesus Christ demands that there be not the slightest trace of resentment even suppressed in the head of a disciple when he meets with tyranny and injustice. No enthusiasm will ever stand the strain that Jesus Christ will put upon His worker, only one thing will, and that is a personal relationship to Himself which has gone through the mill of His spring-cleaning until there is only one purpose left—"I am here for God to send me where He will." Every other thing may get fogged, but this relationship to Jesus Christ must never be.

The Sermon on the Mount is not an ideal, it is a statement of what will happen in me when Jesus Christ has altered my disposition and put in a disposition like His own. Jesus Christ is the only One Who can fulfil the Sermon on the Mount.

If we are to be disciples of Jesus, we must be made disciples supernaturally; as long as we have the dead set purpose of being disciples we may be sure we are not. "I have chosen you." That is the way the grace of God begins. It is a constraint we cannot get away from; we can disobey it, but we cannot generate it. The drawing is done by the supernatural grace of God, and we never can trace where His work begins. Our Lord's making of a disciple is supernatural. He does not build on any natural capacity at all. God does not ask us to do the things that are easy to us naturally; He only asks us to do the things we are perfectly fitted to do by His grace, and the cross will come along that line always.

초자연적인 은혜

또 누구든지 너로 억지로 오 리를 가게 하거든
그 사람과 십 리를 동행하고 (마 5:41).

9월
25일

　주께서 요구하시는 관계는 그분이 우리 안에 초자연적인 역사를 하지 않고서는 불가능한 것입니다. 예수 그리스도는 제자들이 압제와 불의를 당해도 그들 마음속에는 조그마한 분노를 품은 흔적도 없어야 한다고 요구하십니다. 예수 그리스도께서 그분의 사역자들에게 요구하시는 그 부담은 그 어떤 열정으로도 이길 수 없을 것입니다. 그 도전을 감당할 수 있는 것은 오직 하나인데, 바로 주님과의 인격적 관계입니다. 주님의 정결케 하는 샘의 물레방아를 통과하면 오직 한 가지 목적만 남습니다. "내가 여기 있사오니 주님께서 원하시는 곳으로 나를 보내소서." 다른 모든 것이 희미해진다고 할지라도 예수 그리스도와의 관계만은 결코 희미해져서는 안 됩니다.

　산상수훈은 이상이 아닙니다. 그것은 예수 그리스도께서 나의 성향을 바꾸시고 주님 자신의 성향을 넣어주실 때 내 안에서 발생할 일들을 명시한 것입니다. 예수 그리스도는 산상수훈을 이룰 수 있는 유일한 분이십니다.

　예수님의 제자가 되려고 한다면 우리는 초자연적으로 제자가 되어야만 합니다. 주님의 제자가 되겠다는 끈질긴 노력으로는 분명히 제자가 될 수 없습니다. "너희가 나를 택한 것이 아니요 내가 너희를 택하여 세웠나니"요 15:16. 하나님의 은혜는 이렇게 시작하며 우리는 이 하나님의 강권을 피할 수 없습니다. 우리는 주님의 택하심에 불순종할 수는 있지만 우리 스스로 제자로 나설 수는 없습니다. 주님께 이끌리는 것은 하나님의 초자연적인 은혜에 의한 것이므로 우리는 그분의 역사가 어디서 시작하는지 그 자취를 따라갈 수 없습니다. 주님께서 제자 하나를 만드시는 과정은 초자연적입니다. 주님은 사람의 역량에 따라 제자를 세우지 않으십니다. 하나님은 우리가 자연스럽게, 쉽게 할 수 있는 일들을 하라고 부탁하지 않으십니다. 주님은 오직 주님의 은혜로만 완벽하게 할 수 있는 일들만 하라고 부탁하십니다. 그 일을 하려고 할 때 십자가는 언제나 따라올 것입니다.

The unblameable attitude

If ··· thou rememberest that thy brother hath ought against thee ···
Matthew 5:23.

If when you come to the altar, there you remember that your brother has anything against you, not—If you rake up something by a morbid sensitiveness, but—"If thou rememberest," that is, it is brought to your conscious mind by the Spirit of God: "first be reconciled to thy brother, and then come and offer thy gift." Never object to the intense sensitiveness of the Spirit of God in you when He is educating you down to the scruple.

"First be reconciled to thy brother ···" Our Lord's direction is simple—"first be reconciled." Go back the way you came, go the way indicated to you by the conviction given at the altar; have an attitude of mind and a temper of soul to the one who has something against you that makes reconciliation as natural as breathing. Jesus does not mention the other person, He says—"you go." There is no question of your rights. The stamp of the saint is that he can waive his own rights and obey the Lord Jesus.

"And then come and offer thy gift." The process is clearly marked. First, the heroic spirit of self-sacrifice, then the sudden checking by the sensitiveness of the Holy Spirit, and the stoppage at the point of conviction; then the way of obedience to the word of God, constructing an unblameable attitude of mind and temper to the one with whom you have been in the wrong; then the glad, simple, unhindered offering of your gift to God.

성령의 예리함에 따라

9월 26일

예물을 제단에 드리려다가 거기서
네 형제에게 원망 들을 만한 일이 있는 것이 생각나거든 (마 5:23).

당신이 제단에 나아갔을 때 당신의 형제가 당신에게 원망할 일이 생각난다면 그것은 병적으로 예민한 탓이 아닙니다. 성령에 의해 당신의 의식 속에 "먼저 가서 형제와 화목하고 그 후에 와서 예물을 드리라"는 말씀을 떠올린 것입니다. 성령께서 아주 사소한 일까지 교훈하실 때 성령의 예리한 감수성을 거스르지 마십시오.

주님의 지시는 간단합니다. "먼저 형제와 화목하라" 마 5:24. 온 길로 되돌아가서 주님이 당신에게 지시하셨던 확신에 따라 행하십시오. 당신에게 원망할 것이 있는 그 사람에게 가서 숨 쉬는 것처럼 자연스럽게 화해할 수 있는 마음과 자세를 가져야 합니다. 예수님은 다른 사람을 말씀하지 않으십니다. 주님께서는 "네가 가라"고 하십니다. 당신의 권리에 대해 물어서는 안 됩니다. 성도의 표시는 그의 권리를 포기하고 주 예수님께 순종하는 것입니다.

"그 후에 와서 예물을 드리라" 마 5:24. 화목을 향한 과정이 분명하게 나타납니다. 먼저 영웅적인 자기 희생이 있고, 그 다음에 갑자기 성령의 예민함에 의해 마음이 찔리고, 확신의 지점에서 멈추게 됩니다. 그 후 당신이 잘못을 범한 사람에게 찾아가 하나님의 말씀에 순종하여 나무랄 데 없는 마음과 자세로 대하게 됩니다. 그 후 아무 거리낌 없이 참으로 기쁘고 진실한 마음으로 당신의 예물을 하나님께 바치게 되는 것입니다.

The "go" of renunciation

Lord, I will follow Thee whithersoever Thou goest. Luke 9:57.

Sep. 27th

Our Lord's attitude to this man is one of severe discouragement because He knew what was in man. We would have said—"Fancy losing the opportunity of winning that man!" "Fancy bringing about a north wind that froze him and turned him away discouraged!" Never apologize for your Lord. The words of the Lord hurt and offend until there is nothing left to hurt or offend. Jesus Christ has no tenderness whatever toward anything that is ultimately going to ruin a man in the service of God. Our Lord's answers are based not on caprice, but on a knowledge of what is in man. If the Spirit of God brings to your mind a word of the Lord that hurts you, you may be sure that there is something He wants to hurt to death.

v. 58. These words knock the heart out of serving Jesus Christ because it is pleasing to me. The rigour of rejection leaves nothing but my Lord, and myself, and a forlorn hope. 'Let the hundredfold come or go, your lodestar must be your relationship to Me, and I have nowhere to lay My head.'

v. 59. This man did not want to disappoint Jesus, nor to hurt his father. We put sensitive loyalty to relatives in place of loyalty to Jesus Christ and Jesus has to take the last place. In a conflict of loyalty, obey Jesus Christ at all costs.

v. 61. The one who says—"Yes, Lord, but ⋯" is the one who is fiercely ready, but never goes. This man had one or two reservations. The exacting call of Jesus Christ has no margin of good-byes, because good-bye, as it is often used, is pagan, not Christian. When once the call of God comes, begin to go and never stop going.

주님이 주신 아픔

길 가실 때에 어떤 사람이 여짜오되 어디로 가시든지 나는 따르리이다 (눅 9:57).

9월 27일

　이 사람에 대한 주님의 태도는 그를 좌절시킬 정도로 엄하셨습니다. 주께서 그 사람의 마음속에 무엇이 있는지 아셨기 때문입니다. "주님께서 그 사람을 얻을 수 있는 기회를 왜 놓치셨는지 이해할 수 없어요. 굳이 그 사람에게 냉정하게 대하시고 그를 실망시켜 보내실 필요는 없잖아요." 절대 주님에 대해 이런 식으로 말하지 마십시오. 주님의 말씀은 더 이상 아프고 상처 받을 것이 없을 때까지 우리에게 아픔과 상처를 줍니다. 예수 그리스도는 우리가 하나님을 섬기는 데 있어서 결국 우리를 망치는 것이라면 그것이 무엇이든지 엄하게 다루십니다. 주님의 대답은 이 상황 가운데 변덕스럽게 말씀하신 것이 아니라 사람 속에 있는 것을 아는 지식에 근거하신 것입니다. 성령이 당신에게 아픔을 주는 주님의 말씀을 생각나게 하시면, 당신은 주께서 당신을 죽기까지 아프게 할 정도로 뭔가 제거해야 할 것이 있다고 확신해도 됩니다.

　"예수께서 이르시되 여우도 굴이 있고 공중의 새도 집이 있으되 인자는 머리 둘 곳이 없도다 하시고"눅 9:58. 이 말씀은 즐거움으로 예수님을 섬기려는 마음에 찬물을 끼얹습니다. 이러한 가혹한 거절은 오직 주님, 나 자신, 그리고 좌절된 꿈만 남깁니다. "수많은 일들이 오고 가되 너의 좌표는 나와의 관계여야 한다. 내 머리를 둘 곳이 없다." "그가 이르되 나로 먼저 가서 내 아버지를 장사하게 허락하옵소서"눅 9:59. 이 사람은 예수님을 실망시키고 싶지 않았으며, 그의 아버지에게 상처를 주고 싶지도 않았습니다. 우리는 예수 그리스도를 향한 충성 대신에 가족들에게 민감한 충성을 앞세워 예수님을 맨끝에 둡니다. 충성에 갈등이 생길 때 어떤 희생을 치르더라도 예수 그리스도께 순종하십시오. "주여 내가 주를 따르겠나이다마는"눅 9:61. 이 사람은 가려는 마음은 강렬한데 결국 가지 않습니다. 예수 그리스도의 엄한 부르심은 작별인사를 할 여유도 주지 않습니다. 작별인사는 그리스도인들의 것이 아니기 때문입니다. 하나님의 부르심이 일단 오면, 출발하기 시작하고 절대로 멈추지 마십시오.

The "go" of unconditional identification

*One thing thou lackest … come,
take up the cross, and follow Me.* Mark 10:21.

The rich young ruler had the master passion to be perfect. When he saw Jesus Christ, he wanted to be like Him. Our Lord never puts personal holiness to the fore when He calls a disciple; He puts absolute annihilation of my right to myself and identification with Himself—a relationship with Himself in which there is no other relationship. Luke 14:26 has nothing to do with salvation or sanctification, but with unconditional identification with Jesus Christ. Very few of us know the absolute "go" of abandonment to Jesus.

"Then Jesus beholding him loved him." The look of Jesus will mean a heart broken for ever from allegiance to any other person or thing. Has Jesus ever looked at you? The look of Jesus transforms and transfixes. Where you are 'soft' with God is where the Lord has looked at you. If you are hard and vindictive, insistent on your own way, certain that the other person is more likely to be in the wrong than you are, it is an indication that there are whole tracts of your nature that have never been transformed by His gaze.

"One thing thou lackest …" The only 'good thing' from Jesus Christ's point of view is union with Himself and nothing in between.

"Sell whatsoever thou hast …" I must reduce myself until I am a mere conscious man, I must fundamentally renounce possessions of all kinds, not to save my soul, (only one thing saves a man—absolute reliance upon Jesus Christ) but in order to follow Jesus. "Come, and follow Me." And the road is the way He went.

주님이 나를 바라보실 때

9월 28일

네게 아직도 한 가지 부족한 것이 있으니 가서 네게 있는 것을 다 팔아 가난한 자들에게 주라 … 그리고 와서 나를 따르라 (막 10:21).

이 젊은 부자 관원은 완전하고 싶은 열정에 사로잡혀 있었습니다. 그가 예수 그리스도를 보았을 때 그는 주님처럼 되기를 원했습니다. 주님은 제자를 부르실 때 그 사람의 개인적인 거룩을 앞세우지 않으십니다. 주님은 그 사람이 자기 권리를 다 포기하고 다른 어떤 관계보다 예수님과의 관계를 앞세워 주님과 하나 되려고 하는가를 보십니다. 누가복음 14장 26절은 구원 및 성화와는 관계가 없고 단지 예수 그리스도와 무조건적으로 일치되려 하는가를 다룹니다. "무릇 내게 오는 자가 자기 부모와 처자와 형제와 자매와 더욱이 자기 목숨까지 미워하지 아니하면 능히 내 제자가 되지 못하고." 예수님께 완전히 자신을 포기하는 '떠남'을 아는 자는 거의 드뭅니다.

"예수께서 그를 보시고 사랑하사"막 10:21. 그에게 보내시는 주님의 시선은, 그가 어떤 사람이나 사물에 뗄 수 없는 애착을 가지고 있다면 아프더라도 그 관계를 끊어야 한다는 것을 의미합니다. 주님께서 이런 시선으로 당신을 보신 적이 있습니까? 예수님의 시선은 당신을 변화시키고 당신의 시선을 바꿉니다. 하나님과의 관계가 '허술한' 곳에서 주님은 당신에게 시선을 보내십니다. 만일 아직도 당신의 마음이 강퍅하고 그 속에 앙심이 있다면, 당신보다는 상대가 더 잘못했다고 확신하며 자기 주장만 하고 있다면, 이는 당신의 본성이 아직 주님의 시선에 의해 변화되지 않았음을 말해 줍니다.

"네게 아직도 한 가지 부족한 것이 있으니." 예수님의 관점에서 오직 '선한 것'은 주님과의 연합이요 그 외에 아무것도 없습니다.

"네게 있는 것을 다 팔아…." 아무 소유도 없이 오직 의식만 남아 있는 사람이 될 때까지 모든 것을 줄여야 합니다. 근본적으로 모든 종류의 소유를 다 버려야 합니다. 이는 나의 영혼을 구원하기 위해서가 아니라–구원은 오직 예수 그리스도를 완전히 의지함으로 얻을 수 있습니다–예수님을 따르기 위해서입니다. "와서 나를 따르라." 그 길은 주님이 가신 길입니다.

The consciousness of the call

Sep. 29th

For necessity is laid upon me: yea, woe is unto me, if I preach not the gospel! 1 Cor. 9:16.

We are apt to forget the mystical, supernatural touch of God. If you can tell where you got the call of God and all about it, I question whether you have ever had a call. The call of God does not come like that, it is much more supernatural. The realization of it in a man's life may come with a sudden thunder-clap or with a gradual dawning, but in whatever way it comes, it comes with the undercurrent of the supernatural, something that cannot be put into words, it is always accompanied with a glow. At any moment there may break the sudden consciousness of this incalculable, supernatural, surprising call that has taken hold of your life—"I have chosen you." The call of God has nothing to do with salvation and sanctification. It is not because you are sanctified that you are therefore called to preach the gospel; the call to preach the gospel is infinitely different. Paul describes it as a necessity laid upon him.

If you have been obliterating the great supernatural call of God in your life, take a review of your circumstances and see where God has not been first, but your ideas of service, or your temperamental abilities. Paul said—"Woe is unto me, if I preach not the gospel!" He had realized the call of God, and there was no competitor for his strength.

If a man or woman is called of God, it does not matter how untoward circumstances are, every force that has been at work will tell for God's purpose in the end. If you agree with God's purpose He will bring not only your conscious life, but all the deeper regions of your life which you cannot get at, into harmony.

초자연적인 부르심

내가 부득불 할 일임이라 만일 복음을 전하지 아니하면
내게 화가 있을 것이로다 (고전 9:16).

9월
29일

우리는 하나님의 신비하고 초자연적인 손길을 잊기 쉽습니다. 만일 당신이 어디서 하나님의 부르심을 받았고 그 부르심에 대해 모든 것을 알 수 있다면, 나는 당신이 정말로 부르심을 받았는가에 대해 의심하게 됩니다. 하나님의 부르심은 그렇게 오지 않습니다. 훨씬 더 초자연적입니다. 한 사람의 삶 가운데서 주의 부르심을 깨닫는 것은 갑작스러운 천둥 번개나 점차적으로 밝아지는 새벽빛같이 올 수 있습니다. 그러나 어떤 방법으로 오든지 말로 표현될 수 없는 뭔가 초자연적인 흐름과 함께 오며 아주 분명한 희열이 동반됩니다. 어느 순간에 갑자기 생각하지도 않았던 깜짝 놀랄 부르심이 당신의 삶을 휘어잡는 것을 의식하게 될 것입니다. "내가 너희를 택하여 세웠나니" 요 15:16. 하나님의 부르심은 구원 및 성화와는 관계가 없습니다. 당신이 거룩하기 때문에 복음을 선포하도록 부르심을 받은 것이 아닙니다. 복음을 전하라는 부르심은 전혀 다른 것입니다. 바울은 이를 자신에게 맡겨진 피할 수 없는 사명이라고 설명합니다.

만일 당신이 삶 가운데 하나님의 위대한 초자연적 부르심을 무시하거나 망각해왔다면 당신의 상황들을 잘 점검해 보십시오. 어떤 영역에서 하나님의 부르심보다 당신의 생각이나 특별한 능력을 앞세우지는 않았는지 살펴보십시오. 바울은 "만일 복음을 전하지 않으면 내게 화가 있을 것"이라고 말했습니다. 그는 하나님의 부르심을 깨달았으며 이를 위한 그의 노력을 막을 것이 없었습니다.

만일 사람이 하나님의 부르심을 받았다면 역경이 와도 문제가 되지 않습니다. 사역을 위한 모든 수고는 결국 하나님의 목적을 드러낼 것입니다. 만일 당신이 하나님의 목적에 순응하면, 주님은 당신의 의식 세계뿐만 아니라 당신이 닿을 수 없는 당신의 생명의 깊은 영역에 이르기까지 조화를 이루어주실 것입니다.

The commission of the call

Sep. 30th

Who now rejoice in my sufferings for you, and fill up that which is behind of the afflictions of Christ in my flesh for His body's sake. Col. 1:24.

We make calls out of our own spiritual consecration, but when we get right with God He brushes all these aside, and rivets us with a pain that is terrific to one thing we never dreamed of, and for one radiant, flashing moment we see what He is after, and we say—"Here am I, send me."

This call has nothing to do with personal sanctification, but with being made 'broken bread and poured-out wine.' God can never make us wine if we object to the fingers He uses to crush us with. If God would only use His own fingers, and make me 'broken bread and poured out wine' in a special way! But when He uses someone whom we dislike, or some set of circumstances to which we said we would never submit, and makes those the crushers, we object. We must never choose the scene of our own martyrdom. If ever we are going to be made into wine, we will have to be crushed; you cannot drink grapes. Grapes become wine only when they have been squeezed.

I wonder what kind of finger and thumb God has been using to squeeze you, and you have been like a marble and escaped? You are not ripe yet, and if God had squeezed you, the wine would have been remarkably bitter. To be a sacramental personality means that the elements of the natural life are presenced by God as they are broken providentially in His service. We have to be adjusted to God before we can be 'broken bread' in His hands. Keep right with God and let Him do what He likes, and you will find that He is producing the kind of bread and wine that will benefit His other children.

찢겨진 빵과 부어지는 포도주

나는 이제 너희를 위해 받는 괴로움을 기뻐하고 그리스도의 남은 고난을 그의 몸된 교회를 위해 내 육체에 채우노라 (골 1:24).

9월 30일

우리는 자신의 영적 헌신으로부터 소명을 만들어냅니다. 그러나 우리가 하나님과 올바른 관계를 갖게 될 때 주께서는 이 모든 것을 옆으로 쓸어버리십니다. 그리고 우리가 한 번도 꿈꾸지 못한 지독한 고통으로 우리를 꼼짝 못하게 하십니다. 그런데 어느 휘황찬란한 순간에 우리는 주님이 무엇을 원하시는지 알게 되면서 "내가 여기 있나이다 나를 보내소서"사 6:8라고 말합니다.

부르심은 개인의 거룩함과 관련이 없습니다. 오히려 '찢겨진 빵과 부어지는 포도주'가 되는 것과 관련합니다. 만일 우리를 짓누르기 위해 사용하시는 하나님의 손길을 거절하면, 하나님은 우리를 '부어지는 포도주'로 만드실 수 없습니다. 하나님께서 특별한 방법으로 친히 주님의 손길로 나를 '찢겨진 빵과 부어지는 포도주'로 만드시기 때문입니다. 그러나 주님께서 우리를 으깨시기 위해 우리가 너무나 싫어하는 사람이나 절대로 순복할 수 없는 상황을 사용하실 때 우리는 반대합니다. 우리는 결코 자신의 순교 장면을 스스로 선택해서는 안 됩니다. 만일 우리가 포도주가 되려 한다면 우리는 부서져야 합니다. 당신은 포도알을 마실 수 없습니다. 포도알은 으깨져야만 포도주가 될 수 있습니다.

하나님께서 당신을 으깨시기 위해 엄지와 어떤 손가락을 사용하셨는지 궁금합니다. 그런데 당신은 조약돌처럼 되어 빠져나간 것은 아닙니까? 당신이 아직 덜 익었는데 만일 하나님께서 당신을 으깨셨다면 그 포도주는 분명히 쓴 맛을 냈을 것입니다. 성도가 된다는 말은, 하나님의 임재를 경험하고 그분을 섬기는 과정에서 인간적 요소가 하나님의 섭리에 의해 으깨지는 것을 의미합니다. 우리가 주님의 손에서 '찢겨진 빵'이 되기 전에 우리는 주님의 손에 의해 빚어져야 합니다. 하나님과 바른 관계를 유지하며 주님께서 당신에게 원하시는 대로 하시도록 허락하십시오. 그러면 주께서는 당신을 통해 주님의 다른 자녀들에게 유익을 줄 수 있는 그러한 떡과 포도주를 만들어내실 것입니다.

October 10

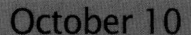

오직 예수님께만 집중하십시오!

삶에서 내려오는 방법을 알아야 할 때

The sphere of exaltation

Jesus leadeth them up into a high mountain apart by themselves. Mark 9:2.

We have all had times on the mount, when we have seen things from God's standpoint and have wanted to stay there; but God will never allow us to stay there. The test of our spiritual life is the power to descend; if we have power to rise only, something is wrong. It is a great thing to be on the mount with God, but a man only gets there in order that afterwards he may get down among the devil-possessed and lift them up. We are not built for the mountains and the dawns and aesthetic affinities, those are for moments of inspiration, that is all. We are built for the valley, for the ordinary stuff we are in, and that is where we have to prove our mettle. Spiritual selfishness always wants repeated moments on the mount. We feel we could talk like angels and live like angels, if only we could stay on the mount. The times of exaltation are exceptional, they have their meaning in our life with God, but we must beware lest our spiritual selfishness wants to make them the only time.

We are apt to think that everything that happens is to be turned into useful teaching, it is to be turned into something better than teaching, viz., into character. The mount is not meant to teach us anything, it is meant to make us something. There is a great snare in asking—"What is the use of it?" In spiritual matters we can never calculate on that line. The moments on the mountain top are rare moments, and they are meant for something in God's purpose.

내려오는 능력

> 엿새 후에 예수께서 베드로와 야고보와 요한을 데리시고
> 따로 높은 산에 올라가셨더니 (막 9:2).

10월 1일

우리는 모두 정상에 있었던 때가 있습니다. 그곳에서 우리는 하나님의 관점에서 모든 것을 볼 수 있었으며 그곳에 거하기를 원했습니다. 그러나 하나님께서는 우리가 거기에 계속 머무는 것을 원하지 않으십니다. 우리의 영적 삶의 시험은 내려올 줄 아는 능력입니다. 만일 우리가 오르는 능력만 있다면 뭔가 문제가 있는 것입니다. 물론 하나님과 변화산 정상에 머무는 것도 위대한 일입니다. 그러나 사람이 그곳에 이르게 되는 이유는, 이 마귀로 가득 찬 세상에 내려와 이 세상의 사람들을 영적으로 들어올리기 위함입니다. 우리는 변화산 정상에서의 체험, 해돋는 새벽, 아름다움에 대한 애착 등을 위해 지음을 받은 사람들이 아닙니다. 그러한 것들은 오직 영감을 얻기 위한 순간들일 뿐입니다. 그것이 전부입니다. 우리는 오히려 '계곡'을 위해 지음을 받았습니다. 곧 일반적인 삶 속에서 우리는 우리의 실력을 증거해야 합니다. 영적 이기심은 언제나 정상에만 머물기를 원하는 것입니다. 천사처럼 말하고 천사처럼 살고 싶어합니다. 그러면서 계속 산꼭대기에만 있으려고 합니다. 그러나 정상의 시간들은 특별한 시간이요, 우리가 하나님과 동행하게 될 때 의미 있는 것입니다. 그러나 우리가 주의해야 할 것은, 영적 이기심은 모든 시간을 그러한 예외적인 시간으로만 만들려고 한다는 점입니다.

우리는 이 세상에서 발생하는 모든 일들은 유익한 교훈이 된다고 생각합니다. 그러나 그것들은 교훈 이상의 의미를 줍니다. 곧 인격을 빚어냅니다. 산 위의 정상은 우리에게 뭔가 가르치기 위한 것이 아니라 우리를 뭔가로 '만들기' 위한 것입니다. "이 경험이 무슨 유익이 있지?"라는 질문은 위험한 함정을 안고 있습니다. 영적인 세상에서는 이러한 질문에 답이 없습니다. 산 정상에 있는 순간들은 드문 기회들이며, 그 기회들은 하나님의 목적을 이루기 위한 귀한 체험들입니다.

The sphere of humiliation

If Thou canst do any thing, have compassion on us, and help us. Mark 9:22.

Oct. 2nd

After every time of exaltation we are brought down with a sudden rush into things as they are, where it is neither beautiful nor poetic nor thrilling. The height of the mountain top is measured by the drab drudgery of the valley; but it is in the valley that we have to live for the glory of God. We see His glory on the mount, but we never live for His glory there. It is in the sphere of humiliation that we find our true worth to God, that is where our faithfulness is revealed. Most of us can do things if we are always at the heroic pitch because of the natural selfishness of our hearts, but God wants us at the drab commonplace pitch, where we live in the valley according to our personal relationship to Him. Peter thought it would be a fine thing for them to remain on the mount, but Jesus Christ took the disciples down from the mount into the valley—the place where the meaning of the vision is explained.

"If Thou canst do anything⋯" It takes the valley of humiliation to root the scepticism out of us. Look back at your own experience, and you will find that until you learned Who Jesus was, you were a cunning sceptic about His power. When you were on the mount, you could believe anything, but what about the time when you were up against facts in the valley? You may be able to give a testimony to sanctification, but what about the thing that is a humiliation to you just now? The last time you were on the mount with God, you saw that all power in heaven and in earth belonged to Jesus—will you be sceptical now in the valley of humiliation?

계곡에 거할 때

> 그러나 무엇을 하실 수 있거든 우리를 불쌍히 여기사 도와주옵소서 (막 9:22).

10월 2일

변화산에서 정상의 시간을 보낸 후 우리는 현실로 내려와서 조금도 쉴 틈이 없이 현실의 문제들을 대면하게 됩니다. 현실은 아름답지도 않고 시적이지도 않으며 신나는 일들도 없습니다. 높은 정상에서 느끼던 희열은 이제 계곡의 지긋지긋한 일들로 메워지게 됩니다. 그러나 바로 이 계곡에서 우리는 하나님의 영광을 위해 살아야 합니다. 우리는 정상에서 하나님의 영광을 봅니다. 그러나 그곳에서 하나님의 영광을 위해 '사는 것'은 아닙니다. 오히려 낮은 이 세상에서 우리는 하나님을 향한 우리의 가치를 진정으로 드러낼 수 있고 우리의 충성을 증거할 수 있습니다. 우리 대부분은 마음속의 자연스러운 이기심 때문에 남들이 알아주는 영웅적인 정상의 일을 할 수 있습니다. 그러나 하나님이 우리에게 원하시는 것은 일상생활에서, 특별히 계곡에서 주님과의 인격적인 관계에 따라 살아가는 것입니다. 베드로는 변화산 정상에 머물기를 원했습니다. 그러나 예수님께서는 제자들을 데리고 내려오셔서 계곡으로 이끄십니다. 그 계곡에서 비로소 그들은 산에서 본 환상의 의미를 깨닫게 됩니다.

"무엇을 하실 수 있거든." 우리 마음속의 의심이 뿌리채 뽑히는 곳은 낮은 계곡입니다. 당신의 삶을 되돌아 보십시오. 당신은 예수님이 누구신지를 알 때까지 주님의 능력에 대해 의심했을 것입니다. 그러나 정상에 올랐을 때 당신은 뭔가를 믿을 수 있었습니다. 그러나 계곡에서 일상적인 일들과 부딪칠 때는 어떠했습니까? 당신은 당신이 성화했다는 증거를 보여줄 수 있어도, 지금 당신을 모독하는 일들에 대해 어떻게 반응합니까? 하나님과 변화산 정상에 있었던 마지막 때에 당신은 하늘의 모든 능력과 이 땅의 모든 권세가 예수님께 속해 있다는 사실을 보았습니다. 그런데 지금은 비천한 계곡에서 의심하는 자가 된 것은 아닙니까?

The sphere of ministration

*This kind can come forth by nothing,
but by prayer and fasting.* Mark 9:29.

"Why could not we cast him out?" The answer lies in a personal relationship to Jesus Christ. This kind can come forth by nothing but by concentration and redoubled concentration on Him. We can ever remain powerless, as were the disciples, by trying to do God's work not in concentration on His power, but by ideas drawn from our own temperament. We slander God by our very eagerness to work for Him without knowing Him.

You are brought face to face with a difficult case and nothing happens externally, and yet you know that emancipation will be given because you are concentrated on Jesus Christ. This is your line of service—to see that there is nothing between Jesus and yourself. Is there? If there is, you must get through it, not by ignoring it in irritation, or by mounting up, but by facing it and getting through it into the presence of Jesus Christ. Then that very thing, and all you have been through in connection with it, will glorify Jesus Christ in a way you will never know till you see Him face to face.

We must be able to mount up with wings as eagles; but we must also know how to come down. The power of the saint lies in the coming down and the living down. "I can do all things through Christ which strengtheneth me," said Paul, and the things he referred to were mostly humiliating things. It is in our power to refuse to be humiliated and to say—"No, thank you, I much prefer to be on the mountain top with God." Can I face things as they actually are in the light of the reality of Jesus Christ, or do things as they are efface altogether my faith in Him, and put me into a panic?

오직 예수님께만 집중하십시오!

**이르시되 기도 외에 다른 것으로는
이런 종류가 나갈 수 없느니라 (막 9:29).**

10월
3일

"우리는 어찌하여 능히 그 귀신을 쫓아내지 못하였나이까?"막 9:28 이 질문에 대한 해답은 예수 그리스도와의 인격적인 관계에 달려 있습니다. 이런 종류의 역사는 오직 마음을 예수님께만 집중하고 또 집중할 때 나올 수 있습니다. 우리도 주님의 능력에 집중하지 않고 자신의 본성에서 나온 생각들을 가지고 하나님의 일을 하려고 할 때 제자들처럼 무기력한 상태에 머물게 됩니다. 하나님을 알지 못한 채 주님을 위해 일하겠다고 열심을 낼 때, 오히려 그 열심으로 인해 하나님의 영광을 가립니다.

어려운 상황에 직면한 가운데 외부적으로 아무런 변화가 없어도 당신이 여전히 자유함을 누릴 수 있는 이유는 당신이 예수 그리스도께 집중되어 있기 때문입니다. 이것이 바로 당신이 힘써야 할 섬김인데, 예수님과 당신 사이에 방해하는 것이 아무것도 없게 하는 것입니다. 만일 방해하는 것이 있다면, 짜증을 내며 무시하거나 그냥 방치한 가운데 쌓아두지 말고 그 문제를 직면해 예수님 앞으로 가져가야 합니다. 그러면 주님과 함께 통과한 그 문제는 예수님의 얼굴을 맞대고 보는 날까지 당신이 결코 알 수 없는 방법으로 예수 그리스도를 영화롭게 할 것입니다.

우리는 독수리같이 날개치며 오를 수 있어야 합니다. 그러나 내려오는 방법도 알아야 합니다. 성도의 능력은 내려와서 낮아진 가운데 사는 데 있습니다. 바울은 "내게 능력 주시는 자 안에서 내가 모든 것을 할 수 있느니라"빌 4:13고 말했습니다. 바울이 말하는 '모든 것'이란 가장 치욕적인 것들을 의미합니다. 물론 우리에게는 "싫어요. 나는 하나님과 산꼭대기에 있는 것이 훨씬 더 좋아요"라고 말하면서 수욕을 거부할 권한이 있습니다. 현실적인 상황을 실체 되신 예수 그리스도의 빛 안에서 직면하겠습니까? 아니면 그러한 굴욕적인 상황으로 인해 주를 향한 믿음을 저버리고 공포 가운데 빠지겠습니까?

The vision and the verity

Called to be saints. 1 Cor. 1:2.

Thank God for the sight of all you have never yet been. You have had the vision, but you are not there yet by any means. It is when we are in the valley, where we prove whether we will be the choice ones, that most of us turn back. We are not quite prepared for the blows which must come if we are going to be turned into the shape of the vision. We have seen what we are not, and what God wants us to be, but are we willing to have the vision "batter'd to shape and use" by God? The batterings always come in commonplace ways and through commonplace people.

There are times when we do know what God's purpose is; whether we will let the vision be turned into actual character depends upon us, not upon God. If we prefer to loll on the mount and live in the memory of the vision, we will be of no use actually in the ordinary stuff of which human life is made up. We have to learn to live in reliance on what we saw in the vision, not in ecstasies and conscious contemplation of God, but to live in actualities in the light of the vision until we get to the veritable reality. Every bit of our training is in that direction. Learn to thank God for making known His demands.

The little 'I am' always sulks when God says 'do.' Let the little 'I am' be shrivelled up in God's indignation—"I AM THAT I AM hath sent thee." He must dominate. Is it not penetrating to realize that God knows where we live, and the kennels we crawl into! He will hunt us up like a lightning flash. No human being knows human beings as God does.

비전의 빛 가운데

성도라 부르심을 받은 자들… (고전 1:2).

10월 4일

    우리가 경험하지 못했던 것들을 보게 하신 하나님께 감사합니다. 당신은 비전을 가졌었지만 그 비전은 전혀 이루어지지 않았습니다. 우리가 계곡에 있을 때, 곧 우리가 정말 선택된 사람들인 것을 증거할 수 있는 곳에서, 대부분의 사람들은 되돌아갑니다. 우리가 본 비전대로 되려면 반드시 우리를 다듬는 충격들이 오게 되는데, 이에 우리는 전혀 준비가 되어 있지 않습니다. 그러나 우리는, 지금은 아니지만 하나님께서 우리가 어떤 사람이 되기를 원하시는지 보았습니다. 하나님에 의해 다듬어져서 쓰임받는 비전을 가지고 있습니까? 이러한 다듬어지는 역사는 일상적인 삶 속에서 평범한 사람들을 통해 진행됩니다.

    하나님의 목적이 무엇인지 알게 되는 때가 있습니다. 그 비전이 현실 속에서 나타나게 될 것인지 아닌지는 우리에게 달려 있지 하나님께 달려 있는 것이 아닙니다. 만일 우리가 정상에서 안일하게 있기를 원하며 받은 비전을 추억으로만 여긴다면, 우리는 인간들로 가득 찬 일상적인 일들 가운데 현실적으로 아무 소용이 없게 될 것입니다. 우리는 황홀경이나 하나님에 대한 의식적인 명상을 통해 본 것 외에 비전 가운데 보았던 것을 의지해 사는 법을 배워야 합니다. 곧 그 비전의 빛 가운데서 현실적으로 살아감으로 그 비전이 진짜 실체가 되어야 하는 것입니다. 우리의 모든 훈련은 이 방향 가운데 있어야 합니다. 주님의 요구를 알려주신 하나님께 감사하십시오.

    '나'라는 낮은 자아는 하나님께서 '하라'고 하실 때 언제나 골을 냅니다. 주님의 분노 앞에서 '나'라는 자아가 완전히 시들게 하십시오. "스스로 있는 자가 나를 너희에게 보내셨다"출 3:14. 주께서 다스리셔야 합니다. 우리가 어디에 있으며 어디로 들어가는지를 하나님께서 다 알고 계시다는 사실은 참으로 두려운 것이 아닙니까? 하나님은 번개 빛처럼 우리를 찾아내실 것입니다. 하나님만큼 인간을 잘 아는 사람은 없습니다.

The bias of degeneration

Wherefore as by one man sin entered into the world, and death by sin; and so death passed upon all men, for that all have sinned. Romans 5:12.

The Bible does not say that God punished the human race for one man's sin; but that the disposition of sin, viz., my claim to my right to myself, entered into the human race by one man, and that another Man took on Him the sin of the human race and put it away (Heb. 9:26)—an infinitely profounder revelation. The disposition of sin is not immorality and wrong-doing, but the disposition of self-realization—'I am my own god.' This disposition may work out in decorous morality or in indecorous immorality, but it has the one basis, my claim to my right to myself. When Our Lord faced men with all the forces of evil in them, and men who were clean living and moral and upright, He did not pay any attention to the moral degradation of the one or to the moral attainment of the other; He looked at something we do not see, viz., the disposition.

Sin is a thing I am born with and I cannot touch it; God touches sin in Redemption. In the Cross of Jesus Christ God redeemed the whole human race from the possibility of damnation through the heredity of sin. God nowhere holds a man responsible for having the heredity of sin. The condemnation is not that I am born with a heredity of sin, but if when I realize Jesus Christ came to deliver me from it, I refuse to let Him do so, from that moment I begin to get the seal of damnation. "And this is the judgment" (the critical moment) "that the light is come into the world, and men loved the darkness rather than the light."

멸망의 인침

> 그러므로 한 사람으로 말미암아 죄가 세상에 들어오고
> 죄로 말미암아 사망이 들어왔나니 이와 같이 모든 사람이 죄를 지었으므로
> 사망이 모든 사람에게 이르렀느니라 (롬 5:12).

10월 5일

성경은 하나님이 한 사람의 죄 때문에 전 인류를 벌하셨다고 말하지 않습니다. 그러나 죄의 기질 곧 '자기 권리 주장'이 한 사람에 의해 전 인류에게 들어왔다고 말합니다. 그리고 또 다른 한 '사람'이 전 인류의 죄를 짊어지고 제거했다고 말합니다히 9:26. 이는 측량할 수 없을 만큼 심오한 계시입니다. 죄의 성향은 부도덕이나 악행이 아니라 '나는 나 자신의 신'이라는 자기 실현의 성향입니다. 이 성향은 예의 바른 도덕적 행동으로 나타날 수 있고, 버릇없는 부도덕한 행동으로 나타날 수 있습니다. 그러나 어떤 경우이든 같은 근본 곧 자기 권리를 주장한다는 점에서는 동일합니다. 주님께서는 모든 악한 세력으로 가득 찬 사람들과도 직면하셨고 청렴하며 도덕적인 고상한 사람들도 만나셨지만 그들의 도덕적 타락이나 성취에 대해 관심이 없으셨습니다. 주님께서는 우리가 보지 못하는 것을 보셨는데, 바로 사람의 성향이었습니다.

죄는 타고나는 것으로서 사람이 어떻게 할 수 없습니다. 오직 하나님만이 구속을 통해 죄를 다루십니다. 하나님께서는 예수 그리스도의 십자가를 통해 죄의 유전으로 저주 아래 놓인 전 인류를 구속하셨습니다. 하나님은 그 어디에서도 사람이 물려받은 죄의 유전에 대해 책임을 묻지 않으십니다. 정죄는 내가 죄의 유전과 함께 태어난 것이 아니라, 예수 그리스도께서 나를 죄의 유전으로부터 구원하러 오셨다는 것을 깨달았으면서도 주님을 거절한 것에 대한 것입니다. 주님을 거절하는 그 순간부터 나는 멸망의 인침을 받게 됩니다. "그 정죄는 이것이니 곧 빛이 세상에 왔으되 사람들이 자기 행위가 악하므로 빛보다 어둠을 더 사랑한 것이니라"요 3:19.

The bent of regeneration

When it pleased God, ··· to reveal His son in me. Gal. 1:15-16.

If Jesus Christ is to regenerate me, what is the problem He is up against? I have a heredity I had no say in; I am not holy, nor likely to be; and if all Jesus Christ can do is to tell me I must be holy, His teaching plants despair. But if Jesus Christ is a Regenerator, One Who can put into me His own heredity of holiness, then I begin to see what He is driving at when He says that I have to be holy. Redemption means that Jesus Christ can put into any man the hereditary disposition that was in Himself, and all the standards He gives are based on that disposition: His teaching is for the life He puts in. The moral transaction on my part is agreement with God's verdict on sin in the Cross of Jesus Christ.

The New Testament teaching about regeneration is that when a man is struck by a sense of need, God will put the Holy Spirit into his spirit, and his personal spirit will be energized by the Spirit of the Son of God—"until Christ be formed in you." The moral miracle of Redemption is that God can put into me a new disposition whereby I can live a totally new life. When I reach the frontier of need and know my limitations, Jesus says— "Blessed are you." But I have to get there. God cannot put into me, a responsible moral being, the disposition that was in Jesus Christ unless I am conscious I need it.

Just as the disposition of sin entered into the human race by one man, so the Holy Spirit entered the human race by another Man; and Redemption means that I can be delivered from the heredity of sin and through Jesus Christ can receive an unsullied heredity, viz., the Holy Spirit.

거룩한 유전형질

10월 6일

그를 내 속에 나타내시기를 기뻐하실 때에… (갈 1:16).

예수 그리스도께서 나를 거듭나게 하시기 위해 해결하셔야 하는 문제가 무엇이겠습니까? 주님께서는 내가 더 이상 "나는 거룩하지 않고 거룩해질 가능성도 없다"고 말할 수 없는 유전형질을 내게 주십니다. 만일 예수 그리스도께서 하신 일이 거룩해야 한다는 말씀뿐이셨다면 주님의 가르침은 절망 외에는 아무 의미가 없을 것입니다. 그러나 예수 그리스도께서 사람을 중생하게 하시는 분으로서 내 안에 주님의 거룩한 유전형질을 넣으실 수 있는 분이라면, 우리는 주님께서 우리에게 거룩해져야 한다고 요구하시는 의미를 알기 시작합니다. 구속은 예수 그리스도께서 주님 안에 있었던 유전적인 성향을 우리에게 넣어주시는 것을 말합니다. 주께서 주신 모든 기준은 우리 안에 넣으신 그 성향을 전제로 말씀하신 것입니다. 내 입장에서 결정해야 할 일은 예수 그리스도의 십자가 상에서 하나님께서 내리신 나의 죄에 대한 판결에 동의하는 것입니다.

거듭남에 대한 성경의 가르침은 어떤 사람이 영적으로 절박해질 때 하나님께서 성령을 그의 영에 넣으실 것이라는 사실입니다. 그 사람의 개인적인 영이 하나님의 아들의 영에 의해 힘을 얻게 되면서 그 사람 속에 "그리스도의 형상을 이루기까지"갈 4:19 됩니다. 구속의 영적인 기적은 하나님께서 내 안에 새로운 성향을 넣으실 수 있다는 것이요 나는 완전히 새로운 삶을 살 수 있다는 사실입니다. 내가 절박하게 되어 나 자신의 한계를 알게 될 때 예수님께서 "너희에게 복이 있나니"라고 말씀하십니다. 그러나 나는 절박한 그곳까지 가야 합니다. 내가 그 필요를 의식하지 않는 한, 하나님께서는 예수 그리스도 안에 있었던 그 성향 곧 책임 있게 순종하는 존재를 내 안에 넣으실 수 없습니다.

한 사람에 의해 죄의 성향이 전 인류에게 들어온 것같이, 다른 '사람'에 의해 성령께서 전 인류에 들어오셨습니다. 구속은 죄의 유전으로부터 내가 구원받을 수 있다는 것이요, 예수 그리스도를 통해 흠 없는 유전 곧 성령을 받을 수 있다는 것입니다.

Reconciliation

*For He hath made Him to be sin for us, who knew no sin;
that we might be made the righteousness of God in Him.* 2 Cor. 5:21.

Sin is a fundamental relationship; it is not wrong doing, it is wrong being, deliberate and emphatic independence of God. The Christian religion bases everything on the positive, radical nature of sin. Other religions deal with sins; the Bible alone deals with sin. The first thing Jesus Christ faced in men was the heredity of sin, and it is because we have ignored this in our presentation of the Gospel that the message of the Gospel has lost its sting and its blasting power.

The revelation of the Bible is not that Jesus Christ took upon Himself our fleshly sins, but that He took upon Himself the heredity of sin which no man can touch. God made His own Son to be sin that He might make the sinner a saint. All through the Bible it is revealed that Our Lord bore the sin of the world by identification, not by sympathy. He deliberately took upon His own shoulders, and bore in His own Person, the whole massed sin of the human race—"He hath made Him to be sin for us, who knew no sin," and by so doing He put the whole human race on the basis of Redemption. Jesus Christ rehabilitated the human race; He put it back to where God designed it to be, and anyone can enter into union with God on the ground of what Our Lord has done on the Cross.

A man cannot redeem himself; Redemption is God's 'bit,' it is absolutely finished and complete; its reference to individual men is a question of their individual action. A distinction must always be made between the revelation of Redemption and the conscious experience of salvation in a man's life.

구원 계획과 개인적 적용

10월 7일

하나님이 죄를 알지도 못하신 이를 우리를 대신해 죄로 삼으신 것은 우리로 하여금 그 안에서 하나님의 의가 되게 하려 하심이라 (고후 5:21).

죄는 근본적으로 관계입니다. 그릇된 '일'을 하는 것이 아니라, 의도적이고 강력하게 하나님으로부터 독립하려는 그릇된 '존재 상태'가 죄입니다. 기독교 신앙은 모든 영역에서 적극적이고 뿌리깊은 죄성을 해결하려는 데 있습니다. 다른 종교들은 '죄악들'을 다룹니다. 성경만이 '죄'를 다룹니다. 예수 그리스도께서 사람에게 제일 먼저 직시하시는 것은 죄의 유전이었습니다. 복음의 메시지가 사람의 마음을 찔러 쪼개는 능력을 잃은 이유는 바로 복음을 제시할 때 이 점을 무시하기 때문입니다.

성경의 계시는 예수 그리스도께서 우리의 몸으로 짓는 죄악을 담당하셨다는 것이 아니라, 사람으로는 어쩔 수 없는 죄의 유전을 담당하셨다는 것입니다. 하나님께서는 자신의 '친아들'이 죄인 되게 하심으로 죄인을 성도 되게 하셨습니다. 성경 전반에 걸쳐 계시되는 내용은 주님께서 우리를 동정해서가 아니라 우리와 일체가 되심으로 세상 죄를 담당하셨다는 사실입니다. 주님은 마음을 다해 인류가 지은 모든 죄를 어깨에 지시고 친히 담당하셨습니다. 죄를 알지도 못하신 자로 하여금 우리를 위해 죄인되게 하심으로써 하나님께서는 구속의 바탕 위에 전 인류를 두셨습니다. 주께서는 하나님께서 원래 계획하신 대로 인류를 회복시키셨으며 누구든지 주님께서 십자가 상에서 이루신 것을 기반으로 하나님과 연합할 수 있게 되었습니다.

사람은 스스로 자신을 구속할 수 없습니다. 구속은 하나님께서 하신 것이며 완벽하게 끝났고 완성되었습니다. 이것을 개인에게 적용하는 것은 각 개인의 문제입니다. 구속의 계시와 한 사람의 삶 속에서 구원을 실제로 경험하고 의식하는 문제는 언제나 구별되어야 합니다.

The exclusiveness of Christ

Come unto Me. Matthew 11:28.

Is it not humiliating to be told that we must come to Jesus! Think of the things we will not come to Jesus Christ about. If you want to know how real you are, test yourself by these words—"Come unto Me." In every degree in which you are not real, you will dispute rather than come, you will quibble rather than come, you will go through sorrow rather than come; you will do anything rather than come the last lap of unutterable foolishness—'Just as I am.' As long as you have the tiniest bit of spiritual impertinence, it will always reveal itself in the fact that you are expecting God to tell you to do a big thing, and all He is telling you to do is to "come."

"Come unto Me." When you hear those words you will know that something must happen in you before you can come. The Holy Spirit will show you what you have to do, anything at all that will put the axe at the root of the thing which is preventing you from getting through. You will never get further until you are willing to do that one thing. The Holy Spirit will locate the one impregnable thing in you, but He cannot budge it unless you are willing to let Him.

How often have you come to God with your requests and gone away with the feeling—"Oh well, I have done it this time!" And yet you go away with nothing, whilst all the time God has stood with outstretched hands not only to take you, but for you to take Him. Think of the invincible, unconquerable, unwearying patience of Jesus—"Come unto Me."

"내게로 오라"는 말씀 따라

내게로 오라 (마 11:28).

10월 8일

예수님께로 가야 한다는 말을 들으면 수치를 느낍니까? 우리가 예수 그리스도께 가지 않으려는 이유가 무엇인지 생각해보십시오. 만일 당신이 정말로 어떤 사람인지 알고 싶다면 "내게로 오라"는 주님의 이 말씀으로 당신 자신을 시험해보십시오. 당신이 진짜 성도가 아니라면, 어떻게 하든 주께로 가지는 않고 논리를 따지거나 입씨름을 할 것입니다. 심지어 예수님께 가기보다는 슬픔을 택할 것입니다. 당신은 당신에게 지극히 어리석어 보이는 마지막 순간의 '내 모습 이대로' 오기보다 어떤 수단을 써서라도 예수님께 가는 것을 피하려 할 것입니다. 아무리 작은 영적 완고함이라도 당신에게 남아 있는 한, 당신은 하나님께서 당신에게 큰일을 부탁하실 것이라고 기대합니다. 그런데 주님이 당신에게 하라고 하신 모든 것은 단지 "오라"는 것입니다.

"내게로 오라." 당신이 이 말씀을 들으면 당신은 주께로 가기 전에 당신 안에서 어떤 사건이 일어나야만 한다는 것을 알 것입니다. 성령께서는 당신이 주님께로 오는 것을 막는 그 어떤 것이라도 도끼로 그 뿌리를 잘라내야 한다고 알려주십니다. 당신이 이 한 가지를 기꺼이 하기 전에는 절대로 전진할 수 없습니다. 성령께서는 당신 안에 있는 쓴뿌리를 알려주시지만, 당신이 허락하지 않으면 성령께서는 그 쓴뿌리를 제거하지 않으실 것입니다.

당신은 얼마나 자주 당신의 요구를 가지고 하나님께 나아갔으며 "아, 이번에는 제대로 된 것 같아"라는 느낌을 가지고 떠났습니까? 그러나 당신은 여전히 빈손으로 떠납니다. 사실은 당신이 기도하는 내내 하나님께서는 당신의 손을 잡아주실 뿐만 아니라 당신이 주님의 손을 잡게 하시려고 손을 내밀고 서 계셨습니다. 확고하고 변함없으며 지치지 않는 주님의 인내를 생각하십시오. "내게로 오라."

Pull yourself together

Yield your members servants to righteousness unto holiness.
Romans 6:13-22.

I cannot save and sanctify myself; I cannot atone for sin; I cannot redeem the world; I cannot make right what is wrong, pure what is impure, holy what is unholy. That is all the sovereign work of God. Have I faith in what Jesus Christ has done? He has made a perfect Atonement, am I in the habit of constantly realizing it? The great need is not to do things, but to believe things. The Redemption of Christ is not an experience, it is the great act of God which He has performed through Christ, and I have to build my faith upon it. If I construct my faith on my experience, I produce that most unscriptural type, an isolated life, my eyes fixed on my own whiteness. Beware of the piety that has no presupposition in the Atonement of the Lord. It is of no use for anything but a sequestered life; it is useless to God and a nuisance to man. Measure every type of experience by our Lord Himself. We cannot do anything pleasing to God unless we deliberately build on the presupposition of the Atonement.

The Atonement of Jesus has to work out in practical, unobtrusive ways in my life. Every time I obey, absolute Deity is on my side, so that the grace of God and natural obedience coincide. Obedience means that I have banked everything on the Atonement, and my obedience is met immediately by the delight of the supernatural grace of God.

Beware of the piety that denies the natural life, it is a fraud. Continually bring yourself to the bar of the Atonement—where is the discernment of the Atonement in this thing, and in that?

삶 가운데 나타나는 속죄

너희 지체를 의의 무기로 하나님께 드리라 (롬 6:13).

10월 9일

나는 나 자신을 구원할 수도 없고 거룩하게 할 수도 없습니다. 죄를 속량할 수 없으며 세상을 구속할 수 없습니다. 잘못된 것을 바로잡을 수도 없고 더러운 것을 깨끗하게 할 수 없으며 거룩하지 않은 것을 거룩하게 할 수 없습니다. 이 모든 것은 하나님의 주권적인 일입니다. 예수 그리스도께서 이루신 일을 믿습니까? 주님은 완전한 속죄를 이루셨는데, 계속적으로 이를 실감하고 있습니까?

우리에게 가장 필요한 것은 '하는 것'이 아니라 주께서 행하신 일들을 '믿는 것'입니다. 그리스도의 구속은 하나의 체험이 아닙니다. 구속은 하나님께서 그리스도를 통해 이루신 위대한 행위입니다. 우리는 자신의 믿음을 그 구속 위에 세워야 합니다. 만일 나의 경험에 믿음을 세우면 나의 눈은 자신의 결백에 신경을 쓰게 되면서 가장 비성경적이 되고 하나님과의 관계가 격리된 삶을 살게 됩니다. 주님의 속죄를 전제로 하지 않은 경건을 주의하십시오. 그러한 경건은 격리된 삶에나 유익할 뿐 아무 소용이 없습니다. 하나님께는 쓸모없는 것이요 사람에게는 피해만 끼칠 뿐입니다. 당신의 모든 체험을 주 예수님을 기준으로 평가하십시오. 우리가 뜻을 다해 속죄를 전제로 해서 세우지 않으면, 우리는 그 어떤 행위로도 하나님을 기쁘시게 할 수 없습니다.

예수님의 속죄는 나의 삶 가운데서 실질적으로, 그리고 은연중에 나타나야 합니다. 내가 매 순간 순종할 때마다 절대자 하나님께서 내 편이시기 때문에 하나님의 은혜와 자연스러운 순종이 함께합니다. 순종은 속죄에 모든 신뢰를 두었다는 것을 의미합니다. 나는 순종을 통해 초자연적인 하나님의 은혜의 기쁨을 곧바로 체험하게 됩니다.

자연스러운 삶을 거부하는 경건을 경계하십시오. 그것은 속임수입니다. 끊임없이 자신을 속죄의 영역으로 인도하십시오. 속죄가 삶 가운데 역사하고 있는지 확인하십시오.

Whereby shall I know?

Oct. 10th

I thank Thee, O Father, ⋯ because Thou hast hid these things from the wise and prudent, and hast revealed them unto babes. Matthew 11:25.

In spiritual relationships we do not grow step by step, we are either there or we are not. God does not cleanse us more and more from sin, but when we are in the light, walking in the light, we are cleansed from all sin. It is a question of obedience, and instantly the relationship is perfected. Turn away for one second out of obedience, and darkness and death are at work at once.

All God's revelations are sealed until they are opened to us by obedience. You will never get them open by philosophy or thinking. Immediately you obey, a flash of light comes. Let God's truth work in you by soaking in it, not by worrying into it. The only way you can get to know is to stop trying to find out and by being born again. Obey God in the thing He shows you, and instantly the next thing is opened up. We read tomes on the work of the Holy Spirit, when one five minutes of drastic obedience would make things as clear as a sunbeam. "I suppose I shall understand these things some day!" You can understand them now. It is not study that does it, but obedience. The tiniest fragment of obedience, and heaven opens and the profoundest truths of God are yours straight away. God will never reveal more truth about Himself until you have obeyed what you know already. Beware of becoming "wise and prudent."

하나님의 진리가 역사할 때

10월 10일

아버지여 이것을 지혜롭고 슬기 있는 자들에게는 숨기시고 어린아이들에게는 나타내심을 감사하나이다 (마 11:25).

영적 관계에서는 우리가 단계적으로 자라나지 않습니다. 우리가 영적 관계에 있든지 아니면 없는 것입니다. 하나님은 우리를 죄에서 점차적으로 깨끗하게 하지 않으십니다. 빛 가운데 행하면 우리는 모든 죄로부터 깨끗하게 됩니다. 이것은 순종의 문제로서 순종하는 즉시 관계가 완벽하게 됩니다. 한순간이라도 순종에서 벗어나면 어둠과 죽음이 당장 역사하기 시작합니다.

하나님의 모든 계시는 우리의 순종에 의해 열릴 때까지 봉해져 있습니다. 당신은 철학이나 사고를 통해 그 계시들을 열 수 없습니다. 그러나 순종하는 즉시 섬광이 들어옵니다. 하나님의 진리는 노심초사한다고 역사하는 것이 아니라 그 안에 빠져들어갈 때 우리 안에서 역사합니다. 하나님의 진리를 참으로 알 수 있는 유일한 길은, 내 힘으로 찾는 것을 멈추고 거듭나는 것입니다. 주님께서 당신에게 보여주시는 것들을 순종하십시오. 그러면 즉시 다음 것이 열립니다. 성령의 사역에 대해 방대한 책을 읽는 사람이 있습니다. 그러나 즉각적인 순종이 5분 이내에 태양빛처럼 모든 것을 선명하게 할지도 모릅니다. "나도 언젠가는 이런 일들을 이해하게 되겠지!" 당신은 지금 그것들을 이해할 수 있습니다. 공부가 아니라 순종으로 이해할 수 있습니다. 아주 작은 순종이라도 그것에 의해 하늘이 열리고 당장 하늘의 가장 깊은 심오한 진리가 당신의 것이 됩니다. 하나님께서는 당신이 이미 알고 있는 것들을 순종하기까지는, 절대로 그분에 대한 더 깊은 진리를 보여주지 않으십니다. 스스로 "지혜롭고 슬기로운" 자가 되는 것을 조심하십시오.

After God's silence—what?

Oct. 11th

When He had heard therefore that he was sick, He abode two days in the same place where He was. John 11:6.

Has God trusted you with a silence—a silence that is big with meaning? God's silences are His answers. Think of those days of absolute silence in the home at Bethany! Is there anything analogous to those days in your life? Can God trust you like that, or are you still asking for a visible answer? God will give you the blessings you ask if you will not go any further without them; but His silence is the sign that He is bringing you into a marvellous understanding of Himself. Are you mourning before God because you have not had an audible response? You will find that God has trusted you in the most intimate way possible, with an absolute silence, not of despair, but of pleasure, because He saw that you could stand a bigger revelation. If God has given you a silence, praise Him, He is bringing you into the great run of His purposes. The manifestation of the answer in time is a matter of God's sovereignty. Time is nothing to God. For a while you say—"I asked God to give me bread, and He gave me a stone." He did not, and today you find He gave you the bread of life.

A wonderful thing about God's silence is that the contagion of His stillness gets into you and you become perfectly confident—"I know God has heard me." His silence is the proof that He has. As long as you have the idea that God will bless you in answer to prayer, He will do it, but He will never give you the grace of silence. If Jesus Christ is bringing you into the understanding that prayer is for the glorifying of His Father, He will give you the first sign of His intimacy—silence.

하나님의 침묵

10월 11일

나사로가 병들었다 함을 들으시고 그 계시던 곳에 이틀을 더 유하시고 (요 11:6).

하나님께서 당신에게 침묵하실 만큼 당신을 신뢰하십니까? 하나님의 침묵은 큰 의미가 담겨 있으며 하나님의 응답이기도 합니다. 베다니의 집에서 예수님께서 며칠 동안 완벽하게 침묵하셨던 것을 생각해보십시오. 당신의 삶 가운데 이러한 날들이 있습니까? 하나님은 당신을 그처럼 신뢰합니까? 아니면 당신은 여전히 보이는 응답만 구하고 있습니까?

만일 당신이 하나님의 응답이 없이는 영적으로 앞으로 더 나아가지 못한다면, 하나님께서는 당신이 구하는 축복들을 지금 주실 것입니다. 그러나 기도에 당장 응답하지 않으시는 하나님의 침묵은 당신으로 하여금 주님에 대해 더 놀라운 깨달음을 갖게 하시려는 신호입니다. 지금까지 아무 응답을 듣지 못해서 하나님 앞에서 신음하고 있습니까? 그러나 그 완벽한 침묵 속에서, 절망이 아닌 기쁨 속에서, 당신은 하나님께서 가장 친밀한 방법으로 당신을 신뢰하심을 발견할 것입니다. 그 이유는 주께서는 당신이 더 큰 계시를 감당할 수 있다고 보셨기 때문입니다. 만일 하나님께서 당신에게 침묵하시면 주님을 찬양하십시오. 주님께서는 주의 위대한 목적을 향해 당신을 인도하고 계시기 때문입니다. 언제 응답이 나타날 것인가 하는 것은 하나님의 주권에 속한 것입니다. 하나님께 시간은 아무것도 아닙니다. 한동안 당신은 이렇게 말했습니다. "떡을 달라고 구했더니 하나님은 돌을 주셨어." 그렇지 않습니다. 오늘날 당신은 주님께서 생명의 떡을 주셨음을 발견하게 됩니다.

하나님의 침묵이 지닌 놀라운 특징은 바로 전염성입니다. 하나님의 침묵이 당신 안에 들어오면, 당신으로 하여금 완벽한 확신 가운데 "주님께서 내 기도를 들으셨습니다!"라고 솔직히 고백하게 합니다. 하나님의 침묵은 그분이 당신의 기도를 들으셨다는 증거입니다. 당신이 기도하는 대로 하나님께서 당신을 축복하실 것이라고 생각하는 한, 주님은 그렇게 축복하실 것입니다. 그러나 절대로 침묵의 은혜를 주시지는 않을 것입니다. 만일 예수 그리스도께서 당신에게 기도란 아버지 하나님을 영화롭게 하는 것임을 깨닫게 하셨다면 주님께서는 당신과 친밀한 관계의 첫 신호를 주실 것입니다. 바로 침묵입니다.

Getting into God's stride

Enoch walked with God. Genesis 5:24.

The test of a man's religious life and character is not what he does in the exceptional moments of life, but what he does in the ordinary times, when there is nothing tremendous or exciting on. The worth of a man is revealed in his attitude to ordinary things when he is not before the footlights. (cf. John 1:36.) It is a painful business to get through into the stride of God, it means getting your 'second wind' spiritually. In learning to walk with God there is always the difficulty of getting into His stride; but when we have got into it, the only characteristic that manifests itself is the life of God. The individual man is lost sight of in his personal union with God, and the stride and the power of God alone are manifested.

It is difficult to get into stride with God, because when we start walking with Him we find He has outstripped us before we have taken three steps. He has different ways of doing things, and we have to be trained and disciplined into His ways. It was said of Jesus—"He shall not fail nor be discouraged," because He never worked from His own individual standpoint but always from the standpoint of His Father, and we have to learn to do the same. Spiritual truth is learned by atmosphere, not by intellectual reasoning. God's Spirit alters the atmosphere of our way of looking at things, and things begin to be possible which never were possible before. Getting into the stride of God means nothing less than union with Himself. It takes a long time to get there, but keep at it. Don't give in because the pain is bad just now, get on with it, and before long you will find you have a new vision and a new purpose.

하나님과 보조를 맞추는 것

에녹이 하나님과 동행하더니 (창 5:24).

10월
12일

사람의 신앙 생활과 인격은 삶의 예외적인 순간에 무엇을 하느냐로 알 수 없고 오히려 일상적인 보통 때 어떻게 사느냐로 알 수 있습니다. 사람의 가치는 무대 위에 서 있을 때가 아니라 일상적인 일들을 대하는 자세에서 나타납니다요 1:36. 하나님과 보조를 맞추어 걷는 것은 우리에게 고통스러운 일입니다. 이는 영적으로 두 번째 거친 바람을 겪는 것을 의미합니다. 주님과 동행하는 것을 배우려면 언제나 하나님과 보조를 맞추어 걸어야 하는 어려움이 있습니다. 그러나 우리의 보조가 맞추어지면 우리의 삶에서는 하나님의 생명에서만 나타나는 품성이 드러납니다. 하나님과의 개인적인 연합으로 각 개인은 드러나지 않고 하나님의 능력만 나타납니다.

하나님과 보조를 맞추는 것은 어렵습니다. 그 이유는 우리가 주님과 함께 걷기 시작할 때 우리가 세 걸음을 걷기도 전에 주님은 벌써 앞서 가시는 것을 발견하기 때문입니다. 주님은 우리 생각과 다르게 행하시기 때문에, 우리는 주님께 맞추어질 수 있도록 훈련 받고 연단 받아야 합니다. 성경이 예수님에 대해 "그는 쇠하지 아니하며 낙담하지 아니하고"사 42:4라고 하는데, 이는 주께서는 자신의 관점에서 일하지 않으시고 언제나 하나님 아버지의 관점에서 일하셨기 때문입니다. 우리도 이것을 배워야 합니다. 영적인 진리는 지적인 논리에 의해 배우는 것이 아니라 주어진 상황 가운데 순종을 통해 배우게 됩니다. 성령은 상황을 보는 우리의 관점을 바꾸십니다. 그래서 전에는 불가능해 보였던 것이 이제는 가능해 보입니다. 하나님과 보조를 맞춘다는 것은 다름 아닌 주님과의 연합을 의미합니다. 이러한 자리까지 가는 데는 오랜 시간이 걸립니다. 그러나 계속 노력하십시오. 지금 너무나 고통스러워도 포기하지 말고 버티십시오. 오래지 않아 당신은 새로운 비전과 목적을 갖게 될 것입니다.

Oct. 13th

Individual discouragement and personal enlargement

Moses went unto his brethren, and looked on their burdens. Exodus 2:11.

Moses saw the oppression of his people and felt certain that he was the one to deliver them, and in the righteous indignation of his own spirit he started to right their wrongs. After the first strike for God and for the right, God allowed Moses to be driven into blank discouragement, He sent him into the desert to feed sheep for forty years. At the end of that time, God appeared and told Moses to go and bring forth His people, and Moses said—"Who am I, that I should go?" In the beginning Moses realized that he was the man to deliver the people, but he had to be trained and disciplined by God first. He was right in the individual aspect, but he was not the man for the work until he had learned communion with God.

We may have the vision of God and a very clear understanding of what God wants, and we start to do the thing; then comes something equivalent to the forty years in the wilderness, as if God had ignored the whole thing, and when we are thoroughly discouraged God comes back and revives the call, and we get the quaver in and say—"Oh, who am I!" We have to learn the first great stride of God—"I AM THAT I AM hath sent thee." We have to learn that our individual effort for God is an impertinence; our individuality is to be rendered incandescent by a personal relationship to God (see Matthew 3:11). We fix on the individual aspect of things; we have the vision—"This is what God wants me to do"; but we have not got into God's stride. If you are going through a time of discouragement, there is a big personal enlargement ahead.

하나님과 교제한 이후에

10월 13일

> 모세가 장성한 후에 한번은 자기 형제들에게 나가서 그들이 고되게 노동하는 것을 보더니 (출 2:11).

모세는 그의 백성들이 압제 받는 것을 보고 자신이 그들을 구원해야 한다고 확신했습니다. 자신의 생각에 마땅한 분노를 가지고 불의를 바로잡기 시작했습니다. 하나님과 공의를 위한 그의 첫째 시도 후에 하나님께서는 모세로 하여금 완벽한 좌절에 빠지게 하셨습니다. 하나님께서는 모세를 광야로 보내어 40년 동안 양을 치게 하셨습니다. 그 기간이 끝났을 때 하나님께서는 모세에게 나타나셔서 가서 주의 백성을 구원하라고 말씀하셨습니다. 이때 모세가 말합니다. "내가 누구이기에 가리이까?"출 3:11 처음에 모세는 자신이 백성을 구원할 사람이라고 깨달았지만 그는 먼저 하나님에 의해 훈련되고 연단 받아야 했습니다. 그는 개인적인 면에서 볼 때 옳았지만 하나님과의 교제를 배우기 전까지는 그 사역을 감당할 수 있는 사람이 아니었습니다.

우리도 하나님의 비전을 받고 주님께서 원하시는 것이 무엇인지 정확히 알 수 있습니다. 그러나 그 일을 시작하면 마치 하나님께서 모든 비전을 무시하시는 것처럼 느껴지는, 40년 광야에 해당하는 일들이 찾아옵니다. 그러면 우리는 완벽하게 좌절하게 됩니다. 그때 하나님께서 다시 찾아오셔서 우리를 향한 주의 부르심을 상기시키십니다. 우리는 떨리는 목소리로 말합니다. "오, 주님, 제가 누구인데 가겠습니까?" 이때 우리는 하나님의 위대한 첫걸음을 배웁니다. "스스로 있는 자가 나를 너희에게 보내셨다 하라"출 3:14. 우리는 하나님을 위한다고 하면서 내 마음대로 개인적으로 노력하는 것이 무례한 것임을 배워야 합니다. 자신의 개인적인 노력은 하나님과의 인격적인 관계에 의해 불이 붙어야 합니다 마 3:11. 자신의 개인적인 면에 집중할 때 우리는 "이것이 주님께서 내게 원하는 것이구나"라고 하며 비전을 갖지만, 하나님과 보조를 맞추지는 않습니다. 만일 당신이 좌절의 기간을 통과하면 위대한 인격적 성숙이 기다리고 있습니다.

The key to the missionary

Oct. 14th

All power is given unto Me in heaven and in earth. Go ye therefore, and teach all nations. Matthew 28:18-20.

The basis of missionary appeals is the authority of Jesus Christ, not the needs of the heathen. We are apt to look upon Our Lord as One Who assists us in our enterprises for God. Our Lord puts himself as the absolute sovereign supreme Lord over His disciples. He does not say the heathen will be lost if we do not go; He simply says—"Go ye therefore, and teach all nations." Go on the revelation of My sovereignty; teach and preach out of a living experience of Me.

"Then the eleven disciples went ⋯ into a mountain where Jesus had appointed them"(v. 16). If I want to know the universal sovereignty of Christ, I must know Him for myself, and how to get alone with Him; I must take time to worship the Being Whose Name I bear. "Come unto Me"—that is the place to meet Jesus. Are you weary and heavy laden? How many missionaries are! We banish those marvellous words of the universal Sovereign of the world to the threshold of an after-meeting; they are the words of Jesus to His disciples.

"Go ye therefore ⋯." "Go" simply means live. Acts 1:8 is the description of how to go. Jesus did not say—Go into Jerusalem and Judea and Samaria, but, "Ye shall be witnesses unto Me" in all these places. He undertakes to establish the goings.

"If ye abide in Me, and My words abide in you ⋯."—that is the way to keep going in our personal lives. Where we are placed is a matter of indifference; God engineers the goings. "None of these things move me ⋯." That is how to keep going till you're gone!

증인 된 삶

하늘과 땅의 모든 권세를 내게 주셨으니
그러므로 너희는 가서 모든 민족을 제자로 삼아 (마 28:18-20).

10월 14일

    선교를 해야 하는 근본 이유는 믿지 않는 자들의 필요 때문이 아니라 예수 그리스도의 권위로 그분이 우리에게 명령하셨기 때문입니다. 우리는 하나님을 위한 사역을 돕는 분으로서 주님을 바라보기 쉽습니다. 그러나 주님은 그분의 제자들 위에서 완벽한 주권을 행사하시는 최상의 주님이십니다. 주님은 우리가 가지 않으면 이방인들을 잃을 것이라고 말씀하시지 않습니다. 단지 "그러므로 가서 모든 족속을 가르치라"고 말씀하십니다. 주님의 주권적인 계시에 따라, 주님을 체험한 산 경험으로부터 가르치고 선포하라는 말씀입니다.

    "열한 제자가 갈릴리에 가서 예수께서 지시하신 산에 이르러"마 28:16. 그리스도의 우주적인 주권을 알기 원한다면 먼저 나 자신이 주님을 알아야 하고 어떻게 주님과 친하게 지낼 수 있는지 알아야 합니다. 시간을 가지고 내가 지닌 그리스도인이란 이름의 주인공께 경배해야 합니다. "내게로 오라." 주께로 나아가는 것이 바로 예수님을 만나는 비결입니다. 우리는 이 세상의 우주적인 주권자의 그 놀라운 말씀을, 주님을 만난 후에 바로 잊어버립니다. 그 말씀은 제자들에게 주신 예수님의 말씀입니다.

    "그러므로 가서." "가라"는 말은 살라는 뜻입니다. 사도행전 1장 8절은 어떻게 가는지를 설명합니다. 예수님은 예루살렘과 유대와 사마리아로 가라고 하지 않으시고 모든 곳에서 "내 증인이 되라"고 하셨습니다. 주님은 보내는 일을 친히 담당하십니다. "너희가 내 안에 거하고 내 말이 너희 안에 거하면"요 15:7. 이는 우리의 인격적인 삶 속에서 지속되어야 할 모습입니다. 어느 곳에 있느냐 하는 것은 중요하지 않습니다. 하나님께서 우리를 어디로 보내실 것인가를 친히 계획하십니다. "오직 성령이 각 성에서 내게 증거하여 결박과 환난이 나를 기다린다 하시나 내가 달려갈 길과 주 예수께 받은 사명 곧 하나님의 은혜의 복음을 증언하는 일을 마치려 함에는 나의 생명조차 조금도 귀한 것으로 여기지 아니하노라"행 20:23-24. 이렇게 우리는 생명이 마치는 그날까지 계속 나아가야 합니다.

The key to the missionary message

Oct. 15th

And He is the propitiation for our sins: and not for ours only, but also for the sins of the whole world. 1 John 2:2.

The key to the missionary message is the propitiation of Christ Jesus. Take any phase of Christ's work—the healing phase, the saving and sanctifying phase; there is nothing limitless about those. "The Lamb of God, which taketh away the sin of the world!"—that is limitless. The missionary message is the limitless significance of Jesus Christ as the propitiation for our sins, and a missionary is one who is soaked in that revelation.

The key to the missionary message is the remissionary aspect of Christ's life, not His kindness and His goodness, and His revealing of the Fatherhood of God; the great limitless significance is that He is the propitiation for our sins. The missionary message is not patriotic, it is irrespective of nations and of individuals, it is for the whole world. When the Holy Ghost comes in He does not consider my predilections, He brings me into union with the Lord Jesus.

A missionary is one who is wedded to the charter of his Lord and Master; he has not to proclaim his own point of view, but to proclaim 'the Lamb of God.' It is easier to belong to a coterie which tells what Jesus Christ has done for me, easier to become a devotee to Divine healing, or to a special type of sanctification, or to the baptism of the Holy Ghost. Paul did not say—"Woe is unto me, if I do not preach what Christ has done for me," but—"Woe is unto me, if I preach not the gospel!" This is the Gospel—"The Lamb of God, which taketh away the sin of the world!"

선교 메시지의 핵심

10월 15일

그는 우리 죄를 위한 화목 제물이니 우리만 위할 뿐 아니요
온 세상의 죄를 위하심이라 (요일 2:2).

선교 메시지의 핵심은 예수 그리스도의 화목 속죄입니다. 그리스도의 사역 중 아무 부분이나 취해보십시오. 예를 들어, 치유 사역, 구원 및 성화의 사역 등이 있지만 이러한 사역들은 유한합니다. 그러나 "세상 죄를 지고 가는 하나님의 어린 양"요 1:29의 속죄의 사역은 무한합니다. 선교의 주요 메시지는 우리의 죄의 문제를 해결하시기 위해 화목제물이 되신 예수 그리스도께서 얼마나 중요한 분이신가 하는 것입니다. 선교사는 이 계시에 사로잡힌 사람이어야 합니다.

선교 메시지의 핵심은 그리스도의 친절함이나 선하심도 아니며 하나님이 우리 아버지 되심을 드러내주신 것도 아닙니다. 그리스도의 생명으로 우리 죄를 사해주신 것입니다. 주님께서 우리의 죄를 위한 화목제물이 되었다는 것이야말로 무한한 의미를 가진 가장 위대하고 중요한 메시지입니다. 선교사의 메시지가 곧 애국적인 것은 아니기에 그것은 특정 국가나 개인을 옹호하지 않으며 온 세상을 위한 것입니다. 성령은 나의 편견을 옹호해주지 않으십니다. 그분은 단지 나를 주 예수 그리스도와 연합하게 하십니다.

선교사는 자신의 주인이신 예수님의 위대한 사명에 결속된 사람입니다. 그는 자신의 견해가 아니라 오직 '하나님의 어린양'을 선포해야 합니다. 예수 그리스도께서 나를 위해 무엇을 하셨는가를 나누는 소그룹에 속하기가 쉽습니다. 신령한 치유, 특별한 성결의 비결, 성령의 세례 등의 신봉자가 되는 것은 쉬운 일입니다. 그러나 바울은 "그리스도가 나를 위해 하신 일을 선포하지 않으면 화가 있을지로다"라고 말하지 않고, "복음을 전하지 아니하면 내게 화가 있을 것이로다"고전 9:16라고 했습니다. "세상 죄를 지고 가는 하나님의 어린양"이 곧 복음입니다.

The key to the Master's orders

Pray ye therefore the Lord of the harvest, that He will send forth labourers into His harvest. Matthew 9:38.

The key to the missionary problem is in the hand of God, and that key is prayer, not work, that is, not work as the word is popularly understood today, because that may mean the evasion of concentration on God. The key to the missionary problem is not the key of common sense, nor the medical key, nor the key of civilization or education or even evangelization. The key is prayer. "Pray ye therefore the Lord of the harvest." Naturally, prayer is not practical, it is absurd; we have to realize that prayer is stupid from the ordinary commonsense point of view.

There are no nations in Jesus Christ's outlook, but the world. How many of us pray without respect of persons, and with respect to only one Person, Jesus Christ? He owns the harvest that is produced by distress and conviction of sin, and this is the harvest we have to pray that labourers may be thrust out to reap. We are taken up with active work while people all round are ripe to harvest, and we do not reap one of them, but waste our Lord's time in over-energized activities. Suppose the crisis comes in your father's life, in your brother's life, are you there as a labourer to reap the harvest for Jesus Christ? "Oh, but I have a special work to do!" No Christian has a special work to do. A Christian is called to be Jesus Christ's own, one who is not above his Master, one who does not dictate to Jesus Christ what he intends to do. Our Lord calls to no special work: He calls to Himself. "Pray ye therefore the Lord of the harvest," and He will engineer circumstances and thrust you out.

기도가 열쇠입니다

그러므로 추수하는 주인에게 청하여
추수할 일꾼들을 보내주소서 하라 하시니라 (마 9:38).

10월 16일

    선교 문제를 해결하는 열쇠는 하나님의 손에 있습니다. 그 열쇠는 기도이지 사역이 아닙니다. 특별히 최근에 사람들 사이에 널리 퍼진 프로그램은 하나님께 집중하는 것을 회피하게 만들고 있습니다. 선교 문제를 해결하는 열쇠는 상식이나 의료나 문화, 교육, 심지어 전도도 아닙니다. 그 열쇠는 기도입니다. "추수하는 주인에게 청하여…." 거듭나지 않는 사람들에게는 기도란 실질적이지 않으며 불합리한 것입니다. 우리는 상식적인 관점에서 기도란 어리석게 보이는 일임을 깨달아야 합니다.

    예수 그리스도께서 보시는 것은 나라들이 아니라 온 세상입니다. 사람들의 관점에서 기도하는 것이 아니라 오직 예수 그리스도의 관점에서 기도하는 사람들은 몇 사람이나 되겠습니까? 주님은 추수의 주인이시며, 추수는 사람들의 마음이 압박과 죄책감을 느낄 때 무르익어갑니다. 바로 이러한 때가 추수할 일꾼을 보내달라고 기도해야 하는 추수의 때입니다. 주변의 사람들은 무르익어 추수를 기다리고 있습니다. 그러나 우리는 프로그램에 너무나 사로잡혀서 한 사람도 추수하지 못하고 있습니다. 오히려 에너지만 빼는 활동에 빠져서 시간을 낭비하고 있습니다.

    당신의 아버지와 형제의 삶에 위기가 온다고 가정해봅시다. 당신은 예수 그리스도를 위한 추수의 일꾼으로 그들과 함께합니까? "오, 하지만 나는 특별히 다른 할 일이 있네요." 그리스도인에게는 특별히 해야 할 다른 일이 없습니다. 그리스도인은 예수 그리스도의 것으로 부름을 받은 자요, 그의 '주인'보다 높지 않으며, 자신이 하려는 일을 예수 그리스도께 지시하는 사람이 아닙니다. 주님은 다른 특별한 일로 부르지 않으십니다. 그분은 "주님 자신에게로" 부르십니다. 그러므로 추수하는 주인이신 주님께 기도하십시오. 그러면 주께서는 상황을 섭리하셔서 당신을 일꾼으로 내보내실 것입니다.

Greater works

*And greater works than these shall he do;
because I go unto My Father.* John 14:12.

Prayer does not fit us for the greater works; prayer is the greater work. We think of prayer as a commonsense exercise of our higher powers in order to prepare us for God's work. In the teaching of Jesus Christ prayer is the working of the miracle of Redemption in me which produces the miracle of Redemption in others by the power of God. The way fruit remains is by prayer, but remember it is prayer based on the agony of Redemption, not on my agony. Only a child gets prayer answered; a wise man does not.

Prayer is the battle; it is a matter of indifference where you are. Whichever way God engineers circumstances, the duty is to pray, Never allow the thought—"I am of no use where I am"; because you certainly can be of no use where you are not. Wherever God has dumped you down in circumstances, pray, ejaculate to Him all the time. "Whatsoever ye ask in My name, that will I do." We won't pray unless we get thrills, that is the intensest form of spiritual selfishness. We have to labour along the line of God's direction, and He says pray. "Pray ye therefore the Lord of the harvest, that He will send forth labourers into His harvest."

There is nothing thrilling about a labouring man's work, but it is the labouring man who makes the conceptions of the genius possible; and it is the labouring saint who makes the conceptions of his Master possible. You labour at prayer and results happen all the time from God's standpoint. What an astonishment it will be to find, when the veil is lifted, the souls that have been reaped by you, simply because you had been in the habit of taking your orders from Jesus Christ.

기도는 사역이고 의무입니다

또한 그보다 큰일도 하리니 이는 내가 아버지께로 감이라 (요 14:12).

10월 17일

　기도는 더 위대한 사역들을 위해 우리를 준비시키는 것이 아닙니다. 기도 자체가 '더 위대한 사역'입니다. 그런데 우리는 기도를 하나님의 사역을 위한 준비나 고차원적인 능력을 상식의 차원에서 행사하는 것으로 생각합니다. 예수 그리스도의 가르침에 의하면, 기도는 내 안에 있는 구속의 기적이 역사하는 것으로서 하나님의 능력으로 다른 사람들 안에도 구속의 기적을 이루게 하는 것입니다. 따라서 기도는 구속의 열매를 유지하는 방법입니다. 그러나 그 구속의 열매는 나의 기도의 수고가 아니라 오직 그리스도의 구속의 고통에 근거한다는 사실을 기억하십시오. 오직 어린아이 같은 자만 기도에 응답받으며 스스로 슬기롭다고 여기는 자는 응답받지 못합니다.

　기도는 전투입니다. 당신이 어디에 있는가 하는 것은 중요하지 않습니다. 하나님께서 환경을 어떻게 섭리하시든 상관없이 당신의 의무는 기도하는 것입니다. "지금 이곳에서 나는 쓸모 없어"라고 생각하지 마십시오. 그런 태도를 지니면 실제로 쓸모가 없게 될 것이기 때문입니다. 하나님께서 당신을 어디에 두시든지, 어떤 상황에서라도 언제나 주님께 끊임없이 호소하며 기도하십시오. "너희가 내 이름으로 무엇을 구하든지 내가 시행하리니." 우리는 흥분되지 않으면 기도하지 않으려고 하는데, 이는 영적 이기심의 가장 강한 표현입니다. 우리는 하나님의 지시에 따라 수고해야 하는데 주께서는 기도하라고 합니다. "그러므로 추수하는 주인에게 청하여 추수할 일꾼들을 보내주소서 하라" 마 9:38.

　일꾼이 일을 한다는 것은 흥분될 만한 일이 아닙니다. 그러나 주인의 생각을 구현하는 것은 일꾼입니다. 주님의 생각을 구현하는 자들은 바로 일하는 성도들입니다. 당신이 기도로 수고할 때마다 주님이 보시기에는 반드시 결과가 발생합니다. 당신이 단지 예수 그리스도께 지시를 받은 대로 습관적으로 기도했는데, 베일이 벗겨지고 당신의 기도에 의해 추수된 영혼들을 보게 될 때 그 놀라움이란 얼마나 대단하겠습니까!

The key to the missionary devotion

For His name's sake they went forth. 3 John 7.

Our Lord has told us how love to Him is to manifest itself. "Lovest thou Me?" "Feed My sheep"—identify yourself with My interests in other people, not, identify Me with your interests in other people. 1 Corinthians 13:4-8 gives the character of this love, it is the love of God expressing itself. The test of my love for Jesus is the practical one, all the rest is sentimental jargon.

Loyalty to Jesus Christ is the supernatural work of Redemption wrought in me by the Holy Ghost Who sheds abroad the love of God in my heart, and that love works efficaciously through me in contact with everyone I meet. I remain loyal to His name although every commonsense fact gives the lie to Him, and declares that He has no more power than a morning mist.

The key to missionary devotion means being attached to nothing and no one saving Our Lord Himself, not being detached from things externally. Our Lord was amazingly in and out among ordinary things; His detachment was on the inside towards God. External detachment is often an indication of a secret vital attachment to the things we keep away from externally. The loyalty of a missionary is to keep his soul concentratedly open to the nature of the Lord Jesus Christ. The men and women Our Lord sends out on His enterprises are the ordinary human stuff, plus dominating devotion to Himself wrought by the Holy Ghost.

내가 사랑하고 헌신할 분, 예수님

이는 그들이 주의 이름을 위해 나가서 (요삼 1:7).

10월 18일

주님께서는 주를 향한 사랑이 어떻게 나타나야 하는가를 말씀하셨습니다. "네가 나를 사랑하느냐. 내 양을 먹이라." 다른 사람에 대한 주님의 관심에 당신을 맞추어야지, 다른 사람에 대한 당신의 관심에 주님을 맞추면 안 됩니다. 고린도전서 13장 4-8절은 사랑의 속성을 알려줍니다. 이는 하나님의 사랑이 우리를 통해 나타나는 것입니다. 예수님을 향한 나의 사랑은 실질적이어야 합니다. 그렇지 않으면 그 사랑은 감상적 허상일 뿐입니다.

예수 그리스도를 향한 충성은 내 마음속에 하나님의 사랑을 부으신 성령으로 인해 구속의 초자연적인 역사가 내 안에서 역사하는 것입니다. 그 사랑은 내가 만나는 모든 사람들에게 나를 통해 효과적으로 역사합니다. 사람들은 상식적으로 이러한 성령의 사랑의 사역이 믿어지지 않아 이를 잠시 나타났다가 사라지는 아침 안개 같은 능력이라고 생각합니다. 그러나 분명히 내 안에서는 성령이 역사하시기 때문에 나는 주님께 계속 충성하게 됩니다.

선교 헌신의 핵심은 이 세상에 살면서도 세상 그 어느 것에도 마음을 두지 않고 오직 주님께만 마음을 두는 것입니다. 그러면 주님께서는 내 마음을 붙드시고 일상적인 일들 가운데 놀랍도록 부지런히 역사하실 것입니다. 이때 내 마음은 주님의 마음과 연결되어 언제나 그분만 향해 있기에 다른 것에 구속되지 않습니다. 외부적으로만 세상을 멀리하려는 것은 오히려 세상의 뭔가를 향한 비밀스러운 애착이 아직도 남아 있다는 증거입니다. 선교사의 충성은 그의 마음이 주 예수 그리스도의 인격에 집중적으로 열려 있는 것입니다. 주께서 하나님 나라를 세우기 위해 보내시는 사람들은 평범한 사람들이지만, 성령의 역사에 의해 주님께 온전히 헌신된 사람들입니다.

The unheeded secret

My kingdom is not of this world. John 18:36.

The great enemy to the Lord Jesus Christ in the present day is the conception of practical work that has not come from the New Testament, but from the systems of the world in which endless energy and activities are insisted upon, but no private life with God. The emphasis is put on the wrong thing. Jesus said, "The kingdom of God cometh not with observation; ⋯ for, behold, the kingdom of God is within you," a hidden, obscure thing. An active Christian worker too often lives in the shop window. It is the innermost of the innermost that reveals the power of the life.

We have to get rid of the plague of the spirit of the religious age in which we live. In Our Lord's life there was none of the press and rush of tremendous activity that we regard so highly, and the disciple is to be as his Master. The central thing about the kingdom of Jesus Christ is a personal relationship to Himself, not public usefulness to men.

It is not its practical activities that are the strength of this Bible Training College, its whole strength lies in the fact that here you are put into soak before God. You have no idea of where God is going to engineer your circumstances, no knowledge of what strain is going to be put on you either at home or abroad, and if you waste your time in over-active energies instead of getting into soak on the great fundamental truths of God's Redemption, you will snap when the strain comes; but if this time of soaking before God is being spent in getting rooted and grounded in God on the unpractical line, you will remain true to Him whatever happens.

유용성보다 인격적 관계를 중시하십시오!

내 나라는 이 세상에 속한 것이 아니니라 (요 18:36).

10월 19일

오늘날 주 예수 그리스도의 가장 큰 원수는 사역의 실리성입니다. 이 개념은 성경과 무관하고 세상 제도로부터 가져온 것으로서 끊임없는 수고와 활동을 요구하지만 하나님과의 개인적인 삶에 대해서는 전혀 고려하지 않은 것입니다. 따라서 사역에 있어서 엉뚱한 것에 비중을 두게 됩니다. 예수님께서는, "하나님의 나라는 볼 수 있게 임하는 것이 아니요 … 너희 안에 있느니라"눅 17:20-21고 하셨습니다. 곧 하나님의 나라는 감추어져 있으며 불가해합니다. 보이는 활동으로 바쁜 기독교 사역자는 사람들의 눈에 띄지만 삶의 능력은 그 사람의 생명의 가장 깊은, 보이지 않은 곳에 있습니다.

우리는 우리가 살고 있는 이 종교적 시대의 영적 질병을 제거해야 합니다. 주님의 생애 가운데는 지금 이 세대에서 그토록 높이 평가하는 많은 급한 활동들과 사역의 압박이 없었습니다. 제자들이 할 일은 그들의 선생이신 주님과 같아지는 것입니다. 예수 그리스도의 나라의 핵심은, 주님과의 인격적 관계에 있지 공적으로 사람들에게 얼마나 유용한가에 있지 않습니다.

교회와 신학교 등 기독교 관련 기관의 능력은 실질적인 활동에 있지 않습니다. 진정한 힘은 당신이 하나님께 푹 빠져 있을 때 나옵니다. 하나님께서 당신의 상황을 어떻게 인도하실지, 국내외적으로 어떤 긴장이 당신에게 몰려올지 알 수 없습니다. 당신이 하나님의 구속의 위대한 근본적인 진리에 잠기는 대신 지나친 사역에 시간을 낭비한다면, 당신은 긴장이 올 때 뚝 하고 부러지게 될 것입니다. 그러나 하나님께 푹 빠져드는 시간은 비록 실용적이지 않아 보여도 하나님께 뿌리를 내리고 기초를 다지는 것이기에, 어떤 일이 발생할지라도 주님께 진실될 것입니다.

Is God's will my will?

This is the will of God, even your sanctification. 1 Thess. 4:3.

It is not a question of whether God is willing to sanctify me; is it my will? Am I willing to let God do in me all that has been made possible by the Atonement? Am I willing to let Jesus be made sanctification to me, and to let the life of Jesus be manifested in my mortal flesh? Beware of saying—"Oh, I am longing to be sanctified." You are not, stop longing and make it a matter of transaction—"Nothing in my hands I bring." Receive Jesus Christ to be made sanctification to you in implicit faith, and the great marvel of the Atonement will be made real in you. All that Jesus made possible is made mine by the free loving gift of God on the ground of what He performed. My attitude as a saved and sanctified soul is that of profound humble holiness (there is no such thing as proud holiness), a holiness based on agonizing repentance and a sense of unspeakable shame and degradation; and also on the amazing realization that the love of God commended itself to me in that while I cared nothing about Him, He completed everything for my salvation and sanctification. No wonder Paul says "nothing is able to separate us from the love of God, which is in Christ Jesus our Lord."

Sanctification makes me one with Jesus Christ, and in Him one with God, and it is done only through the superb Atonement of Christ. Never put the effect as the cause. The effect in me is obedience and service and prayer, and is the outcome of speechless thanks and adoration for the marvellous sanctification wrought out in me because of the Atonement.

하나님의 뜻을 나의 뜻으로

하나님의 뜻은 이것이니 너희의 거룩함이라 (살전 4:3).

10월
20일

    문제는 '하나님께서 나를 거룩하게 하실 것인가'가 아니라 '하나님의 뜻을 나의 뜻으로 삼을 것인가'입니다. 구속에 의해 가능하게 된 모든 것을 하나님께서 내 안에 행하시도록 기꺼이 허락합니까? 예수님께서 나에게 거룩이 되게 하고 예수님의 생명이 나의 육신의 삶 가운데 나타나도록 하겠습니까? "오, 나는 거룩하기를 원합니다"라고 말하는 것을 주의하십시오. 당신은 말로 거룩해지는 것이 아닙니다. 원하는 것에 멈추지 말고 실제로 거룩하게 하는 사건이 일어나게 하십시오. "빈손 들고 갑니다." 분명한 믿음으로 예수 그리스도를 당신의 거룩으로 받아들이십시오. 그러면 예수님의 속죄의 위대한 역사가 당신 안에 실제로 나타날 것입니다. 예수님께서 가능하게 하신 모든 것이 주께서 이루신 속죄의 바탕 위에서 하나님의 은혜의 사랑에 의해 내 것이 됩니다.

    구원받고 거룩해진 사람으로서의 태도는 심오한 거룩을 겸손하게 드러내는 것입니다. 물론 거만한 거룩함 같은 것은 없습니다. 이 거룩은 가슴을 치는 회개와 말로 표현할 수 없는 수치와 전적 타락에 대한 깨달음에서 옵니다. 또한 내가 하나님께 아무것도 한 것이 없는데도 내게 부어주시는 하나님의 사랑을 깨달으면서 오는 거룩입니다. 오직 주님이 내 구원과 거룩을 위해 모든 것을 완성하셨습니다. 이에 바울이 아무것도 "우리를 우리 주 그리스도 예수 안에 있는 하나님의 사랑에서 끊을 수 없으리라"롬 8:39고 말한 것도 놀랄 일이 아닙니다.

    거룩은 나를 예수 그리스도와 하나 되게 하고, 주님 안에서 하나님과 하나 되게 합니다. 이는 그리스도의 숭고한 속죄를 통해서만 이루어집니다. 절대로 결과로 나타나는 것을 원인으로 두지 마십시오. 내 안에서 나타나는 결과는 순종과 섬김과 기도이며, 이는 속죄로 인해 내 안에 형성된 놀라운 거룩에 대한, 말로 표현할 수 없는 감사와 찬양의 결과입니다.

Direction by impulse

Building up yourselves on your most holy faith. Jude 1:20.

There was nothing either of the nature of impulse or of coldbloodedness about Our Lord, but only a calm strength that never got into panic. Most of us develop our Christianity along the line of our temperament, not along the line of God. Impulse is a trait in natural life, but Our Lord always ignores it, because it hinders the development of the life of a disciple. Watch how the Spirit of God checks impulse, His checks bring a rush of self-conscious foolishness which makes us instantly want to vindicate ourselves. Impulse is all right in a child, but it is disastrous in a man or woman; an impulsive man is always a petted man. Impulse has to be trained into intuition by discipline.

Discipleship is built entirely on the supernatural grace of God. Walking on the water is easy to impulsive pluck, but walking on dry land as a disciple of Jesus Christ is a different thing. Peter walked on the water to go to Jesus, but he followed Him afar off on the land. We do not need the grace of God to stand crises, human nature and pride are sufficient, we can face the strain magnificently; but it does require the supernatural grace of God to live twenty-four hours in every day as a saint, to go through drudgery as a disciple, to live an ordinary, unobserved, ignored existence as a disciple of Jesus. It is inbred in us that we have to do exceptional things for God; but we have not. We have to be exceptional in the ordinary things, to be holy in mean streets, among mean people, and this is not learned in five minutes.

하나님의 은혜가 필요합니다

너희는 너희의 지극히 거룩한 믿음 위에 자신을 세우며 (유 1:20).

10월 21일

주님께는 충동적인 면이나 차가운 면이 없었습니다. 결코 당황하지 않으시는 침착한 힘이 있었습니다. 우리 대부분은 하나님의 말씀에 따르지 않고 우리의 기질에 따라 신앙을 개발해 나갑니다. 충동적인 행동은 거듭나지 않은 본성의 특징입니다. 그러나 주님은 제자들의 삶의 발전을 방해한다는 이유로 항상 충동적인 행동을 인정하지 않으셨습니다. 성령이 충동을 어떻게 저지하시는지 주의하십시오. 성령의 저지는 곧바로 우리 자신의 어리석음을 느끼게 하며, 그러면 우리는 즉시 자신을 변호하려고 합니다. 충동적인 행동은 어린아이라면 이해가 가지만, 성장한 어른에게는 재난을 가져옵니다. 충동적인 사람은 언제나 버릇이 없으며, 연단을 통해 지각을 갖도록 훈련되어야 합니다.

제자 훈련은 처음부터 끝까지 하나님의 초자연적인 은혜 위에 세워져야 합니다. 물 위를 걷는 것은 충동적인 담력을 가진 사람에게는 쉬운 일입니다. 그러나 예수 그리스도의 제자로서 마른 땅을 걷는 것은 다른 것입니다. 베드로는 예수님을 향해 걸어가기 위해 물 위를 걸었습니다. 그러나 그는 땅에서는 멀리 떨어진 채 주님을 따랐습니다. 위기를 견뎌내는 데 우리는 매 순간 하나님의 은혜를 필요로 하지 않습니다. 인간 본성과 자긍심만으로도 충분히 견뎌낼 수 있기에 자랑스럽게 위기를 직면하기도 합니다. 그러나 매일 24시간을 성도로 살아가는 데에는 하나님의 초자연적인 은혜가 필요합니다. 주님의 제자로서 단조롭고 평범한 삶을 사는 데에도 은혜가 필요합니다. 아무도 알아주지 않는 무시받는 존재지만 계속 예수님의 제자로 사는 데 초자연적인 하나님의 은혜가 필요합니다. 우리에게는 하나님을 위해 아주 예외적인 일들을 해야만 한다는 생각이 깊게 뿌리박혀 있습니다. 그러나 그것은 잘못된 생각입니다. 우리는 평범한 일들 속에서 예외적인 존재가 되어야 합니다. 곧 시장 거리에서 거룩해야 하고 일반적인 사람들 가운데서 거룩해야 합니다. 이는 5분 내에 배울 수 있는 것이 아닙니다.

The witness of the Spirit

The Spirit Himself beareth witness with our spirit …
Romans 8:16 (R.V.).

We are in danger of getting the barter spirit when we come to God, we want the witness before we have done what God tells us to do. "Why does not God reveal Himself to me?" He cannot; it is not that He will not, but He cannot, because you are in the road as long as you won't abandon absolutely to Him. Immediately you do, God witnesses to Himself; He cannot witness to you, but He witnesses instantly to His own nature in you. If you had the witness before the reality, it would end in sentimental emotion. Immediately you transact on the Redemption and stop the impertinence of debate, God gives you the witness. As soon as you abandon reasoning and argument, God witnesses to what He has done, and you are amazed at your impertinence in having kept Him waiting. If you are in debate as to whether God can deliver from sin, either let Him do it, or tell Him He cannot. Do not quote this and that person, try Matthew 11:28—"Come unto Me." Come, if you are weary and heavy laden; ask if you know you are evil.

The Spirit of God witnesses to the Redemption of Our Lord, He does not witness to anything else; He cannot witness to our reason. The simplicity that comes from our natural commonsense decisions is apt to be mistaken for the witness of the Spirit, but the Spirit witnesses only to His own nature and to the work of Redemption, never to our reason. If we try to make Him witness to our reason, it is no wonder we are in darkness and perplexity. Fling it all overboard, trust in God, and He will give the witness.

성령의 증거하심

성령이 친히 우리의 영과 더불어
우리가 하나님의 자녀인 것을 증언하시나니 (롬 8:16).

10월 22일

우리는 하나님께 나아갈 때 흥정하려는 마음을 가지려는 위험성이 있습니다. 우리는 하나님께서 우리에게 시키시는 일을 수행하기 전에 증거를 원합니다. "왜 하나님은 자신을 보여주지 않으실까?" 주님은 그렇게 하실 수 없습니다. 그 이유는 당신이 완전히 주께 내려놓지 않는 한, 당신 자신이 주님의 증거를 방해하기 때문입니다. 그러나 당신이 다 내려놓으면 하나님은 자기를 증거하십니다. 주님은 당장이라도 당신 안에 있는 그분의 속성을 증거하십니다. 만일 당신이 실체가 아닌 다른 증거를 가지고 있다면 감상적 감정에 빠지게 될 것입니다. 그러나 당신이 구속에 근거해 당신을 내려놓고 주제넘게 따지지 않는 즉시 하나님께서는 증거를 주십니다. 당신이 논리와 주장을 내려놓자마자 하나님께서는 주께서 이루신 일들을 증거하십니다. 그때 우리는 주님을 기다리시게 했던 우리 자신의 무례함에 놀라게 됩니다. 하나님께서 당신을 죄로부터 구원하실 수 있는지 알고 싶으면 주께서 구원하시도록 맡기든지 아니면 주께서는 나를 구원할 수 없다고 말하십시오. 이 사람 저 사람의 말을 인용하지 말고, 마태복음 11장 28절을 시도해 보십시오. "내게로 오라." 수고하고 무거운 짐을 지고 있다면 주께로 오십시오. 만일 당신이 악하다는 사실을 안다면 기도하십시오.

성령은 주님의 구속을 증거하십니다. 성령은 다른 그 어떤 것도 증거하지 않으십니다. 그는 우리의 논리를 증거해줄 수 없습니다. 그런데도 자연스러운 상식적 결정을 내린 후에 성령의 증거라고 오해하는 경향이 있습니다. 그러나 성령은 자신의 속성 및 구속의 사역을 증거하실 뿐, 절대로 우리의 이성을 증거해주지 않으십니다. 만일 성령으로 우리의 이성을 증거하게 하려고 시도할 경우 당연히 어둠과 혼돈 가운데 빠지게 됩니다. 이러한 모든 어리석음을 내버리고 주님을 신뢰하십시오. 주께서 성령의 증거를 주실 것입니다.

Not a bit of it!

If any man be in Christ, he is a new creature: old things are passed away. 2 Cor. 5:17.

Oct. 23rd

Our Lord never nurses our prejudices, He mortifies them, runs clean athwart them. We imagine that God has a special interest in our particular prejudices; we are quite sure that God will never deal with us as we know He has to deal with other people. "God must deal with other people in a very stern way, but of course He knows that my prejudices are all right." We have to learn—"Not a bit of it!" Instead of God being on the side of our prejudices, He is deliberately wiping them out. It is part of our moral education to have our prejudices run straight across by His providence, and to watch how He does it. God pays no respect to anything we bring to Him; there is only one thing He wants of us, and that is our unconditional surrender.

When we are born again, the Holy Spirit begins to work His new creation in us, and there will come a time when there is not a bit of the old order left; the old solemnity goes, the old attitude to things goes, and "all things are of God." How are we going to get the life that has no lust, no self-interest, no sensitiveness to pokes, the love that is not provoked, that thinketh no evil, that is always kind? The only way is by allowing not a bit of the old life to be left, but only simple perfect trust in God, such trust that we no longer want God's blessings, but only want Himself. Have we come to the place where God can withdraw His blessings and it does not affect our trust in Him? When once we see God at work, we will never bother our heads about things that happen, because we are actually trusting in our Father in Heaven Whom the world cannot see.

편견을 주님께 맡기십시오!

그런즉 누구든지 그리스도 안에 있으면 새로운 피조물이라 이전 것은 지나갔으니 보라 새것이 되었도다 (고후 5:17).

10월 23일

주님은 절대로 우리의 편견을 장려하지 않고 오히려 대적하여 제거하십니다. 우리는 하나님께서 우리의 특이한 편견에 특별한 관심을 가지고 계신다고 생각합니다. 우리는 절대로 하나님께서 다른 사람을 대하듯이 자신을 다루실 것이라고 생각하지 않습니다. "하나님은 엄하게 다른 사람들을 대하셔야 하지. 그러나 물론 주님께서는 나의 생각이 옳다는 것을 아실 거야." 그러나 우리는 우리의 편견이 주님께 "조금도 허용되지 않는다"는 것을 배워야 합니다. 하나님께서는 우리의 편견을 지지하는 대신에 오히려 의도적으로 제거해 나가십니다. 우리의 편견을 하나님의 섭리 가운데 맡기고 주께서 어떻게 다루시는가를 보는 것은 귀한 영적 훈련입니다. 하나님께서는 우리가 그분 앞에 어떤 편견을 가져오든 별로 상관하지 않으십니다. 하나님께서 우리에게 원하시는 단 한 가지는, 우리의 무조건적인 항복입니다.

우리가 거듭나면 성령님은 우리 안에 새로운 창조를 시작하십니다. 이전 옛 모습이 조금도 남아 있지 않는 때가 올 것입니다. 과거의 의식들도 사라지고 사물에 대한 과거의 태도도 사라집니다. 그리고 "모든 것이 하나님께로부터 난 것"으로 가득 차게 됩니다. 그러면 욕심도 없고 자기 유익을 구하지도 않으며 사람들이 주는 상처에 무감각할 수 있는 그러한 생명을 어떻게 얻을 수 있겠습니까? 성내지 않고 악한 것을 생각하지 않으며 언제나 온유한 사랑을 할 수 있는 그러한 생명을 어떻게 소유할 수 있습니까? 오직 한 가지 방법은 옛사람이 사는 것을 조금도 허락하지 않는 것입니다. 그리고 오직 하나님을 향해 단순하고 완전한 믿음을 갖는 것입니다. 이것은 하나님의 축복보다는 오직 하나님 그분만을 원하는 믿음입니다. 그러므로 하나님께서 주신 축복을 다 거두어 가신다고 할지라도 주를 향한 당신의 믿음이 영향을 받지 말아야 합니다. 하나님께서 살아 역사하신다는 사실을 분명히 믿는다면 무슨 일이 발생할지에 대해 염려하며 골치를 썩지 않게 될 것입니다. 그 이유는 이 세상이 볼 수 없는 하늘에 계신 우리 아버지를 우리는 현실적으로 신뢰하기 때문입니다.

The viewpoint

Now thanks be to God, which always causeth us to triumph in Christ.
2 Cor. 2:14.

Oct. 24th

The viewpoint of a worker for God must not be as near the highest as he can get, it must be the highest. Be careful to maintain strenuously God's point of view, it has to be done every day, bit by bit; don't think on the finite. No outside power can touch the viewpoint.

The viewpoint to maintain is that we are here for one purpose only, viz., to be captives in the train of Christ's triumphs. We are not in God's showroom, we are here to exhibit one thing—the absolute captivity of our lives to Jesus Christ. How small the other points of view are—"I am standing alone battling for Jesus"; "I have to maintain the cause of Christ and hold this fort for Him." Paul says—"I am in the train of a conqueror, and it does not matter what the difficulties are, I am always led in triumph." Is this idea being worked out practically in us? Paul's secret joy was that God took him, a red-handed rebel against Jesus Christ, and made him a captive, and now that is all he is here for. Paul's joy was to be a captive of the Lord, he had no other interest in heaven or on earth. It is a shameful thing for a Christian to talk about getting the victory. The Victor ought to have got us so completely that it is His victory all the time, and we are more than conquerors through Him.

"For we are unto God a sweet savour of Christ." We are enwheeled with the odour of Jesus, and wherever we go we are a wonderful refreshment to God.

그리스도인의 관심

10월 24일

항상 우리를 그리스도 안에서 이기게 하시고 … 하나님께 감사하노라 (고후 2:14).

하나님의 관점은 사역자가 최선을 다해 최상에 가까워지는 것이 아니라 '최상'이어야 합니다. 하나님의 관점을 유지할 수 있도록 힘쓰십시오. 이는 매일 모든 순간마다 이루어져야만 합니다. 유한한 것에 마음을 두지 마십시오. 외부의 어떤 힘도 그 관점에 영향을 줄 수 없습니다.

우리가 유지해야 하는 관점은, 우리는 한 가지 목적만을 위해 이곳에 있다는 사실입니다. 즉, 우리는 그리스도의 승리를 전 세계에 알리기 위한 행군에 사로잡힌 자들입니다. 하나님의 전시장에 진열된 전시품이 아니라 예수 그리스도의 승리를 알리기 위한 사명에 나의 삶이 완전히 사로잡혀 있다는 사실을 드러내기 위해 이곳에 있습니다. 이 외에 다른 관점들은 얼마나 사소합니까? "나는 예수님을 위해 외롭게 홀로 싸우고 있습니다." "나는 예수님 때문에, 그리고 주를 위해 마지막 요새를 지켜야만 합니다." 그러나 바울은 말합니다. "나는 이미 승리자의 반열에 있습니다. 어떤 어려움이 와도 관계없습니다. 나는 언제나 승리 가운데 있습니다." 이러한 생각이 당신에게 실질적으로 역사하고 있습니까?

바울이 가진 기쁨의 비밀은 예수 그리스도에게 대항하여 피 흘리기까지 싸웠던 반역자를 하나님께서 붙잡으셔서 그리스도께 사로잡힌 자가 되게 하셨다는 사실입니다. 이것이 바울이 살아가는 모든 목직입니다. 바울의 기쁨은 주님께 사로잡힌 자가 된 것입니다. 그는 하늘과 땅에 다른 관심이 없었습니다. 그리스도인은 예수님 안에서 이미 완전한 승리를 얻었기에 승리를 얻는 방법을 말하는 것은 부끄러운 일입니다. '승리자'(예수님)께서 우리를 온전하게 사로잡으셨기 때문에 언제나 주님의 승리 외에 다른 관심이 없어야 합니다. 우리는 이미 주를 통해 승리자 이상의 존재들이 되었습니다.

"우리는 … 하나님 앞에서 그리스도의 향기니"고후 2:15. 우리는 예수님의 향기로 휩싸여 있기에 어디로 가든지 하나님께 큰 기쁨이 됩니다.

The eternal crush of things

*I am made all things to all men,
that I might by all means save some.* 1 Cor. 9:22.

A Christian worker has to learn how to be God's noble man or woman amid a crowd of ignoble things. Never make this plea—"If only I were somewhere else!" All God's men are ordinary men made extraordinary by the matter He has given them. Unless we have the right matter in our minds intellectually and in our hearts affectionately, we will be hustled out of usefulness to God. We are not workers for God by choice. Many people deliberately choose to be workers, but they have no matter in them of God's almighty grace, no matter of His mighty word. Paul's whole heart and mind and soul were taken up with the great matter of what Jesus Christ came to do, he never lost sight of that one thing. We have to face ourselves with the one central fact—Jesus Christ, and Him crucified.

"I have chosen you." Keep that note of greatness in your creed. It is not that you have got God, but that He has got you. Here, in this College, God is at work, bending, breaking, moulding, doing just as He chooses. Why He is doing it, we do not know; He is doing it for one purpose only—that He may be able to say, "This is My man, My woman." We have to be in God's hand so that He can plant men on the Rock as He has planted us.

Never choose to be a worker, but when God has put His call on you, woe be to you if you turn to the right hand or to the left. He will do with you what He never did with you before the call came; He will do with you what He is not doing with other people. Let Him have His way.

하나님의 목적과 소명대로

10월 25일

내가 여러 사람에게 여러 모습이 된 것은
아무쪼록 몇 사람이라도 구원하고자 함이니 (고전 9:22).

그리스도인 일꾼은 하찮은 일들 가운데서도 하나님의 고결한 사람이 되는 법을 배워야 합니다. "내가 다른 곳에 있었더라면 얼마나 좋았을까!"라고 탄식하지 마십시오. 모든 하나님의 사람들은 평범한 사람들이지만 주께서 그들에게 주신 중요한 사명 때문에 예외적인 사람들이 됩니다. 우리의 지성으로 이 중요한 사명을 생각하지 않고 우리의 가슴으로 이 사명에 애착을 느끼지 않는다면, 우리는 하나님 앞에서 쓸모없는 자로 밀려날 것입니다. 스스로의 선택으로 하나님의 일꾼이 되는 것이 아닙니다. 많은 사람들이 자신의 뜻으로 주의 일꾼이 되려고 하지만, 가장 중요한, 하나님의 주권적인 은혜와 주님의 능하신 말씀이 그들에게 주어진 적이 없습니다. 바울의 온 마음과 생각과 영혼은 예수 그리스도께서 이 땅에 오신 그 위대한 사명에 사로잡혔으며 한순간도 그 초점을 잃지 않았습니다. 우리도 가장 중요하고 중심 되는 이 한 가지 사실을 언제나 직면해야 합니다. 바로 예수 그리스도와 그분의 십자가에 못 박히심입니다.

"내가 너희를 택하여 세웠나니" 요 15:16. 당신의 신조에 위대한 이 말씀을 두십시오. 당신이 하나님을 택한 것이 아니라 하나님께서 당신을 택하셨습니다. 하나님께서 택하셨기에 그분이 원하시는 대로 우리를 굽히시고 깨뜨리시고 빚으십니다. 왜 주님께서 이 일을 하시는지 우리는 모릅니다. 주님이 이 일을 하시는 것은 단 한 가지 목적을 위해서인데, 그것은 "이 사람이 내 사람이다"라고 말씀하시기 위함입니다. 우리는 주님의 손 안에 있어야 합니다. 그래야 주께서 우리를 심으신 그 반석 위에 다른 사람도 심을 수 있게 됩니다.

일꾼이 되겠다고 선택하지 마십시오. 그러나 하나님께서 당신에게 주의 소명을 주셨다면, 당신이 좌로나 우로 치우칠 경우 큰 진노가 임할 것입니다. 당신에게 소명이 임하면, 소명을 받기 전에는 알 수 없었던 방법으로 하나님께서 당신을 대하실 것입니다. 또한 소명을 받지 않은 다른 사람이 알 수 없는 그러한 방법으로 하나님께서는 당신을 다루실 것입니다. 그분의 방법으로 당신을 다루도록 하십시오.

What is a missionary?

As My Father hath sent Me, even so send I you. John 20:21.

A missionary is one sent by Jesus Christ as He was sent by God. The great dominant note is not the needs of men, but the command of Jesus. The source of our inspiration in work for God is behind, not before. The tendency today is to put the inspiration ahead, to sweep everything in front of us and bring it all out to our conception of success. In the New Testament the inspiration is put behind us, the Lord Jesus. The ideal is to be true to Him, to carry out His enterprises.

Personal attachment to the Lord Jesus and His point of view is the one thing that must not be overlooked. In missionary enterprise the great danger is that God's call is effaced by the needs of the people until human sympathy absolutely overwhelms the meaning of being sent by Jesus. The needs are so enormous, the conditions so perplexing, that every power of mind falters and fails. We forget that the one great reason underneath all missionary enterprise is not first the elevation of the people, nor the education of the people, nor their needs; but first and foremost the command of Jesus Christ—"Go ye therefore, and teach all nations."

When looking back on the lives of men and women of God the tendency is to say—"What wonderfully astute wisdom they had! How perfectly they understood all God wanted!" The astute mind behind is the Mind of God, not human wisdom at all. We give credit to human wisdom when we should give credit to the Divine guidance of God through childlike people who were foolish enough to trust God's wisdom and the supernatural equipment of God.

보냄 받은 자

아버지께서 나를 보내신 것같이 나도 너희를 보내노라 (요 20:21).

10월 26일

　예수님께서 아버지에 의해 보냄을 받은 것같이 선교사는 예수 그리스도에 의해 보냄을 받은 자입니다. 선교사의 마음에 있어야 하는 가장 중요한 것은 사람의 필요가 아니라 예수님의 명령입니다. 하나님을 위해 일하겠다는 마음은 예수님의 명령을 따르는 것이어야지 자기 마음대로 해서는 안 되는 것입니다. 오늘날 개인의 영감을 앞세워 모든 것을 휩쓸어 자신의 성공을 이루려는 경향이 있습니다. 그러나 성경은 영감이란 주 예수 그리스도의 명령 뒤에, 그 명령을 따르는 우리의 결단 뒤에 따라오는 것임을 알려줍니다. 선교사의 이상은 주님께 충성하여 하나님 나라의 계획을 추진하는 것이어야 합니다.

　예수님과의 인격적인 친밀함을 유지하는 일, 그분의 관점을 내 안에 유지하는 것을 가장 귀히 여기십시오. 선교 사역에서 가장 위험한 것은 하나님께서 주신 소명이 사람들의 필요에 의해 희석되는 것입니다. 그래서 사람을 향한 동정심이 예수님에 의해 보냄을 받은 의미를 완전하게 압도해버립니다. 그 필요가 너무 크고 조건들이 너무 복잡해서 모든 정신력이 흔들리고 쓰러집니다. 선교 사역의 가장 중요한 목적은 사람들의 생활 수준을 높이거나 교육을 시키거나 그들의 필요를 채우는 것이 아닙니다. 선교 사역에 있어서 가장 중요한 것은 예수 그리스도의 명령입니다. "그러므로 너희는 가서 모든 민족을 제자로 삼으라"마 28:19.

　귀히 쓰임을 받은 하나님의 사람들의 생애들을 돌아보면서 사람들은 이렇게 말하곤 합니다. "그들은 얼마나 예리한 지혜를 가지고 있었던가! 하나님께서 원하신 것들을 얼마나 완벽하게 이해하였던가!" 그러나 그들의 예리한 지혜의 배후에는 '하나님의 지혜'가 있을 뿐입니다. 그럼에도 우리는 사람의 지혜를 칭찬하고 높이려 합니다. 귀히 쓰임받았던 이들은 어리석을 정도로 어린아이 같은 마음을 가지고 하나님의 지혜와 그분의 초자연적인 수단을 의지했던 자들입니다. 그래서 그들을 통해 하나님의 인도하심이 나타났던 것입니다. 이에 사람의 지혜가 아닌 하나님의 지혜에 공로를 돌려야 합니다.

The method of missions

Go ye therefore and teach (disciple) all nations. Matthew 28:19-20.

Jesus Christ did not say—"Go and save souls" (the salvation of souls is the supernatural work of God), but—"Go and teach," i.e., disciple, "all nations," and you cannot make disciples unless you are a disciple yourself. When the disciples came back from their first mission, they were filled with joy because the devils were subject to them, and Jesus said—"Don't rejoice in successful service; the great secret of joy is that you are rightly related to Me." The great essential of the missionary is that he remains true to the call of God, and realizes that his one purpose is to disciple men and women to Jesus. There is a passion for souls that does not spring from God, but from the desire to make converts to our point of view.

The challenge to the missionary does not come on the line that people are difficult to get saved, that backsliders are difficult to reclaim, that there is a 'wadge' of callous indifference; but along the line of his own personal relationship to Jesus Christ. "Believe ye that I am able to do this?" Our Lord puts that question steadily, it faces us in every individual case we meet. The one great challenge is—"Do I know my risen Lord?" Do I know the power of His indwelling Spirit? Am I wise enough in God's sight, and foolish enough according to the world, to bank on what Jesus Christ has said; or am I abandoning the great supernatural position, which is the only call for a missionary, viz., boundless confidence in Christ Jesus? If I take up any other method, I depart altogether from the method laid down by Our Lord—"All power is given unto Me ⋯, therefore go ye."

선교사의 열정과 도전

그러므로 너희는 가서 모든 민족을 제자로 삼아 … 가르쳐 지키게 하라 (마 28:19-20).

10월 27일

　예수 그리스도는 "가서 영혼을 구하라"고 말씀하지 않고-영혼 구원은 하나님의 초자연적 사역입니다-"가서 가르치라"고 하셨습니다. 곧 모든 족속으로 제자를 삼으라는 말씀입니다. 이때 당신 자신이 먼저 제자가 되지 않으면 당신은 다른 사람들을 제자로 만들 수 없습니다. 예수님의 제자들이 첫 번째 선교 사역을 마치고 돌아왔을 때 그들은 악령들이 그들에게 순복하는 것을 보고 기쁨으로 가득 찼습니다. 이때 예수님께서 "사역이 성공했다고 기뻐하지 말라. 가장 큰 기쁨은 너희들이 나와 바른 관계를 맺는 것이어야 한다"고 말씀하셨습니다. 선교에서 가장 중요한 요소는 하나님의 부르심에 충성하는 것입니다. 주님의 단 한 가지 목적은 모든 사람들을 예수님의 제자로 만드는 것입니다. 유감스럽게도 영혼을 향한 열정을 가진 자들 중에는 하나님으로부터 온 열정이 아니라 자신과 같은 관점을 갖도록 사람들을 회심자로 만들겠다는 욕망에서 온 열정도 있습니다.

　선교사에게 가장 큰 도전은, 사람이 구원받기 어렵다거나, 신앙을 버리는 자들을 다시 돌아오게 하기가 어렵다거나, 무관심과 냉담이 너무 깊다든지 하는 것이 아니라 자신이 예수 그리스도와의 인격적 관계를 끊임없이 유지하느냐 하는 것입니다. "내가 능히 이 일을 할 줄을 믿느냐"마 9:28 라고 주님은 계속 물으십니다. 그리고 이 질문은 우리가 직면하는 모든 개인적 상황에 다 적용됩니다. 한 가지 위대한 도전은 "나는 나의 부활하신 주님을 아는가?" 하는 것입니다. 주님의 내재하시는 성령의 능력을 아십니까? 예수 그리스도께서 말씀하신 것을 믿기 때문에 이 세상의 기준으로는 너무 어리석어 보이지만 하나님의 눈에는 충분히 지혜롭습니까? 아니면 선교사를 향한 유일한 부르심 곧 예수 그리스도만을 무한하게 신뢰할 수밖에 없는 그 위대한 초자연적 자리를 포기하려고 합니까? 만일 내가 다른 수단을 취한다면 나는 주님에 의해 마련된 모든 수단들을 다 저버리는 것입니다. "하늘과 땅의 모든 권세를 내게 주셨으니 그러므로 너희는 가라"마 28:18-19.

Justification by faith

For if, when we were enemies, we were reconciled to God by the death of his Son, much more, being reconciled, we shall be saved by His life. Romans 5:10.

I am not saved by believing; I realize I am saved by believing. It is not repentance that saves me; repentance is the sign that I realize what God has done in Christ Jesus. The danger is to put the emphasis on the effect instead of on the cause—'It is my obedience that puts me right with God, my consecration.' Never! I am put right with God because prior to all, Christ died. When I turn to God and by belief accept what God reveals I can accept, instantly the stupendous Atonement of Jesus Christ rushes me into a right relationship with God, and by the supernatural miracle of God's grace I stand justified, not because I am sorry for my sin, not because I have repented, but because of what Jesus has done. The spirit of God brings it with a breaking, all-over light, and I know, though I do not know how, that I am saved.

The salvation of God does not stand on human logic, it stands on the sacrificial Death of Jesus. We can be born again because of the Atonement of Our Lord. Sinful men and women can be changed into new creatures, not by their repentance or their belief, but by the marvellous work of God in Christ Jesus which is prior to all experience. The impregnable safety of justification and sanctification is God Himself. We have not to work out these things ourselves; they have been worked out by the Atonement: The supernatural becomes natural by the miracle of God; there is the realization of what Jesus Christ has already done—"It is finished."

믿음에 의한 칭의

10월 28일

곧 우리가 원수 되었을 때에 그의 아들의 죽으심으로 말미암아
하나님과 더불어 화목하게 되었은즉 화목하게 된 자로서는
더욱 그의 살아나심으로 말미암아 구원을 받을 것이니라 (롬 5:10).

나는 믿음 때문에 구원받은 것이 아닙니다. 내가 구원받았다는 사실을 믿음으로 깨닫는 것입니다. 회개로 구원받은 것이 아닙니다. 회개는 하나님께서 그리스도 예수 안에서 이루신 일을 깨달은 증표입니다. 신앙적 위험은 원인이 아니라 결과를 강조하는 데 있습니다. 하나님과의 바른 관계를 맺게 하는 것이 나의 순종과 거룩함이라고 오해하면 문제가 있습니다. 절대 그렇지 않습니다. 내가 하나님과 바른 관계를 가질 수 있는 이유는 그리스도의 죽음 때문입니다. 내가 하나님께 돌아가 주님께서 계시해주시는 것을 믿음으로 받는 즉시, 예수 그리스도의 엄청난 속죄의 역사가 나를 하나님과 바른 관계로 이끕니다. 또한 하나님의 은혜의 초자연적인 기적에 의해 나는 하나님 앞에서 의롭게 설 수 있습니다. 그 이유는 나의 죄에 대해 내가 회개했기 때문이 아니라 바로 오직 예수님께서 이루신 일로 인해 의롭게 되었기 때문입니다. 성령이 모든 것을 꿰뚫는 빛으로 그리스도의 속죄의 역사를 우리 마음속에 깨닫게 하시면, 나는 비록 어떻게 구원받았는지 알 수 없으나 내가 구원받은 사실을 알게 됩니다.

하나님의 구원은 인간의 논리가 아니라 예수님의 희생 죽음 위에 세워집니다. 우리는 주님의 속죄 때문에 거듭날 수 있습니다. 우리 죄인들은 회개나 믿음에 의해서가 아니라, 인간의 모든 신앙 경험보다 앞선 그리스도 예수 안에서의 하나님의 놀라운 역사에 의해 새로운 피조물이 되는 것입니다. 성도들의 칭의와 성화가 절대적으로 안전한 이유는 하나님 자신 때문입니다. 우리는 스스로 칭의 및 성화를 이루어내려고 하면 안 됩니다. 이러한 것들은 속죄에 의해 이루어지는 것입니다. 초자연적인 것이 하나님의 기적에 의해 자연적인 것이 됩니다. 이는 예수 그리스도께서 이미 다 이루신 일을 깨닫는 것입니다. "다 이루었다" 요 19:30.

Substitution

Oct. 29th

He hath made Him to be sin for us, ⋯ that we might be made the righteousness of God ⋯. 2 Cor. 5:21.

The modern view of the death of Jesus is that He died for our sins out of sympathy. The New Testament view is that He bore our sin not by sympathy, but by identification. He was made to be sin. Our sins are removed because of the death of Jesus, and the explanation of His death is His obedience to His Father, not His sympathy with us. We are acceptable with God not because we have obeyed, or because we have promised to give up things, but because of the death of Christ, and in no other way. We say that Jesus Christ came to reveal the Fatherhood of God, the loving-kindness of God; the New Testament says He came to bear away the sin of the world. The revelation of His Father is to those to whom He has been introduced as Saviour: Jesus Christ never spoke of Himself to the world as one Who revealed the Father, but as a stumbling block (see John 15:22-24). John 14:9 was spoken to His disciples.

That Christ died for me, therefore I go scot free, is never taught in the New Testament. What is taught in the New Testament is that "He died for all" (not—He died my death), and that by identification with His death I can be freed from sin, and have imparted to me His very righteousness. The substitution taught in the New Testament is twofold: "He hath made Him to be sin for us, who knew no sin; that we might be made the righteousness of God in Him." It is not Christ for me unless I am determined to have Christ formed in me.

대속의 의미

10월
29일

하나님이 죄를 알지도 못하신 이를 우리를 대신해 죄로 삼으신 것은 우리로 하여금 그 안에서 하나님의 의가 되게 하려 하심이라 (고후 5:21).

　예수 그리스도의 죽음에 대한 현대의 관점은 주께서 우리를 불쌍히 여기셔서 우리 죄를 위해 죽으셨다는 것입니다. 그러나 성경은 그분이 동정심이 아니라 바로 우리와 일치가 되심으로 우리의 죄를 담당하셨다고 봅니다. 곧 주님은 죄가 되신 것입니다. 우리의 죄악은 예수님의 죽음 때문에 사라집니다. 주님의 죽음은 하나님 아버지께 대한 주님의 순종의 결과이지 우리를 향한 동정심의 결과가 아닙니다. 이제 하나님께서 우리를 받으실 수 있는 이유는 우리의 순종이나 헌신 때문이 아니라 오직 예수님의 죽음 때문입니다. 우리는 예수 그리스도께서 하나님의 아버지 사랑을 나타내기 위해 오셨다고 말합니다. 그러나 성경은 주께서 세상의 죄를 지기 위해 오셨다고 말합니다. 하나님의 아버지 되심의 계시는, 예수님을 구세주로 믿은 자들에게만 해당합니다. 예수 그리스도께서는 자신에 대해 절대로 아버지를 보여주는 분으로 말씀하지 않으시고 오히려 걸림돌이라고 말씀하셨습니다요 15:22-24. 그러나 제자들에게는 "나를 본 자는 아버지를 보았다"요 14:9고 말씀하셨습니다.

　성경은 예수님께서 나를 위해 죽으셨으므로 나는 자연스럽게 형벌에서 자유하다고 가르치지 않습니다. 성경에서 가르치는 것은 "주님은 모든 사람을 위해 죽으셨다"고후 5:15는 것이고, 나는 주님의 죽으심과 일치가 됨으로써 죄로부터 자유로울 수 있고 주님 자신의 의를 부여받게 된다는 것입니다. 성경에서 가르치는 대속은 두 가지 뜻이 있습니다. "하나님이 죄를 알지도 못하신 자로 우리를 대신해 죄를 삼으신 것"과 "우리로 하여금 하나님의 의가 되게 하려 하신 것"입니다. 그러나 내가 내 안에 그리스도가 조성되도록 결단하지 않으면 그리스도의 사역의 효력이 내게 나타나지 않습니다.

Faith

~

Without faith it is impossible to please Him. Hebrews 11:6.

Oct. 30th

Faith in antagonism to common sense is fanaticism, and common sense in antagonism to faith is rationalism. The life of faith brings the two into a right relation. Common sense is not faith, and faith is not common sense; they stand in the relation of the natural and the spiritual; of impulse and inspiration. Nothing Jesus Christ ever said is common sense, it is revelation sense, and it reaches the shores where common sense fails. Faith must be tried before the reality of faith is actual. "We know that all things work together for good," then no matter what happens, the alchemy of God's providence transfigures the ideal faith into actual reality. Faith always works on the personal line, the whole purpose of God being to see that the ideal faith is made real in His children.

For every detail of the commonsense life, there is a revelation fact of God whereby we can prove in practical experience what we believe God to be. Faith is a tremendously active principle which always puts Jesus Christ first—"Lord, Thou hast said so and so" (e.g., Matthew 6:33), "it looks mad, but I am going to venture on Thy word." To turn head faith into a personal possession is a fight always, not sometimes. God brings us into circumstances in order to educate our faith, because the nature of faith is to make its object real. Until we know Jesus, God is a mere abstraction, we cannot have faith in Him; but immediately we hear Jesus say— "He that hath seen Me hath seen the Father," we have something that is real, and faith is boundless. Faith is the whole man rightly related to God by the power of the Spirit of Jesus Christ.

상식과 믿음

믿음이 없이는 하나님을 기쁘시게 못하나니 (히 11:6).

10월 30일

　상식과 상반되는 믿음은 광신입니다. 믿음에 상반되는 상식은 이성주의입니다. 믿음의 삶은 이 두 가지를 바른 관계로 인도합니다. 상식과 믿음은 같지 않습니다. 그 둘은 각각 자연 세계와 영적인 세계와 연결됩니다. 감정적 충동과 영감이 다른 것과 같습니다. 예수 그리스도께서 말씀하신 것은 상식이 아니라 계시입니다. 주님의 말씀은 상식이 다다를 수 없는 곳까지 닿습니다. 믿음의 실체가 현실로 드러나려면 믿음은 시험을 거쳐야 합니다. "우리가 알거니와 하나님을 사랑하는 자 곧 그의 뜻대로 부르심을 입은 자들에게는 모든 것이 합력하여 선을 이루느니라"롬 8:28. 하나님의 섭리는 어떠한 상황에서도 변화시키는 능력을 지니는데, 완벽한 믿음이 성도의 삶에서 실제로 드러나게 합니다. 이 믿음은 언제나 개인적으로 드러납니다. 하나님은 완전한 믿음이 자신의 자녀들을 통해 드러나는 모습을 보고 싶어 하십니다. 이것이 그분의 간절한 소원입니다.

　하나님께서는 상식적인 삶의 모든 영역에서 주님의 진리를 보여주십니다. 따라서 우리가 믿는 하나님을 실질적 경험 가운데 증거할 수 있습니다. 믿음은 언제나 예수 그리스도를 최우선에 두는 놀랍도록 활동적인 원칙입니다. "주님, 주께서는 그의 나라와 그의 의를 구하라고 말씀하셨는데마 6:33, 제게는 이해가 되지 않습니다. 그러나 당신의 말씀에 의지하여 나아가겠습니다." 이론적이며 추상적인 믿음을 개인의 믿음으로 만들려면 '가끔'이 아니라 '항상' 싸워야 합니다. 하나님은 우리 믿음을 단련시키기 위해 상황을 조성하시고 우리를 그 속으로 밀어넣으십니다. 그 이유는 믿음의 속성은 믿음의 대상을 실제로 만드는 것이기 때문입니다. 우리가 예수님을 알기까지 그분은 단지 추상적인 존재입니다. 우리는 하나님을 향한 믿음을 가질 수 없습니다. 그러나 우리가 "나를 본 자는 아버지를 보았다"고 말씀하시는 예수님의 음성을 듣는 순간, 우리는 믿음을 통해 실제를 소유하게 되고 이때 믿음은 무한하게 됩니다. 믿음은 성령의 능력에 의해 사람의 전 인격이 하나님과 바른 관계를 맺는 것입니다.

Discernment of faith

Faith as a grain of mustard seed ···. Matthew 17:20.

Oct. 31st

We have the idea that God rewards us for our faith, it may be so in the initial stages; but we do not earn anything by faith. Faith brings us into right relationship with God and gives God His opportunity. God has frequently to knock the bottom board out of your experience if you are a saint in order to get you into contact with Himself. God wants you to understand that it is a life of faith, not a life of sentimental enjoyment of His blessings. Your earlier life of faith was narrow and intense, settled around a little sun-spot of experience that had as much of sense as of faith in it, full of light and sweetness; then God withdrew His conscious blessings in order to teach you to walk by faith. You are worth far more to Him now than you were in your days of conscious delight and thrilling testimony.

Faith by its very nature must be tried, and the real trial of faith is not that we find it difficult to trust God, but that God's character has to be cleared in our own minds. Faith in its actual working out has to go through spells of unsyllabled isolation. Never confound the trial of faith with the ordinary discipline of life. Much that we call the trial of faith is the inevitable result of being alive. Faith in the Bible is faith in God against every thing that contradicts Him—I will remain true to God's character whatever He may do. "Though He slay me, yet will I trust Him"—this is the most sublime utterance of faith in the whole of the Bible.

오직 믿음으로 걷기

만일 너희에게 믿음이 겨자씨 한 알 만큼만 있어도… (마 17:20).

10월 31일

우리는 하나님께서 우리의 믿음을 보고 상을 주신다고 생각합니다. 아마 믿음의 초기 단계에서는 그럴 수 있습니다. 그러나 우리는 믿음에 의해 아무것도 얻을 수 없습니다. 믿음은 우리를 하나님과 바른 관계를 맺게 하는 것이며, 하나님께 우리의 믿음을 통해 일하실 수 있는 기회를 드리는 것입니다. 만일 당신이 성도라면 하나님께서는 당신이 하나님과 접촉하도록 하기 위해 종종 당신의 경험의 밑바닥을 흔들어놓으실 것입니다. 하나님은 당신이 주님의 축복만을 누리는 감상적인 삶을 살지 않고 믿음의 삶을 살기를 원하시기 때문입니다. 믿음 생활의 초기에는 약간의 태양이 내리쬐는 경험 속에서 그 안에 믿음이 있다는 느낌과 함께 얕고 뜨거운 믿음을 갖게 됩니다. 그때는 빛이 가득하고 달콤했습니다. 그런데 하나님께서는 오직 믿음으로만 걸을 수 있도록 가르치시기 위해 주님의 뚜렷한 축복들을 거두어 가십니다. 그 결과 당신이 오직 믿음으로 걷는 것을 배우면, 당신은 이전에 하나님의 축복으로 인해 기쁨을 느꼈던 때와 스릴 넘치는 간증을 하던 때보다 훨씬 더 하나님께 귀중한 사람이 됩니다.

본질상 믿음은 시험을 거쳐야 합니다. 믿음의 실제 시험은 하나님에 대한 신뢰가 어렵다는 것을 발견하는 데 있지 않고 우리 마음속에서 하나님의 성품을 분명하게 이해하는 데 있습니다. 현실 속에서 역시히는 믿음은 말로 표현할 수 없는 어떤 고립된 기간들을 통과해야 합니다. 이때 믿음의 시험을 일상적인 삶의 훈련과 혼동하지 마십시오. 사실 우리가 믿음의 시험이라고 부르는 것들 중 대부분이 모든 삶에서 필연적으로 나타날 수밖에 없는 현상일 때도 많습니다. 성경에서 말하는 믿음은 하나님의 성품과 모순되는 불의하고 악한 상황 가운데서도 하나님을 믿는 것입니다. "하나님께서 나를 죽이시더라도 여전히 나는 주를 의지하리라"욥 13:15. 이것이 성경 전반에 걸쳐서 말하는 가장 고상한 믿음의 고백입니다.

November 11

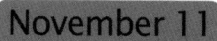

복음의 진리에 반응하십시오!

이 세상을 지배하는 사탄의 세력과 맞설 때

Ye are not your own

Know ye not that … ye are not your own? 1 Cor. 6:19.

There is no such thing as a private life—'a world within the world'—for a man or woman who is brought into fellowship with Jesus Christ's sufferings. God breaks up the private life of His saints, and makes it a thoroughfare for the world on the one hand and for Himself on the other. No human being can stand that unless he is identified with Jesus Christ. We are not sanctified for ourselves, we are called into the fellowship of the Gospel, and things happen which have nothing to do with us, God is getting us into fellowship with Himself. Let Him have his way, if you do not, instead of being of the slightest use to God in His Redemptive work in the world, you will be a hindrance and a clog.

The first thing God does with us is to get us based on rugged Reality until we do not care what becomes of us individually as long as He gets His way for the purpose of His Redemption. Why shouldn't we go through heartbreaks? Through these doorways God is opening up ways of fellowship with His Son. Most of us fall and collapse at the first grip of pain; we sit down on the threshold of God's purpose and die away of self-pity, and all so called Christian sympathy will aid us to our death bed. But God will not. He comes with the grip of the pierced hand of His Son, and says—"Enter into fellowship with Me; arise and shine." If through a broken heart God can bring His purposes to pass in the world, then thank Him for breaking your heart.

나는 주님의 것

> 너희 몸은 … 성령의 전인 줄을 알지 못하느냐
> 너희는 너희 자신의 것이 아니라 (고전 6:19).

　예수 그리스도의 고통 안에서 사귐을 가지게 된 그리스도인들에게는 '세상 속에 또 다른 세상'과 같은 사생활이란 것이 없습니다. 하나님은 주의 성도들의 사생활을 파괴하셔서 한편으로는 세상을 향한 통로로, 다른 한편으로는 하나님을 위한 통로로 만드십니다. 그 누구도 예수 그리스도와 하나가 되지 않으면 이를 감당할 수 없습니다. 우리는 자신을 위해 거룩하게 된 것이 아니라 복음의 교제로 부름을 받았습니다. 나와 관계가 없는 일들이 발생할 때에도 하나님께서는 그 일을 통해 나를 주님과 친교하도록 인도하십니다. 주께서 하고자 하시는 대로 맡기십시오. 그렇지 않으면 당신은 이 세상에서 주님의 구속 사역에 자그마한 도움이 되기보다는 오히려 장애물과 막힘이 될 것입니다.

　하나님께서 가장 먼저 우리에게 하시는 일은 우리가 예수님께 뿌리를 내리도록 하는 것입니다. 이렇게 되면 주께서 주의 구속의 목적을 위해 일하시는 한, 내게 어떤 일이 발생하더라도 참을 수 있게 됩니다. 왜 우리는 마음의 고통을 피하려고 합니까? 이러한 고통의 관문을 통해 하나님께서는 그분의 아들과의 친교의 길들을 열어놓으십니다. 대부분의 사람들은 첫 번째 고통의 관문에서 실패하고 쓰러집니다. 하나님의 목적을 향한 출발 시섬에서 주저앉아 자기연민으로 죽어갑니다. 또한 소위 성도들의 동정심은 우리의 영적 죽음을 돕습니다. 그러나 하나님은 살리실 것입니다. 하나님께서는 그분의 아들의 못 박히신 손으로 우리를 붙들며 말씀하십니다. "일어나라 빛을 발하라"사 60:1. 만일 하나님께서 고통 받은 마음을 통해 주의 목적을 이 땅에 이루신다면 당신의 마음을 아프게 하신 하나님께 감사하십시오.

Authority and independence

If ye love Me, ye will keep My commandments. John 14:15 (R.V.).

Our Lord never insists upon obedience; He tells us very emphatically what we ought to do, but He never takes means to make us do it. We have to obey Him out of oneness of spirit. That is why when Our Lord talked about discipleship, He prefaced it with an IF—you do not need to unless you like. "If any man will be My disciple, let him deny himself"; let him give up his right to himself to Me. Our Lord is not talking of eternal positions, but of being of value to Himself in this order of things, that is why He sounds so stern (cf. Luke 14:26). Never interpret these words apart from the One who uttered them.

The Lord does not give me rules, He makes His standard very clear, and if my relationship to Him is that of love, I will do what He says without any hesitation. If I hesitate, it is because I love someone else in competition with Him, viz., myself. Jesus Christ will not help me to obey Him, I must obey Him; and when I do obey Him, I fulfil my spiritual destiny. My personal life may be crowded with small petty incidents, altogether unnoticeable and mean, but if I obey Jesus Christ in the haphazard circumstances, they become pinholes through which I see the face of God, and when I stand face to face with God I shall discover that through my obedience thousands were blessed. When once God's Redemption comes to the point of obedience in a human soul, it always creates. If I obey Jesus Christ, the Redemption of God will rush through me to other lives, because behind the deed of obedience is the Reality of Almighty God.

주님을 사랑하고 그분께 순종합니까?

너희가 나를 사랑하면 나의 계명을 지키리라 (요 14:15).

11월 2일

주님은 절대로 순종을 강요하지 않으십니다. 주께서는 우리가 무엇을 해야 하는지 아주 강하게 말씀하시지만 절대로 강제로 시키지 않으십니다. 우리는 주님과 하나가 된 마음 가운데 주님께 순종해야 합니다. 바로 이러한 이유 때문에 주님께서는 제자도를 말씀하실 때마다 언제나 '만일'이란 단어를 사용하셨습니다. 당신이 원하지 않으면 그럴 필요가 없다는 뜻입니다. "아무든지 나를 따라오려거든 자기를 부인하고"눅 9:23. 제자가 되려는 사람은 주님을 위해 자기 권리를 포기하라는 말씀입니다. 이는 영원한 신분이 아니라 우리의 현실 속에서 주님께 가치가 있는 사람이 되는 비결을 말씀하신 것입니다. 바로 이러한 까닭에 주께서는 엄중하게 말씀하십니다눅 14:26. 절대로 이 말씀을 하신 주님을 고려하지 않은 채, 이 말씀을 해석하지 마십시오.

주님께서는 우리에게 규율을 주신 것이 아니라 주님의 기준을 명확하게 하신 것입니다. 만일 주님과 나의 관계가 사랑이라면 나는 조금도 주저하지 않고 주께서 말씀하신 것을 행할 것입니다. 만일 주저한다면 이는 내게 주님 외에 주님과 경쟁 상대인 다른 사랑의 대상이 있다는 뜻입니다. 그 다른 대상은 바로 나 자신입니다. 예수 그리스도는 내가 그분께 순종할 수 있도록 돕지 않으시기 때문에 내가 그분께 순종해야 합니다. 주께 순종할 때 나는 영적 사명을 이루게 됩니다. 나의 개인적인 삶이 사소한 일들로 가득 차서 자질구레할지도 모릅니다. 그러나 내가 이러한 상황들 가운데서도 예수 그리스도께 순종하면, 그 상황들은 하나님의 얼굴을 볼 수 있는 창문들이 됩니다. 언젠가 하나님과 얼굴과 얼굴로 뵈올 때 나는 나의 순종을 통해 수많은 사람들이 복을 받았음을 발견하게 될 것입니다. 하나님의 구속이 한 영혼의 순종으로 나타나면 그곳에서는 언제나 창조가 발생합니다. 만일 내가 예수 그리스도께 순종하면 하나님의 구속은 나를 통해 다른 사람의 삶에 흘러가게 될 것입니다. 그 이유는 순종의 행위 뒤에는 전능하신 하나님의 '실체'(그리스도)가 계시기 때문입니다.

A bond-slave of Jesus

Nov. 3rd

I am crucified with Christ; nevertheless I live; yet not I, but Christ liveth in me. Gal. 2:20.

These words mean the breaking of my independence with my own hand and surrendering to the supremacy of the Lord Jesus. No one can do this for me, I must do it myself. God may bring me to the point three hundred and sixty-five times a year, but He cannot put me through it. It means breaking the husk of my individual independence of God, and the emancipation of my personality into oneness with Himself, not for my own ideas, but for absolute loyalty to Jesus. There is no possibility of dispute when once I am there. Very few of us know anything about loyalty to Christ—"For my sake." It is that which makes the iron saint.

Has that break come? All the rest is pious fraud. The one point to decide is—Will I give up, will I surrender to Jesus Christ, and make no conditions whatever as to how the break comes? I must be broken from my self-realization, and immediately that point is reached, the reality of the supernatural identification takes place at once, and the witness of the Spirit of God is unmistakable—"I have been crucified with Christ."

The passion of Christianity is that I deliberately sign away my own rights and become a bond-slave of Jesus Christ. Until I do that, I do not begin to be a saint.

One student a year who hears God's call would be sufficient for God to have called this College into existence. This College as an organization is not worth anything, it is not academic; it is for nothing else but for God to help Himself to lives. Is he going to help Himself to us, or are we taken up with our conception of what we are going to be?

예수님의 종

내가 그리스도와 함께 십자가에 못 박혔나니 그런즉 이제는 내가 사는 것이 아니요
오직 내 안에 그리스도께서 사시는 것이라 (갈 2:20).

11월 3일

이 말씀은 나의 독립을 내 손으로 부수고 최상의 주 예수님께 순복하는 것을 의미합니다. 아무도 나 대신 이 일을 할 수 없습니다. 스스로 해야 합니다. 하나님께서는 일 년 365일 내내 이 자리까지 이끄시지만 강제로 하지는 않으십니다. 이 말씀의 의미는 나 자신의 생각이 아니라 예수님을 향한 완전한 충성을 위해 하나님으로부터 독립하려는 내 안의 독자성이라는 껍질을 깨뜨리는 것입니다. 그리고 참된 자유함 가운데 나의 인격적 본성을 주님과 하나 되게 하는 것입니다. 이 수준에 이르면 더 이상 내 마음속에 갈등이 없습니다. 이것이 강한 성도를 만드는 비결임에도 불구하고 예수 그리스도에 대한 충성에 있어서 "나(예수님)를 인하여" 하는 충성의 참의미를 아는 사람이 거의 없습니다.

자아의 부서짐이 있었습니까? 그렇지 않다면 모든 것이 거짓 경건입니다. 내가 결정해야 하는 단 한 가지는 포기이기 때문입니다. 예수 그리스도께 순복하겠습니까? 자아가 부서지든 상관하지 않겠습니까? 자아실현을 버리는 단계에 이르러야 합니다. 그러면 그 즉시 초자연적인 하나됨의 실제 사건이 발생합니다. 그리고 성령의 증거가 분명하게 나타나는데, 바로 "내가 그리스도와 함께 십자가에 못 박혔다"는 실체입니다.

기독교의 열정은 마음을 다해 나의 권리를 포기하고 예수 그리스도의 종이 되는 것입니다. 그렇게 하기 전에는 아직 성도로서의 삶을 시작한 것이 아닙니다.

하나님의 부르심을 듣는 학생이 일 년에 한 명만 있어도 하나님의 '성경대학'이 존재하는 충분한 이유가 될 것입니다. 이 대학은 조직 및 학문으로서의 가치로 보면 아무것도 아닙니다. 그러나 이 대학을 통해 하나님께서 자기를 위해 사람들을 취하실 것입니다. 하나님께서 당신을 사용하시도록 합니까? 아니면 당신이 원하는 미래에 대한 생각에 사로잡혀 있습니까?

The authority of reality

Nov. 4th

Draw nigh to God, and He will draw nigh to you. James 4:8.

It is essential to give people a chance of acting on the truth of God. The responsibility must be left with the individual, you cannot act for him, it must be his own deliberate act, but the evangelical message ought always to lead a man to act. The paralysis of refusing to act leaves a man exactly where he was before; when once he acts, he is never the same. It is the foolishness of it that stands in the way of hundreds who have been convicted by the Spirit of God. Immediately I precipitate myself over into an act, that second I live; all the rest is existence. The moments when I truly live are the moments when I act with my whole will.

Never allow a truth of God that is brought home to your soul to pass without acting on it, not necessarily physically, but in will. Record it, with ink or with blood. The feeblest saint who transacts business with Jesus Christ is emancipated the second he acts; all the almighty power of God is on his behalf. We come up to the truth of God, we confess we are wrong, but go back again; then we come up to it again, and go back; until we learn that we have no business to go back. We have to go clean over on some word of our redeeming Lord and transact business with Him. His word 'come' means 'transact.' "Come unto Me." The last thing we do is to come; but everyone who does come knows that that second the supernatural life of God invades him instantly. The dominating power of the world, the flesh and the devil is paralysed, not by your act, but because your act has linked you on to God and His redemptive power.

복음의 진리에 반응하십시오!

하나님을 가까이하라 그리하면 너희를 가까이 하시리라 (약 4:8).

11월 4일

　사람들에게 하나님의 진리에 반응을 보일 수 있는 기회를 주는 것은 매우 중요합니다. 물론 책임은 각 개인에게 달려 있는 것이고, 당신이 다른 사람 대신 반응할 수는 없습니다. 각 사람의 의도적인 반응이 있어야 합니다. 복음의 메시지는 언제나 사람이 반응하도록 인도합니다. 그러나 어떤 사람이 복음에 대한 반응을 거절하는 마비 상태라면 그에게 아무런 변화가 나타나지 않습니다. 그래서 복음을 듣기 전의 상태로 정확하게 돌아갑니다. 그러나 복음의 진리에 반응하면 그는 전혀 다른 사람이 됩니다.

　성령에 의해 죄의 가책을 받은 사람 중에는 복음의 진리가 매우 어리석은 것처럼 생각되어 결국 복음에 반응하지 않는 사람들도 많습니다. 그러나 누구든지 자신을 재촉하여 반응하면 그는 그 즉시 살게 됩니다. 남은 모든 삶은 살아 존재하면 되는 것입니다. 내가 참으로 사는 순간은 온 마음을 다해 반응할 때입니다.

　하나님의 진리가 당신의 영혼에 임했을 때 그 진리에 반응하십시오. 그렇지 않으면 그 진리는 그냥 떠내려가게 됩니다. 반드시 외적으로 보이지는 않더라도 의지로 반응하십시오. 그 결단을 잉크와 피로 기록해 두십시오. 아무리 연약한 성도라도 그가 반응하는 순간에 예수 그리스도와 관계하게 되면서 자유하게 됩니다. 전능하신 하나님의 모든 능력이 그에게 머물게 됩니다. 이제 하나님의 진리대로 살기 시작합니다. 그렇게 살지 못하는 우리의 죄악을 고백하게 됩니다. 그러나 다시 후퇴합니다. 다시 말씀대로 살려고 노력합니다. 또 쓰러집니다. 더 이상 이러한 반복을 할 필요가 없을 때까지 되풀이합니다.

　우리는 구속의 주님이 주시는 말씀으로 다시 깨끗해져야 하고 주님과 관계를 맺어야 합니다. 주님의 "오라"는 말씀은 주님과 "관계를 맺자"는 의미입니다. "내게로 오라." 우리가 끝까지 버티면서 하지 않는 것은 주님께 가는 것입니다. 그러나 주께 오는 자들마다 그 순간에 하나님의 생명이 초자연적으로 그들에게 즉각 임하는 것을 알게 됩니다. 이 세상을 지배하는 세력인 육체와 마귀는 그 힘을 잃게 됩니다. 그 이유는 당신의 반응 때문이 아니라 당신의 반응이 당신을 하나님과 그분의 구속의 능력에 연결했기 때문입니다.

Partakers of His sufferings

Nov. 5th

Rejoice, inasmuch as ye are partakers of Christ's sufferings. 1 Peter 4:13.

If you are going to be used by God, He will take you through a multitude of experiences that are not meant for you at all; they are meant to make you useful in His hands, and to enable you to understand what transpires in other souls so that you will never be surprised at what you come across. "Oh, I can't deal with that person." Why not? God gave you ample opportunity to soak before Him on that line, and you 'barged off' because it seemed stupid to spend time in that way.

The sufferings of Christ are not those of ordinary men. He suffered "according to the will of God," not from the point of view we suffer from as individuals. It is only when we are related to Jesus Christ that we can understand what God is after in His dealings with us. It is part of Christian culture to know what God's aim is. In the history of the Christian Church the tendency has been to evade being identified with the sufferings of Jesus Christ; men have sought to procure the carrying out of God's order by a short cut of their own. God's way is always the way of suffering, the way of the 'long, long trail.'

Are we partakers of Christ's sufferings? Are we prepared for God to stamp our personal ambitions right out? Are we prepared for God to destroy by transfiguration our individual determinations? It will not mean that we know exactly why God is taking us that way; that would make us spiritual prigs. We never realize at the time what God is putting us through; we go through it more or less misunderstandingly; then we come to a luminous place and say—"Why, God has girded me, though I did not know it!"

주님의 고난에 동참합니까?

오히려 너희가 그리스도의 고난에 참여하는 것으로 즐거워하라 (벧전 4:13).

11월 5일

　당신이 하나님께 쓰임받기 위해서는 하나님께서 당신에게 전혀 의미 없는 많은 경험들을 하게 하실 것입니다. 그러나 그러한 경험은 당신을 주님께 유익하게 만듭니다. 다른 사람들에게 일어나는 일들을 이해할 수 있게 되며 당신은 어떤 일을 만나도 놀라지 않게 됩니다. "오, 나는 이 사람을 대할 수 없어요!" 왜 할 수 없습니까? 하나님께서는 당신이 그러한 문제를 해결할 수 있도록 충분한 기회를 주셨는데, 당신은 그렇게 시간을 보내는 것이 어리석기 때문이라고 생각해서 외면했기 때문입니다.

　그리스도의 고난은 보통 사람들의 고난과 다릅니다. 주님은 우리가 개인적으로 고난받는 그러한 차원이 아니라 '하나님의 뜻대로' 고난을 받으셨습니다. 우리가 주 예수 그리스도께 연결이 되어 있어야, 주께서 우리를 다루시면서 무엇을 추구하시는지 이해할 수 있습니다. 하나님의 목표가 무엇인지 알려고 하는 것은 기독교의 중요한 부분입니다. 그럼에도 교회사를 보면 많은 사람들이 예수 그리스도의 고난에 동참하는 것을 회피해 왔습니다. 인간들의 쉬운 지름길로 하나님의 명령을 수행하려고 했습니다. 그러나 하나님의 방법은 언제나 고통의 방법으로서 '길고 먼' 길로 가게 하시는 것입니다.

　당신은 그리스도의 고난에 동참하는 자입니까? 하나님께서 당신의 야망을 제거하셔도 괜찮습니까? 하나님께서 당신의 결심을 초자연적인 차원으로 승화시키시는 것을 허락하겠습니까? 우리는 하나님께서 왜 우리를 그렇게 인도하시는지 정확하게 알 수 없습니다. 왜 그렇게 인도하시는지 안다고 말한다면, 그 사람은 영적으로 교만한 사람일 것입니다. 우리는 하나님께서 왜 그러한 고통들을 허락하시는지 그 당시에는 절대로 이해할 수 없습니다. 우리는 다소간 오해 가운데 그 고난을 지날 것입니다. 그러나 우리가 밝은 장소로 나아왔을 때 이렇게 말할 것입니다. "하나님께서 나를 보호하고 계셨는데, 왜 나는 몰랐을까!"

Programme of belief

Believest thou this? John 11:26.

Nov. 6th

Martha believed in the power at the disposal of Jesus Christ; she believed that if He had been present He could have healed her brother. She also believed that Jesus had a peculiar intimacy with God and that whatever He asked of God, God would do; but she needed a closer personal intimacy with Jesus. Martha's programme of belief had its fulfilment in the future; Jesus led her on until her belief became a personal possession, and then slowly emerged into a particular inheritance—"Yea, Lord, I believe that Thou art the Christ …."

Is there something like that in the Lord's dealings with you? Is Jesus educating you into a personal intimacy with Himself? Let Him press home His question to you—"Believest thou this?" What is your ordeal of doubt? Have you come, like Martha, to some overwhelming passage in your circumstances where your programme of belief is about to emerge into a personal belief? This can never be until a personal need arises out of a personal problem.

To believe is to commit. In the programme of mental belief I commit myself, and abandon all that is not related to that commitment. In personal belief I commit myself morally to this way of confidence and refuse to compromise with any other; and in particular belief I commit myself spiritually to Jesus Christ, and determine in that thing to be dominated by the Lord alone.

When I stand face to face with Jesus Christ and He says to me—"Believest thou this?" I find that faith is as natural as breathing, and I am staggered that I was so stupid as not to trust Him before.

내가 처한 상황 속에서

이것을 네가 믿느냐 (요 11:26).

마르다는 예수 그리스도의 능력을 믿었습니다. 그녀는 주님이 계셨더라면 나사로를 치유하셨을 것이라고 믿었습니다. 그녀는 예수님께서 하나님과 특별한 관계를 가지고 있다는 것을 믿었고 하나님께 무엇을 구하든 하나님께서 행하실 것을 믿었습니다. 그러나 그녀는 예수님을 더욱 친밀하게 알아야 할 필요가 있었습니다. 마르다의 믿음은 미래에 성취되는 것을 위한 것이었습니다. 예수님은 그녀를 인도하여 그녀의 믿음을 인격적인 소유로 만드십니다. 그 후 서서히 그 믿음을 특별한 유업과 합치십니다. "주여 그러하외다 주는 그리스도이신 줄 내가 믿나이다"요 11:27.

주님께서 당신을 다루실 때에도 이러한 면들이 있습니까? 당신이 주님과 인격적인 친밀함을 맺도록 주께서 가르치십니까? 주님께서 마침내 이 질문을 하십니다. "이것을 네가 믿느냐?" 당신을 의심케 하는 시련들은 무엇입니까? 마르다처럼, 미래만을 향했던 당신의 믿음이 당신이 처한 상황 속에서 당신을 사로잡는 말씀으로 인해 주님을 향한 인격적인 믿음으로 바뀌었습니까? 개인적인 문제가 발생해 개인적인 필요가 생길 때까지 이런 일은 일어날 수 없습니다.

믿는 것은 전적으로 맡기는 행위를 의미합니다. 예를 들어 지적인 학문 분야에 나 자신을 맡기면, 나는 학문 분야와 관련이 없는 것은 모두 배제합니다. 어떤 개인적인 신념에 나 자신을 맡기면, 실제로 내가 가지고 있는 확신에 몰입하며 타협을 거부합니다. 그리스도와의 친밀한 관계에 나 자신을 맡기면, 영적으로 주님을 의지하며 오로지 그분의 지배를 받기로 결심합니다.

주님과 얼굴과 얼굴을 맞대고 볼 때, 주님은 내게 말씀하십니다. "이것을 네가 믿느냐?" 나는 그때 믿음이란 숨을 쉬는 것처럼 자연스러운 것임을 발견하게 될 것입니다. 그러면서 주님을 신뢰하지 못한 것이 얼마나 어리석은 것이었던가를 깨닫고 부끄러워할 것입니다.

The undetected sacredness of circumstances

All things work together for good to them that love God. Romans 8:28.

The circumstances of a saint's life are ordained of God. In the life of a saint there is no such thing as chance. God by His providence brings you into circumstances that you cannot understand at all, but the Spirit of God understands. God is bringing you into places and among people and into conditions in order that the intercession of the Spirit in you may take a particular line. Never put your hand in front of the circumstances and say—"I am going to be my own providence here; I must watch this, and guard that." All your circumstances are in the hand of God, therefore never think it strange concerning the circumstances you are in. Your part in intercessory prayer is not to enter into the agony of intercession, but to utilize the commonsense circumstances God puts you in, and the commonsense people He puts you amongst by His providence, to bring them before God's throne and give the Spirit in you a chance to intercede for them: In this way God is going to sweep the whole world with His saints.

Am I making the Holy Spirit's work difficult by being indefinite, or by trying to do His work for Him? I must do the human side of intercession, and the human side is the circumstances I am in and the people I am in contact with. I have to keep my conscious life as a shrine of the Holy Ghost, then as I bring the different ones before God, the Holy Spirit makes intercession for them.

Your intercessions can never be mine, and my intercessions can never be yours, but the Holy Ghost makes intercession in our particular lives, without which intercession someone will be impoverished.

성령 대신에 나서지 마십시오!

우리가 알거니와 하나님을 사랑하는 자 곧 그의 뜻대로 부르심을 입은 자들에게는 모든 것이 합력하여 선을 이루느니라 (롬 8:28).

11월
7일

성도의 삶에 발생하는 상황들은 하나님에 의해 정해진 것입니다. 성도의 삶에 우연이란 없습니다. 하나님은 섭리 가운데 당신이 전혀 이해할 수 없는 그러한 상황으로 인도하십니다. 오직 성령님만이 그 상황을 이해하십니다. 하나님께서 당신을 특정한 장소와 사람들과 환경 속으로 인도하시는 이유는, 당신 안에 계시는 성령께서 중보 기도하시게 하기 위함입니다. 절대로 그 상황을 당신의 손으로 막으면서 "이 상황을 내 힘으로 해결해야겠다. 이 상황을 지켜보며 막아야 하겠다"라고 말하지 마십시오. 당신의 모든 상황은 하나님의 손에 달려 있습니다. 그러므로 당신이 처한 상황에 대해 이상하게 생각하지 마십시오. 중보기도할 때 기도하는 방법에 대해 고민할 필요가 없습니다. 단지 하나님께서 섭리 가운데 당신 주위에 배치하시는 환경이나 사람들을 하나님의 보좌 앞으로 가져가, 당신 안에 계시는 성령님으로 하여금 그들을 위해 중보기도하게 하면 됩니다. 하나님은 이렇게 하심으로써 자신의 자녀인 성도들이 전 세계를 위해 기도하게 하십니다.

분명한 자세를 취하지 않음으로 또는 주를 위해 성령 대신에 일하려고 함으로 성령의 역사를 어렵게 하는 것은 아닙니까? 나는 중보 기도를 통해 내가 해야 할 부분을 해야 합니다. 그것은 내가 처한 상황과 접하는 사람들을, 기도를 통해 하나님 앞으로 인도하는 것입니다. 그러면 성령께서 그들을 위해 중보 기도를 하십니다. 나는 내가 의식할 수 있는 삶의 부분을 성령께서 거하시는 성전이 되게 해야 합니다.

당신의 중보 기도와 나의 중보 기도는 다를 수밖에 없습니다. 나의 중보 기도가 당신의 것이 될 수도 없습니다. 그러나 성령은 각 개인의 특별한 삶 가운데서 중보 기도를 하십니다. 이러한 중보 기도가 없다면 누군가 영적으로 기갈하게 될 것입니다.

The unrivalled power of prayer

We know not what we should pray for as we ought: but the Spirit itself maketh intercession for us with groanings which cannot be uttered.
Romans 8:26.

We realize that we are energized by the Holy Spirit for prayer; we know what it is to pray in the Spirit; but we do not so often realize that the Holy Spirit Himself prays in us prayers which we cannot utter. When we are born again of God and are indwelt by the Spirit of God, He expresses for us the unutterable.

"He," the Spirit in you, "maketh intercession for the saints according to the will of God," and God searches your heart not to know what your conscious prayers are, but to find out what is the prayer of the Holy Spirit.

The Spirit of God needs the nature of the believer as a shrine in which to offer His intercession. "Your body is the temple of the Holy Ghost." When Jesus Christ cleansed the temple, He "would not suffer that any man should carry any vessel through the temple." The Spirit of God will not allow you to use your body for your own convenience. Jesus ruthlessly cast out all them that sold and bought in the temple, and said—"My house shall be called the house of prayer; but ye have made it a den of thieves."

Have we recognized that our body is the temple of the Holy Ghost? If so, we must be careful to keep it undefiled for Him. We have to remember that our conscious life, though it is only a tiny bit of our personality, is to be regarded by us as a shrine of the Holy Ghost. He will look after the unconscious part that we know nothing of; but we must see that we guard the conscious part for which we are responsible

성령의 간구

> 우리는 마땅히 기도할 바를 알지 못하나 오직 성령이 말할 수 없는 탄식으로 우리를 위해 친히 간구하시느니라 (롬 8:26).

11월 8일

우리는 성령에 의해 기도의 힘을 얻는 것을 깨닫습니다. 우리는 성령 안에서 기도하는 것이 무엇인지 압니다. 그러나 종종 우리는 성령께서는 우리가 말할 수 없는 기도로 우리 안에서 기도하신다는 사실을 깨닫지 못합니다. 우리가 하나님에 의해 거듭나 성령께서 거하시게 될 때, 성령께서는 우리를 위해 사람의 말로 표현할 수 없는 것을 간구하십니다.

당신 안에 계신 성령은 하나님의 뜻대로 성도들을 위해 중보 기도하십니다. 하나님은 당신이 의식하며 드리는 기도를 알기 위해서가 아니라 성령의 기도를 찾기 위해서 당신의 마음을 살피십니다.

성령은 중보 기도를 드릴 수 있는 성전으로서 성도의 몸을 필요로 합니다. "너희 몸은 성령의 전이라" 고전 6:19. 예수 그리스도께서 성전을 깨끗하게 하실 때 성전 안에서 장사하기 위한 여러 기구들을 허락하지 않으셨습니다. 성령께서도 당신이 당신의 몸을 자신의 편의를 위해 사용하는 것을 허락하지 않으실 것입니다. 예수께서는 성전에서 사고 파는 자들을 가차 없이 쫓아내며 말씀하셨습니다. "내 집은 기도하는 집이라 일컬음을 받으리라 하였거늘 너희는 강도의 소굴을 만드는도다" 마 21:13.

우리 몸이 성령의 전인 것을 인식하고 있습니까? 그렇다면 우리는 주를 위해 우리 몸을 더럽혀서는 안 됩니다. 우리가 의식할 수 있는 삶의 부분이 비록 우리 인격성의 아주 작은 부분이라 할지라도 성령의 전으로 여겨져야 한다는 것을 기억해야 합니다. 성령께서는 우리가 전혀 알 수 없는 무의식적인 부분을 돌보시겠지만, 우리의 의식적인 삶의 영역을 지키는 것은 우리의 책임입니다.

Sacramental service

Who now rejoice in My sufferings for you, and fill up that which is behind of the afflictions of Christ ···. Col. 1:24.

The Christian worker has to be a sacramental 'go-between,' to be so identified with his Lord and the reality of His Redemption that He can continually bring His creating life through him. It is not the strength of one man's personality being superimposed on another, but the real presence of Christ coming through the elements of the worker's life. When we preach the historic facts of the life and death of Our Lord as they are conveyed in the New Testament, our words are made sacramental; God uses them on the ground of His Redemption to create in those who listen that which is not created otherwise. If we preach the effects of Redemption in human life instead of the revelation regarding Jesus, the result in those who listen is not new birth, but refined spiritual culture, and the Spirit of God cannot witness to it because such preaching is in another domain. We have to see that we are in such living sympathy with God that as we proclaim His truth He can create in souls the things which He alone can do.

"What a wonderful personality!" "What a fascinating man!" "Such marvellous insight!" What chance has the Gospel of God through all that? It cannot get through, because the line of attraction is always the line of appeal. If a man attracts by his personality, his appeal is along that line; if he is identified with his Lord's personality, then the appeal is along the line of what Jesus Christ can do. The danger is to glory in men; Jesus says we are to lift Him up.

복음의 중심은 예수 그리스도입니다

나는 이제 너희를 위해 받는 괴로움을 기뻐하고 그리스도의 남은 고난을
그의 몸된 교회를 위해 내 육체에 채우노라 (골 1:24).

주님의 일꾼은 희생적 '중보자'가 되어야 합니다. 이는 주님과 구속의 실체에 일치됨으로 주께서 그 일꾼을 통해 계속적으로 생명을 창조하신다는 뜻입니다. 그 일꾼의 인격이 뛰어나 다른 사람에게 영향을 미친다는 뜻이 아니라 그 일꾼의 삶의 요소들을 통해 그리스도의 실체가 다른 사람에게 임한다는 뜻입니다. 성경에 기록된 대로 역사 속에서의 주님의 삶과 죽음을 선포할 때 우리의 말씀은 희생적인 요소가 됩니다. 하나님께서는 선포된 이 말씀을 주님의 구속의 바탕 위에 사용하셔서 다른 방법으로는 이룰 수 없는 새 창조를, 그 말씀을 듣는 자들 안에 행하십니다. 만일 예수님에 관한 계시 대신에 사람의 삶 속에 나타난 구속의 결과들을 선포하면, 그 말씀을 듣는 자들에게 나타나는 결과는 새 생명이 아니라 세련된 영적 문화입니다. 이러한 선포는 다른 영역에 있는 것이므로, 성령께서 그 메시지를 증거하실 수 없습니다. 따라서 하나님의 진리를 선포할 때 오직 주님만이 그 진리를 듣는 영혼들 안에서 재창조의 역사를 일으키실 수 있도록 하나님의 의도에 맞게 행동해야 합니다.

"그 사람의 인격은 참 대단하군! 아주 매력적이야! 놀라운 통찰력을 가지고 있어!" 이런 상황에서 하나님의 복음이 어떻게 역사할 기회를 얻겠습니까? 즉, 인간적 매력으로 사람을 끄는 것은 복음의 선포와는 무관하기 때문에 복음이 역사할 수 없습니다. 만일 누군가 자신의 인격으로 사람을 끌면, 그의 호소력은 그의 인격에 있습니다. 그러나 그가 주님과 하나가 되면 사람을 끄는 것은 그가 아니라 예수 그리스도이십니다. 위험은 언제나 사람이 영광을 받으려는 데 있습니다. 예수님께서는, 우리가 주님을 높여야 한다고 말씀하셨습니다.

Fellowship in the gospel

Fellow labourer in the gospel of Christ. 1 Thess. 3:2.

After sanctification it is difficult to state what your aim in life is, because God has taken you up into His purpose by the Holy Ghost. He is using you now for His purposes throughout the world as He used His Son for the purpose of our salvation. If you seek great things for yourself—"God has called me for this and that," you are putting a barrier to God's use of you. As long as you have a personal interest in your own character, or any set ambition, you cannot get through into identification with God's interests. You can only get there by losing for ever any idea of yourself and by letting God take you right out into His purpose for the world, and because your goings are of the Lord, you can never understand your ways.

I have to learn that the aim in life is God's, not mine. God is using me from His great personal standpoint, and all He asks of me is that I trust Him, and never say—"Lord, this gives me such heartache." To talk in that way makes me a clog. When I stop telling God what I want, He can catch me up for what He wants without let or hindrance. He can crumple me up or exalt me, He can do anything He chooses. He simply asks me to have implicit faith in Himself and in His goodness. Self-pity is of the devil; if I go off on that line I cannot be used by God for His purpose in the world. I have 'a world within the world' in which I live, and God will never be able to get me outside it because I am afraid of being frost-bitten.

하나님과의 일치

그리스도의 복음을 전하는 하나님의 일꾼 (살전 3:2).

11월 10일

거룩하게 된 이후에는 당신의 삶의 목표가 무엇인가를 말하는 것이 쉽지 않습니다. 그 이유는 하나님께서 성령에 의해 당신의 목적이 아닌 주님의 목적을 위해 당신을 취하셨기 때문입니다. 하나님께서 그분의 아들을 사용하셔서 당신을 구원하신 것처럼, 지금은 온 세계를 향한 주의 목적을 이루기 위해 당신을 사용하십니다. 만일 당신이 "하나님께서 나를 이러저러한 일로 부르셨다"라고 하며 당신 자신을 위한 위대한 일을 구한다면, 당신은 당신을 사용하시려는 하나님의 뜻에 장애물을 놓는 것입니다. 인격이든 야망이든 자신에게 관심이 집중되고 있는 한, 당신의 관심과 하나님의 관심이 일치가 될 수 없습니다. 그러나 자신에 대한 생각을 버리고 이 세상을 향한 하나님의 목적을 위해 나를 사용하시도록 할 때 하나님의 관심이 당신의 것과 일치가 될 것입니다. 이후로 당신의 행로는 주님께 속한 것이므로 당신은 당신의 가는 길을 결코 이해할 수 없습니다.

삶의 목표는 나 자신이 아니라 하나님을 위한 것이어야 함을 배워야 합니다. 하나님께는 그분의 위대한 계획이 있으며 그분은 그 입장에서 우리를 사용하십니다. 주께서 내게 원하시는 모든 것은 주님을 신뢰하는 것입니다. 그러므로 절대로 "주님, 이 상황은 내게 너무나 큰 마음의 고통을 줍니다"라고 말하지 마십시오. 이렇게 말하는 것은 하나님의 계획에 문제덩어리가 되는 것입니다. 내가 원하는 것을 하나님께 아뢰기를 멈출 때 하나님께서는 더 이상 방해를 받지 않으시고 그분이 원하시는 바를 위해 나를 사로잡으실 수 있습니다. 주님은 나를 낮추실 수도 있고 높이실 수도 있습니다. 주님은 그분이 원하시는 대로 무엇이든지 하실 수 있습니다. 주님은 단지 내게 주님 자신과 주님의 선하심을 향해 확실한 믿음만을 원하십니다. 자기연민은 사탄적인 것입니다. 자기연민에 빠지면 이 세상을 향한 주님의 목적을 위해 쓰임받을 수 없습니다. 내가 이 세상 안에 또 다른 나의 세상을 구축한다면 하나님은 결코 그 세상에서 나를 나오게 하실 수 없을 것입니다. 그 이유는 나의 세상에서 나가면 위험에 처해질까봐 두려워 떨기 때문입니다.

The supreme climb

Nov. 11th

Take now thy son ⋯ Genesis 22:2.

God's command is—Take now, not presently. It is extraordinary how we debate! We know a thing is right, but we try to find excuses for not doing it at once. To climb to the height God shows can never be done presently, it must be done now. The sacrifice is gone through in will before it is performed actually.

"And Abraham rose up early in the morning, ⋯ and went unto the place of which God had told him" (v. 3). The wonderful simplicity of Abraham! When God spoke, he did not confer with flesh and blood. Beware when you want to confer with flesh and blood, i.e., your own sympathies, your own insight, anything that is not based on your personal relationship to God. These are the things that compete with and hinder obedience to God.

Abraham did not choose the sacrifice. Always guard against self-chosen service for God; self-sacrifice may be a disease. If God has made your cup sweet, drink it with grace; if He has made it bitter, drink it in communion with Him. If the providential order of God for you is a hard time of difficulty, go through with it, but never choose the scene of your martyrdom. God chose the crucible for Abraham, and Abraham made no demur; he went steadily through. If you are not living in touch with Him, it is easy to pass a crude verdict on God. You must go through the crucible before you have any right to pronounce a verdict, because in the crucible you learn to know God better. God is working for His highest ends until His purpose and man's purpose become one.

"지금은 아니고 나중에"

네 아들 … 이삭을 데리고 (창 22:2).

11월 11일

하나님의 명령은 '지금'이지 '나중'이 아닙니다. 이 부분에서 우리가 가장 많이 논쟁합니다. 우리는 어떤 일을 하는 것이 옳다는 것을 알지만 지금 당장 하지는 않겠다고 말합니다. 그래서 지금 하지 않으려고 여러 핑계를 찾기 위해 애씁니다. 하나님께서 보여주시는 정상에 오르는 것은 나중에 할 수 있는 일이 아닙니다. 지금 당장 해야 합니다. 희생은 현실 속에서 드려지기 전에 나의 의지 안에서 먼저 드려져야 합니다.

"아브라함이 아침에 일찍이 일어나 … 떠나 하나님의 자기에게 일러 주신 곳으로 가더니"창 22:3. 아브라함의 이 놀라운 단순함! 하나님이 말씀하셨을 때 그는 가족과 상의하지 않았습니다. 가족과 의논하고 싶어질 때 주의하십시오. 가족은 당신의 동정심이나 통찰력 등 하나님과의 인격적 관계에 바탕을 두지 않는 것을 말할 수 있습니다. 이러한 것들은 우리가 하나님께 순종하는 데 하나님의 경쟁 상대가 되거나 방해가 됩니다.

아브라함이 희생을 선택한 것이 아닙니다. 하나님이 희생을 요구하셨습니다. 하나님을 위해 스스로 선택한 희생 제사를 언제나 경계하십시오. 나의 희생은 질병이 될 수 있습니다. 만일 하나님께서 달콤한 잔을 주시면 은혜로 마시고 쓴 잔을 주시면 주님과 함께 마시기 바랍니다. 만일 하나님께서 주의 섭리 가운데 어려운 시간을 허락하시면 받아들이고 견디십시오. 절대로 스스로 순교 장면을 연출하지 마십시오. 하나님께서는 아브라함에게 가혹한 시련을 선택하셨으며 아브라함은 아무런 항변을 하지 않았습니다. 그는 인내하며 지나갔습니다. 만일 당신이 주님과 동행하는 삶을 살지 않으면 하나님을 향해 섣부른 판단을 하기 쉽습니다. 하나님을 판단하기 전에 그 시련을 다 통과하십시오. 그 시련 가운데서 당신은 하나님을 더 잘 알 수 있는 방법을 배우게 될 것입니다. 하나님께서는 사람의 목적이 그분의 목적과 하나가 될 때까지 최상의 목적을 위해 일하십니다.

The transfigured life

Nov. 12th

If any man be in Christ, he is a new creature; old things are passed away; behold, all things are become new. 2 Cor. 5:17.

What idea have you of the salvation of your soul? The experience of salvation means that in your actual life things are really altered, you no longer look at things as you used to; your desires are new, old things have lost their power. One of the touchstones of experience is—Has God altered the thing that matters? If you still hanker after the old things, it is absurd to talk about being born from above, you are juggling with yourself. If you are born again, the Spirit of God makes the alteration manifest in your actual life and reasoning, and when the crisis comes you are the most amazed person on earth at the wonderful difference there is in you. There is no possibility of imagining that you did it. It is this complete and amazing alteration that is the evidence that you are a saved soul.

What difference has my salvation and sanctification made? For instance, can I stand in the light of 1 Corinthians 13, or do I have to shuffle? The salvation that is worked out in me by the Holy Ghost emancipates me entirely, and as long as I walk in the light as God is in the light, He sees nothing to censure, because His life is working out in every particular, not to my consciousness, but deeper than my consciousness.

거듭남 이후의 변화

그런즉 누구든지 그리스도 안에 있으면 새로운 피조물이라 이전 것은 지나갔으니 보라 새것이 되었도다 (고후 5:17).

11월 12일

당신은 자신의 영혼 구원에 대해 어떤 생각을 가지고 있습니까? 구원의 체험이란 당신의 실제 삶에서 모든 것이 정말로 바뀐 것을 의미합니다. 당신은 더 이상 과거에 사물을 보던 대로 보지 않습니다. 당신의 소망은 새롭게 되었으며 옛것들은 힘을 잃었습니다. 구원 체험의 진실성에 대한 시금석은 하나님께서 당신의 가치관을 변화시켰는가 하는 것입니다. 여전히 옛것들을 추구하면서 위로부터 났다고 말하는 것은 모순이요 자신을 속이는 것입니다. 만일 당신이 거듭났다면 성령은 그 변화를 당신의 실제 삶과 생각 가운데 나타내실 것이며, 위기가 찾아왔을 때 당신은 당신 안에 일어난 놀라운 변화로 인해 가장 놀라게 될 것입니다. 당신이 그 변화를 이루었을 가능성은 전혀 없습니다. 이 온전하고 놀라운 변화가 바로 당신이 구원받은 영혼이라는 증거입니다.

나의 구원과 성화가 어떤 변화를 가져왔습니까? 예를 들어, 나는 고린도전서 13장의 빛 가운데 설 수 있습니까? 아니면 손을 저으며 당황스러워합니까? 성령에 의해 내 안에 이루어진 구원은 나를 완전히 자유롭게 합니다. 하나님께서 빛 가운데 계심같이 내가 빛 가운데 행하는 한, 주님께서는 내게 책망할 것을 보지 못하십니다. 왜냐하면 주의 생명이 내 의식뿐 아니라 내 의식보다 더 깊은 곳까지 모든 곳에 두루 영향을 주며 역사하기 때문입니다.

Faith and experience

The Son of God, who loved me, and gave Himself for me. Gal. 2:20.

Nov. 13th

We have to battle through our moods into absolute devotion to the Lord Jesus, to get out of the hole-and-corner business of our experience into abandoned devotion to Him. Think Who the New Testament says that Jesus Christ is, and then think of the despicable meanness of the miserable faith we have—"I haven't had this and that experience!" Think what faith in Jesus Christ claims—that He can present us faultless before the throne of God, unutterably pure, absolutely rectified and profoundly justified. Stand in implicit, adoring faith in Him, He is made unto us "wisdom, and righteousness, and sanctification, and redemption." How can we talk of making a sacrifice for the Son of God! Our salvation is from hell and perdition, and then we talk about making sacrifices!

We have to get out into faith in Jesus Christ continually; not a prayer meeting Jesus Christ, nor a book Jesus Christ, but the New Testament Jesus Christ, Who is God Incarnate, and Who ought to strike us to His feet as dead. Our faith must be in the One from Whom our experience springs. Jesus Christ wants our absolute abandon of devotion to Himself. We never can experience Jesus Christ, nor ever hold Him within the compass of our own hearts, but our faith must be built in strong emphatic confidence in Him.

It is along this line that we see the rugged impatience of the Holy Ghost against unbelief. All our fears are wicked, and we fear because we will not nourish ourselves in our faith. How can anyone who is identified with Jesus Christ suffer from doubt or fear! It ought to be an absolute psalm of perfectly irrepressible, triumphant belief.

믿음과 체험

나를 사랑하사 나를 위해 자기 자신을 버리신
하나님의 아들을 믿는 믿음 안에서 (갈 2:20).

11월
13일

    기분과 싸워 이겨서 자신을 주 예수님께 완전히 드려야 합니다. 보잘 것없는 사소한 체험에서 나와 주님께 온전히 헌신하십시오. 성경이 예수 그리스도를 누구라고 말하는지 생각해보고 우리가 가지고 있는 믿음이 얼마나 비참하고 형편없는지 생각해보십시오. "나는 이러저러한 체험을 해보지 못했어요!" 예수 그리스도를 믿은 믿음이 무엇을 요청하는지 생각해보십시오. 예수님께서 하나님의 보좌 앞에서 우리를 바치십니다. 말로 다할 수 없이 순결하고 완벽하게 고침 받은 존재로, 철저하게 의롭고 조금도 흠 없는 존재로 우리를 하나님께 바치십니다. 주 예수님에 대해 분명하고 사모하는 믿음을 가지고 든든히 서십시오. 주님은 우리에게 "지혜와 의로움과 거룩함과 구속함"이 되셨습니다. 이러한 하나님의 아들을 위해 내 희생이 어떠하다고 자랑할 수 있습니까? 그분은 나를 지옥과 파멸로부터 구원해주셨는데 어떻게 내 희생에 대해 따질 수 있습니까?

    우리는 계속적으로 예수 그리스도를 믿는 믿음에 힘을 다해야 합니다. 기도회나 책 속의 예수 그리스도가 아니라 성경의 예수 그리스도입니다. 그분은 하나님께서 성육신하신 분이요, 우리를 그분의 발 앞에 죽은 자같이 만드는 분이십니다. 우리의 믿음은 우리의 체험이 아니라 체험을 주신 분께 있어야 합니다. 예수 그리스도는 주님만을 향한 우리의 완전한 헌신을 원하십니다. 우리는 믿음 없이 예수 그리스도를 체험할 수 없으며 주님을 우리 마음속에 모실 수도 없습니다. 우리의 믿음은 주님만을 향한 절대적인 강한 확신 가운데 세워져야 합니다.

    이러한 관점에서 우리는 불신앙을 향한 성령의 엄격한 독촉을 볼 수 있습니다. 모든 두려움은 악한 것이며 스스로 자신의 믿음을 세우려고 하기 때문에 두려운 것입니다. 어떻게 주 예수 그리스도와 하나가 된 사람이 의심과 두려움으로 고통을 받겠습니까? 그러한 사람은 그 무엇도 억제할 수 없는 승리의 믿음을 온전한 찬양 가운데 드러냅니다.

Discovering divine designs

Nov. 14th

I being in the way, the Lord led me ⋯. Genesis 24:27.

We have to be so one with God that we do not continually need to ask for guidance. Sanctification means that we are made the children of God, and the natural life of a child is obedience—until he wishes to be disobedient, then instantly there is the intuitive jar. In the spiritual domain the intuitive jar is the monition of the Spirit of God. When He gives the check, we have to stop at once and be renewed in the spirit of our mind in order to make out what God's will is. If we are born again of the Spirit of God, it is the abortion of piety to ask God to guide us here and there. "The Lord led me," and on looking back we see the presence of an amazing design, which, if we are born of God, we will credit to God.

We can all see God in exceptional things, but it requires the culture of spiritual discipline to see God in every detail. Never allow that the haphazard is anything less than God's appointed order, and be ready to discover the Divine designs anywhere.

Beware of making a fetish of consistency to your convictions instead of being devoted to God. "I shall never do that"—in all probability you will have to, if you are a saint. There never was a more inconsistent Being on this earth than Our Lord, but He was never inconsistent to His Father. The one consistency of the saint is not to a principle, but to the Divine life. It is the Divine life which continually makes more and more discoveries about the divine mind. It is easier to be a fanatic than a faithful soul, because there is something amazingly humbling, particularly to our religious conceit, in being loyal to God.

하나님의 계획을 발견하십시오!

여호와께서 길에서 나를 인도하사 (창 24:27).

11월 14일

하나님과 깊게 하나가 되면 주님께 나를 어떻게 인도해달라고 끊임없이 간구할 필요가 없게 됩니다. 거룩하게 되었다는 뜻은 우리가 하나님의 자녀가 되었다는 뜻이며 자녀라면 불순종을 원하지 않는 한 자연스럽게 순종할 것입니다. 불순종을 하면 직감적인 갈등이 생깁니다. 영적 세계에서 이 직감적인 갈등은 성령의 경고입니다. 성령께서 이러한 경고를 주시면 당장 멈추고 우리의 영을 새롭게 하여 하나님의 뜻을 분별할 수 있어야 합니다. 만일 성령으로 거듭난 후에도 주님께 이렇게 저렇게 나를 인도해달라고 간구하는 것은 경건을 포기하는 것입니다. "여호와께서 … 나를 인도하사." 만일 우리가 하나님으로부터 거듭난 사람이라면 지난 날을 돌아볼 때 우리에게 놀라운 섭리가 있었던 것을 알 수 있습니다. 그래서 우리는 하나님께 영광을 돌리게 됩니다.

우리 모두 특별한 일들 속에서 하나님을 봅니다. 그러나 모든 상세한 일들 속에서 하나님을 보려면 영적 훈련이 필요합니다. 절대로 우연하게 발생하는 일들이라고 해서 하나님과 무관한 것으로 보지 마십시오. 언제 어디서나 하나님의 계획을 발견할 준비가 되어 있어야 합니다.

하나님께 헌신하지 않고 당신의 신념에 비정상적으로 전념하는 것을 주의하십시오. "나는 절대로 그것만은 할 수 없어"라고 말하는 바로 그것이, 당신이 성도이기 때문에 해야 하는 일일 수도 있습니다. 세상의 눈으로 볼 때 주님은 일관성이 없으신 분입니다. 그러나 그분은 하나님 아버지를 향해 변함없는 일관성을 유지하셨습니다. 성도의 단 한 가지 일관성은 원칙이 아니라 신령한 생명입니다. 신령한 생명을 통해 우리는 끊임없이 하나님의 마음이 어떠한지를 발견할 것입니다. 주님께 충성된 영혼이 되는 것보다 자신이 믿는 바에 따라 광신자가 되는 것이 더 쉽습니다. 왜냐하면 하나님께 충성할 때 놀라울 정도로 우리를 낮추는 일들, 특히 우리의 종교적 자만을 낮추시는 일들이 있기 때문입니다.

What is that to thee?

Lord, what shall this man do? ··· What is that to thee? Follow thou Me. John 21:21-22.

One of our severest lessons comes from the stubborn refusal to see that we must not interfere in other people's lives. It takes a long time to realize the danger of being an amateur providence, that is, interfering with God's order for others. You see a certain person suffering, and you say—"He shall not suffer, and I will see that he does not." You put your hand straight in front of God's permissive will to prevent it, and God says—"What is that to thee?" If there is stagnation spiritually, never allow it to go on, but get into God's presence and find out the reason for it. Possibly you will find it is because you have been interfering in the life of another; proposing things you had no right to propose; advising when you had no right to advise. When you do have to give advice to another, God will advise through you with the direct understanding of His Spirit; your part is to be so rightly related to God that His discernment comes through you all the time for the blessing of another soul.

Most of us live on the borders of consciousness—consciously serving, consciously devoted to God. All this is immature, it is not the real life yet. The mature stage is the life of a child which is never conscious; we become so abandoned to God that the consciousness of being used never enters in. When we are consciously being used as 'broken bread and poured out wine', there is another stage to be reached, where all consciousness of ourselves and of what God is doing through us is eliminated. A saint is never consciously a saint; a saint is consciously dependent on God.

성숙한 성도의 삶

11월 15일

베드로가 예수께 여짜오되 주여 이 사람은 어떻게 되겠사옵나이까 예수께서 이르시되 … 네게 무슨 상관이냐 너는 나를 따르라 하시더라 (요 21:21-22).

우리가 배워야 하는 어려운 교훈 중 하나는 다른 사람의 삶에 간섭하지 말아야 하는 것입니다. 그러나 우리는 이 교훈을 완강하게 거절합니다. 섣부른 도움이 위험이 될 수 있다는 것을 깨닫는 데는 오랜 시간이 걸립니다. 즉, 섣부른 도움이 다른 사람을 향한 하나님의 섭리를 방해합니다. 어떤 사람이 고통당하는 것을 볼 때 당신은 말합니다. "그 사람이 고통을 받아서는 안 돼. 내가 그 사람이 고통 받지 않도록 도와야겠다." 이런 식으로 당신은 하나님의 뜻 가운데서 허락된 일을 막으려고 당신의 손을 펼치는 것입니다. 그러면 하나님께서 말씀하십니다. "네게 무슨 상관이냐?" 만일 당신이 영적으로 침체되어 있다면 절대로 그 상태에 머물지 말고 하나님의 임재 가운데로 나아가 영적 침체의 이유를 발견하십시오. 아마도 당신은 당신이 다른 사람의 삶에 간섭했기 때문에 영적 침체에 빠지게 된 것을 발견하게 될 것입니다. 제안을 할 권리가 없으면서도 제안했고, 충고할 권리가 없으면서도 충고했던 것입니다. 당신이 다른 사람에게 충고를 해야 할 때는 하나님께서 성령을 통해 당신을 직접 깨닫게 하실 때입니다. 그때 성령은 당신을 통해 그 사람을 충고하실 것입니다. 따라서 당신이 할 일은 하나님과 바른 관계를 유지하는 것입니다. 그러면 하나님의 분별의 지혜가 당신에게 임해서 당신은 언제나 다른 사람들을 위한 복의 통로가 될 것입니다.

우리는 의식적인 세계의 한계 내에서 살아갑니다. 의식적으로 섬기고, 의식적으로 하나님께 헌신합니다. 그러나 이 모든 것은 미성숙한 것이며 아직 실제의 삶이 아닙니다. 성숙한 삶은 무의식적으로 살아가는 어린아이 같은 삶입니다. 우리가 하나님께 온전히 드려지면 그분께 쓰임받고 있다는 의식마저 들지 않습니다. 만일 내가 '찢겨진 빵과 부어지는 포도주'로 쓰임받고 있다고 '의식'한다면, 아직 도달해야 할 단계가 많이 남아 있다는 뜻입니다. 그러나 그 단계에 도달하면 자신에 대한, 그리고 하나님께서 나를 통해 무엇을 하시는지에 대한 모든 의식이 사라집니다. 성도는 의식적으로 성도가 되는 것이 아닙니다. 다만 의식적으로 하나님을 의지할 뿐입니다.

Still human!

Whatsoever ye do, do all to the glory of God. 1 Cor. 10:31.

The great marvel of the Incarnation slips into ordinary childhood's life; the great marvel of the Transfiguration vanishes in the devil-possessed valley; the glory of the Resurrection descends into a breakfast on the sea-shore. This is not an anticlimax, but a great revelation of God.

The tendency is to look for the marvellous in our experience; we mistake the sense of the heroic for being heroes. It is one thing to go through a crisis grandly, but another thing to go through every day glorifying God when there is no witness, no limelight, no one paying the remotest attention to us. If we do not want medieval haloes, we want something that will make people say—"What a wonderful man of prayer he is!" "What a pious, devoted woman she is!" If you are rightly devoted to the Lord Jesus, you have reached the sublime height where no one ever thinks of noticing you, all that is noticed is that the power of God comes through you all the time.

"Oh, I have had a wonderful call from God!" It takes Almighty God Incarnate in us to do the meanest duty to the glory of God. It takes God's Spirit in us to make us so absolutely humanly His that we are utterly unnoticeable. The test of the life of a saint is not success, but faithfulness in human life as it actually is. We will set up success in Christian work as the aim; the aim is to manifest the glory of God in human life, to live the life hid with Christ in God in human conditions. Our human relationships are the actual conditions in which the ideal life of God is to be exhibited.

하나님의 능력만 드러내십시오!

무엇을 하든지 다 하나님의 영광을 위해 하라 (고전 10:31).

11월 16일

    성육신의 위대한 기적은 평범한 유년시절로 이어집니다. 변화산 상의 위대한 기적은 귀신 들린 골짜기에서 사라집니다. 부활의 영광은 해변에서의 아침 식사로 이어집니다. 이는 절정의 반대를 나타내는 것이 아니라 하나님의 위대한 계시를 보이기 위함입니다.

    우리는 놀라운 경험을 사모하는 경향이 있습니다. 영웅심을 느끼는 것을 영웅이 되는 것으로 오해합니다. 보는 사람도 없고 조명도 없으며 아무도 관심조차 보여주지 않을 때 매일 하나님을 영화롭게 하며 지내는 것은 위기를 웅장하게 견디는 것과 다른 것입니다. 중세시대의 후광을 원하는 것은 아니지만 우리는 사람들이 "그 사람은 얼마나 훌륭한 기도의 사람인지! 그 여자분은 정말로 경건한 분이셔!"라고 말해주는 것을 원합니다. 그러나 만일 당신이 주 예수님께 옳게 헌신되어 있다면 당신은 아무도 당신을 알아볼 수 없는 최상의 높이에 오른 것입니다. 이때 사람들의 눈에 띄는 것은 당신 자신이 아니라 당신을 통해 언제나 흘러나오는 하나님의 능력입니다.

    "오, 나는 하나님으로부터 위대한 부르심을 받았습니다!" 가장 보잘것없는 일을 하나님의 영광이 되도록 하려면 우리 안에 성육신하신 하나님의 능력이 필요합니다. 우리를 가장 철저하게 인간적으로 만드시고 또한 전혀 사람들의 눈에 띄지 않으면서 동시에 주님의 것으로 만드시는 분은 우리 안에 계신 성령이십니다. 성도의 삶의 평가는 성공이 아니라 현실적인 인간의 삶에서의 신실함입니다. 우리는 사역에서의 성공을 목표로 삼으려고 하겠지만, 진정한 목표는 우리의 삶을 통해 하나님의 영광을 드러내는 것이어야 합니다. 이는 인간적인 조건 속에서 그리스도와 함께 하나님 안에 감추어진 생명으로 살아가는 것을 의미합니다. 우리의 모든 인간관계는 하나님의 이상적인 생명이 드러날 수 있는 현실적인 조건들입니다.

The eternal goal

By Myself have I sworn, said the Lord, for because thou hast done this thing, ⋯ that in blessing I will bless thee ⋯ Genesis 22:16-19.

Abraham has reached the place where he is in touch with the very nature of God, he understands now the reality of God.

"My goal is God Himself ⋯ At any cost, dear Lord, by any road."

"At any cost, by any road" means nothing self-chosen in the way God brings us to the goal.

There is no possibility of questioning when God speaks if He speaks to His own nature in me; prompt obedience is the only result. When Jesus says—"Come," I simply come; when He says—"Let go," I let go; when he says—"Trust in God in this matter," I do trust. The whole working out is the evidence that the nature of God is in me.

God's revelation of Himself to me is determined by my character, not by God's character.

" 'Tis because I am mean, Thy ways so oft look mean to me."

By the discipline of obedience I get to the place where Abraham was, and I see Who God is. I never have a real God until I have come face to face with Him in Jesus Christ, then I know that "in all the world, my God, there is none but Thee, there is none but Thee."

The promises of God are of no value to us until by obedience we understand the nature of God. We read some things in the Bible three hundred and sixty-five times and they mean nothing to us; then all of a sudden we see what God means, because in some particular we have obeyed God, and instantly His nature is opened up. "All the promises of God in Him are yea, and in Him Amen." The "yea" must be born of obedience; when by the obedience of our lives we say "Amen" to promise, then that promise is ours.

주님 밖에 없습니다!

> 내가 나를 가리켜 맹세하노니 네가 이같이 행하여 …
> 네 아들 네 독자도 아끼지 아니하였은즉 내가 네게 큰 복을 주고 … (창 22:16-19).

11월 17일

아브라함은 하나님의 본성을 접할 수 있는 곳에 이르렀습니다. 이제 하나님의 실체를 이해합니다. "나의 목표는 하나님 그분뿐 … 어떤 대가를 치르더라도, 사랑하는 주님, 어떠한 길을 갈지라도."

"어떠한 대가를 치르고 어떤 길을 갈지라도"라는 뜻은 하나님께서 우리를 목적지로 인도하시는 길에서 자신의 선택이 전혀 없다는 뜻입니다.

하나님께서 내 안에 있는 하나님의 본성에 말씀하신다면 그분께 어떠한 질문을 할 가능성도 없습니다. 즉각적인 순종만이 유일한 결과입니다. 예수님께서 "오라" 하실 때, 나는 단순히 갑니다. 주님이 "가자" 하시면 나는 가고, "이 문제에서 하나님을 신뢰하라" 하시면 나는 신뢰합니다. 이렇게 순종하는 것은 내 안에 하나님의 본성이 있다는 증거입니다. 하나님께서 자신을 내게 계시하실 때 그 계시를 받아들여야 하는 것은 나의 인격입니다.

"당신의 길이 내게 거칠게 보이는 것은 내가 거칠기 때문이라네."

순종의 훈련에 의해 아브라함이 있었던 곳에 도달할 수 있으며 거기서 하나님이 누구신지 알게 됩니다. 예수 그리스도 안에서 하나님과 얼굴과 얼굴을 대하며 볼 때까지 나는 실제로 참하나님을 안 적이 없습니다. 그러나 예수 그리스도 안에서 하나님을 알게 되면, "온 세상에, 나의 하나님, 오직 당신 밖에 없습니다. 당신 밖에 없습니다"라고 고백하게 됩니다. 하나님의 약속들은 우리가 순종에 의해 하나님의 성품을 이해할 때까지는 우리에게 전혀 가치가 없습니다. 우리가 매일 365일 성경 안에서 뭔가를 읽어도 순종하지 않는다면 우리에게 아무 의미가 없습니다. 그러나 어떤 특별한 일로 하나님께 순종하면 갑자기 하나님께서 무엇을 의미하시는지 깨닫게 되고 당장 하나님의 속성을 볼 수 있게 됩니다. "하나님의 약속은 얼마든지 그리스도 안에서 예가 되나니 그런즉 그로 말미암아 우리가 아멘 하여"고후 1:20 우리의 "예"는 순종으로 해야 합니다. 우리 삶 속에서의 순종을 통해 "아멘"이라고 하나님의 약속에 대답할 때, 그 약속이 우리의 것이 됩니다.

Winning into freedom

*If the Son therefore shall make you free,
ye shall be free indeed.* John 8:36.

Nov. 18th

If there is any remnant of individual conceit left, it always says—"I can't." Personality never says—"I can't," but simply absorbs and absorbs. Personality always wants more and more. It is the way we are built. We are designed with a great capacity for God; and sin and our individuality are the things that keep us from getting at God. God delivers us from sin: we have to deliver ourselves from individuality, i.e., to present our natural life to God and sacrifice it until it is transformed into a spiritual life by obedience.

God does not pay any attention to our natural individuality in the development of our spiritual life. His order runs right across the natural life, and we have to see that we aid and abet God, not stand against Him and say—"I can't do that." God will not discipline us, we must discipline ourselves. God will not bring every thought and imagination into captivity; we have to do it. Do not say—"O Lord, I suffer from wandering thoughts." Don't suffer from wandering thoughts. Stop listening to the tyranny of your individuality, and get emancipated out into personality.

"If the Son shall make you free, ⋯" Do not substitute 'Saviour' for 'Son.' The Saviour set us free from sin; this is the freedom of bing set free by the Son. It is what Paul means in Gal. 2:20—"I have been crucified with Christ," his natural individuality has been broken and his personality united with his Lord, not merged but united; "ye shall be free indeed," free in essence, free from the inside. We will insist on energy, instead of being energized into identification with Jesus.

진정한 자유함

그러므로 아들이 너희를 자유롭게 하면 너희가 참으로 자유로우리라 (요 8:36).

11월 18일

개인적인 교만이 남아 있으면, 그 교만은 언제나 "나는 할 수 없어"라고 말합니다. 한편 인격적 본성은 절대로 "나는 할 수 없어"라고 말하지 않고 단지 계속 뭐든 흡수합니다. 인격적 속성은 언제나 더 많은 것을 원합니다. 이것이 우리가 지어진 모습입니다. 우리는 하나님을 위해 엄청난 역량을 가질 수 있도록 지어졌습니다. 죄와 우리의 개별성은 우리로 하여금 하나님께 나아가는 것을 막습니다. 하나님은 우리를 죄로부터 구원하셨습니다. 우리가 할 일은 자신을 개별성으로부터 구원하는 일입니다. 즉, 우리의 자연적인 삶을 하나님께 드려 희생제물이 되게 함으로써 그 삶이 순종에 의해 영적인 삶으로 변화되어야 합니다.

하나님은 우리의 영적인 삶의 진보에 있어서 우리의 자연적인 개별성에 관심을 두지 않으십니다. 하나님의 명령은 자연적인 삶을 간섭합니다. 이때 우리는 "나는 할 수 없어요"라고 말하면서 하나님께 대항하지 말고 주님을 도와야 합니다. 하나님께서는 자연적인 삶과 관련해 우리를 훈련시키지 않으십니다. 우리가 자신을 훈련해야 합니다. 하나님은 우리의 모든 이론과 생각을 사로잡지 않으십니다. 우리가 해야 합니다. "오 주님, 나의 생각은 언제나 방황합니다"라고 말하지 마십시오. 당신이 방황하는 생각을 하지 말아야 합니다. 개별성이라는 독재자의 음성을 듣지 말고 인격적 본성을 따르는 자유함을 얻으십시오.

"그러므로 아들이 너희를 자유케 하면." '아들'을 '구세주'로 대치하지 마십시오. 구세주는 당신을 죄로부터 자유케 합니다. '아들에 의해' 자유케 되는 자유를 누리십시오. 이것이 바로 바울이 갈라디아서 2장 20절에서 의미하는 것입니다. "내가 그리스도와 함께 십자가에 못 박혔나니." 자연적 개별성은 다 부서지고 인격적 본성이 주님과 연합되었습니다. 그의 인격적 본성이 주님의 것과 합쳐지는 것은 아닙니다. "너희가 참으로 자유하리라." 근본에 있어서 자유함이요 내면으로부터의 자유함입니다. 그럼에도 우리는 예수님과 하나가 되기 위해 자유하게 하는 능력을 입기보다는 우리 스스로 능력을 소유하려고 능력 자체만을 고집합니다.

When He is come

*And when He is come,
He will convict the world of sin ⋯. John 16:8 (R.V.).*

Very few of us know anything about conviction of sin; we know the experience of being disturbed because of having done wrong things; but conviction of sin by the Holy Ghost blots out every relationship on earth and leaves one relationship only—"Against Thee, Thee only, have I sinned." When a man is convicted of sin in this way, he knows with every power of his conscience that God dare not forgive him; if God did forgive him, the man would have a stronger sense of justice than God. God does forgive, but it cost the rending of His heart in the death of Christ to enable Him to do so. The great miracle of the grace of God is that He forgives sin, and it is the death of Jesus Christ alone that enables the Divine nature to forgive and to remain true to itself in doing so. It is shallow nonsense to say that God forgives us because He is love. When we have been convicted of sin we will never say this again. The love of God means Calvary, and nothing less; the love of God is spelt on the Cross and nowhere else. The only ground on which God can forgive me is through the Cross of my Lord. There, His conscience is satisfied.

Forgiveness means not merely that I am saved from hell and made right for heaven (no man would accept forgiveness on such a level); forgiveness means that I am forgiven into a recreated relationship, into identification with God in Christ. The miracle of Redemption is that God turns me, the unholy one, into the standard of Himself, the Holy One, by putting into me a new disposition, the disposition of Jesus Christ.

성령에 의해 책망 받을 때

그가 와서 죄에 대하여, 의에 대하여, 심판에 대하여 세상을 책망하시리라 (요 16:8).

11월 19일

죄에 대한 성령의 책망에 대해 아는 사람은 극히 드뭅니다. 우리는 잘못했을 때 양심의 가책을 경험합니다. 그러나 성령에 의한 죄의 책망은 땅 위의 다른 어떠한 관계보다 단 한 가지 관계만을 고려하게 하는데, 바로 주님과의 관계입니다. "내가 주께만 범죄하였습니다!" 이와 같이 성령에 의해 죄에 대한 책망을 받게 되면 그는 하나님께서 자신을 결코 용서하실 수 없다는 것을 양심의 깊은 곳에서 알게 됩니다. 심지어 하나님께서 그를 용서하신다고 할지라도 그 사람은 하나님보다 더 강한 정의감을 갖고 자신을 용서할 수 없을 것입니다. 그러나 하나님은 용서하십니다. 이때 하나님의 용서는 하나님의 마음을 아프시게 했던 그리스도의 죽음이라는 대가로 인해 가능합니다. 하나님의 은혜의 가장 큰 기적은 주께서 죄를 용서해주시는 것입니다. 오직 예수 그리스도의 죽음 때문에 하나님께서 용서하실 수 있게 된 것이며, 그 용서는 주님의 속성에 진실한 것입니다. 하나님은 사랑이시기 때문에 우리를 용서하신다고 말하는 것은 아주 어리석은 말입니다. 우리가 성령으로 죄에 대해 책망 받는다면 우리는 다시는 절대로 "하나님은 사랑이시기에 우리를 용서하신다"고 말하지 않을 것입니다. 하나님의 사랑은 오직 갈보리를 의미합니다. 하나님의 사랑은 다른 곳이 아닌 오직 십자가를 통해 부어졌습니다. 하나님께서 나를 용서하실 수 있는 유일한 근거는 주님의 십자가입니다. 그곳에서 하나님의 공의는 만족되었습니다.

용서가 의미하는 것은 단지 내가 지옥에서 구원받고 천국의 특권을 얻은 것만이 아닙니다. 아무도 이러한 차원에서 용서를 용납하지는 않습니다. 용서는 내가 죄사함을 받아 다시 새로운 관계에 들어갔다는 뜻입니다. 즉, 그리스도 안에서 하나님과 하나가 되었다는 뜻입니다. 구속의 기적은 하나님께서 나를 변화시키시는 것입니다. 내 안에 새로운 성품 곧 예수 그리스도의 성품을 넣어주심으로써 거룩하지 못한 나를 거룩하신 주님의 기준에 맞게 변화시키시는 것입니다.

The forgiveness of God

In whom we have ... the forgiveness of sins. Eph. 1:7.

Beware of the pleasant view of the Fatherhood of God—God is so kind and loving that of course He will forgive us. That sentiment has no place whatever in the New Testament. The only ground on which God can forgive us is the tremendous tragedy of the Cross of Christ; to put forgiveness on any other ground is unconscious blasphemy. The only ground on which God can forgive sin and reinstate us in His favour is through the Cross of Christ, and in no other way. Forgiveness, which is so easy for us to accept, cost the agony of Calvary. It is possible to take the forgiveness of sin, the gift of the Holy Ghost, and our sanctification with the simplicity of faith, and to forget at what enormous cost to God it was all made ours.

Forgiveness is the divine miracle of grace; it cost God the Cross of Jesus Christ before He could forgive sin and remain a holy God. Never accept a view of the Fatherhood of God if it blots out the Atonement. The revelation of God is that He cannot forgive; He would contradict His nature if He did. The only way we can be forgiven is by being brought back to God by the Atonement. God's forgiveness is only natural in the super-natural domain.

Compared with the miracle of the forgiveness of sin, the experience of sanctification is slight. Sanctification is simply the marvellous expression of the forgiveness of sins in a human life, but the thing that awakens the deepest well of gratitude in a human being is that God has forgiven sin. Paul never got away from this. When once you realize all that it cost God to forgive you, you will be held as in a vice, constrained by the love of God.

하나님이 용서하시는 근거

> 우리는 그리스도 안에서 그의 은혜의 풍성함을 따라 그의 피로 말미암아 속량 곧 죄사함을 받았느니라 (엡 1:7).

11월 20일

하나님의 사랑을 부추기는 가르침을 주의하십시오. 이 가르침은, 하나님은 친절하시고 사랑이 많으시니 당연히 우리를 용서하실 것이라는 생각입니다. 이러한 감상적인 생각은 성경 어디에서도 찾아볼 수 없습니다. 하나님께서 우리를 용서하시는 유일한 기반은 그리스도의 십자가의 그 엄청난 비참함 때문입니다. 이 외에 다른 것을 근거로 용서한다고 말하는 것은 무의식적인 신성모독입니다. 하나님께서 주의 은혜 가운데 죄를 용서하시고 우리를 다시 새롭게 세우실 수 있는 유일한 근거는 그리스도의 십자가밖에 없습니다. 다른 방법이 없습니다. 우리가 쉽게 받아들이는 하나님의 용서는 갈보리의 고통의 대가를 치른 것입니다. 이에 우리의 단순한 믿음과 함께 죄사함, 성령의 선물, 우리의 성화가 가능해졌습니다. 그러나 이러한 모든 것들이 우리의 것이 될 수 있도록 하기 위해 하나님께서 치르신 그 어마어마한 대가를 우리는 종종 잊곤 합니다.

용서는 하나님의 은혜의 기적입니다. 하나님께서 죄를 용서하시면서 동시에 거룩하신 하나님이 되시기 위해 예수 그리스도의 십자가라는 대가를 치르셔야 했습니다. 속죄를 무시하면서 하나님의 사랑을 말하는 그러한 견해를 받아들이면 안 됩니다. 하나님의 계시에 의하면, 하나님은 속죄 없이 우리의 죄를 용서하실 수 없습니다. 만일 속죄 없이 죄를 용서하시면 하나님 자신이 하나님의 속성에 모순이 되는 것입니다. 따라서 우리가 용서받을 수 있는 유일한 길은 속죄에 의해 하나님께 돌아가는 것입니다. 하나님의 용서는 이러한 초자연적인 영역에서만 자연스러운 것이 됩니다. 죄사함의 기적과 비교할 때 성화의 체험은 아주 작은 것입니다. 성화는 단지 우리의 죄사함을 우리의 삶 가운데서 놀랍게 표현하는 것입니다. 인간의 가장 깊은 곳에서 감사의 마음이 일어나게 되는 것은 하나님께서 나의 죄를 사해주셨다는 사실 때문입니다. 바울은 결코 이 사실을 잊은 적이 없었습니다. 만일 당신이 하나님께서 당신을 용서하기 위해 치르신 모든 대가를 깨닫기만 한다면, 당신은 하나님의 사랑에 사로잡히게 될 것이며 그 사랑에 의해 강권될 것입니다.

It is finished

Nov. 21st

I have finished the work which Thou gavest Me to do. John 17:4.

The death of Jesus Christ is the performance in history of the very mind of God. There is no room for looking on Jesus Christ as a martyr; His death was not something that happened to Him which might have been prevented. His death was the very reason why He came.

Never build your preaching of forgiveness on the fact that God is our Father and He will forgive us because He loves us. It is untrue to Jesus Christ's revelation of God; it makes the Cross unnecessary, and the Redemption "much ado about nothing." If God does forgive sin, it is because of the death of Christ. God could forgive men in no other way than by the death of His Son, and Jesus is exalted to be Saviour because of His death. "We see Jesus ⋯ because of the suffering of death, crowned with glory and honour." The greatest note of triumph that ever sounded in the ears of a startled universe was that sounded on the Cross of Christ—"It is finished." That is the last word in the Redemption of man.

Anything that belittles or obliterates the holiness of God by a false view of the love of God, is untrue to the revelation of God given by Jesus Christ. Never allow the thought that Jesus Christ stands with us against God out of pity and compassion; that He became a curse for us out of sympathy with us. Jesus Christ became a curse for us by the Divine decree. Our portion of realizing the terrific meaning of the curse is conviction of sin, the gift of shame and penitence is given us; this is the great mercy of God. Jesus Christ hates the wrong in man, and Calvary is the estimate of His hatred.

예수 그리스도의 죽음

아버지께서 내게 하라고 주신 일을 내가 이루어 (요 17:4).

11월 21일

예수 그리스도의 죽음은 역사 속에서 하나님의 마음을 실현한 것입니다. 예수 그리스도를 순교자로 볼 수 있는 여지는 없습니다. 그분의 죽음은 막을 수 있었던 것인데 발생한 것이 아닙니다. 주님께서 이 땅에 오신 목적은 죽기 위한 것이었기 때문에 반드시 일어날 수밖에 없었습니다.

"하나님이 우리의 아버지시기 때문에 우리를 용서하신다"고 가르쳐서는 안 됩니다. 우리를 사랑하시기 때문에 우리를 용서하신 것이라고 말하지 마십시오. 이는 예수 그리스도께서 계시하신 하나님과 맞지 않습니다. 이러한 가르침은 십자가를 필요 없게 만들며 구속을 "아무 의미 없는 수고"로 만듭니다. 만일 하나님께서 죄를 용서하신다면 이는 그리스도의 죽음 때문입니다. 하나님은 그분의 아들의 죽음 외에 다른 방법으로 사람을 용서하실 수 없습니다. 예수님께서는 자신의 죽음 때문에 구세주로 높임을 받으셨습니다. "죽음의 고난 받으심으로 말미암아 영광과 존귀로 관을 쓰신 예수를 보니"히 2:9. 우주를 깜짝 놀라게 하며 널리 울려퍼진 가장 위대한 승리의 노래는 그리스도 십자가에서 들린 "다 이루었다"는 소리입니다. 그것은 인류의 구속을 위한 마지막 말씀입니다.

하나님의 사랑에 대한 잘못된 견해로 인해 하나님의 거룩함을 경시하거나 무시하는 것은 예수 그리스도에 의해 주어진 하나님에 관한 계시와 맞지 않습니다. 우리를 향한 동정과 연민 때문에 예수 그리스도께서 우리 편에 서셔서 하나님을 대항한다고 생각하거나 동정심 때문에 우리를 위해 저주를 받으셨다고 생각해서는 안 됩니다. 예수 그리스도는 하나님의 작정에 의해 우리를 위해 저주를 받으셨습니다. 그 저주의 엄청난 의미를 우리 편에서 깨닫는 것이 죄에 대한 책망이며, 이와 함께 우리는 부끄러움과 회개의 선물을 받게 되는 것입니다. 이는 우리를 향한 하나님의 위대한 자비입니다. 예수 그리스도는 사람 안에 있는 죄를 미워하십니다. 갈보리는 주께서 죄를 얼마나 미워하시는지를 보여줍니다.

Shallow and profound

Whether therefore ye eat, or drink, or whatsoever ye do, do all to the glory of God. 1 Cor. 10:31.

Beware of allowing yourself to think that the shallow concerns of life are not ordained of God; they are as much of God as the profound. It is not your devotion to God that makes you refuse to be shallow, but your wish to impress other people with the fact that you are not shallow, which is a sure sign that you are a spiritual prig. Be careful of the production of contempt in yourself, it always comes along this line, and causes you to go about as a walking rebuke to other people because they are more shallow than you are. beware of posing as a profound person; God became a Baby.

To be shallow is not a sign of being wicked, nor is shallowness a sign that there are no deeps; the ocean has a shore. The shallow amenities of life, eating and drinking, walking and talking, are all ordained by God. These are the things in which Our Lord lived. He lived in them as the Son of God, and He said that "the disciple is not above his Master."

Our safeguard is in the shallow things. We have to live the surface commonsense life in a commonsense way; when the deeper things come, God gives them to us apart from the shallow concerns. Never show the deeps to anyone but God. We are so abominably serious, so desperately interested in our own characters, that we refuse to behave like Christians in the shallow concerns of life.

Determinedly take no one seriously but God, and the first person you find you have to leave severely alone as being the greatest fraud you have ever known, is yourself.

비천함과 심오함

그런즉 너희가 먹든지 마시든지
무엇을 하든지 다 하나님의 영광을 위해 하라 (고전 10:31).

11월
22일

　삶의 하찮은 부분들은 하나님에 의해 정해진 것이 아니라는 생각을 주의하십시오. 하찮은 부분들도 심오한 부분만큼 하나님께서 정하신 것입니다. 하나님께 헌신한다는 뜻은 비천해지는 것을 거부한다는 뜻이 아닙니다. 오히려 당신이 비천하지 않다는 인상을 다른 사람에게 보여주려는 것은 당신이 영적으로 교만하다는 확실한 증거입니다. 당신 안에 다른 사람을 향한 경멸이 생기는 것을 주의하십시오. 이러한 경멸은 영적 교만으로 인한 것으로 다른 사람들이 당신보다 더 하찮게 보이기 때문에 이곳저곳 다니며 사람들을 꾸짖게 되는 것입니다. 심오한 사람처럼 행동하지 마십시오. 하나님도 말구유에서 갓난아기가 되셨습니다.

　비천하다는 것은 악하거나 깊이가 없다는 증거가 아닙니다. 바다에 해변이 있듯이 하나님께서는 사람들의 먹고 마시는 일, 걷는 일, 말하는 일 등 여러 하찮은 즐거움들을 허락하셨습니다. 예수님도 이러한 하찮은 일들 가운데 '하나님의 아들'로 사셨습니다. "제자가 선생보다 높지 못하다"고 하신 말씀을 적용하십시오.

　하찮은 것들을 바르게 대하며 살아야 안전합니다. 표면적으로는 상식적인 방법으로 평범한 삶을 살지만 하나님께서는 하찮은 일들을 통해 심오한 것들을 더해 주십니다. 당신의 심오함을 하나님 외에 아무에게도 보이지 마십시오. 우리는 지나치게 엄숙하고 심오하며 자신의 체면을 세우는 데 치중해서 천한 일상사에서는 그리스도인처럼 행동하기를 거부합니다.

　하나님 외에 아무도 엄숙하게 대하지 않기로 다짐하십시오. 가혹할 만큼 당장 멀리해야 할 가장 큰 사기꾼은 바로 당신 자신입니다.

Distraction of antipathy

*Have mercy upon us, O Lord, have mercy upon us:
for we are exceedingly filled with contempt.* Psalm 123:3.

The thing of which we have to beware is not so much damage to our belief in God as damage to our Christian temper. "Therefore take heed to thy spirit, that ye deal not treacherously." The temper of mind is tremendous in its effects, it is the enemy that penetrates right into the soul and distracts the mind from God. There are certain tempers of mind in which we never dare indulge; if we do, we find they have distracted us from faith in God, and until we get back to the quiet mood before God, our faith in Him is nil, and our confidence in the flesh and in human ingenuity is the thing that rules.

Beware of 'the cares of this world,' because they are the things that produce a wrong temper of soul. It is extraordinary what an enormous power there is in simple things to distract our attention from God. Refuse to be swamped with the cares of this life.

Another thing that distracts us is the lust of vindication. St. Augustine prayed—"O Lord, deliver me from this lust of always vindicating myself." That temper of mind destroys the soul's faith in God. "I must explain myself; I must get people to understand." Our Lord never explained anything; He left mistakes to correct themselves.

When we discern that people are not going on spiritually and allow the discernment to turn to criticism, we block our way to God. God never gives us discernment in order that we may criticize, but that we may intercede.

경계해야 할 것들

여호와여 우리에게 은혜를 베푸시고 또 은혜를 베푸소서
심한 멸시가 우리에게 넘치나이다 (시 123:3).

11월 23일

그리스도인이 반드시 경계해야 할 것이 있는데, 그것은 하나님께 대한 우리 믿음의 상태라기보다 그리스도인으로서의 마음 자세가 손상을 입는 것입니다. "너희 심령을 삼가 지켜 거짓을 행하지 말지니라"말 2:16. 우리의 마음 자세는 강력한 영향력을 행사하는데 우리 영혼 깊숙이 침투해 우리를 하나님으로부터 멀어지게 하는 원수가 되기도 합니다. 절대 가져서는 안 되는 마음 상태는 하나님을 향한 믿음을 흔들어 놓기까지 합니다. 이러한 마음 상태를 가진 사람은 하나님 앞에서 회복되어 잠잠해지기 전까지는 전혀 주를 믿는 상태가 아니기 때문에, 육신 및 인간의 꾀에 사로잡히게 됩니다.

'세상의 염려들'을 조심하십시오. 염려는 우리 영혼에 못된 성향을 만들기 때문입니다. 사소한 염려들이 하나님으로부터 우리의 관심을 얼마나 멀어지게 하는지 모릅니다. 삶의 염려에 빠져들지 않도록 염려를 거부하십시오.

우리의 관심을 빼앗아가는 또 다른 마음은 자신을 변호하고 싶은 욕망입니다. 성 어거스틴은 "오 주님, 저 자신을 변호하려는 욕망에서 저를 구하소서"라고 기도했습니다. 자신을 변호하려는 성향은 하나님을 향한 믿음을 파괴합니다. "나는 설명해야 해. 사람들이 이해할 수 있도록!" 주님은 아무것도 설명하지 않으셨습니다. 주님은 오해들이 저절로 해결되도록 내버려 두셨습니다.

다른 사람들이 영적으로 성장하지 않는 것을 분별한 후에 그 분별을 비난으로 바꾸면 하나님과의 교제가 차단됩니다. 하나님은 남을 비난하라고 분별력을 주신 것이 아닙니다. 그들을 위해 중보 기도하라고 주신 것입니다.

Direction of aspiration

Nov. 24th

Behold, as the eyes of servants look unto the hand of their master, ... so our eyes wait upon the Lord our God. Psalm 123:2.

This verse is a description of entire reliance upon God. Just as the eyes of the servant are riveted on his master, so our eyes are up unto God and our knowledge of His countenance is gained. Spiritual leakage begins when we cease to lift up our eyes unto Him. The leakage comes not so much through trouble on the outside as in the imagination, when we begin to say—"I expect I have been stretching myself a bit too much, standing on tiptoe and trying to look like God instead of being an ordinary humble person." We have to realize that no effort can be too high.

For instance, you came to a crisis when you made a stand for God and had the witness of the Spirit that all was right, but the weeks have gone by, and the years maybe, and you are slowly coming to the conclusion, "Well, after all, was I not a bit too pretentious? Was I not taking a stand a bit too high?" Your rational friends come and say—"Don't be a fool, we knew when you talked about this spiritual awakening that it was a passing impulse, you can't keep up the strain, God does not expect you to." And you say—"Well, I suppose I was expecting too much." It sounds humble to say it, but it means that reliance on God has gone and reliance on worldly opinion has come in. The danger is lest, no longer relying on God, you ignore the lifting up of your eyes to Him. Only when God brings you to a sudden halt, will you realize how you have been losing out. Whenever there is a leakage, remedy it immediately. Recognize that something has been coming between you and God, and get it readjusted at once.

당신의 눈은 어디를 향합니까?

11월 24일

상전의 손을 바라보는 종들의 눈같이, 여주인의 손을 바라보는 여종의 눈같이
우리의 눈이 여호와 우리 하나님을 바라보며
우리에게 은혜 베풀어 주시기를 기다리나이다 (시 123:2).

이 구절은 하나님을 온전히 의지하는 모습을 서술한 내용입니다. 종의 눈이 주인에게 고정되어 있듯이 우리의 눈은 하나님을 향해 고정되어야 합니다. 그러면 주님의 얼굴을 알아보는 지식을 얻게 됩니다. 영적으로 쇠약해지는 현상은 우리가 우리의 눈을 들어 주를 보지 않을 때 시작됩니다. 영적 쇠약은 외부적인 어려움보다 잘못된 생각으로부터 시작됩니다. "평범하고 겸손한 사람으로 살았어야 하는데 너무 지나치게 신앙 생활을 한 것 같아. 너무 높은 곳에 서서 하나님처럼 되려고 했던 것 같아." 그러나 신앙 생활에 있어서는 아무리 많은 수고를 해도 지나칠 수 없다는 사실을 깨달아야 합니다.

예를 들어, 위기를 만났을 때 당신은 주를 위해 일어섭니다. 성령께서 잘했다고 증거해 주십니다. 그러나 한 주가 지나고 몇 해가 지나면 당신은 서서히 이러한 잘못된 결론에 도달합니다. "그래, 결국 내가 너무 우쭐했었어. 너무 높은 곳에 서 있었어." 논리적으로 따지는 친구들이 와서 말합니다. "바보처럼 행동하지 마. 네가 영적 각성에 대해 말할 때 우리는 그것이 잠깐의 충동이었던 것을 알고 있었지. 너는 계속적으로 그것을 유지할 수 없어. 하나님도 네가 그렇게 힘든 신앙 생활을 하는 것을 기대하지 않으실 거야!" 당신은 말합니다. "그래, 내가 너무 많은 것을 기대했던 것 같아." 이렇게 말할 때 겸손하게 들릴 수 있으나, 이 의미는 이제 더 이상 하나님을 의지하지 않고 세상 의견에 따르겠다는 뜻입니다. 당신의 위험은 더 이상 하나님을 의지하지 않게 되면서 당신의 눈이 주를 향하지 않게 된다는 점입니다. 하나님께서 당신을 갑자기 멈추게 하실 때에야 비로소 당신은 자신이 얼마나 영적으로 빗나갔는가를 깨닫게 될 것입니다. 영적 쇠약이 발생할 때마다 즉각 치유하십시오. 당신과 하나님 사이에 뭔가 끼어들어왔다는 사실을 인식하십시오. 그리고 당장 그 관계를 재조정하십시오.

The secret of spiritual coherence

But God forbid that I should glory, ⋯ Gal. 6:14.

Nov. 25th

When a man is first born again, he becomes incoherent, there is an amount of unrelated emotion about him, unrelated phases of external things. In the apostle Paul there was a strong steady coherence underneath, consequently he could let his external life change as it liked and it did not distress him, because he was rooted and grounded in God. Most of us are not spiritually coherent because we are more concerned about being coherent externally. Paul lived in the basement; the coherent critics live in the upper storey of the external statement of things, and the two do not begin to touch each other. Paul's consistency was down in the fundamentals. The great basis of his coherence was the agony of God in the Redemption of the world, viz., the Cross of Jesus Christ.

Restate to yourself what you believe, then do away with as much of it as possible, and get back to the bedrock of the Cross of Christ. In external history the Cross is an infinitesimal thing; from the Bible point of view it is of more importance than all the empires of the world. If we get away from brooding on the tragedy of God upon the Cross in our preaching, it produces nothing. It does not convey the energy of God to man; it may be interesting but it has no power. But preach the Cross, and the energy of God is let loose. "It pleased God by the foolishness of preaching to save them that believe." "We preach Christ crucified."

영적인 일관성의 비결

내게는 우리 주 예수 그리스도의 십자가 외에 결코 자랑할 것이 없나니 (갈 6:14).

11월 25일

사람이 처음에 거듭날 때 그는 일관성이 없게 됩니다. 상황과 관련 없는 감정이 나타나고 외부적인 것들과 무관한 면들이 많이 나타납니다. 사도 바울에게는 그 밑바닥에 강하고 견고한 일관성이 있었습니다. 그는 하나님께 뿌리를 내리고 하나님을 기반으로 삼았기 때문에 그의 외부적인 삶에 많은 변화가 있었을지라도 그 변화는 바울에게 아무 영향을 끼치지 못했습니다. 우리는 대부분 외적인 일관성에 더 많은 관심을 가지고 있기 때문에 영적인 일관성을 유지하지 못합니다. 바울은 깊은 지하에서 살았습니다. 외부적인 것만을 보며 비방하고 떠벌리는 비방자들은 높은 층에 살았습니다. 이 두 계층은 서로 만나지 않게 됩니다. 바울의 일관성은 저 깊은 근본적인 것에 있었습니다. 그의 일관성의 가장 큰 기반은 세상을 구속하신 하나님의 고통 곧 예수 그리스도의 십자가였습니다.

당신이 믿는 바를 당신 자신에게 전부 다시 말해보십시오. 그 후 그 믿는 바를 가능한 많이 제거하고 오직 그리스도의 십자가의 기반으로 돌아가십시오. 십자가는 세상의 역사에서 볼 때 가장 사소한 사건입니다. 그러나 성경의 관점에서 보면 이 세상의 모든 제국들보다 더 중요합니다. 만일 우리의 가르침에서 십자가 상에서의 하나님의 비극을 깊게 묵상하지 않는다면 아무런 열매가 없습니다. 이러한 가르침은 하나님이 능력을 사람에게 전달하지 못합니다. 흥미로운 가르침이 될 수는 있어도 하나님의 능력이 나타날 수 없습니다. 그러나 십자가를 선포해 보십시오. 하나님의 능력이 흐르기 시작할 것입니다. "하나님께서 전도의 미련한 것으로 믿는 자들을 구원하시기를 기뻐하셨도다 … 우리는 십자가에 못 박힌 그리스도를 전하니" 고전 1:21,23.

The concentration of spiritual energy

... save in the cross of our Lord Jesus Christ. Gal. 6:14.

If you want to know the energy of God (i.e., the resurrection life of Jesus) in your mortal flesh, you must brood on the tragedy of God. Cut yourself off from prying personal interest in your own spiritual symptoms and consider bare-spirited the tragedy of God, and instantly the energy of God will be in you. "Look unto Me," pay attention to the objective Source and the subjective energy will be there. We lose power if we do not concentrate on the right thing. The effect of the Cross is salvation, sanctification, healing, etc., but we are not to preach any of these, we are to preach Jesus Christ and Him crucified. The proclaiming of Jesus will do its own work. Concentrate on God's centre in your preaching, and though your crowd may apparently pay no attention, they can never be the same again. If I talk my own talk, it is of no more importance to you than your talk is to me; but if I talk the truth of God, you will meet it again and so shall I. We have to concentrate on the great point of spiritual energy, the Cross, to keep in contact with that centre where all the power lies, and the energy will he let loose. In holiness movements and spiritual experience meetings the concentration is apt to be put not on the Cross of Christ, but on the effects of the Cross.

The feebleness of the churches is being criticized today, and the criticism is justified. One reason for the feebleness is that there has not been this concentration of spiritual energy; we have not brooded enough on the tragedy of Calvary or on the meaning of Redemption.

영적 능력의 집중

내게는 우리 주 예수 그리스도의 십자가 외에 결코 자랑할 것이 없나니 (갈 6:14).

11월 26일

만일 당신이 우리의 죽을 육체 안에서 역사하시는 하나님의 능력 곧 예수님의 부활 생명을 알기 원한다면 당신은 하나님의 비극을 묵상해야 합니다. 당신의 삶 속에 나타나는 여러 영적 증상에 개인적인 관심을 갖기보다는 순전한 영으로 하나님의 비극이었던 십자가를 생각하십시오. 그 즉시 하나님의 능력이 당신 안에 임하게 될 것입니다. "나를 앙망하라." 객관적인 근원십자가 및 부활 사건에 마음을 쏟으면 주관적인 능력성령의 오심이 임하게 됩니다. 잘못된 것에 집중하면 능력을 잃습니다. 십자가의 효력으로 나타나는 결과는 구원과 성화와 치유 등입니다. 그러나 이러한 구속의 결과들을 선포하지 말고 예수 그리스도와 그분의 십자가에 못 박히심을 선포해야 합니다.

예수님을 선포할 때 역사가 일어날 것입니다. 말씀 선포에 있어서 하나님의 중심인 예수님을 선포하십시오. 비록 겉으로 보기에는 사람들이 귀를 귀울이지 않는 것 같아도 그들에게 변화가 오게 될 것입니다. 만일 내가 복음이 아닌 내 말을 할 때 당신의 말이 내게 중요하지 않은 것처럼 내 말은 당신에게 중요하지 않을 것입니다. 그러나 내가 하나님의 진리를 말할 때 당신은 그 진리를 다시 접하게 되며 나도 그렇게 될 것입니다. 우리는 영적 능력의 가장 위대한 곳, 즉 십자가를 향해 집중해야 합니다. 모든 능력이 거하는 십자가를 접하게 될 때에야 그 능력은 흘러나가기 시작할 것입니다. 영성 훈련 및 영적 체험을 위한 모임들이 있지만 그리스도의 십자가에 집중하기보다 십자가로 인한 결과들에 초점을 맞추는 경향이 있습니다.

오늘날 교회는 연약함으로 인해 비난 받고 있습니다. 그 비난은 정당합니다. 그러한 연약함의 단 한 가지 이유는, 영적 힘의 근원인 십자가를 향해 집중하지 않았기 때문입니다. 갈보리의 비극 및 구속의 의미를 깊게 생각하지 않았던 것입니다.

The consecration of spiritual energy

by whom the world is crucified unto me, and I unto the world. Gal. 6:14.

If I brood on the Cross of Christ, I do not become a subjective pietist, interested in my own whiteness; I become dominantly concentrated on Jesus Christ's interests. Our Lord was not a recluse nor an ascetic, He did not cut Himself off from society, but He was inwardly disconnected all the time. He was not aloof, but He lived in another world. He was so much in the ordinary world that the religious people of His day called Him a glutton and a wine-bibber. Our Lord never allowed anything to interfere with His consecration of spiritual energy.

The counterfeit of consecration is the conscious cutting off of things with the idea of storing spiritual power for use later on, but that is a hopeless mistake. The Spirit of God has spoiled the sin of a great many, yet there is no emancipation, no fullness in their lives. The kind of religious life we see abroad today is entirely different from the robust holiness of the life of Jesus Christ. "I pray not that Thou shouldest take them out of the world, but that Thou shouldest keep them from the evil." We are to be in the world but not of it; to be disconnected fundamentally, not externally.

We must never allow anything to interfere with the consecration of our spiritual energy. Consecration is our part, sanctification is God's part; and we have deliberately to determine to be interested in that only in which God is interested. The way to solve perplexing problems is to ask—"Is this the kind of thing which Jesus Christ is interested in, or the kind of thing the spirit that is the antipodes of Jesus is interested in?"

영적 능력의 성결

세상이 나를 대해 십자가에 못 박히고 내가 또한 세상을 대하여 그러하니라 (갈 6:14).

11월 27일

그리스도의 십자가를 묵상하면 자신의 결벽에만 관심을 갖는 주관적 경건주의자가 되지 않습니다. 모든 초점이 예수 그리스도께서 가지신 관심에 철저하게 집중됩니다. 주님은 금욕주의자나 은둔주의자도 아니셨습니다. 그분은 결코 사회로부터 자신을 분리시키지 않으셨습니다. 그럼에도 그분의 마음은 언제나 이 세상에 있지 않았습니다. 그분은 사람과 사회로부터 멀리 떨어져 계시지는 않았으나 언제나 다른 세계를 살고 계셨습니다. 예수님 당시에 종교인들은 예수님께서 지극히 평범하고 일상적인 삶을 살아가셔서 그분을, "먹기를 탐하고 포도주를 즐기는 사람"이라고 비판했습니다. 주님은 주님의 영적 힘을 하나님께만 구별하여 사용하셨으며 이를 방해하는 그 어떤 것도 허용하지 않으셨습니다.

거짓 성결은, 일상적인 것을 멀리하면 나중에 사용할 수 있는 어떤 영적인 힘을 쌓을 수 있을 것이라는 착각에서 시작됩니다. 그러나 이러한 생각은 전혀 돌이킬 수 없는 실수입니다. 성령께서는 죄의 권능으로부터 수많은 사람들을 해방시켜 주셨는데 그들의 삶에는 여전히 자유함도 없고 충만함도 없습니다. 오늘날 이 세상 어디서나 볼 수 있는 종교 생활은 예수 그리스도의 생애에서 나타난 건강한 거룩함과는 전혀 다릅니다. "내가 비옵는 것은 그들을 세상에서 데려가시기를 위함이 아니요 다만 악에 빠지지 않게 보전하시기를 위함이니이다 내가 세상에 속하지 아니함같이 그들도 세상에 속하지 아니하였사옵나이다"요 17:15-16. 우리는 이 세상에 있지만 이 세상에 속하지 않았습니다. 세상에 외적으로 연결되어 살지만 근본적으로는 연결되지 않았습니다.

영적인 힘을 주님께 구별해서 드리고 이를 방해하는 그 어떤 것도 허락하지 마십시오. 성결은 우리가 해야 할 일이요, 우리를 거룩하게 하시는 일은 하나님께서 하실 일입니다. 우리는 마음을 다해 하나님의 관심사에 초점을 맞추어야 합니다. 복잡한 문제를 해결하는 방법은 "예수 그리스도께서 이러한 일에 대해 관심을 가지고 계실까? 아니면 예수님과 반대 입장에 있는 악한 영들이 관심을 가지고 있는 그러한 종류는 아닐까?" 하고 질문해보는 것입니다.

The bounty of the destitute

Being justified freely by His grace ⋯ Romans 3:24.

The Gospel of the grace of God awakens an intense longing in human souls and an equally intense resentment, because the revelation which it brings is not palatable. There is a certain pride in man that will give and give, but to come and accept is another thing. I will give my life to martyrdom, I will give myself in consecration, I will do anything, but do not humiliate me to the level of the most hell-deserving sinner and tell me that all I have to do is to accept the gift of salvation through Jesus Christ.

We have to realize that we cannot earn or win anything from God; we must either receive it as a gift or do without it. The greatest blessing spiritually is the knowledge that we are destitute; until we get there Our Lord is powerless. He can do nothing for us if we think we are sufficient of ourselves; we have to enter into His Kingdom through the door of destitution. As long as we are rich, possessed of anything in the way of pride or independence, God cannot do anything for us. It is only when we get hungry spiritually that we receive the Holy Spirit. The gift of the nature of God is made effectual in us by the Holy Spirit; He imparts to us the quickening life of Jesus, which puts 'the beyond' within, and immediately the beyond has come within, it rises up to 'the above,' and we are lifted into the domain where Jesus lives. (John 3:5.)

영적 가난을 아는 지식

하나님의 은혜로 값 없이 의롭다 하심을 얻은 자 되었느니라 (롬 3:24)

11월 28일

하나님의 은혜인 복음은 사람의 영혼에 강렬한 갈망과 함께 강한 불쾌함을 일으킵니다. 복음은 듣기에 유쾌한 것만이 아니기 때문입니다. 인간에게는 어떤 교만이 있어서 주고 또 주려는 것이 있습니다. 빈손으로 선물을 받으려 하지는 않습니다. 사람들은 말합니다. "내 생명을 순교의 제물로 바치겠습니다. 나는 평생을 봉사하며 헌신할 것입니다. 어떤 희생이라도 다 치르겠습니다. 그렇지만 나를 지옥에나 떨어져야 마땅할 죄인이라고 모독하지 마십시오. 예수 그리스도를 통한 구원의 선물을 받는 것만이 오직 내가 해야 할 전부라고 말하지 마십시오."

우리가 반드시 깨달아야 하는 것은 우리 자신의 노력을 통해서는 하나님으로부터 아무것도 얻어낼 수도, 받아낼 수도 없다는 사실입니다. 우리는 하나님께로부터 모든 것을 선물로 받든지, 하나님 없이 우리가 직접 하든지, 이 두 가지 선택 밖에는 없습니다. 가장 위대한 영적인 축복은 우리가 영적으로 가난하다는 것을 아는 지식입니다. 우리가 그 지점에 도달할 때까지 주님은 아무런 도움을 줄 수 없으십니다. 우리가 스스로 충분하다고 생각하는 한, 하나님은 우리를 위해 아무것도 할 수 없으십니다. 우리는 영적인 가난의 문을 통해서만 하나님 나라에 들어갈 수 있습니다. 스스로 영적으로 부요하다고 생각하거나 하나님 앞에 자부할 만한 것이 있고 하나님으로부터 독립할 수 있다고 생각한다면, 하나님은 그에게 아무것도 할 수 없으십니다. 성령님은 오직 우리가 영적으로 갈급한 상태일 때 임하십니다. 하나님께서는 하나님의 근본적인 속성을 우리에게 선물로 주셨는데, 그 선물은 오직 성령님을 통해서만 유효합니다. 하나님은 예수 그리스도의 살리는 생명을 우리에게 주셨는데, 이는 우리에게 없는 어떤 '초월의 것'을 취하셔서 우리 각자의 '속에' 넣어주신 것입니다. 그 초월의 것이 우리 속에 거하면, 우리는 즉시 '그 위'로 올리워집니다. 예수님이 살아계시는 영역으로 들어 올려지는 것입니다.

The absoluteness of Jesus Christ

He shall glorify Me. John 16:14.

The pietistic movements of today have none of the rugged reality of the New Testament about them; there is nothing about them that needs the death of Jesus Christ, all that is required is a pious atmosphere, and prayer and devotion. This type of experience is not supernatural nor miraculous, it did not cost the passion of God, it is not dyed in the blood of the Lamb, not stamped with the hall-mark of the Holy Ghost. It has not that mark on it which makes men say, as they look with awe and wonder—"That is the work of God Almighty." That and nothing else is what the New Testament talks about.

The type of Christian experience in the New Testament is that of personal, passionate devotion to the Person of Jesus Christ. Every other type of Christian experience, so called, is detached from the Person of Jesus. There is no regeneration, no being born again into the Kingdom in which Christ lives, but only the idea that He is our Pattern. In the New Testament Jesus Christ is Saviour long before He is Pattern. Today He is being despatched as the Figurehead of a religion, a mere Example. He is that, but He is infinitely more; He is salvation itself. He is the Gospel of God.

Jesus said—"When He, the Spirit of truth, is come, ⋯ He shall glorify Me." When I commit myself to the revelation made in the New Testament, I receive from God the gift of the Holy Spirit Who begins to interpret to me what Jesus did, and does in me subjectively what Jesus Christ did for me objectively.

진정한 예수 없는 경건을 주의하십시오!

그가 내 영광을 나타내리니 (요 16:14).

11월 29일

　최근의 경건 운동은 성경에서 가르치는 경건과 아주 거리가 먼 잘못된 것들입니다. 이들 경건 운동에는 예수 그리스도의 죽으심을 전혀 필요로 하지 않습니다. 단지 필요한 것이 있다면 경건한 분위기와 기도와 묵상입니다. 이러한 경건의 체험은 기적적이지도, 초자연적이지도 않습니다. 하나님께서 치르신 고통도 필요로 하지 않으며 어린 양의 피에 적시지도 않습니다. 성령의 역사로 인정되는 증거들도 없습니다. "이는 전능하신 하나님의 역사라"고 고백할 만한 진정한 경이로움과 놀라움이 전혀 없습니다. 이러한 경건은 성경에서 말하는 경건과 전혀 관계가 없는 것입니다.

　성경에서 말하는 그리스도인의 체험은 주 예수 그리스도의 인격을 향해 우리의 인격으로부터 나오는 열정적인 헌신과 관련됩니다. 주 예수 그리스도의 인격과 상관없는 경건의 모양이나 경험은 다 거짓입니다. 거기에는 예수님과 함께 생명을 나누는 중생도 없고 예수님이 계신 천국으로 들어가는 거듭남의 역사도 없습니다. 오직 이들에게 예수님은 그들이 본받아야 할 경건의 패턴일 뿐입니다. 그러나 성경은 예수님이 우리의 본이기에 앞서 구세주이심을 알립니다. 오늘날 경건의 훈련이라는 제목 하에 예수님은 기독교의 상징적인 인물로, 사람들의 단순한 본으로 부각되고 있습니다. 물론 그분은 우리의 모범이 되시기도 합니다. 그러나 주님은 그보다 훨씬 더 무한한 분이십니다. 주님은 구원 그 자체이시며 하나님의 복음이십니다. 예수님께서는 "진리의 성령이 오시면 … 그가 내 영광을 나타내리니"요 16:13-14라고 말씀하셨습니다. 만일 성경의 계시에 나 자신을 맡기면 우리는 하나님으로부터 성령의 선물을 받게 됩니다. 성령님은 예수님께서 무엇을 하셨는지 그 의미를 내게 알려주시고, 특히 예수님께서 나를 위해 객관적으로 이루신 일들을 내 안에서 주관적으로 적용하십니다.

By the grace of God I am what I am

Nov. 30th

His grace which was bestowed upon me was not in vain. 1 Cor. 15:10.

The way we continually talk about our own inability is an insult to the Creator. The deploring of our own incompetence is a slander against God for having overlooked us. Get into the habit of examining in the sight of God the things that sound humble before men, and you will be amazed at how staggeringly impertinent they are. "Oh, I shouldn't like to say I am sanctified; I'm not a saint." Say that before God; and it means—"No, Lord, it is impossible for You to save and sanctify me; there are chances I have not had; so many imperfections in my brain and body; no, Lord, it isn't possible." That may sound wonderfully humble before men, but before God it is an attitude of defiance.

Again, the things that sound humble before God may sound the opposite before men. To say—"Thank God, I know I am saved and sanctified," is in the sight of God the acme of humility, it means you have so completely abandoned yourself to God that you know He is true. Never bother your head as to whether what you say sounds humble before men or not, but always be humble before God, and let Him be all in all.

There is only one relationship that matters, and that is your personal relationship to a personal Redeemer and Lord. Let everything else go, but maintain that at all costs, and God will fulfil His purpose through your life. One individual life may be of priceless value to God's purpose, and yours may be that life.

하나님 앞에서의 겸손

내게 주신 그의 은혜가 헛되지 아니하여 (고전 15:10).

11월 30일

자신의 불가능만 계속 말하면 하나님께 모독이 될 수 있습니다. 자신의 무능에 대해 탄식하는 것은 하나님이 우리를 돌보지 않으신다고 하나님을 비방하는 것이기 때문입니다. 사람들 앞에서 겸손하게 들리는 말들을 하나님의 눈으로 점검하는 습관을 가지십시오. 그러한 말들이 얼마나 하나님 앞에서 건방진 말들인지 깜짝 놀라게 될 것입니다. 예를 들어, "나는 거룩하다고 말할 수 없습니다. 그래서 참신자라는 생각이 들지 않습니다"라고 할 때, 이 뜻은 "주님, 주께서 저를 구원하고 거룩하게 하시는 것은 불가능합니다. 저는 구원을 받지도 않았고 거룩해지지도 않았을 가능성이 많습니다. 너무나 많은 부족함이 제 마음과 삶에 있습니다. 오, 주님. 제가 구원받고 거룩해지는 것은 불가능한 일입니다." 이러한 고백은 사람들 앞에서는 겸손하게 들릴 수 있으나 실제로는 하나님께 대항하는 완고한 마음인 것입니다.

반대로 하나님 앞에서 겸손한 고백은 사람들 앞에서 교만하게 들릴 수 있습니다. "하나님, 감사합니다. 저는 제가 구원받았음을 알며 거룩해진 것도 알고 있습니다." 이러한 고백은 하나님 앞에서 참으로 겸손한 자세입니다. 그 이유는 이러한 고백은 조금도 자신을 의지하지 않고 오직 주만이 신실하심을 인정하는 말이기 때문입니다. 당신이 말하는 것이 사람들에게 겸손하게 들릴지 그렇지 않을지에 대해 신경 쓰지 마십시오. 오직 언제나 하나님 앞에서 겸손하십시오. 주님만이 모든 것이 되게 하십시오.

가장 중요한 관계는 우리의 유일한 구속주요 구세주이신 예수님과의 인격적인 관계입니다. 다른 것은 다 스쳐 지나가게 두고 어떤 수를 써서라도 오직 주님과의 관계를 유지하십시오. 이때 하나님께서는 당신의 삶을 통해 주의 뜻을 이루실 것입니다. 분명 우리 각자의 인생은 하나님의 뜻을 이루는 데 있어서 무한한 가치를 지니고 있습니다. 당신의 삶이 그러한 무한한 가치를 지닌 삶이 되게 하십시오.

December 12

하나님의 평강이 임하십니까?
의심과 불안으로 성령을 따르기 힘들 때

The law and the gospel

*For whosoever shall keep the whole law,
and yet offend in one point, he is guilty of all.* James 2:10.

The moral law does not consider us as weak human beings at all, it takes no account of our heredity and infirmities, it demands that we be absolutely moral. The moral law never alters, either for the noblest or for the weakest, it is eternally and abidingly the same. The moral law ordained by God does not make itself weak to the weak, it does not palliate our shortcomings, it remains absolute for all time and eternity. If we do not realize this, it is because we are less than alive; immediately we are alive, life becomes a tragedy. "I was alive without the law once: but when the commandment came, sin revived, and I died." When we realize this, then the Spirit of God convicts us of sin. Until a man gets there and sees that there is no hope, the Cross of Jesus Christ is a farce to him. Conviction of sin always brings a fearful binding sense of the law, it makes a man hopeless—"sold under sin." I, a guilty sinner, can never get right with God, it is impossible. There is only one way in which I can get right with God, and that is by the death of Jesus Christ. I must get rid of the lurking idea that I can ever be right with God because of my obedience—which of us could ever obey God to absolute perfection!

We only realize the power of the moral law when it comes with an 'if.' God never coerces us. In one mood we wish He would make us do the thing, and in another mood we wish He would leave us alone. Whenever God's will is in the ascendant, all compulsion is gone. When we choose deliberately to obey Him, then, with all His almighty power, He will tax the remotest star and the last grain of sand to assist us with all His almighty power.

율법과 복음

누구든지 온 율법을 지키다가 그 하나를 범하면 모두 범한 자가 되나니 (약 2:10).

12월
1일

율법(도덕법)은 우리 인간의 연약함을 조금도 고려하지 않습니다. 유전으로 물려받은 죄성 및 인간의 약함을 고려하지 않고 언제나 완전한 도덕을 요구합니다. 율법은 절대로 변하지 않으며 높은 사람이든 천한 사람이든 상관없이 모든 사람을 영원히 법대로 구속합니다. 하나님에 의해 규정된 율법은 절대로 약한 사람에게는 적당하게, 부족함이 있는 자에게는 너그럽게 대하는 일이 없습니다. 율법은 언제나 영원토록 완벽합니다. 우리가 이를 깨닫지 못하는 것은 영적으로 살아 있지 않기 때문입니다. 그러나 우리가 살아나는 즉시 삶은 율법을 깨달음으로 인해 비참하게 됩니다. "전에 율법을 깨닫지 못했을 때에는 내가 살았더니 계명이 이르매 죄는 살아나고 나는 죽었도다"롬 7:9. 이를 깨달을 때 성령께서 우리의 죄를 책망하십니다. 그러면 자신에게 더 이상 아무 소망이 없다는 것을 깨닫게 되고 그때서야 그리스도의 십자가가 실제로 와닿게 됩니다. 죄의 가책은 율법으로 인한 두려움과 절망을 가져옵니다. 이제 자신의 인생은 "죄 아래 팔린"롬 7:14 것을 알게 됩니다. 죄악된 사람이 하나님과 바른 관계를 맺는 것도 불가능하다는 것을 인정하게 됩니다. 이때 하나님과 온전한 관계를 맺을 수 있는 유일한 길이 보입니다. 바로 예수 그리스도의 십자가를 통한 길입니다. 자신의 순종을 통해 하나님과 바른 관계를 맺을 수 있다는 어리석은 생각을 버리십시오. 누가 완벽하게 하나님께 순종할 수 있습니까?

율법이 '만약'이라는 단어와 함께 올 때 우리는 율법의 권능을 깨닫습니다. 하나님은 결코 우리에게 순종을 강요하지 않으십니다. 우리는 어떤 때는 하나님께서 우리의 삶 가운데 역사하시기를 원하고, 어떤 때는 하나님께서 우리를 그냥 내버려 두시기를 원합니다. 그러나 하나님의 뜻을 따르기로 할 때 율법으로부터 오는 모든 강박이 사라집니다. 마음을 다해 주님을 순종하기로 선택할 때 하나님께서는 주의 모든 전능하신 능력으로 가장 멀리 있는 별과 바다의 마지막 모래알까지도 동원하여 우리를 도우십니다.

Christian perfection

*Not as though I had already attained,
either were already perfect* ⋯ Phil. 3:12.

It is a snare to imagine that God wants to make us perfect specimens of what He can do; God's purpose is to make us one with Himself. The emphasis of holiness movements is apt to be that God is producing specimens of holiness to put in His museum. If you go off on this idea of personal holiness, the dead-set of your life will not be for God, but for what you call the manifestation of God in your life. "It can never be God's will that I should be sick," you say. If it was God's will to bruise His own Son, why should He not bruise you? The thing that tells for God is not your relevant consistency to an idea of what a saint should be, but your real vital relation to Jesus Christ, and your abandonment to Him whether you are well or ill.

Christian perfection is not, and never can be, human perfection. Christian perfection is the perfection of a relationship to God which shows itself amid the irrelevancies of human life. When you obey the call of Jesus Christ, the first thing that strikes you is the irrelevancy of the things you have to do, and the next thing that strikes you is the fact that other people seem to be living perfectly consistent lives. Such lives are apt to leave you with the idea that God is unnecessary, by human effort and devotion we can reach the standard God wants. In a fallen world this can never be done. I am called to live in perfect relation to God so that my life produces a longing after God in other lives, not admiration for myself. Thoughts about myself hinder my usefulness to God. God is not after perfecting me to be a specimen in His show-room; He is getting me to the place where He can us me. Let Him do what He likes.

그리스도인의 완전

내가 이미 얻었다 함도 아니요 온전히 이루었다 함도 아니라 (빌 3:12).

12월 2일

하나님께서 자신의 능력을 드러내시기 위해 우리를 완벽한 부류의 사람으로 만들기 원하신다고 생각한다면 큰 오산입니다. 하나님의 목적은 우리가 하나님과 하나가 되는 것입니다. 최근 거룩 운동은 하나님께서 그분의 박물관에 놓아두실 특별히 거룩한 부류들을 만들어내시는 것처럼 잘못 강조하는 경향이 있습니다. 만일 이런 식의 개인적 거룩의 개념에 빠져든다면 당신 삶의 궁극적 목적은 하나님이 아니라 당신의 삶에 나타나는 소위 '하나님의 일들'이 될 것입니다. "내가 아프거나 병드는 것은 하나님의 뜻이 아닙니다"라고 말하는 사람들까지 있습니다. 그러나 하나님의 아들이 고통당하는 것이 하나님의 뜻이었는데 하나님께서 왜 당신을 고통에서 피하게 하시겠습니까? 하나님께 중요한 것은 당신이 진정으로 예수 그리스도와 살아 있는 관계를 맺고 있는가 하는 것입니다. 건강할 때나 병들었을 때나 상관없이 진실로 주님께 당신 자신을 완전하게 맡겼는가 하는 것입니다.

그리스도인의 완전이란 결코 그 사람 자체가 완전해지는 것을 의미하지 않습니다. 그것은 하나님과의 관계에 있어서 완전함을 말합니다. 이 관계는 인간의 삶의 부적절한 상황 가운데서 나타납니다. 예를 들어, 예수 그리스도의 부르심을 순종한 후 맨 처음에 당신이 당황하게 되는 것은 당신이 해야 하는 일들이 당신의 부르심과 전혀 관계가 없는 것입니다. 그 다음에 당신을 놀라게 하는 것은, 다른 믿지 않는 사람들은 완벽하게 일관된 삶을 살아가는 것처럼 보인다는 사실입니다. 그들의 삶을 보면 하나님이 필요 없다는 생각을 하게 되는데, 마치 인간의 노력과 정신력만으로도 하나님이 원하시는 기준에 이를 수 있다고 착각하게 만듭니다. 그러나 타락한 이 세상에서는 이러한 일이 발생할 수 없습니다. 나를 향한 주님의 부르심은 그분과의 완전한 관계 속에서 살도록 하는 것입니다. 이는 나 자신의 영광을 위해 사는 삶이 아니라 내 삶을 통해 다른 사람의 삶 속에서 하나님을 향한 갈망이 일어나게 하는 삶입니다. 하나님은 나를 사용하시고자 그에 합당한 곳으로 이끌고 계실 뿐입니다. 주께서 원하시는 대로 하시도록 맡기십시오.

Not by might nor by power

Dec. 3rd

And my speech and my preaching was not with enticing words of man's wisdom, but in demonstration of the Spirit and of power. 1 Cor. 2:4.

If in preaching the Gospel you substitute your clear knowledge of the way of salvation for confidence in the power of the Gospel, you hinder people getting to Reality. You have to see that while you proclaim your knowledge of the way of salvation, you yourself are rooted and grounded in faith in God. Never rely on the clearness of your exposition, but as you give your exposition see that you are relying on the Holy Spirit. Rely on the certainty of God's redemptive power, and He will create His own life in souls.

When once you are rooted in Reality, nothing can shake you. If your faith is in experiences, anything that happens is likely to upset that faith; but nothing can ever upset God or the almighty Reality of Redemption; base your faith on that, and you are as eternally secure as God. When once you get into personal contact with Jesus Christ, you will never be moved again. That is the meaning of sanctification. God puts His disapproval on human experience when we begin to adhere to the conception that sanctification is merely an experience, and forget that sanctification itself has to be sanctified (see John 17:19). I have deliberately to give my sanctified life to God for His service, so that He can us me as His hands and His feet.

사람의 힘이 아니라 성령의 능력으로

내 말과 내 전도함이 설득력 있는 지혜의 말로 하지 아니하고
다만 성령의 나타나심과 능력으로 하여 (고전 2:4).

복음을 선포할 때 복음의 능력을 확신하는 대신에 구원의 방법에 대한 당신의 뚜렷한 지식을 의지한다면 당신은 사람들이 실체 되시는 주님께로 오는 것을 막는 것입니다. 구원에 이르는 지식을 선포할 때 언제나 주의해야 하는 것은, 복음을 전하는 우리 자신이 믿음 안에서 하나님께 뿌리를 내리고 기반을 내려야 한다는 점입니다. 결코 당신 설교의 정교함을 의지하지 말고, 그 설교에 역사하실 성령님을 의지하십시오. 하나님의 구속하시는 능력만을 확신하십시오. 주께서 사람들의 영혼 안에 주님의 생명을 창조하실 것입니다.

당신이 진정 실체 되시는 그리스도 안에 뿌리를 내리면 아무것도 당신을 흔들지 못합니다. 만일 당신의 믿음을 체험에 둔다면, 주변에서 일어나는 일들이 언제든지 당신의 믿음을 흔들어놓을 것입니다. 그러나 그 어떤 것도 하나님 또는 구속의 실체를 흔들 수 없습니다. 그러므로 믿음을 오직 예수님께만 두기 바랍니다. 그리하면 당신은 영원토록 하나님처럼 안전할 것입니다. 예수 그리스도와 인격적인 교제를 가지는 한, 당신은 다시는 흔들리지 않을 것입니다. 이것이 성화의 의미입니다. 하나님께서는 우리가 성화를 하나의 체험으로 볼 때 그 체험을 인정하지 않으십니다. 그 이유는 성화의 체험 자체도 거룩해져야 하기 때문입니다요 17:19. 주님을 섬기기 위해 거룩해진 나의 생명을 마음을 다해 하나님께 드리십시오. 그렇게 할 때 하나님은 우리를 주님의 손과 발로 사용하실 수 있습니다.

The law of antagonism

Dec. 4th

To him that overcometh ··· Rev 2:7.

Life without war is impossible either in nature or in grace. The basis of physical, mental, moral, and spiritual life is antagonism. This is the open fact of life.

Health is the balance between physical life and external nature, and it is maintained only by sufficient vitality on the inside against things on the outside. Everything outside my physical life is designed to put me to death. Things which keep me going when I am alive, disintegrate me when I am dead. If I have enough fighting power, I produce the balance of health. The same is true of the mental life. If I want to maintain a vigorous mental life, I have to fight, and in that way the mental balance called thought is produced.

Morally it is the same. Everything that does not partake of the nature of virtue is the enemy of virtue in me, and it depends on what moral calibre I have whether I overcome and produce virtue. Immediately I fight, I am moral in that particular. No man is virtuous because he cannot help it; virtue is acquired.

And spiritually it is the same. Jesus said—"In the world ye shall have tribulation," i.e., everything that is not spiritual makes for my undoing, but—"be of good cheer, I have overcome the world." I have to learn to score off the things that come against me, and in that way produce the balance of holiness; then it becomes a delight to meet opposition.

Holiness is the balance between my disposition and the law of God as expressed in Jesus Christ.

영적 싸움

이기는 그에게는… (계 2:7).

12월 4일

전쟁은 자연의 세계나 영적인 세계 어디에나 항상 있습니다. 신체적, 정신적, 도덕적, 영적인 삶에도 항상 반대 세력이 있습니다. 이는 모든 인생들에게 공통된 것입니다.

건강은 나의 신체와 외부 자연과의 균형을 의미합니다. 외부의 병균에 대항해 나의 신체가 충분히 이길 수 있는 저항력이 있으면 신체는 건강합니다. 외부의 병균들은 기회가 생기면 나의 신체를 파괴하려고 합니다. 따라서 힘이 있어 살아 있을 때에는 모든 신체 기능이 정상이지만 힘을 잃으면 병균에게 져서 죽음을 향해 썩게 됩니다. 내 신체 안에 병균과 같은 대항 세력을 이길 힘이 있으면 건강한 것입니다. 정신 세계도 마찬가지입니다. 강건한 정신력을 소유하려면 게으름과 안일함과 싸워 이겨야 합니다. 그래야만 건강한 생각을 할 수 있습니다.

도덕 세계도 마찬가지입니다. 덕에 속하지 않은 모든 것은 내 안의 덕스러운 성품을 대항합니다. 이러한 부도덕을 이기려면 도덕적인 근육이 있어야 합니다. 그래야 덕을 쌓을 수 있습니다. 싸우는 순간은 우리가 도덕적인 결정을 내려야 하는 때입니다. 저절로 덕이 생기는 것이 아닙니다. 싸워 이겨야 합니다.

영적으로도 마찬가지입니다. 예수님께서는 "세상에서는 너희가 환난을 당하나"요 16:33라고 말씀하셨습니다. 즉, 영적인 것이 아닌 모든 것은 우리 믿음을 대항할 것입니다. "그러나 담대하라. 내가 세상을 이기었노라." 나를 대항하는 세력들을 향해 지혜롭게 이길 수 있어야 합니다. 이렇게 해야 균형 잡힌 거룩을 소유하게 되는 것입니다. 그러면 이제는 오히려 원수를 만나는 것이 기쁨이 됩니다. 거룩은 나의 본성과 예수 그리스도 안에서 표현된 하나님의 법과의 균형입니다.

The temple of the Holy Ghost

Dec. 5th

Only in the throne will I be greater than thou. Genesis 41:40.

I have to account to God for the way in which I rule my body under His domination. Paul said he did not "frustrate the grace of God"—make it of no effect. The grace of God is absolute, the salvation of Jesus is perfect, it is done for ever. I am not being saved, I am saved; salvation is as eternal as God's throne; the thing for me to do is to work out what God works in. "Work out your own salvation"; I am responsible for doing it. It means that I have to manifest in this body the life of the Lord Jesus, not mystically, but really and emphatically. "I keep under my body, and bring it into subjection." Every saint can have his body under absolute control for God. God has made us to have government over all the temple of the Holy Spirit, over imaginations and affections. We are responsible for these, and we must never give way to inordinate affections. Most of us are much sterner with others than we are in regard to ourselves; we make excuses for things in ourselves whilst we condemn in others things to which we are not naturally inclined.

"I beseech you," says Paul, "present your bodies a living sacrifice." The point to decide is this—'Do I agree with my Lord and Master that my body shall be His temple?' If so, then for me the whole of the law for the body is summed up in this revelation, that my body is the temple of the Holy Ghost.

성령의 전

나는 너보다 높은 것은 내 왕좌뿐이니라 (창 41:40).

12월 5일

나는 하나님 앞에서 주님의 다스림에 내 몸을 굴복시켜야 할 책임이 있습니다. 바울은 "내게 주신 그의 은혜가 헛되지 아니하여"갈 2:21라고 말함으로써 하나님의 은혜를 헛되지 않게 하겠다고 다짐합니다. 하나님의 은혜는 절대적이고 예수님의 구원은 완전한 것으로서 영원히 이루어진 것입니다. 나는 구원을 받고 있는 진행 상태가 아니라 이미 구원받았으며 그 구원은 하나님의 보좌와 같이 영원합니다. 단지 내가 해야 할 일은 하나님께서 내 영혼 속에 이루신 일을 나의 삶에 이루는 것입니다. "항상 복종하여 두렵고 떨림으로 너희 구원을 이루라"빌 2:12. 이는 우리의 책임으로, 주 예수 그리스도의 생명이 우리의 몸을 통해 나타나도록 해야 한다는 뜻입니다. 신비적으로 나타내는 것이 아니라 실제적으로 뚜렷하게 나타내야 합니다.

"내가 내 몸을 쳐 복종하게 함은"고전 9:27. 모든 그리스도인들은 자신의 몸을 복종시켜 철저하게 하나님의 다스림 속에 두어야 합니다. 하나님은 우리 몸을 성령의 전으로 삼으셔서 우리로 하여금 우리 몸을 관리하게 하셨습니다. 나아가 우리의 생각과 감정까지도 다스리게 하셨습니다. 따라서 우리는 우리 몸에 대해 책임을 져야 하며, 비정상적인 욕심에 우리 몸을 굴복시켜서는 안 됩니다. 대부분의 사람들은 자신에게보다 다른 사람에게 훨씬 더 엄격합니다. 자신의 약점에 대해서는 핑계하고 합리화시키는 반면, 자신이 적대시하는 다른 사람들의 약점에 대해서는 판단하고 정죄하느라 바쁩니다.

바울은 "그러므로 형제들아 내가 하나님의 모든 자비하심으로 너희를 권하노니 너희 몸을 하나님이 기뻐하시는 거룩한 산 제물로 드리라"롬 12:1고 말합니다. 결국 나의 몸에 관한 모든 율법은, 내 몸은 '성령의 전'이라는 이 한 가지의 계시로 요약됩니다.

The bow in the cloud

Dec. 6th

I do set my bow in the cloud, and it shall be for a token of a covenant between Me and the earth. Genesis 9:13.

It is the will of God that human beings should get into moral relationship with Him, and His covenants are for this purpose. "Why does not God save me?" He has saved me, but I have not entered into relationship with Him. "Why does not God do this and that?" He has done it, the point is—Will I step into covenant relationship? All the great blessings of God are finished and complete, but they are not mine until I enter into relationship with Him on the basis of His covenant.

Waiting for God is incarnate unbelief, it means that I have no faith in Him; I wait for Him to do something in me that I may trust in that. God will not do it, because that is not the basis of the God-and-man relationship. Man has to go out of himself in his covenant with God as God goes out of Himself in His covenant with man. It is a question of faith in God—the rarest thing; we have faith only in our feelings. I do not believe God unless He will give me something in my hand whereby I may know I have it, then I say—"Now I believe." There is no faith there. "Look unto Me, and be ye saved."

When I have really transacted business with God on His covenant and have let go entirely, there is no sense of merit, no human ingredient in it at all, but a complete overwhelming sense of being brought into union with God, and the whole thing is transfigured with peace and joy.

하나님과의 언약 관계

내가 내 무지개를 구름 속에 두었나니 이것이 나와 세상 사이의 언약의 증거니라 (창 9:13).

12월 6일

하나님의 뜻은 사람들이 하나님과 도덕적인 관계를 맺는 것입니다. 이 목적을 위해 하나님의 언약들이 있습니다. 사람들은 "왜 하나님께서는 나를 구원하지 않으시지?"라고 말합니다. 그러나 실상 주님은 나를 구원하셨지만 내가 주님과 언약 관계에 들어가지 않은 것입니다. 우리는 "왜 하나님께서는 이렇게 저렇게 하지 않으실까?"라는 의문을 갖지만 하나님은 실제로 다하셨습니다. 문제는 내가 언약 관계로 들어가 있는가 하는 것입니다.

언약에 관한 한, 하나님을 기다리는 것은 불신앙을 드러냅니다. 이는 내게 주님을 향한 믿음이 없다는 뜻입니다. 주님께서 내 안에 뭔가를 하실 때까지 기다렸다가 그 일이 이루어지면 믿겠다는 것입니다. 그러나 하나님은 그렇게 하지 않으십니다. 왜냐하면 이는 하나님과 사람 사이의 관계에 근거한 모습이 아니기 때문입니다. 하나님께서 인간과 언약을 맺기 위해 스스로 나아오신 것처럼, 사람도 주님과의 언약을 위해 스스로 나아가야 합니다. 이것은 가장 귀한 것으로서 하나님에 대한 믿음의 문제입니다. 우리는 우리의 느낌만을 믿습니다. 사람들은 자신이 원하는 뭔가를 하나님께서 주셔서 그것이 자신의 손 안에 있을 때까지 하나님을 믿으려 하지 않습니다. 오직 원하는 것이 자기 손 안에 있는 것을 눈으로 볼 때에야 "나는 지금 믿습니다"라고 말합니다. 그러나 그것은 믿음이 아닙니다. "내게로 돌이켜 구원을 받으라"사 45:22.

내가 정말로 하나님의 언약을 믿고 모든 것을 내려놓은 가운데 하나님과 진실한 관계를 맺을 때 나의 공로의식 및 인간적 요소들은 사라지게 됩니다. 단지 하나님과 연합된, 흘러넘치는 완전한 느낌만 있습니다. 그러면 모든 것이 평강과 기쁨으로 변화됩니다.

Repentance

Dec. 7th

For godly sorrow worketh repentance to salvation. 2 Cor. 7:10.

Conviction of sin is best portrayed in the words—
"My sins, my sins, my Saviour,
How sad on Thee they fall."

Conviction of sin is one of the rarest things that ever strikes a man. It is the threshold of an understanding of God. Jesus Christ said that when the Holy Spirit came He would convict of sin, and when the Holy Spirit rouses a man's conscience and brings him into the presence of God, it is not his relationship with men that bothers him, but his relationship with God—"against Thee, Thee only, have I sinned, and done this evil in Thy sight." Conviction of sin, the marvel of forgiveness, and holiness are so interwoven that it is only the forgiven man who is the holy man, he proves he is forgiven by being the opposite to what he was, by God's grace. Repentance always brings a man to this point: 'I have sinned.' The surest sign that God is at work is when a man says that and means it. Anything less than this is remorse for having made blunders, the reflex action of disgust at himself.

The entrance into the Kingdom is through the panging pains of repentance crashing into a man's respectable goodness; then the Holy Ghost, Who produces these agonies, begins the formation of the Son of God in the life. The new life will manifest itself in conscious repentance and unconscious holiness, never the other way about. The bedrock of Christianity is repentance. Strictly speaking, a man cannot repent when he chooses; repentance is a gift of God. The old Puritans used to pray for 'the gift of tears.' If ever you cease to know the virtue of repentance, you are in darkness. Examine yourself and see if you have forgotten how to be sorry.

죄의 책망과 뼈아픈 회개

하나님의 뜻대로 하는 근심은 후회할 것이 없는
구원에 이르게 하는 회개를 이루는 것이요 (고후 7:10).

12월 7일

    죄의 책망은 다음 글로 가장 잘 묘사되고 있다. "내 죄악들, 내 죄악들, 나의 구세주. 내 죄악들이 주를 덮쳤으니 얼마나 슬픈지요."
    죄의 책망은 사람에게 충격을 주는 희귀한 일들 중 하나로, 하나님을 이해하는 관문입니다. 예수님께서는, 성령께서 오시면 그분은 죄에 대해 책망하시며 사람들의 양심을 일깨워 하나님 앞에서 우리가 무서운 죄인임을 깨닫게 하신다고 말씀하셨습니다. 자신의 죄에 대해 책망을 받고 죄의식을 느끼는 사람은 이제 사람과의 관계가 아니라 하나님과의 관계로 고통을 당하게 됩니다. 그래서 고백합니다. "내가 주께만 범죄하여 주의 목전에 악을 행하였사오니"시 51:4. 죄에 대한 인식, 죄사함의 기적, 그리고 거룩은 서로 긴밀하게 연결되어 있습니다. 오직 용서받은 사람만이 거룩한 사람입니다. 그는 자신이 용서함을 받았다는 사실을 하나님의 은혜로 말미암아 과거와는 정반대의 사람이 됨으로써 증거합니다. 진정한 회개는 언제나 "나는 하나님께 무서운 죄를 범했습니다. 나는 죄인입니다"라는 고백의 자리로 인도합니다. 그리고 이러한 진정한 고백은 바로 하나님께서 그 사람에게 역사하셨다는 가장 확실한 증거가 됩니다. 그러나 자신의 죄를 단지 인생을 망친 큰 실수 정도로 인식하며 후회하는 것은 진정한 회개가 될 수 없습니다.
    천국에 들어가는 관문에는 자신이 선하다는 의식을 무너뜨리는 뼈아픈 회개의 과정이 있습니다. 이는 죄에 대한 성령의 책망의 역사로서, 성령은 그 회개한 마음속에 하나님의 아들의 생명을 형성하기 시작하십니다. 새 생명의 존재는 의식할 수 있는 회개와 의식할 수 없는 무의식적인 거룩으로 나타납니다. 무의식적인 회개 또는 의식적인 거룩으로 나타날 수는 없습니다. 기독교의 바탕은 '회개'입니다. 좀더 확실하게 말한다면, 사람은 자신이 선택하여 회개하는 것이 아닙니다. 회개는 하나님의 선물입니다. 그래서 과거 청교도들은 "'눈물의 선물'를 주시옵소서"라고 기도했습니다. 만일 누구든지 진정한 회개를 아직도 알지 못한다면 그는 어둠 가운데 있는 자입니다. 회개를 잊고 있는 것은 아닌지 자신을 점검해 보십시오.

The impartial power of God

Dec. 8th

For by one offering He hath perfected for ever them that are sanctified.
Hebrews 10:14.

We trample the blood of the Son of God under foot if we think we are forgiven because we are sorry for our sins. The only explanation of the forgiveness of God and of the unfathomable depth of His forgetting, is the Death of Jesus Christ. Our repentance is merely the outcome of our personal realization of the Atonement which He has worked out for us. "Christ Jesus ⋯ is made unto us wisdom, and righteousness, and sanctification, and redemption." When we realize that Christ is made all this to us, the boundless joy of God begins; wherever the joy of God is not present, the deathsentence is at work.

It does not matter who or what we are, there is absolute reinstatement into God by the death of Jesus Christ and by no other way, not because Jesus Christ pleads, but because He died. It is not earned, but accepted. All the pleading which deliberately refuses to recognize the Cross is of no avail; it is battering at another door than the one which Jesus has opened. "I don't want to come that way, it is too humiliating to be received as a sinner." "There is none other Name ⋯" The apparent heartlessness of God is the expression of His real heart, there is boundless entrance in His way. "We have forgiveness through His blood." Identification with the death of Jesus Christ means identification with Him to the death of everything that never was in Him.

God is justified in saving bad men only as He makes them good. Our Lord does not pretend we are all right when we are all wrong. The Atonement is a propitiation whereby God through the death of Jesus makes an unholy man holy.

오직 한 문

> 그가 거룩하게 된 자들을 한 번의 제사로 영원히 온전하게 하셨느니라 (히 10:14).

12월 8일

우리가 죄에 대해 회개했다는 사실 때문에 죄사함을 받았다고 생각한다면 이는 하나님의 아들의 피를 발로 짓밟는 것입니다. 하나님께서 우리의 죄를 용서하시고 영원토록 그 죄악을 기억하지 않으시는 유일한 이유는 바로 예수 그리스도의 죽음 때문입니다. 우리의 회개는 단지 예수님께서 우리 죄를 위해 자신의 생명을 드려 속죄하셨다는 개인적 깨달음의 결과입니다. "예수는 하나님으로부터 나와서 우리에게 지혜와 의로움과 거룩함과 구원함이 되셨으니"고전 1:30. 그리스도께서 우리에게 모든 것 되심을 깨달을 때 하나님으로부터 오는 무한한 희락이 시작됩니다. 하늘의 기쁨이 없는 곳마다 사형 선고가 내려집니다.

우리가 누구이며 어떤 사람인지는 중요하지 않습니다. 다른 방법이 아닌 예수 그리스도의 죽음에 의해 우리가 하나님께 돌아가게 되었다는 것이 가장 중요합니다. 예수님께서 간청하셨기 때문이 아니라 죽으셨기 때문에 우리가 하나님께 돌아갈 수 있게 되었습니다. 십자가를 의도적으로 인정하지 않는 기도들은 아무 효과가 없습니다. 이는 예수님께서 열어놓으신 문이 아닌 닫혀 있는 다른 문을 두드리는 것과 같습니다. "나를 죄인 취급하는 그분께 가고 싶지 않습니다. 내 열심과 종교성을 인정하는 다른 문으로 가렵니다." 그러나 "다른 이로써는 구원을 받을 수 없나니 천하 사람 중에 구원을 받을 만한 다른 이름을 우리에게 주신 일이 없음이라"행 4:12. 하나님께서 오직 한 문만 열어놓으신 것은 그분이 사랑이 없으신 분임을 나타내는 것이 아니라 오히려 그분의 무한하신 사랑과 자비를 증거하는 것입니다. 즉, "우리는 … 그의 피로 말미암아 속량 곧 죄사함을 받았느니라"엡 1:7. 예수님의 죽으심과 함께 연합한다는 것은 그분과 관련없는 모든 것에 대해 죽는 것을 의미합니다. 하나님께서 정당하게 악한 자를 구하시려면 오직 그 악한 자를 선한 자로 만들면 됩니다. 주님께서는 참으로 악한 우리를 참으로 선한 것처럼 여겨주시는 것이 아닙니다. 속죄란 거룩하지 않은 자를 바로 예수 그리스도의 죽음을 통해 거룩하게 만드심으로 하나님께서 그를 기쁘게 받으시는 것입니다.

The offence of the natural

And they that are Christ's have crucified the flesh with the affections and lusts. Gal. 5:24.

Dec. 9th

The natural life is not sinful; we must be apostatized from sin, have nothing to do with sin in any shape or form. Sin belongs to hell and the devil; I, as a child of God, belong to heaven and God. It is not a question of giving up sin, but of giving up my right to myself, my natural independence and self-assertiveness, and this is where the battle has to be fought. It is the things that are right and noble and good from the natural standpoint that keep us back from God's best. To discern that natural virtues antagonize surrender to God, is to bring our soul into the centre of its greatest battle. Very few of us debate with the sordid and evil and wrong, but we do debate with the good. It is the good that hates the best, and the higher up you get in the scale of the natural virtues, the more intense is the opposition to Jesus Christ. "They that are Christ's have crucified the flesh"—it is going to cost the natural in you everything, not something. Jesus said—"If any man will be My disciple, let him deny himself" i.e., his right to himself, and a man has to realize Who Jesus Christ is before he will do it. Beware of refusing to go to the funeral of your own independence.

The natural life is not spiritual, and it can only be made spiritual by sacrifice. If we do not resolutely sacrifice the natural, the supernatural can never become natural in us. There is no royal road there; each of us has it entirely in his own hands. It is not a question of praying, but of performing.

자기 부인

12월 9일

그리스도 예수의 사람들은 육체와 함께
그 정욕과 탐심을 십자가에 못 박았느니라 (갈 5:24).

자연적인 삶은 죄악된 것이 아닙니다. 우리는 죄에 대해 대적해야 하고 그 어떠한 모양이라도 죄와 관련해서는 안 됩니다. 죄는 마귀와 지옥에 속한 것입니다. 한편 하나님의 자녀들은 하나님과 천국에 속한 자들입니다. 우리에게 문제는 죄를 포기하는 것이 아니라 자신에 대한 권리를 포기하는 것입니다. 하나님을 의지하지 않고 독립하려는 우리의 자연스러운 마음과 자기 주장이 바로 가장 많은 전쟁을 치러야 하는 부분입니다. 우리로 하여금 하나님의 최고의 것을 누리지 못하게 하는 것은 자연적인 인간의 본성으로 볼 때 멋있고 좋고 우아한 것들입니다.

하나님께 순종하기를 거절하는 자연적인 덕목들을 분별하는 것은 가장 치열한 영적 전쟁의 중심부로 들어가는 것입니다. 그 누구도 흉악한 죄에 대해 옳다 그르다고 논쟁하지 않습니다. 그러나 우리는 자신들이 보기에 좋고 옳은 것 때문에 논쟁합니다. 즉, 최선에 가장 많이 도전하고 최선을 미워하는 것은 '좋은 것'입니다. 자연적인 덕목들을 더 세워갈수록 예수 그리스도께 더 대항합니다. "예수의 사람들은 그 육체를 십자가에 못 박았느니라." 이는 당신 안에 있는 자연적인 것들의 어떤 부분만이 아니라 전부 희생해야 한다는 뜻입니다. 예수님은 "누구든지 자기의 모든 소유를 버리지 아니하면 능히 내 제자가 되지 못하리라"고 하셨고, "누구든지 나를 따라오려거든 자기를 부인하고 자기 십자가를 지고 나를 따를 것이니라"마 16:24고 하셨습니다. 여기서 자기 부인은 자신에 대한 권리를 부정하는 것이요, 자기 부인을 하려면 반드시 예수 그리스도가 누구신지 알아야 하는 것입니다. 하나님으로부터 독립하려는 자아를 십자가에 장사지내는 것을 잊지 마십시오. 자연적인 삶은 영적인 삶이 아니고 오직 희생을 통해 영적으로 될 수 있습니다. 만일 결단을 통해 자연적인 삶을 희생시키지 않으면 초자연적인 삶이 결코 우리 안에서 자연스럽게 될 수 없습니다. 거기에는 왕도가 없습니다. 우리 각자의 손에 완전히 달려 있습니다. 문제는 기도가 아니라 실제로 자연적인 삶을 희생시키는 것입니다.

The offering of the natural

Dec. 10th

Abraham had two sons, the one by a bondmaid, the other by a freewoman. Gal. 4:22.

Paul is not dealing with sin in this chapter of Galatians, but with the relation of the natural to the spiritual. The natural must be turned into the spiritual by sacrifice, otherwise a tremendous divorce will be produced in the actual life. Why should God ordain the natural to be sacrificed? God did not. It is not God's order, but His permissive will. God's order was that the natural should be transformed into the spiritual by obedience; it is sin that made it necessary for the natural to be sacrificed.

Abraham had to offer up Ishmael before he offered up Isaac. Some of us are trying to offer up spiritual sacrifices to God before we have sacrificed the natural. The only way in which we can offer a spiritual sacrifice to God is by presenting our bodies a living sacrifice. Sanctification means more than deliverance from sin, it means the deliberate commitment of myself whom God has saved, to God, and I do not care what it costs.

If we do not sacrifice the natural to the spiritual, the natural life will mock at the life of the Son of God in us and produce a continual swither. This is always the result of an undisciplined spiritual nature. We go wrong because we stubbornly refuse to discipline ourselves, physically, morally or mentally. 'I wasn't disciplined when I was a child.' You must discipline yourself now. If you do not, you will ruin the whole of your personal life for God.

God is not with our natural life while we pamper it; but when we put it out in the desert and resolutely keep it under, then God will be with it; and He will open up wells and oases, and fulfil all His promises for the natural.

자연적인 것의 희생

기록된바 아브라함에게 두 아들이 있으니 하나는 여종에게서,
하나는 자유 있는 여자에게서 났다 하였으며 (갈 4:22).

12월 10일

    바울은 갈라디아서 4장에서 죄의 문제가 아니라 자연적인 것과 영적인 것과의 관계를 다루고 있습니다. 자연적인 것은 오직 희생에 의해 영적인 것으로 변화됩니다. 그렇지 않을 경우 자연적인 것과 영적인 것은 우리의 현실 속에서 크게 괴리됩니다. 자연적인 것의 희생은 하나님의 작정이 아니라 하나님의 허용하시는 뜻입니다. 하나님의 작정은 자연적인 것이 순종을 통해 영적인 것으로 변하게 하는 것이었습니다. 그러나 죄로 인해, 자연적인 것이 희생되어야 할 필요가 생긴 것입니다.

    아브라함은 이삭을 드리기 전에 이스마엘을 드려야 했습니다. 우리 중에 어떤 이들은 자연적인 것을 희생 제사로 드리기 전에 먼저 영적인 희생을 드리려고 합니다. 우리가 영적인 희생을 드릴 수 있는 유일한 방법은 우리의 몸을 산 제사로 드리는 것입니다. 성화는 죄로부터의 구원 및 그 이상을 의미합니다. 성화란 어떠한 대가를 치르더라도 하나님께서 구원해주신 나 자신을 마음을 다해 다시 주께 드리는 것입니다.

    만일 희생을 통해 자연적인 것을 영적인 것으로 바꾸지 못하면, 자연적인 삶은 우리 안에 있는 하나님의 아들의 생명을 조롱할 것이며 계속적인 낭패를 만들어낼 것입니다. 이러한 낭패는 언제나 훈련받지 못한 믿음의 사람의 모습입니다. 우리는 언제나 신체적, 도덕적, 정신적으로 자신을 훈련해야 합니다. 만일 이 훈련을 완고하게 거절하는 사람은 언제나 잘못된 자리에 갈 수밖에 없습니다. 그렇다면 지금이라도 자신을 훈련하십시오. 그렇지 않으면 하나님 앞에서 당신의 전 생애를 망치게 될 것입니다.

    우리는 자연적인 삶을 만끽하려고 하지만 하나님은 자연적인 삶과 함께하지 않으십니다. 자연적인 생명을 광야에 보낸 후에 단호하게 그곳에 가두어야 합니다. 그러면 하나님께서 광야에서 자연적인 생명과 함께 하실 것입니다. 하나님께서는 자연적인 삶을 위해 우물물이 터지게 하시고 그 삶을 오아시스로 인도하실 것입니다. 자연적인 삶을 위한 하나님의 약속을 이루실 것입니다.

Individuality

Dec. 11th

If any man will come after Me, let him deny himself. Matthew 16:24.

Individuality is the husk of the personal life. Individuality is all elbows, it separates and isolates. It is the characteristic of the child and rightly so; but if we mistake individuality for the personal life, we shall remain isolated. The shell of individuality is God's created natural covering for the protection of the personal life; but individuality must go in order that the personal life may come out and be brought into fellowship with God. Individuality counterfeits personality as lust counterfeits love. God designed human nature for Himself; individuality debases human nature for itself.

The characteristics of individuality are independence and selfassertiveness. It is the continual assertion of individuality that hinders our spiritual life more than anything else. If you say—"I cannot believe," it is because individuality never can believe. Personality cannot help believing. Watch yourself when the Spirit of God is at work. He pushes you to the margins of your individuality, and you have either to say—"I shan't," or to surrender, to break the husk of individuality and let the personal life emerge. The Holy Spirit narrows it down every time to one thing (cf. Matthew 5:23-24). The thing in you that will not be reconciled to your brother is your individuality. God wants to bring you into union with Himself, but unless you are willing to give up your right to yourself, He cannot. "Let him deny himself"—deny his independent right to himself, then the real life has a chance to grow.

개별성을 깨뜨리십시오!

나를 따라오려거든 자기를 부인하고 (마 16:24).

12월 11일

개별성은 한 인격체(인격적 생명)를 포장하는 껍질입니다. 그것은 자신과 다른 것을 밀쳐내어 스스로 구별하여 고립됩니다. 어린아이들을 보면 개별성이 뚜렷하게 나타납니다. 그러나 만일 우리가 개별성을 인격적인 생명으로 혼동한다면 우리는 고립될 것입니다. 개별성은 한 인격체를 껍질처럼 보호하기 위해 창조된 것입니다. 그러나 인격적인 생명이 하나님과 관계를 맺기 위해서는 개별성을 뚫고 나와야 하며 이때 개별성은 제거되어야 합니다. 정욕이 자신에 대한 사랑인 것처럼 위장하듯 개별성은 자신을 마치 인격적인 생명인 것처럼 위장합니다. 하나님은 그분의 영광을 위해 인성을 계획하셨습니다. 그러나 개별성은 자신의 개별성을 드러내기 위해 인성을 업신여깁니다.

개별성의 특징은 스스로 존재하려는 독립성과 자기 주장입니다. 특히 개별성의 끊임없는 자기 주장은 영적인 삶을 방해하는 가장 큰 장애물입니다. 만일 당신이 "나는 믿을 수 없어"라고 말한다면 이는 개별성이 그 가운데서 믿음을 방해하는 것입니다. 반면 인격성(인격적 본성)은 믿음을 장려합니다. 성령께서 역사하실 때 자신을 돌아보십시오. 성령께서는 분명 당신이 개별성을 양보해야 하는 자리까지 몰고 가실 것입니다. 이때 "나는 할 수 없어요"라고 하든지 아니면 성령님께 항복해야 합니다. 성령께 항복하면 개별성의 껍질을 깨뜨리고 나와 자신 속의 인격적인 생명을 드러내게 됩니다. 성령은 매번 이 한 가지 일로 우리의 삶을 집중하게 하십니다.마 5:23-24. 당신이 당신의 형제들과 화목하지 못하는 이유는 개별성 때문입니다. 하나님은 우리와 연합하기를 원하십니다. 그러나 만일 우리가 자신에 관한 권한을 양도하지 않으면 하나님께서 우리와 연합할 수 없으십니다. "자기를 부인하고"라는 말은 자신의 독립하려는 권한을 포기하는 것입니다. 그러할 때 참생명이 자라날 기회가 생깁니다.

Personality

Dec. 12th

That they may be one, even as We are one. John 17:22.

Personality is that peculiar, incalculable thing that is meant when we speak of ourselves as distinct from everyone else. Our personality is always too big for us to grasp. An island in the sea may be but the top of a great mountain. Personality is like an island; we know nothing about the great depths underneath, consequently we cannot estimate ourselves. We begin by thinking that we can, but we come to realize that there is only one Being Who understands us, and that is our Creator.

Personality is the characteristic of the spiritual man as individuality is the characteristic of the natural man. Our Lord can never be defined in terms of individuality and independence, but only in terms of personality, "I and my Father are one." Personality merges, and you only reach your real identity when you are merged with another person. When love, or the Spirit of God, strikes a man, he is transformed, he no longer insists upon his separate individuality. Our Lord never spoke in terms of individuality, of a man's 'elbows' or his isolated position, but in terms of personality—"that they may be one, even as we are one." If you give up your right to yourself to God, the real true nature of your personality answers to God straight away. Jesus Christ emancipates the personality, and the individuality is transfigured; the transfiguring element is love, personal devotion to Jesus. Love is the outpouring of one personality in fellowship with another personality.

인격적 본성

이는 우리가 하나가 된 것같이 그들도 하나가 되게 하려 함이니이다 (요 17:22).

12월 12일

인격적 본성은 우리 자신을 다른 사람으로부터 구별시키는 뭔가 특이하고 신비한 것입니다. 우리의 인격적 본성이라는 것은 언제나 너무 신비하여 우리가 다 헤아릴 수 없습니다. 바다 가운데 보이는 작은 섬은 사실 엄청나게 큰 산의 작은 한 부분입니다. 인격적 본성은 이렇게 바다 가운데 있는 작은 섬과 같습니다. 그 작은 섬 밑의 광대함과 깊이를 알 수 없듯이, 우리는 자신을 헤아릴 수 없습니다. 우리는 가끔 스스로를 알 수 있다고 생각하지만 결국 나를 아시는 분은 나를 창조하신 하나님 외에는 없다는 것을 깨닫게 됩니다.

마치 개별성이 자연인의 특성인 것처럼 인격적 본성은 영적인 사람의 특성입니다. 주님은 결코 개별성이나 자주성으로 정의될 수 있는 분이 아니요, 오직 인격적 본성으로만 설명됩니다. "나와 아버지는 하나이니라'요 10:30. 인격적 본성은 어딘가에 수렴됩니다. 사람은 다른 인격과 수렴될 때 자신의 진정한 정체를 알게 됩니다. 사랑 또는 하나님의 영이 어떤 사람에게 임하면 그 사람은 변화하게 되는데, 그는 더 이상 자신의 분리된 개별성을 주장하지 않습니다. 주님께서는 결코 다른 사람을 밀쳐내는 독립적인 기질 또는 따로 구별되는 특별한 위치 등 그러한 개별성의 개념으로 말씀한 적이 없으십니다. 주님은 언제나 인격적 본성과 관련된 용어로 말씀하셨습니다. "우리가 하나인 것처럼 저들도 우리와 하나가 되게 하소서." 그러므로 만일 당신이 당신 자신에 관한 권리를 하나님께 양도한다면 당신의 인격적 본성의 실제적인 참된 속성이 하나님께 당장 응답할 것입니다. 예수 그리스도께서는 인격적 본성을 자유롭게 하시며 개별성을 승화시키십니다. 승화의 요소는 사랑이요, 예수님을 향한 인격적 헌신입니다. 사랑이란 나의 인격적 본성이 다른 인격적 본성과 친교를 나누게 되면서 자신을 다 쏟아붓는 것입니다.

What to pray for

Dec. 13th

Men ought always to pray, and not to faint. Luke 18:1.

You cannot intercede if you do not believe in the reality of the Redemption; you will turn intercession into futile sympathy with human beings which will only increase their submissive content to being out of touch with God. In intercession you bring the person, or the circumstance that impinges on you, before God until you are moved by His attitude towards that person or circumstance. Intercession means filling up "that which is behind of the afflictions of Christ," and that is why there are so few intercessors. Intercession is put on the line of—'Put yourself in his place.' Never! Try to put yourself in God's place.

As a worker, be careful to keep pace with the communications of reality from God or you will be crushed. If you know too much, more than God has engineered for you to know, you cannot pray, the condition of the people is so crushing that you cannot get through to reality.

Our work lies in coming into definite contact with God about everything, and we shirk it by becoming active workers. We do the things that can be tabulated, but we will not intercede. Intercession is the one thing that has no snares, because it keeps our relationship with God completely open.

The thing to watch in intercession is that no soul is patched up, a soul must get through into contact with the life of God. Think of the number of souls God has brought about our path and we have dropped them! When we pray on the ground of Redemption, God creates something He can create in no other way than through intercessory prayer.

중보 기도의 본질

항상 기도하고 낙심하지 말아야 할 것을 (눅 18:1).

12월 13일

우리가 구속의 실체를 믿지 않는다면 결코 중보 기도를 드릴 수 없습니다. 당신은 중보 기도를 한다고 하면서 사람들에게 허망한 동정심을 느끼더니 오히려 그들이 하나님과 관계가 멀어지는 것을 이해하며 고개를 끄덕입니다. 그러나 중보 기도란 당신의 기도 대상 및 당신이 처한 상황을 하나님 앞에 가져가 주님께서 그 사람 또는 상황에 대해 어떤 입장을 취하시는지 그 음성을 듣는 것입니다. 중보 기도란 "그리스도의 남은 고난을" 채우는 것입니다. 그래서 중보 기도하는 자들이 매우 적습니다. 중보 기도는 "그 사람의 입장에서" 기도하는 것이라고 오해하는 데 절대로 그렇지 않습니다. 중보 기도는 하나님의 입장에 당신 자신을 두려고 하는 것입니다.

중보 기도 사역자들은 언제나 하나님과 보조를 맞추며 하나님과의 실제적인 교통 가운데 머물기를 힘써야 합니다. 그렇지 않으면 당신이 흔들릴 수 있습니다. 하나님께서 섭리 가운데 당신에게 알게 하시는 것보다 그 이상으로 더 많이 알면 당신은 기도할 수 없습니다. 사람들의 상황들이 너무나 급하고 난감하기 때문에 당신은 도무지 그것을 뚫고 나와 중보 기도로 하나님께 이를 수 없게 됩니다.

우리의 사역은 하나님과 친밀한 관계를 유지하는 가운데 모든 상황을 하나님께 아뢰는 것입니다. 그러나 활동이 많은 사역자가 될수록 중보 기도를 멀리하는 경향이 있습니다. 스케줄에 따라 많은 일을 하는데, 중보 기도는 하지 않습니다. 중보 기도에는 함정이 없습니다. 그 이유는 중보 기도는 하나님과 우리의 관계를 온전히 열어주기 때문입니다. 중보기도를 할 때 꼭 주의해야 할 점이 있는데, 대상자가 '일시적으로' 회복되도록 기도해서는 안 됩니다. 그가 온전히 하나님의 생명과 연합하도록 기도해야 합니다. 하나님께서 우리의 인생 길에 보내 주셨지만 놓쳐버린 영혼들이 얼마나 많은지 생각해보십시오. 예수 그리스도의 구속을 근거로 중보 기도할 때 하나님께서는 주의 능력 가운데 한 영혼 한 영혼을 향해 새 창조의 역사를 일으키실 것입니다.

The great life

Dec. 14th

Peace I leave with you, My peace I give unto you … Let not your heart be troubled. John 14:27.

Whenever a thing becomes difficult in personal experience, we are in danger of blaming God, but it is we who are in the wrong, not God, there is some perversity somewhere that we will not let go. Immediately we do, everything becomes as clear as daylight. As long as we try to serve two ends, ourselves and God, there is perplexity. The attitude must be one of complete reliance on God. When once we get there, there is nothing easier than living the saintly life; difficulty comes in when we want to usurp the authority of the Holy Spirit for our own ends.

Whenever you obey God, His seal is always that of peace, the witness of an unfathomable peace, which is not natural, but the peace of Jesus. Whenever peace does not come, tarry till it does or find out the reason why it does not. If you are acting on an impulse, or from a sense of the heroic, the peace of Jesus will not witness; there is no simplicity or confidence in God, because the spirit of simplicity is born of the Holy Ghost, not of your decisions. Every decision brings a reaction of simplicity.

My questions come whenever I cease to obey. When I have obeyed God, the problems never come between me and God, they come as probes to keep the mind awake and amazed at the revelation of God. Any problem that comes between God and myself springs out of disobedience; any problem, and there are many, that is alongside me while I obey God, increases my ecstatic delight, because I know that my Father knows, and I am going to watch and see how He unravels this thing.

하나님의 평강이 임하십니까?

평안을 너희에게 끼치노니 곧 나의 평안을 너희에게 주노라 … 너희는 마음에 근심하지도 말고 두려워하지도 말라 (요 14:27).

12월 14일

　개인적으로 어려움이 생기면 하나님을 비난하려는 위험에 처하게 됩니다. 그러나 언제나 잘못은 우리에게 있는 것이고 하나님께는 없습니다. 하나님을 비난하려는 마음은 우리 안에 우리가 붙들고 놓지 않는 죄성이 어딘가에 있기 때문입니다. 그것을 놓는 순간 그 즉시 모든 것이 대낮처럼 밝아집니다. 우리가 두 가지 목적 곧 자신과 하나님을 동시에 섬기려 하면 언제나 곤경에 빠집니다. 오직 하나님만 온전히 의지하는 자세를 가져야 합니다. 이러한 자세를 취하면 거룩한 삶을 사는 것이 전혀 어렵지 않게 됩니다. 그러나 성령의 권위를 따르지 않고 자신의 목적을 이루고자 하면 어려움이 찾아옵니다.

　우리가 하나님께 순종할 때마다 하나님께서 도장을 찍어주시는데, 그 인은 바로 이 세상이 줄 수 없는 예수 그리스도의 평강, 그분의 측량할 수 없는 평강입니다. 따라서 평강이 임하지 않는다면 잠잠히 기다리든지 아니면 왜 평강이 임하지 않는지 그 이유를 찾아내야 합니다. 만일 우리가 충동적으로 행동하거나 영웅심에서 행동하게 되면 예수 그리스도의 평강은 임하지 않습니다. 이는 당신에게 하나님을 향한 진심과 확신이 없다는 것을 증거합니다. 진실한 영은 우리의 결심으로 생기는 것이 아니라 성령의 역사로 나오는 것입니다. 결정을 해야 할 때마다 진심에서 나오는 반응을 보일 수 있습니다.

　순종을 멈출 때마다 우리 마음속에는 의심이 생깁니다. 하나님께 순종하면 절대로 하나님과 나 사이에 문제가 발생할 수 없습니다. 문제가 발생하는 이유는 우리의 영혼을 깨우고 하나님의 계시에 놀라게 하기 위함입니다. 하나님과 나 자신의 문제는 언제나 불순종으로 인해 발생합니다. 반면 우리가 하나님께 순종할 때 발생하는 문제가 있다면 그때는 문제가 아무리 많더라도 단지 천국의 기쁨을 증가시킬 뿐입니다. 그 이유는 하나님께서 아신다는 것을 우리가 알며, 하나님께서 이 문제를 어떻게 풀어가실지 바라보며 기대할 수 있기 때문입니다.

Approved unto God

Study to shew thyself approved unto God, a workman that needeth not to be ashamed, rightly dividing the word of truth. 2 Tim. 2:15.

If you cannot express yourself on any subject, struggle until you can. If you do not, someone will be the poorer all the days of his life. Struggle to re-express some truth of God to yourself, and God will use that expression to someone else. Go through the winepress of God where the grapes are crushed. You must struggle to get expression experimentally, then there will come a time when that expression will become the very wine of strengthening to someone else; but if you say lazily—'I am not going to struggle to express this thing for myself, I will borrow what I say,' the expression will not only be of no use to you, but of no use to anyone. Try to state to yourself what you implicitly feel to be God's truth, and you give God a chance to pass it on to someone else through you.

Always make a practice of provoking your own mind to think out what it accepts easily. Our position is not ours until we make it ours by suffering. The author who benefits you is not the one who tells you something you did not know before, but the one who gives expression to the truth that has been struggling for utterance in you.

하나님께 인정 받으려면

12월 15일

너는 진리의 말씀을 옳게 분별하며 부끄러울 것이 없는 일꾼으로 인정된 자로 자신을 하나님 앞에 드리기를 힘쓰라 (딤후 2:15).

 당신이 믿는 것에 대해 분명하게 표현할 수 없으면 그럴 수 있을 때까지 노력하십시오. 만일 당신이 분명하게 표현하지 못하면 누군가 여전히 그 인생 가운데 계속 비참할 수 있습니다. 하나님의 진리를 자신에게 다시 표현해 보십시오. 하나님께서는 당신을 통해 그 표현을 다른 사람에게 사용하실 것입니다. 포도 열매가 으깨어지는 하나님의 고난의 잔을 받으십시오. 당신의 표현이 체험에서 나올 수 있도록 노력하십시오. 그리하면 그 표현이 다른 사람에게 큰 힘을 주는 귀한 포도주가 될 날이 올 것입니다. 그러나 게으름 가운데 "내 스스로 나의 표현을 만드는 것이 귀찮다. 남들이 한 표현을 빌려야겠어"라고 말하면, 이러한 표현은 당신에게도 아무 유익이 없을 뿐 아니라 남에게도 전혀 유익이 없습니다. 하나님의 진리로 분명하게 느껴지는 것들을 자신에게 표현하려고 노력하십시오. 그러면 하나님께서 당신을 통해 다른 사람에게 하나님의 진리를 전달하실 수 있는 기회를 얻게 됩니다.

 언제나 당신의 마음이 쉽게 받아들인 것도 점검하는 훈련을 하십시오. 마음에 받아들인 진리를, 수고를 통해 자신의 것으로 만들지 않은 사람은 아직 단 위에 서서 진리를 선포할 자격이 없습니다. 당신에게 진리의 유익을 주는 사람은 전에 당신이 몰랐던 정보를 전달하는 사람이 아니라 당신에게 갈등을 주던 진리를 분명히 표현하는 사람입니다.

Wrestling before God

Dec. 16th

Wherefore take unto you the whole armour of God, ⋯ praying always ⋯ Eph. 6:13,18.

You have to wrestle against the things that prevent you from getting to God, and you wrestle in prayer for other souls; but never say that you wrestle with God in prayer, it is scripturally untrue. If you do wrestle with God, you will be crippled all the rest of your life. If, when God comes in some way you do not want, you take hold of Him as Jacob did and wrestle with Him, you compel Him to put you out of joint. Don't be a hirpler in God's ways, but be one who wrestles before God with things, becoming more than conqueror through Him. Wrestling before God tells in His Kingdom. If you ask me to pray for you and I am not complete in Christ, I may pray but it avails nothing; but if I am complete in Christ, my prayer prevails all the time. Prayer is only effective when there is completeness—"Wherefore take unto you the whole armour of God."

Always distinguish between God's order and His permissive will, i.e., His providential purpose towards us. God's order is unchangeable; His permissive will is that with which we must wrestle before Him. It is our reaction to the passive will of God that enables us to get at His order. "All things work together for good to them that love God"—to those who remain true to God's order, to His calling in Christ Jesus. God's permissive will is the means whereby His sons and daughters are to be manifested. We are not to be like jelly-fish saying—'It's the Lord's will.' We have not to put up a fight before God, not to wrestle with God, but to wrestle before God with things. Beware of squatting lazily before God instead of putting up a glorious fight so that you may lay hold of His strength.

하나님 앞에서의 씨름

그러므로 하나님의 전신갑주를 취하라 … 항상 성령 안에서 기도하고 (엡 6:13,18).

하나님께 나아가는 것을 막는 모든 것을 대항해 씨름해야 합니다. 또한 다른 영혼들을 위해 기도로 씨름해야 합니다. 절대로 기도로 하나님과 씨름한다고 말씀하지 마십시오. 이러한 표현은 비성경적인 것입니다. 만일 하나님과 씨름하면 당신의 여생은 불구자로 살게 될 것입니다.

당신이 원하지 않는 방법으로 하나님께서 당신의 삶을 간섭하실 때 그것이 싫어서 야곱처럼 하나님을 붙들고 씨름한다면 결국 하나님께서 당신의 환도뼈를 부러뜨리실 것입니다. 하나님을 막다가 불구자가 되지 마십시오. 대신 하나님 앞에서 우리를 넘어뜨리는 것과 씨름함으로써 주님을 통해 승리자가 되십시오. 하나님 앞에서의 씨름은 하나님의 나라에서 중요합니다. 만일 당신이 내게 당신을 위해 기도해달라고 부탁했다고 가정해 보십시오. 이때 내가 그리스도 안에 온전히 거하지 않으면, 내가 당신을 위해 기도할지라도 그 기도는 역사하지 않습니다. 그러나 내가 그리스도 안에서 온전하면 내 기도는 언제나 역사하는 힘이 많을 것입니다. 기도가 역사하기 위해서는 언제나 기도하는 자가 그리스도 안에서 온전해야 한다는 사실을 잊지 마십시오. "그러므로 하나님의 전신갑주를 취하라"엡 6:13.

언제나 하나님의 자명하신 뜻과 하나님께서 허용하시는 상황을 구별하십시오. 즉, 하나님의 자명하신 뜻은 결코 바뀔 수 없는 것인 반면 하나님의 허용하시는 상황은 하나님의 섭리 가운데서 우리에게 허락되는 것입니다. 이 허용된 상황 속에서 우리는 하나님 앞에서 씨름해야 합니다. 허용된 상황에서 주의 자명하신 뜻을 따르는 것이 우리의 반응이어야 합니다. "모든 것이 합력하여 선을 이루는 것"롬 8:28은 바로 하나님의 뜻을 간절히 구하는 자와 그리스도 안에서 하나님의 부르심에 충성하는 자를 향한 약속입니다. 따라서 하나님께서 허용하시는 상황은 하나님의 자녀들이 자신들을 나타낼 수 있는 기회입니다. 우리는 아무 생각 없이 "이 상황은 하나님의 뜻이야"라고 말하면 안 됩니다. 하나님 앞에서의 씨름을 피해서도 안 되고 하나님과 씨름해서도 안 됩니다. 오직 하나님 앞에서 주어진 상황과 씨름해야 합니다. 하나님의 능력을 체험할 수 있는 영광스러운 싸움을 위해 하나님 앞에서 기도의 씨름을 결코 게을리하지 마십시오.

Redemption creates the need it satisfies

But the natural man receiveth not the things of the Spirit of God: or they are foolishness unto him. 1 Cor. 2:14.

The Gospel of God creates a sense of need of the Gospel. Paul says—"If our gospel be hid, it is hid"—to those who are blackguards? No, "to them that are lost; in whom the god of this world hath blinded the minds of them which believe not." The majority of people have their morality well within their own grasp, they have no sense of need of the gospel. It is God Who creates the need of which no human being is conscious until He manifests Himself. Jesus said—"Ask, and it shall be given unto you," but God cannot give until a man asks. It is not that He withholds, but that that is the way He has constituted things on the basis of Redemption. By means of our asking, God gets processes into work whereby He creates the thing that is not in existence until we do ask. The inner reality of Redemption is that it creates all the time. As the Redemption creates the life of God in us, so it creates the things belonging to that life. Nothing can satisfy the need but that which created the need. This is the meaning of Redemption—it creates and it satisfies.

"I, if I be lifted up from the earth, will draw all men unto Me." We preach our own experiences and people are interested, but no sense of need is awakened. If Jesus Christ is lifted up, the Spirit of God will create a conscious need of Him. Behind the preaching of the Gospel is the creative Redemption of God at work in the souls of men. It is never personal testimony that saves men. "The words that I speak unto you, they are spirit and they are life."

새 생명을 창조하는 구속

12월 17일

육에 속한 사람은 하나님의 성령의 일들을 받지 아니하나니 이는 그것들이 그에게는 어리석게 보임이요 (고전 2:14).

하나님의 복음은 복음을 필요로 하는 마음을 창조합니다. "만일 우리 복음이 가리웠으면." 불량배들에게 가리워진 것입니까? 아닙니다. "망하는 자들에게 가리어진 것"입니다 고후 4:3. "그중에 이 세상 신이 믿지 아니하는 자들의 마음을 혼미케" 한 것입니다. 대부분의 사람들은 스스로 도덕적인 양심을 가지고 있고 그 양심을 지킨다고 생각합니다. 따라서 복음의 필요성을 전혀 느끼지 못합니다. 그러나 하나님은 하나님 자신을 드러내심으로써 인간 스스로는 절대로 의식할 수 없는 어떤 필요를 그들 속에 창조하십니다. 예수님께서는 "구하라. 그러면 너희에게 주실 것이요"라고 말씀하셨습니다. 하나님께서는 사람이 구하기 전에는 주실 수 없습니다. 이는 하나님께서 주지 않으시려는 것이 아니라 그리스도의 십자가의 구속과 관련한 모든 것은 오직 구해야 주시는 것으로 정하셨기 때문입니다. 오직 우리가 구할 때 하나님께서 역사하셔서서 우리가 구하기 전에 존재하지 않았던 것을 창조하십니다. 구속의 내면적 실체는 항상 창조됩니다. 구속은 우리 안에 하나님의 생명을 창조하고 그 생명에 속한 모든 것들을 창조합니다. 그 생명을 창조한 구속 외에 어떤 것도 생명의 필요를 채울 수 없습니다. 이것이 바로 구속의 의미입니다. 오직 구속만이 새 생명을 창조하고 새 생명의 필요를 채워줍니다.

"내가 땅에서 들리면 모든 사람을 내게로 이끌겠노라" 요 12:32. 우리의 체험을 전파하면 사람들은 관심을 갖습니다. 그러나 구속의 필요성을 느끼지는 못합니다. 오직 예수 그리스도가 높여질 때, 성령이 주님을 필요로 하는 의식을 창조합니다. 복음이 전파되는 동안에 하나님의 창조적인 구속이 사람의 영혼 안에서 역사합니다. 결코 개인 간증이 영혼을 구원하는 것이 아닙니다. 오직 성령이 역사하시는 복음이 살립니다. "살리는 것은 영이니 육은 무익하니라 내가 너희에게 이른 말이 영이요 생명이라" 요 6:63.

The test of loyalty

And we know that all things work together for good to them that love God. Romans 8:28.

It is only the loyal soul who believes that God engineers circumstances. We take such liberties with our circumstances, we do not believe God engineers them, although we say we do; we treat the things that happen as if they were engineered by men. To be faithful in every circumstance means that we have only one loyalty, and that is to our Lord. Suddenly God breaks up a particular set of circumstances, and the realization comes that we have been disloyal to Him by not recognizing that He had organized them. We never saw what He was after, and that particular thing will never be repeated all the days of our life. The test of loyalty always comes just there. If we learn to worship God in the trying circumstances, He will alter them in two seconds when He chooses.

Loyalty to Jesus Christ is the thing that we 'stick at' today. We will be loyal to work, to service, to anything, but do not ask us to be loyal to Jesus Christ. Many Christians are intensely impatient of talking about loyalty to Jesus. Our Lord is dethroned more emphatically by Christian workers than by the world. God is made a machine for blessing men, and Jesus Christ is made a Worker among workers.

The idea is not that we do work for God, but that we are so loyal to Him that He can do His work through us—"I reckon on you for extreme service, with no complaining on your part and no explanation on Mine." God wants to use us as He used His own Son.

예수님께만 충성합니까?

12월 18일

우리가 알거니와 하나님을 사랑하는 자 곧 그의 뜻대로 부르심을 입은 자들에게는 모든 것이 합력하여 선을 이루느니라 (롬 8:28).

충성된 영혼들만이 하나님께서 상황을 이끄심을 믿습니다. 그러면 우리는 모든 상황 속에서 진정한 자유함을 누릴 수 있습니다. 그러나 말로는 하나님께서 모든 상황을 이끄신다고 하면서 실제로는 믿지 않을 때가 많습니다. 오히려 사람들이 이러한 상황들을 만드는 것처럼 대처합니다. 모든 상황 가운데서 신실하다는 것은 어떤 상황에서나 하나님께만 충성하는 것을 의미합니다. 종종 우리는 하나님께서 특별한 상황을 만드실 때에야 자신이 하나님의 주권을 거부하고 그분께 불순종했던 것을 깨닫습니다. 우리는 하나님께서 무엇을 추구하셨는지 전혀 몰랐던 것입니다. 그러한 특별한 상황은 우리의 인생 속에서 다시는 되풀이되지 않을 것입니다. 바로 이 특별한 상황이 우리의 충성심에 대한 시험입니다. 만일 그 특별한 고난의 상황에서 하나님을 예배할 줄 안다면, 하나님께서는 주님이 원하시는 때에 순식간에 그 상황을 바꾸실 것입니다.

예수 그리스도를 향한 충성심은 우리가 오늘날 꼭 붙들고 있어야 하는 것입니다. 많은 사람들이 일, 봉사, 다른 여러 가지 것들에 충성하지만 정작 예수 그리스도께 충성하지 않는 사람들이 많습니다. 사실 예수님을 향한 충성에 대해 말하는 것조차 피곤해합니다. 심지어 주님께서는 세상이 아닌 바로 그리스도인 사역자들에 의해 더욱 완강하게 왕위로부터 폐위되고 있습니다. 하나님은 사람을 축복하는 기계가 되어버렸고, 예수 그리스도는 일에 중독된 일꾼들을 위해 일해야 하는 머슴이 되어버렸습니다.

우리가 하나님을 위해 일한다는 생각을 버리고 더욱 주님께만 신실함으로 그분이 우리를 통해 주의 일을 하시도록 하십시오. "나는 너의 가장 뛰어난 섬김을 기억하노라. 너는 아무 불평이 없었고 나는 네게 설명할 필요가 없었다." 하나님께서는 그분의 아들 예수님처럼 지금 우리를 충성스럽게 사용하기를 원하십니다.

What to concentrate on

I came not to send peace, but a sword. Matthew 10:34.

Never be sympathetic with the soul whose case makes you come to the conclusion that God is hard. God is more tender than we can conceive, and every now and again He gives us the chance of being the rugged one that He may be the tender One. If a man cannot get through to God it is because there is a secret thing he does not intend to give up—"I will admit I have done wrong, but I no more intend to give up that thing than fly." It is impossible to deal sympathetically with a case like that: we have to get right deep down to the root until there is antagonism and resentment against the message. People want the blessing of God, but they will not stand the thing that goes straight to the quick.

If God has had His way with you, your message as His servant is merciless insistence on the one line, cut down to the very root, otherwise there will be no healing. Drive home the message until there is no possible refuge from its application. Begin to get at people where they are until you get them to realize what they lack, and then erect the standard of Jesus Christ for their lives—"We never can be that!" Then drive it home: "Jesus Christ says you must." "But how can we be?" "You cannot, unless you have a new Spirit" (Luke 11:13).

There must be a sense of need before your message is of any use. Thousands of people are happy without God in this world. If I was happy and moral till Jesus came, why did He come? Because that kind of happiness and peace is on a wrong level; Jesus Christ came to send a sword through every peace that is not based on a personal relationship to Himself.

거짓 평화를 부수시는 주님

내가 세상에 화평을 주러 온 줄로 생각하지 말라 화평이 아니요
검을 주러 왔노라 (마 10:34).

12월
19일

당신으로 하여금 하나님은 엄하신 분이라고 결론짓게 하는 그러한 경우들에 대해 동정심을 갖지 마십시오. 하나님은 우리의 생각 이상으로 온유한 분이시며 종종 우리로 주님의 온유하심을 알게 하기 위해 우리를 비참하게 만들기도 하십니다. 만일 사람이 하나님께 나아가지 못한다면 이는 그 사람의 마음속에 포기하기를 거절하는 비밀스러운 것이 있기 때문입니다. "저는 제가 잘못한 것을 인정합니다. 그러나 그것만은 포기할 수 없습니다." 바로 이러한 경우에 대해 동정심을 가지면 안 됩니다. 대신 그 사람 마음속 깊은 곳에 있는 복음을 대항하고 싫어하는 뿌리를 볼 수 있어야 합니다. 사람들은 하나님의 축복을 원하지만 그들의 뿌리까지 변화를 요구하는 복음에 대해 견디지 못합니다.

만일 하나님께서 주의 방식으로 당신을 대하셨다면 주의 종으로서의 당신의 메시지는 사람의 마음 뿌리 깊은 곳까지 무자비하게 찌르는 역사를 나타낼 것입니다. 그렇지 않으면 참된 치유가 있을 수 없습니다. 따라서 복음을 증거할 때 듣는 사람으로 하여금 어떤 곳으로 피할 수 없이 그 메시지를 적용할 수밖에 없도록 하십시오. 그들이 어디에 서 있는지를 알려줌으로 시작하여 무엇이 부족하고 그들의 삶에 대한 예수 그리스도의 표준이 무엇인지를 깨닫게 해야 합니다. 이때 그들은 "우리는 절대 그렇게 온전한 사람이 될 수 없습니다"라고 말할 것입니다. 그러면 당신은 "예수님은 당신들이 그러한 완전한 사람이 되어야 한다고 말씀하십니다"라고 대답해야 합니다. 어떻게 그렇게 될 수 있습니까? "당신은 그렇게 될 수 없지요. 그러나 성령을 받으시면 가능합니다"눅 11:13.

당신의 메시지가 쓸모가 있으려면 그전에 그들이 복음의 필요성을 깨달아야 합니다. 지금도 많은 사람들은 이 세상에서 하나님 없이도 행복하다고 착각합니다. "내가 이렇게 행복하고 양심적으로 사는데 왜 그리스도가 필요하다는 말입니까?" 그러나 이들이 누리는 행복과 평화는 잘못된 길에서 누리는 것입니다. 예수님께서는 이러한 거짓 평화를 부수기 위해 검을 들고 이 세상에 오셨습니다. 오직 참된 평화는 하나님과 인격적 관계를 맺을 때에만 가능합니다.

The right lines of work

Dec. 20th

I, if I be lifted up, will draw all men unto Me. John 12:32.

Very few of us have any understanding of the reason why Jesus Christ died. If sympathy is all that human beings need, then the Cross of Christ is a farce, there was no need for it. What the world needs is not 'a little bit of love,' but a surgical operation.

When you are face to face with a soul in difficulty spiritually, remind yourself of Jesus Christ on the Cross. If that soul can get to God on any other line, then the Cross of Jesus Christ is unnecessary. If you can help others by your sympathy or understanding, you are a traitor to Jesus Christ. You have to keep your soul rightly related to God and pour out for others on His line, not pour out on the human line and ignore God. The great note today is amiable religiosity.

The one thing we have to do is to exhibit Jesus Christ crucified, to lift Him up all the time. Every doctrine that is not imbedded in the Cross of Jesus will lead astray. If the worker himself believes in Jesus Christ and is banking on the Reality of Redemption, the people he talks to must be concerned. The thing that remains and deepens is the worker's simple relationship to Jesus Christ; his usefulness to God depends on that and that alone.

The calling of a New Testament worker is to uncover sin and to reveal Jesus Christ as Saviour, consequently he cannot be poetical, he must be sternly surgical. We are sent by God to lift up Jesus Christ, not to give wonderfully beautiful discourses. We have to probe straight down as deeply as God has probed us, to be keen in sensing the Scriptures which bring the truth straight home and to apply them fearlessly.

십자가 없는 위로는 착각입니다

내가 땅에서 들리면 모든 사람을 내게로 이끌겠노라 (요 12:32).

12월 20일

왜 예수님께서 십자가에서 죽으셔야만 했는지 그 이유를 분명히 아는 사람들이 많지 않습니다. 인간들이 필요로 하는 모든 것이 따스한 동정이라면 그리스도의 십자가는 하나의 웃음거리일 뿐 전혀 필요가 없는 것입니다. 그러나 이 세상이 정작 필요한 것은 '약간의 사랑'이 아니라 근본적인 수술입니다. 영적으로 고통을 당하고 있는 영혼을 일대일로 만날 때 십자가 상의 예수 그리스도를 계속 기억하십시오. 만일 그 영혼이 십자가가 아닌 다른 방법으로 하나님께 갈 수 있다고 착각한다면, 예수 그리스도의 십자가는 그에게 필요 없게 되기 때문입니다. 만일 당신이 인간적 동정이나 이해심만으로 다른 사람들을 돕는다면, 당신은 예수 그리스도의 반역자의 역할을 하는 것입니다. 하나님과 깊은 관계를 유지하는 가운데 하나님의 입장에서 그 영혼을 위로해야 합니다.

우리가 꼭 해야 하는 단 한 가지는 언제나 십자가에 달리신 예수 그리스도를 보여주는 것이요, 그분을 높이는 일입니다. 십자가의 도에 뿌리를 두지 않은 가르침들은 사람들을 잘못된 길로 인도할 것입니다. 당신이 진실로 그리스도 예수를 믿으며 그분의 구속의 실체 위에 서 있다면 만나서 대화하는 모든 사람들의 영혼에 대해 관심을 갖게 될 것입니다. 하나님께 더욱 귀히 쓰임받으려면 그 어떤 일보다도 예수 그리스도와의 관계를 깊게 하는 일 외에는 없습니다.

하나님의 동역자로 부름을 받는다는 것은 사람들의 죄성을 드러내고 예수 그리스도를 구세주로 소개하는 것입니다. 따라서 하나님의 동역자는 인간적 사랑으로 사람을 기쁘게 하려는 자가 아니라 상대의 영혼을 복음으로 수술하려는 자여야 합니다. 멋지고 아름다운 설교를 하려는 자가 아니라 그리스도 예수를 높이기 위해 하나님께로부터 보냄을 받은 자여야 합니다. 하나님께서 우리를 저 깊은 곳까지 꿰뚫어보신 것처럼, 우리도 사람들을 깊게 꿰뚫어볼 수 있어야 합니다. 그러려면 성경에 깊은 조예가 있어야 합니다. 그래야 진리를 힘차게 말할 수 있고 두려움 없이 성경 말씀을 적용할 수 있습니다.

Experience or revelation

We have received ⋯ the spirit which is of God; that we might know the things that are freely given to us of God. 1 Cor. 2:12.

Reality is Redemption, not my experience of Redemption; but Redemption has no meaning for me until it speaks the language of my conscious life. When I am born again, the Spirit of God takes me right out of myself and my experiences, and identifies me with Jesus Christ. If I am left with my experiences, my experiences have not been produced by Redemption. The proof that they are produced by Redemption is that I am led out of myself all the time; I no longer pay any attention to my experiences as the ground of Reality, but only to the Reality which produced the experiences. My experiences are not worth anything unless they keep me at the Source, Jesus Christ.

If you try to dam up the Holy Spirit in you to produce subjective experiences, you will find that He will burst all bounds and take you back again to the historic Christ. Never nourish an experience which has not God as its Source, and faith in God as its result. If you do, your experience is anti-Christian, no matter what visions you may have had. Is Jesus Christ Lord of your experiences, or do you try to lord it over Him? Is any experience dearer to you than your Lord? He must be Lord over you, and you must not pay attention to any experience over which He is not Lord. There comes a time when God will make you impatient with your own experience—"I do not care what I experience; I am sure of Him."

Be ruthless with yourself if you are given to talking about the experiences you have had. Faith that is sure of itself is not faith; faith that is sure of God is the only faith there is.

주님보다 체험을 더 좋아합니까?

12월 21일

우리가 세상의 영을 받지 아니하고 오직 하나님으로부터 온 영을 받았으니 이는 우리로 하여금 하나님께서 우리에게 은혜로 주신 것들을 알게 하려 하심이라 (고전 2:12).

　실체는 구속 자체이지 구속으로 인한 신앙 체험이 아닙니다. 그러나 구속을 나의 의식이 받아들일 수 있는 언어로 표현할 때까지는, 나 자신에게 아무 의미가 없습니다. 우리가 거듭날 때 성령께서는 우리를 우리 자신과 자신의 체험에서 끄집어내어 예수 그리스도와 일치되게 하십니다. 만일 자신의 체험에 사로잡혀 있다면 그 체험은 구속에 의해 발생한 것이 아닙니다. 구속에 의해 발생된 체험의 증거는 언제나 '나'라는 존재가 잊혀지는 것입니다. 그래서 자신의 체험을 더 이상 실체의 근원으로 오해하지 않고 오직 그 체험들을 발생시킨 진정한 실체에 관심을 모으는 것입니다. 그러므로 우리의 신앙 체험이 우리를 그 체험의 근원 되시는 예수 그리스도께로 인도하지 않는다면 아무런 가치가 없는 것입니다.

　만일 당신이 주관적인 체험을 얻기 위해 당신 안에 계신 성령을, 둑을 쌓아 가두려 한다면, 성령께서는 그 모든 둑을 터뜨리시고 당신을 다시 역사 속의 그리스도께로 인도하실 것입니다. 절대로 하나님으로부터 오지 않은, 결과적으로 하나님께 믿음을 세우게 하지 않는 영적 체험을 부추기지 마십시오. 그러한 체험은 설령 엄청난 환상을 본 것이라고 할지라도 결국 비기독교적인 것입니다. 예수 그리스도께서 당신의 체험의 주가 되십니까? 아니면 당신은 당신의 체험을 예수님보다 앞세웁니까? 혹시 주님보다 체험을 더 좋아하는 것은 아닙니까? 주님께서 당신의 주가 되셔야 합니다. 주님이 주가 되시지 않는 그러한 체험에는 절대로 신경을 써서는 안 됩니다. 때가 되면 하나님께서 당신으로 하여금 당신 자신의 체험에 대해 대단하게 여기지 않도록 만드실 것입니다. "내가 뭘 체험했는지는 그다지 중요하지 않습니다. 나는 단지 주님만을 확신합니다."

　항상 자신의 체험을 말하고 있다면 자신을 엄하게 다루십시오. 믿음 자체를 확신하는 믿음은 이미 참된 믿음이 아닙니다. 오직 하나님을 확신하는 믿음만이 유일한 참된 믿음입니다.

The drawing of the Father

Dec. 22nd

No man can come to Me,
except the Father which hath sent Me draw him. John 6:44.

When God draws me, the issue of my will comes in at once—will I react on the revelation which God gives; will I come to Him? Discussion on spiritual matters is an impertinence. Never discuss with anyone when God speaks. Belief is not an intellectual act; belief is a moral act whereby I deliberately commit myself. Will I dump myself down absolutely on God and transact on what He says? If I will, I shall find I am based on Reality that is as sure as God's throne.

In preaching the gospel, always push an issue of will. Belief must be the will to believe. There must be a surrender of the will, not a surrender to persuasive power; a deliberate launching forth on God and on what He says until I am no longer confident in what I have done, I am confident only in God. The hindrance is that I will not trust God, but only my mental understanding. As far as feelings go, I must stake all blindly: I must will to believe, and this can never be done without a violent effort on my part to dissociate myself from my old ways of looking at things, and by putting myself right over on to Him.

Every man is made to reach out beyond his grasp. It is God Who draws me, and my relationship with Him in the first place is a personal one, not an intellectual one. I am introduced into the relationship by the miracle of God and my own will to believe, then I begin to get an intelligent appreciation and understanding of the wonder of the transaction.

의지의 항복

나를 보내신 아버지께서 이끌지 아니하시면 아무도 내게 올 수 없으니 (요 6:44).

12월 22일

하나님께서 우리를 이끄실 때 언제나 문제가 되는 것은 '의지'의 문제입니다. 하나님께서 알려주신 계시에 반응할 것인가? 그분께 나아갈 것인가? 사실 이러한 영적인 문제들에 관해 다른 사람들과 상의하는 것은 주제넘는 행동입니다. 하나님께서 말씀하실 때 절대로 다른 사람과 의견을 나누는 일이 없도록 하십시오. 믿음은 지적인 행위가 아니라 오직 나 자신을 진정으로 하나님께 드리는 도덕적 행위입니다. 하나님만을 의지하고 나 자신을 하나님께 철저히 던지겠습니까? 주께서 말씀하신 바에 인생을 걸겠습니까? 만일 그렇게 한다면 우리 존재는 하나님의 보좌처럼 확고한 실체 위에 든든히 서게 될 것입니다.

복음을 전파할 때 언제나 의지의 문제를 다루십시오. 그 이유는 믿음이란 믿으려고 하는 '의지'이기 때문입니다. 설득력에 넘어가는 것이 아니라 하나님의 음성 앞에 자신의 의지를 항복하는 것이 믿음입니다. 나 자신이 한 일에 대해 더 이상 확신하지 않고 오직 하나님만 신뢰하는 것입니다. 하나님을 신뢰하는 것을 막는 장애물은 항복하려는 의지가 없는 지적 이해입니다. 감정이 가는 대로 따르는 것은 가장 무모한 것입니다. 믿기 위해 '의지'해야 하고, 과거의 가치관과 습관에서 나 자신을 분리시키려는 뼈를 깎는 수고가 있어야 하며, 동시에 나 자신의 모든 것을 하나님께 맡겨야 합니다.

모든 사람들은 자신의 한계에서 벗어나야 합니다. 이 한계에서 벗어나도록 나를 이끄시는 분은 하나님이십니다. 하나님과 나의 관계는 지적인 것이 아니라 무엇보다 인격적인 것입니다. 하나님의 기적에 이끌려 우리는 하나님과 관계를 갖게 되는데, 이때 우리는 믿으려는 '의지'를 행사해야 합니다. 그러면 우리는 하나님과 어떤 관계를 맺었는지 알게 되고 그 엄청난 기적을 지적으로도 이해하기 시작합니다.

How can I personally partake in the atonement?

> *But God forbid that I should glory save in the cross of our Lord Jesus Christ.* Gal. 6:14.

The Gospel of Jesus Christ always forces an issue of will. Do I accept God's verdict on sin in the Cross of Christ? Have I the slightest interest in the death of Jesus? Do I want to be identified with His death, to be killed right out to all interest in sin, in worldliness, in self—to be so identified with Jesus that I am spoilt for everything else but Him? The great privilege of discipleship is that I can sign on under His Cross, and that means death to sin. Get alone with Jesus and either tell Him that you do not want sin to die out in you; or else tell Him that at all costs you want to be identified with His death. Immediately you transact in confident faith in what Our Lord did on the Cross, a supernatural identification with His death takes place, and you will know with a knowledge that passeth knowledge that your 'old man' is crucified with Christ. The proof that your 'old man' has been crucified with Christ is in the amazing ease with which the life of God in you enables you to obey the voice of Jesus Christ.

Every now and again, Our Lord lets us see what we would be like if it were not for Himself; it is a justification of what He said—"Without Me ye can do nothing." That is why the bedrock of Christianity is personal, passionate devotion to the Lord Jesus. We mistake the ecstasy of our first introduction into the Kingdom for the purpose of God in getting us there; His purpose in getting us there is that we may realize all that identification with Jesus Christ means.

그리스도의 죽음과 하나 되는 서약

그러나 내게는 우리 주 예수 그리스도의 십자가 외에
결코 자랑할 것이 없으니 (갈 6:14).

12월 23일

　예수 그리스도의 복음은 언제나 우리의 의지에 호소합니다. 하나님께서 그리스도의 십자가 상에서 죄에 대해 내리신 판결을 받아들입니까? 예수 그리스도의 죽음에 관해 아주 작은 관심이라도 있습니까? 그리스도의 죽음과 일치되기를 원하며 그리스도와 하나 되기 위해 나 자신과 죄와 세상에 대한 모든 관심을 철저히 제거하기를 원합니까? 그분 외에 모든 것을 향해 죽기를 원합니까? 제자도의 가장 위대한 특권은 주님의 십자가 아래에서 서약할 수 있다는 점입니다. 이 서약은 죄에 대한 죽음을 뜻합니다. 예수님과 함께하든지 당신 안에 있는 죄를 놓지 않든지 둘 중 하나를 하십시오. 어떠한 희생을 치르더라도 그리스도의 죽음과 진정으로 하나가 되겠다고 주님께 말씀드리십시오. 그 즉시 당신은 주께서 십자가 상에서 이루신 일에 대해 확신을 갖게 될 것입니다. 그리고 주님의 죽음과 하나가 되는 초자연적인 사건이 발생하게 될 것입니다. 이때 당신은 당신의 '옛자아'가 그리스도와 함께 죽었다는 초월적 지식을 알게 될 것입니다. 당신의 '옛자아'가 그리스도와 함께 죽었다는 증거는 당신 안에 있는 하나님의 생명(영생)이 당신으로 하여금 놀라울 정도로 쉽게 그리스도 예수의 음성에 순종할 수 있도록 한다는 점입니다.

　종종 주님께서는 주님이 없었다면 우리가 어떠했을지에 대해 보여주십니다. "나를 떠나서는 너희가 아무것도 할 수 없음이라"요 15:5. 바로 이러한 이유로 기독교의 바탕은 주 예수님께 드리는 인격적이며 열정적인 헌신입니다. 우리는 종종 하나님의 나라에 처음 소개 받았을 때의 그 환희를, 우리를 주의 나라로 인도하신 하나님의 목적으로 오해합니다. 그러나 우리를 주의 나라에 임하게 하신 하나님의 목적은 예수 그리스도와의 일치가 무엇을 의미하는지를 깨닫게 하는 것입니다.

The hidden life

Your life is hid with Christ in God. Col. 3:3.

The Spirit of God witnesses to the simple, almighty security of the life hid with Christ in God, and this is continually brought out in the Epistles. We talk as if it were the most precarious thing to live the sanctified life; it is the most secure thing, because it has Almighty God in and behind it. The precarious thing is to try and live without God. If we are born again it is the easiest thing to live in right relationship to God and the most difficult thing to go wrong, if only we will heed God's warnings and keep in the light.

When we think of being delivered from sin, of being filled with the Spirit, and of walking in the light, we picture the peak of a great mountain, very high and wonderful, and we say—"Oh, but I could never live up there!" But when we do get there by God's grace, we find it is not a mountain peak, but a plateau where there is ample room to live and to grow. "Thou hast enlarged my steps under me."

When you really see Jesus, I defy you to doubt Him. When He says—"Let not your heart be troubled," if you see Him I defy you to trouble your mind, it is a moral impossibility to doubt when He is there. Every time you get into personal contact with Jesus, His words are real. "My peace I give unto you," it is a peace all over from the crown of the head to the sole of the feet, an irrepressible confidence. "Your life is hid with Christ in God," and the imperturbable peace of Jesus Christ is imparted to you.

감추어진 생명

너희 생명이 그리스도와 함께 하나님 안에 감추어졌음이라 (골 3:3).

12월 24일

성령은 하나님 안에 그리스도와 함께 감추어진 우리의 새 생명이 얼마나 진실하고 영원토록 안전한 것인지를 증거하십니다. 바울의 서신들은 계속 이를 주장합니다. 그러나 우리는 거룩한 삶을 사는 것이 가장 위태로운 삶인 것처럼 말합니다. 사실 거룩한 삶을 사는 것은 가장 안전한 삶을 사는 것입니다. 그 이유는 전능하신 하나님께서 우리의 거룩한 삶에, 그리고 그 삶의 뒤편에 계시기 때문입니다. 오히려 불안정한 삶은 하나님 없이 살아보려고 애쓰는 것입니다. 만일 우리가 거듭난 사람들이라면 하나님과 바른 관계를 가지고 사는 삶이 가장 쉽습니다. 하나님의 경고에 귀를 기울이고 빛 가운데 거하기를 주의한다면, 오히려 죄를 짓는 것이 가장 어려운 일이 될 것입니다.

종종 우리는 죄로부터 구원을 얻고 성령으로 충만하며 빛 가운데 행하는 삶을 마치 커다란 높은 산꼭대기에 서 있는 것으로 오해하는 경우가 있습니다. "오, 여기 이렇게 높은 곳에서는 그렇게 오래 있을 수 없습니다." 그러나 하나님의 은혜로 그곳에 이르면 그곳은 산꼭대기가 아니라 마음껏 뛰고 쉬며 성장할 수 있는 넓은 공간의 평지라는 사실을 발견하게 됩니다. "내 걸음을 넓게 하셨고 나를 실족하지 않게 하셨나이다"시 18:36.

당신이 정말로 주를 보게 될 때 진짜 주님이신지 의심해보십시오. 그분께서 "마음에 근심하지 말라"요 14:1고 하시면 한번 스스로 근심해보십시오. 그분이 거기에 정말로 계시다면 의심을 하거나 근심하는 것은 도덕적(의지적)으로 불가능합니다. 그 이유는 당신이 예수님과 인격적인 관계에 들어가는 모든 순간에 그분의 말씀은 사실이기 때문입니다. "나의 평안을 너희에게 주노라"요 14:27. 이 평안은 거부할 수 없는 평안이요 우리의 머리부터 발끝까지 넘치는 하나님의 능력입니다. "너희 생명이 그리스도와 함께 하나님 안에 감추었음이니라." 아무도 방해할 수 없는 예수 그리스도의 평안이 당신에게 부여되는 것입니다.

His birth and our new birth

Dec. 25th

Behold, a virgin shall bring forth a son, and they shall call His name Emanuel, which being interpreted is, God with us. Isaiah 7:14 (R.V.).

His Birth in History. "Therefore also that holy thing which shall be born of thee shall be called the Son of God" (Luke 1:35). Jesus Christ was born into this world, not from it. He did not evolve out of history; He came into history from the outside. Jesus Christ is not the best human being, He is a Being Who cannot be accounted for by the human race at all. He is not man becoming God, but God Incarnate, God coming into human flesh, coming into it from outside. His life is the Highest and the Holiest, entering in at the lowliest door. Our Lord's birth was an advent.

His Birth in Me. "Of whom I travail in birth again until Christ be formed in you" (Gal. 4:19). Just as Our Lord came into human history from outside, so He must come into me from outside. Have I allowed my personal human life to become a 'Bethlehem' for the Son of God? I cannot enter into the realm of the Kingdom of God unless I am born from above by a birth totally unlike natural birth. "Ye must be born again." This is not a command, it is a foundation fact. The characteristic of the new birth is that I yield myself so completely to God that Christ is formed in me. Immediately Christ is formed in me, His nature begins to work through me.

God manifest in the flesh—that is what is made profoundly possible for you and me by the Redemption.

주님의 탄생과 우리의 거듭남

보라 처녀가 잉태하여 아들을 낳을 것이요 그의 이름은 임마누엘이라 하리라 (사 7:14).

12월 25일

역사 속 주님의 탄생 : "천사가 대답하여 이르되 성령이 네게 임하시고 지극히 높으신 이의 능력이 너를 덮으시리니 이러므로 나실바 거룩한 이는 하나님의 아들이라 일컬어지리라"눅 1:35. 예수님께서는 이 세상'으로' 태어나신 것이지 이 세상으로'부터' 태어나신 것이 아닙니다. 그분은 역사 속에서 나오신 것이 아니고 외부로부터 역사 속으로 들어오신 것입니다. 예수님은 사람 중 최고의 사람이 아닙니다. 그분은 인류에 의해 전혀 설명될 수 없는 존재입니다. 그분은 사람이 하나님이 되신 것이 아니며 하나님께서 성육신하신 것입니다. 곧 하나님이 사람의 몸으로 오신 것이요 외부에서 인간에게 오신 것입니다. 그분의 생명은 지극히 높으시고 거룩하신 생명으로써 가장 낮은 문을 통해 이 땅에 들어오셨습니다. 주 예수님의 탄생은 하나님의 '강림'입니다.

내 안에 주님께서 나심 : "나의 자녀들아 너희 속에 그리스도의 형상을 이루기까지 다시 너희를 위하여 해산하는 수고를 하노니"갈 4:19. 예수님께서 외부의 세계에서 인간의 역사 속으로 들어오신 것처럼 그분은 외부에서 내 안으로 들어오십니다. 당신은 개인적인 인생을 하나님의 아들을 위한 '베들레헴'이 되게 한 적이 있습니까? 만일 당신이 자연적인 출생과는 완전히 다른 초자연적인 방법으로 다시 나지 않으면 당신은 하나님의 나라에 들어갈 수 없습니다. "네가 거듭나야 하겠다." 지금 이 말씀은 어떤 명령이 아니라 가장 근본적인 진리를 선포하신 것입니다. 거듭남의 특징은 내가 나 자신을 완전하게 하나님께 드릴 때 그리스도께서 내 안에 조성되는 것입니다. 그리스도께서 내 안에 형성되는 순간, 그리스도의 속성이 나를 통해 역사하시기 시작합니다.

하나님께서 내 육체 가운데 나타나심 : 이 사건은 구속에 의해 너무나 심오하게 당신과 내게 가능하게 되었습니다. 즉, 구속에 의해 하나님께서 당신의 몸과 내 몸 안에 계십니다.

Placed in the light

If we walk in the light, as He is in the light, ⋯ the blood of Jesus Christ His Son cleanseth us from all sin. 1 John 1:7.

To mistake conscious freedom from sin for deliverance from sin by the Atonement is a great error. No man knows what sin is until he is born again. Sin is what Jesus Christ faced on Calvary. The evidence that I am delivered from sin is that I know the real nature of sin in me. It takes the last reach of the Atonement of Jesus Christ, that is, the impartation of His absolute perfection, to make a man know what sin is.

The Holy Spirit applies the Atonement to us in the unconscious realm as well as in the realm of which we are conscious, and it is only when we get a grasp of the unrivalled power of the Spirit in us that we understand the meaning of 1 John 1:7, "the blood of Jesus Christ cleanseth us from all sin." This does not refer to conscious sin only, but to the tremendously profound understanding of sin which only the Holy Ghost in me realizes.

If I walk in the light as God is in the light, not in the light of my conscience, but in the light of God—if I walk there, with nothing folded up, then there comes the amazing revelation— the blood of Jesus Christ cleanses me from all sin so that God Almighty can see nothing to censure in me. In my consciousness it works with a keen poignant knowledge of what sin is. The love of God at work in me makes me hate with the hatred of the Holy Ghost all that is not in keeping with God's holiness. To walk in the light means that everything that is of the darkness drives me closer into the centre of the light.

빛 가운데 거하면

그가 빛 가운데 계신 것같이 우리도 빛 가운데 행하면 우리가 서로 사귐이 있고
그 아들 예수의 피가 우리를 모든 죄에서 깨끗하게 하실 것이요 (요일 1:7).

12월
26일

　죄에 대해 의식적인 차원에서 자유함을 느끼는 것과 속죄에 의해 죄로부터 구원받는 것을 혼동해서는 안 됩니다. 그 누구도 거듭나기 전까지는 무엇이 죄인지 알 수 없습니다. 죄란 예수 그리스도께서 갈보리 위에서 대면하신 것입니다. 내가 죄로부터 구원받은 증거는 내 속에 있는 죄의 진정한 속성을 아는 것입니다. 죄는 예수 그리스도의 속죄에 대해 마지막까지 대항합니다. 마침내 속죄의 절대적 완전하심이 그 사람에게 부여되면 그때서야 그 사람은 죄가 무엇인지를 알게 됩니다.
　성령은 우리에게 그리스도의 속죄를 의식적인 영역뿐만 아니라 무의식적인 영역에도 적용하십니다. 오직 우리 안에 계신 성령의 절대적 능력을 붙잡을 때에만 우리는 요한일서 1장 7절의 의미를 알게 됩니다. "예수의 피가 우리를 모든 죄에서 깨끗하게 하실 것이요." 여기서 죄란 우리가 의식할 수 있는 죄뿐 아니라 우리 안에 계신 성령께서 깨닫게 하시는 이루 말할 수 없이 깊은 죄성들을 말합니다.
　하나님께서 빛 가운데 계신 것같이 만일 우리가 빛 가운데 거하면, 내 양심의 빛이 아니라 하나님의 빛 가운데 거한다면, 아무것도 감출 수 없는 그 상태에서 놀라운 계시를 보게 될 것입니다. 즉, 예수 그리스도의 피가 모든 죄로부터 나를 깨끗케 하셨다는 것이요, 전능하신 하나님께서 책망하실 만한 것이 내 안에 아무것도 없다는 사실입니다. 한편 이 빛은 내 의식 세계에서 죄가 무엇인지에 대한 예리하고 뼈아픈 지식을 동반합니다. 내 안에서 역사하는 하나님의 사랑은 나로 하여금 내 안에 거룩하지 않은 모든 것에 대한 성령의 미워하심으로 그것들을 미워하게 만듭니다. 빛 가운데 걷는다는 의미는 어둠에 속한 모든 것이 나로 하여금 더욱 빛의 중심으로 나아가게 함을 의미합니다.

Where the battle's lost and won

Dec. 27th

If thou wilt return, O Israel, saith the Lord ⋯ Jeremiah 4:1.

The battle is lost or won in the secret places of the will before God, never first in the external world. The Spirit of God apprehends me and I am obliged to get alone with God and fight the battle out before Him. Until this is done, I lose every time. The battle may take one minute or a year, that will depend on me, not on God; but it must be wrestled out alone before God, and I must resolutely go through the hell of a renunciation before Him. Nothing has any power over the man who has fought out the battle before God and won there.

If I say—"I will wait till I get into the circumstances and then put God to the test," I shall find I cannot. I must get the thing settled between myself and God in the secret places of my soul where no stranger intermeddles, and then I can go forth with the certainty that the battle is won. Lose it there, and calamity and disaster and upset are as sure as God's decree. The reason the battle is not won is because I try to win it in the external world first. Get alone with God, fight it out before Him, settle the matter there once and for all.

In dealing with other people, the line to take is to push them to an issue of will. That is the way abandonment begins. Every now and again, not often, but sometimes, God brings us to a point of climax. That is the Great Divide in the life; from that point we either go towards a more and more dilatory and useless type of Christian life, or we become more and more ablaze for the glory of God—"My Utmost for His Highest."

영적 전쟁의 승리

여호와께서 이르시되 이스라엘아 네가 돌아오려거든 내게로 돌아오라 (렘 4:1).

12월 27일

영적 전쟁의 성패는 외부 환경에 의해 결정되는 것이 아니라 하나님 앞에서 우리의 의지라는 비밀스러운 장소에서 판가름됩니다. 하나님의 영이 우리를 사로잡으면 우리는 하나님 앞에서 하나님과 함께 영적 전쟁을 치르게 됩니다. 이 일이 이루어지기 전에는 우리는 매번 패배합니다. 영적 전쟁이 몇 분이 걸릴지 또는 몇 년이 걸릴지는 하나님께 달린 것이 아니라 내게 달려 있습니다. 그러나 이 의지의 전쟁은 하나님 앞에서 나 홀로 치러야 합니다. 이 세상의 그 어떤 것도 하나님 앞에서 영적 전쟁을 치르는 성도를 싸워 이길 수 없습니다.

"영적 전쟁의 상황에 처할 때까지 기다렸다가 그때 하나님을 시험해 봐야지"라고 말하는 사람은 영적 전쟁에서 승리할 수 없습니다. 먼저 아무도 간섭할 수 없는 내 영혼의 가장 비밀스러운 의지라는 장소에서 나 자신과 하나님과의 문제를 해결해야 합니다. 그 후 영적 전쟁에서 반드시 이길 수 있다는 확신으로 나아갈 수 있습니다. 만일 영적 전쟁에서 지면 하나님의 작정에 따라 재난과 비참과 요동함이 분명히 임하게 됩니다. 영적 전쟁에서 이기지 못한 이유는 먼저 외부 세계와 싸워 이기려고 했기 때문입니다. 먼저 하나님과 동행하십시오. 하나님 앞에서 이 싸움을 먼저 치르십시오. 하나님 앞에서 이 싸움을 단 한 번에 영원히 해결하십시오.

다른 사람을 대하는 데 있어서도 언제나 '의지'의 문제까지 그들을 이끌어야 합니다. 왜냐하면 '의지'로 하나님께 항복하기 때문입니다. 하나님은 가끔 우리를 삶의 극한 상황으로 이끄십니다. 그곳은 삶의 가장 큰 분기점이 있는 지점입니다. 그곳에서 우리는 게으르고 쓸모없는 그리스도인의 삶을 살아가든지 아니면 더욱 하나님의 영광을 위해 타오를 수 있습니다. 최상의 주님께 당신의 최선을 드리십시오!

Continuous conversion

Except ye be converted, and become as little children ⋯ Matthew 18:3.

These words of Our Lord are true of our initial conversion, but we have to be continuously converted all the days of our lives, continually to turn to God as children. If we trust to our wits instead of to God, we produce consequences for which God will hold us responsible. Immediately our bodies are brought into new conditions by the providence of God, we have to see our natural life obeys the dictates of the Spirit of God. Because we have done it once is no proof that we shall do it again. The relation of the natural to the spiritual is one of continuous conversion, and it is the one thing we object to. In every setting in which we are put, the Spirit of God remains unchanged and His salvation unaltered but we have to "put on the new man." God holds us responsible every time we refuse to convert ourselves, our reason for refusing is wilful obstinacy. Our natural life must not rule, God must rule in us.

The hindrance in our spiritual life is that we will not be continually converted, there are 'wadges' of obstinacy where our pride spits at the throne of God and says—"I won't." We deify independence and wilfulness and call them by the wrong name. What God looks on as obstinate weakness, we call strength. There are whole tracts of our lives which have not yet been brought into subjection, and it can only be done by this continuous conversion. Slowly but surely we can claim the whole territory for the Spirit of God.

교만과 완고함을 버리십시오!

너희가 돌이켜 어린아이들과 같이 되지 아니하면
결단코 천국에 들어가지 못하리라 (마 18:3).

12월 28일

주님의 이 말씀은 처음 거듭날 때에도 해당되는 진리이지만 우리의 인생 가운데서도 계속 적용되어야 하는 진리입니다. 곧 우리는 어린아이와 같이 언제나 하나님을 의지해야 합니다. 만일 하나님 대신에 자신을 의지하면 우리는 하나님께서 책임을 추궁하실 만한 문제들을 일으킬 것입니다. 하나님의 섭리에 의해 우리 몸이 새로운 조건에 접하게 되면 우리는 우리의 자연적인 삶이 성령의 명령에 순종하는지를 주시해야 합니다. 한 번 그렇게 했다고 해서 계속 그렇게 할 것이라는 보장이 없기 때문입니다. 자연적인 것과 영적인 것의 관계는 계속적인 변형이 필요한 부분입니다. 이것이 우리가 목표로 삼아야 하는 한 가지입니다. 우리가 처한 모든 상황 가운데서 성령은 전혀 변함이 없습니다. 주님의 구원도 변하지 않습니다. 그러나 우리는 "새사람을 입어야" 합니다. 만일 우리 자신을 변형시키기를 거절하면 하나님께서 매번 우리에게 책임을 물으실 것입니다. 우리가 이를 거절하는 이유는 의도적인 완고함 때문입니다. 자연적인 생명이 우리를 다스려서는 안 되고 하나님께서 우리를 다스리셔야 합니다.

영적인 삶의 장애는 우리가 계속적으로 변화되지 않는 점에 있습니다. 하나님의 보좌를 향해 침을 뱉는 우리의 교만과 완고함이 "절대 안 돼"라고 하며 변화를 가로막고 있습니다. 우리는 인간의 교만과 완고함을 신성화시켜 잘못된 이름을 붙입니다. 하나님께서 인간의 완고함을 결점으로 보실 때 우리는 그 완고함을 '힘'이라고 부릅니다. 우리 인생 가운데는 아직 하나님께 순복하지 않은 부분들이 잔뜩 남아 있습니다. 이 부분들은 오직 계속적인 변화에 의해서만 순복될 수 있습니다. 천천히, 그러나 확실하게 우리는 삶의 모든 영역을 성령의 터전으로 만들어갈 수 있습니다.

Dec. 29th

Deserter or disciple?

From that time many of His disciples went back, and walked no more with Him. John 6:66.

When God gives a vision by His Spirit through His word of what He wants, and your mind and soul thrill to it, if you do not walk in the light of that vision, you will sink into servitude to a point of view which Our Lord never had. Disobedience in mind to the heavenly vision will make you a slave to points of view that are alien to Jesus Christ. Do not look at someone else and say—"Well, if he can have those views and prosper, why cannot I?" You have to walk in the light of the vision that has been given to you and not compare yourself with others or judge them, that is between them and God. When you find that a point of view in which you have been delighting clashes with the heavenly vision and you debate, certain things will begin to develop in you—a sense of property and a sense of personal right, things of which Jesus Christ made nothing. He was always against these things as being the root of everything alien to Himself. "A man's life consisteth not in the abundance of the things that he possesseth." If we do not recognize this, it is because we are ignoring the undercurrent of Our Lord's teaching.

We are apt to lie back and bask in the memory of the wonderful experience we have had. If there is one standard in the New Testament revealed by the light of God and you do not come up to it, and do not feel inclined to come up to it, that is the beginning of backsliding, because it means your conscience does not answer to the truth. You can never be the same after the unveiling of a truth. That moment marks you for going on as a more true disciple of Jesus Christ, or for going back as a deserter.

참된 제자입니까?

그때부터 그의 제자 중에서 많은 사람이 떠나가고
다시 그와 함께 다니지 아니하더라 (요 6:66).

12월 29일

하나님께서 당신에게 원하시는 바를 말씀을 통해 성령으로 비전을 주시면 당신의 마음과 영혼은 감격하며 흥분합니다. 그러나 당신이 만일 그 비전의 빛 가운데서 행하지 않으면 당신은 주님께서 갖지 않으신 관점에 빠져들기 시작합니다. 주께서 주신 하늘의 비전에 불순종할 때, 당신의 마음은 예수 그리스도와 어울릴 수 없는 세상적 관점의 노예로 전락합니다. 다른 사람들을 보며 이렇게 말하지 마십시오. "저런 관점들을 가지고 형통하는 것을 보니 나라고 저런 관점을 갖지 말라는 법이 어디 있어?" 당신은 당신에게 주신 비전의 빛 가운데서 걸어가야 합니다. 다른 사람의 비전과 자신의 것을 비교하거나 세상 사람들의 비전을 판단해서는 안 됩니다. 그들의 비전은 하나님과 그들 사이의 문제일 뿐입니다.

만일 우리가 즐겨하던 어떤 가치관이 하늘의 비전과 상충될 때 여전히 그 가치관을 지키려고 하나님과 다툰다면 당신 마음속에서 뭔가 자라나기 시작할 것입니다. 곧 물질에 대한 소욕과 자기 주장과 예수 그리스도께서 무가치하게 여기시는 것에 대한 욕심입니다. 예수님께서는 이러한 욕심들을 예수님과 전혀 어울릴 수 없는 모든 것들의 뿌리로 여기고 대항하셨습니다. "사람의 생명이 그 소유의 넉넉한 데 있지 아니하니라"눅 12:15. 만일 우리가 이 진리를 인식하지 못한다면 이는 주님의 가르침의 핵심을 무시하고 있기 때문입니다.

우리는 우리가 가졌던 멋지고 풍성한 과거 경험의 기억 속에 안주하기 쉽습니다. 하나님의 빛에 의해 성경에서 한 가지 기준이 계시되었을 때, 당신은 당신이 그 기준에 이르지 못한 것을 알고 있음에도 불구하고 여전히 그 기준을 향해 나아가고자 하는 마음이 없다면 이는 영적 침체의 시작입니다. 그 이유는 당신의 양심이 더 이상 진리에 반응하지 않기 때문입니다. 진리를 알고 난 후에 당신의 인생은 결코 같을 수 없습니다. 진리를 알게 되면 예수 그리스도의 참된 제자로 더욱 앞으로 나아가든지 뒤로 물러나 포기하는 자가 될 수밖에 없습니다.

"And every virtue we possess"

All my fresh springs shall be in Thee. Psalm 87:7 (P.B.V.).

Our Lord never patches up our natural virtues, He remakes the whole man on the inside. "Put on the new man"—see that your natural human life puts on the garb that is in keeping with the new life. The life God plants in us develops its own virtues, not the virtues of Adam but of Jesus Christ. Watch how God will wither up your confidence in natural virtues after sanctification, and in any power you have, until you learn to draw your life from the reservoir of the resurrection life of Jesus. Thank God if you are going through a drying-up experience!

The sign that God is at work in us is that He corrupts confidence in the natural virtues, because they are not promises of what we are going to be, but remnants of what God created man to be. We will cling to the natural virtues, while all the time God is trying to get us into contact with the life of Jesus Christ which can never be described in terms of the natural virtues. It is the saddest thing to see people in the service of God depending on that which the grace of God never gave them, depending on what they have by the accident of heredity. God does not build up our natural virtues and transfigure them, because our natural virtues can never come anywhere near what Jesus Christ wants. No natural love, no natural patience, no natural purity can ever come up to His demands. But as we bring every bit of our bodily life into harmony with the new life which God has put in us, He will exhibit in us the virtues that are characteristic of the Lord Jesus.

"And every virtue we possess Is His alone."

새 생명으로 사십시오!

나의 모든 근원이 네게 있다 하리로다 (시 87:7).

12월 30일

주님은 절대로 우리의 자연적인 덕을 이리저리 뜯어고치지 않으십니다. 주님은 우리 내면에서 전인적인 '새사람'을 만드십니다. "새사람을 입으라"엡 4:24. 당신의 자연적인 삶이 새 생명으로 살아가는지 살펴보십시오. 하나님께서 우리 안에 심겨주신 생명은 그 자체의 덕을 개발합니다. 그 덕은 아담이 아니라 예수 그리스도께 속한 것입니다. 우리가 성결케 된 이후에 하나님께서 어떻게 자연적인 덕에 대한 당신의 신뢰를, 또한 당신이 가진 재능에 대한 신뢰를 소멸하게 하시는지 주시하십시오. 당신은 예수님의 부활 생명의 저수지로부터 당신의 삶을 길어오는 것을 배우게 될 것입니다. 자연적인 것들을 향한 당신의 신뢰가 소멸되는 경험을 하고 있다면 하나님께 감사하십시오.

하나님께서 우리 안에서 역사하시는 증거는 자연적인 덕에 의지하지 않도록 만드시는 것입니다. 자연적인 덕들은 타락한 인간들에게 남아 있는 것들이지 우리가 추구하는 약속들이 아닙니다. 하나님께서 우리로 하여금 자연적인 덕으로는 설명할 수 없는 예수 그리스도의 생명에 접하도록 애쓰실 때, 우리는 자연적인 덕을 세우려고 애씁니다. 가장 슬픈 현상은 하나님을 섬기는 자들이 하나님의 은혜를 의지하기보다 선천적으로 물려받은 것들을 의지한다는 짐입니다. 하나님은 우리의 자연적인 덕을 자라나게 하셔서 그것을 승화시키시는 것이 아닙니다. 이러한 자연적인 덕은 결코 예수 그리스도께서 원하시는 수준의 근처도 오지 못합니다. 자연적인 사랑, 인내, 순수함은 주님의 요구에 결코 이를 수 없습니다. 그러나 우리가 육신적 삶의 모든 부분을 하나님께서 우리 안에 심으신 새 생명과 조화를 이루게 할 때, 하나님께서는 주 예수님이 가지신 덕을 우리 안에서 드러내실 것입니다.

"우리가 소유한 모든 덕들은 오직 주님께 속한 것입니다."

Yesterday

Dec. 31st

The God of Israel will be your reward. Isaiah 52:12.

Security from Yesterday. "God requireth that which is past." At the end of the year we turn with eagerness to all that God has for the future, and yet anxiety is apt to arise from remembering the yesterdays. Our present enjoyment of God's grace is apt to be checked by the memory of yesterday's sins and blunders. But God is the God of our yesterdays, and He allows the memory of them in order to turn the past into a ministry of spiritual culture for the future. God reminds us of the past lest we get into a shallow security in the present.

Security for Tomorrow. "For the Lord will go before you." This is a gracious revelation, that God will garrison where we have failed to. He will watch lest things trip us up again into like failure, as they assuredly would do if He were not our reward. God's hand reaches back to the past and makes a clearing-house for conscience.

Security for Today. "For ye shall not go out with haste." As we go forth into the coming year, let it not be in the haste of impetuous, unremembering delight, nor with the flight of impulsive thoughtlessness, but with the patient power of knowing that the God of Israel will go before us. Our yesterdays present irreparable things to us; it is true that we have lost opportunities which will never return but God can transform this destructive anxiety into a constructive thoughtfulness for the future. Let the past sleep, but let it sleep on the bosom of Christ.

Leave the Irreparable Past in His hands, and step out into the Irresistible Future with Him.

과거와 현재와 미래의 하나님

이스라엘의 하나님이 너희 뒤에서 호위하시리니 (사 52:12).

12월 31일

과거로부터의 보장 : "하나님은 이미 지난 것을 다시 찾으시느니라"전 3:15. 매해 끝이 되면 우리는 하나님께서 미래에 펼치실 일들에 대해 마음을 쏟게 됩니다. 그러나 과거를 기억할 때 여전히 염려가 앞섭니다. 지난 해의 죄악들과 실수들에 관한 기억이 현재 하나님의 은혜를 누리는 것을 방해하기 쉽습니다. 그러나 하나님은 우리의 과거의 하나님이십니다. 하나님은 그러한 과거의 기억을 허락하셔서 미래를 위한 영적 거름이 되게 하십니다. 하나님께서는 우리로 하여금 과거를 기억하게 함으로 현실 속의 얕은 안정감에 빠지지 않도록 하십니다.

미래를 향한 보장 : "여호와께서 너희 앞에서 행하시며"사 52:12. 이 말씀은 귀한 은혜의 계시로써 우리가 실패했던 그곳을 하나님께서 친히 호위하시겠다는 말씀입니다. 우리가 다시 넘어져 실패하는 것을 막기 위해 우리를 돌보시겠다는 말씀입니다. 물론 주님이 호위하지 않으신다면 우리는 또 분명히 쓰러져 실패할 것입니다. 하나님의 손은 우리의 과거까지 만져주고 해결해주심으로써 우리 양심을 맑게 하십니다.

오늘을 위한 보장 : "너희가 황급히 나오지 아니하며"사 52:12. 새해를 맞이하면서 기쁨도 잃은 채 조급한 마음이 되지 않도록 주의하십시오. 물론 아무 생각도 없는 들뜬 마음으로 새해를 맞이해서도 안 될 것입니다. 대신 이스라엘의 하나님께서 우리보다 앞서 가실 것이라는 확신을 가지고 인내하는 마음으로 맞이하십시오. 우리의 과거는 바꿀 수 없으며 다시는 돌아오지 않는 기회를 놓친 것도 사실입니다. 그러나 하나님께서는 이러한 파괴적인 염려를 바꾸어 미래를 향한 건설적인 생각으로 바꾸어 내십니다. 이제 과거는 주님의 품 안에서 잠들게 하십시오.

이제 바꿀 수 없는 과거는 주님의 손에 의탁하고 주님과 함께 다가오는 미래를 향해 전진하십시오.

역자 후기

최상의 주님께 나의 최선을 드립니다!

성경은 참 신기하다. 읽을 때마다 새롭다. 묵상할 때마다 이런 내용이 있었던가 하고 의아할 정도로 새로운 책처럼 느껴질 때가 많다. 또한 묵상할수록 더 많은 내용들을 발견하고 새롭게 깨닫게 된다. 그래서 그런지 내 인생 속에서 한 번도 성경을 충분히 만족할 만큼 읽었다고 느낀 적이 없었다. 언제나 성경 읽기의 부족을 느끼며 살아왔다. 여러 번 성경을 읽었어도 한 번도 더 이상 성경을 읽을 필요가 없다고 느낀 적이 없다.

오스왈드 챔버스의 글을 대한 지 벌써 9년째이다. 2001년 7월 필라 반센 노블에서 챔버스의 전집을 우연히 구입하게 된 후에 틈틈이 시간 날 때마다 읽었다. 「주님은 나의 최고봉」의 경우는 3년 전부터 그날에 해당하는 내용을 원서로 읽으며 묵상하며 번역하기 시작했다. 그러나 언제나 변함없이 챔버스의 글을 대하면서 나타나는 현상은 독서 가운데 내가 주 예수 그리스도를 인격적으로 만나게 된다는 점이었다.

이 한 권의 책을 묵상하며 번역한 지도 3년이 넘은 것이다. 매일 새벽 시간과 밤 늦은 시간에 30분에서 1시간 정도를 할애하여 번역했다. 그런데 신기한 것은 매해 되풀이해서 이 책을 볼 때마다 저자의 숨겨진 의도와 깊이가 더욱 정확하게 드러난다는 점이다. 그리고 그 이유는 결국 챔버스의 글을 통해 예수 그리스도를 만나기 때문이라는 결론에 도달하게 되었다. 보면 볼수록 새롭다는 점에서 「주님은 나의 최고봉」은 나에게 성경책 다음으로 의미 있는 책이다. 그런데 볼수록 새롭다는 것은 번역 과정의 어려움을 의미하기도 한다. 번역 내용도 수십 번 수정하고 고치게 되었다. 볼 때마다 더욱 새롭게 저자의 의도가 드러나기 때문에 여러 번 고칠 수밖에 없었다. 그러한 반복되는 과정 가운데 한글로 표현하는 내용도 더욱 명료해지는 것을 느꼈다.

이 책을 번역하는 과정에서 경험한 작은 간증을 나누고 싶다. 번역 중에 때때로 그 내용이 너무 깊어서 번역을 멈추고 기도하기 위해 무릎을 꿇은 적이 많았다. 예수 그리스도의 임재를 느끼며 성령 안에서 눈물을 흘린 적도 많았다. 신기할 정도로 내 모든 사정을 다 아는 것처럼 챔버스의 글은 매일 내가 처한 상황에 정확한 해답을 주며 위로해 줄 때가 많았다.

「주님은 나의 최고봉」의 번역 과정은 물질과 명예로 바꿀 수 없는 귀한 과정이었다. 기진맥진해질 때도 많았고 잠을 이루지 못할 때도 있었다. 내가 해놓은 번역을 보면서 한없는 부족함을 느끼며 지칠 때도 많았다. 그러나 챔버스의 글이 나로 하여금 언제나 그리스도를 만나게 하면서 다시 힘을 주는 것을 체험했다. 어느 날 번역에 지쳐 있을 때 갑자기 주님의 음성이 들리는 듯했다. 이 번역 과정이 이 책의 영어 제목처럼 나도 "My Utmost for His Highest" 최상의 주님께 나의 최선을 드려야 한다고 말씀하시는 것 같았다. 그 후 매 순간 최상의 주님께 나의 최선을 드리리라는 결단을 하고 번역 작업에 임할 수 있었다. 이제 그 결실을 오직 하나님께만 드리고 싶다.

토기장이 출판사를 통해 나의 위대한 영적 멘토 오스왈드 챔버스의 「주님은 나의 최고봉」이 한국 땅에 들어간다. 이 죄인의 작은 수고를 통해 오직 주 예수 그리스도의 나라의 확장과 그리스도의 영광만을 위해 쓰임받고 싶다. 주께서 앞으로 이 책을 사용하셔서 챔버스가 전하려는 복음을 한국 땅에 알리실 줄 믿는다. 이를 생각할 때마다 흥분하며 감격하게 된다.

이 번역이 나오기까지 기도로 도와준 분들이 많이 계신다. 이 지면을 통해 특별히 감사하고 싶다. 먼저 아내에게 감사한다. 아내의 기도와 사랑과 도움이 아니었다면 이 귀한 번역이 나올 수 없었을 것이다. 또한 기도와 사랑으로 후원해주신 Young Kim 집사님 내외분과 혜경 자매님께 감사드린다. 또한 변함없는 가장 좋은 친구 전우철 목사님께 감사드리고, 한결같은 성실한 제자 심봉섭 집사님께 주님의 이름으로 감사드린다. 챔버스의 매일 묵상을 통해 알게 된 승선 자매님께도 감사드린다. 마지막으로 수많은 책들 중에 오스왈드 챔버스의 마음과 사상을 이해하고 챔버스 시리즈를 한국 땅에 소개하기로 결정하신 토기장이 출판사와 이 책이 나올 수 있도록 수고하신 토기장이의 모든 분들께 진심으로 감사의 마음을 전하고 싶다.

스데반 황 목사

옮긴이 스데반 황

미국 필라 웨스트민스터 목회학 석사와 펜실베니아 비블리컬 신학 석사를 받았고 필라 KITE 구약학 교수를 역임했다. 오스왈드 챔버스를 한국에 알리고자 토기장이와 함께 이 사역을 섬기고 있다. 역서로는「오스왈드 챔버스의 산상수훈」,「오스왈드 챔버스의 기도」외에 다수가 있다.

주님은 나의 최고봉 한영합본(가죽본)

1판 1쇄	2018년 2월 20일
1판 11쇄	2025년 11월 10일
지은이	오스왈드 챔버스
옮긴이	스데반 황
발행인	조애신
편집	이소연
디자인	임은미
마케팅	전필영
경영지원	전두표
발행처	도서출판 토기장이
주소	서울시 마포구 동교로 71-1 2F
출판등록	1998년 5월 29일 제1998-000070호
전화	02-3143-0400
팩스	0505-300-0646
이메일	tletter77@naver.com
인스타그램	togijangi_books_
ISBN	978-89-7782-391-4

- 이 책은 저작권 법에 따라 보호를 받는 저작물이므로 무단 전재와 무단 복제를 금합니다.
- 이 책의 전부 또는 일부를 이용하려면 반드시 저자와 도서출판 토기장이의 동의를 받아야 합니다.

도서출판 토기장이는 생명 있는 책만 만듭니다.
"우리는 진흙이요 주는 토기장이시니 우리는 다 주의 손으로 지으신 것이니이다" (이사야 64:8)